国外经济学教材库

微观经济学

（高级教程）第三版

〔美〕哈尔·瓦里安 著

经济科学出版社

图书在版编目(CIP)数据

微观经济学(高级教程)第三版/[美]瓦里安著;周洪等译. - 北京:经济科学出版社,1997.4
(国外经济学教材库)
ISBN 978 - 7 - 5058 - 1226 - 0

Ⅰ.微… Ⅱ.①瓦…②周… Ⅲ.微观经济学 Ⅳ.F016

中国版本图书馆 CIP 数据核字(97)第 16674 号

目 录

序 言 1
第1章 技术 1
第2章 利润最大化 25
第3章 利润函数 43
第4章 成本最小化 52
第5章 成本函数 68
第6章 对偶 85
第7章 效用最大化 99
第8章 选择 123
第9章 需求 154
第10章 消费者剩余 170
第11章 不确定性 183
第12章 经济计量学 211
第13章 竞争市场 229
第14章 垄断 248
第15章 博弈论 274
第16章 寡头垄断 302
第17章 交换 333
第18章 生产 360

第19章　时间 ·· 382
第20章　资产市场 ·· 392
第21章　均衡分析 ·· 412
第22章　福利 ·· 430
第23章　公共物品 ·· 440
第24章　外部效应 ·· 460
第25章　信息 ·· 469
第26章　数学 ·· 505
第27章　最优化 ·· 521

参考文献 ··· 542
答案 ··· 552
内容索引 ··· 580

序　言

《微观经济学》（高级教程）第一版出版于1977年。15年之后，我认为应该进行一次重大修订了。在第三版中，我做出了两类修订，结构上的与内容上的改变。

结构上的改变包括在"组合单元式"的章节中对资料的重大调整。这些章节绝大部分在我的本科教材——《中级微观经济学》——里的相应章节中，均有相同的标题。这使得学生们易于在适当的时候返回到本科教材进行复习。它还有另一种作用：如果一个中年级学生想在某一问题上进行更深入的学习，那么，转到《微观经济学》（高级教程）的适当章节上来是很容易的。我发现这一组合单元式的结构还有更进一步的两项优点：易于按照各种顺序研读本书，更便于将本书作参考之用。

除了以上的重新组织外，还有几项内容上的修改。

首先，本书的许多章节我都进行了重写，内容更充实，并且我希望也更加易于理解。

其次，我运用了大量最新资料。尤其是关于垄断和寡头垄断的内容完全是最新的，吸收了80年代产业组织理论的重大成果。

第三，我增添了许多新内容。现在，书中有了关于博弈论、资产市场与信息的章节。这些章节可以作为给经济学系一年级研究生所做的关于这些内容的适当介绍。我没有试图对这些题目进行较深的论述，因为我发现，到了研究生二、三年级，在熟练地掌握了经济分析的标准工具后，再深入学习这些内容会更好一些。

第四，我补充了一些新的练习题，并给出了所有奇数习题的完整答案。必须说明的是，对于将答案放入书中，我是很踌躇的。不过,我希望,绝大多数的研究生会有足够的意志力,在付出了相当大的努力独自解决问题之前,不要看答案。

本书的构成

如上所述,本书编成了许多较短一些的章节。我猜想,几乎每个人都想系统地学习本书前半部分的内容,因为它描述了在所有经济学科中都有用的微观经济学的基本工具。本书后半部分的内容由对微观经济学几个专题的介绍构成。绝大多数人想从这些专题中进行挑选。某些教授想强调博弈论,其他人想把重点放在一般均衡上。一些课程在动态模型上花费许多时间,另一些则在福利经济学上花费几个星期。

对所有这些专题进行深入的处理是不可能的,所以我决定只是对它们进行介绍,我尽量用本书前半部分中所使用的符号与方法,以便这些章节能够为书籍或期刊文章中更深入的论述铺平道路。值得庆幸的是,对资产市场、博弈论、信息经济学和一般均衡论的几项论述,现已有一本书那么长。认真的学生,在他或她研究这些题目时,将不会感到缺乏资料。

本书的写作

在重写本书的过程中,我已将所有事情都移到了唐纳尔德·科努茨的 TEX 系统。我觉得这本书现在看起来更漂亮一些了;并且,现在交叉编排附注、方程式编号、索引等等对作者与读者来说都变得大为容易了。由于作者修订此书的成本已大大减少,读者可以期望看到更经常的修订。(或许最后一句可以变为下一次编辑的一个练习……)

本书的一部分是在 MS—DOS 机上写成的,但大部分是在一台 NeXT 计算机上写成并排版的。我用 Emacs 在科莱斯顿·托拉普的 auc—tex 状态下进行了初步编辑。我用 ispell 作了拼写检查,并用标准的 makeindes 和 bibtex 软件作了索引和参考书目编排。汤姆·罗基钦的 TEX 作为了预览和印刷的选择软件。初版图是用 Designer and Top Draw 制作的。一位画家用 Free Hand 制作了最后的图版，并送给我 Encapsulated Postscript 文件，该文件已经并入 TEX 码，该码运用了特莱沃·丹莱尔的 psfig 宏命令。我特别感激这些软件的作者们，他们将许多软件无偿地提供给使用者。

致谢

这些年来，许多人给我写来了打字稿、评论和建议。这里有部分名单：泰屋菲克·阿克索依，吉姆·安德鲁尼，加斯陶沃·安格尔斯，肯·宾模尔，索仁·布鲁姆威斯特，基姆·鲍德，戈登·布朗，马克·玻基，李·沃丁·卡提，正琦·陈，约翰·齐尔顿，弗朗西斯科·阿曼都·达·考斯塔，大卫·W·克劳福德，彼得·达孟德，马克西姆·恩格斯，瑟·弗兰姆，马瑞奥·福尼，马考斯·格拉切尔，乔恩·汉密尔顿，巴巴拉·汉罗，凯文·杰克逊，易江，约翰·肯南，大卫·基厄弗，兰切尔·克兰顿，玻·李，乔治·麦拉茨，大卫·马卢格，杜汉密尔·马克，约翰·穆勒，V·A 挪劳恩哈，马丁·奥斯玻恩，阿提拉·兰特发埃，阿切·罗森，简·卢特考斯基，米歇尔·散德福特，马可·散德瑞，罗伊·H·M·塞姆贝尔，玛瑞厄兹·珊特巴，卡尔·西蒙，比尔·斯约斯特罗姆，吉姆·斯万森，科努特·西德萨特，A·J·坦尔曼，寇恩兰德·屋罗里克，理查德·伍德沃德，弗兰西斯·屋莉，埃德·匝雅克，勇朱。如果我的整理工作做得更好一些的话，那就可能还有另外几个名字。对于书中的错误，我欢迎批评指正，我将在下次印刷中纠正这种缺陷。你可以在发给我的 E-mail 中指出缺陷，我的 E-mail 通讯地址为 Hal. Varian @ umich. edu。

有几个人对这个新的第三版提出了建议，其中包括埃德瓦多·雷，帕特·里根，约翰·卫玛科，翟·威尔逊。埃德瓦多·雷还提供了一些习题和几个答案。

最后,我想以给学生们的一个建议来作结束。当你读这本著作时,牢记理查德·斯蒂尔爵士(1672—1729)的如下不朽名言是很重要的:

"应当注意,本文中任何看起来枯燥无味的部分,都有匠心在里面。"

安·阿波
1991 年 11 月

第1章 技　　术

描述厂商技术最简单和最普通的方法就是生产函数,这已在中级课程中一般化地研究过了。不过,在某些情形下,还有描述厂商技术的更加一般化和更有用的方法。在本章中,我们要对表示厂商生产可能性的那些方法,连同简要描述厂商技术有关方面的方法一起,进行讨论。

1.1　投入和产出的度量

厂商通过各种投入的组合来生产产出。为了研究厂商的选择,我们需要一个便于使用的方法来概括厂商的生产可能性,亦即哪些投入和产出的组合是**技术上可行的**。

通常,最令人满意的是将投入和产出按照流量来度量:每个时期,一定量的投入被用来在每个单位时期生产出一定量的产出。在特定的投入和产出中,明确地把时间特性包括进来是个好主意。如果你这样做了,那么,使用不相称的单位,混淆存量和流量,或犯其他一些基本错误的可能性就会更小。例如,如果我们按每周小时数来度量劳动时间,我们就会按每周小时数来度量资本贡献和产出的生产。不过,当抽象地讨论技术选择时,正如我们在这一章中所做的那样,通常省略时间特性。

我们也能根据投入和产出的日期、地点,甚至环境来区分投入和产出。按照何时和何地来界定投入和产出,我们可以抓住生产的某些时间或空间特点。例如,在一个给定年份得到的水泥,可以用来构建一座在其下一年完工的建筑物。类似地,在一个地方购买的水泥可用于其他地方的生产。

"水泥"投入应被看作是,可在特定的地点和时间得到的,一定等级的水泥。在一些情况下,我们甚至会给这一限定性条件的排列中增加诸如"如果天气是干燥的"等要求;也就是我们要考虑水泥产地的自然环境。我们在明确说明投入和产出特性时所需用的详细程度要依据手边的问题而定,但我们要知道,一个特定的投入和产出品,可以按人为地、非常细的内容来明确说明。

1.2 技术的说明

假定厂商有 n 种可能的物品用作投入和/或产出。如果厂商用 y_j^i 个单位的物品 j 作为投入,并且生产出 y_j^o 个该物品作为产出,那么物品 j 的**净产出**就由 $y_j = y_j^o - y_j^i$ 给出。如果物品 j 的净产出是正的,那么该厂商生产的物品 j 要比它用作投入的要多;如果净产出是负的,那么该厂商使用的物品 j 要比其生产的多。

生产计划简单来说就是各种物品净产出的一个一览表。我们可以用在 R^n 中的一个向量 y 来表示一个生产计划,其中,如果第 j 项物品是用来做净投入的,那么 y_j 就是负的;如果第 j 项物品是用来做净产出的,那么 y_j 就是正的。所有技术上可行的生产计划的集合被称作该厂商的**生产可能性集**,并且以 R^n 中的一个子集 Y 来表示。Y 集描述了所有技术上可行的投入和产出的模式。它给出我们对厂商所面临的技术可能性的一个完整的描述。

当我们研究某些特定的经济环境中的厂商行为时,我们可能想要在那些"立即可行的"和"最终可行的"生产计划间做出区分。例如,在短期,厂商的一些投入是不变的,以至于仅只是与这些不变要素相容的生产计划才是可能的。在长期,这类要素可以变动,以致厂商的技术可能性也会改变。

我们可以一般化地假定,这样的限制可由 R^n 中的向量 z 来描述。例如,z 可以是最大量的各种投入以及可以在研究中的时期内生产出的产出的一个一览表。**受限制的或短期生产可能性集**可以

由 $Y(z)$ 来表示;这由所有与约束水平 z 相一致的可行的净产出束组成。例如,假设要素 n 短期被固定在 $\bar{y}_n$ 上。那么 $Y(\bar{y}_n) = \{y$ 在 Y 中$:y_n = \bar{y}_n\}$。注意,$Y(z)$ 是 Y 的一个子集,因为它由所有可行的生产计划组成(这就意味着它们在 Y 中);而这些计划也能满足某些附加条件。

例子:投入要求集

假定我们正在考虑一家只生产一种产出的厂商。在这个例子中,我们将净产出束写作 $(y, -x)$,其中 x 是可以生产 y 单位产出的一个投入向量。然后,我们可以定义一类特殊的受限制的生产可能性集,**投入要求集**:

$$V(y) = \{x \text{ 在 } R^n_+ \text{ 中}:(y,-x) \text{ 在 } Y \text{ 中}\}$$

投入要求集是至少可以生产 y 单位产出的所有投入束的集合。

注意,正如这里所定义的那样,投入要求集以正数度量投入,而不是像生产可能性集中使用负数。

例子:等产量线

在上面的例子中,我们也可以定义**一条等产量线**

$$Q(y) = \{x \text{ 在 } R^n_+ \text{ 中}:x \text{ 在 } V(y) \text{ 中并且 } x \text{ 不在 } V(y') \text{ 中}, y' > y\}.$$

等产量线给出所有刚好生产 y 单位产出的投入束。

短期生产可能性集

假设一个厂商用劳动和某种我们称作"资本"的机器来生产某种产出。那么生产计划看上去就像 $(y, -l, -k)$,其中 y 是产出水平,l 是劳动投入量,k 是资本投入量。我们设想短期内,劳动可以立即变化,但资本被固定在水平 $\bar{k}$ 上。那么:

$$Y(\bar{k}) = \{(y, -l, -k) \text{ 在 } Y \text{ 中}: k = \bar{k}\}$$

就是一个**短期生产可能性集**的例子。

例子:生产函数

如果厂商仅只有一种产出,我们可以定义**生产函数**:

$f(x) = \{y \text{ 在 } R \text{ 中}: y \text{ 是与在 } Y \text{ 中的 } -x \text{ 相联的最大产出}\}$

例子:变换函数

生产函数的 n 维模拟在我们对一般均衡理论的研究中会是有用的。如要在 Y 中不存在这样的 y',竟致于 $y' \geqslant y$ 并且 $y' \neq y$,那么在 Y 中的生产计划 y 就是**(技术上)有效的**;那就是,如果没有用同样的投入生产出更多的产出或用更少的投入生产出相同产出的方法,生产计划就是有效的。(仔细注意投入品的符号约定怎样在这里起作用。)我们常常假定可以通过一个**变换函数** $T: R^n \to R$ 来描述技术上有效的生产计划的集合,其中,当且仅当 y 是有效时,$T(y) = 0$。正如生产函数送出最大的纯量作为投入的函数一样,变换函数则选出了最大化的净产出向量。

例子:柯布-道格拉斯技术

让 a 是这样的一个系数,以至于 $0 < a < 1$。那么,**柯布-道格拉斯技术**可以下面的方式来定义。见图 1.1A。

$Y = \{(y, -x_1, -x_2) \text{ 在 } R^3 \text{ 中}: y \leq x_1^a x_2^{1-a}\}$

$V(y) = \{(x_1, x_2) \text{ 在 } R_+^2 \text{ 中}: y \leq x_1^a x_2^{1-a}\}$

$Q(y) = \{(x_1, x_2) \text{ 在 } R_+^2 \text{ 中}: y = x_1^a x_2^{1-a}\}$

$Y(z) = \{(y, -x_1, -x_2) \text{ 在 } R^3 \text{ 中}: y \leq x_1^a x_2^{1-a}, x_2 = z\}$

$T(y, x_1, x_2) = y - x_1^a x_2^{1-a}$

$f(x_1, x_2) = x_1^a x_2^{1-a}$

例子:里昂惕夫技术

令 $a > 0$ 和 $b > 0$ 为系数。那么,**里昂惕夫技术**可以下面的方式来定义。见图 1.1B。

$Y = \{(y, -x_1, -x_2) \text{ 在 } R^3 \text{ 中}: y \leq \min(ax_1, bx_2)\}$

$V(y) = \{(x_1, x_2) \text{ 在 } R_+^2 \text{ 中}: y \leq \min(ax_1, bx_2)\}$

$Q(y) = \{(x_1, x_2) \text{ 在 } R_+^2 \text{ 中}: y = \min(ax_1, bx_2)\}$

$T(y, x_1, x_2) = y - \min(ax_1, bx_2)$

$f(x_1, x_2) = \min(ax_1, bx_2)$.

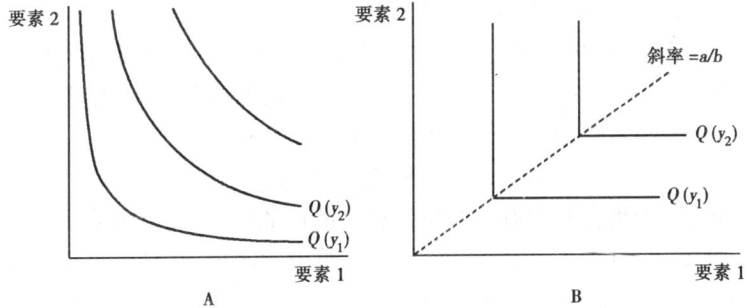

图 1.1 柯布-道格拉斯和里昂惕夫技术

图 A 描画道格拉斯技术的一个一般形状,图 B 描画里昂惕夫技术的一个一般形状。

在本章,我们将主要处理只生产一种产出的厂商;因此,我们将主要通过投入要求集或/生产函数来描述它们的技术。以后,我们会使用生产集和变换函数。

1.3 活动分析

描述生产集或投入要求集最直接的方法就是简单地列出可行的生产计划。例如,假设我们可以用要素投入 1 和要素投入 2 来生产一种产出品。这有两种不同的生产**活动或技术**:

技术 A:一个单位的要素 1 和两个单位的要素 2,可以生产一个单位的产出。

技术 B:两个单位的要素 1 和一个单位的要素 2,可以生产一个单位的产出。

令产出是物品 1,要素是物品 2 和物品 3。那么,我们表示这两种活动所意味的生产可能性,可以通过生产集

$$Y = \{(1,-1,-2),(1,-2,-1)\}$$

或通过投入要求集

$$V(1) = \{(1,2),(2,1)\}.$$

图 1.2A 描绘了这一投入要求集。

可能有这种情况,即为了生产 y 单位产出,我们可以刚好使用每个投入品的 y 倍。$y=1,2\cdots\cdots$。在这种情况下,你会想到生产 y 单位产出的可行方法的集合可以表示成

$$V(y) = \{(y,2y),(2y,y)\}.$$

不过,这个集合并没有包括所有相关的可能性。确实,如果我们使用技术 A 的话,$(y,2y)$ 会生产出 y 单位的产出,并且如果我们使用技术 B 的话,$(2y,y)$ 也会生产出 y 单位的产出——但是,如果我们使用技术 A 和 B 的混合方式的话,会怎么样呢?

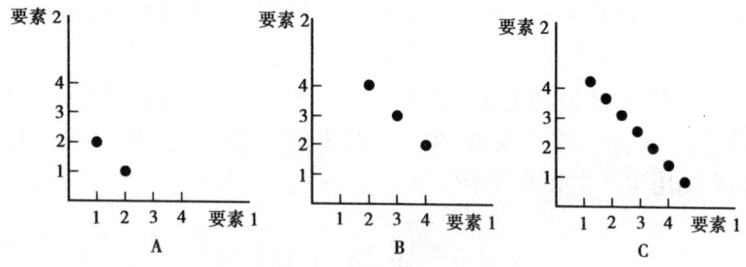

图 1.2 投入要求集

图 A 描画 $V(1)$,图 B 描图 $V(2)$,图 C 相对于更大的 y 值描画 $V(y)$。

在这种情况下,我们得令 y_A 是使用技术 A 的产出量,y_B 是使用技术 B 的产出量。那么,$V(y)$ 可以表示成集合

$$V(y) = \{(y_A + 2y_B, y_B + 2y_A) : y = y_A + y_B\}.$$

这样,例如,$V(2) = \{(2,4),(4,2),(3,3)\}$,就正如图 1.2B 所描绘的那样了。注意,投入组合 $(3,3)$ 可以通过用技术 A 生产一单位和用技术 B 生产一单位而生产出二单位的产出。

1.4 单调技术

让我们来继续检查上节所引入的两活动的例子。假设我们有

投入向量(3,2)。这足以生产出一单位的产出吗？我们可以说,既然我们可以处理掉2个单位的要素1,并且还留下(1,2),那实际上是可以用(3,2)的投入来生产出一单位的产出。这样一来,如果这样的**自由处置**是允许的话,我们说,如果x是生产y单位产出的可行方法,并且x'是与x中的每种投入至少一样多的投入向量,那么x'也应是生产y单位产出的一种可行方法,就是合理的了。因此,投入要求集在下面的意义上应是**单调的**：

单调性 如果x在$V(y)$中,并且$x'\geqslant x$,那么,x'也在$V(y)$中。

如果我们假定单调性成立,那么图1.2中所描绘的投入要求集就变成了图1.3所描绘的集合。

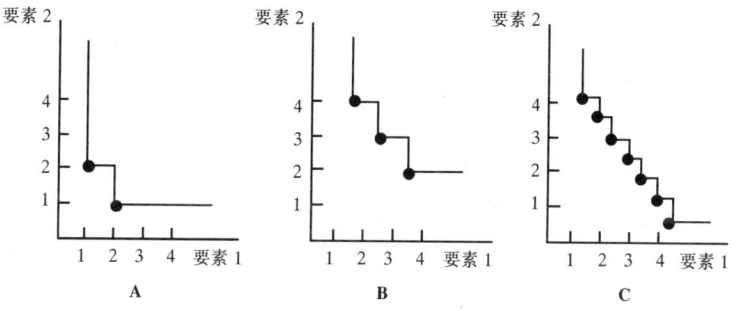

图1.3 单调性

如果我们也假定单调性,这里是同样的三个投入要求集。

单调性对生产集而言通常也是一个适当的假设。在本书中,我们想要一般化地假定,如果y在Y中,并且$y'\leqslant y$,那么y'也一定在Y中。仔细注意。符号约定在这里是如何起作用的。如果$y'\leqslant y$,意味着向量y'的每个组成部分都小于或等于y的相应组成部分。这就意味着,与y相比,y'所代表的生产计划通过使用与y至少一样多的所有投入,生产出相等或较少的产出来。因此,人们自然会假定,如果y是可行的,y'也是可行的。

1.5 凸 技 术

让我们现在来考虑,如果我们想要生产 100 个单位的产出,投入要求集看上去会是什么样子。作为第一步,我们可能会说,如果我们用 100 乘以向量 (1,2) 和 (2,1),刚好能够复制以前我们所做的工作。因此生产出 100 倍的产出来。显然,并非所有的生产过程一定会允许这种复制,但这在许多情形下,却似乎是貌似有理的。

如果这样的复制是可能的话,那么我们可以断定 (100,200) 和 (200,100) 在 $V(100)$ 当中。还有其他生产 100 单位产出的方法吗?我们可以进行 50 次活动 A 和 50 次活动 B。这会使用 150 单位物品 1 和 150 单位物品 2 来生产 100 个单位的产出;因此,(150,150) 应该在投入要求集中。类似地,我们可以进行 25 次活动 A 和 75 次活动 B。这就意味着

$$.25(100,200) + .75(200,100) = (175,125)$$

应该在 $V(100)$ 中。更一般化地,

$$t(100,200) + (1-t)(200,100) = (100t + 200(1-t), 200t + (1-t)100)$$

应该在 $V(100)$ 中,其中 $t = 0, .01, .02, \cdots, 1$。

我们也可以在这儿做出显然的近似,让 t 取 0 与 1 之间任意小的数值。这会导致图 1.4A 所描绘的生产集形式。在往下的一个定义中对这一特性作出了精确表述。

凸性 如果 x 和 x' 都在 $V(y)$ 中,那么,对所有 $0 \leqslant t \leqslant 1$ 的 t 而言,$tx + (1-t)x'$ 在 $V(y)$ 中。那就是,$V(y)$ 是一个**凸集**。

我们通过一个复制的论据,引出了凸性假定。如果我们想要生产"大"量的产出,并且可以复制"小"的生产过程,那么似乎是技术应被模型化成凸性。不过,假如基本活动的规模相对于适意的产出量是巨大的话,凸性可能并非是合理的假定。

尽管如此,关于凸性在某些情况下为什么是合理的假定,也仍

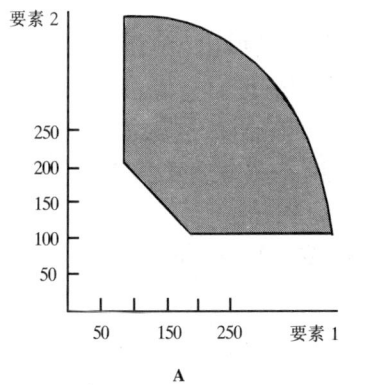
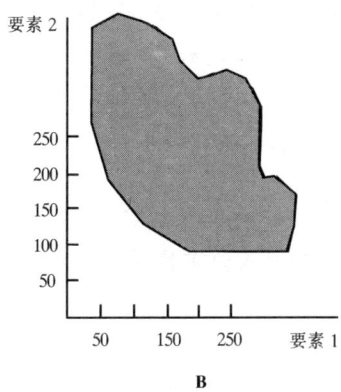

图 1.4 凸的投入要求集

如果 x 和 x' 可以生产 y 单位产出,那么任意加权平均 $tx+(1-t)x'$ 也能生产出 y 单位的产出。图 A 描画一个带两个基本活动的凸投入要求集;图 B 描画一个带许多基本活动的凸投入要求集。

有其他的支持观点。例如,假定我们正在考虑每个月的产出。如果投入向量 x 每月可生产 y 单位产出,另一个向量 x' 每月也生产 y 单位产出,那么,我们可以使用 x 半个月。使用 x' 另半个月。如果在月中转变生产计划不会产生什么问题的话,我们就可以合理地预期会得到 y 单位产出。

我们把上面给出的论据运用到了投入要求集上了,但类似的论据也可运用到生产集上。通常,假定如果 y 和 y' 都在 Y 中,那么对 $0 \leqslant t \leqslant 1$ 而言,$ty+(1-t)y'$ 也在 Y 中;换句话说,Y 是一个凸集。不过,应该注意到,生产集凸性是比投入要求集凸性更成问题的假定。例如,生产集凸性将"启动成本"(start up costs)和其他的规模报酬排除在外了。这一点不久就要更详细地讨论。现在,我们要描述 $V(y)$ 的凸性,生产函数的曲度,以及 Y 集凸性之间的一些关系。

凸生产集意味着凸投入要求集。如果生产集 Y 是一个凸集,那么相联的投入要求集也是一个凸集。

证明 如果 Y 是一个凸集,那么可以得出,对任何使 $(y, -x)$ 和 $(y, -x')$ 都在 Y 中 x 和 x' 来说,我们一定会有 $(ty + (1-t)y, -tx-(1-t)x')$ 在 Y 中。简单地说,这就是要求 $(y, -(tx+(1-t)x'))$ 在 Y 中。这就得出,如果 x 和 x' 在 $V(y)$ 中,$tx+(1-t)x'$ 也在 $V(y)$ 中,说明 $V(y)$ 是凸的。

凸投入要求集等价于拟凹生产函数。 $V(y)$ 是凸集,当且仅当生产函数 $f(x)$ 是一个拟凹函数

证明 $V(y)=\{x:f(x)\geqslant y\}$,正是 $f(x)$ 的上等值集(the upper contour set)。但是,一个函数是拟凹的,当且仅当它有一个上等值集。参见原书第 27 章。

1.6 正则技术(Regular technologies)

最后,我们考虑有关 $V(y)$ 的一个弱正则条件。

正则 对所有 $y\geqslant 0$ 而言,$V(y)$ 是一个非空的闭集。

$V(y)$ 是非空的假定要求,总存在某种可想到的方法来生产出任意给定水平的产出。这仅是想简单地避免以像"假定 y 可以被生产出来"这样的短语来修正语句。

做出 $V(y)$ 是闭集的假定是因为技术上的原因,并且在大多数课文中是无害的。假定 $V(y)$ 是闭集的一个涵义如下:假定我们有一序列投入束 (x^i),它们每个都能生产 y 单位产出,并且这一序列收敛于投入束 x^o。那就是说,序列中的投入束任意靠近 x^o。如果 $V(y)$ 是个闭集,那么这就限定投入束 x^o 必须能生产 y 单位产出。粗略地说,投入要求集必须"包括它自己的边界。"

1.7 技术的参数表示

假设我们有许多可能的方法来生产某一给定水平的产出。那

么,以像图1.5中的"平滑的"投入要求集来概括这一投入集,可能是合理的。那也就是,我们想要拟合一条通过这些可能的生产点的性状良好的曲线。如果确实许多略有不同的方法来生产一给定水平的产出,这样的一个平滑过程就不应牵扯到任何太大的问题。

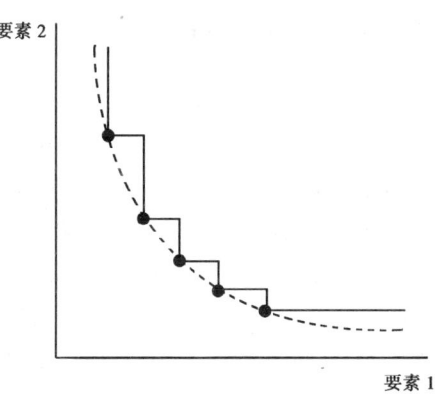

图1.5 拟平一条等产量线

一个投入要求集和对其的一个"平滑的"近似。

如果我们的确做出了这样的一种近似来"平滑"投入要求集,那么进一步寻求一种便利的方法,用包括一些未知参数的参数函数来表示该技术就是自然的了。例如,前面提到过的柯布-道格拉斯技术就意味着任何满足 $x_1^a x_2^b \geqslant y$ 的投入束(x_1, x_2)都可以生产至少 y 单位的产出。

这些技术的参数表示当然不必看作是对生产可能性的如实描述。生产可能性是描述实际可能的生产计划的工程数据。也可能恰好这一工程数据可以很好地、合理地由一种诸如像柯布-道格拉斯函数这样便利的函数形式来描述。如果是这样的话,这样的一种参数描述可以非常有用。

在大多数应用中,我们仅只关心对一项技术,在某种特定水平的投入和产出范围内,有一种参数近似,并且通常使用相对简单的函数形式来做出这样的一种参数近似。作为教学工具,这些参数表示是非常方便的,并且我们将常常认为我们的技术有这样的一种表示。这时我们就可以把微积分和代数的工具带来审查厂商的生产选择。

1.8 技术替代率(TRS)

假定我们有某项可由一平滑的生产函数来概括的技术,并且我们正在一特定的点 $y^* = f(x_1^*, x_2^*)$ 上进行生产。设想我们想要增加投入 1 的用量,减少投入 2 的用量,以便保持不变的产出水平。我们怎么才可以决定这两种要素间的**技术替代率**呢?

在二维的情况下,技术替代率正好是等产量线的斜率:这正如图 1.6 所描绘的那样,当 x_1 发生少量变化时,必须如何调整 x_2 以保持产出不变。在 n 维的情形下,技术替代率是按特定方向度量的等产量曲面的斜率。

让 $x_2(x_1)$ 成为告诉我们如果我们正使用 x_1 单位的其他投入,需要多少单位的 x_2 来生产 y 单位的产出的(隐)函数。那么根据定义,函数 $x_2(x_1)$ 必须满足恒等式

$$f(x_1, x_2(x_1)) \equiv y$$

我们求 $\partial x_2(x_1^*)/\partial x_1$ 的表达式。对上面的恒等式进行求导,我们得到:

$$\frac{\partial f(x^*)}{\partial x_1} + \frac{\partial f(x^*)}{\partial x_2}\frac{\partial x_2(x_1^*)}{\partial x_1} = 0$$

或

$$\frac{\partial x_2(x_1^*)}{\partial x_1} = -\frac{\partial f(x^*)/\partial x_1}{\partial f(x^*)/\partial x_2}.$$

这就给出了技术替代率一个明确的表达式。

这里是另一种得出技术替代率的方式。设想一个在投入水平上发生(很小)变化的向量,我们可以将此写作 $dx = (dx_1, dx_2)$。产出方面的相关变动近似为

$$dy = \frac{\partial f}{\partial x_1}dx_1 + \frac{\partial f}{\partial x_2}dx_2.$$

这一表达式就是函数 $f(x)$ 的**全微分**。考虑一个特定的变化,其中仅要素 1 和要素 2 变动,并且该变动要满足产出保持不变。那就是,dx_1 和 dx_2 要"沿一条等产量线"调整。

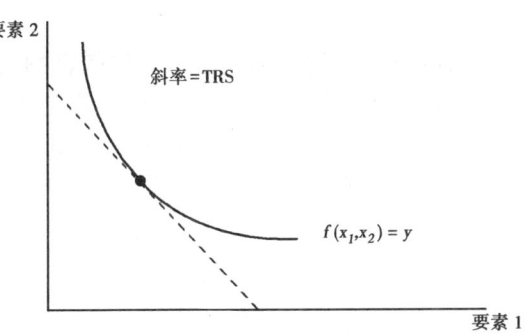

图 1.6 **技术替代率**

技术替代率度量当另一种投入变动时,为了保持产出不变,一种投入如何变动

既然产出保持不变,我们就有

$$0 = \frac{\partial f}{\partial x_1}dx_1 + \frac{\partial f}{\partial x_2}dx_2,$$

这可以解出:

$$\frac{dx_2}{dx_1} = -\frac{\partial f/\partial x_1}{\partial f/\partial x_2}.$$

不管是隐函数方法还是全微分方法都可以用来计算技术替代率。隐函数方法更严格一点,但全微分方法恐怕更直观。

例子:柯布-道格拉斯技术的技术替代率(TRS)

给定 $f(x_1, x_2) = x_1^a x_2^{1-a}$,求偏导得到

$$\frac{\partial f(x)}{\partial x_1} = a x_1^{a-1} x_2^{1-a} = a \left[\frac{x_2}{x_1}\right]^{1-a}$$

$$\frac{\partial f(x)}{\partial x_2} = (1-a) x_1^a x_2^{-a} = (1-a) \left[\frac{x_1}{x_2}\right]^a$$

可以得出

$$\frac{\partial x_2(x_1)}{\partial x_1} = -\frac{\partial f/\partial x_1}{\partial f/\partial x_2} = -\frac{a}{1-a}\frac{x_2}{x_1}.$$

1.9 替代弹性

技术替代率度量等产量线的斜率。**替代弹性**则度量等产量线的曲率。更具体地说,替代弹性度量当产出保持不变时,要素比率的百分比变动除以技术替代率的百分比变动。如果我们让 $\Delta(x_2/x_1)$ 表示要素比率的变动,ΔTRS 表示技术替代率的变动,我们可以将替代弹性表示为

$$\sigma = \frac{\dfrac{\Delta(x_2/x_1)}{x_2/x_1}}{\dfrac{\Delta TRS}{TRS}}.$$

这是对曲率相对自然的度量:它问随着等产量斜率的变动,要素投入比率如何变化。如果斜率的微小变化引起要素投入比率很大的变动,等产量就相对平滑,这就意味着替代弹性是大的。

实际上,我们认为百分比变动很小,当 Δ 趋于 0 时,取了这一表达式的极限。因此,σ 的表达式成了

$$\sigma = \frac{TRS}{(x_2/x_1)}\frac{d(x_2/x_1)}{dTRS}.$$

通常,使用**对数微商**来计算 σ 是方便的。总的说来,如果 $y = g(x)$,y 对 x 的弹性指的是由 x(微小)的百分比变动所引致的 y 的百分比变动。那就是,

$$\epsilon = \frac{\dfrac{dy}{y}}{\dfrac{dx}{x}} = \frac{dy}{dx}\frac{x}{y}.$$

假如 x 和 y 是正的,这一微商可以写作

$$\epsilon = \frac{d\ln y}{d\ln x}.$$

要证明它,注意通过连锁法则

$$\frac{d\ln y}{d\ln x}\frac{d\ln x}{dx} = \frac{d\ln y}{dx}.$$

对等号左边和右边进行计算,我们有

$$\frac{d\ln y}{d\ln x}\frac{1}{x} = \frac{1}{y}\frac{dy}{dx},$$

$$\frac{d\ln y}{d\ln x} = \frac{x}{y}\frac{dy}{dx}.$$

要不,我们可以使用全微分

$$d\ln y = \frac{1}{y}dy$$

$$d\ln x = \frac{1}{x}dx,$$

满足 $$\epsilon = \frac{d\ln y}{d\ln x} = \frac{dy}{dx}\frac{x}{y}.$$

又是给出的第一个计算更严格,但第二个计算更直观。

把这个用到替代弹性上,我们可以写作

$$\sigma = \frac{d\ln(x_2/x_1)}{d\ln|TRS|}.$$

(分母中的绝对值符号将技术替代率转换成正数,以便使对数有意义。)

例子:柯布-道格拉斯生产函数的替代弹性

上面我们已经看到

$$TRS = -\frac{a}{1-a}\frac{x_2}{x_1},$$

或者

$$\frac{x_2}{x_1} = -\frac{1-a}{a}TRS.$$

可以得出

$$\ln\frac{x_2}{x_1} = \ln\frac{1-a}{a} + \ln|TRS|.$$

这转过来意味着

$$\sigma = \frac{d\ln(x_2/x_1)}{d\ln|TRS|} = 1.$$

1.10 规模报酬

假定我们正使用某一投入向量 X 来生产某一产出 y，并且我们决定通过某一 $t \geqslant 0$ 的量来按比例增加或减少投入。这对产出水平会发生什么变动呢？

在我们以前所讨论的例子里，我们仅想按一定量的比例增大产出，象征性地假定，我们可以简单地复制我们以前所做的，因此可以生产出与以前 t 倍一样多的产出。如果这种按比例总是可行的话，我们要说这项技术表现出**规模报酬不变**。更正式地，规模报酬不变。一项技术表现出**规模报酬不变**，如果下面的任何一个条件得到满足：

(1) 对所有 $t \geqslant 0$；y 在 Y 中意味着 ty 在 Y 中；

(2) x 在 $V(y)$ 中意味着 tx 在 $V(ty)$ 中，对所有 $t \geqslant 0$；

(3) $f(tx) = tf(x)$，对所有 $t \geqslant 0$；亦即，生产函数 $f(x)$ 是一次齐次的。

上面给出的复制论点说明，规模报酬不变通常是就技术所做出的一个合理的假定。不过，也有一些它不是一个似乎有理的假定的情况。

一种规模报酬不变可能会被违犯的情况是当我们试图"细分"一个生产过程时。即使总是可能按照整数量向上调整经营，但按同样的方式向下调整经营却可能不行。例如，存在着某种最小规模的经营以致在这种规模之下生产产出要牵扯到不同的技术。一旦达到最小的经营规模，较大水平的产出就可以通过复制生产出来。

另一种规模报酬不变可能会被违犯的情况是当我们想要按非整数量来向上调整生产时。肯定地,复制我们以前所做的是足够简单的,但我们如何做我们以前所做的 1.5 倍呢?

这两种规模报酬不变不被满足的情况,当生产规模相对于最小产出规模较小时,才是重要的。

第三种规模报酬不变不适宜的情况是当所有的产出加倍后允许使用更有效的生产方式时。复制过程说,通过投入的加倍来使产出加倍是可行的,但可能有更好的方法来生产产出。例如,考虑一家在两点间建造输油管道,并且使用劳动、机械和钢材作为建造管道的投入品的厂商。我们对该厂商产出的相关度量就是管线的运输能力。那么很清楚,如果我们将生产过程中的所有投入增加一倍,产出可以大于加倍,因为管道的表面积增加一倍,会使运输能力增加到原来的 4 倍①。在这个例子里,当产出增加大于投入增加的规模时,我们说该技术表现出规模报酬递增。

规模报酬递增。如果对所有 $t > 1, f(tx) > tf(x)$,一项技术就表现出规模报酬递增。

可以违背规模报酬不变的第四种方式是通过一些不能复制的投入品来实现。例如,考虑一个 100 英亩的农场。如果我们想要生产两倍的产出,可以使用两倍的投入。但这也意味着使用两倍的土地。因为得不到更多的土地,这不可能做到。即使当增加所有的投入时,技术表现出了规模报酬不变,但把它看作是对在我们控制下的投入表现出规模报酬递减,可能是合适的。更准确地,我们有规模报酬递减。如果对所有 $t > 1, f(tx) < tf(x)$,一项技术就表现出规模报酬递减。

规模报酬递减最自然的例子就是其中我们不能复制某些投入的例子。因此,我们预期受限制的生产可能性集会通常表现出规

---

① 当然,更大的管道可能更难于建造,所以我们可以认为产出并不必然正好按因子 4 增大。但它非常可能按大于 2 的因子增大。

模报酬递减。这就变成总是可以假定规模报酬递减是由于某种不变投入的出现。

为了说明此点,假定 $f(x)$ 是一个对 K 单位投入表现出规模报酬递减的生产函数。那么,我们可以引入一个能的"神秘"投入,并且以 z 度量它的水平。定义一个新的生产函数

$$F(z,x) = zf(x/z).$$

注意 F 表现出不变的规模报酬。如果我们用某个 $t \geqslant 0$ 乘以所有的投入——x 投入和 z 投入,产出也乘以 t。如果 z 固定在 1 上,我们简直就会有与我们以前一样的技术。因此,$f(x)$ 初始的规模报酬递减可被看作规模报酬不变由于设定 $z=1$ 而导致的对技术 $F(z,x)$ 的一个限制。

最后,让我们注意上面所定义的各种规模报酬就其本质而言是全域的,也可能出现的是一项技术对 x 的某些值表现出规模报酬递增,而对 x 的另一些值则表现出规模报酬递减。因此在许多情况下,对规模报酬的局部度量是有用的。**规模弹性**度量由于所有投入的一个百分比增加——也就是由于生产规模的增加,产出的百分比增加。

17 让 $y=f(x)$ 表示生产函数。让 t 是一个正的纯量,考虑函数 $y(t) = f(tx)$。如果 $t=1$,我们有现在的生产规模;如果 $t>1$,我们正向上调整所有的投入;如果 $t<1$,我们正向下调整所有的投入。

给出规模弹性

$$e(x) = \frac{\frac{dy(t)}{y(t)}}{\frac{dt}{t}},$$

求 $t=1$ 时的数值。重新排列这一表达式,我们有

$$e(x) = \frac{dy(t)}{dt}\frac{t}{y} \mid_{t=1} = \frac{df(tx)}{dt}\frac{t}{f(tx)} \mid_{t=1}.$$

注意,我们必须求出这一表达式在 $t=1$ 时的值,来计算点 x 处的

替代弹性。随着 $e(x)$ 大于、等于、小于 1,我们说该技术表现出规模报酬的局部递增、不变或递减。

例子:规模报酬和柯布-道格拉斯技术

假定 $y = x_1^a x_2^b$。那么 $f(tx_1, tx_2) = (tx_1)^a(tx_2)^b = t^{a+b}x_1^a x_2^b = t^{a+b}f(x_1, x_2)$。因此当且仅当,$a + b = 1$ 时,$f(tx_1, tx_2) = tf(x_1, x_2)$。类似地,$a + b > 1$ 意味着规模报酬递增,$a + b < 1$ 意味着规模报酬递减。

事实上,柯布-道格拉斯技术的规模弹性原来正是 $a + b$。我们运用定义

$$\frac{d(tx_1)^a(tx_2)^b}{dt} = \frac{dt^{a+b}x_1^a x_2^b}{dt} = (a+b)t^{a+b-1}x_1^a x_2^b.$$

在 $t = 1$ 计算这个导数的值并除以 $f(x_1, x_2) = x_1^a x_2^b$ 就得出这一结果。

1.11 齐次技术和位似技术

如果对所有 $t > 0, f(tx) = t^k f(x)$,那么函数 $f(x)$ 就是 **k 次齐次的**。经济学中,最重要的"次数"是零次和一次[①]。一个零次齐次函数就是 $f(tx) = f(x)$ 的函数,一次齐次函数就是 $f(tx) = tf(x)$ 的函数。

把这一定义与规模报酬不变的定义相比较,我们看到一项技术有不变的规模报酬,当且仅当它的生产函数是一次齐次的。

函数:$g: R \to R$ 被说成是一个正的单调变换,如果 g 是一个严格递增函数的话,那就是说,$x > y$ 意味着 $g(x) > g(y)$ 的函数。("正的"通常由课文中暗示出来。)**位似函数**是一个一次齐次函数的单调变换。换句话说,函数 $f(x)$ 是位似的,当且仅当它可

[①] 不过,有时认为硕士和博士是更重要的。(次数(degree)这个词在英语中有学历的意思)

以表示成 $f(x) = g(h(x))$，其中 $h(\cdot)$ 是一次齐次的，$g(\cdot)$ 是单调函数。见图 1.7 的几何解释。

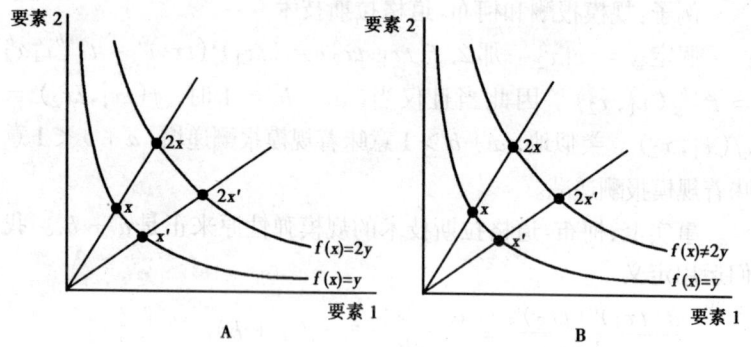

图 1.7 齐次函数和位似函数

图 A 描画一个一次齐次函数。如果 x 和 x' 都能生产 y 单位产出，那么 $2x$ 和 $2x'$ 都能生产 $2y$ 单位的产出。图 B 描画一个位似函数。如果 x 和 x' 生产同样水平的产出 y，那么 $2x$ 和 $2x'$ 能生产出同样水平的产出，但不必是 $2y$。

把单调变换看作是以不同的单位来度量产出的一种方法。例如，我们可以品脱或夸脱来度量一种化工过程的产出。在这个例子中从一种单位改到另一种是非常简单的——我们仅乘以或除以 z 就成。一种更奇异的单调变换可以是这样的——我们以夸脱数的平方来度量产出。考虑到这一解释，一项位似技术就是有某种度量该项技术产出的方法，以便这项技术"看上去像"规模报酬不变。

齐次函数和位似函数之所以让人感兴趣是由于它们的等产量线随产出水平变动而变动的简单方式。在齐次函数的例子里，等产量线都刚好是一条单独的等产量线"吹起来"的样子。如果 $f(x)$ 是一次齐次的，那么如果 x 和 x' 可以生产 y 单位的产出，可以得出 tx 和 tx' 能生产出 ty 单位的产出，正如图 1.7A 所描述的那样。位似函数有几乎相同的特性：如果 x 和 x' 生产相同水平的产出，那么 tx 和 tx' 就能生产出相同水平的产出——但它将不必

是原产出的 t 倍。位似技术的等产量线看上去刚好像齐次技术的等产量线,仅是与等产量线相联的产出水平是不同的。

齐次技术和位似技术之所以有用是因为它们对技术替代率如何随产出规模的变动而发生的变动强加了特定的限制。特别地,这两类函数的技术替代率都独立于生产规模。

这可以立即从第 26 章第 514~515 页中得出,在那里我们说明如果 $f(x)$ 是一次齐次的,那么 $\partial f(x)/\partial x_i$ 是零次齐次的。这就得出任意两个偏导数的比率是零次齐次的,这正是我们要找的结果。

例子 CES 生产函数

不变替代弹性或 CES 生产函数的形式

$$y = \left[a_1 x_1^\rho + a_2 x_2^\rho\right]^{\frac{1}{\rho}}.$$

容易证明 CES 生产函数表现出规模报酬不变。根据参数 ρ 的值,CES 生产函数包含着好几个著名的生产函数作为它的特例。下面对这些进行了描述,图 1.8 也进行了说明。在我们的讨论中,设定参数 $a_1 = a_2 = 1$ 是适宜的。

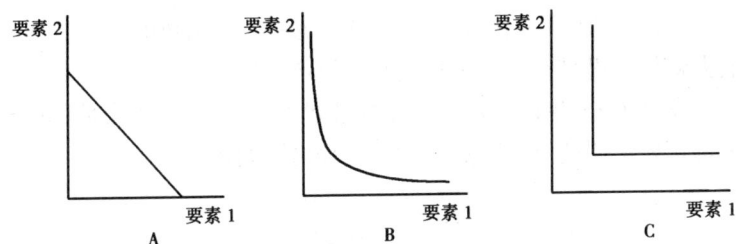

图 1.8 **CES 生产函数**

CES 生产函数可以依参数 ρ 的值而呈现多种形状。图 A 描画的是 $\rho = 1$ 的情况,图 B 是 $\rho = 0$,图 C 是 $\rho = -\infty$ 的情况。

(1) 线性生产函数($\rho = 1$)。简单替换后得出

$$y = x_1 + x_2.$$

(2) 柯布-道格拉斯生产函数($\rho = 0$)。当 $\rho = 0$ 时,CES 生

产函数不能定义,由于要被零除,不过我们将说明随着 ρ 接近零,CES 生产函数的等产量线看上去非常像柯布-道格拉斯生产函数的等产量线。

通过使用技术替代率,这是很容易看出的。直接计算

$$TRS = -\left(\frac{x_1}{x_2}\right)^{\rho-1}.$$

随着 ρ 接近零,这就趋向极限

$$TRS = -\frac{x_2}{x_1},$$

这正是柯布-道格拉斯生产函数的技术替代率(TRS)。

(3) 里昂惕夫生产函数($\rho = -\infty$)。我们刚刚看到方程(1.1)给出了 CES 生产函数的技术替代率。随着 ρ 接近 $-\infty$,这一表达式接近

$$TRS = -\left(\frac{x_1}{x_2}\right)^{-\infty} = \left(\frac{x_2}{x_1}\right)^{\infty}.$$

如果 $x_2 > x_1$,TRS 是(负)无穷;如果 $x_2 < x_1$,TRS 就是零。这就意味着,随着 ρ 接近 $-\infty$,一个 CES 生产函数的等产量线看上去就像与里昂惕夫技术相关联的等产量线。

发现 CES 生产函数有不变的替代弹性,可能并不会使你感到惊奇。要证明此点,注意一下所给出的技术替代率,

$$TRS = -\left(\frac{x_1}{x_2}\right)^{\rho-1},$$

得出
$$\frac{x_2}{x_1} = |TRS|^{\frac{1}{1-\rho}}.$$

取对数,我们看到

$$\ln\frac{x_2}{x_1} = \frac{1}{1-\rho}\ln|TRS|.$$

运用使用对数微分的定义,

$$\sigma = \frac{d\ln x_2/x_1}{d\ln|TRS|} = \frac{1}{1-\rho}.$$

注 释

替代弹性要归功于希克斯(Hicks,1932)。关于将替代弹性一般化到八种投入的例子的讨论,参见布莱科贝和拉塞尔(Blackorby & Russell(1989))和其中所引的参考书。规模弹性要归功弗里施(Frish(1965))。

练 习

1.1 对或错?如果 $V(y)$ 是个凸集,那么相关的生产集 Y 一定是凸的。

1.2 当 $a_1 \neq a_2$ 时,一般的 CES 技术 $y = (a_1 x_1^\rho + a_2 x_2^\rho)^{\frac{1}{\rho}}$ 替代弹性是什么?

1.3 **将要素 i 的产出弹性**定义成
$$\in i(x) = \frac{\partial f(x)}{\partial x_i} \cdot \frac{x_i}{f(x)}$$
如果 $f(x) = x_1^a x_2^b$,每个要素产出弹性是什么?

1.4 如果 $\in(x)$ 是规模弹性,$\in i(x)$ 是要素 i 的产出弹性,说明 $\in(x) = \sum_{i=1}^{n} \in i(x)$。

1.5 CES 技术 $f(x_1, x_2) = (x_1^\rho + x_2^\rho)^{\frac{1}{\rho}}$ 的规模弹性是什么?

1.6 对或错?可微函数 $g(x)$ 是严格增函数,当且仅当 $g'(x) > 0$。

1.7 在课文中已声明,如果 $f(x)$ 是位似技术,并且 x 和 x' 生产同样水平的产出,那么 tx 和 tx' 也一定生产同样水平的产出。你可以严格证明此点吗?

1.8 让 $f(x_1, x_2)$ 是位似函数。证明它在 (x_1, x_2) 的技术替代率等于它在 (tx_1, tx_2) 处的技术替代率。

1.9 考虑 CES 技术 $f(x_1, x_2) = [a_1 x_1^\rho + a_2 x_2^\rho]^{\frac{1}{\rho}}$。证明我们可以把它写成 $f(x_1, x_2) = A(\rho)[b x_1^\rho + (1-b) x_2^\rho]^{\frac{1}{\rho}}$ 的形式。

1.10 让 Y 是一个生产集。如果 y 在 Y 中和 y' 在 Y 中意味着 $y + y'$ 在 Y 中,我们就说该技术是加性的。如果 y 在 Y 中并且 $0 \leq t \leq 1$ 意味着 ty 在 Y 中,我们就说该技术是可分性的。证明,如果一项技术既是加性的又是可分性的,那么 Y 一定是凸的且表现出规模报酬不变。

1.11 对每个投入要求集,判定其是否正则、单调和/或凸的。假定参数 a 和 b 以及产出水平严格为正:

(a) $V(y) = \{x_1, x_2 : ax_1 \geq \log y, bx_2 \geq \log y\}$
(b) $V(y) = \{x_1, x_2 : ax_1 + bx_2 \geq y, x_1 > 0\}$
(c) $V(y) = \{x_1, x_2 : ax_1 + \sqrt{x_1 x_2} + bx_2 \geq y\}$
(d) $V(y) = \{x_1, x_2 : ax_1 + bx_2 \geq y\}$
(e) $V(y) = \{x_1, x_2 : x_1(1-y) \geq a, x_2(1-y) \geq b\}$
(f) $V(y) = \{x_1, x_2 : ax_1 - \sqrt{x_1 x_2} + bx_2 \geq y\}$
(g) $V(y) = \{x_1, x_2 : x_1 + \min(x_1, x_2) \geq 3y\}$

第 2 章 利润最大化

经济**利润**被定义成厂商的收益与成本之差。重要的是要理解,在利润的计算中,要把所有的成本都包括进来。如果一个小商人拥有一家食品杂货店,并且他也在店中工作,他作为雇员的工资应该作为成本计算进来。如果一群个人贷给厂商一笔款,以换取按月支付,这些利息支付必须作为生产成本得到计算。

厂商的收益和成本都要依赖于厂商所开展的活动。这些活动可以有多种形式:实际的生产活动,要素的购买,购买广告都是厂商活动的例子。在一个相当抽象的水平上,我们可以设想厂商能从事这类各种各样的活动。我们可以把收益写作为某 n 种活动水平的函数,$R(a_1, \cdots, a_n)$;把成本作为同样 n 种活动水平的函数,$C(a_1, \cdots, a_n)$。

对厂商行为的多数经济分析是基于这样一个假定:即最大化其利润。也就是说,厂商选择行动 $(a_1, \cdots, a_n)$,以便最大化 $R(a_1, \cdots, a_n) - C(a_1, \cdots, a_n)$。这是贯穿本书所用的行为假定。

甚至在这样广泛的一般化水平上,也表现出利润最大化的两个基本原则。第一个来自微积分的简单运用。厂商所面临的利润最大化问题可以写作

$$\max_{a_1, \cdots, a_n} R(a_1, \cdots, a_n) - C(a_1, \cdots, a_n)$$

微积分的简单运用说明,一个最优行动集,$a^* = (a_1^*, \cdots, a_n^*)$,满足条件

$$\frac{\partial R(a^*)}{\partial a_i} = \frac{\partial C(a^*)}{\partial a_i} \quad i = 1, \cdots, n.$$

这些条件背后的直觉感受是清楚的:如果边际收益大于边际成本,增大该活动的水平是有利的;如果边际收益小于边际成本,减小该活动的水平是上算的。

这个说明利润最大化特征的基本条件,有好几种具体的解释。例如,厂商要做的一项决定是选择它的产出水平。利润最大化的基本条件告诉我们,产出水平的选择应是再增加一单位产出的生产,能获得等于它的边际生产成本的边际收益。厂商要作出的另一种决定是确定雇佣多少某一特定的要素——比如说劳动。利润最大化的这个基本条件告诉我们,厂商应雇佣的劳动量应使得再多雇一单位劳动的边际收益等于雇佣那个额外单位劳动的边际成本。

利润最大化的第二个基本条件是长期利润相等。假设两个厂商有同样的收益函数和成本函数。那么很清楚,就长期来说,这两个厂商不可能有不相等的利润——因为每个厂商都可以模仿另一个的行动。这个条件是很简单的,但它的涵义却常常出奇地有力。

为了以一种更具体的方式来运用这些条件,我们需要把收益函数和成本函数拆成为更基本的部分。收益由两部分组成:厂商可以出售的各种产出的多少乘以每种产出的价格。成本也由两部分组成:厂商使用的每种投入的多少乘以各种投入的价格。

因此,厂商的利润最大化问题,就变成确定厂商希望按什么价格为它的产出定价,或按什么价格为它的投入进行支付;以及它希望按什么水平进行投入和产出的问题了。当然,厂商不可能单方面确定价格和活动水平。在决定它的最优政策时,厂商面临两类约束:技术约束和市场约束。

技术约束仅只是那些有关生产计划可行性的约束。在前面一章里,我们在前一章已经考察过描述技术约束的方式了。

市场约束是那些有关其他当事人行为对厂商影响的约束。例如,向厂商购买产出的消费者可能只愿意按某一价格支付某一数量的产出;同样,厂商的供应商可能只接受按某一价格供应投入。

当厂商决定它的最优行动时,它必须将这两类约束考虑进去。

不过,开始时我们一次只检查一个约束是方便的。因为这个原因,后面几节所描述的厂商将只表现出最简单的那种市场行为,即**价格接受行为**。假定每个厂商都把价格当作给定的价格,是利润最大化问题的外生变量。因此,厂商将只关心决定产出和投入的利润最大化水平。这样的价格接受厂商通常被认作是**竞争性厂商**。

使用这一术语的原因以后再讨论;不过,我们可以简要地在这里说明一下适宜于价格接受行为的那种环境。假定我们有一批信息灵通的消费者,他们购买由大量厂商生产的同质产品。那么,很清楚,所有的厂商必须为他们的产品索取相同的价格——任何想为它的产品索取高于现行市场价的厂商会立即失去它所有的顾客。因此,当它决定其最优政策时,各个厂商必须将市场价格当作给定的。在本章中,我们要研究在市场价格布局给定的情况下,生产计划的最优选择。

2.1 利润最大化

让我们考虑一下将其产品和要素市场价格当做给定的厂商的问题。让 p 代表厂商投入和产出的价格向量。[①] 该厂商的利润最大化问题可以表述成

$$\pi(p) = \max py$$
满足 y 在 Y 中

因为产出以正数度量,投入以负数度量,这一问题的目标函数就是利润:收益减去成本。函数 $\pi(P)$(给出我们作为价格函数最大化利润)被称为厂商的**利润函数**。

利润函数有好几种有用的变体。例如,如果我们正在考虑一个短期最大化问题,我们可以定义短期利润函数,也被当作**受约束的利润函数**:
$$\pi(p, z) = \max py$$

---

① 一般说来,我们把价格表示成行向量,数量表示成列向量。

满足 y 在 $Y(z)$ 中

如果该厂商只生产一种产出,利润函数可以写作

$$\pi(p,w) = \max pf(x) - wx$$

其中 p 现在是产出的(纯量)价格,w 是要素价格向量,投入以(非负)向量 $x=(x_1,\cdots,x_n)$ 来度量。在这个例子里,我们也可以定义这个受约束的利润函数的一个变体,**成本函数**

$$c(w,y) = \min wx$$

满足 x 在 $V(y)$ 中

在短期,我们可能要考虑**受约束的**或**短期的成本函数**:

$$c(w,y,z) = \min wx$$

满足 $(y,-x)$ 在 $Y(z)$ 中

当要素价格是 w 时,该成本函数给出生产 y 单位产出时的最小成本。因为在这个问题中,仅要素价格被当作外生的,该成本函数可以用来描述在要素市场上是价格接受者但在产品市场上并不将价格当作给定的厂商。这个观察结果在我们对垄断的研究中会有用。

利润最大化行为可用微积分来描述。例如,单个产出的利润最大化问题的一阶条件是:

$$p\frac{\partial f(x^*)}{\partial x_i} = w_i \qquad i = 1,\cdots,n.$$

这个条件简单地说明,每种要素的边际产品的价值必须等于它的价格。使用向量计法,我们也可以把这些条件写成

$$pDf(x^*) = w.$$

这里 $\qquad Df(x^*) = \left(\dfrac{\partial f(x^*)}{\partial x_1},\cdots,\dfrac{\partial f(x^*)}{\partial x_n}\right)$

是 f 的斜率:f 就是各个自变量的偏导数向量。

一阶条件说,"每个要素的边际产品价值必须等于它的价格"。这正好是我们前面所说的最大化规则中的一个特例:"每个行动的边际收益要等于它的边际成本。"

这个一阶条件也可用图形展示出来。考虑一下图形所描画的生产可能性集。在这个二维的例子里,利润由 $\pi = py - wx$ 给出。

这个函数固定 p 和 w 后的平面集是直线,可以 $y=\pi/p+(w/p)x$ 形式的函数来表示。在这里,等利润线的斜率给出了按产出单位度量的工资,截距给出我们按产出单位度量的利润。

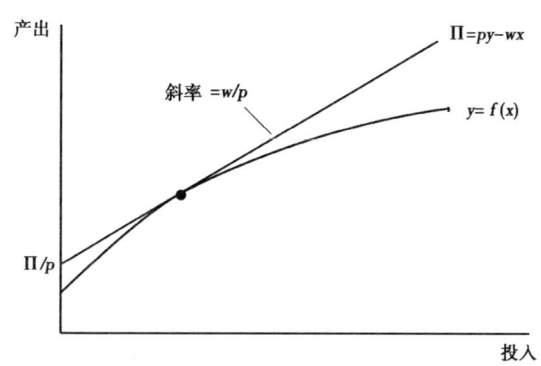

图 2.1 利润最大化

利润最大化的投入量出现在等利润线斜率等于生产函数斜率的地方。

利润最大化的厂商想要在生产集中找到代表最大利润水平的那一点——在这点上,相联的等利润线的纵截距最大。通过观察可以看出,这样的最优点可由相切条件来表示

$$\frac{df(x^*)}{dx}=\frac{w}{p}.$$

从这个二维的例子里,不难看出利润最大化合适的二阶条件是,生产函数对投入的二阶导数必须是非正的:

$$\frac{d^2f(x^*)}{dx^2}\leq 0.$$

从几何图形来看,这意味着在利润最大化点上,生产函数必须位于 x^* 点切线的下面;亦即它必须是"局部凹的"。假定二阶导数严格为负常常是有用的。

在多种投入的情况下,一个类似的二阶条件成立。在此情况下,利润最大化的二阶条件是,生产函数的二阶导矩阵在最优点一

定是**负半定**的;也就是说,二阶条件要求海塞矩阵(Hessian Matrix)

$$D^2 f(x^*) = \left(\frac{\partial^2 f(x^*)}{\partial x_i \partial x_j} \right)$$

必须满足(对所有的向量 h) $hD^2 f(x^*)h^t \leq 0$ 的条件。(上标 t 说明转置操作。)注意,如果仅有一项投入,海塞矩阵就成了纯量,这个条件就简化成我们先前已对单投入情况检验过的二阶条件。

从几何图形看来,要求海塞矩阵是负半定意味着在最优点的邻域,生产函数必须是凹的——也就是,生产函数必须位于切平面的下方。

在许多应用中,我们将关注正常的最大值问题,以便要检查的有关条件是海塞矩阵是否是负半定的。在原书第 26 章 476 页,我们将说明对这一问题的充分而必要检验就是:海塞矩阵的顺序主要式在符号上必须交叉。正如我们下面会看到的,这一代数条件有时对检查二阶条件是有用的。

2.2 困　　难

对每个价格向量 (p, w) 而言,一般都存在某个最优的要素选择 x^*。这个给出我们最优的投入选择的以价格为自变量的函数被称作厂商的**要素需求函数**,可以表达成 $x(p, w)$。类似地,函数 $y(p, w) = f(x(p, w))$ 被称作厂商的**供给函数**。我们通常假定这些函数经过很好地定义并且性状良好,但是,如果情况不是这样所引起的问题是值得考虑的。

首先,可能出现该技术不能由可微生产函数来描述,以致上面所描述的导数是不相宜的。里昂惕夫技术就是这类问题的一个很好的例子。

其次,上面得出的微积分条件仅当选择变量可以在最优点的一个开邻域内变动时,才是有意义的。在许多经济问题中,变量自然是非负的;如果一些变量在最优选择取零值,上面所描述的微积分条件就可能是不适宜的。仅当是**内解**——各个要素的使用是正数时,上面所描述的条件才是正确的。

为处理边界解而对这些条件做必要的修正是并不困难的。例如,如果在利润最大化问题中我们限定 x 是非负的,相应的一阶条件就变成

$$p \frac{\partial f(x)}{\partial x_i} - w_i \leq 0 \text{ 如果 } x_i = 0$$

$$p \frac{\partial f(x)}{\partial x_i} - w_i = 0 \text{ 如果 } x_i > 0.$$

因此,增加 x_i 的边际利润一定是非正的,否则,该厂商会增加 x_i。如果 $x_i = 0$,增加 x_i 的边际利润可能是负的——也就是说,该厂商宁愿减少 x_i。但因为 x_i 已经是零了,这是不可能的了。最后,如果 $x_i > 0$,以致非负性约束并不起作用,我们就会有对内解的平常条件。

涉及非负性约束和其他不等式约束的例子可以由原书 27 章 503 页的库恩-塔克定理(Kuhn-Tucker)来处理。在本章中,我们要提供这个定理在成本最小化上的一些应用例子。

可能出现的第三类问题是可能不存在利润最大化的生产计划。例如,考虑这种情况,其中生产函数是 $f(x) = x$,以致一单位 x 生产一单位产出。不难看出,对 $p > w$ 而言,不存在利润最大化计划。当 $p > w$ 时,如果你想最大化 $px - wx$,你会想要选择无穷大的 x 值。仅当 $p \leq w$ 时,这项技术的最大化的生产计划会存在,在这种情况下,最优的利润水平将是零。

事实上,同样的现象会出现在规模报酬不变的技术上。为了说明这一点,假设我们可以找到某个 (p, w),在这点上最优利润严格为正,以致

$$pf(x^*) - wx^* = \pi^* > 0.$$

假定我们以 $t > 1$ 的因子向上调整生产;我们的利润现在就是

$$pf(tx^*) - wtx^* = t[pf(x^*) - wx^*] = t\pi^* > \pi^*.$$

这意味着,如果利润曾是正的,它们可以变得更大——因此,利润是不受约束的,在这个例子里,不存在最大利润的生产计划。

从这个例子清楚地看到,对规模报酬不变的厂商而言,惟一重要的利润最大化的位置就是零利润。如果厂商正生产某个正的产出水平并且它赚取零利润,那么它对其正在生产的产出水平是不感兴趣的。

这就带来了第四个困难:即使当利润最大化生产计划存在时,它也可能不是惟一的。如果对某种规模报酬不变技术来说,(y, x)产生最大的零利润,那么(ty, tx)也将产生零利润,并且因而也是利润最大化的。在规模报酬不变的情况下,如果在某个(p, w)竟存在着利润最大化的选择,那么一般说来就存在整个范围的利润最大化的生产计划。

例子:柯布-道格拉斯技术的利润函数

考虑$f(x) = x^a$ $a > 0$形式的生产函数利润最大化问题。一阶条件是

$$pax^{a-1} = w,$$

二阶条件简化成

$$pa(a-1)x^{a-2} \leq 0.$$

当$a \leq 1$时,二阶条件才能满足,这意味着要让竞争性的利润最大化有意义,生产函数必须是规模报酬不变或递减。

如果$a = 1$,一阶条件简化成$p = w$。因此,当$w = p$时,任意值的x都是利润最大化选择。当$a < 1$时,我们使用一价条件来求解要素需求函数

$$x(p, w) = \left(\frac{w}{ap}\right)^{\frac{1}{a-1}}.$$

供给函数由

$$y(p, w) = f(x(p, w)) = \left(\frac{w}{ap}\right)^{\frac{a}{a-1}},$$

给出。并且利润函数由

$$\pi(p,w) = py(p,w) - wx(p,w) = w\left(\frac{1-a}{a}\right)\left(\frac{w}{ap}\right)^{\frac{1}{a-1}}$$
给出。

2.3 需求函数和供给函数的特性

把价格当作自变量所给出投入和产出的最优选择的函数被认作**要素需求函数**和**产出供给函数**。这些函数是一种特定形式的最大化问题,利润最大化问题的解的事实将意味着会对需求和供给函数的行为有某些限制。

例如,容易看到,如果对所有的价格乘以某个正数 t,最大化利润的要素投入向量不会改变。(你可以严格证明这点吗?)因此,要素需求函数 $x_i(p,w), i=1,\cdots,n$ 一定满足约束
$$x_i(tp,tw) = \pi_i(p,w).$$
换句话说,要素需求函数一定是零次齐次的。这一特性是利润最大化行为的一个重要含义:检查一些观察到行为是否来自利润最大化模型的直接方法就是看需求函数是否是零次齐次的。如果它们不是,讨论中的厂商就不可能是最大化利润的。

我们想找到对需求函数的其他这样的限制。事实上,我们想完全列出这样的限制。我们可以用两种方法使用这样的列表。首先,我们可以用它来检验一个利润最大化的厂商会如何对它的经济环境的变化做出反应的有关理论陈述。这样陈述的一个例子是:"如果所有的价格都加倍,货物需求水平和利润最大化厂商的供给水平将不会变化。"其次,我们可以在实证地使用这类限制来判定一待定厂商的观察到的行为是否与利润最大化模型一致。如果我们观察到当所有的价格都加倍,其他都不变时,某个厂商的需求和供给发生了改变,我们就不得不得出(恐怕是不情愿的)该厂商不是利润最大化者的结论。

这样看来,理论上和实践上的考虑都说明断定需求函数和供

给函数所拥有的特性的重要。我们将用三种方式来解决这个问题。第一种方式是检查说明最优选择特征的一阶条件。第二种方式是直接检查需求函数和供给函数的最大化特征。第三种方式是检查利润函数和成本函数的特性,并且把这些特性与需求函数联系起来。这个方法有时被指作"对偶方法"。这些检查最优行为方法的每一种,对经济学中的其他问题都是有用的,而且应仔细研究所涉及到的操作。

经济学家把对一个经济变量如何对其环境的变化做出反应的研究称为"**比较静态**"。例如,我们可以问一个利润最大化厂商的产出供给如何对产出价格的变动做出反应。这就是供给函数比较静态的部分研究内容。

术语"**比较**"指的是对比一个"之前"和"之后"的状况。术语"**静态**"指的是这样的思想,即所做的对比是在所有的调整都已"产生出来",即我们必须把一种均衡同另一种相比。

术语"比较静态"并非是专门描述性的,它似乎仅被经济学家所使用。描述这种分析的一个更好的术语是**灵敏度分析**。这个术语的额外好处就是,它在其他的研究领域也在使用。不过,比较静态是经济学中的传统术语,并且似乎是如此深入经济分析中,以至于试图改变它是徒劳的。

2.4 使用一阶条件的比较静态

让我们先考虑一个只有一种投入和产出的厂商利润最大化的简单例子。厂商所面临的问题是

$$\max_{x} pf(x) - wx.$$

如果 $f(x)$ 是可微的,需求函数 $x(p,w)$ 一定满足必要的一阶和二阶条件

$$pf'(x(p,w)) - w \equiv 0$$
$$pf''(x(p,w)) \leq 0.$$

注意,这些条件是 p 和 w 的恒等式。因为根据定义 $x(p,w)$ 是在 (p,w) 上最大化利润的选择,$x(p,w)$ 对所有的 p 和 w 值都要满足利润最大化的必要条件。既然一阶条件是恒等式,我们可以就它对 w 进行微分,得到

$$pf''(x(p,w))\frac{dx(p,w)}{dw} - 1 \equiv 0.$$

假定我们有一个正常的极值以便 $f''(x)$ 不等于零,我们可以得到

$$\frac{dx(p,w)}{dw} \equiv \frac{1}{pf''(x(p,w))}. \tag{2.1}$$

这个恒等式就要素需求函数 $x(p,w)$ 如何对 w 的变化做出反应告诉了我们一些有趣的事实。首先,它给出我们 dx/dw 按生产函数表示的明显表达式。如果生产函数在最优点的邻域非常弯曲——以致二阶导数在数值上很大——那么随着要素价格的变化,要素需求的变化将很小。(你可以画一个与图 2.1 相似的图形,实现一下来证明这个事实。)

其次,它给出了该导数符号的重要信息:因为最大化的二阶条件说明生产函数的二阶导数 $f''(x(p,w))$ 是负的,方程(2,1)说明 $dx(p,w)/dw$ 是负的。换句话说:要素需求曲线向下倾斜。

当有许多投入品时,这个对一阶条件进行微分的程序可以用来检查利润最大化行为。为简单起见,让我们考虑一下两种投入的情况。为了表达上的方便,我们将 $P=1$ 正规化,只看要素需求就要素价格如何表现。要素需求函数必须满足一阶条件。

$$\frac{\partial f(x_1(w_1,w_2), x_2(w_1,w_2))}{\partial x_1} \equiv w_1$$
$$\frac{\partial f(x_1(w_1,w_2), x_2(w_1,w_2))}{\partial x_2} \equiv w_2.$$

就 w_1 进行求导,我们有

$$f_{11}\frac{\partial x_1}{\partial w_1} + f_{12}\frac{\partial x_2}{\partial w_1} = 1$$
$$f_{21}\frac{\partial x_1}{\partial w_1} + f_{22}\frac{\partial x_2}{\partial w_1} = 0.$$

就 w_2 进行求导,我们有

$$f_{11}\frac{\partial x_1}{\partial w_2} + f_{12}\frac{\partial x_2}{\partial w_2} = 0$$

$$f_{21}\frac{\partial x_1}{\partial w_2} + f_{22}\frac{\partial x_2}{\partial w_2} = 1.$$

把这些方程写成矩阵形式,得到

$$\begin{bmatrix} f_{11} & f_{12} \\ f_{21} & f_{22} \end{bmatrix} \begin{pmatrix} \dfrac{\partial x_1}{\partial w_1} & \dfrac{\partial x_1}{\partial w_2} \\ \dfrac{\partial x_2}{\partial w_1} & \dfrac{\partial x_2}{\partial w_2} \end{pmatrix} = \begin{pmatrix} 1 & 0 \\ 0 & 1 \end{pmatrix}.$$

让我们假定有一个正常的极值。这意味着海塞矩阵是严格负定的,因而是满秩的。(这个假设类似于一维情况下,$f''(x) < 0$ 的假定。)求解一价导矩阵,我们有

$$\begin{pmatrix} \dfrac{\partial x_1}{\partial w_1} & \dfrac{\partial x_1}{\partial w_2} \\ \dfrac{\partial x_2}{\partial w_1} & \dfrac{\partial x_2}{\partial w_2} \end{pmatrix} = \begin{pmatrix} f_{11} & f_{12} \\ f_{21} & f_{22} \end{pmatrix}^{-1}$$

这最后一个方程左边的矩阵以替代矩阵而闻名,因为它描述厂商如何随着要素价格的改变用一种投入代替另一种投入。按照我们的计算,替代矩阵就是海塞矩阵的逆矩阵,这有好几个重要的含义。

回想一下,(严格的)利润最大化的二阶条件就是,海塞矩阵是一个对称的负定矩阵。对称的负定矩阵的逆是一个对称的负定矩阵;这是线性代数的标准结果。这就意味着替代矩阵本身必须是一个对称的负定矩阵。特别地:

1) $\partial x_i / \partial w_i < 0, i = 1, 2$,因为负定矩阵的对角项必须是负的。
2) 根据对称矩阵,$\partial x_i / \partial w_j = \partial x_j / \partial w_i$。

虽然要素需求曲线应该是负斜率是很直观的,但替代矩阵是对称的事实却非很直观。为什么当物品的价格变动时,厂商对物品 i 的需求变动必然等于当物品 i 的价格变动时,厂商对物

品 j 的需求变动呢？对此没有显然的原因……但是它含在利润最大化模型当中。

对任意数目的投入，可以进行同类计算。将 P 正规化令其等于 1，利润最大化的一阶条件为
$$Df(x(w)) - w \equiv 0.$$
如果我们就 w 进行微分，得到
$$D^2 f(x(w))Dx(w) - I \equiv 0.$$
解这个方程求替代矩阵，我们得到
$$Dx(w) \equiv [D^2 f(x(w))]^{-1}.$$
因为 $D^2 f(x(w))$ 是个对称的负定矩阵，替代矩阵 $Dx(w)$ 就是对称的负定矩阵。这个公式当然是上面所描述的一种投入品和两种投入品的一个自然的类比。

说替代矩阵是负半定的实证内容是什么呢？我们可以提供下面的解释。假设要素价格矩阵由 w 变成 $w+dw$。那么相关联的要素需求就是
$$dx = Dx(w)dw^t.$$
将方程两边同乘以 dw，得到
$$dwdx = dwDx(w)dw^t \leq 0.$$
不等式得自负半定矩阵的定义。我们看到替代矩阵的负半定意味着要素价格变动和要素需求变动的内积应总是非正的，至少对要素价格的微小变动而言是如此。例如，如果第 i 种要素的价格上升，并且其他价格不发生变化，就应得出对第 i 种要素的需求一定减少。一般说来，数量变动 dx 一定与价格变动 dw 成钝角。粗略而言，数量变动的方向一定或多或少与价格变动的方向"相反"。

2.5　使用代数的比较静态

在这一部分，我们要检查直接得自最大化本身的利润最大化行为的后果。我们要在一个与以前略有不同的环境下进行此项工

作。我们不将厂商行为当作它的需求和供给函数所描述的那样，而是看作对一个厂商有一有限次数的观察。这就允许我们避免了取极限中所涉及的一些冗长的细节，给出了我们进行实证分析的一个更真实的背景。(谁难道曾有过无穷数量的数据吗？)

这样，假定给出我们一列观察到的价格向量 p^t，和与此相关联净产出向量 y^t，$t=1,\cdots,T$。我们把这个收集当作数据。根据我们以前描述过的净供给函数，数据就是一些观察到的$(p^t,y(p^t))$，$t=1,\cdots,T$。

我们要问的第一个问题就是，就这个数据集而言，利润最大化模型意味着什么。如果厂商是在最大化利润，那么，所观察到的在价格 p^t 时的净产出选择一定会有一个利润水平，至少与这个厂商所能选择的任何其他的净产出的利润一样多。我们不知道在这种情形下所有其他可行的选择，但我们的确知道它们中的一些——即我们已观察到的那些选择 y^s，$s=1,\cdots,T$。因此，利润最大化的一个必要条件就是

$p^t y^t \geqslant p^t y^s$ 对所有的 t 和 $s=1,\cdots,t$。我们将把这个条件称作**利润最大化弱公理**(WAPM)。

在图 2.2A 中，我们画出了两组违反利润最大化弱公理的观察数据，而图 2.2B 描绘了两组满足利润最大化弱公理的数据。

利润最大化弱公理是一个简单的，但很有用的条件；让我们来得出它的一些推论。固定两个观察数据 t 和 s，写出每个的利润最大化弱公理。我们有

$$p^t(y^t - y^s) \geqslant 0$$
$$-p^s(y^t - y^s) \geqslant 0.$$

两个不等式相加给出我们

$$(p^t - p^s)(y^t - y^s) \geqslant 0.$$

令 $\Delta p = (p^t - p^s)$ 和 $\Delta y = (y^t - y^s)$，我们可将这个表达式重新写作

$$\Delta p \Delta y \geqslant 0. \tag{2.2}$$

换句话说，价格变动向量与相关联的净产出变动向量的内积

一定是非负的。

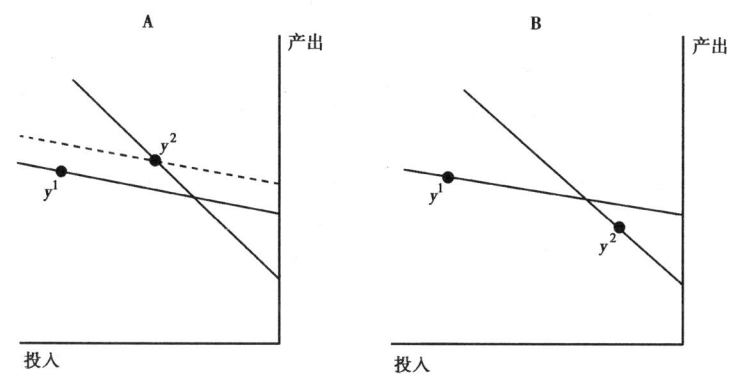

图2.2 利润最大化弱公理

图A显示了两组违反利润最大化弱公理的数据,因为$P^1Y^2 > P^1Y^1$。图B显示了两组满足利润最大化弱公理的数据。

例如,如果Δp是向量$(1,0,\cdots,0)$,那么这个不等式就意味着Δy_1一定非负。如果第一项物品是该厂商的产出物,并且因此而是个正数,那么这个物品的供应当价格上升时,不可能下降。另一方面,如果第一项物品是该厂商的投入,并且因此而以一个负数度量,那么当它的价格上升时,对该物品的需求一定不会上升。

当然,方程(2.2)只是前面部分所得出的无穷小极限不等式的一个"Δ"说明。但它更强,因为它适用于所有的价格变动,不仅仅是无穷小的变动。注意(2.2)直接得自利润最大化的定义,并且关于技术的正则性假定也是不必要的。

2.6 寻回性(Recoverability)

利润最大化弱公理已穷尽了利润最大化行为的所有含义,或利润最大化还有其他有用的条件吗?回答这个问题的一种方法就是试图构造一项产生将观察到的行为(p^t, y^t)做为利润最大化行为的技术。如果我们能为任何满足利润最大化弱公理的数据集找到这样的技术,那么,利润最大化弱公理一定确实穷尽了利润最大化行为的含义。我们称这种构造一项与观察到的选择相一致的技术的操作为**寻回性操作**。

我们将说明,如果一个数据集满足利润最大化弱公理,总是可能找到一项技术,对该技术而言,观察到的选择是利润最大化选择。事实上,总是可以找到一个闭的并且是凸的生产集 Y。本节的余下部分将简述这一论断的证明。

我们的任务是构造一个会将观察到的选择(p^t, y^t)做为利润最大化选择的生产集。实际上,我们要构造两个这样的生产集,一个用来做为真实技术的"内界",一个用来做为"外界"。我们从内界开始。

假设真实的生产集 Y 是凸且单调的。因为 Y 必须包含$y^t, t=1, \cdots T$,自然应使内界成为包含 $y^1 \cdots, y^t$ 的最小的凸且单调的集合。这个集合被称作点 $y^1, \cdots, y^T$ 的凸的,单调壳,并被表示成

$$YI = \{y^t : t = 1, \cdots, T\} \text{的凸单调壳}$$

图 2.3A 描述了 YI 集。

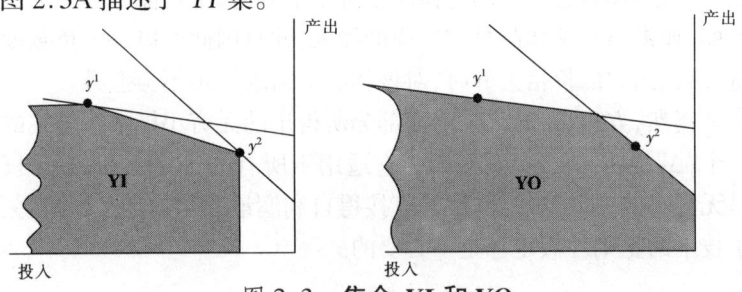

图 2.3 集合 YI 和 YO

YI 集是最小的凸的、单调集,它是与数据相一致的生产集。YO 集是最大的凸的、单调集,可做为与数据相一致的生产集。

对技术 YI 而言,容易说明 y^t 是在价格 p^t 时的利润最大化选

择。我们必须做的就是对所有的 t 检验

$$p^t y^t \geqslant p^t y \qquad y 在 YI 中$$

假定这不是真实。那么对某个观察到的 t 而言,有某个在 YI 中的 y 便得,$p^t y^t < p^t y$。但是检查该图说明,那么就必须存在某个观察到的 S,使得 $p^t y^t < p^t y^s$ 成立。但这个不等式违反了利润最大化弱公理。

这样一来,YI 集就使得观察到的行为在这种意义上合理化了,即它是一项可以产生那种行为的可能的技术。不难看出 YI 集一定包含在可以产生观察到的行为的任意凸的技术里:如果 Y 产生了观察到的行为且它是凸的,那么它一定包含着观察到的选择 y^t,并且这些点的凸壳是最小的这样的集合。在这个意义上,YI 给出我们能产生观察到的选择的真实技术的一个"内界"。

我们很自然地会问,是否我们可以找到这个"真实"技术的一个外界。亦即我们可以找到一个 YO 集,它保证包含任何与观察到的行为相一致的技术吗?

回答这个问题的技巧是剔除所有不可能包含在真实技术中的点,然后把剩下的包括进来。更准确地,让我们定义 $NOTY$ 为

$$NOTY = \{y: p^t y > p^t y^t, 对某些 t\}$$

$NOTY$ 由所有那些比观察到的选择要产生更高利润的净产出束组成。如果该厂商是一个利润最大化者,这样的净产出束就不可能是技术可行的;否则就应该选择它们。现在我们取这个集合的补集为 Y 的外界:

$$YO = \{y: p^t y \leqslant p^t y^t, t = 1, \cdots, T\}$$

图 2.3B 描述了 YO 集。

为了说明 YO 集使观察到的行为合理化,我们必须说明,观察到的选择所产生的利润至少与 YO 中任何其他 y 所产生的利润一样多。假设不是这样,那么存在某个 y^t,对 YO 中的某个 y 而言,满足 $p^t y^t < p^t y$。但是这违反了上面所给出的 YO 的定义。

从 YO 的构造看来很清楚,它必须包含任何与数据(y^t)相一

致的生产集。因此，YO 和 YI 形成了产生该数据的真实生产集的最紧密的内界和外界。

注 释

关于比较静态方法论更多的信息，参见西尔伯伯格(Silberberg,1974 和 1990)。这里所描述的代数学方法是由阿弗雷德(Afriat,1967)和萨缪尔森(Samuelson,1947)提倡的；进一步的发展，参见瓦里安(Varian,1982b)。

练 习

2.1 使用库恩－塔克定理来得出即使对边界解。亦既当没有使用某些要素时，也是正确的利润最大化和成本最小化条件。

2.2 证明对表现出规模报酬递增的技术，只要有一点产生正利润，就不存在利润最大化束。

2.3 计算出技术 $y=x^a, 0<a<1$ 的利润函数，并证明它对 (p,w) 是齐次且凸的。

2.4 令 $f(x_1,x_2)$ 是两要素生产函数，w_1 和 w_2 是它们各自的价格。证明要素份额 $(w_2 x_2/w_1 x_1)$ 对 (x_1/x_2) 的弹性是 $\frac{1}{\sigma}-1$。

2.5 证明要素份额对 (w_2/w_1) 的弹性是 $1-\sigma$。

2.6 令 $(p^t, y^t), t=1,\cdots,T$ 是一满足利润最大化弱公理的观察到的选择集合，YI 和 YO 是真实生产集 Y 的内界和外界。令 $\pi^+(P)$ 是与 YO 相联的利润函数，$\pi^-(P)$ 是与 YI 相联的利润函数，$\pi(P)$ 是与 Y 相联的利润函数。证明对所有的 P 而言，$\pi^+(P) \geqslant \pi(P) \geqslant \pi^-(P)$。

2.7 生产函数是 $f(x)=20x-x^2$，并且产出价格正规化后等于 1。含 w 是 x 投入的价格，我们有 $x \geqslant 0$。

(a)如果 $x>0$，利润最大化的一阶条件是什么？

(b)w 取什么值时，x 的最优值是零？

(c)w 取什么值时，x 的最优值是 10？

(d)要素需求函数是什么？

(e)利润函数是什么？

(f)利润函数对 w 的导数是什么？

第3章 利润函数

给定任意的生产集 Y,我们已看到如何计算利润函数 $\pi(P)$(该函数给出了价格 P 时可获得的最大利润)。利润函数拥有好几个直接得自它的定义的重要特性。这些特性对分析利润最大化行为是很有用的。

回想一下,根据定义,利润函数就是厂商将其作为净产出价格向量的函数的最大利润:

$$\pi(p) = \max_y py$$

满足 y 在 Y 中。

从得出的数学结果的观点看来,重要的是这个问题中的目标函数是价格的线性函数。

3.1 利润函数的特性

我们从概述利润函数的特性开始。重要的是要认识到,这些特性仅仅是从利润最大化的假设中得出来的。有关凸性、单调性或其他的正则性的假设都是不必要的。

利润函数的特性

1) 产出价格的非减函数,投入价格的非增函数。如果产出价格 $p_i' \geqslant p_i$,投入价格 $p_j' \leqslant p_j$,那么 $\pi(p') \geqslant \pi(p)$。

2) 价格 p 的一次齐次函数。$\pi(tp) = t\pi(p), t \geqslant 0$

3) 价格 p 的凸函数。令 $p'' = tp + (1-t)p', 0 \leqslant t \leqslant 1$。那么 $\pi(p'') \leqslant t\pi(p) + (1-t)\pi(p')$。

4) 价格 p 的连续函数。函数 $\pi(p)$ 是连续的,至少当 $\pi(p)$ 是

经过很好定义的且 $p_i > 0, i = 1, \cdots, n$ 时,是如此。

证明:我们再次强调这些特性的证明单独得自利润函数的定义,并不依赖技术的任何特性。

1) 令 y 是 p 时的利润最大化净产出向量,满足 $\pi(p) = py$。并令 y' 是 p' 时的利润最大化净产出向量,满足 $\pi(p') = p'y'$。那么根据利润最大化的定义,我们有 $p'y' \geq p'y$。因为对所有 $y_i \geq 0$ 的 i 而言,$p_i' \geq p_i$,和对所有 $y_i \leq 0$ 的 i 而言,$p_i' \leq p_i$,我们也有 $p'y \geq py$。把这两个不等式放在一起比较,我们有 $\pi(p') = p'y' \geq py = \pi(p)$,正如要求的那样。

2) 令 y 是 p 时的一个利润最大化净产出向量,对所有在 Y 中 y',满足 $py \geq py'$。$t \geq 0$,可以得出,对所有在 y 中的 y',$tpy \geq tpy'$。因此,y 也在价格 tp 时,使利润最大化。这样一来,$\pi(tp) = tpy = t\pi(p)$。

3) 令 y 在价格 p 时最大化利润,y' 在 p' 的最大化利润,y'' 在 p'' 时最大化利润。那么我们有
$$\pi(p'') = p''y'' = (tp + (1-t)p')y''$$
$$= tpy'' + (1-t)p'y''. \tag{3.1}$$
根据利润最大化的定义,我们知道
$$tpy'' \leq tpy = t\pi(p)$$
$$(1-t)p'y'' \leq (1-t)p'y' = (1-t)\pi(p').$$
将这两个不等式相加,使用(3.1),我们有
$$\pi(p'') \leq t\pi(p) + (1-t)\pi(p'),$$
正如需求的那样。

4) $\pi(p)$ 的连续性得自原书 27 章所描述的极值定理。

利润函数是产出价格的一次齐次和增函数的事实并不很令人十分惊奇。另一方面,凸性特性似乎并不很直观。尽管有这个表面印象,但对凸性结论有一个正确的经济上的解释,这个解释被证明具有很重要的结果。

按图 3.1 所示,要素价格保持不变,考虑一下利润与单个产出

物品价格的关系。在价格向量(p^*,w^*)时,利润最大化生产计划(y^*,x^*)产生利润$p^*y^*-w^*x^*$。假定p上升,但厂商继续使用同样的生产计划(y^*,x^*)。把这种惰性行为所产生的利润称作"惰性利润函数",并且表示成$\Pi(p)=py^*-w^*x^*$。这很容易看出是一条直线。追求最优政策所获的利润,一定至少要与追求惰性政策的利润一样大,所以$\pi(p)$的图形一定位于$\Pi(p)$的图形之上。对任何价格p,可以重复同样的论断,所以利润函数一定位于它每一点切线的上面,这就得出$\pi(p)$一定是凸函数。

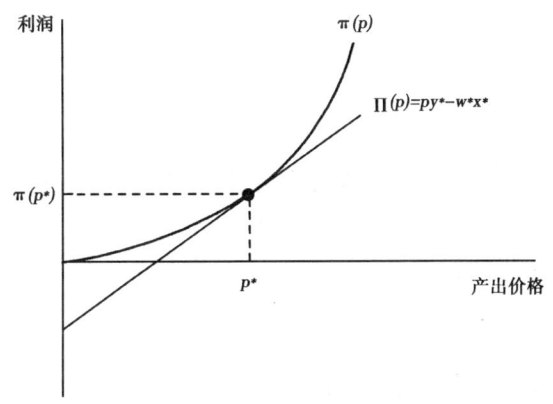

图 3.1 利润函数

随着产出价格上升,利润函数以更快的速度上升。

利润函数的特性有好几种用途。此刻我们将只满足于观察一点,即这些特性对利润最大化行为所提供的好几个可观察的含义。例如,假设我们掌握有某个厂商的会计数据,并且观察到当所有价格都按某个$t>0$的因子向上调整时,利润并没有按比例上升。如果环境中没有其他明显的变动,我们可以怀疑该厂商并非在使利润最大化。

例子:价格稳定效应

假定一个竞争性产业面对产出的随机变动的价格。为简单起见,我们设想产出价格以 q 的概率是 p_1,以 $(1-q)$ 的概率是 p_2。有人建议把产出价格稳定在平均价格 $\bar{p} = qp_1 + (1-q)p_2$ 上,可能是适意的。这将如何影响该产业中一个典型厂商的利润呢?

我们必须将 p 变动时的平均利润与平均价格利润进行对比。因为利润函数是凸的,

$$q\pi(p_1) + (1-q)\pi(p_2) \geq \pi(qp_1 + (1-q)p_2) = \pi(\bar{p}).$$

这样,伴随变动价格的平均利润至少与稳定价格下的利润一样大。

初看起来,这个结论是违反直觉的,但当我们记起利润函数凸性的经济原因时,它就变得很清楚了。每个厂商都会在价格高企时,生产更多的产出,在价格低落时,生产得更少。这样做的利润会超过以平均价格生产一个固定产出量时的利润。

3.2 来自利润函数的供给和需求函数

如果给出我们净供给函数 $y(p)$,就容易计算利润函数。我们仅需把它代入利润的定义,得到

$$\pi(p) = py(p)$$

假定给出的是利润函数,要求找出净供给函数。如何做呢?事实证明,解决这个问题有一个很简单的方法:仅需对利润函数求导。证明这一方法可行,是下一个定理的内容。

霍特林引理(Hotelling's lemma)(导数特性)令 $y_i(p)$ 为厂商对物品 i 的净供给函数。那么

$$y_i(p) = \frac{\partial \pi(P)}{\partial p_i} \quad i = 1,\cdots,n$$

假定该导数存在,且 $p_i > 0$

证明 假定 (y^*) 是价格为 (p^*) 时的利润最大化净产出向量。定义函数

$$g(p) = \pi(p) - py^*.$$

明显地,价格 p 时的利润最大化生产计划至少与生产计划 y^* 一

样有利。不过,计划 y^* 是价格为 p^* 时的利润最大化计划,所以,函数 g 在 p^* 时达到了最小值 0。关于价格的假定说明这是个内部最小值。

那么最小值的一阶条件意味着

$$\frac{\partial g(p^*)}{\partial p_i} = \frac{\partial \pi(p^*)}{\partial p_i} - y_i^* = 0 \qquad i = 1,\cdots,n.$$

因为这对所有的 p^* 的选择都是正确的,所以结果得证。

上面的证明仅是图 3.1 所描述关系的一种代数说明。因为惰性利润线图位于利润函数图的下面,且在一点重合,两条线一定在那点相切。但是,这就意味着利润函数在 p^* 处的导数一定等于在此价格下的利润最大化要素供给:

$$y(p^*) = \partial \pi(p^*)/\partial p$$

就导数特性所给出的论证是令人信服的(我希望!)但它可能没给人以启迪。下面的论证可能有助于看清正在进行的事情。

让我们考虑一下单投入和单产出的例子。在这个例子里,最大化利润的一阶条件采取了简单形式

$$p\frac{df(x)}{dx} - w = 0. \tag{3.2}$$

要素需求函数 $x(p,w)$ 一定满足这个一阶条件。

给出利润函数

$$\pi(p,w) \equiv pf(x(p,w)) - wx(p,w).$$

对利润函数就 w 求偏导,我们有

$$\begin{aligned}\frac{\partial \pi}{\partial w} &= p\frac{\partial f(x(p,w))}{\partial x}\frac{\partial x}{\partial w} - w\frac{\partial x}{\partial w} - x(p,w) \\ &= \left[p\frac{\partial f(x(p,w))}{\partial x} - w\right]\frac{\partial x}{\partial w} - x(p,w).\end{aligned}$$

把(3.2)带入,我们看到

$$\frac{\partial \pi}{\partial w} = -x(p,w).$$

负号来自这样的事实——我们正在增加投入的价格,所以利

润必定下降。

这个论证展示了霍特林引理背后的经济解释。当产出价格有一微小增加时,会有两个效应。首先,有一个直接效应:因为价格上升,厂商会赚取更多的利润,即使它继续生产同样水平的产出。

但是其次,有一个非直接效应:产出价格的增加会引导厂商少量地改变它的产出水平。不过,由产出的任何微小变化所导致的利润变动必定等于零,因为我们已处于利润最大化生产计划上。因此,非直接效应的影响是零,我们就只剩下直接效应了。

3.3 包络定理(The envelope theorem)

利润函数的导数特性是一个以**包络定理**(在原书 27 章 491 页描述过)闻名的更加一般化的结果的特例。考虑一个任意的最大化问题,其中目标函数依赖某个参数 a:

$$M(a) = \max_x f(x, a).$$

函数 $M(a)$ 把目标函数的最大化值当做参数 a 的函数。在利润函数的例子里,a 是某种价格,x 是某种要素需求,$M(a)$ 是作为价格函数的利润的最大化值。

令 $x(a)$ 为解决最大化问题的 x 的值。那么,我们也可以写作 $M(a) = f(x(a), a)$。这就简单地说明函数的最优化值等于在最优选择时的函数值。

知道 $M(a)$ 如何随 a 的变动而变动,通常是令人感兴趣的。包络定理告诉了我们这个答案:

$$\frac{dM(a)}{da} = \left.\frac{\partial f(x, a)}{\partial a}\right|_{x=x(a)}.$$

这个表达式说明 M 对 a 的导数由 f 对 a 求偏导,并保持 x 固定在最优选择上来给出。这就是该偏导数右边的竖杠的意思。包络定理的证明就是由原书 27 章第 491 页所给出的一个相对直接的计算。(在你看答案之前,你应该试着自己证明该结论。)

让我们看看包络定理是如何在单个投入、单个产出的利润最大化问题的例子中工作的。该利润最大化问题是

$$\pi(p,w) = \max_x pf(x) - wx.$$

包络定理中的 a 就是 p 或 w，$M(a)$ 就是 $\pi(p,w)$。按照包络定理，$\pi(p,w)$ 对 p 的偏导数就是目标函数的偏导数在最优选择处取值

$$\frac{\partial \pi(p,w)}{\partial p} = f(x)\mid_{x=x(p,w)} = f(x(p,w)).$$

这就是厂商在价格 (p,w) 的利润最大化供给。类似地，

$$\frac{\partial \pi(p,w)}{\partial w} = -x\mid_{x=x(p,w)} = -x(p,w),$$

它就是要素的利润最大化的净供给。

3.4 使用利润函数的比较静态

在本章一开始，我们就证明利润函数一定满足某些特性。我们刚才已看到净供给函数是利润函数的导数。看看利润函数的特性对净供给函数的特性所意味的内容还是令人感兴趣的。让我们来逐个检查这些特性。

首先，利润函数是价格的单调函数。因此，如果物品 i 是投入，$\pi(p)$ 对价格 i 的偏导数就是负的，如果物品 i 是产出，该偏导数就是正的。这正是我们对净供给所采用的符号约定。

其次，利润函数对价格是一次齐次的。我们已看到这就意味着利润函数的偏导数一定是零次齐次的。以正因子 t 的比例增大所有的价格将不会改变厂商的最优选择，因而利润按相同的因子 t 的比例上升。

第三，利润函数是价格 p 的凸函数。因此，π 对 p 的二阶导矩阵——海塞矩阵——一定是正半定矩阵。但利润函数的二阶导矩阵正是净供给函数的一阶导矩阵。例如，在两物品的例子里，我们有

$$\begin{pmatrix} \dfrac{\partial^2 \pi}{\partial p_1^2} & \dfrac{\partial^2 \pi}{\partial p_1 \partial p_2} \\ \dfrac{\partial^2 \pi}{\partial p_1 \partial p_2} & \dfrac{\partial^2 \pi}{\partial p_2^2} \end{pmatrix} = \begin{pmatrix} \dfrac{\partial y_1}{\partial p_1} & \dfrac{\partial y_1}{\partial p_2} \\ \dfrac{\partial y_2}{\partial p_1} & \dfrac{\partial y_2}{\partial p_2} \end{pmatrix}.$$

右边的矩阵正是替代矩阵——物品 i 的净供给如何随物品 j 的价格变动而变动。从利润函数的特性可以得出，这必定是一个对称的正半定矩阵。

净供给函数是利润函数的导数这个事实给出我们一个灵便的方法在利润函数特性和净供给函数特性之间移动。通过使用这种关系，有关利润最大化行为的许多特性都变得更容易得出了。

例子：李·查特里原理

让我们对照着长期反应来考虑厂商供给行为的短期反应。在长期，厂商对价格变动反应更大，似乎是有道理的。因为，根据定义，长期比短期有更多的要素可以调整。这个直观性的命题可以被严格地证明。

为简便起见，我们假定只有一种产出，且固定所有的投入价格。这样，利润函数就只依赖产出的(纯量)价格了。以 $\pi_S(p,z)$ 来表示短期利润函数，其中 z 是在短期被固定的某种要素。令对这种要素的长期利润最大化需求由 $z(p)$ 给出，这样长期利润函数就由 $\pi_L(p) = \pi_S(p,z(p))$ 给出。最后，令 p^* 为某个给出的产出价格，$z^* = z(p^*)$ 为价格 p^* 时对 z 要素的最优长期需求。

长期利润总是至少与短期利润一样大，因为长期可以调整的要素集包括了短期可以调整的要素子集。对所有的价格 p，有
$$h(p) = \pi_L(p) - \pi_S(p,z^*) = \pi_S(p,z(p)) - \pi_S(p,z^*) \geq 0$$
在价格 P^* 时，长期利润与短期利润之差为零，这样，$h(p)$ 在 $p = p^*$ 时达到了最小值。因此，一阶导在 p^* 时一定为零。根据霍特林引理，我们看到，在价格 p^* 时，对每种物品的短期和长期净供给一定是相等的。

但我们还可以更进一步。既然 p^* 事实上是 $h(p)$ 的最小值，

$h(p)$的二阶导数就是非负的。这就意味着

$$\frac{\partial^2 \pi_L(p^*)}{\partial p^2} - \frac{\partial^2 \pi_S(p^*, z^*)}{\partial p^2} \geq 0.$$

再使用一次霍特林引理,得到

$$\frac{dy_L(p^*)}{dp} - \frac{\partial y_S(p^*, z^*)}{\partial p} = \frac{\partial^2 \pi_L(p^*)}{\partial p^2} - \frac{\partial^2 \pi_S(p^*, z^*)}{\partial p^2} \geq 0.$$

这个表达式意味着对价格变动的长期供给反应,至少与在$z^* = z(p^*)$时的短期供给反应一样大。

注　释:

利润函数的特性由霍特林(1932年),希克斯(1946年),和萨缪尔森(1947年)发展起来。

练　习:

3.1　一个竞争性的利润最大化厂商有利润函数$\pi(w_1, w_2) = \psi_1(w_1) + \psi_2(w_2)$。将产出价格正规化,令其等于1。

(a)对函数$\psi_i(w_i)$的一阶导数和二阶导数,我们可以知道些什么?

(b)如果$x_i(w_1, w_2)$是对要素i的要素需求函数,$\partial x_i / \partial w_j$的符号是什么?

(c)令$f(x_1, x_2)$为产生这种形式的利润函数的生产函数。关于这种生产函数的形式,我们可以说些什么呢?(提示:看一阶条件)

3.2　考虑$x \leq 1, y = 0$和$x > 1, y = \ln x$所描述的技术。计算出这种技术的利润函数。

3.3　给出生产函数$f(x_1, x_2) = a_1 \ln x_1 + a_2 \ln x_2$,计算出利润最大化的需求和供给函数,以及利润函数。为简单起见假定存在内解。假定$a_i > 0$。

3.4　给出生产函数$f(x_1, x_2) = x_1^{a_1} x_2^{a_2}$,计算出利润最大化的需求和供给函数,以及利润函数,假定$a_i > 0$。a_1和a_2必须满足什么样的约束?

3.5　给出生产函数$f(x_1, x_2) = \min\{x_1, x_2\}^a$,计算出利润最大化的需求和供给函数,以及利润函数。a必须满足什么约束?

第 4 章 成本最小化

在这一章,我们要研究成本最小化厂商的行为。这个问题之所以令人感兴趣是由于两个原因:首先,它为我们提出了另一种看待面对竞争性的产出市场的厂商供给行为的方法。其次,对于并非面对竞争性产出市场的厂商,成本函数使我们能将其生产行为模型化。此外,成本最小化分析让我们对在受约束的最优化问题时所使用的分析方法有所体会。

4.1 成本最小化的微分分析

让我们考虑一下这个问题:找到一种按最小成本生产——给定水平的产出的方法。

$$\min_x wx \qquad 满足 f(x) = y$$

我们使用拉格朗日乘数法来分析这个受约束的最小化问题。先写出拉格朗日函数

$$L(\lambda, x) = wx - \lambda(f(x) - y),$$

对它就每个选择变量 x_i 和拉格朗日乘数 λ 求导。描述内解 x^* 的一阶条件是

$$w_i - \lambda \frac{\partial f(x^*)}{\partial x_i} = 0 \qquad i = 1, \cdots, n$$

$$f(x^*) = y.$$

这些条件也可以向量形式写出。令 $Df(x)$ 为梯度向量,即 $f(x)$ 的偏导数向量,我们可以把导数条件写作

$$w = \lambda Df(x^*).$$

我们可以第 i 个条件除以第 j 个条件所得到的

$$\frac{w_i}{w_j} = \frac{\dfrac{\partial f(x^*)}{\partial x_i}}{\dfrac{\partial f(x^*)}{\partial x_j}} \qquad i,j = 1,\cdots,n \tag{4.1}$$

来解释这些一阶条件。

这个表达式的右边是技术替代率,当保持产出水平不变时,要素 i 以此比率被要素 j 所替代。这个表达式的左边是经济替代率——当保持成本不变时,要素 i 可以什么比率被要素 j 所代替。上面给出的条件要求技术替代率要等于经济替代率。如果不是这样的话,就存在某种导致以更低的成本方法生产同样产出的调整:

例如,假定

$$\frac{w_i}{w_j} = \frac{2}{1} \neq \frac{1}{1} = \frac{\dfrac{\partial f(x^*)}{\partial x_i}}{\dfrac{\partial f(x^*)}{\partial x_j}}$$

那么,如果我们减少一单位要素 i,增加一单位要素 j,产出仍保持不变,但成本却下降了。因为我们少雇佣一单位 i 节省了两美元,而通过多雇佣一单位 j 只招致一美元的增加。

这个一阶条件也可以图形方式来表示。在图 4.1 中,曲线代表等产量线,而直线代表不变的成本。当 y 被固定时,厂商的问题就是在给出的等产量线上找到一个成本最小化的点。不变成本曲线方程 $C = w_1 x_1 + w_2 x_2$,可以写作 $x_2 = C/w_2 - (w_1/w_2)x_1$。因为 w_1 和 w_2 固定不变,厂商要在给出的等产量线上找到一点,以使相关的不变成本曲线有一最小的纵截距。很清楚,这样的点应以相切条件——不变成本曲线的斜率一定等于等产量线在这点的斜率——为特征。用代数表达式代表这两个斜率,就给出了 (4.1) 的方程。

对图 4.1 的检查显示,在成本最小化的选择处,也必须满足一个二阶条件,即等产量线必须位于某成本线之上。换一种方式表述就是说,保持成本不变的要素投入上的任何变动——亦即沿等成本线的移动——一定导致产出减少或保持不变。

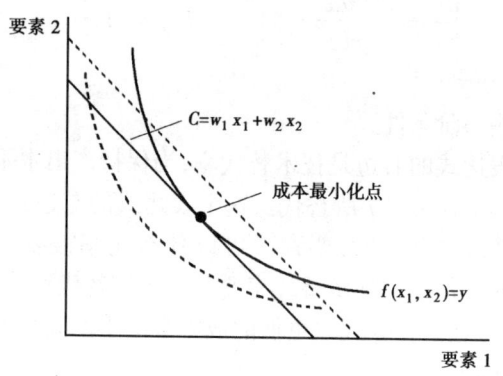

图 4.1 成本最小化

在使成本最小的那一点,等产量线一定相切于不变成本线。

这个条件的局部含义是什么呢?令 (h_1, h_2) 为要素 1 和 2 的微小变动,考虑产出的相关变动。假设有必要的可微性,我们可以写出二阶导的泰勒展开式

$$f(x_1+h_1, x_2+h_2) \approx f(x_1, x_2) + \frac{\partial f}{\partial x_1}h_1 + \frac{\partial f}{\partial x_2}h_2$$
$$+ \frac{1}{2}\left[\frac{\partial^2 f}{\partial x_1^2}h_1^2 + 2\frac{\partial^2 f}{\partial x_1 \partial x_2}h_1 h_2 + \frac{\partial^2 f}{\partial x_2^2}h_2^2\right].$$

这可以矩阵形式更方便地写作

$$f(x_1+h_1, x_2+h_2) \approx f(x_1, x_2) + (f_1\ f_2)\begin{pmatrix}h_1\\h_2\end{pmatrix}$$
$$+ \frac{1}{2}(h_1\ h_2)\begin{pmatrix}f_{11} & f_{12}\\f_{21} & f_{22}\end{pmatrix}\begin{pmatrix}h_1\\h_2\end{pmatrix}.$$

一个保持成本不变的 (h_1, h_2) 的变动,一定要满足 $w_1 h_1 + w_2 h_2 = 0$。用成本最小化的一阶条件代替 w_i,我们可以把这个写作

$$w_1 h_1 + w_2 h_2 = \lambda f_1 h_1 + \lambda f_2 h_2 = \lambda[f_1 h_1 + f_2 h_2] = 0.$$

因此,泰勒展开式中的一阶项对沿等成本线移动而言,一定等于零。[52] 这样,对沿等成本线的任何移动,产出都下降的要求可以表示成

$$(h_1 \quad h_2)\begin{pmatrix} f_{11} & f_{12} \\ f_{21} & f_{22} \end{pmatrix}\begin{pmatrix} h_1 \\ h_2 \end{pmatrix} \leq 0 \tag{4.2}$$

对所有(h_1, h_2) 满足$(f_1 \quad f_2)\begin{pmatrix} h_1 \\ h_2 \end{pmatrix} = 0.$

直观地,在成本最小化点,相切于等成本线的一阶移动意味着产出保持不变;二阶移动意味着产出下降。

这种表达二阶条件的方法可以推广到 n 种要素的例子里去;适宜的二阶条件是:生产函数的海塞矩阵是满足线性约束的负半定矩阵

$$h^t D^2 f(x^*) h \leq 0 \text{ 对所有 } h \text{ 满足 } wh = 0.$$

4.2 关于二阶条件更进一步的内容

原书第 27 章第 498 页表明,我们可以用拉格朗日函数的海塞矩阵的方式,来表达二阶条件。让我们对手边的例子运用那种方法。

在这个例子中,拉格朗日函数为

$$L(\lambda, x_1, x_2) = w_1 x_1 + w_2 x_2 - \lambda [f(x_1, x_2) - y].$$

成本最小化的一阶条件是,拉格朗日函数对 λ、x_1 和 x_2 的一阶导数等于零。二阶条件涉及拉格朗日函数的海塞矩阵,

$$D^2 L(\lambda^*, x_1^*, x_2^*) = \begin{pmatrix} \dfrac{\partial^2 L}{\partial \lambda^2} & \dfrac{\partial^2 L}{\partial \lambda \partial x_1} & \dfrac{\partial^2 L}{\partial \lambda \partial x_2} \\ \dfrac{\partial^2 L}{\partial x_1 \partial \lambda} & \dfrac{\partial^2 L}{\partial x_1^2} & \dfrac{\partial^2 L}{\partial x_1 \partial x_2} \\ \dfrac{\partial^2 L}{\partial x_2 \partial \lambda} & \dfrac{\partial^2 L}{\partial x_2 \partial x_1} & \dfrac{\partial^2 L}{\partial x_2^2} \end{pmatrix}$$

用 f_{ij} 来表示$\partial^2 f / \partial x_i \partial x_j$ 是方便的。计算各种二阶导数且使用这

种说法就为我们给出

$$D^2 L(\lambda^*, x_1^*, x_2^*) = \begin{bmatrix} 0 & -f_1 & -f_2 \\ -f_1 & -\lambda f_{11} & -\lambda f_{12} \\ -f_2 & -\lambda f_{21} & -\lambda f_{22} \end{bmatrix}. \quad (4.3)$$

这就是所谓的**海塞加边矩阵**,原书 27 章第 498 页得出,当且仅当海塞加边矩阵的行列式为负时,(4.2)中所表述的二阶条件满足严格不等。这就给出了我们相对简单的条件,来判定在特定例子中的二阶条件是否得到了满足。

在有 n 种要素需求的一般例子里,二阶条件变得复杂一点。在这样的例子中,我们必须检查海塞加边矩阵某些子矩阵行列式的符号。参见原书 27 章,第 498 页的讨论。

例如,假定有三个生产要素。海塞加边矩阵将采取如下形式

$$D^2 L(\lambda^*, x_1^*, x_2^*, x_3^*) = \begin{bmatrix} 0 & -f_1 & -f_2 & -f_3 \\ -f_1 & -\lambda f_{11} & -\lambda f_{12} & -\lambda f_{13} \\ -f_2 & -\lambda f_{21} & -\lambda f_{22} & -\lambda f_{23} \\ -f_3 & -\lambda f_{31} & -\lambda f_{32} & -\lambda f_{33} \end{bmatrix}.$$

(4.4)

这个三要素例子的二阶条件要求,(4.3)和(4.4)的行列式在最优选择处的取值都为负。如果有 n 种要素,为了使二阶条件满足严格不等,所有这种形式的海塞加边矩阵必须为负。

4.3 困 难

对每个 w 和 y 的选择,都存在使生产 y 单位产出成本最小的某个 x^* 的选择。我们把给出这个最优选择的函数称作**条件要素需求函数**,把它记作 $x(w, y)$。注意,条件要素需求不仅依赖要素价格,而且依赖产出水平。成本函数是要素价格 w 和产出水平 y 下的最小成本,亦既 $c(w, y) = wx(w, y)$。

一阶条件从道理上看是直观的,但仅是机械地运用一阶条件

会导致困难,就如在利润最大化例子中那样。让我们检查一下伴随利润最大化问题而生的四个可能的困难,再看看它们如何与成本最小化问题有关。

首先,研究中的技术可能无法用一个可微的生产函数来表示,所以不能运用微积分技术。里昂惕夫技术就是这种问题的一个很好的例子。我们在下面要计算它的成本函数。

第二个问题是一阶条件仅对内部有效的位置才是正确的;如果成本最小化点出现在边界上,这些条件必须修正。正确的条件证明就是

$$\lambda \frac{\partial f(x^*)}{\partial x_i} - w_i \leq 0 \text{ 当 } x_i^* = 0$$

$$\lambda \frac{\partial f(x^*)}{\partial x_i} - w_i = 0 \text{ 当 } x_i^* > 0.$$

我们将在下面的一个特定的例子中进一步检查这个问题。

在我们对利润最大化的讨论中的第三个问题是必须处理利润最大化束存在的问题。不过,在成本最小化的例子里,一般不会引起这类问题。我们都知道,连续函数在闭的而且有界集中取得极大值和极小值。目标函数 wx 肯定是连续函数,根据假定 $V(y)$ 集是个闭集。我们所需建立的就是把我们的注意限定到 $V(y)$ 的一个有界子集中去。但这是容易的。挑取 x 的任意值,比如说 x'。很明显,最小成本的要素束一定有少于 wx' 的成本。因此,我们把注意力限定到子集 $\{x$ 在 $V(y)$ 中: $wx \leq wx'\}$ 中去,只要 $w \gg 0$,这肯定是一个有界的子集。

第四个问题是一阶条件不能决定厂商单一的起作用的位置。毕竟,微分条件仅是必要条件。虽然它们对局部最优的存在通常是充分的,但仅在某些凸性条件下——亦即要求 $V(y)$ 对成本最小化问题是凸的,这些条件才能惟一的描述全域最优。

例子:柯布-道格拉斯技术的成本函数 考虑成本最小化问题

$$c(w, y) = \min_{x_1, x_2} w_1 x_1 + w_2 x_2$$

满足 $Ax_1^a x_2^b = y$.

解约束条件求得 x_2, 我们看到这个问题等价于
$$\min_{x_1} w_1 x_1 + w_2 A^{-\frac{1}{b}} y^{\frac{1}{b}} x_1^{-\frac{a}{b}}.$$

一阶条件为
$$w_1 - \frac{a}{b} w_2 A^{-\frac{1}{b}} y^{\frac{1}{b}} x_1^{-\frac{a+b}{b}} = 0,$$

它给出了我们对要素 1 的条件需求函数:
$$x_1(w_1, w_2, y) = A^{-\frac{1}{a+b}} \left[\frac{aw_2}{bw_1} \right]^{\frac{b}{a+b}} y^{\frac{1}{a+b}}.$$

另一个条件需求函数为
$$x_2(w_1, w_2, y) = A^{-\frac{1}{a+b}} \left[\frac{aw_2}{bw_1} \right]^{-\frac{a}{a+b}} y^{\frac{1}{a+b}}.$$

成本函数为
$$c(w_1, w_2, y) = w_1 x_1(w_1, w_2, y) + w_2 x_2(w_1, w_2, y)$$
$$= A^{\frac{-1}{a+b}} \left[\left(\frac{a}{b}\right)^{\frac{b}{a+b}} + \left(\frac{a}{b}\right)^{\frac{-a}{a+b}} \right] w_1^{\frac{a}{a+b}} w_2^{\frac{b}{a+b}} y^{\frac{1}{a+b}}.$$

当我们以柯布-道格拉斯技术为例子时, 我们通常使用单位度量, 让 $A=1$, 并且使用规模报酬不变假设 $a+b=1$。在这个例子中, 成本函数简化成
$$c(w_1, w_2, y) = K w_1^a w_2^{1-a} y,$$
其中 $K = a^{-a}(1-a)^{a-1}$。

例子: CES 技术的成本函数

假定 $f(x_1, x_2) = (x_1^\rho + x_2^\rho)^{\frac{1}{\rho}}$。相关联的成本函数是什么? 成本最小化问题为
$$\min w_1 x_1 + w_2 x_2$$
$$满足\ x_1^\rho + x_2^\rho = y^\rho$$

一阶条件为
$$w_1 - \lambda \rho x_1^{\rho-1} = 0$$
$$w_2 - \lambda \rho x_2^{\rho-1} = 0$$

$$x_1^\rho + x_2^\rho = y^\rho.$$

解前两个方程求 x_1^ρ 和 x_2^ρ，我们有

$$x_1^\rho = w_1^{\frac{\rho}{\rho-1}}(\lambda\rho)^{\frac{-\rho}{\rho-1}}$$
$$x_2^\rho = w_2^{\frac{\rho}{\rho-1}}(\lambda\rho)^{\frac{-\rho}{\rho-1}} \qquad (4.5)$$

把这代入生产函数得到

$$(\lambda\rho)^{\frac{-\rho}{\rho-1}}\left[w_1^{\frac{\rho}{\rho-1}} + w_2^{\frac{\rho}{\rho-1}}\right] = y^\rho.$$

解出 $(\lambda\rho)^{\frac{-\rho}{\rho-1}}$，代入(4.5)。这就给出了我们条件要素需求函数

$$x_1(w_1, w_2, y) = w_1^{\frac{1}{\rho-1}}\left[w_1^{\frac{\rho}{\rho-1}} + w_2^{\frac{\rho}{\rho-1}}\right]^{-\frac{1}{\rho}} y$$
$$x_2(w_1, w_2, y) = w_2^{\frac{1}{\rho-1}}\left[w_1^{\frac{\rho}{\rho-1}} + w_2^{\frac{\rho}{\rho-1}}\right]^{-\frac{1}{\rho}} y.$$

把这些函数代入成本函数的定义就产生

$$\begin{aligned} c(w_1, w_2, y) &= w_1 x_1(w_1, w_2, y) + w_2 x_2(w_1, w_2, y) \\ &= y\left[w_1^{\frac{\rho}{\rho-1}} + w_2^{\frac{\rho}{\rho-1}}\right]\left[w_1^{\frac{\rho}{\rho-1}} + w_2^{\frac{\rho}{\rho-1}}\right]^{-\frac{1}{\rho}} \\ &= y\left[w_1^{\frac{\rho}{\rho-1}} + w_2^{\frac{\rho}{\rho-1}}\right]^{\frac{\rho-1}{\rho}}. \end{aligned}$$

如果我们令 $r = \rho/(\rho-1)$，这个表达式看上去就更加美观了，写作

$$c(w_1, w_2, y) = y\{w_1^r + w_2^r\}^{\frac{1}{r}}.$$

注意，这个成本函数与初始的 CES 生产函数有相同的形式，只不过用 r 代替了 ρ。在一般化的例子里，其中

$$f(x_1, x_2) = \left[(a_1 x_1)^\rho + (a_2 x_2)^\rho\right]^{\frac{1}{\rho}},$$

类似的计算显示出

$$c(w_1, w_2, y) = \left[(w_1/a_1)^r + (w_2/a_2)^r\right]^{\frac{1}{r}} y.$$

例子：里昂惕夫技术生产函数

假定 $f(x_1, x_2) = \min\{ax_1, bx_2\}$。相关联的成本函数是什么呢？既然我们知道厂商不会浪费任何有正价格的投入，那么，厂商

一定在这样一点上运作,其中 $y=ax_1=bx_2$。因此,如果厂商想要生产 y 单位的产出,那么不论投入价格为何,它一定使用 y/a 单位的物品 1 和 y/b 单位的物品 2。因而,给出成本函数为

$$c(w_1,w_2,y) = \frac{w_1 y}{a} + \frac{w_2 y}{b} = y\left(\frac{w_1}{a} + \frac{w_2}{b}\right).$$

例子:线性技术的成本函数

假定 $f(x_1,x_2)=ax_1+bx_2$,要素 1 和 2 是满足完全替代的。成本函数的形式是什么呢?既然这两种物品是完全替代的,那么厂商会使用便宜的哪一种。因此,成本函数会有形式 $C(w_1,w_2,y)=\min\{w_1/a,w_2/b\}y$。

在这个例子中,对成本最小化问题的答案一般来说涉及到边界解:将不使用两种要素中的一种。虽然看出这个特定问题的答案是容易的,但它值得提供一个更正规的解法,因为它可以作为使用库恩-塔克定理的一个很好的例子。库恩-塔克定理是用在这儿的适宜工具,因为我们几乎从不会有内解。参见原书 27 章第 503 页,关于该定理的说明。

为了表述上的方便,我们考虑特殊的例子,其中 $a=b=1$。我们把这个最小化问题陈述为

$$\min w_1 x_1 + w_2 x_2$$
$$\text{满足 } x_1 + x_2 = y$$
$$x_1 \geq 0$$
$$x_2 \geq 0.$$

这个问题的拉格朗日函数可以写作

$$L(\lambda,\mu_1,\mu_2,x_1,x_2) = w_1 x_1 + w_2 x_2 - \lambda(x_1+x_2-y)$$
$$-\mu_1 x_1 - \mu_2 x_2$$

库恩塔克一阶条件为

$$w_1 - \lambda - \mu_1 = 0$$
$$w_2 - \lambda - \mu_2 = 0$$
$$x_1 + x_2 = y$$
$$x_1 \geq 0$$
$$x_2 \geq 0.$$

互补性松弛条件为

$$\mu_1 \geq 0, \mu_1 = 0 \quad \text{当 } x_1 > 0$$
$$\mu_2 \geq 0, \mu_2 = 0 \quad \text{当 } x_2 > 0.$$

为了决定这个最小化问题的解,我们必须检查其中不等式约束起作用或不起作用的各种可能的情况。既然有两个约束,并且每种都可能起作用也可能不起作用,我们就考虑四种情况。

1)$x_1 = 0, x_2 = 0$。在这种情况,除非 $y = 0$,否则我们不能满足条件 $x_1 + x_2 = y$。

2)$x_1 = 0, x_2 > 0$。在这种情况,我们知道 $\mu_2 = 0$。因此,头两个一阶条件给出

$$\omega_1 = \lambda + \mu_1$$
$$\omega_2 = \lambda$$

既然 $\mu_1 \geq 0$,当 $w_1 \geq w_2$ 时,这种情况才会出现。因为 $x_1 = 0$,它得出 $x_2 = y$。

3)$x_2 = 0, x_1 > 0$。与上面例子类似的推理说明 $x_1 = y$,且这种情况仅当 $w_2 \geq w_1$ 时才会出现。

4)$x_1 > 0, x_2 > 0$。在这种情况,互补性松弛意味着 $\mu_1 = 0$ 和 $\mu_2 = 0$。这样,一阶条件意味着 $w_1 = w_2$。

上面的问题,虽然从某种程度上来说有些琐碎,但却是在运用库恩-塔克定理时所用的典型方法。如果有 K 种可能起作用也可能不起作用的约束,那么就有 2^k 种可能的最优构造。必须检查它们中的每一个,看看它是否确实与代表潜在的最优解所要求的所有条件都相容。

4.4 条件要素需求函数

现在,让我们转向成本最小化问题和条件要素需求。运用通常的论据,条件要素需求函数 $x(w, y)$ 一定满足一阶条件

$$f(x(w, y)) \equiv y$$

$$w - \lambda Df(x(x,y)) \equiv 0.$$

在下面的计算中,很容易在矩阵代数中出错,所以我们将考虑一个简单的两物品的例子。在这个例子中,一阶条件看上去如

$$f(x_1(w_1,w_2,y), x_2(w_1,w_2,y)) \equiv y$$

$$w_1 - \lambda \frac{\partial f(x_1(w_1,w_2,y), x_2(w_1,w_2,y))}{\partial x_1} \equiv 0$$

$$w_2 - \lambda \frac{\partial f(x_1(w_1,w_2,y), x_2(w_1,w_2,y))}{\partial x_2} \equiv 0$$

59 正如在上一章,这些一阶条件是恒等式——根据条件要素需求函数的定义,它们对所有 w_1, w_2 和 y 的值都是成立的。因此,我们可以就这些恒等式对 w_1 求导。我们发现

$$\frac{\partial f}{\partial x_1}\frac{\partial x_1}{\partial w_1} + \frac{\partial f}{\partial x_2}\frac{\partial x_2}{\partial w_1} \equiv 0$$

$$1 - \lambda \left[\frac{\partial^2 f}{\partial x_1^2}\frac{\partial x_1}{\partial w_1} + \frac{\partial^2 f}{\partial x_1 \partial x_2}\frac{\partial x_2}{\partial w_1}\right] - \frac{\partial f}{\partial x_1}\frac{\partial \lambda}{\partial \omega_1} \equiv 0$$

$$0 - \lambda \left[\frac{\partial^2 f}{\partial x_2 \partial x_1}\frac{\partial x_1}{\partial w_1} + \frac{\partial^2 f}{\partial x_2^2}\frac{\partial x_2}{\partial w_1}\right] - \frac{\partial f}{\partial x_2}\frac{\partial \lambda}{\partial w_1} \equiv 0.$$

这些方程可以写成矩阵形式

$$\begin{pmatrix} 0 & -f_1 & -f_2 \\ -f_1 & -\lambda f_{11} & -\lambda f_{21} \\ -f_2 & -\lambda f_{12} & -\lambda f_{22} \end{pmatrix} \begin{pmatrix} \frac{\partial \lambda}{\partial w_1} \\ \frac{\partial x_1}{\partial w_1} \\ \frac{\partial x_2}{\partial w_1} \end{pmatrix} \equiv \begin{pmatrix} 0 \\ -1 \\ 0 \end{pmatrix}.$$

注意这个重要的事实——左边的矩阵正是最大化二阶条件中所涉及到的海塞加边矩阵。(见原书27章第498页。)我们可以用矩阵代数的标准技术——克莱姆法则(原书26章第477页讨论过)——求出 $\partial x_1/\partial w_1$:

$$\frac{\partial x_1}{\partial w_1} = \frac{\begin{vmatrix} 0 & 0 & -f_2 \\ -f_1 & -1 & -\lambda f_{21} \\ -f_2 & 0 & -\lambda f_{22} \end{vmatrix}}{\begin{vmatrix} 0 & -f_1 & -f_2 \\ -f_1 & -\lambda f_{11} & -\lambda f_{21} \\ -f_2 & -\lambda f_{12} & -\lambda f_{22} \end{vmatrix}}.$$

令 H 代表分母上的矩阵行列式。我们知道，根据最小化的二阶条件，这是个负数。进行分子计算，我们有

$$\frac{\partial x_1}{\partial w_1} = \frac{f_2^2}{H} < 0.$$

因此，条件要素需求曲线向下倾斜。

类似地，我们可以得出 $\partial x_2/\partial w_1$ 的表达式。再次运用克莱姆法则，我们有

$$\frac{\partial x_2}{\partial w_1} = \frac{\begin{vmatrix} 0 & -f_1 & 0 \\ -f_1 & -\lambda f_{11} & -1 \\ -f_2 & -\lambda f_{12} & 0 \end{vmatrix}}{\begin{vmatrix} 0 & -f_1 & -f_2 \\ -f_1 & -\lambda f_{11} & -\lambda f_{21} \\ -f_2 & -\lambda f_{12} & -\lambda f_{22} \end{vmatrix}}.$$

进行已说明的计算，

$$\frac{\partial x_2}{\partial w_1} = -\frac{f_2 f_1}{H} > 0. \tag{4.6}$$

对 $\partial x_1/\partial w_2$ 进行同样的计算，我们发现

$$\frac{\partial x_1}{\partial w_2} = \frac{\begin{vmatrix} 0 & 0 & -f_2 \\ -f_1 & 0 & -\lambda f_{12} \\ -f_2 & -1 & -\lambda f_{22} \end{vmatrix}}{\begin{vmatrix} 0 & -f_1 & -f_2 \\ -f_1 & -\lambda f_{11} & -\lambda f_{21} \\ -f_2 & -\lambda f_{12} & -\lambda f_{22} \end{vmatrix}}.$$

这意味着
$$\frac{\partial x_1}{\partial w_2} = -\frac{f_1 f_2}{H} > 0. \qquad (4.7)$$

对比表达式(4.6)和(4.7),我们看到它们是相同的。因此,$\partial x_1/\partial w_2$ 等于 $\partial x_2/\partial w_1$。正如在利润最大化情况中那样,我们找到了一个对称条件:作为成本最小化模型的结果,"交叉价格效应一定相等。"

在这儿正检查下的两种投入的例子里,交叉价格效应的符号一定为正。也就是两种要素一定是**替代的**。这是两种投入例子所特有的;如果有更多的生产要素,它们中任意两个之间的交叉价格效应方向是不确定的。

现在,我们开始用矩阵代数的术语重新表述上面的计算。既然在所有的计算中,y 都保持固定不变,为记法上的方便,我们将省略它作为条件要素需求的自变量。成本最小化的一阶条件是
$$f(x(w)) \equiv y$$
$$w - \lambda Df(x(w)) \equiv 0.$$

对恒等式就 w 求导,我们得到:
$$Df(x(w))Dx(w) = 0$$
$$I - \lambda D^2 f(x(w))Dx(w) - Df(x(w))D\lambda(w) = 0.$$

整理后给出我们
$$\begin{pmatrix} 0 & -Df(x) \\ -Df(x)^t & -\lambda D^2 f(x) \end{pmatrix} \begin{pmatrix} D\lambda(w) \\ Dx(w) \end{pmatrix} = \begin{pmatrix} 0 \\ I \end{pmatrix}.$$

注意该矩阵就是海塞加边矩阵——亦即,拉格朗日函数的二阶导矩阵。假定我们有正常的最优解,满足海塞加边矩阵是非退化的,我们可以对海塞矩阵取逆来解出替代矩阵 $Dx(w)$:
$$\begin{pmatrix} D\lambda(w) \\ Dx(w) \end{pmatrix} = \begin{pmatrix} 0 & Df(x) \\ Df(x)^t & \lambda D^2 f(x) \end{pmatrix}^{-1} \begin{pmatrix} 0 \\ I \end{pmatrix}.$$

(我们已乘以 -1 以去掉该表达式两边的负号。)既然海塞加边矩阵是对称的,它的逆矩阵也是对称的(这说明交叉价格效应是对称的),也说明替代矩阵是负半定的。因为我们在下面用其他方法提

出了对这个问题的简单证明。在这里,我们就略去了这个说明。

4.5 成本最小化的代数方法

像在利润最大化的例子那样,我们也可以对成本最小化问题运用代数技术。我们取一些观察到的厂商产出水平 y^t,要素价格 w^t 和要素水平 $x^t(t=1,\cdots,T)$ 的选择作为我们的数据,什么时候这些数据会与成本最小化模型一致呢?

一个明显的必要条件是,观察到的投入选择的成本应不大于可生产至少同样多的产出的任何其他水平的投入的成本。转化成代数式,这就是说

$$w^t x^t \leqslant w^t x^s \text{ 对所有的 } s \text{ 和 } t \text{ 满足 } y^s \geqslant y^t$$

我们把这个条件称作**成本最小化弱公理**(WACM)。

正如在利润最大化情况那样,成本最小化弱公理可用来得出向下倾斜的需求的 Δ 说明。对同样的产出水平取两个不同的观察数据,成本最小化意味着

$$w^t x^t \leq w^t x^s$$
$$w^s x^s \leq w^s x^t.$$

第一个表达式是说第 t 期的观察在第 t 期的价格下有更低的生产成本;第二个表达式是说,第 s 期的观察在第 s 期的价格下一定有更低的成本。

把第二个不等式写作

$$-w^s x^t \leq -w^s x^s,$$

把它加到第一个不等式上去,重新排列得到

$$(w^t - w^s)(x^t - x^s) \leq 0,$$
$$\text{或者 } \Delta w \Delta x \leq 0.$$

粗略说来,要素需求向量一定与要素价格向量朝相反方向移动。

人们也可以为产生这些数据的真实投入要求集构造出内界和外界来。在这里我们要说明一下这些界限,并且把它留给读者来

检查细节。这儿的论证与利润最大化情况所提供的是类似的。

给出内界：
$$VI(y) = \{x^t : y^t \geq y\} \text{的凸的单调壳}$$
也就是，内界是所有可以至少生产 y 数量产出的观察数据的凸的单调壳。给出外界为：
$$VO(y) = \{x : w^t x \geq w^t x^t\} \text{ 对所有 } t \text{ 满足 } y^t \leq y.$$

这些构造与 YO 和 YI 的构造是类似的。图 4.2 给出了 VO 和 VI 的图形。

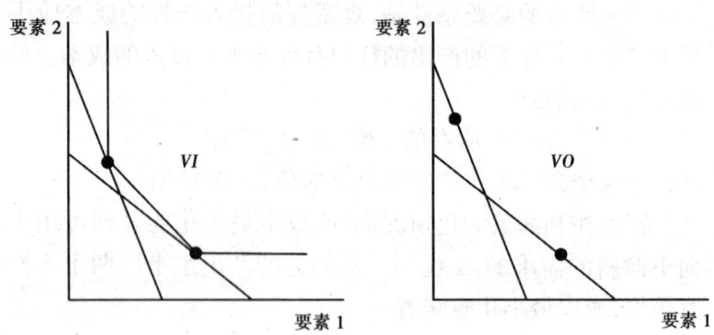

图 4.2 内界和外界

VI 和 VO 集给出了真实的投入要求集的内界和外界。

$VI(y)$ 包含在 $V(y)$ 中是很明显的。至少只要 $V(y)$ 是凸和单调的就行。$VO(y)$ 包含 $V(y)$ 恐怕就不是很明显的了，因此我们提供下面的证明。

假定，不是断定，我们有某个在 $V(y)$ 中但不在 $VO(y)$ 中的 x。既然 x 不在 $VO(y)$ 中，一定存在某个观测值 t，满足 $y^t \leq y$，并且
$$w^t x < w^t x^t. \tag{4.8}$$
但是，因为 x 在 $V(y)$ 中，它可以生产至少 y 单位的产出，(4.8)显示它花费得比 x^t 少。这就与 x^t 是成本最小化束的假设相矛盾。

注 释

成本最小化的代数学方法由瓦里安(Varian,1982b)作了进一步的发展。

练 习

4.1 严格证明利润最大化意味着成本最小化。

4.2 使用库恩-塔克定理得出即使最优解涉及边界解时也是正确的成本最小化条件。

4.3 一个厂商有两个车间,它们各自的成本函数为 $C_1(y_1) = y_1^2/2$ 和 $C_2(y_2) = y_2$。该厂商的成本函数是什么?

4.4 一个厂商有两个车间。一个车间根据生产函数 $x_1^a x_2^{1-a}$ 来生产产出。另一个厂车间的生产函数是 $x_1^b x_2^{1-b}$。该技术的成本函数是什么?

4.5 假定厂商有两种可能的方式来生产产出。方式 a 使用 a_1 单位的物品 1 和 a_2 单位的物品 2 来生产 1 单位的产出。方式 b 使用 b_1 单位的物品 1 和 b_2 单位的物品 2 来生产 1 单位的产出。要素只能以这些固定比例使用。如果要素价格是 (w_1, w_2),对这两种要素的需求是什么?该技术的成本函数是什么?对什么样的要素价格,成本函数是不可微的?

4.6 一个厂商有两个车间,成本函数分别是 $C_1(y_1) = 4\sqrt{y_1}$,$C_2(y_2) = 2\sqrt{y_2}$。生产 y 的产出,它的成本是多少?

4.7 下表显示了对一个厂商的要素需求 x_1, x_2,要素价格 w_1, w_2 和产出 y 的两组观测值。表中所描述的行为与成本最小化行为一致吗?

Obs	y	w_1	w_2	x_1	x_2
A	100	2	1	10	20
B	110	1	2	14	10

4.8 一个厂商有生产函数 $y = x_1 x_2$。如果在 $w_1 = w_2 = 1$ 时,生产的最小成本等于 4,y 等于什么?

第5章 成本函数

成本函数度量在某些固定要素价格下,生产给定产出水平的最小成本。就其本身而论,它概括了有关厂商可获得的技术选择的信息。成本函数的行为能够告诉我们许多有关厂商技术的性质。

正如生产函数是我们描述生产的技术可行性的主要方式一样,成本函数是我们描述厂商的经济可行性的主要方式。在下面两节,我们将研究成本函数 $c(w,y)$ 对它的价格和数量自变量的表现。在进行这项研究之前,我们需要定义一些相关的函数,即平均成本函数和边际成本函数。

5.1 平均成本和边际成本

让我们考虑成本函数的结构。一般说来,成本函数总可以表达成条件要素需求值。

$$c(w,y) = wx(w,y)$$

这就是说,生产 y 单位产出的最小成本就是以最便宜的方式生产 y 的成本。

在短期,某些生产要素被固定在预先确定的水平上。令 x_f 为固定要素向量,x_v 为可变要素向量,把 w 拆成 $w=(w_v,w_f)$,可变要素和固定要素的价格向量。短期条件要素需求函数将主要依赖 x_f,所以我们把它们写作 $x_v(w,y,x_f)$。那么,短期成本函数可以写成

$$c(w,y,x_f) = w_v x_v(w,y,x_f) + w_f x_f.$$

$w_v x_v(w,y,x_f)$ 项被称作短期可变成本(SVC),$w_f x_f$ 项是固定成

本(FC)。从这些基本单位中,我们可以定义各种得出的成本概念:

$$短期总成本 = STC = w_v x_v(w, y, x_f) + w_f x_f$$

$$短期平均成本 = SAC = \frac{c(w, y, x_f)}{y}$$

$$短期平均可变成本 = SAVC = \frac{w_v x_v(w, y, x_f)}{y}$$

$$短期平均固定成本 = SAFC = \frac{w_f x_f}{y}$$

$$短期边际成本 = SMC = \frac{\partial c(w, y, x_f)}{\partial y}$$

当所有的要素都是可变的时候,厂商要优化 x_f 的选择。因此,长期成本函数仅依赖于要素价格和产出水平,正如以前已说明的那样。

我们可以下面的方式按照短期成本函数来表达长期成本函数。令 $x_f(w, y)$ 为固定要素的最优选择,令 $x_v(x, y) = x_v(w, y, x_f(w, y))$ 为可变要素的长期最优选择。那么,长期成本函数可以写成

$$c(w, y) = w_v x_v(w, y) + w_f x_f(w, y) = c(w, y, x_f(w, y)).$$

可以用长期成本函数来定义与上面所定义的那些相类似的成本概念:

$$长期平均成本 = LAC = \frac{c(w, y)}{y}$$

$$长期边际成本 = LMC = \frac{\partial c(w, y)}{\partial y}.$$

注意,"长期平均成本"等于"长期平均可变成本"。因为从长期来看,所有的成本都是可变的;同样的理由,"长期固定成本"为零。

当然,长期和短期是相对的概念。哪些要素被看作可变,哪些被看作固定,要视正在分析的特定问题而定。你一定会首先就你希望分析厂商的行为的时期进行考虑,然后再问在那段时期内厂商可以调整哪些要素。

例子:短期的柯布-道格拉斯成本函数

假设柯布-道格拉斯技术中的第二个要素被限定在水平 K 上运作。那么成本最小化问题为

$$\min w_1 x_1 + w_2 k$$
$$st. \ y = x_1^a k^{1-a}.$$

解约束条件求出 x_1 作为 y 和 k 的函数,给出

$$x_1 = (y k^{a-1})^{\frac{1}{a}}.$$

因此

$$c(w_1, w_2, y, k) = w_1 (y k^{a-1})^{\frac{1}{a}} + w_2 k.$$

也可以计算出下面的变量:

$$\text{短期平均成本} = w_1 \left(\frac{y}{k}\right)^{\frac{1-a}{a}} + \frac{w_2 k}{y}$$

$$\text{短期平均可变成本} = w_1 \left(\frac{y}{k}\right)^{\frac{1-a}{a}}$$

$$\text{短期平均固定成本} = \frac{w_2 k}{y}$$

$$\text{短期边际成本} = \frac{w_1}{a} \left(\frac{y}{k}\right)^{\frac{1-a}{a}}$$

例子:规模报酬不变和成本函数

如果生产函数显示了规模报酬不变,那么直觉上很清楚,成本函数应显示成本在产出水平上是线性的:如果你想要生产两倍的产出,将花费你两倍的成本。这一直觉被下面的命题所证实:

规模报酬不变。 如果生产函数展示了规模报酬不变,那么成本函数可以写成 $c(w, y) = y c(w, 1)$。

证明:令 x^* 为在价格 w 下生产 1 单位产出的最便宜的方法,满足 $c(w, 1) = w x^*$。那么我断言:$c(w, y) = w y x^* = y c(w, 1)$。首先注意到 $y x^*$ 是可以生产 y 的,因为技术规模报酬不变。假定它没有使成本最小化;而令 x' 为价格 w 下生产 y 的成本最小化束,满足 $w x' < w y x^*$。那么 $w x'/y < w x^*$,且 x'/y 可以生产 1 单位产出,因为该技术规模报酬不变。这就与 x^* 的定义相矛盾。

如果技术展示了规模报酬不变,那么平均成本、平均可变成本、边际成本函数就都是相同的。

5.2 成本的几何图形

成本函数是研究厂商经济行为的一个最有用的工具。往后将会弄清楚,成本函数就厂商的技术概括了所有经济上相关的信息。在后面部分,我们将检查成本函数的一些特性。这个任务分成两个阶段做完成是最方便的:首先,我们在固定要素价格假设下检验成本函数的特性。在这种情况,我们将成本函数简单写作 $c(y)$。然后,我们检验所有要素价格自由变动时的成本函数特性。

既然我们把要素价格当做固定的,成本就只依赖于厂商的产出水平,那么,可以画出把产出和成本联系起来的有用的图形。总成本曲线总是被假定成在产出上是单调的:你生产的越多,花费的也就越多。不过,平均成本曲线对产出可以增也可以减,要视总成本比线性增加的多还是少而定。通常认为最真实的情况,至少在短期内,是平均成本曲线先减少然后增加的样子。之所以这样的原因如下。

在短期,成本函数有两个组成部分:固定成本和可变成本。因而我们可以把短期平均成本写成

$$SAC = \frac{c(w, y, x_f)}{y} = \frac{w_f x_f}{y} + \frac{w_v x_v(w, y, x_f)}{y} = SAFC + SAVC.$$

在大多数应用中,短期固定要素都是诸如机器、建筑物和其他种类的资本设备等,而可变要素为劳动和原材料。让我们考虑可归于这些要素的成本如何随产出改变而变化。

随着我们增大产出,如果存在某个最初的规模经济范围,平均可变成本开始可能下降。不过,假定所需要的可变要素会或多或少地按线性增加,直至我们接近由固定要素数量所决定的某个产出水平为止;这看来是合理的。当我们接近该水平时,我们需要使用更大比例的可变投入要素来增大产出。因此,平均可变成本函数最终

会随产出增加而增大,正如图 5.1A 所描述的那样。当然,平均固定成本一定会随产出增加而下降,正如图 5.1B 所显示的那样。把平均可变成本曲线与平均固定成本曲线加到一起,就给出图 5.1C 中的 U 形平均成本曲线。平均成本开始的减少是由于平均固定成本变小;平均成本最终的上升是由于平均可变成本的增加。使生产的平均成本最小化的产出水平,有时称为**最小效率规模**。

在长期,所有的成本都是可变成本,在这样的条件下,递增的平均成本似乎是不合理的,因为厂商总可以重复它的生产过程。因而,合理的长期平均成本的可能性,应该要么是不变的,要么是递减的。另一方面,正如我们以前提到过的,某些种类的厂商不可能展示出长期规模报酬不变的技术,这是由于长期固定要素的存在。如果某些要素甚至在长期也保持固定不变,适宜的长期平均成本曲线应该假定是 U 形的,其原因基本上与短期情况相同。

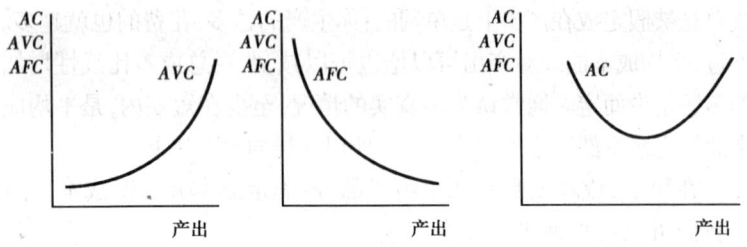

图 5.1 平均成本曲线

平均可变成本曲线最终会随产出而增加,而平均固定成本曲线总是随产出而下降。这两种效应的相互作用就产生了 U 形的平均成本曲线。

现在让我们考虑边际成本曲线。它与平均成本曲线是什么关系? 令 y^* 表示最小的平均成本点;那么 y^* 的左边平均成本在下降,因此 $y \leqslant y^*$ 满足

$$\frac{d}{dy}\left(\frac{c(y)}{y}\right) \leqslant 0.$$

进行求导给出

对 $y \leq y^*$,$\dfrac{yc'(y)-c(y)}{y^2} \leq 0$

这意味着对 $y \leq y^*$,$c'(y) \leq \dfrac{c(y)}{y}$

这个不等式说明,在最小平均成本点左边,边际成本要小于平均成本。类似的分析显示

$$c'(y) \geq \dfrac{c(y)}{y} \text{对} y \geq y^*.$$

既然两个不等式一定在 y^* 成立,我们有

$$c'(y^*) = \dfrac{c(y^*)}{y};$$

这就是,在最小平均成本点处,边际成本等于平均成本。

边际成本曲线与平均可变成本曲线有什么关系呢？简单地改变一下上面论证中的表述,我们可以说明,当平均可变成本曲线下降时,边际成本曲线位于平均可变成本曲线之下；当它上升时,边际成本曲线位于平均可变成本曲线之上。由此可知,边际成本曲线一定通过平均可变成本曲线的最小点。

也不难说明,对第一个产出单位,边际成本一定等于平均可变成本。毕竟,第一个产出单位的边际成本与第一个产出单位的平均可变成本是相同的,因为两个数都等于 $C_v(1) - C_v(0)$。一个更正规的说明也是可能的。定义平均可变成本为

$$AVC(y) = \dfrac{c_v(y)}{y}.$$

如果 $y = 0$,这个表达式就变成 $0/0$ 这是不确定的。不过,使用罗比塔法则可以计算出 $c_v(y)/y$ 的极限:

$$\lim_{y \to 0} \dfrac{c_v(y)}{y} = \dfrac{c'_v(0)}{1}.$$

(见第 26 章第 481 页关于这个法则的叙述。)由此得知平均可变成本在零产出时,就是边际成本。

刚讨论过的所有分析既适用于长期对短期也适用。不过,如

果生产展示出长期的规模报酬不变,满足成本函数对产出是线性的,那么,平均成本、平均可变成本,和边际成本都彼此相等,但这就使得大多数刚描述过的关系变得相当不重要了。

例子:柯布-道格拉斯成本曲线

正如在前面的例子中所计算出的那样,一般化的柯布-道格拉斯技术的成本函数形式为

$$c(y) = Ky^{\frac{1}{a+b}} \qquad a+b \leq 1$$

其中 K 是要素价格和参数的函数。因此,

$$AC(y) = \frac{c(y)}{y} = Ky^{\frac{1-a-b}{a+b}}$$

$$MC(y) = c'(y) = \frac{K}{a+b} y^{\frac{1-a-b}{a+b}}.$$

如果 $a+b<1$,成本曲线展示出递增的平均成本;
如果 $a+b=1$,成本曲线展示出不变的平均成本。

我们以前也看到,柯布-道格拉斯技术的短期成本函数形式为

$$c(y) = Ky^{\frac{1}{a}} + F.$$

因此

$$AC(y) = \frac{c(y)}{y} = Ky^{\frac{1-a}{a}} + \frac{F}{y}.$$

5.3 长期成本曲线和短期成本曲线

现在,让我们考虑长期成本曲线和短期成本曲线间的关系。长期成本曲线一定不会位于任何短期成本曲线之上是清楚的,因为短期成本最小化问题正是一种受限制的长期成本最小化问题的变体。

让我们把长期成本函数写成 $c(y) = c(y, z(y))$。这儿我们省略了要素价格,因为假定它们是固定的,并且我们令 $z(y)$ 为对单个固定要素的成本最小化的需求。令 y^* 为某个给定的产出水平,令

$z^* = z(y^*)$ 为对固定要素的相关联的长期需求。短期成本 $c(y, z^*)$ 对所有的产出水平,一定至少与长期成本 $c(y,z(y))$ 一样大,并且在产出水平 y^*,短期成本将 Q 等于长期成本,所以 $c(y^*, z^*) = c(y^*, z(y^*))$。因此,长期和短期成本曲线一定在 y^* 相切。

这正是包络定理的几何学的重新表述。长期成本曲线在 y^* 的斜率为

$$\frac{dc(y^*,z(y^*))}{dy} = \frac{\partial c(y^*,z^*)}{\partial y} + \frac{\partial c(y^*,z^*)}{\partial z}\frac{\partial z(y^*)}{\partial y}.$$

但既然 z^* 是产出水平为 y^* 时,固定要素的最优选择,那么我们一定有

$$\frac{\partial c(y^*,z^*)}{\partial z} = 0.$$

这样,在 y^* 处的长期边际成本等于 (y^*, z^*) 处的短期边际成本。

最后,我们注意到如果长期和短期成本曲线是相切的,那么长期和短期的平均成本曲线也一定相切。图 5.2 说明了一个典型的结构。

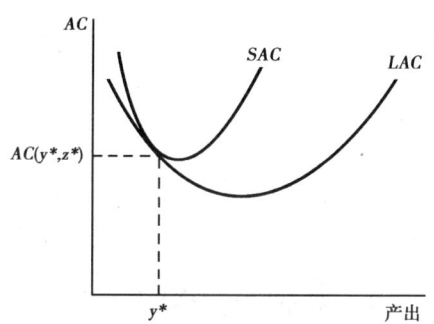

图 5.2 长期和短期平均成本曲线

注意长期和短期平均成本曲线一定相切意味着长期和短期的边际成本一定要相等。

另一种看待长期和短期平均成本曲线关系的方法是从短期平均成本曲线簇开始的。例如,假定我们有一种固定的要素,只可以

三种离散水平 z_1, z_2, z_3 来使用。我们在图 5.3 中描述了这族曲线。长期成本曲线是什么？它就是这些短期曲线的较低的包络，因为生产产出 y 的 z 的最优选择就是有最小的生产 y 的成本的选择。这个包络操作产出了一条扇贝形的长期平均成本曲线。如果固定要素有更多的可能取值，这些扇贝线就变成了一条平滑的曲线。

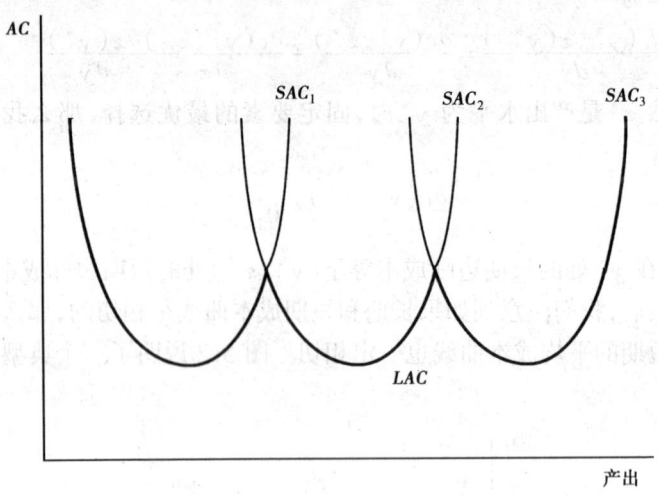

图 5.3　长期平均成本曲线

长期平均成本曲线 LAC，是短期平均成本曲线 SAC_1, SAC_2, SAC_3 的较低的包络。

5.4　要素价格和成本函数

我们现在转向成本函数价格行为的研究。好几个有趣的特性直接得自成本函数的定义。下面的叙述概括了这些特性。注意与利润函数特性的密切相似。

成本函数的特性

1) w 的非减函数。如果 $w' \geqslant w$，那么 $c(w', y) \geqslant (w, y)$。

2) w 的一次齐次函数。$c(tw,y)=tc(w,y),t>0$。

3) w 的凹函数。$c(tw+(1-t)w',y)\geqslant tc(w,y)+(1-t)c(w',y),0\leqslant t\leqslant 1$。

4) 在 w 上连续。作为 w 的函数，$c(w,y)$ 是连续的，$w\gg 0$。

证明：

1) 这是显然的，但一个正式的证明可能有启发作用。令 x 和 x' 是与 w 和 w' 相联的成本最小化束。那么根据最小化，$wx\leqslant wx'$，$w'x'\leqslant w'x$，因为 $w\leqslant w'$。联立不等式，就给出要求证的 $wx\leqslant w'x'$。

2) 我们说如果 x 是价格 w 的成本最小化束，那么 x 在价格 tw 也使成本最小化。假设不是这样，令 x' 为 tw 的成本最小化束，满足 $twx'<twx$。但这个不等式意味着 $wx'<wx$，这与 x 的定义相矛盾。因此，以正线量 t 乘上要素价格并不改变成本最小化束的组成，因而，成本一定正好以因子 t 上升：$c(tw,y)=twx=tc(w,y)$。

3) 令 (w,x) 和 (w',x') 为两个成本最小化的价格-要素组合，令 $w''=tw+(1-t)w',0\leqslant t\leqslant 1$。现在，

$$c(w'',y)=w''x''=twx''+(1-t)w'x''。$$

既然 x'' 并不必然是价格 w' 或 w 下生产 y 的最便宜的方法，我们就有 $wx''\geqslant c(w,y)$ 和 $w'x''\geqslant C(w',y)$，

因而

$$c(w'',y)\geqslant tc(w,y)+(1-t)c(w',y)。$$

4) c 的连续性得自原书 27 章第 506 页的极大值定理。

这儿惟一令人吃惊的特性是成本函数的凹性。不过，我们可以为这个特性提供与提供给利润函数的相类似的直感。假如所有其他的价格保持不变，我们把成本画作一个单个投入价格的函数。如果一个要素价格上升，成本将不会下降(特性 1)，但它们会以一个递减的比率上升(特性 3)。为什么？因为随着这个要素变得比较昂贵，且其他的价格保持原样，成本最小化厂商会从它移开而使用其他的投入。

通过考虑图 5.4 会使这点更清楚。令 x^* 为价格 w^* 下的成

本最小化束。假定要素1的价格从 w_1^* 变到 w_1。如果我们行为惰性，继续使用 x^*，我们的成本将为 $G = w_1 x_1^* + \sum_{i=2}^{n} w_i^* x_i^*$。生产的最小成本 $c(w,y)$ 一定小于这个"惰性的"成本函数；因此，$c(w,y)$ 的图形一定位于惰性成本函数之下，两条曲线在 * 处重合。不难看出，这就意味着 $c(w,y)$ 对 w_1 是凹的。

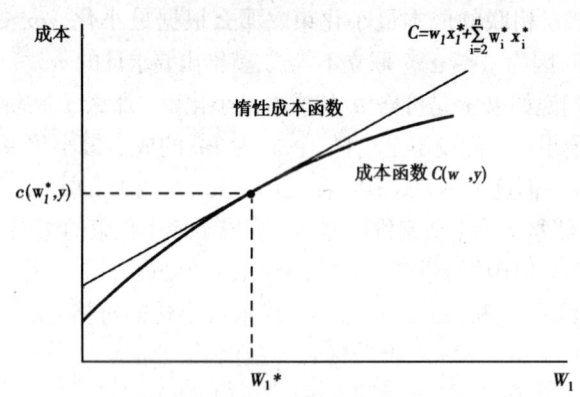

图 5.4　成本函数的凹性

成本函数是要素价格的凹函数，因为它一定位于"惰性"成本函数的下面。

用同样的图形可以发现一个很有用的找到条件要素需求函数表达式的方法。我们先正式地表述这个结果：

谢泼德引理(shephard's lemma)(导数特性) 令 $x_i(w,y)$ 为厂商对投入 i 的条件要素需求。那么，如果成本函数在 (w,y) 处可微，且 $w_i > 0, i=1,\cdots,n$，则

$$x_i(w,y) = \frac{\partial c(w,y)}{\partial w_i} \quad i=1,\cdots,n.$$

证明：该证明与霍特林引理的证明很相似。令 x^* 为以价格 w^* 生产 y 的成本最小化束。然后定义函数

$$g(w) = c(w,y) - wx^*.$$

既然 $c(w,y)$ 是生产 y 的最便宜的方法，那么这个函数就总是非

正的。$w=w^*$时,$g(w^*)=0$。因为这是$g(w)$的最大值,它的导数一定为零:

$$\frac{\partial g(w^*)}{\partial w_i} = \frac{\partial c(w^*,y)}{\partial w_i} - x_i^* = 0 \quad i=1,\cdots,n$$

因此,成本最小化投入向量正是由成本函数对价格的导数向量给出的。

因为这个命题是重要的,我们将提供证明它的四种不同方法。第一种,根据定义,成本函数等于$c(w,y)\equiv wx(w,y)$。对这个表达式就w_i求导,再使用一阶条件就给出了我们结果。(提示:$x(w,y)$也满足恒等式$f(x(w,y))\equiv y$。你需要就它对w_i求导。)

第二种,上面的计算其实就是重复下面部分所描述的包络定理的。人们可以直接运用这个定理得出想要的结果。

第三种,有一种使用我们在论证成本函数的凹性时所用一样的5.4图形的不错几何论证。回忆在图5.4中,直线$c=w_1x_1^*+\sum_{i=2}^*w_i^*x_i^*$位于$c=c(w,y)$之上,并且两条线在$w_1=w_1^*$处重合。因此,两条线一定相切,满足$x_1^*=\partial c(w^*,y)/\partial w_1$。

最后,我们考虑命题背后的基本的经济学直觉。如果我们正处在一个成本最小化点上,价格w_1开始增加,存在一个直接效应,在这个效应中,对第一个要素的支出会增加。也存在一个非直接的效应,在其中,我们想要改变要素组合。但既然我们正处于成本最小化点上,任何这样微小的变动一定不会产生额外的利润。

5.5 适用于带约束条件的最优化问题的包络定理

谢泼德引理是包络定理的另一个例子。不过,在这个例子里,我们必须运用适合于有约束的最大化问题的包络定理的一个变体。在原书第27章第501页给出了这种情况的证明。

考虑一个这样形式的一般参数化的带约束的最大化问题

$$M(a) = \max_{x_1, x_2} g(x_1, x_2, a)$$

满足 $h(x_1, x_2, a) = 0$.

在成本函数例子中，$g(x_1, x_2, a) = w_1 x_1 + w_2 x_2$. $h(x_1, x_2, a) = f(x_1, x_2) - y$, a 可以是价格之一。

这个问题的拉格朗日函数为

$$L = g(x_1, x_2, a) - \lambda h(x_1, x_2, a),$$

一阶条件是

$$\frac{\partial g}{\partial x_1} - \lambda \frac{\partial h}{\partial x_1} = 0$$

$$\frac{\partial g}{\partial x_2} - \lambda \frac{\partial h}{\partial x_2} = 0 \tag{5.1}$$

$$h(x_1, x_2, a) = 0.$$

这些条件决定了最优选择函数 $(x_1(a), x_2(a))$，它又依次决定了最大值函数

$$M(a) \equiv g(x_1(a), x_2(a), a). \tag{5.2}$$

包络定理给出我们就该值函数对最大化问题中的一个参数求导的公式，具体地说，该公式就是

$$\frac{dM(a)}{da} = \frac{\partial L(x, a)}{\partial a} \bigg|_{x = x(a)}$$

$$= \frac{\partial g(x_1, x_2, a)}{\partial a} \bigg|_{x_i = x_i(a)} - \lambda \frac{\partial h(x_1, x_2, a)}{\partial a} \bigg|_{x_i = x_i(a)}$$

像以前一样，对偏导数的解释需要特别小心：它们是 g 和 h 保持 x_1 和 x_2 固定在它们的最优选择而对 a 的导数。原书 27 章第 501 页给出了对包络定理的证明。在这里，我们只简单地把它运用到成本最小化问题上。

在这个问题里，参数 a 可以选择成一种要素价格 w_i。最优值函数 $M(a)$ 是成本函数。包络定理确定

$$\frac{\partial c(w, y)}{\partial w_i} = \frac{\partial L}{\partial w_i} = x_i \bigg|_{x_i = x_i(w, y)} = x_i(w, y),$$

这就是谢泼德引理。

例子:再考察一下边际成本

作为包络定理的另一项应用,考虑成本函数对 y 的导数。按照包络定理,这由拉格朗日函数对 y 的导数给出。成本最小化问题的拉格朗日函数为

$$L = w_1 x_1 + w_2 x_2 - \lambda [f(x_1, x_2) - y].$$

因此 $\qquad \dfrac{\partial c(w_1, w_2, y)}{\partial y} = \lambda.$

换句话说,成本最小化问题中的拉格朗日乘数就是边际成本。

5.6 使用成本函数的比较静态

我们以前已说明,成本函数有某些特性是产生自成本最小化问题的结构,上面我们说明条件要素需求函数就是成本函数的导数。因此,我们已发现的有关成本函数的特性将转化成某些对它的导数,要素需求函数的约束。这些约束与我们以前使用其他方法所发现的约束是相同的,但它们在使用成本函数上的发展是很好的。

让我逐个来检查这些约束。

1)成本函数是要素价格的非减函数。它得自 $\dfrac{\partial c(w, y)}{\partial w_i} = x_i (w, y) \geqslant 0$

2)成本函数是 w 的一次齐次函数。因而,成本函数的导数,要素需求在 w 上是零次齐次的。(见原书 26 章第 482 页。)

3)成本函数是 w 的凹函数。因此,成本函数的二阶导矩阵——要素需求函数的一阶导矩阵——是对称的负半定矩阵。这不是成本最小化行为的一个明显结果。它有好几个含义。

a)交叉价格效应是对称的,亦即

$$\frac{\partial x_i(w, y)}{\partial w_j} = \frac{\partial^2 c(w, y)}{\partial w_j \partial w_i} = \frac{\partial^2 c(w, y)}{\partial w_i \partial w_j} = \frac{\partial x_j(w, y)}{\partial w_i}.$$

b)自身价格效应是非正的。粗略说来,条件要素需求曲线向

下倾斜。这个结论的得出是因为 $\partial x_i(w,y)/\partial w_i = \dfrac{\partial^2 c(w,y)}{\partial w_i^2} \leq 0$,其中最后的不等式来自这样一个事实,负半定矩阵对角线项一定非正。

$c)$ 要素需求变动向量与要素价格变动向量沿相反方向移动,也就是 $dwdx \leq 0$。

注意,既然成本函数的凹性仅从成本最小化假设中得出,要素需求函数一阶导矩阵的对称和半负定仅从成本最小化假设中产生,并不涉及任何对技术结构的限制。

注 释

成本函数的特性由好几位作者发展过,但谢泼德(1953,1970)进行了最系统的处理。一个全面的概述可以在迪沃特(Diewert, 1974)中可以得到。这里的处理大部分应归功于麦克法登(McFadden, 1978)。

练 习

5.1 一个厂商有两个车间。一个车间按照成本函数 $c_1(y_1) = y_1^2$ 来生产。另一个车间按照成本函数 $c_2(y_2) = y_2^2$ 来生产。要素价格固定,所以从讨论中省略掉。该厂商的成本函数是什么?

5.2 一个厂商有两个车间,成本函数分别是 $c_1(y_1) = 3y_1^2$ 和 $c_2(y_2) = y_2^2$。该厂商的成本函数是什么?

5.3 一个厂商的生产函数由 $f(x_1,x_2,x_3,x_4) = \min(2x_1 + x_2, x_3 + 2x_4)$ 给出。该技术的成本函数是什么?作为要素价格 (w_1,w_2,w_3,w_4) 和产出 y 的函数的要素 1 和 2 的条件要素需求函数是什么?

5.4 一个厂商的生产函数由 $f(x_1,x_2) = \min\{2x_1 + x_2, x_1 + 2x_2\}$ 给出。该技术的成本函数是什么?作为要素价格 (w_1,w_2) 和产出 y 的函数的要素 1 和 2 的条件要素需求函数是什么?

5.5 一个厂商的生产函数形式为 $f(x_1,x_2) = \max\{x_1,x_2\}$。这个厂商有凸的还是非凸的投入要求集?要素 1 的条件要素需求函数是什么?成本函数是什么?

5.6 考虑一个有如下条件要素需求函数形式的厂商

$$x_1 = 1 + 3w_1^{-\frac{1}{2}} w_2^\beta.$$
$$x_2 = 1 + bw_1^{\frac{1}{7}} w_2^c$$

为方便起见,设产出等于1。参数 a, b, c 的取值是什么?为什么?

5.7 一个厂商的生产函数为 $y = x_1 x_2$。$w_1 = w_2 = 1$ 时,生产的最小成本等于4,y 等于什么?

5.8 一个厂商的成本函数为

$$c(y) = \begin{cases} y^2 + 1 & \text{当 } y > 0 \\ 0 & \text{当 } y = 0. \end{cases}$$

令 P 为产出价格,要素价格固定,如果 $P = 2$,该厂商会生产多少?如果 $P = 1$,该厂商会生产多少?该厂商的利润函数是什么?

5.9 一个典型的硅谷厂商使用成本函数 $c(y)$ 来生产 y 块集成电路产出,该成本函数展示出递增的边际成本。它生产的集成电路块里,$1 - \alpha$ 的概率是次品,不能卖出。能工作的电路块可以价格 P 卖出且集成电路块市场是高度竞争的。

(a)计算利润对 α 的导数和该导数的符号。

(b)计算产出对 α 的导数和该导数的符号。

(c)假设有几个相同的集成电路生产商,令 $D(p)$ 为需求函数,$p(\alpha)$ 为竞争均衡价格。

计算$(dp/d\alpha)$和它的符号。

5.10 假设一厂商在其产出市场和要素市场上是竞争性行为。假定每个投入的价格均上升,且令 dw_i 为要素价格 i 的增加。在什么条件下,使产出最大化的利润会减少?

5.11 一个厂商使用4种投入来生产1种产出。生产函数是 $f(x_1, x_2, x_3, x_4) = \min\{x_1, x_2\} + \min\{x_3, x_4\}$。

(a)当要素价格是 $w = (1, 2, 3, 4)$ 时,生产1单位产出的条件要素需求向量是什么?

(b)成本函数是什么?

(c)这项技术显示出什么样的规模报酬?

(d)另一个厂商的生产函数为 $f(x_1, x_2, x_3, x_4) = \min\{x_1 + x_2, x_3 + x_4\}$。当价格 $w = (1, 2, 3, 4)$ 时,生产1单位产出条件要素需求向量是什么?

(e)这个厂商的成本函数是什么?

(f)这项技术代表什么样的规模报酬?

5.12 如果随着产出增加,对 i 种要素的条件需求下降;就是 $\partial x_i(w,y)/\partial y<0$。那么生产要素 i 就被叫做劣质的。

(a)画图说明劣质要素是可能的。

(b)说明如果技术是规模报酬不变的,那么不存在劣质要素。

(c)说明如果随着某个要素价格增加,边际成本下降,那么该要素一定是劣质的。

5.13 考虑一个利润最大化厂商,生产一种在竞争性市场出售的产品。据观察,当产出物品价格上升时,该厂商要雇佣更多的熟练工人但是更少非熟练工人。现在非熟练工人团结起来,成功地使工资增加。假定所有其他的价格保持不变。

(a)该厂商对非熟练工人的需求会发生什么变化?

(b)厂商的产出供给会发生什么变化?

5.14 你对产出变动 Δy,成本变动 Δc,要素价格变动 Δw_i,以及要素需求水平 $x_i, i=1,\cdots,n$ 有一时间序列观察数据。你如何构造每期的边际成本 $\partial c(w,y)/\partial y$ 的估计?

5.15 计算技术 $V(y) = \{(x_1,x_2,x_3): x_1 + \min(x_2,x_3) \geq 3y\}$ 的成本函数。

5.16 对下边每个成本函数,判断它是否是一次齐次的、单调的、凹的和/或连续的。如果是,求出相关联的生产函数。

(a) $c(w,y) = y^{1/2}(w_1 w_2)^{3/4}$

(b) $c(w,y) = y(w_1 + \sqrt{w_1 w_2} + w_2)$

(c) $c(w,y) = y(w_1 e^{-w_1} + w_2)$

(d) $c(w,y) = y(w_1 - \sqrt{w_1 w_2} + w_2)$

(e) $c(w,y) = \left(y + \dfrac{1}{y}\right)\sqrt{w_1 w_2}$

5.17 一个厂商的投入要求集为 $V(y) = \{x \geq 0: ax_1 + bx_2 \geq y^2\}$。

(a)生产函数是什么?

(b)条件要素需求是什么?

(c)成本函数是什么?

第6章 对　　偶

在上面一章,我们审查了成本函数的特性。成本函数,即度量取得给定产出水平时的最小成本的函数。给定任何技术,求出它的成本函数,至少在原则上,是易行的:我们只需解成本最小化问题就行了。

在本章,我们要说明这个过程可以逆过来进行。给定一个成本函数,我们可以"解出"一项可产生出该成本函数的技术。这意味着成本函数从本质上来说,包含着生产函数所包含的相同的信息。根据生产函数的特性所定义的任何概念,都有一个按照成本函数特性的"对偶"定义,反之亦然。这个一般化的观察称之为**对偶**原理。它有好几个我们在本章中将审查的重要结论。

表示经济行为的似乎不同方式间的对偶,对消费者理论,福利经济学和经济学中许多其他的研究领域都是有用的。许多直接看时很难理解的关系,当使用对偶性工具来看时,就变得简单,或者甚至是平常的了。

6.1　对　　偶

在第 4 章,我们描述了被认为是真实的投入要求集 $V(y)$ 的"外界"的 $VO(y)$ 集。给出数据 (w^t, x^t, y^t),$VO(y)$ 被定义为

$$VO(y) = \{x : w^t x \geqslant w^t x^t. \text{对所有的 } t, \text{满足 } y^t \leqslant y\}.$$

可以容易地证明 $VO(y)$ 是闭的,单调的,凸的技术。更进一步,正如我们在第 4 章所观察到的,它包含着任何可能会产生数据 $(w^t, x^t, y^t), t = 1, \cdots, T$ 的技术。

如果我们观察许多不同的要素价格下的选择，$VO(y)$ 集似乎应该在某种意义上"接近"真实的投入要求集。为了使这点更精确，令要素价格可以在 $w \geqslant 0$ 的所有可能的价格向量中变动。那么，VO 集正常的一般化就变成

$$V^*(y) = \{x : wx \geqslant wx(w, y) = c(w, y), w \geqslant 0\}$$

$V^*(y)$ 和真实的投入要求集 $v(y)$ 间的关系是什么呢？当然，正如我们在第 4 章、第 62 页中所说明的那样，$V^*(y)$ 包含着 $V(y)$。一般说来，$V^*(y)$ 严格包含 $V(y)$。例如，在图 6.1A 中，我们看到，阴影区域不能从 $V^*(y)$ 中剔除掉，因为该区域中的点满足条件 $wx \geqslant c(w, y)$。

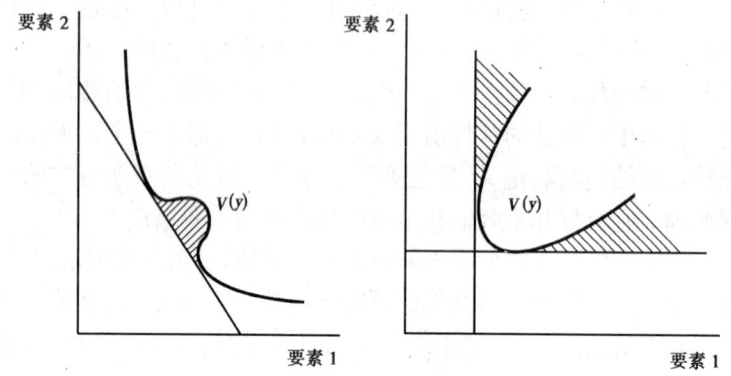

图 6.1　$V(y)$ 和 $V^*(y)$ 间的关系

一般说来，$V^*(y)$ 严格包含 $V(y)$。

对图 6.1B 也是同样的。成本函数仅包含着 $V(y)$ 的有关经济部分的信息，即，那些实际上是成本最小化问题的解，亦即实际上是条件要素需求的要素束。

不过，假定我们原先的技术是凸且单调的。在这种情况下，$V^*(y)$ 等于 $V(y)$。这是因为，在技术凸且单调的情况下，$V(y)$ 边界上的各点都是 $w \geqslant 0$ 的某个价格向量的一个成本最小化的要素需求。这样，对所有的 $w \geqslant 0, wx \geqslant c(w, y)$ 的点集准确地刻画

了投入要求集。更正式地：

假定 $V(y)$ 是正则、凸的、单调技术。那么 $V^*(y) = V(y)$。

证明：(概述)我们已经知道 $V^*(y)$ 包含着 $V(y)$，所以我们只须证明如果 x 在 $V^*(y)$ 中，那么，x 一定在 $V(y)$ 中。假定 x 不是 $V(y)$ 中的一个元。那么，既然 $V(y)$ 是满足单调性假设的闭集，我们就可以运用隔离超平面定理(见原书第 26 章第 483 页)的一种变化形式，来找到一个向量 $w^* \geqslant 0$，对所有在 $V(y)$ 中的 z，都满足 $w^*x < w^*z$。令 z^* 为 $V(y)$ 中在价格 w^* 下使成本最小化的点。那么，特别我们有 $w^*x < w^*z^* = c(w^*, y)$。但这样，根据 $V^*(y)$ 的定义，x 就不能在 $V^*(y)$ 中了。

这个命题说明，如果原先的技术是凸且单调的，那么，与该技术相关联的成本函数可完全被用来重构原先的技术。如果我们知道每个可能的价格向量 w 下的最小操作成本，那么，我们就知道该厂商所面对的完整的技术选择集。

这是凸且单调的技术情形下，令人满意的推理结果，但对行为不是那么良好的技术情形会怎么样呢？假定我们从某项可能非凸的技术 $V(y)$ 开始。我们找到了它的成本函数，然后得到了 $V^*(y)$。从上面的结论我们知道，$V^*(y)$ 并非必然等于 $V(y)$，除非 $V(y)$ 碰巧有凸性和单调性特征。可是，假定我们定义

$$c^*(w, y) = \min wx$$

满足 x 在 $V^*(y)$ 中

$c^*(w, y)$ 和 $c(w, y)$ 间的关系是什么呢？

何时 $c(w, y)$ 等于 $c^*(w, y)$。$c(w, y) = c^*(w, y)$ 得自这些函数的定义。

证明：容易看出 $c^*(w, y) \leqslant c(w, y)$；因为 $V^*(y)$ 总是包含 $V(y)$，$V^*(y)$ 中的最小成本束一定至少与 $V(y)$ 中的最小成本束一样小。假定对某个价格 w'，$V^*(y)$ 中的最小成本束 x' 具有特性 $w'x' = c^*(w', y) < c(w', y)$。但这是不可能出现的，因为根据 $V^*(y)$ 的定义，$w'x' \geqslant c(w', y)$。

这个命题说明技术 $V(y)$ 的成本函数与其凸性化后的 $V^*(y)$ 的成本函数相同。在这个意义上,凸性的投入要求集的假定从经济学的观点看来,就不是很有约束性的。

让我们概括一下迄今为止的讨论:

(1)给出成本函数,我们可以定义一个投入要求集 $V^*(y)$。

(2)如果原先的技术是凸且单调的,所构造的技术将与原先的技术相同。

(3)如果原先的技术是非凸的或非单调的,所构造的投入要求是原先集合经过凸化和单调化处理后的变形形式,并且特别重要的是,构造的技术与原先的技术有相同的成本函数。

我们可以用生产中基本的对偶原理来简洁地概括上面的三点:厂商的成本函数概括了它技术上有关经济方面所有的内容。

6.2 成本函数的充分条件

在上个部分我们已经看到,成本函数概括了一项技术所有有关的经济信息。在上一章我们已看到,成本函数是价格的非减、齐次、凹的连续函数。问题是:假定给出你一个价格的非减、齐次、凹的连续函数——它就必然是某个技术的成本函数吗?

叙述这个问题的另一种方式是:上一章所刻划的这些特性完整地列出了成本最小化行为的含义了吗?给出一个具有这些特征的函数,它就一定是从某项技术中产生的吗?答案是肯定的,下面的命题说明如何构造这样一项技术。

何时 $\phi(w,y)$ 是成本函数。令 $\phi(w,y)$ 是可微函数,满足

1) $\phi(tw,y) = t\phi(w,y)$,对所有 $t \geq 0$;

2) $\phi(w,y) \geq 0$,对所有 $w \geq 0$ 和 $y \geq 0$;

3) $\phi(w',y) \geq \phi(w,y)$ 对 $w' \geq w$;

4) $\phi(w,y)$ 在 w 上是凹的。

那么 $\phi(w,y)$ 就是根据 $V^*(y) = \{x \geq 0: wx \geq \phi(w,y)$,对

所有 $w \geq 0$ 所定义的技术的成本函数。

证明:给出一个 $w \geq 0$ 我们定义

$$x(w,y) = (\frac{\partial \phi(w,y)}{\partial w_1}, \ldots, \frac{\partial \phi(w,y)}{\partial w_n})$$

注意,因为 $\phi(w,y)$ 在 w 上是一次齐次的,欧拉法则意味着 $\phi(w,y)$ 可以写成

$$\phi(w,y) = \sum_{i=1}^{n} w_i \frac{\partial \phi(w,y)}{\partial w_i} = wx(w,y).$$

(欧拉法则可见原书 26 章第 481 页)注意,$\phi(w,y)$ 的单调性意味着 $x(x,y) \geq 0$。

我们需要证明的就是,对任何给出的 $w' > 0$,$x(w',y)$ 实际上使 $w'x$ 对所有在 $V^*(y)$ 中的 x 成为最小:

$$\phi(w',y) = w'x(w',y) \leq w'x \text{ 对所有在 } V^*(y) \text{ 中的 } x.$$

首先,我们证明 $x(w',y)$ 是可行的;也就是 $x(w',y)$ 在 $V^*(y)$ 中。根据 $\phi(w,y)$ 在 w 上的凹性,我们有

$$\phi(w',y) \leq \phi(w,y) + D\phi(w,y)(w'-w)$$

对所有的 $w \geq 0$。(见原书 27 章第 496 页。)

使用欧拉法则,这就简化成

$$\phi(w',y) \leq w'x(w,y) \text{对所有的 } w \geq 0.$$

从 $V^*(y)$ 的定义可以得出,$x(w',y)$ 在 $V^*(y)$ 中。

接下来,我们证明对所有在 $V^*(y)$ 中的 x,$x(w,y)$ 实际上使 wx 最小。如果 x 在 $V^*(y)$ 中,那么,根据定义它一定满足

$$wx \geq \phi(w,y).$$

但根据欧拉法则

$$\phi(w,y) = wx(w,y).$$

上面的两个表达式意味着

$$wx \geq wx(w,y)$$

对所有在 $V^*(y)$ 中的 x,命题得证。

6.3 需求函数

上一部分所证明的命题产生了一个有趣的问题。假定给出一套函数$(g_i(w,y))$,它们满足 2.4 部分所刻划的条件要素需求函数的特征,即它们是价格的零次齐次的,并且

$$\left(\frac{\partial g_i(w,y)}{\partial w_j}\right)$$

是一个对称的负半定矩阵。这些函数必定是某项技术的条件要素需求函数吗?

让我们来试着运用上面的命题。首先,我们构造一个候选的成本函数:

$$\phi(w,y) = \sum_{i=1}^{n} w_i g_i(w,y).$$

接着,我们检查它是否满足上面刚证明过的命题所要求的特征。

1) $\phi(w,y)$在 w 上是一次齐次的吗?要检查这点,我们看$\phi(tw,y) = \sum_i tw_i g_i(tw,y)$。因为根据假定函数 $g_i(w,y)$是零次齐次的, $g_i(tw,y) = g_i(w,y)$满足

$$\phi(tw,y) = t\sum_{i=1}^{n} w g_i(w,y) = t\phi(w,y).$$

2) 对 $w \geqslant 0, \phi(w,y) \geqslant 0$? 因为 $g_i(w,y) \geqslant 0$,答案显然是肯定的。

3) $\phi(w,y)$是 w_i 的非减函数吗?使用乘积法则,我们计算

$$\frac{\partial \phi(w,y)}{\partial w_i} = g_i(w,y) + \sum_{j=1}^{n} w_j \frac{\partial g_j(w,y)}{\partial w_i}$$
$$= g_i(w,y) + \sum_{j=1}^{n} w_j \frac{\partial g_i(w,y)}{\partial w_j}.$$

因为 $g_i(w,y)$是零次齐次的,最后一项消失,$g_i(w,y)$显然要大于或等于零。

4) 最后,$\phi(w,y)$是 w 的凹函数吗?要检查这点,我们对

$\phi(w,y)$ 求二次导得到

$$\left(\frac{\partial^2 \phi}{\partial w_i \partial w_j}\right) = \left(\frac{\partial g_i(w,y)}{\partial w_j}\right).$$

凹性要求这些矩阵是对称且负半定的,这正是假定所要求的。

因此,这部分所证明的命题是适用的,有一项能产生($g_i(w,y)$)作为它的条件要素需求的技术 $V^*(y)$。这意味着齐次性和负半定就是成本最小化行为模型对需求函数所施加的完全的限制。

当然,从本质上来说,同样的结论对利润函数和(非条件的)需求和供给函数也是成立的。如果利润函数服从原书第 3 章第 40 页所描述的限制,或等价地,如果需求和供给函数服从原书第 3 章第 46 页中的限制,那么就一定存在能产生这个利润函数或这些需求和供给函数的技术。

例子:运用对偶映射

假定给出我们一个特定的成本函数 $c(w,y) = y w_1^a w_2^{1-a}$。我们如何求出与其相联的技术呢?根据导数特性

$$x_1(w,y) = a y w_1^{a-1} w_2^{1-a} = a y \left(\frac{w_2}{w_1}\right)^{1-a}$$

$$x_2(w,y) = (1-a) y w_1^a w_2^{-a} = (1-a) y \left(\frac{w_2}{w_1}\right)^{-a}.$$

我们想要从这两个方程中消掉 w_2/w_1,得到一个按 x_1 和 x_2 表示 y 的方程。整理每个方程给出

$$\frac{w_2}{w_1} = \left(\frac{x_1}{ay}\right)^{\frac{1}{1-a}}$$

$$\frac{w_2}{w_1} = \left(\frac{x_2}{(1-a)y}\right)^{-\frac{1}{a}}.$$

让它们相等,两边 $-a(1-a)$ 次幂,

$$\frac{x_1^{-a}}{a^{-a}y^{-a}} = \frac{x_2^{1-a}}{(1-a)^{(1-a)}y^{1-a}},$$

或

$$[a^a(1-a)^{1-a}] y = x_1^a x_2^{1-a}.$$

这正是柯布-道格拉斯技术。

例子:规模报酬不变和成本函数

既然成本函数告诉了我们技术上所有有关经济上的信息,我们就可试着根据对技术的限制来解释各种对成本的限制。在原书第5章第66页,我们说明如果技术表现出规模报酬不变,那么成本函数就有形式 $c(w)y$。这儿,我们说明反过来运用也是对的。

规模报酬不变。 令 $V(y)$ 是凸且单调的;那么如果 $c(w,y)$ 可以写成 $yc(w)$,$V(y)$ 一定表现出规模报酬不变。

证明:运用凸性、单调性和成本函数假设中的假定形式,我们知道
$$V(y) = V^*(y) = \{x : w \cdot x \geq yc(w) \text{对所有 } w \geq 0\}.$$
我们想要说明,如果 x 在 $V^*(y)$ 中,那么 tx 在 $V^*(ty)$ 中。如果 x 在 $V^*(y)$ 中,我们知道对所有 $w \geq 0, wx \geq yc(w)$。方程两边同乘以 t,我们有:对所有 $w \geq 0, wtx \geq tyc(w)$。但这就是说 tx 在 $V^*(ty)$ 中。

例子:规模弹性和成本函数

给出一个生产函数 $f(x)$,我们可以考虑以规模弹性闻名的规模报酬的局部度量:
$$e(x) = \left.\frac{df(tx)}{dt}\frac{t}{f(x)}\right|_{t=1}$$

这在原书第1章第16页定义过。随着 $e(x)$ 小于、等于、或大于1,该技术展示出规模报酬递减、不变或递增来。

给出某个要素价格向量,我们可以计算厂商的成本函数 $c(w,y)$。令 x^* 为在 (w,y) 下的成本最小化束。那么,我们可以按照下面的公式来计算 $e(x^*)$:
$$e(x^*) = \frac{c(w,y)/y}{\partial c(w,y)/\partial y} = \frac{AC(y)}{MC(y)}.$$

为了看明此点,我们进行 $e(x)$ 定义中显示的求导:
$$e(x^*) = \frac{\sum_{i=1}^{n}\frac{\partial f(x^*)}{\partial x_i}x_i^*}{f(x^*)}.$$

因为 x^* 最小化了成本,它满足一阶条件 $w_i = \lambda \frac{\partial f(x^*)}{\partial x_i}$。更进一步,根据包络定理,$\lambda = \partial c(w,y)/\partial y$。(见原书第 5 章第 76 页)因此,

$$e(x^*) = \frac{\sum_{i=1}^{n} w_i x_i^*}{\lambda f(x^*)} = \frac{c(w,y)/f(x^*)}{\partial c(w,y)/\partial y} = \frac{AC(y)}{MC(y)}.$$

6.4 对偶的几何说明

在这一部分里,我们将在几何图形上检查由其生产函数所概括的厂商的技术和由它的成本函数所概括的厂商的经济行为间的关系。

在图 6.2 中,我们已说明了厂商的等产量线和同样的产出水平 y 下的等成本曲线。在这个等成本曲线点 (w_1^*, w_2^*) 处的斜率由

$$\frac{dw_2(w_1^*)}{dw_1} = -\frac{\frac{\partial c(w^*,y)}{\partial w_1}}{\frac{\partial c(w^*,y)}{\partial w_2}} = -\frac{x_1(w^*,y)}{x_2(w^*,y)}.$$

给出

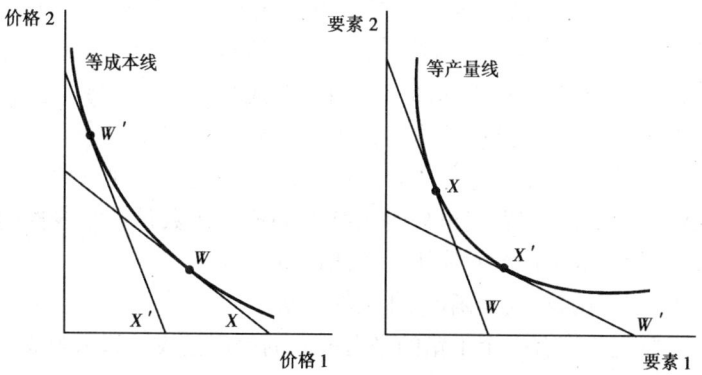

图 6.2　等产量线和等成本线的曲率
等产量线越弯曲,等成本曲线就越少弯曲。

另一方面,等产量线定义为
$$f(x) \equiv y.$$
在点 x^* 处的等产量线的斜率由
$$\frac{dx_2(x_1^*)}{dx_1} = -\frac{\frac{\partial f(x^*)}{\partial x_1}}{\frac{\partial f(x^*)}{\partial x_2}}.$$
给出。现在,如果 (x_1^*, x_2^*) 是价格 (w_1^*, w_2^*) 下的成本最小化点,我们知道它满足一阶条件
$$\frac{w_1^*}{w_2^*} = \frac{\frac{\partial f(x^*)}{\partial x_1}}{\frac{\partial f(x^*)}{\partial x_2}}.$$

注意这个良好的对偶性:等产量曲线的斜率给出了要素价格比率,而等成本曲线的斜率给出了要素水平的比率。

等产量曲线和等成本曲线的曲率如何呢?原来它们的曲率是反相关的:如果等成本曲线是非常弯曲的,等产量曲线就相当平展,反之亦然。我们通过考虑等成本曲线上某个特定的 (w_1, w_2),然后移动到相当远的该等成本曲线上的某个 (w_1', w_2');可以看出此点。假定我们发现等成本曲线的斜率变化不大——也就是,该等成本曲线有小的曲率。因为等成本曲线的斜率给出我们要素需求的比率,这就意味着成本最小化束一定相当近似。就图 6.2 而言,我们看到这意味着等产量曲线一定相当地弯曲。在极端的情况下,我们发现里昂惕夫技术的成本函数是一个线性的函数,L 形的成本函数对应于一个线性技术。

例子:生产函数,成本函数,和条件要素需求

假定我们有一个不错的平滑的凸的等产量线。那么等成本曲线也是凸的、平滑的,条件要素需求曲线也行为良好,如图 6.3 那样。

假定等产量线有一段平坦部分,以致在某个要素价格组合下,不

存在单一的要素需求束。那么,等成本曲线在这一要素价格水平上一定是不可微的,并且条件要素需求函数是多值对应的,如图 6.4 那样。

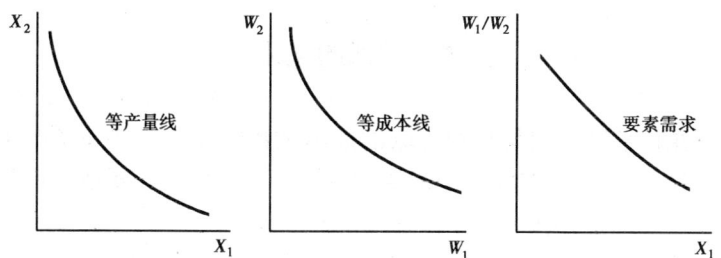

图 6.3 技术、成本和需求

平滑的、凸的等产量线的例子。

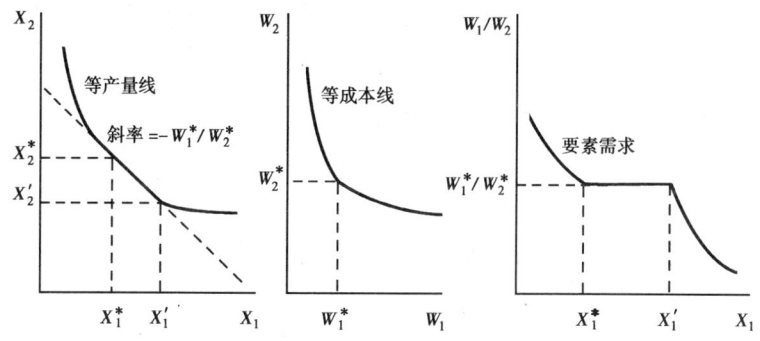

图 6.4 技术、成本和需求

带平坦部分的等产量线的例子。在等于平坦部分斜率的价格处,等成本曲线上有个结。在这些要素价格处,有好几个成本最小化束。

假定等产量线在某点有个扭节。那么对某段价格范围而言,就需要一个固定的投入束。这意味着等成本曲线有一段平坦部分,如图 6.5 那样。

假定等产量曲线在某个范围是非凸的。那么,等成本曲线在某点有个节,并且条件要素需求是不连续的、多值对应的,如图 6.6

中那样。注意通过比较图 6.4 和图 6.6,该技术的成本函数与该技术凸性化后的成本函数是如何不能区分的。

6.5 对偶的运用

在技术描述和与其相关联的成本函数间存在对偶关系的事实,对生产经济学有好几个重要的结论。我们已经简要地顺便接触了一些,但在这里值得把它们概括一下。

首先,有两种刻画技术特征的不同方法在理论上是很方便的,因为通过使用成本函数或利润函数比使用技术的直接表述更容易演示某些种类的论证。例如,考虑以前给出的变动价格下的平均利润比价格固定在平均值下的利润要高的例子。这是利润函数凸性的一个平常结论;如果我们使用技术的直接表述来接近这个情形,论证就不会是那么平常了吧。

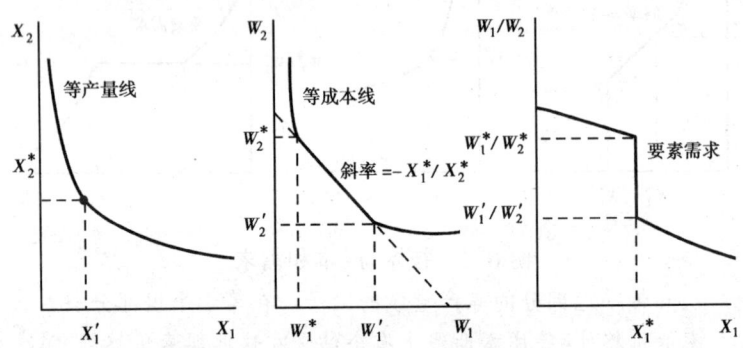

图 6.5 技术、成本和需求

打结的等产量线的例子。在等成本线上有一段平坦部分,在此部分,相同的要素束使成本最小化。

其次,诸如成本函数和利润函数这样对偶性的表述在均衡分析中是很有用的,因为它们在特定的函数说明中包含着行为假定。

例如,如果我们想要检查某个特定的税收政策影响厂商利润的方式,我们可以调查研究该税收是如何影响厂商所面对的价格,然后看这些价格上特定的变化是如何影响利润函数的。我们不必解任何最大化问题——它们已在利润函数的明确说明中解过了。

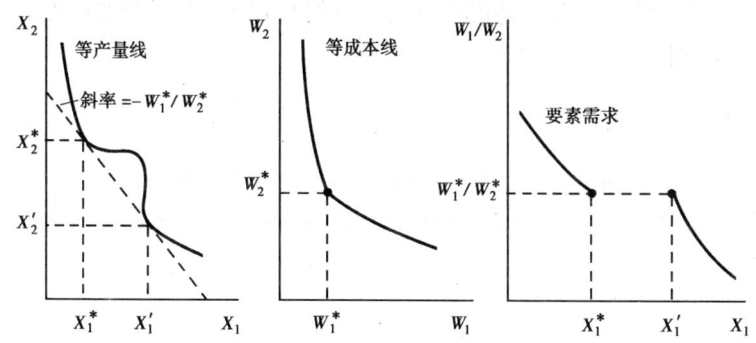

图 6.6 技术、成本和需求

非凸的等产量线的例子。等成本曲线看上去与有平坦部分的等产量线下的情形是相同的,但现在要素需求函数不连续了。

第三,齐次性、单调性和曲率特性穷尽了成本函数和利润函数的特征的事实,使得证明某类有关厂商行为的命题简单得多了。我们可以简单地问,研究中的特定特征是否是成本函数或利润函数齐次性、单调性、或曲度的一个结论。如果不是,那么该特征就不是简单地从最大化行为中导出的。

第四,利润函数和成本函数以三个相对简单的数学条件为特征的事实,在产生表示技术的参数形式上有很大的帮助。例如,为了完整地规定一项技术,要做的全部事情就是规定一个要素价格的连续的、齐次的、单调的凹函数。这比规定表示技术的生产函数要方便得多。这样的参数形式在计算例子里或经济计量工作中可能含有相当大的帮助。

第五,对经济计量工作来说,对偶表述通常证明是更满意的。

其原因在于,进入对偶规定的变量——价格变量———般就厂商的选择问题而言,被认为是外生变量。如果要素市场是竞争性的,那么厂商就被认为是把要素价格当做给定的,来选择投入水平,以便要素价格不与统计中的生产关系的误差项发生相关。这个特征从统计学的观点看来是很适意的。我们将在第 12 章中进行更进一步的审查研究。

注 释

成本函数和利润函数间的基本对偶性首先被谢菲尔德(Shephard,1953)所严格证明。对这一问题和一般化的现代处理的历史发展,见迪沃特(Diewert,1974)。

练 习

6.1 成本函数为 $c(w_1, w_2, y) = \min\{w_1, w_2\} y$。生产函数是什么?条件要素需求函数是什么?

6.2 成本函数为 $c(w_1, w_2, y) = y[w_1 + w_2]$。条件要素需求是什么?生产函数是什么?

6.3 成本函数为 $c(w_1, w_2, y) = w_1^a w_2^b y$。有关 a 和 b 我们知道什么?

第7章 效用最大化

我们从本章开始研究消费者行为。在竞争厂商理论中,我们是从利润最大化模型和潜在的技术约束条件来推导出供给函数和需求函数的。在消费者行为理论中,我们将通过考察潜在经济约束条件下的效用最大化行为模型来推导需求函数。

7.1 消费者偏好

我们考察一个在消费集 X 中具有可行消费束的消费者的行为。在本书中,我们通常假定集合 X 是 k 维实数空间 R^K 中的一个非负子集,但也可能用来表示更为特定的消费集合。例如可能仅指为维持消费者生存所必需的消费束的集合。我们总是假定 X 为闭集和凸集。

假设消费者对 X 中的消费束具有偏好关系。我们以 $x \geq y$ 表示"消费者认为消费束 x 至少与消费束 y 同样好。"我们需要以偏好来反映消费束集的顺序。为此,需要假设偏好关系具备以下几个标准性质:

假设1　**完备性**。对于集合 X 中的任意两个消费束 x 和 y,或者 $x \geq y$,或者 $y \geq x$,或者二者同时成立。

假设2　**自返性**。集合 X 中任意消费束 $x,x \geq x$。

假设3　**传递性**。集合 X 中的任意消费束 x、y 和 z,如果 $x \geq y$,且 $y \geq x$,则 $x \geq z$。

假设1表明任意两个消费束具有可比性,假设2的含义是显而易见的,而假设3则是在讨论偏好最大化时所必需的。因为如果偏好关系不具有传递性,则消费束集合中就可能不存在最优消费组合。

我们以序号≥表示**弱偏好序**,以序号>表示**严格偏好序**,若 $x \succ y$,则不会有 $y \geq x$。类似地,我们以~表示"**无差异**",如果 $x \geq y$,且 $y \geq x$,则 $x \sim y$,即消费束 x 和 y 无差异。

我们常愿对消费者偏好序作其他假设,例如:

假设 4　**连续性**。对于 X 中的所有 y,集合 $\{x: x \geq y\}$ 和 $\{x: x \leq y\}$ 是闭集,由此可以推断 $\{x: x > y\}$ 和 $\{x: x < y\}$ 都是开集。

这一假设对排除某些非连续性行为是必要的,也就是说,如果 (x^i) 是一组至少和消费束 y 同样好的消费束,且如果该组消费束趋近于某一消费束 x^*,则 x^* 至少与消费束 y 同样好。

连续性假设的最重要的推论是:如果消费束 y 严格优于 z,且如果 x 是一个足够接近于 y 的消费束,则 x 必定严格优于 z。这个推论也是"严格偏好消费束集是一个开集"的另一种表述方式,关于"开集"与"闭集"的简单讨论,请参阅原书第 26 章第 478 页。

在经济分析中,用**效用函数**来概括消费者行为通常是很方便的,即存在一个函数 $u: X \to R$,使得 $x \succ y$ 当且仅当 $u(x) > u(y)$。由此可以证明,如果偏好序满足完备性、自返性、传递性和连续性假设,则偏好序就可以用一个连续效用函数来代表。我们后面要对这一结论进行比较简单的证明。效用函数通常是一种描述偏好关系的非常方便的工具,但却难以给出任何心理方面的解释。效用函数惟一贴切的特点是其序数性质。如果 $u(x)$ 代表偏好关系≥(不劣于),而且函数 $f: R \to R$ 是一个单调函数,则函数 $f(u(x))$ 可准确地代表同样的偏好关系,因为 $f(u(x)) \geq f(u(y))$ 当且仅当 $u(x) \geq u(y)$。

关于偏好关系还有其他几个有用的假设,例如:

假设 5　**弱单调性**。如果 $x \geq y$,则 $x \geq y$。

假设 6　**强单调性**,如果 $x \geq y$ 且 $x \neq y$,则 $x > y$。

弱单调性的含义是"增加一点东西至少与原来同样好"。如果消费者可以无成本地处理他不想要的物品,这个假设是显而易见的。强单调性假设的含义是"同样的物品,且数量严格多于原有物品,则必定严格优于原有物品"。这个假设其实仅是说明:物品是有益的,多多益善。

如果其中一种物品是"坏"的,如垃圾或者污染,则强单调性假设不被满足,在这种情况下,我们可以重新定义物品,使其不包含垃圾或者污染这类物品。这会导致对重新定义的物品的偏好关系,从而满足强单调性假设。

弱于强单调性和弱单调性假设的另一个假设是局部非饱和性假设。

假设7　局部非饱和性假设。给定消费集 X 中的任意消费束 x 和任意 $\in >0$,消费集 X 中总存在消费束 y,满足 $|x-y|<\in$ 使得 $y \succ x$。①

局部非饱和性的含义是:即使仅允许对消费束作微小调整,消费者也可以做得更好一些。读者可以自己证明,强单调性成立意味着局部非饱和性成立,但反之不一定成立。局部非饱和性排除了非常"密"的无差异曲线上的消费组合。

下面的两个假设通常对确保消费者需求函数的优化行为是有用的。

假设8　凸性。给定消费集 X 中的消费束 x、y 和 z,使 $x \succeq z$ 和 $y \succeq z$,若对所有的 $0 \leqslant t \leqslant 1$ 有 $tx+(1-t)y \succeq z$,称为凸性。

假设9　严格凸性。给定消费集 X 中的消费束 x、y 和 z,$x \neq y$,如果 $x \succeq z, y \succeq z$,则对所有的 $0<t<1$ 有 $tx+(1-t)y \succ z$,称为严格凸性。

我们常用图形来表示给定的偏好序,彼此无差异的所有消费束的集合称作**无差异曲线**。可以把无差异曲线视为效用函数的**水平集**,它们类似于生产理论中使用的等产量线。在无差异曲线及

---

① $|x-y|$ 意味着 x 和 y 间欧几里得距离。

其上方的所有消费束的集合$\{x\in X: x\geq y\}$称作**上等值线集**(upper contour set)。这类似于生产理论中的输入要素集。凸性假设意味着代理人偏好于平均而非极端,但除此以外,它并没有什么其他的经济含义。弱凸性偏好的无差异曲线可能是一条直线,而严格凸性偏好必定有一条向原点弯曲的无差异曲线。严格凸性假设是新古典的"边际替代率递减"假设的一般化。

例子:效用函数的存在性。

效用函数的存在性。假定消费者偏好具有完备性、自返性、传递性、连续性和强单调性,那么,存在着一个能代表该偏好的连续效用函数$u: R_+^K \to R$。

证明:令e为由1组成的R_+^K中的向量。那么,对于任何给定的向量x,假定存在一个实数$u(x)$使得$x \sim u(x)e$成立。我们要证明这样的实数是存在的,而且是惟一的。

令$B=\{t\in R: te\geq x\}, W=\{t\in R: x\geq te\}$。强单调性假设意味着$B$是非空的;$W$因为包含0所以一定是非空的。连续性意味着集合$B$和$W$都是闭集。因为该实线是连通的,存在一个$t_x$使得$t_x e \sim x$成立。我们要证明这个效用函数实际上代表了我们想要代表的偏好。令:

$$u(x) = t_x \quad 其中 \quad t_x e \sim x$$
$$u(y) = t_y \quad 其中 \quad t_y e \sim y.$$

那么,如果$t_x < t_y$,强单调性表明$t_x e < t_y e$,而传递性则表明

$$x \sim t_x e < t_y e \sim y.$$

类似地,如果$x > y$,则$t_x e > t_y e$ 从而使得t_x一定大于t_y。

对$u(x)$是连续函数的证明有些复杂,这里从略。

例子:边际替代率。

令$u(x_1, \cdots, x_t)$为效用函数。假设我们增加第i种物品的消费量,消费者要对其第j种物品的消费作何调整,才能保持效用不变?

根据原书第1章第11页中构建的方法,我们用dx_i和dx_j表示x_i和x_j的微小变化。根据假设,效用的变化必定为0,所以

$$\frac{\partial u(x)}{\partial x_i}dx_i + \frac{\partial u(x)}{\partial x_j}dx_j = 0.$$

因此

$$\frac{dx_j}{dx_i} = -\frac{\frac{\partial u(x)}{\partial x_i}}{\frac{\partial u(x)}{\partial x_j}}$$

该式即物品i和物品j的**边际替代率**公式。

边际替代率并不取决于所选择的代表内在偏好的效用函数的形式。为证明这一结论,令$v(u)$为效用函数的单调变换。这个效用函数的边际替代率是

$$\frac{dx_j}{dx_i} = -\frac{v'(u)\frac{\partial u(x)}{\partial x_i}}{v'(u)\frac{\partial u(x)}{\partial x_j}} = -\frac{\frac{\partial u(x)}{\partial x_i}}{\frac{\partial u(x)}{\partial x_j}}.$$

7.2 消费者行为

由于有了效用函数这一方便的工具,我们现在可以开始对消费者行为进行研究。我们的基本假设是:一个理性的消费者总是从其可行的消费集中选择使自己效用最大化的消费束。

在基本的偏好最大化问题中,消费可行集是满足消费者预算约束的消费束的集合。令m为某一消费者的固定货币数量,$p = (p_1, \cdots, p_k)$为物品$1, \cdots, k$的价格向量。可行消费束集合,即消费者的预算集合,以下式给出:

$$B = \{x \text{ 在 } X \text{ 中}: px \leq m.\}$$

则消费者的偏好最大化问题可以描述为:

$$\max u(x)$$

$$\text{满足 } px \leq m$$
$$x \in X.$$

我们开始分析效用最大化问题的几个基本性质。第一，该问题是否有解。根据原书第 27 章 506 页的有关内容，如果我们能证明目标函数是连续的，约束集是闭的并且是有界的，则最优解存在。根据前面的假设，效用函数是连续的，约束集合当然是闭集。对于 $i=1,\cdots,k$，如果 $p_i > 0$ 且 $m \geq 0$，不难证明约束集合是有界的。如果某种物品价格为 0，消费者对该物品可能会有无穷需求，我们一般不考虑此类边界问题。

第二，我们考察关于偏好的表示问题。这里我们能够观察到最优化选择 x^* 与用以表示偏好的效用函数的选择无关。因为最优消费组合 x^* 对于集合 B 中的任何 x，必定具有 $x^* \succeq x$ 的特征，所以代表偏好 $\succeq$ 的任何效用函数，必定把 x^* 作为一个强制最优解。

第三，如果我们用一个正的常数乘以所有物品的价格和收入，不会改变消费者预算集，因此也不会改变最优选择集。即对所有消费束 x，如果 x^* 具有 $x^* \succeq x$ 的特征，使得 $px \leq m$，则对所有消费束 y, $x^* \succeq y$ 使得 $tpy \leq tm$。粗略地讲，最优选择集合对价格和收入是"零次齐次"的（homogeneous of degree zero）。

通过对消费者偏好制订若干规范的假设，我们可以对消费者最优化行为问题进行更深入的探讨。例如，假设消费者偏好满足局部非饱和性假设，能否得到最优消费束 x^*？其中 $px^* < m$。假设能够得到，那么，因为最优消费束 x^* 的花费严格小于 m，消费集 X 中足够接近于 x^* 的每一消费束 x 的花费也小于 m，因而也是可行的。但根据局部非饱和性假设，一定存在足够趋近于 x^* 的某些消费束 x，而且 x 优于 x^*。但这意味着 x^* 在预算集合 B 约束下并不能使偏好最大化。

因此，在局部非饱和性假设下，在效用最大化消费束 x^*，预算约束的等式一定成立。这使得我们可以把消费者最优化问题重新表述如下：

$$V(p,w) = \max u(x)$$
满足 $px = m$.

函数 $V(p,w)$ 称作**间接效用函数**,它给出了在给定价格和收入条件下消费者可以实现的最大效用。解此问题所得到的消费束 x 的值称作消费者的**需求束**(demanded bundle),它表明在给定价格水平和收入条件下消费者期望得到的每一物品的数量。我们假设在每一预算下存在一个惟一的需求束;这仅是为了方便而非分析所必需。

把价格 p 和收入 m 与需求束联系起来的函数称作消费者的**需求函数**,用 $x(p,m)$ 来表示。同厂商理论一样,我们需要进行若干假设以确保需求函数得到准确的定义,特别是我们需要假设存在一个能使效用最大化的惟一的消费束。后面我们将看到,偏好的严格凸性假设将确保这一结果。

正如厂商理论中的情形一样,消费者需求函数对 (p,m) 是零次齐次函数。如前所述,以一个正数乘以所有的价格和收入不改变预算集,因此也不改变效用最大化问题的答案。

同生产理论中的情况类似,我们可以用微积分来刻画最优化行为的特征,只要效用函数是可微的。解效用最大化问题的拉格朗日函数可以写成:

$$L = u(x) - \lambda(px - m),$$

其中 λ 是拉格朗日乘数。对 x_i 求拉氏函数的偏微分得出一阶条件:

$$\frac{\partial u(x)}{\partial x_i} - \lambda p_i = 0 \text{ 对 } i - 1, \cdots, k.$$

为了解释一阶条件,我们可以用第 i 个一阶条件除以第 j 个一阶条件以消去拉格朗日乘数 λ,得到

$$\frac{\frac{\partial u(x^*)}{\partial x_i}}{\frac{\partial u(x^*)}{\partial x_j}} = \frac{p_i}{p_j} \text{ 对 } i,j = 1,\cdots,k.$$

等式左边的部分是物品 i 和物品 j 的边际替代率,等式右边的部分可以称作物品 i 和物品 j 间的经济替代率(economic rate of substitution)。最优化意味着这两个替代率必须相等。假设它们不相等,例如假设

$$\frac{\frac{\partial u(x^*)}{\partial x_i}}{\frac{\partial u(x^*)}{\partial x_j}} = \frac{1}{1} \neq \frac{2}{1} = \frac{p_i}{p_j}.$$

则,如果消费者放弃一个单位的物品 i,并购买一个单位的物品 j,该消费者效用可维持在同样的无差异曲线上并拥有额外的一美元可供花费,因此总效用还可以增加,与最优化相矛盾。

图 7.1 用图形描述了最优化问题。图中,消费者预算线用集合 $\{x: p_1x_1 + p_2x_2 = m\}$ 给出,也可以将其写出一个隐函数的形式:$x_2 = m/p_2 - (p_1/p_2)x_1$。这里预算线的斜率为 $-p_1/p_2$,纵轴的截距为 m/p_2。消费者期望在预算线上找到可实现其最大效用的点。这显然必须满足相切条件,即无差异曲线的斜率与预算线的斜率相等。把这一问题进行代数运算可以得出上述最优化条件。

最后,我们还可以用向量语言来描述最优化条件。令消费束 x^* 为最优选择,令 dx 为 x^* 的扰动向量,满足预算约束,因此,我们必然有

$$p(x^* \pm dx) = m.$$

因为 $px = m$,该方程意味着 $pdx = 0$,这又意味着 dx 一定正交于 p。

对于任何扰动向量 dx,效用不能变化。否则消费束 x^* 将不再是最优的。因此,我们又有

$$Du(x^*)dx = 0$$

这表明 $Du(x^*)$ 也正交于 dx。因为这对 $pdx = 0$ 的所有扰动向量都成立,我们一定有 $Du(x^*)$ 正交于 p,正如我们在一阶条件中所知道的那样。

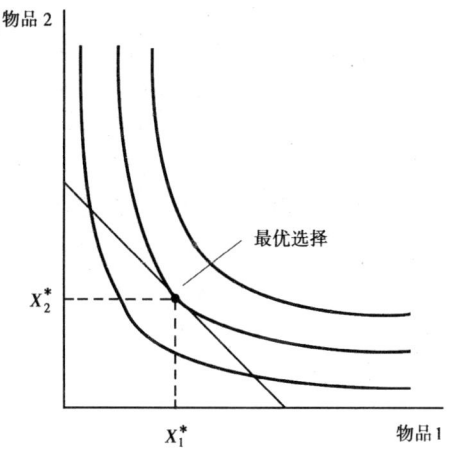

图 7.1 偏好最大化

最优消费束为预算线与无差异曲线的切点。

效用最大化的二阶条件可以通过应用原书第 27 章第 494 页的结论得出。拉格朗日函数对物品 i 和物品 j 的二阶导数为 $\partial^2 u(x)/\partial x_i \partial x_j$。因此,二阶条件可以写成

$$h^t D^2 u(x^*) h \leq 0 \text{ 对所有 } h \text{ 使得 } ph = 0. \quad (7.1)$$

这个条件要求效用函数的海塞矩阵对正交于价格向量的所有的 h 是负半定的。这实质上与要求效用函数 $u(x)$ 为局部拟凹(locally quasiconcave)是等价的。从几何图形上看,这个条件意味着上水平集一定位于最优消费束 x^* 的预算超平面(budget hyperplane)的上方。

二阶条件照例也可以表述为包括加边海塞矩阵的条件。考察原书第 27 章第 500 页的有关内容,我们可以知道这个公式表明 (7.1)式当且仅当加边海塞行列式顺序主子式变号时满足严格不等式。因此:

$$\begin{vmatrix} 0 & -p_1 & -p_2 \\ -p_1 & u_{11} & u_{12} \\ -p_2 & u_{21} & u_{22} \end{vmatrix} > 0,$$

$$\begin{vmatrix} 0 & -p_1 & -p_2 & -p_3 \\ -p_1 & u_{11} & u_{12} & u_{13} \\ -p_2 & u_{21} & u_{22} & u_{23} \\ -p_3 & u_{31} & u_{32} & u_{33} \end{vmatrix} < 0,$$

等等。

7.3 间接效用

回顾一下前面定义的间接效用函数。函数 $v(p,m)$ 给出了最大化效用,它是 p 和 m 的函数。

间接效用函数的性质

(1) $v(p,m)$ 对价格 p 是非递增的;即如果 $p'\geq p$,则 $v(p',m)\leq u(p,m)$。类似地,$v(p,m)$ 对 m 是非递减的。

(2) $v(p,m)$ 对 p 和 m 是零次齐次的。

(3) $v(p,m)$ 对价格 p 是拟凸的;即对所有的 k,$\{p:v(p,m)\leq k\}$ 是一个凸集。

(4) 对所有的 $p\gg 0, m>0, v(p,m)$ 是连续的。

证明:

(1) 令 $B=\{x:px\leq m\}, B'=\{x:p'x\leq m\}$ 对于 $p'\geq p$。则 B' 包含于 B 中,或属于 B。因此,在可行集 B 上,效用函数 $u(x)$ 的最大值至少和可行集 B' 中效用函数 $u(x)$ 的最大值同样大。类似地,如果 $m'\geq m$,则 $v(p,m')\geq v(p,m')$。

(2) 如果所有的价格和收入同时乘以一个正数,预算集并不改变。因此，对于 $t>0, v(tp,tm)=v(p,m)$。

(3)假设 p 和 p' 满足 $v(p,m)\leq k, v(p',m)\leq k$。令 $p''=tp+(1-t)p'$。我们需要证明：$v(p'',m)\leq k$。定义预算集：

$$B=\{x:px\leq m\}$$
$$B'=\{x:p'x\leq m\}$$
$$B''=\{x:p''x\leq m\}$$

我们将证明 B'' 中的任意消费束 x 或者属于 B，或者属于 B'，即 $B\cup B'\supset B''$。用反证法，假设存在一个 x 使得 $tpx+(1-t)p'x\leq m$，但是 $px>m, p'x>m$。后两个不等式可以写成：

$$tpx>tm$$
$$(1-t)p'x>(1-t)m.$$

求和，我们得到

$$tpx+(1-t)p'x>m$$

这与我们最初的假设相矛盾。现在我们有

$$v(p'',m)=\max u(x) \text{满足 } x \text{ 属于 } B''$$
$$\leq\max u(x) \text{满足 } x \text{ 属于 } B\cup B'$$
$$\text{因为 } B\cup B'\supset B''$$
$$\leq k \text{ 因为 } v(p,m)\leq k \text{ 和 } v(p',m)\leq k.$$

(4)这个性质可以从原书第27章第506页的极大化定理得到证明。

证毕。

在图7.2中，我们描绘出一个典型的"价格无差异曲线"(price indifferent curve)集。这些价格无差异曲线是间接效用函数的水平集。根据间接效用函数性质(1)，当无差异曲线移向原点时，效用是非递减的；根据性质(3)，下水平集是凸集。需要注意的是，下水平集位于价格无差异曲线的东北部，因为间接效用随价格上升而下降。

需要指出的是，如果偏好序满足局部非饱和性假设，则间接效用函数 $v(p,m)$ 对 m 将是严格递增的。在图7.3中，我们已经描

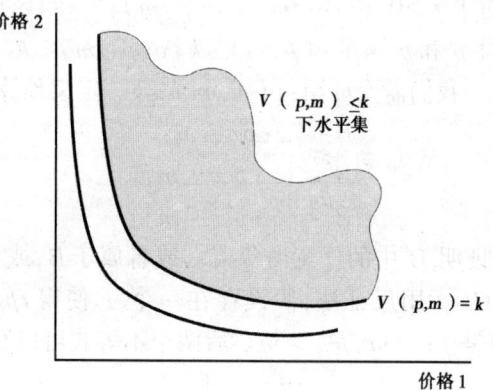

图 7.2 价格无差异曲线

（价格无差异曲线即：对某一常数 k，使得 $v(p,m)=k$ 的所有的价格的组合；下水平集包括所有使得 $v(p,m) \leq k$ 的价格的组合）

绘出了对于固定的价格水平，$v(p,m)$ 与收入 m 之间的关系。因为间接效用函数 $v(p,m)$ 对 m 是严格递增的，我们可以求该函数的反函数，解出收入 m，使其成为效用水平的函数。即给定任何效用水平 u，我们可以从图 7.3 中找到在价格水平 p，实现效用 u 所必须的最小收入量。以此种方式将收入与效用联系起来的函数，即间接效用函数的逆函数，被称为**支出函数**，以 $e(p,u)$ 来表示。

我们通过下式给出一个等价的支出函数的定义：

$$e(p,u) = \min px$$
$$s.t.\ u(x) \geq u.$$

该支出函数给出了实现某一给定效用的最小成本。

支出函数与我们在研究厂商行为时所考察的成本函数是完全类似的。因此，它具有我们在第 5 章第 71 页所推导出来的所有性质。为了方便，我们把这些性质重述如下：

支出函数的性质

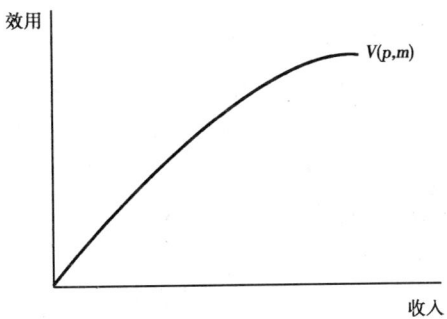

图 7.3 效用作为收入的函数
(因为收入增加,间接效用必然增加)

(1)支出函数 $e(p,u)$ 对价格 p 是非递减的。
(2)支出函数 $e(p,u)$ 对价格 p 是一次齐次的。
(3)支出函数 $e(p,u)$ 是凹的。
(4)对 $p \gg 0$,支出函数对价格 p 是连续的。
(5)如果 $h(p,u)$ 表示在价格水平 p,实现效用水平 u 所必须的最小支出束(expenditure-minimizing bundle),如果 $e(p,u)$ 对 p 可导且 $p_i > 0$,对于 $i=1,\cdots,k$,则有

$$h_i(p,u) = \frac{\partial e(p,u)}{\partial p_i}$$

证明:这些性质与成本函数的性质完全相同,参见原书第 5 章第 71 页对此问题的证明。

函数 $h(p,u)$ 被称作**希克斯需求函数**。希克斯需求函数类似于我们以前考察的条件要素需求函数,它告诉我们何种消费束可实现目标效用水平并使总支出最小。

希克斯需求函数有时也被称为"**补偿的需求函数**"(compensated demand function)。这个术语源于这样一种认识,即通过变化价格和收入以便把消费者维持在某一固定的效用水平而形成的需求函数,即为补偿的需求函数,收入变化被用以"补偿"价格的变

化。

因为希克斯需求函数依赖于不可直接观测的效用,所以它本身也是不可直接观测的。表示为价格和收入的函数的需求函数是可以观测的。这种函数被称为马歇尔需求函数,以 $x(p,m)$ 表示,以示与希克斯需求函数的区别。马歇尔需求函数正是我们一直讨论的普通市场需求函数。

7.4 一些重要的恒等式

有一些重要的恒等式把支出函数、间接效用函数、马歇尔需求函数、希克斯需求函数联系在一起。

我们考察效用最大化问题

$$v(p,m^*) = \max u(x)$$
$$s.t. \ px \leq m^*.$$

令 x^* 是该最大问题的解,并令 $u^* = u(x^*)$,再考察支出最小化问题

$$e(p,u^*) = \min px$$
$$s.t. \ u(x) \geq u^*.$$

观察图 7.4 会使你相信,效用最大化和支出最小化问题具有相同的解 x^*。(更严密的论证在本章附录中给出)。这个简单的观察可得出以下四个恒等式:

(1) $e(p,v(p,m)) \equiv m$。实现效用水平 $v(p,m)$ 所需的最低支出是 m。

(2) $v(p,e(p,u)) \equiv u$。由收入 $e(p,u)$ 所能获得的最大效用是 u。

(3) $x_i(p,m) \equiv h_i(p,v(p,m))$。在收入 m 下的马歇尔需求函数与在效用水平 $v(p,m)$ 下的希克斯需求函数是相等的。

(4) $h_i(p,u) \equiv x_i(p,e(p,u))$。效用水平 u 下的希克斯需求等于收入水平 $e(p,u)$ 下的马歇尔需求。

最后一个恒等式也许是最重要的,因为它将可以观测的马歇尔需求函数和不可观察的希克斯需求函数联系起来了。恒等式(4)表明:希克斯需求函数,即支出最小化问题的解,等于"适当收入水平下的马歇尔需求函数"。这里"适当"的收入水平等于在给定价格水平下实现期望效用所需的最低收入。因此,任何需求束(demanded bundle)既可以表示为效用最大化问题的解,也可以表示为支出最小化问题的解。在本章附录中,我们给出了这个恒等式成立所需的确切条件。在这里我们仅考察这一对偶性的结论。

正是这一联系引致出术语"补偿需求函数",其含义是,如果消费者的收入被"补偿"以便能实现某种目标效用水平的话,对各种物品的希克斯需求函数就等于马歇尔需求函数。

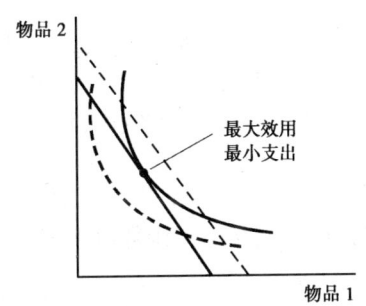

图 7.4 效用最大化与支出最小化

(通常使效用最大化的消费束即是使支出最小化的消费束,反之亦然)

下面的命题给出上述恒等式的一个极好的应用:

罗伊恒等式(Roy's identity)

如果 $x(p,m)$ 是马歇尔需求函数,则对于 $p_i>0, m>0, i=1,\cdots,k$,有

$$x_i(p,m) = -\frac{\frac{\partial v(p,m)}{\partial p_i}}{\frac{\partial v(p,m)}{\partial m}} \quad \text{对 } i=1,\cdots,k$$

当然需假设方程右侧的导数存在,且分母的导数不为 0。

证明:假设消费束 x^* 在 (p^*, m^*) 产生最大效用 u^*,由前述恒等式,我们有

$$x(p^*, m^*) \equiv h(p^*, u^*) \tag{7.2}$$

由另一个基本恒等式,我们又有

$$u^* \equiv v(p, e(p, u^*)).$$

这个恒等式表明,不管价格水平如何,如果消费者在这些价格下以最低收入实现效用 u^*,则该消费者能够获得的最大效用就是 u^*。

因为这是一个恒等式,我们可以将其两边对 p_i 求导,得到

$$0 = \frac{\partial v(p^*, m^*)}{\partial p_i} + \frac{\partial v(p^*, m^*)}{\partial m} \frac{\partial e(p^*, u^*)}{\partial p_i}.$$

重排,并与恒等式(7.2)相结合,我们有

$$x_i(p^*, m^*) \equiv h_i(p^*, u^*) \equiv \frac{\partial e(p^*, u^*)}{\partial p_i} \equiv -\frac{\partial v(p^*, m^*)/\partial p_i}{\partial v(p^*, m^*)/\partial m}.$$

因为该恒等式对所有的 (p^*, m^*) 成立,且因为 $x^* = x(p^*, m^*)$,恒等式得证。

上述证明虽很讲究,但不特别具有启发性。我们再给出罗伊恒等式的一个直接证明。间接效用函数以下式给出:

$$v(p, m) \equiv u(x(p, m)). \tag{7.3}$$

两边对 p_i 求偏导数,有

$$\frac{\partial v(p, m)}{\partial p_j} = \sum_{i=1}^{k} \frac{\partial u(x)}{\partial x_i} \frac{\partial x_i}{\partial p_j}. \tag{7.4}$$

因为 $x(p, m)$ 是需求函数,满足效用最大化的一阶条件。把一阶条件代入(7.4)式,给出

$$\frac{\partial v(p, m)}{\partial p_j} = \lambda \sum_{i=1}^{k} p_i \frac{\partial x_i}{\partial p_j}. \tag{7.5}$$

需求函数也满足预算约束 $px(p, m) \equiv m$。将此式对 p_i 求偏导数,我们有

$$x_j(p, m) + \sum_{i=1}^{k} p_i \frac{\partial x_i}{\partial p_j} = 0. \tag{7.6}$$

将(7.6)式代入(7.5)得到

$$\frac{\partial v(p,m)}{\partial p_j} = -\lambda x_j(p,m). \tag{7.7}$$

将(7.3)式对 m 求偏导,有

$$\frac{\partial v(p,m)}{\partial m} = \lambda \sum_{i=1}^{k} p_i \frac{\partial x_i}{\partial m}. \tag{7.8}$$

将预算约束对 m 求偏导,有

$$\sum_{i=1}^{k} p_i \frac{\partial x_i}{\partial m} = 1. \tag{7.9}$$

将(7.9)式代入(7.8)式,得出

$$\frac{\partial v(p,m)}{\partial m} = \lambda. \tag{7.10}$$

此方程表明,一阶条件中的拉格朗日乘数等于收入的边际效用,把(7.7)和(7.10)式合并,得到罗伊恒等式。

最后,作为罗伊恒等式的最后一项证明,我们需要指出,罗伊恒等式是原书第27章第501页所阐述的包络定理(envelope theorem)的直接结论,上述证明不过是在履行该定理的证明步骤而已。

7.5 货币测度的效用函数

把各种场合出现的支出函数纳入福利经济学中是一个极大的发展。考虑某一价格水平 p 和给定的物品束 x,我们可以提出下述问题:在价格 p,一个给定的消费者需要多少货币才能与其消费物品束 x 的境况同样好?

图7.5告诉我们,在消费者偏好为已知的情况下,如何通过图形给出这一问题的答案。从图中我们已看到消费者需要多少货币才能达到通过 x 的无差异曲线。从数学上看,我们仅需解如下问题:

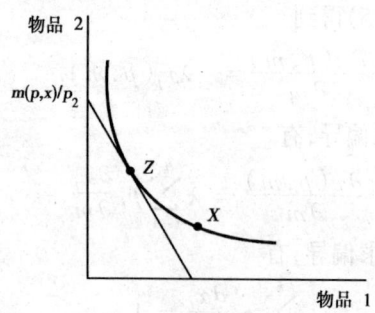

图 7.5 货币度量的直接效用函数

货币度量的效用函数给出了在价格 p，为购买与 x 同样好的消费束所需要的最小支出。

$$\min_z pz$$

满足 $u(z) \geq u(x)$

这种类型的函数经常出现，值得定义一个特别的名称。效仿萨缪尔森(1974)，我们称其为"**货币度量的效用函数**"。它有时也被称作"最低收入函数(minimum income function)"或"直接补偿函数(direct compensation function)"，甚至还有其他种种名称。一个可供选择的定义是

$$m(p,x) \equiv e(p, u(x)).$$

很容易看到对固定的 x，效用 $u(x)$ 是固定的，所以 $m(p,x)$ 非常类似于支出函数：它对 p 是单调、齐次、凹的等等。不太明显的是：当 p 是固定的，$m(p,x)$ 实际上是一个效用函数，证明极其简单：对于固定的价格，支出函数对效用水平是递增的：如果消费者想获得更高的效用水平，他就必须支付更多的货币。事实上，对于连续的、局部非饱和的偏好，支出函数对效用 u 是严格递增的。所以，对于固定价格 $p, m(p,x)$ 仅是效用函数的单调变换，因此它本身也是一个效用函数。

这一点从图 7.5 中可以很容易地看到：通过 x 的无差异曲线

上所有的点代表与 $m(p,x)$ 同样的效用水平；更高的无差异曲线上所有的点代表更高的效用水平。所以它确实是一个效用函数。

同样，我们可以构造一个"**货币度量的间接效用函数**"，它以下式给出：

$$\mu(p;q,m) \equiv e(p,v(q,m)).$$

其中 $\mu(p;q,m)$ 度量的是消费者在价格 p 条件下需要多少货币才能够和他在价格 q 和收入 m 情况下所能达到的效用水平相同，正如货币度量的直接效用函数一样，$\mu(p;q,m)$ 在形式上是一个关于价格 p 的支出函数，但在这里它形式上是一个关于价格 q 和收入 m 的间接效用函数，因为它毕竟仅仅是一个间接效用函数的单调变换。参见图 7.6。它给出此问题一个图形解释。

直接和间接补偿函数的一个优点是它们包含了可观测的变量。它们是可以度量福利变化的特别的直接和间接效用函数，而且其单调变换的特点也无任何可疑之处。在我们讨论可积性理论和福利经济学时，我们将看到这一优点是极其有益的。

例子：柯布-道格拉斯效用函数

柯布-道格拉斯效用函数以下式给出：$u(x_1,x_2) = x_1^a x_2^{1-a}$。因为此函数的任何单调变换都代表同样的偏好关系，所以我们也可将其写成 $u(x_1,x_2) = a\ln x_1 + (1-a)\ln x_2$。

支出函数和希克斯需求函数与在原书第 4 章第 54 页推导出来的成本函数和条件要素需求函数，在概念涵义的变化方面基本相同。马歇尔需求函数和间接效用函数可以通过解下式导出：

$$\max\ a\ln x_1 + (1-a)\ln x_2$$

满足 $p_1 x_1 + p_2 x_2 = m.$

一阶条件为

$$\frac{a}{x_1} - \lambda p_1 = 0$$

$$\frac{1-a}{x_2} - \lambda p_2 = 0,$$

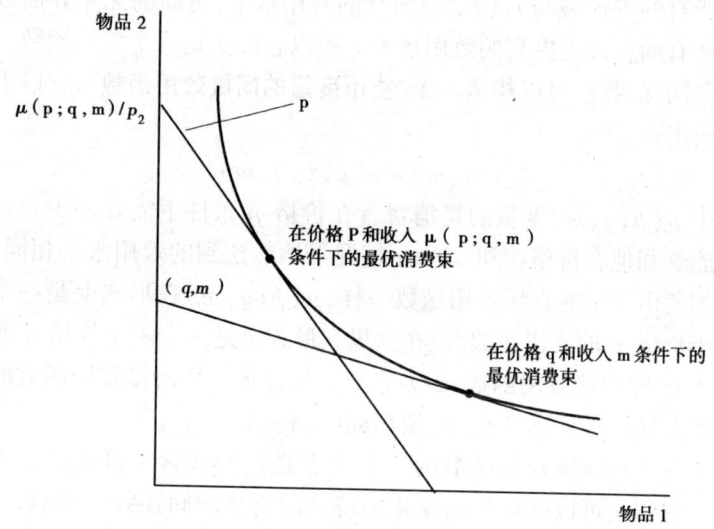

图 7.6 货币度量的间接效用函数

此函数给出消费者在价格 p 时为维持其在价格 q 和收入 m 条件下的效用水平所需的最低支出

或者,

$$\frac{a}{p_1 x_1} = \frac{1-a}{p_2 x_2}.$$

交叉相乘并使用预算约束条件,得到

$$a p_2 x_2 = p_1 x_1 - a p_1 x_1$$
$$a m = p_1 x_1$$
$$x_1(p_1, p_2, m) = \frac{a m}{p_1}.$$

代入预算约束,得到第二个马歇尔需求函数:

$$x_2(p_1, p_2, m) = \frac{(1-a) m}{p_2}.$$

代入目标函数,并去掉常数,得到间接效用函数:

$$v(p_1, p_2, m) = \ln m - a \ln p_1 - (1-a) \ln p_2. \tag{7.11}$$

获得间接效用函数的一个简捷的方法是逆转我们在原书第 4 章 54 页推导出的柯布-道格拉斯成本/支出函数。这使我们得到：

$$e(p_1, p_2, u) = Kp_1^a p_2^{1-a} u,$$

其中 k 是取决于 a 的某一常数。逆转方程式，用 m 替换 $e(p_1, p_2, u)$，用 $v(p_1, p_2, m)$ 替换 u，我们得到：

$$v(p_1, p_2, m) = \frac{m}{Kp_1^a p_2^{1-a}}.$$

若我们对方程两边取对数，就可以看到，这个式子正是(7.11)式的单调变换。

货币度量的效用函数可以通过置换推导出来，我们有：

$$m(p, x) = Kp_1^a p_2^{1-a} u(x_1, x_2)$$
$$= Kp_1^a p_2^{1-a} x_1^a x_2^{1-a}$$

和

$$\mu(p; q, m) = Kp_1^a p_2^{1-a} v(q_1, q_2, m)$$
$$= p_1^a p_2^{1-a} q_1^{-a} q_2^{a-1} m.$$

例子：不变替代弹性(CES)效用函数

CES 效用函数通过下式给出：

$$u(x_1, x_2) = (x_1^\rho + x_2^\rho)^{1/\rho}.$$

因为偏好不因效用函数的单调变换而改变，所以我们也可以选择 $u(x_1, x_2) = \frac{1}{\rho} \ln(x_1^\rho + x_2^\rho)$ 这种表达方式。

我们前面已经知道，不变替代弹性技术成本函数的表达式为 $c(w, y) = (w_1^r + w_2^r)^{1/r} y$，其中 $r = \rho/(\rho - 1)$。因此，对应于 CES 效用函数的支出函数一定具有以下形式：

$$e(p, u) = (p_1^r + p_2^r)^{1/r} u.$$

我们可以通过逆转上述方程得到间接效用函数：

$$v(p, m) = (p_1^r + p_2^r)^{-1/r} m.$$

通过应用罗伊定理，可以得到需求函数：

$$x_1(p,m) = \frac{-\partial v(p,m)/\partial p_1}{\partial v(p,m)/\partial m} = \frac{\frac{1}{r}(p_1^r + p_2^r)^{-(1+\frac{1}{r})} mr p_1^{r-1}}{(p_1^r + p_2^r)^{-1/r}}$$

$$= \frac{p_1^{r-1} m}{(p_1^r + p_2^r)}.$$

通过置换，可得对应于 CES 效用函数的货币度量的效用函数：

$$m(p,x) = (p_1^r + p_2^r)^{\frac{1}{r}} (x_1^\varrho + x_2^\varrho)^{\frac{1}{\rho}}$$

$$\mu(p;q,m) = (p_1^r + p_2^r)^{\frac{1}{r}} (q_1^r + q_2^r)^{-1/r} m.$$

附 录

考察下面两个问题：

$$\max u(x)$$
$$s.t.\ px \leq m. \qquad (7.12)$$

$$\min px$$
$$s.t.\ u(x) \geq u. \qquad (7.13)$$

假设：

(1) 效用函数是连续的；
(2) 偏好关系满足局部非饱和性假设；
(3) 两个最优化问题的解存在。

效用最大化意味着支出最小化。如果上述假设成立，令 x^* 是(7.12)式的解（即收入约束下效用最大化的解），并令 $u = u(x^*)$，则 x^* 是(7.13)式的解，即既定效用水平下支出最小化的解。

证明：用反证法。假设上述结论不成立，x^* 不是(7.13)的解，令 x' 为(7.13)式的解，则 $px' < px^*$，$u(x') \geq u(x^*)$。根据局部非饱和性假设，存在一个足够接近 x' 的消费束 x''，满足 $px'' < px^* = m$ 和 $u(x'') > u(x^*)$。但这意味着 x^* 不可能是(7.12)的解，与假设矛盾。

支出最小化意味着效用最大化。如果上述假设成立，且 x^* 为(7.13)的解。令 $m = px^*$ 并假设 $m > 0$，则 x^* 为(7.12)的解。

证明：用反证法。假设 x^* 不是(7.12)的解，令 x' 为(7.12)的解,满足 $u(x') > u(x^*)$ 和 $px' = px^* = m$。因为 $px^* > 0$,效用是连续的,我们可以找到 $0 < t < 1$ 使得 $ptx' < px^* = m$ 和 $u(tx') > u(x^*)$。因此,x^* 不是(7.13)的解,与假设矛盾。证毕。

注 释

效用函数存在性的证明请参阅沃尔德(Wold,1943)。效用函数存在的一般定理请参阅德布勒(Debrcu,1964)。

间接效用函数的重要性在罗伊(Roy,1942,1947)的文章中首先得到认识。支出函数要归因于希克斯(Hicks,1946)的文章。阐述消费者理论的两种途径,请参阅麦克法登和温特(McFaden & Winter,1968)的文章。货币度量的效用函数由麦肯杰(Mckenzie,1957)和萨缪尔森(Samuelson,1974)在其文章中使用。

练 习

7.1 如果 $x_1 + x_2 < y_1 + y_2$,考察由非负子集 $(x_1, x_2) > (y_1, y_2)$ 定义的偏好序。这些偏好序是否满足局部 P_{560} 为"非满足"假设?若消费集中仅包括两种消费物品,且消费者面临正的价格,消费者会花费其全部收入吗?请解释。

7.2 某一消费者具有效用函数 $u(x_1, x_2) = \max\{x_1, x_2\}$。求消费者对物品1的需求函数,并求消费者的间接效用函数和支出函数。

7.3 某一消费者具有下述形式的间接效用函数:

$$v(p_1, p_2, m) = \frac{m}{\min\{p_1, p_2\}}$$

该消费者的支出函数是何种形式?该消费者的(拟凹)效用函数是何种形式?对物品1的需求函数是何种形式?

7.4 考察以下式给出的间接效用函数:

$$v(p_1, p_2, m) = \frac{m}{p_1 + p_2}$$

(a) 求需求函数;
(b) 求支出函数;
(c) 求直接效用函数。

7.5 某消费者具有如下形式的直接效用函数:

$$U(x_1,x_2)=u(x_1)+x_2$$

其中物品 1 是一个离散的物品,对其惟一的可能消费水平是 $x_1=0$ 和 $x_1=1$。为方便起见,假设 $u(0)=0, p_2=1$。问:

(a) 该消费者具有何种类型的偏好?

(b) 如果 p_1 严格低于何种水平,该消费者才会明确选择 $x_1=1$?

(c) 与此直接效用函数相联系的间接效用函数的代表形式是什么?

7.6 某消费者具有间接效用函数 $v(p,m)=A(p)m$,问:

(a) 该消费者具有何种偏好?

(b) 该消费者的支出函数 $e(p,u)$?

(c) 该消费者的货币度量的间接效用函数?

(d) 如果消费者具有间接效用函数 $v(p,m)=A(p)m^b$ 其中 $b>0$。则该消费者现在具有何种货币度量的间接效用函数?

第8章 选 择

在本章,我们将对消费者行为进行比较静态分析,研究当价格与收入变化时,消费者需求如何变化。同厂商理论一样,我们将从三个不同方面来研究这个问题:即利用一阶条件求导;利用支出函数和间接效用函数的性质;利用优化模型所含有的代数不等式。

8.1 比较静态分析

下面,让我们更详细地考察两物品消费者最大化问题。观察消费者的需求如何随着最大化问题参数的变化而变化,是极令人感兴趣的。我们先把价格固定而让收入变化,由此而导致的最优消费束的轨迹,称作"**收入扩展线**"。由收入扩展线,我们可以导出一个在价格不变情况下,收入与每一物品需求的函数关系。这种函数关系,称作**恩格尔曲线**。有下列几种可能的情形:

(1)收入扩展线(及因此而形成的恩格尔曲线)是一条通过原点的直线。此情形下的消费者具有单位收入弹性的需求曲线。该消费者在每一收入水平下将消费同比例的物品。

(2)收入扩展线向其中的一个或另一个物品弯曲。即当消费者收入增加时,他对两种物品的需求都增加,但对一种物品需求的增加按比例地大于另一种。前者称为"**奢侈品**",后者称为"**必需品**"。

(3)收入扩展线向后弯曲。在这种情况下,消费者收入的增加意味着他要减少其中的一种物品的消费。例如可能会有人认为,随着其收入的增加,他将减少土豆的消费。这种物品被称作"**劣质品**";需求随收入增加而增加的物品称作"**正常品**"(见图 8.1)

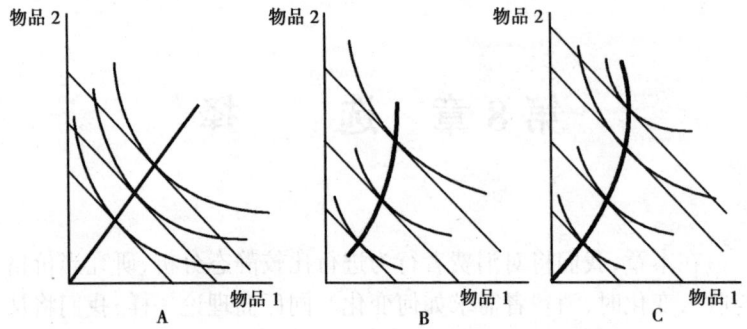

图 8.1　收入扩展线

图中,A 部分表示单位需求收入弹性;B 中,物品 2 为奢侈品;C 中物品 1 为劣质品。

我们还可以让收入固定而让价格变化。假设我们让 p_2 和 m 固定,让 p_1 变化,预算线将倾斜,预算线与无差异曲线切点的轨迹将会勾画出一条曲线,称作"**价格提供线**"。在图 8.2 中,第一种情形属于正常情况,即当物品 1 价格下降时,对物品 1 的需求随之上升。第二种情形则是物品 1 价格下降导致了对该物品需求的下降。此类物品被称作"**吉芬物品**"(Giffen good)。一个可用的例子还是土豆:如果土豆价格下降,我能够购买同以前一样多的数量,而我的货币仍有剩余。我将用剩余的货币购买更多的肉酱面。我现在既然能消费更多的肉酱面,我就不再需要像以前同样多的土豆。

在上述例子中我们看到,一物品的价格下降可能具有两种效应:一种效应是一物品相对于另一物品更便宜了;另一种效应则是"总购买力"可能发生变化。消费者行为理论中的一个根本性的结论,斯卢茨基方程,把这两种效应联系起来。我们后面还要用几种方式来推导斯卢茨基方程。

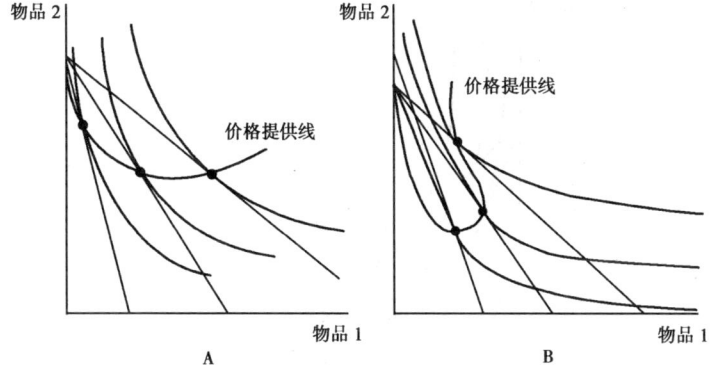

图 8.2　价格提供线

图中 A 部分当物品 1 的价格下降时需求增加,为普通物品;在 B 部分中,当物品 1 价格下降对其需求也下降,所以为吉芬物品。

例子:产品税和所得税

假定我们要对一个追求效用最大化的消费者征税以获得一定数量的税收。征税前,该消费者的预算约束是 $p_1x_1 + p_2x_2 = m$,但当我们对物品 1 的销售征税后,该消费者的预算约束变为 $(p_1+t)x_1 + p_2x_2 = m$。产品税的效果在图 8.3 中表示出来。如果我们用 (x_1^*, x_2^*) 表示税后消费水平,则征税所能得到的税收为 tx_1^*。

现在假定我们要对收入征税以获取同样的税收。消费者的预算约束则变为 $p_1x_1 + p_2x_2 = m - tx_1^*$。这是条斜率为 $-p_1/p_2$ 并通过 (x_1^*, x_2^*) 的直线,如图 8.3 所示。需要注意的是,这条预算线穿过了通过 (x_1^*, x_2^*) 的无差异曲线,所以,尽管都能得到同样的税收,但消费者相对于缴纳产品税而言,缴纳所得税能获得更高的效用水平。

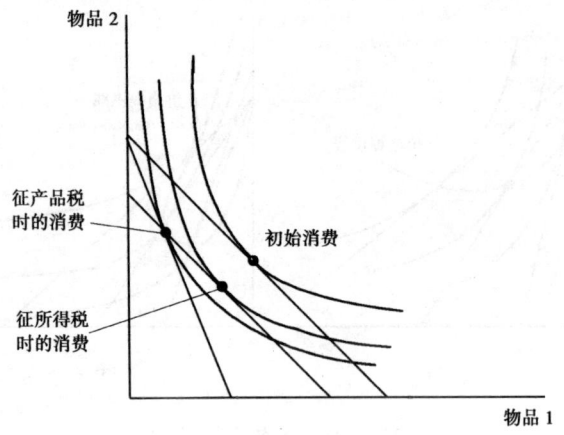

图 8.3 产品税与所得税

对于获取同样的税收而言,消费者被征以产品税比被征以所得税所蒙受的效用损失更大。

8.2 斯卢茨基方程

我们已经看到,希克斯需求曲线或者补偿需求曲线,与在厂商理论中讨论的条件要素需求曲线是相同的。因此它同条件要素需求具有同样的性质,特别是它具有一个对称的负半定替代矩阵。

在厂商理论中,这种类型的约束是对厂商行为的一种可以观测的约束,因为厂商的产出是可以观测的变量,但在消费者行为理论中,这种约束看来并不具有多大价值,因为效用是不可直接观测的。

然而事实证明,这种表面现象具有误导作用。尽管补偿需求函数不可直接观测,但我们将看到其偏导数(即马歇尔需求函数对价格和收入的偏导数),可以从可观测事实中很容易加以计算。这种关系称作"**斯卢茨基方程**"。

斯卢茨基方程:

$$\frac{\partial x_j(p,m)}{\partial p_i} = \frac{\partial h_j(p,v(p,m))}{\partial p_i} - \frac{\partial x_j(p,m)}{\partial m}x_i(p,m)$$

证明：令 x^* 在 (p^*,m^*) 使效用最大化，并令 $u^* = u(x^*)$，下述恒等式成立：

$$h_j(p,u^*) \equiv x_j(p,e(p,u^*))$$

我们将此恒等式两边对价格 p_i 求导，并在价格 p^* 求偏导数的值，得到：

$$\frac{\partial h_j(p^*,u^*)}{\partial p_i} = \frac{\partial x_j(p^*,m^*)}{\partial p_i} + \frac{\partial x_j(p^*,m^*)}{\partial m}\frac{\partial e(p^*,u^*)}{\partial p_i}.$$

仔细注意此式的含义。方程的左面表示当 p_i 变化时，补偿需求如何变化；方程的右侧表明，补偿需求的变化等于把支出固定在 m^* 时需求的变化，再加上收入变化引起的需求变化与为维持效用水平不变收入必须变化的量的积。但最后一项 $\partial e(p^*,u^*)/\partial p_i$ 其实就是 x_i^*，重排得到

$$\frac{\partial x_j(p^*,m^*)}{\partial p_i} = \frac{\partial h_j(p^*,u^*)}{\partial p_i} - \frac{\partial x_j(p^*m^*)}{\partial m}x_i^*$$

此式即斯卢茨基方程。

斯卢茨基方程将价格变化 Δp_i 引起的需求变化，分解为两种独立的效应：**替代效应**与**收入效应**：

$$\Delta x_j \approx \frac{\partial x_j(p,m)}{\partial p_i}\Delta p_i = \frac{\partial h_j(p,u)}{\partial p_i}\Delta p_i - \frac{\partial x_j(p,m)}{\partial m}x_i\Delta p_i$$

我们也可以考察所有价格同时变化的替代效应和收入效应。在这种情况下我们只需把这些导数视为广义的 n 维导数而非偏导数。在两物品情况下，斯卢茨基方程可写成如下形式：

$$D_p x(p,m) = D_p h(p,u) - D_m x(p,m)x$$

$$\begin{bmatrix} \frac{\partial x_1(p,m)}{\partial p_1} & \frac{\partial x_1(p,m)}{\partial p_2} \\ \frac{\partial x_2(p,m)}{\partial p_1} & \frac{\partial x_2(p,m)}{\partial p_2} \end{bmatrix} = \begin{bmatrix} \frac{\partial h_1(p,u)}{\partial p_1} & \frac{\partial h_1(p,u)}{\partial p_2} \\ \frac{\partial h_2(p,u)}{\partial p_1} & \frac{\partial h_2(p,u)}{\partial p_2} \end{bmatrix}$$

$$-\begin{bmatrix}\frac{\partial x_1(p,m)}{\partial m}\\ \frac{\partial x_2(p,m)}{\partial m}\end{bmatrix}[x_1,x_2]$$

其中 $u = v(p,m)$。

扩展最后一项给出:

$$\begin{bmatrix}\frac{\partial x_1(p,m)}{\partial m}\\ \frac{\partial x_2(p,m)}{\partial m}\end{bmatrix}[x_1,x_2] = \begin{bmatrix}\frac{\partial x_1(p,m)}{\partial m}x_1 & \frac{\partial x_1(p,m)}{\partial m_1}x_2\\ \frac{\partial x_2(p,m)}{\partial m}x_1 & \frac{\partial x_2(p,m)}{\partial m}x_2\end{bmatrix}.$$

假设价格变化为 $\Delta p = (\Delta p_1, \Delta p_2)$,我们关心需求的近似变化 $\Delta x = (\Delta x_1, \Delta x_2)$。根据斯卢茨基方程,我们可以通过下式计算这种变化:

$$\begin{bmatrix}\Delta x_1\\ \Delta x_2\end{bmatrix} \approx \begin{bmatrix}\frac{\partial h_1}{\partial p_1} & \frac{\partial h_1}{\partial p_2}\\ \frac{\partial h_2}{\partial p_1} & \frac{\partial h_2}{\partial p_2}\end{bmatrix}\begin{bmatrix}\Delta p_1\\ \Delta p_2\end{bmatrix} - \begin{bmatrix}\frac{\partial x_1}{\partial m}x_1 & \frac{\partial x_1}{\partial m}x_2\\ \frac{\partial x_2}{\partial m}x_1 & \frac{\partial x_2}{\partial m}x_2\end{bmatrix}\begin{bmatrix}\Delta p_1\\ \Delta p_2\end{bmatrix}$$

$$= \begin{bmatrix}\Delta x_1^s\\ \Delta x_2^s\end{bmatrix} - \begin{bmatrix}\Delta x_1^m\\ \Delta x_2^m\end{bmatrix}.$$

第一个向量是替代效应,它表明希克斯需求如何变化。因为希克斯需求变化保持效用水平不变,$(\Delta x_1^s, \Delta x_2^s)$ 将与无差异曲线相切。第二个向量为收入效应。价格变化导致"购买力"变化 $x_1\Delta p_1 + x_2\Delta p_2$;而向量 $(\Delta x_1^m, \Delta x_2^m)$ 则测度购买力变化对需求的影响(与价格保持在最初水平不变相比较)。因此,这个向量位于收入扩展线上。

我们也可以对需求的有限变化作类似的分解,如图 8.4 所示。在该图中,价格由 p^0 变为 p',需求由 x 变到 x'。为构造希克斯分解,我们首先围绕无差异曲线旋转预算线,以找到当效用固定在初始水平时,在价格 p' 的最优消费束。然后我们移动预算线到 x',以找到收入效应。全部效应是这两次移动之和。

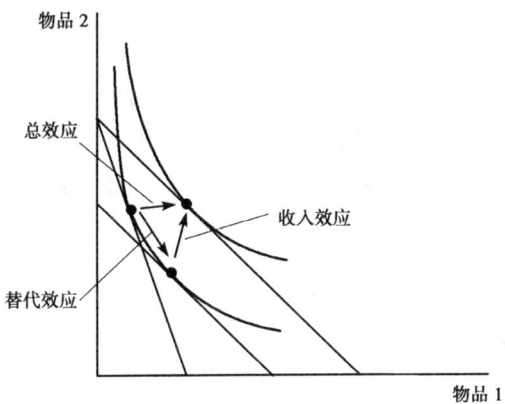

图 8.4　需求变化的希克斯分解

我们可以把需求变化分解为两种效应:替代效应与收入效应。

一个例子:柯布-道格拉斯-斯卢茨基方程。

我们用柯布-道格拉斯函数检验斯卢茨基方程。在这种情况下我们有

$$v(p_1,p_2,m) = mp_1^{-a}p_2^{a-1}$$
$$e(p_1,p_2,u) = up_1^a p_2^{1-a}$$
$$x_1(p_1,p_2,m) = \frac{am}{p_1}$$
$$h_1(p_1,p_2,u) = ap_1^{a-1}p_2^{1-a}u.$$

求导得到

$$\frac{\partial x_1(p,m)}{\partial p_1} = -\frac{am}{p_1^2}$$
$$\frac{\partial x_1(p,m)}{\partial m} = \frac{a}{p_1}$$
$$\frac{\partial h_1(p,u)}{\partial p_1} = a(a-1)p_1^{a-2}p_2^{1-a}u$$

$$\frac{\partial h_1(p,v(p,m))}{\partial p_1} = a(a-1)p_1^{a-2}p_2^{1-a}mp_1^{-a}p_2^{a-1}$$

$$= a(a-1)p_1^{-2}m.$$

现在将其联接起来构成斯卢茨基方程,得到

$$\frac{\partial h_1}{\partial p_1} - \frac{\partial x_1}{\partial m}x_1 = \frac{a(a-1)m}{p_1^2} - \frac{a}{p_1}\frac{am}{p_1}$$

$$= \frac{[a(a-1)-a^2]m}{p_1^2}$$

$$= \frac{-am}{p_1^2} = \frac{\partial x_1}{\partial p_1}.$$

8.3 需求函数的性质

支出函数的性质为发展新古典消费者行为理论提供了一种非常便捷的途径:

(1)替代矩阵项 ($\partial h_j(p,u)/\partial p_i$)是负半定的。这是因为

$$(\partial h_j(p,u)/\partial p_i) = (\partial^2 e(p,u)/\partial p_i \partial p_j),$$

是负半定的(因为支出函数为凹函数,参见原书第 27 章第 496 页)。

(2)替代矩阵项是对称的,因为

$$\frac{\partial h_j(p,u)}{\partial p_i} = \frac{\partial^2 e(p,u)}{\partial p_j \partial p_i} = \frac{\partial^2 e(p,u)}{\partial p_i \partial p_j} = \frac{\partial h_i(p,u)}{\partial p_j}$$

(3)特别是"补偿自价效应"(Compensated own price effect)是非正的。即希克斯需求曲线向下倾斜:

$$\frac{\partial h_i(p,u)}{\partial p_i} = \frac{\partial^2 e(p,u)}{\partial p_i^2} \leq 0,$$

因为替代矩阵是负半定的,所以对角线各项为非正。

上述这些性质都是关于希克斯需求函数的,而希克斯需求是不可观测的。然而,正如我们前面指出的那样,斯卢茨基方程使得我们可以把希克斯需求 h 对价格 p 的导数表示为马歇尔需求 x

对价格 p 和收入 m 的导数,而马歇尔需求是可以观测的。例如,斯卢茨基方程和上述分析可以产生:

(4)替代矩阵 $\left\{\dfrac{\partial x_j(p,m)}{\partial p_i}+\dfrac{\partial x_j(p,m)}{\partial m}x_i\right\}$ 是一个对称的负半定矩阵。

这是一个很不直观的结论:价格和收入导数的一个特别组合必然产生一个负半定矩阵,然而它却是一个从最大化行为的逻辑得出的一个铁的规律。

8.4 利用一阶条件进行比较静态分析

斯卢茨基方程也可以通过对一阶条件求导的方式推导出来。由于计算过程极为冗繁,我们仅限于对两物品的情况进行讨论,并粗略地勾画出该思想的主要轮廓。

在两物品情况下,一阶条件的形式为

$$p_1 x_1(p_1,p_2,m) + p_2 x_2(p_1,p_2,m) - m \equiv 0$$

$$\frac{\partial u(x_1(p_1,p_2,m),x_2(p_1,p_2,m))}{\partial x_1} - \lambda p_1 \equiv 0$$

$$\frac{\partial u(x_1(p_1,p_2,m),x_2(p_1,p_2,m))}{\partial x_2} - \lambda p_2 \equiv 0$$

将其对 p_1 求导并以矩阵形式表式,有

$$\begin{bmatrix} 0 & -p_1 & -p_2 \\ -p_1 & u_{11} & u_{12} \\ -p_2 & u_{21} & u_{22} \end{bmatrix} \begin{bmatrix} \dfrac{\partial \lambda}{\partial p_1} \\ \dfrac{\partial x_1}{\partial p_1} \\ \dfrac{\partial x_2}{\partial p_1} \end{bmatrix} \equiv \begin{bmatrix} x_1 \\ \lambda \\ 0 \end{bmatrix}.$$

根据克莱姆法则(Cramer's rule)求解 $\partial x_1/\partial p_1$,我们得到

$$\frac{\partial x_1}{\partial p_1} = \frac{\begin{vmatrix} 0 & x_1 & -p_2 \\ -p_1 & \lambda & u_{12} \\ -p_2 & 0 & u_{22} \end{vmatrix}}{H},$$

其中 $H>0$,是加边海塞行列式。对第二列的余子式展开行列式。我们有

$$\frac{\partial x_1}{\partial p_1} = \lambda \frac{\begin{vmatrix} 0 & -p_2 \\ -p_2 & u_{22} \end{vmatrix}}{H} - x_1 \frac{\begin{vmatrix} -p_1 & u_{12} \\ -p_2 & u_{22} \end{vmatrix}}{H}.$$

此式开始有点像我们早已得到的斯卢茨基方程。注意,上式右边第一项——可证明是替代效应——正如我们要求的那样,是负值。现在我们回到一阶条件并将其对收入 m 求导,有

$$\begin{bmatrix} 0 & -p_1 & -p_2 \\ -p_1 & u_{11} & u_{12} \\ -p_2 & u_{21} & u_{22} \end{bmatrix} \begin{bmatrix} \frac{\partial \lambda}{\partial m} \\ \frac{\partial x_1}{\partial m} \\ \frac{\partial x_2}{\partial m} \end{bmatrix} = \begin{bmatrix} -1 \\ 0 \\ 0 \end{bmatrix}.$$

根据克莱姆法则,得到

$$\frac{\partial x_1}{\partial m} = \frac{\begin{vmatrix} -p_1 & u_{12} \\ -p_2 & u_{22} \end{vmatrix}}{H}.$$

将其代入上面推导出的 $\partial x_1/\partial p_1$ 方程,我们得到斯卢茨基方程的收入效应部分。为导出替代效应,我们需要求解支出最小化问题并计算 $\partial h_1/\partial p_1$。这个计算过程与原书第 4 章第 59 页计算条件要素需求方程的过程类似,其结果表达式可以证明等于上述方程中的替代项,由此我们便得到了斯卢茨基方程。

8.5 可积性问题

我们已经知道,效用最大化假设对消费者行为施加了某些可观测的约束,特别是,我们知道替代项矩阵,

$$\left(\frac{\partial h_i(p,u)}{\partial p_j}\right) = \left(\frac{\partial x_i(p,m)}{\partial p_j} + \frac{\partial x_i(p,m)}{\partial m}x_j(p,m)\right),$$

一定是一个对称的负半定矩阵。

假设我们有一组具有对称的负半定替代矩阵的需求函数,是否必然存在着一个效用函数,由这个效用函数我们可以推导出这些需求函数?这个问题就是可积性问题。

正如我们已经知道的那样,我们有几种等价的描述消费者偏好关系的方式。我们可以使用效用函数、间接效用函数,以及支出函数等等。间接效用函数和支出函数是解决可积性问题的极为便利的方式。

例如,罗伊恒等式告诉我们

$$x_i(p,m) = -\frac{\partial v(p,m)/\partial p_i}{\partial v(p,m)/\partial m}. \tag{8.1}$$

通常,我们一般先有间接效用函数,然后再利用此恒等式去计算需求函数。然而可积性问题恰好提出相反的问题:给定需求方程组,并知道(8.1)式中的 $i=1,\cdots,k$,我们如何解这些方程以得到 $v(p,m)$?或者更基本地,我们如何能够确定方程组是否存在解?

(8.1)式中给出的方程组是一个偏微分方程组,可积性问题是问我们如何得出该方程组的解。

实际上,根据支出函数而不是间接效用函数来提出这一问题要容易一些。假设我们有需求函数集 $x_i(p,m), i=1,\cdots,k$。我们选择某一消费束 $x^0 = x(p^0,m)$ 并假定效用为 u^0,我们如何构造支出函数 $e(p,u^0)$?一旦我们得到与此需求函数一致的支出

函数,我们便可以用其求解隐含的直接或间接效用函数。

如果这个支出函数确实存在,它一定满足由下式给出的偏微分方程组:

$$\frac{\partial e(p,u^0)}{\partial p_i} = h_i(p,u^0) = x_i(p,e(p,u^0)) \quad i = 1,\cdots,k \quad (8.2)$$

以及初始条件

$$e(p^0,u^0) = p^0 x(p^0,m^0).$$

这些方程仅表明:在效用水平 u 的每一物品的希克斯需求等于在收入或支出$e(p,u)$条件下的马歇尔需求。现在我们可以知道,在原书第 26 章第 484 页阐述的可积性条件是指下面的偏微分方程组

$$\frac{\partial f(p)}{\partial p_i} = g_i(p) \quad i = 1,\cdots,k$$

具有一个(局部)解当且仅当

$$\frac{\partial g_i(p)}{\partial p_j} = \frac{\partial g_j(p)}{\partial p_i} \quad 对所有的 \ i \ 和 j.$$

把这个条件应用于上述问题,我们看到此条件转化为要求矩阵

$$\left(\frac{\partial x_i(p,m)}{\partial p_j} + \frac{\partial x_i(p,m)}{\partial m} \frac{\partial e(p,u)}{\partial p_j} \right)$$

为对称的。而这恰好是斯卢茨基约束。因此斯卢茨基约束意味着需求函数"可积",从而能够求得一个与观测的选择行为一致的支出函数。

对称性条件足以确保将存在一个支出函数 $e(p,u^0)$,至少在某个范围内满足方程(8.2)。(确保解存在的"全面的"条件要更复杂一些)。然而为使其成为一个真正的支出函数,它对价格必须也是凹的。即 $e(p,u)$ 的二阶导数矩阵必须是负半定的。但是我们早已知道,$e(p,u)$ 的二阶导数矩阵仅是一个斯卢茨基替代矩阵。如果它是负半定的,则上述偏微分方程的解一定是凹的。

这些观测使我们得到了对可积性问题的解。给定一个需求函数集($x_i(p,m)$),我们只需证明它们具有一个对称的负半定替代

矩阵。如果具备这些条件,我们原则上就能解(8.2)式给出的方程组。得到一个与那些需求函数相一致的支出函数。

有一个极好的窍门使我们可以从需求函数重新得到间接效用函数;与此同时,我们也可以重新得到支出函数。方程(8.2)对所有的效用水平 u^0 都成立,所以我们选择一个基准价格向量 q 和收入水平 m,并令 $u^0 = v(q,m)$。通过这个替换,我们可把(8.2)式写成

$$\frac{\partial e(p,v(q,m))}{\partial p_i} = x_i(p,e(p,v(q,m))),$$

现在边界条件则变为

$$e(q,v(q,m)) = m.$$

回忆在原书第 7 章 109 页货币度量的(间接)效用函数的定义;$\mu(p;q,m) \equiv e(p,v(q,m))$。利用这个定义,我们可以把这个方程组写成

$$\frac{\partial \mu(p;q,m)}{\partial p_i} = x_i(p,\mu(p;q,m)) \quad i = 1,\cdots,k$$

$$\mu(q;q,m) = m.$$

我们把此方程组称作**可积性方程组**。解此问题的一个函数 $\mu(p;q,m)$ 给我们一个间接效用函数——一个特别的间接效用函数,它可以描述观测到的需求行为 $x(p,m)$。这个货币度量的效用函数对分析福利问题是极为方便的。

一个例子:两物品的可积性

如果只有两种物品可供消费,由于只有一个独立变量,即两物品的相对价格,可积性方程的形式变得非常简单。类似地,只存在一个独立的方程。因为如果我们知道对一物品的需求,我们就可以通过预算约束发现对另一物品的需求。

我们令物品 2 的价格为 1,用 p 表示第一个物品的价格,$x(p,m)$ 为其需求函数,则可积性方程组变为一个单一方程加上一个边界条件:

$$\frac{d\mu(p;q,m)}{dp} = x(p,\mu(p;q,m))$$

$$\mu(q;q,m) = m.$$

这是一个普通的具有边界条件的微分方程,可以用标准的技术对其求解。

例如,假设我们有一个对数线性需求方程:
$$\ln x = a\ln p + b\ln m + c$$
$$x = p^a m^b e^c$$

可积性方程为
$$\frac{d\mu(p;q,m)}{dp} = p^a e^c \mu^b.$$

重排,我们得到
$$\mu^{-b}\frac{d\mu(p;q,m)}{dp} = p^a e^c.$$

对此式积分,有
$$\int_p^q \mu^{-b}\frac{\partial \mu}{\partial t}dt = e^c \int_p^q t^a dt$$
$$\left.\frac{\mu^{1-b}}{1-b}\right]_p^q = \frac{q^{a+1} - p^{a+1}}{a+1}e^c,$$

其中 $b \neq 1$。解此方程得
$$\frac{m^{1-b} - \mu(p;q,m)^{1-b}}{1-b} = \frac{q^{a+1} - p^{a+1}}{a+1}e^c,$$

或者
$$\mu(p;q,m) = \left[m^{1-b} + \frac{(b-1)}{(1+a)}e^c(q^{a+1} - p^{a+1})\right]^{\frac{1}{1-b}}.$$

第二个例子:多种物品的可积性

现在我们来考察三物品因而具有两个独立需求方程的情况。为明确起见,我们考察柯布-道格拉斯方程组

$$x_1 = \frac{a_1 m}{p_1}$$

$$x_2 = \frac{a_2 m}{p_2}$$

我们以前曾证明,这个方程组满足斯卢茨基对称性条件,所以我们知道可积性方程有解,我们只需要解下列偏微分方程组:

$$\frac{\partial \mu}{\partial p_1} = \frac{a_1 \mu}{p_1}$$

$$\frac{\partial \mu}{\partial p_2} = \frac{a_2 \mu}{p_2}$$

$$\mu(q_1, q_2; q_1, q_2, m) = m$$

第一个方程意味着

$$\ln \mu = a_1 \ln p_1 + C_1$$

对于某个积分常数 C_1,第二个方程意味着

$$\ln \mu = a_2 \ln p_2 + C_2.$$

所以自然可以找到一个解

$$\ln \mu = a_1 \ln p_1 + a_2 \ln p_2 + C_3,$$

其中 C_3 独立于 p_1 和 p_2。

代入边界条件,我们有

$$\ln \mu(q; q, m) = \ln m = a_1 \ln q_1 + a_2 \ln q_2 + C_3.$$

将此方程对 C_3 求解并代入

$$\ln \mu(p; q, m) = a_1 \ln p_1 + a_2 \ln p_2 - a_1 \ln q_1 - a_2 \ln q_2 + \ln m.$$

此式即柯布-道格拉斯效用函数的货币度量的间接效用函数。参见第 7 章第 111 页对此方程的另一个推导过程。

8.6 消费者行为理论中的对偶性

我们已经知道如何通过解可积性方程,可从观测的需求函数重新得到间接效用函数。这里我们研究如何解直接效用函数。

答案表明,直接效用函数与间接效用函数之间存在着极完美的对偶性。根据标准化的间接效用函数来描述这一计算过程是极为方便的。所谓标准化的间接效用函数即以收入 m 除价格使支出恒为 1 的间接效用函数。因此标准化的间接效用函数以下式给出:

$$v(p) = \max_x u(x)$$

满足 $px = 1$

可以证明，如果有间接效用函数 $v(p)$，我们可以通过解下述最小化问题得到直接效用函数：

$$u(x) = \min_p v(p)$$

满足 $px = 1$

只要继续向下阅读，就可以知道这个问题的证明并不困难。令 x 为在价格 p 时的需求束。则由定义有 $v(p)=u(x)$，令 p' 为满足预算约束的任意其他价格向量，使得 $p'x=1$。因为 x 在价格 p' 条件下总是可行选择，且因为预算集的形式，所以效用最大化选择一定能产生一个至少同消费束 x 所产生的效用同样大的效用，即 $v(p')\geq u(x)=v(p)$。因此，满足预算约束的在所有价格 p 的间接效用函数最小化使我们得到消费束 x 的效用水平。

这个观点在图 8.5 中得到形象阐述。满足预算约束 $px = 1$ 的任意价格向量 p，一定能够产生一个高于 $u(x)$ 水平的效用，也就是说，$u(x)$ 是上述最小化问题的解。

一个例子：解直接效用函数

假设我们有由 $v(p_1,p_2) = -a\ln p_1 - b\ln p_2$ 给出的间接效用函数，那么，什么是与之相联系的直接效用函数呢？我们建立下列最小化问题：

$$\min_{p_1,p_2} - a\ln p_1 - b\ln p_2$$

满足 $p_1x_1 + p_2x_2 = 1.$

一阶条件为

$$-a/p_1 = \lambda x_1$$
$$-b/p_2 = \lambda x_2,$$

或者

$$-a = \lambda p_1 x_1$$
$$-b = \lambda p_2 x_2.$$

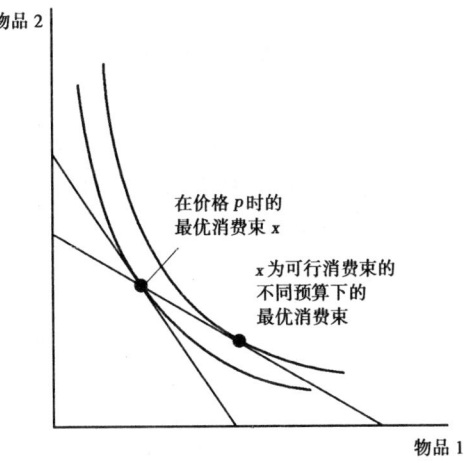

图 8.5 **解直接效用函数**

与消费束 x 相联系的效用一定不大于 x 为可行消费束的任意价格 p 时所能实现的效用。

将二者加和并根据预算约束,得到

$$\lambda = -a - b.$$

代回到一阶条件,有

$$p_1 = \frac{a}{(a+b)x_1}$$

$$p_2 = \frac{b}{(a+b)x_2}$$

这是使间接效用最小化的价格 (p_1, p_2) 选择。现在将这些价格选择代入间接效用函数:

$$u(x_1, x_2) = -a\ln\frac{a}{(a+b)x_1} - b\ln\frac{b}{(a+b)x_2}$$

$$= a\ln x_1 + b\ln x_2 + C$$

此即我们所熟悉的柯布-道格拉斯效用函数。其中 C 为常数。

8.7 显示偏好

在我们对消费者行为进行研究的过程中,我们已把偏好关系视为一个基本的概念,并推导出效用最大化模型对观测到的需求函数的约束。这些约束基本上是替代矩阵为对称的负半定矩阵的斯卢茨基约束。

这些约束原则上讲是可以观测的,但在实践中仍然有些理想化。确实,有谁曾真的看到过需求函数呢?在实践中我们能期望的最好结果就是观测到消费者在不同环境下的一系列选择。例如,我们可以对一个消费者行为进行观测,研究其在价格序列 p^t 时的消费束选择 $x^t(t=1,\cdots,T)$,我们如何分辨这些数据是否是一个效用最大化的消费者所产生的呢?

如果对所有的消费束 x,使得 $p^tx^t \geq p^tx$,有 $u(x^t) \geq u(x)$,我们说效用函数"合理化"(rationalizes)了观测到的行为。也就是说,如果被选择的消费束在预算集合上使效用达到了最大值,则效用函数 $u(x)$ 合理化了观测到的行为。假设这些数据是最大化过程产生的,这些观测到的选择必须满足何种可观测的约束呢?

如果对效用函数 $u(x)$ 没有任何假设,对此问题则有一个不太重要的答案,即没有约束。假设 $u(x)$ 是一个常函数,所以消费者对观测到的消费束没有任何差别。则对观测到的选择模式没有任何约束:任何选择都是可能的。

为使这个问题有意义一些,我们必须排除这种价值不大的情况。做到这一点最简单的方式就是要求潜在效用函数具有局部非饱和性。现在我们的问题变为:由局部非饱和的效用函数最大化所施加的可观测的约束是什么?

首先必须指出:如果 $p^tx^t \geq p^tx$,则一定有 $u(x^t) \geq u(x)$。因为 x^t 是消费者在能够选择 x 的情况下做出的选择,所以,x^t 的效用一定至少不小于 x 的效用。在这种情况下,我们说 x^t 被直接**显示偏**

好于 x,表示为 x^tR^Dx。由于这一定义的结果和效用最大化所产生信息的假设,我们可以得出结论:x^tR^Dx 意味着 $u(x^t) \geq u(x)$。

假设 $p^tx^t > p^tx$,是否一定可以得到 $u(x^t) > u(x)$?不难证明,局部非饱和性假设意味着这个结论成立。因为在上节我们知道 $u(x^t) \geq u(x)$;如果 $u(x^t) = u(x)$,则根据局部非饱和性假设,将存在一个足够接近于 x 的 x',使得 $p^tx^t > p^tx'$ 和 $u(x') > u(x) = u(x^t)$。这与效用最大化假设相矛盾。

如果 $p^tx^t > p^tx$,则我们说 x^t 被直接显示严格偏好于 x,并写成 x^tp^Dx。

现在假设我们有一个显示偏好的比较序列:$x^tR^Dx^j$,$x^jR^Dx^k$,$\cdots$,x^nR^Dx。在这种情况下我们说 x^t 被显示偏好于 x,并表示为 x^tRx。关系 R 有时被称作关系 R^D 的**"传递闭包"**(transitive closure)。如果我们假设数据由效用最大化行为产生,则 x^tRx 意味着 $u(x^t) \geq u(x)$。

考察两个观测值 x^t 和 x^s。现在我们有了确定 $u(x^t) \geq u(x^s)$ 是否成立的方法,也有了一个可观测的条件来确定 $u(x^s) > u(x^t)$ 是否成立。很明显,这两个条件不应同时满足。这个条件被描述为

显示偏好的一般性公理(Generalized Axiom of Revealed Preference,简写为 GARP):如果 x^t 被显示偏好于 x^s,则 x^s 不能被直接显示严格偏好于 x^t。

利用上面定义的符号,我们也可以把此公理表述为

GARP:x^tRx^s 意味着 $x^sR^Dx^t$ 不成立。或者说,x^tRx^s 意味着 $p^sx^s \leq p^sx^t$。

如词义所示,GARP 是其他各类显示偏好检验的一般化。下面是两个标准条件。

显示偏好弱公理(Weak Axiom of Revealed Preference (WARP)):如果 $x^tR^Dx^s$,且 $x^t \neq x^s$,则 $x^sR^Dx^t$ 不成立。

显示偏好强公理(Strong Axiom of Revealed Preference (SARP)):如果 x^tRx^s,且 $x^t \neq x^s$,则 x^sRx^t 不成立。

WARP 和 SARP 要求在每一预算水平只有一个惟一的需求束,尽管 GARP 允许多个需求束存在。所以 GARP 允许产生观测到的选择的无差异曲线上有水平点(flat spots)存在。

8.8 最大化的充分条件

如果数据($p^t x^t$)是由具有非饱和偏好的最大化效用的消费者所生成,则这些数据一定满足 GARP,所以 GARP 是效用最大化的一个可观测的结果。但 GARP 是否能表达出效用最大化模型的全部含义呢? 如果某数据满足此公理,那么,它是否一定源于最大化行为? 或者至少可视为源于最大化行为? GARP 是否是效用最大化的充分条件?

我们将证明,结论是肯定的。如果一个有限数据集满足 GARP,则存在一个能够合理化观测到的行为的效用函数,即存在一个能够产生该行为的效用函数。因此,GARP 满足了效用最大化模型所施加的一系列约束。

下面的定理是表述这一结论的最佳方式。

阿弗雷特定理(Afriat's theorem):令对于 $t=1,\cdots,T,(p^t,x^t)$ 是价格向量和消费束的有限数量的观测值。则下述条件是等价的:

(1)存在一个可合理化这些数据的局部非饱和的效用函数;

(2)这些数据满足 GARP;

(3)存在一个满足下述阿弗雷特不等式的正数 (u^t,λ^t),其中 $t=1,\cdots,T$。

$$u^s \leq u^t + \lambda^t p^t (x^s - x^t) \quad \text{对所有的 } t,s;$$

(4)存在一个合理化这组数据的局部非饱和的、连续的、凹的、单调的效用函数。

证明:我们已经知道,定理(1)成立,意味着(2)成立。对(2)成立意味着(3)成立的证明这里略去,请参看瓦里安(1982a)对此问题的论述。对定理(4)成立意味着(1)成立的证明没有多大价值。

所以剩下来的只需要证明定理(3)成立意味着定理(4)成立。

我们通过给出一个能承担此项职能的效用函数来确定这一含义。定义

$$u(x) = \min_t \{u^t + \lambda^t p^t (x - x^t)\}.$$

注意,此函数是连续的。只要 $p^t \geq 0$,并且无 $p^t = 0$,则该函数将是局部非饱和且单调的。不难证明,它也是凹的。从几何上看,此函数恰好是有限个超平面的下包络。

我们需要证明,这个函数合理化了这组数据,即价格为 p^t 时,效用函数实现了在消费束 x^t 时的约束最大化。首先我们证明 $u(x^t) = u^t$。如果此式不成立,我们将有

$$u(x^t) = u^m + \lambda^m p^m (x^t - x^m) < u^t.$$

但此式违背阿弗雷特不等式。因此,$u(x^t) = u^t$。

现在我们假设 $p^s x^s \geq p^s x$。由此得

$$u(x) = \min_t \{u^t + \lambda^t p^t(x - x^t)\} \leq u^s + \lambda^s p^s (x - x^s) \leq u^s$$
$$= u(x^s).$$

这表明,对所有的满足 $p^s x \leq p^s x^s$ 的 x,$u(x^s) \geq u(x)$。换言之,$u(x)$ 合理化了观测到的选择。证毕。

在证明阿弗雷特定理时定义的效用函数具有一个自然的解释。假设 $u(x)$ 是一个凹的可微的效用函数,并合理化了观测到的选择,$u(x)$ 是可微的,意味着它一定满足 T 个一阶条件

$$Du(x^t) = \lambda^t p^t. \tag{8.3}$$

$u(x)$ 是凹的,意味着它一定满足凹性条件:

$$u(x^t) \leq u(x^s) + Du(x^s)(x^t - x^s). \tag{8.4}$$

将(8.3)式代入(8.4),我们有

$$u(x^t) \leq u(x^s) + \lambda^s p^s (x^t - x^s).$$

因此,阿弗雷特正数 u^t,λ^t 可以解释为效用水平和与观测到的选择相一致的边际效用。

阿弗雷特定理最显著的含义是:(1)成立,意味着(4)成立。即

如果存在可合理化这组数据的任意局部非饱和效用函数，则一定存在一个可合理化这些数据的连续、单调、凹的函数。这类似于我们在原书第6章第83页所进行的分析，在那里我们曾证明，如果投入需求集存在非凸部分，则不会存在成本最低的选择。

对效用最大化也是同样道理。如果潜在效用函数在某些点具有"错误的"弯曲，我们就难以观测到在这些点所进行的选择，因为它们不能满足二阶条件。因此，市场信息不允许我们拒绝偏好关系的凸性和单调性假设。

8.9 使用显示偏好的比较静态分析

因为GARP是效用最大化的充分必要条件，所以它一定具备与我们前面进行的比较静态分析类似的特征。前面的比较静态分析把价格变化的效果进行斯卢茨基分解，化为收入效应和替代效应两部分，并证明了自替代效应为负这一事实。

现在我们从后面这一结论开始进行比较静态分析。当我们考察价格的一个有尽变化而非无穷小变化时，存在两个可能的补偿需求的定义。第一个定义是我们前面定义的自然扩展，即在讨论"如果我们改变收入水平以恢复原有的效用水平"时对物品的需求。也就是说，当价格由 p 变为 $p+\Delta p$ 时，对物品 i 的补偿需求价值 $x_i(p+\Delta p, m+\Delta m) \equiv x_i(p+\Delta p, e(p+\Delta p, u))$。其中 u 为在 (p,m) 条件下实现的初始效用水平。这一补偿的概念称作"希克斯补偿"。

当价格由 p 变为 $p+\Delta p$ 时的第二个补偿需求的概念被称作"斯卢茨基补偿"。它是指变化收入以维持原有的消费水平而导致的需求水平。它可以很容易地通过下面的方程来表达。我们要收入变化 Δm，以便在新的价格 $p+\Delta p$ 时，足以实现原有的消费水平 $x(p,m)$。即

$$(p+\Delta p)x(p,m) = m + \Delta m.$$

因为 $px(p,m)=m$,所以此式可以简化为 $\Delta p \cdot x(p,m)=\Delta m$。

这两个补偿概念的区别通过图 8.6 来表示。斯卢茨基补偿不含有偏好的信息,是可以直接观测的;而希克斯补偿则更便于进行分析工作。

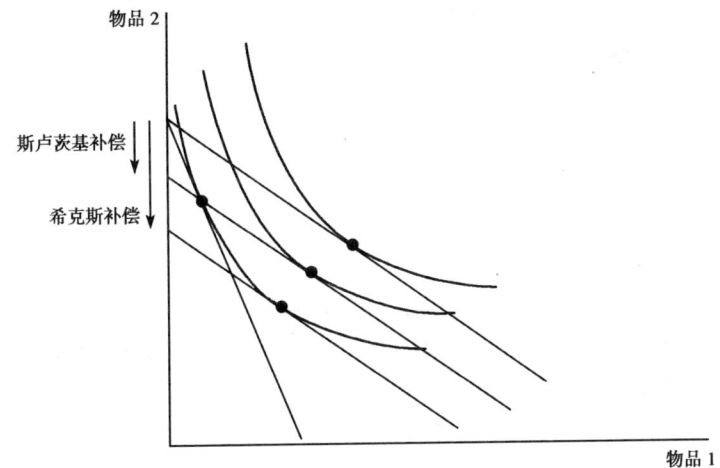

图 8.6 希克斯补偿与斯卢茨基补偿

希克斯补偿是维持原有效用水平所需的货币数量;
斯卢茨基补偿是维持原有消费水平所需的货币数量。

对于价格的无穷小变化,没有必要区分这两个补偿概念,因为它们是一致的。我们仅通过考察支出函数就可以证明这一点。如果物品 j 的价格变化 dp_j,支出需要变化 $(\partial e(p,u)/\partial p_j)dp_j$ 以维持效用不变。如果我们需要保持原有的消费水平,需要收入变化 $x_j dp_j$。根据支出函数的派生性质可知,这两个量是相同的。

不管你喜欢哪一个定义,我们仍能利用显示偏好来证明"补偿自价效应是负的"。假设我们考察希克斯的定义。我们从价格向量 p 出发,令 $x=x(p,m)$ 为需求束。价格向量变化为 $p+\Delta p$,因而补偿需求变化为 $x(p+\Delta p,m+\Delta m)$,其中 Δm 是使 $x(p+$

$\Delta p, m + \Delta m$) 无差别于 $x(p,m)$ 所必须的收入额。

因为 $x(p,m)$ 与 $x(p+\Delta p, m+\Delta m)$ 是无差别的,任何一项都不能被直接显示严格偏好于另一项。因此,我们有

$$px(p,m) \leq px(p+\Delta p, m+\Delta m)$$

$$(p+\Delta p)x(p+\Delta p, m+\Delta m) \leq (p+\Delta p)x(p,m).$$

把不等式相加,我们有

$$\Delta p[x(p+\Delta p, m+\Delta m) - x(p,m)] \leq 0.$$

令 $\Delta x = x(p+\Delta p, m+\Delta m) - x(p,m)$,则此式变为

$$\Delta p \Delta x \leq 0。$$

假如只有一个物品价格发生变化,所以 $\Delta p = (0, \cdots, \Delta p_i, \cdots, 0)$。则此不等式意味着 x_i 必须与价格的变化方向相反。

现在回到斯卢茨基的定义。我们同以前一样使用同样的定义,但现在把 Δm 解释为能够购买原来的消费束所必须的收入变化。因此,根据假设 $x(p,m)$ 是价格 $p+\Delta p$ 时的可行消费水平,在价格 $p+\Delta p$ 时实际选择的消费束不会劣于 $x(p,m)$。即

$$px(p,m) \leq px(p+\Delta p, m+\Delta m).$$

因为通过构建 Δm。有 $(p+\Delta p)x(p+\Delta p, m+\Delta m) = (p+\Delta p)x(p,m)$,从上面的不等式中减去这个等式,得到

$$\Delta p \Delta x \leq 0。$$

恰好与希克斯定义相同。

8.10 斯卢茨基方程的抽象解释

现在我们回到斯卢茨基方程的推导工作上来。我们前面曾通过对一个包含希克斯需求与马歇尔需求的恒等式求导,推导出了斯卢茨基方程。下面我们从下列算术恒等式开始

$$x_i(p+\Delta p, m) - x_i(p,m) = x_i(p+\Delta p, m+\Delta m) - x_i(p,m) \\ - [x_i(p+\Delta p, m+\Delta m) - x_i(p+\Delta p, m)].$$

注意,根据一般的代数规则,上式是成立的。

假设 $\Delta p = (0,\cdots,\Delta p_j,\cdots,0)$,则斯卢茨基意义上的收入补偿变化是 $\Delta m = x_j(p,m)\Delta p_j$。将恒等式两边同除以 Δp_j,并根据 $\Delta p_j = \Delta m/x_j(p,m)$,我们有

$$\frac{x_i(p+\Delta p,m)-x_i(p,m)}{\Delta p_j}=\frac{x_i(p+\Delta p,m+\Delta m)-x_i(p,m)}{\Delta p_j}$$
$$-x_j(p,m)\frac{\left[x_i(p+\Delta p,m+\Delta m)-x_i(p+\Delta p,m)\right]}{\Delta m}.$$

对此表达式的每一项加以解释,我们可以将其写成

$$\frac{\Delta x_i}{\Delta p_j}=\frac{\Delta x_i}{\Delta p_j}\bigg|_{\text{comp}}-x_j\frac{\Delta x_i}{\Delta m}.$$

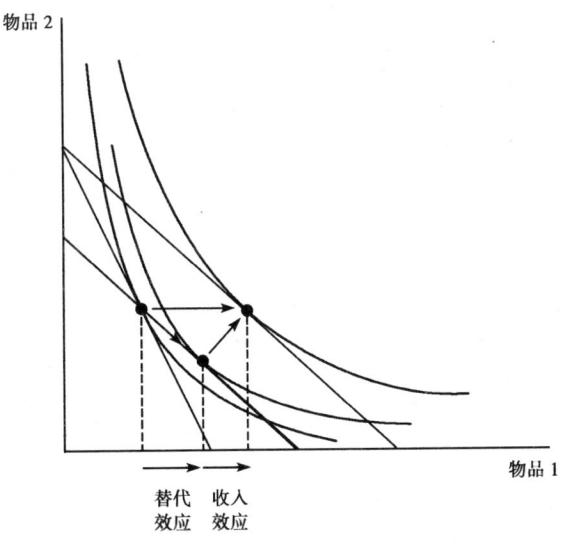

图 8.7 价格变化的斯卢茨基分解

首先围绕初始消费来旋转预算线,然后将其平移至最终选择。

需要指出的是,最后一个方程仅是斯卢茨基方程的一个抽象的类似。方程左边这项表示当物品 j 的价格变化时,对物品 i 的需求

如何变化。它被分解为替代效应和收入效应。替代效应是指当物品 j 的价格变化时,对物品 i 的需求如何变化,以及为维持原来可行的消费水平而引起的收入变化。收入效应是指当价格不变而收入变化时引起的对物品 i 的需求变化乘以对物品 j 的需求。价格变化的斯卢茨基分解通过图 8.7 来表示。

8.11 "寻回性"

因为显示偏好条件是一个效用最大化行为所施加的约束的完备集合,它们一定包含了有关潜在偏好的所有信息。如何利用显示偏好关系在已经观测到的选择 x_t(对于 $t = 1, \cdots, T$) 中确定偏好关系,或多或少是较为明显的。然而,利用显示偏好关系在从未观测到的选择中区分偏好关系,则是极为困难的。

利用例子,可以非常容易地看到这一点。图 8.8 描述了对选择行为的一个独立观测 (p^1, x^1)。这个选择对于一个通过消费束 x^0 的无差异曲线意味着什么呢?注意,x^0 原来并未被观测到,特别是我们没有关于 x^0 是否是最优选择的价格信息。

现在我们尝试利用显示偏好来确定通过 x^0 的无差异曲线的 "界限"。首先,我们观测到,x^1 被显示偏好于 x^0。假设偏好关系为凸的和单调的,则连接 x^0 和 x^1 线段上的所有消费束至少和 x^0 同样好,位于 x^0 东北部的所有消费束至少和 x^0 同样好。将此消费束集合称作被显示偏好于 x^0,表示为 $RP(x^0)$。不难证明它是通过点 x^0 的上水平集的最佳"内界"(inner bound)。

为导出最佳外界(best outer bound),我们必须考察所有可能通过 x^0 的预算线。对所有这些预算线,令 RW 表示被显示劣于 x^0 的所有消费束的集合。RW 中的消费束一定劣于 x^0,无论使用哪一条通过 x^0 的预算线。

点 x^0 的上水平集的外界则可定义为该集合的补集:NRW = 所有不在 RW 中的消费束。任何不在 NRW 集合中的消费束,就不会被一致性的效用最大化的消费者显示偏好于 x^0。从这个意义上讲，NRW 是最佳外界。因为通过这种定义，一个不在 NRW(x^0) 中的消费束，必定在集合 RW(x^0) 中，而它必将被显示劣于 x^0。

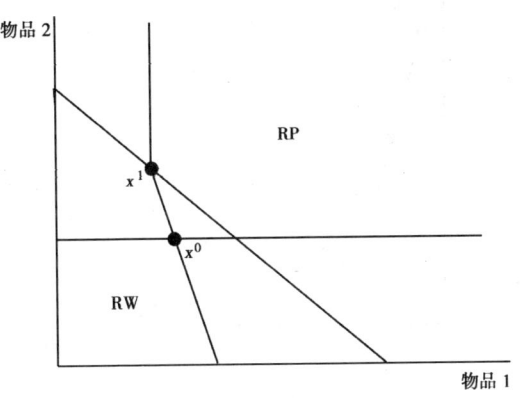

图 8.8　内界与外界

对于通过 x^0 的无差异曲线，RP 是内界；RW 的补集是外界。

在观测一次性选择的情况下，边界并不是很紧密。但在多次选择的情况下，这些边界变得非常紧凑，有效地限制了内、外界间的真实无差异曲线。图 8.9 给出一个例子对此加以说明，通过构建这些边界以确保自己理解它们来自何方是重要的，一旦我们构建了上水平集的内界和外界，我们就恢复了包含于观测到的需求行为中偏好的所有基本信息。因此，RP 与 RW 的构建类似于解可积性方程。

我们对 RP 和 RW 的构建一直是通过图示来进行的。但是，将这种分析一般化到多种物品，是完全可能的。可以证明，确定一个消费束被显示偏好于或劣于另一消费束，需要检验一个特定的线性不等式集合是否有解。

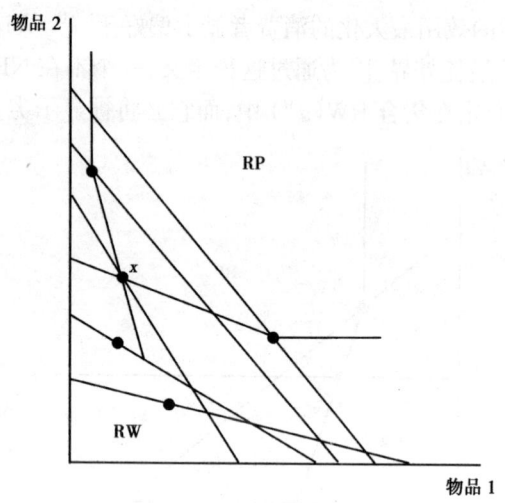

图 8.9 内界与外界

当存在多个观测值时,内、外界之间会变得非常紧凑。

注 释

这里给出的斯卢茨基方程的两个证明参考了麦肯杰(Mckenzie,1957)和库克(Cook,1972)的文章;可积性问题的详尽介绍可参看赫威茨和宇泽(Hurwicz. & Uzawa, 1971)的文章;显示偏好的思想源于萨缪尔森(Samue-lson, 1948)的文章;这里采用的方法参考了阿弗雷特(Afriat,1967)和瓦里安(Varian,1982a)的文章;利用显示偏好推导斯卢茨基方程参见横山(Yokoyama, 1968)的文章。

练 习

8.1 弗兰克·费雪的支出函数是 $e(p,u)$,他对开玩笑的需求函数是 $x_j(p,m)$,其中 p 为价格向量,收入 $m \gg 0$。证明:对弗兰克而言,当且仅当 $\partial^2 e/\partial p_j \partial u > 0$ 时,开玩笑为正常品。

8.2 计算两物品的柯布-道格拉斯需求函数的替代矩阵。验证对角线各项是负的。交叉价格效应是对称的。

8.3 假设一个消费者具有线性需求函数 $x = ap + bm + c$。写出为得到货币度量的效用函数而需要求解的微分方程;如果可能,解此方程。

8.4 假设一个消费者具有一个半对数需求方程 $\ln x = ap + bm + c$。写出为得到货币度量的效用函数而需要求解的微分方程。如果可能,请解此方程。

8.5 某消费者,其效用函数为 $u(x_1,x_2) = x_1^{\frac{3}{2}} x_2$,其预算约束为 $3x_1 + 4x_2 = 100$。求出其需求束。

8.6 利用效用函数 $u(x_1,x_2) = x_1^{\frac{1}{2}} x_2^{\frac{1}{3}}$,预算约束 $m = p_1 x_1 + p_2 x_2$,计算 $x(p,m), v(p,m), h(p,u)$ 和 $e(p,u)$。

8.7 根据效用函数 $u(x_1,x_2) = (x_1 - \alpha_1)^{\beta_1}(x_2 - \alpha_2)^{\beta_2}$ 和预算约束 $m = p_1 x_1 + p_2 x_2$,计算 $x(p,m), v(p,m), h(p,u)$ 和 $e(p,u)$,并验证替代矩阵项 $\left(\dfrac{\partial h_j(p,u)}{\partial p_i}\right)$ 是对称的。

8.8 利用效用函数 $u^*(x_1,x_2) = \dfrac{1}{2}\ln x_1 + \dfrac{1}{3}\ln x_2$,重复 8.6、8.7 的练习,并证明如果用 e^{u^*} 替换 u,前面的所有公式依然成立。

8.9 以 $u = \phi(x)$ 代表偏好关系,计算支出函数、间接效用函数和需求。对于一个单调递增的函数 $\psi(\cdot)$,如果同样的偏好关系现在用 $u^* = \psi(\phi(x))$ 来代表,证明:$e(p,u)$ 被 $e(p,\psi^{-1}(u^*))$ 代替,$v(p,m)$ 被 $\psi(v(p,m))$ 代替,$h(p,u)$ 被 $h(p,\psi^{-1}(u^*))$ 代替。同时验证,马歇尔需求 $x(p,m)$ 未受影响。

8.10 考察戴维的两期效用模型 $u(x_1,x_2)$,其中 x_1 代表其在第一时期的消费。x_2 代表其在第二时期的消费。戴维在每一时期被给予的消费量是 $(\bar{x}_1,\bar{x}_2)$,但他也可以对现在和未来的消费进行交易,即把现在的消费卖给将来消费,反之亦然。因此,其预算约束为

$$p_1 x_1 + p_2 x_2 = p_1 \bar{x}_1 + p_2 \bar{x}_2$$

其中 p_1, p_2 分别为第一期和第二期的价格。

(a) 推导此模型的斯卢茨基方程。(注意,现在戴维的收入取决于他被给予的消费量的价值,而此价值又取决于价格;$m = p_1 \bar{x}_1 + p_2 \bar{x}_2$。)

(b) 假设戴维的最优选择满足 $x_1 < \bar{x}_1$。如果价格 p_1 下降,戴维的处境会好转还是会恶化?

(c) 什么是消费物品的回报率?

8.11 考察一个对物品 1 和物品 2 有需求的消费者。当物品价格为 (2,4) 时,其需求为 (1,2)。当价格为 (6,3) 时,其需求为 (2,1),没有其他重要的变化,问该消费者是否最大化其效用?

8.12 假定间接效用函数的形式为 $v(p,y) = f(p)y$。问:支出函数是何种形式?用函数 $f(\cdot)$ 和 y 表示的间接补偿函数 $\mu(p;q,y)$ 是何种形式?

8.13 效用函数为 $u(x_1, x_2) = \min\{x_2 + 2x_1, x_1 + 2x_2\}$.

(a) 画出 $u(x_1, x_2) = 20$ 的无差异曲线,把 $u(x_1, x_2) \geq 20$ 的部分涂上阴影。

(b) 当 p_1/p_2 为何值时,惟一的最优解是 $x_1 = 0$?

(c) 当 p_1/p_2 为何值时,惟一的最优解是 $x_2 = 0$?

(d) 如果 x_1, x_2 均不为 0,且最优解是惟一的。那么,x_1/x_2 一定为何值?

8.14 在现行税制下,一个人可以每年在个人退休账户 (I.R.A.) 中储蓄 2000 美元。I.R.A. 是一个有税收优惠待遇的储蓄工具。考察一个在特定时点具有收入 Y 的消费者。他愿意将 C 部分用于消费,S_1 用于 I.R.A. 储蓄,S_2 用于普通储蓄。假设"简化型"效用函数的形式为

$$U(C, S_1, S_2) = S_1^\alpha S_2^\beta C^\gamma.$$

(这是一个简化型效用函数,因为这些参数并不是真正外生性质的参数,而且还包括资产税处理等问题)。该消费者的预算约束为

$$C + S_1 + S_2 = Y$$

该消费者可在 I.R.A. 中储蓄的限度以 L 表示。

(a) 推导一个限度 L 不受约束的消费者对 S_1 和 S_2 的需求函数。

(b) 推导一个限度 L 存在约束的消费者对 S_1 和 S_2 的需求函数。

8.15 一个效用最大化的消费者具有严格凹的且严格单调的偏好关系,他消费两个物品 x_1 和 x_2,每个物品的价格均为 1;他的消费不能为负,他每年具有收入 m,现期消费水平为 (x_1^*, x_2^*),其中 $x_1^* > 0, x_2^* > 0$。假设下一年他得到一笔捐赠 $g_1 \leq x_1^*$,他必须将其全部用于物品 1 的支付。(如果他愿意,他可以拒绝接受这笔捐赠。)

(a) 判断正误。如果物品 1 为正常品,则这笔捐赠对其消费的影响,一定与一笔不附条件的同样数量的一次性捐赠的影响相同。若正确,请证明;若错误,也请证明。

(b) 判断正误。如果上述消费者在全部收入 $m > x_1^* + x_2^*$ 时，物品1为低质品，如果得到一笔他必须用于物品1消费的捐赠 g_1，对其消费的影响一定与不附条件的同样数量的捐赠的影响相同。若正确，请证明；若错误，请说明如果有人给予该消费者这笔捐赠，他将如何处理。

(c) 假设如果上面讨论的消费者具有相似偏好，现在消费的 $x_1^* = 12$，$x_2^* = 36$。画一个以 g_1 为横轴，以物品1的数量为纵轴的图。用此图来说明，如果他的普通收入 $m = 48$，如果他得到一笔必须用于物品1消费的捐赠 g_1，他对物品1的需求量。在 g_1 为何水平时，此图具有一个纽结(kink)？（在回答此问题以前考虑一下，给出一个数量答案）

第9章 需 求

在本章中我们将考察需求行为的几个主题,它们中的大部分都与预算约束的特殊形式相关或与导致需求行为特殊形式的偏好有关。很多情况下,这类特别的实例非常便于分析,同时理解它们如何运作是有用的。

9.1 预算约束中的禀赋

研究消费行为时我们把收入看成是外生的。但是,在更复杂的消费行为模型中有必要考虑收入是如何产生的。这样做的标准方法是考虑消费者拥有各种物品之**禀赋** $\omega = (\omega_1, \cdots, \omega_k)$,这些物品以现行市场价格 p 出售,这样消费者的收入 $m = p\omega$,该收入可以用来购买其他物品。

效用最大化问题就变成

$$\max_x u(x)$$
$$\text{使得} \quad px = p\omega$$

可以用标准技术解这一问题得出需求函数 $x(p, p\omega)$。物品 i 的**纯需求**是 $x_i - \omega_i$。消费者有正的或负的纯需求,这取决于他想要某物的多少与其禀赋的关系。

在这个模型中价格影响消费者必须卖的物品的价值以及他希望卖的物品的价值。这在斯卢茨基方程(Slutsky's equation)中显而易见,在此我们将导出。首先,求需求对价格的微分:

$$\frac{dx_i(p, p\omega)}{dp_j} = \left.\frac{\partial x_i(p, p\omega)}{\partial p_j}\right|_{p\omega=\text{不变}} + \frac{\partial x_i(p, p\omega)}{\partial m}\omega_j.$$

等式右边第一项是收入不变时需求对价格的导数,第二项是需求对收入的导数乘以收入的变化。使用斯卢茨基方程可以展开第一项,合并得

$$\frac{dx_i(p, p\omega)}{dp_j} = \frac{\partial h_i(p, u)}{\partial p_j} + \frac{\partial x_i(p, p\omega)}{\partial m}(\omega_j - x_j).$$

现在收入效应取决于物品 j 的净需求而不是总需求。

想一想正常物品的例子,当该物品的价格上涨时,替代效应和收入效应同时促使消费减少。但是假设该消费者是该物品的净卖者,那么他实际的收入增加,同时这一额外的**禀赋收入效应**实际上将导致该物品消费的增加。

劳动供给

假设消费者选择两物品,消费和劳动,她也有一些非劳动的收入 m,用 $v(c, l)$ 代表消费和劳动的效用,效用最大化问题即为

$$\max_{c,l} v(c, l)$$
$$\text{使得}\ pc = wl + m$$

这个问题看起来与我们已经研究的问题有所不同:劳动也许是一"厌恶品"(bad)而非物品,并且劳动出现在预算约束的右边。

然而,把它变成我们曾研究过的标准形式的问题并不太困难。用 $\overline{L}$ 代表消费者工作小时最大的数,把 $L = \overline{L} - l$ 看成"闲暇"。消费和闲暇的效用函数是 $u(c, \overline{L} - l) = V(c, l)$。这样我们把效用最大化问题重新表述为

$$\max_{c,l} u(c, \overline{L} - l)$$
$$\text{使得}\ pc + w(\overline{L} - l) = w\overline{L} + m.$$

或者,使用定义 $L = \overline{L} - l$,我们有

$$\max_{c,L} u(c, L)$$
$$\text{使得}\ pc + wL = w\overline{L} + m$$

实质上这与我们前面见过的形式相同。此时消费者以价格 W"卖出"他的劳动禀赋,然后买回诸如闲暇这类物品。

斯卢茨基方程可以让我们计算出闲暇的需求如何随工资率的变化而变化。我们有

$$\frac{dL(p,w,m)}{dw} = \frac{\partial L(p,w,m)}{\partial w} + \frac{\partial L(p,w,m)}{\partial m}[\bar{L}-L].$$

注意括弧中的项从定义上说是非负的,实际上肯定是正的[①]。这说明闲暇需求的导数是一负数和一正数之和,其符号本质上说是不明确的。换句话说,工资率的增加既能导致劳动供给的增加,也能导致劳动供给的减少。

实质上工资率的增加将增加劳动供给,因为这使得闲暇更加昂贵——你可以通过多工作来获得多消费。但是,在工资率增加的同时会使你更富有,这势必增加你对闲暇的需求。

9.2 相似效用函数

函数 $f:R^n \to R$ 是**一次齐次的**,当对于所有的 $t>0, f(tx) = tf(x)$,函数 $f(x)$ 是**相似的**(homothetic),当 $f(x) = g[h(x)]$,这里 g 是严格递增函数,并且 h 是一次齐次函数。这类函数数学性质的进一步讨论见第 26 章 482 页。

经济学家常常发现这样假设是有用的,即效用函数是齐次的或相似的。实际上效用理论中这两个概念区别较小。相似函数仅仅是齐次函数的单调变换。但是效用函数只是被定义成单调变换。这样假设偏好可以用相似函数代表,等同于偏好可以用一次齐次函数代表。如果一个消费者拥有可以用相似效用函数代表的偏好,那么经济学家就会说此消费者有**相似偏好**。

我们看到在生产理论的讨论中,如果生产函数是一次齐次的,

---

① 可能除期末考试时间以外。

那么成本函数就可以写成 $c(w,y) = c(w)y$。由此类推,如果效用函数是一次齐次的,那么支出函数可写成 $e(p,u) = e(p)u$。

相应地这说明间接效用函数可写成 $v(p,m) = v(p)m$。那么罗伊恒等式说明需求函数具有这样的形式 $x_i(p,m) = X_i(p)m$,也就是它们是收入的线性函数。以后我们将看到,在需求分析中,"收入效应"具有的这种特殊的形式常常是很有用的。

9.3 物品的归并(Aggregating across goods)

在许多情况下通过一些"部分"最大化问题来构造消费者选择模型是合理的。例如我们也许希望构造消费者"肉类"选择模型,而不区分有多少猪肉、牛肉、羊肉等等。在大部分经验工作中一类物品的一定程度的归并是必要的。

为了描述有关消费决策可分性的一些有用结果,我们有必要引入一些新符号。让我们设想把消费束分成两个"亚束"(subbandles),这样消费束形成 (x,z)。例如,x 是不同类型的肉的消费向量,z 是所有其他物品的消费向量。

我们把价格向量类似地分成 (p,q),p 是不同种类肉的价格向量。q 是其他物品的价格向量。用这样的符号可把标准的效用最大化问题写成

$$\max_{x,z}(x,z)$$
$$\text{使得} \quad px + qz = m \tag{9.1}$$

有趣的问题是在何种条件下我们可以研究作为一组 x 物品的需求问题,而无须担心需求如何在 x 物品的各组成部分间进行区分。

一种从数学上用公式表述这一问题的方法如下。我们构造一个无向量的**数量指数**(quantity index)X,和一个无向量的价格指数 p,它们是数量向量和价格向量的函数:

$$p = f(p)$$

$$X = g(x). \tag{9.2}$$

在这一表达式中 p 被认为是给出物品"平均价格"的一种"价格指数",X 被认为是给出所消费的肉类的平均"量"的一种数量指数。我们希望可以找到一种方法来构造这些价格和数量指数,以使它们的表现像普通价格和数量。

也就是我们希望获得一个新的效用函数 $U(X,z)$,它只取决于 x 消费的数量指数,这将给我们相同的答案。就像我们在 (9.1) 中解决全部的最大化问题一样。更正式地考虑这一问题:

$$\max_{X,z} U(X,z)$$
$$\text{使得 } pX + qz = m.$$

数量指数 X 的需求函数是一函数 $X(p,q,m)$,我们想知道它何时会是这样的情况:

$$X(p,q,m) \equiv X(f(p),q,m) = g(x(p,q,m)).$$

这要求我们通过两条不同的路径获得 X 的相同值:

1) 首先使用 $p = f(p)$ 加总价格,然后在预算约束 $px + qz = m$ 的条件下求 $U(X,z)$ 的最大化。

2) 首先求 $px + qz = m$ 条件下 $u(x,z)$ 的最大化,然后加总数量得到 $X = g(x)$。

这里有两种情况碰巧会使得加总成为可能。第一种情况是对价格运动进行约束,即**希克斯可分性**(Hicksian separability);第二种是对偏好结构进行约束。即**函数的可分性**(functional separability)。

希克斯可分性

假设价格向量 p 总是与某个固定的基础价格向量 p^0 成比例,以便对于某个无向量 t 来说 $p = tp^0$。如果 X 物品是各种肉,这个条件要求各种肉的相对价格保持不变,即它们都是同比例的增加和减少。

遵循上述的一般架构,我们定义 X 物品的价格和数量指数为

$$p = t$$
$$X = p^0 x.$$

我们定义与这些指数相关联的间接效用函数为

$$V(P, q, m) = \max_{x,z} u(x, z)$$

使得 $Pp^0 x + qz = m.$

直接检验这个间接效用函数具有全部常见的性质:它是拟凸的,价格和收入方面是齐次的等等。特别是包络定理的直接应用说明我们可以用罗伊恒等式恢复 X 物品的需求函数:

$$X(P, q, m) = \frac{-\partial V(P, q, m)/\partial P}{\partial V(P, q, m)/\partial m} = p^0 x(p, q, m).$$

这个计算说明 $X(P, q, m)$ 是一个恰当的 X 物品消费的数量指数:如果我们首先加总价格然后求 $U(X, z)$ 的最大化,我们可获得相同的结果,就如同求 $u(x, z)$ 的最大化再加总数量时一样。

我们求直接效用函数,通过通常的计算它是 $V(P, q, m)$ 的对偶:

$$U(X, z) = \min_{P, q} V(P, q, m)$$

使得 $PX + qz = m.$

通过构造,直接效用函数有这样的性质:

$$V(P, q, m) = \max_{X, z} U(X, z)$$

使得 $PX + qz = m.$

因此,这样构造的价格和数量指数其表现与普通价格和数量指数一样。

两物品模型

希克斯加总通常用来研究单个物品的需求。在此例中,把 z 物品看成是单个物品,x 物品是"所有其他物品"。实际的最大化问题是:

$$\max_{x,z} u(x, z)$$

使得 $px + qz = m$.

假设 X 物品的相对价格保持不变,以便 $p = pp^0$,即价格向量 $\boldsymbol{p}$ 是某个基础价格向量 $\boldsymbol{p}^0$ 乘以某个价格指数 p。那么希克斯加总说明我们可以写出 z 物品的需求函数为

$$z = z(P, q, m).$$

因为这个需求函数是零次齐次的,并且稍稍滥用一下符号,也可写成

$$z = z(q/P, m/P).$$

这说明 z 物品的需求取决于 z 物品对"所有其他物品"的相对价格,以及收入除以"所有其他物品"的价格。实际上所有其他物品的价格指数通常采用某个标准消费者价格指数。z 物品的需求变成仅仅两个变量的函数:z 物品价格与 CpI 相比和收入与 CpI 相比。

函数可分性

第二例可以分解消费者消费决策的实例叫**函数可分性**。假设基本的偏好次序具有这样的性质

$$(x, z) \succ (x', z) \text{ 当且仅当 } (x, z') \succ (x', z')$$

对于所有的消费束 x, x', z 和 z'。这个条件说明假如对于其他物品的一些选择来说,对于 x 的偏好强于 x',那么对于其他物品的所有选择来说,对 x 的偏好强于 x'。或者更简洁地说,x 物品的偏好独立于 z 物品之外。

如果这个"独立"性质予以满足,同时偏好是局部非饱和的(locally nonsatiated),那么 x 和 z 的效用函数可写成 $u(x, z) = U(v(x), z)$,其中 $U(v, z)$ 是 v 的增函数。也就是 x 和 z 的总效用可以写成 x 的**次效用**(subutility) $V(x)$ 和 z 物品消费水平的函数。

如果效用函数可用这种形式表达,我们说效用函数是**弱可分的** (weakly separable)。关于效用最大化问题的结构可分性说明些什么?通常我们把物品的需求函数写成 $x(p, q, m)$ 和 $z(p, q,$

m),用 $m_x = px(p,q,m)$ 表示 x 物品的最优支出。

如果总的效用函数是弱可分的，x 物品的最佳选择可通过解下列次效用最大化问题而得到：

$$\max v(x)$$
$$\text{使得} \quad px = m_x \qquad (9.3)$$

这说明如果我们知道 x 物品的支出，$m_x = px(p,q,m)$，我们就可以通过解次效用最大化问题来确定 x 物品的最佳选择。换句话说，x 物品的需求仅仅是 x 物品的价格和支出 m_x 的函数。

这一证明是直接的。假设 $x(p,q,m)$ 解不了上面的问题，作为替代，用 x' 表示 x 的另一个值，它满足预算约束并且产生更大的次效用。那么束 (x',z) 会比 $x(p,q,m)$，$z(p,q,m)$ 给出更高的总效用，而这与需求函数的定义相矛盾。

需求函数 $x(p,m_x)$ 有时被称为**条件需求函数**，因为它们给出 x 物品的需求以这些物品的支出水平为条件。例如，我们可以认为牛肉的需求是牛肉、猪肉和羊肉价格以及肉类总支出的函数。

用 $e(p,v)$ 表示(9.3)中给出的次效用最大化问题的支出函数。这告诉我们在价格 p 时 X 物品支出多少对于实现次效用 V 是必要的。

我们可以把消费者总的最大化问题表述为

$$\max_{v,z} U(v,z)$$
$$\text{使得} \quad e(p,v) + qz = m.$$

这几乎就是我们想要的形式：v 是一个恰当的 x 物品的数量指数，但是 x 物品的价格指数不太对。我们希望 p 乘 x，但是我们有 p 和 $x = v$ 的某个非线性的函数。

为了得到一个在数量指数中是线性的预算约束，需要假设次效用函数具有一个特殊的结构。比如，假定次效用函数是相似的。那么我们从第 5 章 66 页可知，我们可以把 $e(p,v)$ 写成 $e(p)v$. 因此我们可以选择我们的数量指数为 $X = v(x)$，价格指数为 $p = e(p)$ 以及效用函数为 $U(x,z)$。我们得到相同的 X 如果我们解

$$\max_{X,z} U(X,z)$$
$$\text{使得} \quad pX + qz = m.$$

就像我们解

$$\max_{x,z} u(v(x),z)$$
$$\text{使得} \quad px + qz = m.$$

然后使用 $X = v(x)$ 加总。

在这一表达式中,我们把消费决策看成是两步发生的:首先消费者通过解总的最大化问题来把综合商品(例如肉)消费的多少看成是肉价格指数的函数;其次消费者在给定各种肉类价格和总支出的条件下考虑消费多少牛肉,这就是次效用最大化问题的解。这个两步预算过程在需求的应用分析中非常方便。

9.4 消费者的归并

我们已经研究了消费者需求函数 $X(p,m)$ 的性质,现在我们考虑 $i = 1,\cdots,n$ 消费者的某个集合,每位消费者有某类 K 商品的需求函数,那么消费者 i 的需求函数是一个向量 $x_i(p,m_i) = (x_i^1(p,m_i),\cdots,x_i^k(p,m_i)) i = 1,\cdots,n$。注意我们已经稍微改变了我们的符号:物品用上标表示,消费者用下标表示。总的需求函数被定义为 $X(p,m_1,\cdots,m_n) = \sum_{i=1}^{n} X_i(p,m_i)$。物品 j 的总需求用 $X^j(p,m)$ 表示,其中 m 表示收入向量 $(m_1,\cdots,m_n)$。

总的需求函数禀承个人需求函数的一定性质,比如,如果个人需求函数是连续的,那么总的需求函数肯定连续。

个人需求函数连续是总需求函数连续的充分条件但并不是必要条件。例如,考虑洗衣机的需求,假设大部分消费者想要一台或仅仅一台洗衣机,这是合理的假设。因此单个消费者 i 的需求函数就像图 9.1 中所画出的函数一样。

价格 r_i 叫做第 i 个消费者的**保留价格**。假如消费者的收入和口味变化,我们会看到几个不同的保留价格。洗衣机的总需求由 $X(p)$ 给出,$X(p)$ = 消费者数,其保留价格至少是 p。如果有许多消费者其保留价格分散,把这看成是一个连续函数是有意义的:如果价格上涨一个不大的数,仅仅只有少量消费者——"边际"消费者——决定停止购买此物品。虽然他们的需求变化是不连续的,但是总的需求将只变化一个较小的量。

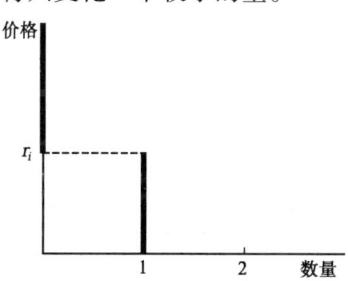

图 9.1 离散商品的需求

在大于 r_i 的任何价格时消费者 i 的需求为零。如果价格小于或等于 r_i,消费者 i 将需求该物品一个单位。

总的需求函数还将禀承哪些个人需求函数的其他性质?是否存在一个总的斯卢茨基方程或一个总的显示性偏好的强公理?不幸的是,这些问题的答案是否定的。实际上,总需求函数除了齐次和连续外,通常不具有有趣的性质。因此消费者理论通常对总的行为没有限制。

然而,在某些实例中却显示出总的行为好像是由单个"代表"消费者引发的,下面我们考虑一个这样的情况。

假设所有的单个消费者的间接效用函数具有**高曼形式**(Gorman form):

$$v_i(p, m_i) = a_i(p) + b(p)m_i.$$

注意 $a_i(p)$ 项随消费者不同而不同,但是 $b(p)$ 项对于所有消费者都是相同的。运用罗伊恒等式,消费者 i 的物品 j 的需求函

数将取这样的形式:

$$x_i^j(p, m_i) = \alpha_i^j(p) + \beta^j(p) m_i. \qquad (9.4)$$

其中

$$\alpha_i^j(p) = -\frac{\dfrac{\partial a_i(p)}{\partial p_j}}{b(p)}$$

$$\beta^j(p) = -\frac{\dfrac{\partial b(p)}{\partial p_j}}{b(p)}.$$

注意物品 j 的边际消费倾向 $\partial x_i^j(p, m_i)/\partial m_i$ 独立于任何消费者的收入水平之外,并且对于任何消费者而言它是常数,因为 $b(p)$ 对于任何消费者而言是常数。物品 j 的总需求可取如下的形式

$$X^j(p, m^1, \cdots, m^n) = -\left[\sum_{i=1}^n \frac{\dfrac{\partial a_i}{\partial p_j}}{b(p)} + \frac{\dfrac{\partial b(p)}{\partial p_j}}{b(p)} \sum_{i=1}^n m_i\right].$$

实际上这个需求函数可由一个代表性的消费者导出,他的代表性的间接效用函数由下式给出

$$V(p, M) = \sum_{i=1}^n a_i(p) + b(p)M = A(p) + B(p)M,$$

其中 $M = \sum_{i=1}^n m_i$.

可以证明仅仅对间接效用函数应用罗伊恒等式,同时注意它产生等式(9.4)时给出的需求函数。实际上可以证明高曼形式是间接效用函数最普通的形式,它可以在代表性消费者模型中加总。因此高曼形式不仅对于保持代表性消费者模式是充分的,而且它也是必要的。

虽然这一事实的完整证明相当复杂,但是下述证明是令人信服的。为简单起见假设只有两个消费者,那么通过假设,物品 j 的总需求可写成

$$X^j(p, m_1 + m_2) \equiv x_1^j(p, m_1) + x_2^j(p, m_2).$$

如果我们首先对 m_1 求微分,然后对 m_2,我们得到下列恒等式:

$$\frac{\partial X^j(p, M)}{\partial M} \equiv \frac{\partial x_1^j(p, m_1)}{\partial m_1} \equiv \frac{\partial x_2^j(p, m_2)}{\partial m_2}.$$

因此,物品 j 的边际消费倾向对于所有消费者都是相同的,如果我们对 m_1 再次求这个表达式的微分,我们得

$$\frac{\partial^2 X^j(p, M)}{\partial M^2} \equiv \frac{\partial^2 x_1^j(p, m_1)}{\partial m_1^2} \equiv 0.$$

这样,消费者 1 对物品 j 的需求——以及,消费者 2 的需求——在收入方面是仿射的。因此,物品 j 的需求函数取这样的形式 $X_i^j(p, m_i) = \alpha_i^j(p) + \beta^j(p) m_i$。如果这对于所有物品是真的话,每个消费者的间接效用函数必须是高曼形式。

具有高曼形式的效用函数的一个特例是相似效用函数,此时间接效用函数有这样的形式即 $v(p, m) = v(p) m$,这是明显的高曼形式。另一个特例是拟线性效用函数。在这个特例中 $v(p, m) = v(p) + m$,这明显地具有高曼形式。相似或拟线性效用函数具有的许多性质,高曼形式也具有。

9.5 反需求函数

在许多应用中把价格看成数量的函数对于表述需求行为是有趣的。也就是,给定物品 x 的某个向量,我们想找到价格 p 的向量和收入 m,在此收入条件下 x 就是需求束。

因为需求函数是零次齐次的,我们可以在某个给定的水平固定收入,同时确定与这个收入水平相关的价格。最方便的选择是固定 $m = 1$。

此例中效用最大化问题的一阶条件是

$$\frac{\partial u(x)}{\partial x_i} - \lambda p_i = 0 \quad i = 1, \cdots, k$$

$$\sum_{i=1}^{k} p_i x_i = 1.$$

我们想从这组等式中消除 λ。

为了这样做，用 x_i 乘以第一组等式中的每一个等式，然后就物品的数量对它们进行加总，得

$$\sum_{i=1}^{k} \frac{\partial u(x)}{\partial x_i} x_i = \lambda \sum_{i=1}^{k} p_i x_i = \lambda.$$

把 λ 的值代入原先的表达式得作为 x 函数的 p

$$p_i(x) = \frac{\dfrac{\partial u(x)}{\partial x_i}}{\sum_{i=1}^{k} \dfrac{\partial u(x)}{\partial x_j} x_j}. \tag{9.5}$$

给定需求 x 的任何向量，我们可使用这个表达式得到价格向量 $p(x)$，$p(x)$ 满足最大化的必要条件。假如效用函数是拟凹的以便使这些必要条件确实对于最大化来说是充分的，那么这将给出反需求关系。

如果效用函数并非处处拟凹，会发生什么？这样就会有一些物品束在任何价格下都不会被需要；无差异曲线非凸部分上的任何束就是这样的一个束。

上面反需求表达式存在一个对偶形式，这可以从原文第 8 章第 129 页的表达式中得到。那里的论证说明需求束 x 必须在所有满足预算约束的价格上使间接效用最小。这样 x 必须满足一阶条件

$$\frac{\partial v(p)}{\partial p_i} - \mu x_i = 0 \quad i = 1, \cdots, k$$

$$\sum_{i=1}^{k} p_i x_i = 1.$$

现在用 p_i 乘以第一组等式，把它们相加得 $\mu = \sum_{i=1}^{k} \dfrac{\partial v(p)}{\partial p_i} p_i$。代回一阶条件，我们得到一个表达式，式中需求束是标

准化间接效用函数的函数:

$$x_i(p) = \frac{\dfrac{\partial v(p)}{\partial p_i}}{\sum_{j=1}^{k}\dfrac{\partial v(p)}{\partial p_j}p_j}. \tag{9.6}$$

注意这漂亮的对偶性;直接需求函数的表达式(9.6),和间接需求函数的表达式(9.5)有相同的形式。这个表达式也可以从标准化间接效用函数的定义和罗伊恒等式导出。

9.6 需求函数的连续性

迄今为止我们一直愉快地假设我们分析的需求函数表现良好;也就是,它们是连续的甚至是可微的函数。这些假设是无可非议的吗?

参考原书第 27 章第 506 页极大值定理,我们看到,只要需求函数较好地定义,它们将是连续的,至少当 $p \gg 0$ 和 $m > 0$ 时;同时,只要 $x(p, m)$ 在价格 p 和收入 m 处是惟一的最大化束。那么需求将会随 p 和 m 连续变化。

假如我们想确定对于所有的 $p \gg 0$ 和 $m > 0$ 需要是连续的,那么我们需要保证需求总是惟一的。我们需要的条件是严格凸性的条件。

惟一需求束。如果偏好是严格凸的,那么对于每个 $p \gg 0$ 存在一个惟一的束 x 使 u 在消费者预算集 $B(p, m)$ 中最大。

证明。假设 x' 和 x'' 均使 u 在 $B(p, m)$ 中最大,那么 $\frac{1}{2}x' + \frac{1}{2}x''$ 也在 $B(p, m)$ 中,并且其偏好严格强于 x' 和 x'',而这是一个矛盾。

不严谨地说,如果需求函数得到较好地定义和处处连续,并且自偏好最大化中导出,那么基本的偏好一定是严格凸的。如果不是,一定存在某个点,在某组价格下存在一个以上的最佳束,就像图 9.2 展示的一样。注意,在图 9.2 的例子中,价格的较小变化会导致需求束的较大变化:需求"函数"是不连续的。

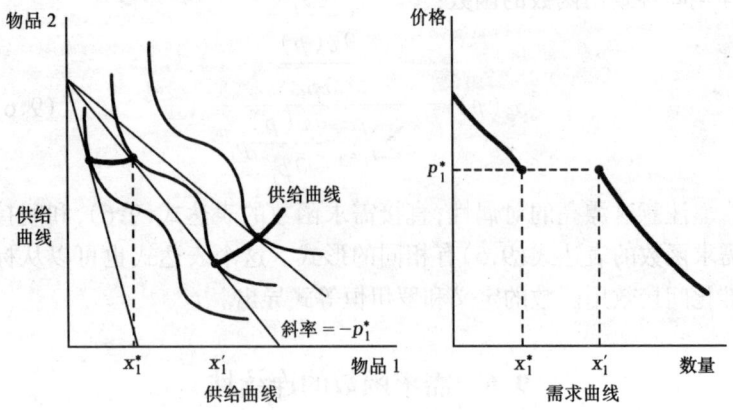

图 9.2 不连续需求

由于非凸偏好,需求是不连续的。

注 释

条件需求参考普瓦克(Pouak,1969);可分性的处理见布莱科贝(Blackorby)、普里蒙特(Primont)和拉塞尔(Russell,1979);进一步发展和消费者需求估计的应用见迪顿(Deaton)和米勒鲍尔(Muellbauer)(1980);加总部分基于戈尔曼(Gorman,1953);加总中的正负结果的综述见谢弗(Shafer)和宗南沙因(Sonnenschein,1982)。

习 题

9.1 假设偏好是相似的,证明
$$\frac{\partial x_i(p,m)}{\partial p_j} = \frac{\partial x_j(p,m)}{\partial p_i}.$$

9.2 某个特殊物品的需求函数是 $x = a + bp$,求相关的直接和间接效用函数。

9.3 某个特殊物品的需求函数是 $x = a + bp + cm$,求相关的直接和间接效用函数(提示:你需要知道如何解一个线性、非齐次可微方程来完全解这个问题。如果你不记得如何做,那么仅仅写出方程)。

9.4 两物品的需求函数是

$$x_1 = a_1 + b_1 p_1 + b_{12} p_2$$
$$x_2 = a_2 + b_{21} p_1 + b_2 p_2.$$
理论中隐含的对参数的限制是什么？求相关的货币测度效用函数。

9.5　求前述问题的直接效用函数。

9.6　用(q,m)表示价格和收入，让$p=q/m$。用罗伊恒等式导出表达式
$$x_i(p) = \frac{\dfrac{\partial v(p)}{\partial p_i}}{\sum_{j=1}^{k} \dfrac{\partial v(p)}{\partial p_j} p_j}.$$

9.7　效用函数$u(x_1,z_2,z_3) = x_1^a z_2^2 z_3$。在$(z_2,z_3)$中这个效用函数是(弱)可分吗？求$z$物品消费的次效用函数。给定$z$物品支出$m_2$，求$z$物品的条件需求。

9.8　存在两物品x和y，x物品的消费需求函数是$\ln x = a - bp + cm$，其中p是x物品相对y物品的价格，m表示货币收入除以y物品的价格。

(a) 解什么方程式来决定导致这种需求行为的间接效用函数。

(b) 这个可微方程式的边界条件是什么？

9.9　一消费者有一效用函数$u(x,y,z)=\min\{x,y\}+z$，三物品的价格由(p_x,p_y,p_z)给出，消费支出的货币是m。

(a) 结果是这个效用函数可以写成$U(V(x,y),z)$，求函数$V(x,y)$和函数$U(V,z)$；

(b) 求三物品的需求函数；

(c) 求间接效用函数。

9.10　假设存在两物品x_1和x_2，用p_1表示物品1的价格，设物品2的价格等于1，用y表示收入，物品1的消费需求是
$$x_1 = 10 - p_1$$

(a) 求物品2的需求函数。

(b) 求方程式，这个方程式可以计算产生需求函数的收入补偿函数。

(c) 求与需求函数相关的收入补偿函数。

9.11　消费者1的支出函数$e_1(p_1,p_2,u_1) = u_1\sqrt{p_1 p_2}$，消费者2的效用函数$u_2(x_1,x_2) = 43 x_1^3 x_2^a$。

(a) 求每个消费者每种物品的马歇尔(市场)需求函数，m_1和m_2分别表示消费者1和消费者2的收入。

(b) 参数a的值是多少将使得存在一个总需求函数独立于收入的分配？

第10章 消费者剩余

当经济环境变化时消费者的经济状况也许变好也许变差。经济学家经常希望度量消费者是如何受经济环境变化的影响的,并已经发展了几种工具使他们能做到这一点。

初级课程中讨论的福利变化的古典度量是消费者剩余。然而,只有在特殊情况下,消费者剩余才是福利变化的精确度量。在本章中,我们要讨论度量福利变化的更一般的方法。这些更一般的方法将把消费者剩余算作其中一个特例。

10.1 补偿和等价变动

首先我们要考虑什么是福利变化的"理想"度量。在最基础的水平上,我们要做的是对由某项政策导致的效用变化进行度量。假设我们有两个预算 (p^0, m^0) 和 (p', m'),它们度量给定消费者在两项不同政策体系下需要面对的价格和收入,较为方便的办法是,用 (p^0, m^0) 表示现状,(p', m') 表示拟定的变化,虽然这并非惟一的说明方法。

那么测度从 (p^0, m^0) 到 (p', m') 所出现的明显的福利变化,就是间接效用中的差异:

$$v(p', m') - v(p^0, m^0)$$

如果这个效用的差异是正的,那么政策的变化是值得的,至少就这个消费者而言是如此。如果是负的,政策的变化就不值得。

通常我们这样做是最好的。效用理论本质上完全是序数性的,而又不存在明确无误的方法来把效用变化数量化。然而出于某些目的,对消费者福利变化进行货币度量是合宜的,这也许是政策分析家为了确定轻重缓急,他想对福利变化的大小心中大致有数。或者也许是分析家想比较带给不同消费者的利益和成本。在这样的情况下,选择一个效用变化的"标准"度量是合宜的,可采用的合理度量是(间接)货币测度效用函数,见原书第7章109页。

回想一下,$\mu(q;p,m)$度量消费者在价格 q 时所需的收入的多少,以便使他或她像面对价格 p 和收入 m 时一样富有。也即,$\mu(q;p,m)$定义成 $e(q,v(p,m))$。如果我们采用效用的这种度量,上述的效用变化就变成

$$\mu(q;p',m') - \mu(q;p^0,m^0).$$

它保留基价 q,这里有两种明显的选择:让 q 等于 p^0 或 p'。这导致下面两种效用变化的度量:

$$\begin{aligned} EV &= \mu(p^0;p',m') - \mu(p^0;p^0,m^0) \\ &= \mu(p^0;p',m') - m^0 \\ CV &= \mu(p';p',m') - \mu(p';p^0,m^0) \\ &= m' - \mu(p';p^0,m^0). \end{aligned} \quad (10.1)$$

第一个度量叫**"等价变动"**,它使用现有价格作为基础价格,寻求现行价格下收入变化多少在效用上等于拟定的变化。第二种度量叫**补偿变动**,它使用新价作为基础,寻求收入变化多少对于补偿消费者受价格变化的影响是必要的。(补偿发生在变化后,所以补偿变动使用变化之后的价格。)

这两者都是对价格变化的福利效应的合理度量。它们的量值通常不同,这是因为一美元的价值取决于相关的价格。然而,它们的符号总是相同的,因为它们都是度量相同效用的变化,只是使用了不同的效用函数。图 10.1 描述两物品情况中等价和补偿变动的一个例子。

哪种度量最恰当取决于涉及的情况和你要试图回答的问题。如果你试图在新价格下推行某个补偿计划,那么补偿变动显得较

为合理。然而,如果你只想对"愿意支付"进行合理的度量,那么等价变动可能更好。有两个原因说明是这样。第一,等价变动度量现行价格下的收入变化,相对于假设的某个价格,决策者更容易判断现行价格下 1 美元的价值。第二,如果我们比较一个以上拟定政策的变动,那么补偿变动为每项新政策使用不同的基础价格,而等价变动保持现状中的基础价格不变。因此,等价变动更适宜在不同的规划中进行比较。

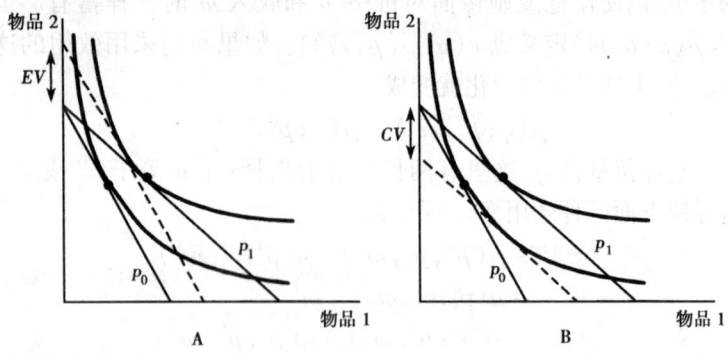

图 10.1 等价变动和补偿变动

在此图中 $p_2 = 1$ 物品 1 的价格从 p_0 降至 p_1。A 图描述收入的等价变动——在最初价格 p_0 下消费者需要多少额外货币来使他面对 p_1 时保持福利不变。B 图描绘收入的补偿变动——需要从消费者那里拿走多少货币以使他面对 p_0 时保持福利不变。

那么,认定补偿和等价变动是效用变化的合理指示器,我们实际中如何度量它们?这个问题等于:实际上我们如何度量 $\mu(q; p, m)$?

我们第 8 章在研究可积性理论中已经回答了这个问题,在那里,通过观察需求行为 $x(p, m)$,我们探讨了如何恢复 $\mu(q; p, m)$ 所代表的偏好。给定任何观察到的需求行为,我们至少在原则上可以解可积性方程,并导出相关的货币测度效用函数。

在第 8 章中我们看到了如何为几个普通的需求函数的函数形式,包括线性、对数线性、半对数等等,导出货币测度效用函数。原则上我们为满足可积性条件的任何需求函数做同样的计算。

然而,实际上在其他的方向上作参数设定会更简单:首先设定间接效用函数的函数形式,然后通过罗伊恒等式导出需求函数的形式。毕竟,微分一个函数总比解一组局部可微方程通常容易得多!

如果我们设定间接效用函数的一个参数式,那么对相关需求方程组参数的估计会立即产生基本效用函数的参数。一旦有了相关的参数,我们就可不太困难地导出代数上或是数字上的货币测度效用函数——以及补偿和等价变动。这种方法的更详细的描述见第 12 章。

当然如果估计的参数满足最佳模型暗含的各种限定,这种方法才有意义。我们可能要测试一下这些限定条件,看看它们在我们特定的经验例子中是否可行。如果是这样,估计一下受制于这些限定条件的参数。

总结:假如需求函数是可观测的,同时假如需求函数满足效用最大化隐含的条件的话,那么补偿和等价变动实际上就是可观察的。观察到的需求行为可用来构造福利变化的度量,这种度量又可用来分析政策选择。

10.2　消费者剩余

度量福利变化的古典工具是消费者剩余。如果 $x(p)$ 作为价格的函数是某种物品的需求,那么自 p^0 向 p^1 运动时与价格相关的消费者剩余是

$$CS = \int_{p^0}^{p'} x(t)dt.$$

这就是需求曲线右边以及 p^0 和 p^1 之间的区域。结果是当消费者偏好可以用拟线性效用函数代表时,消费者剩余就是福利变化的精确度量。更确切地说,当效用是拟线性时,补偿变动等于等价变动,同时两者均等于消费者剩余的积分。就效用函数的更一般的形式来说,补偿变动不同于等价变动并且消费者剩余并非是福利变化的精确度量。然而,即使当效用不是拟线性时,消费者剩余却可以是一个更精确度量的合理近似值。下面我们进一步讨论这些观点。

10.3 拟线性效用

假设存在效用的单调变换,它有这样的形式

$$U(x_0, x_1, \cdots, x_k) = x_0 + u(x_1, \cdots, x_k).$$

注意这种效用函数在一种物品中是线性的,但是(可能)在其他物品中是非线性的。为此我们称其为**拟线性效用函数**。

在本节中我将集中讨论 $k=1$ 的特例,此时效用函数具有 $x_0 + u(x_1)$ 的形式,然而如果存在物品的一个任意数,我们说的每件事都会有效。

让我们考虑效用的下面形式的最大化问题:

$$\max_{x_0, x_1} x_0 + u(x_1)$$

使得 $\quad x_0 + p_1 x_1 = m.$

吸引人的是代进目标函数,把此问题变成非约束的最大化问题

$$\max_{x_1} u(x_1) + m - p_1 x_1.$$

这有明显的一阶条件

$$u'(x_1) = p_1,$$

这只要求物品 1 消费的边际效用等于它的价格。

通过检查一阶条件可知,物品 1 的需求仅仅是物品 1 价格的函数,所以我们把需求函数写成 $x_1(p_1)$。物品 0 的需求可由预算

约束 $x_0 = m - p_1x_1(p_1)$ 决定。把这些需求函数代进效用函数得间接效用函数

$$V(p_1, m) = u(x_1(p_1)) + m - p_1x_1(p_1) = v(p_1) + m,$$
$$\text{其中 } v(p_1) = u(x_1(p_1)) - p_1x_1(p_1).$$

这种方法是完美的,但它隐藏一个潜在的问题。仔细思考知,物品1的需求在所有的价格和收入水平下不能独立于收入之外。假如收入足够小,物品1的需求必须受到约束。

假设我们把效用最大化问题表述成能明确地识别 x_0 的非负性约束：

$$\max_{x_0, x_1} u(x_1) + x_0$$
$$\text{使得} \quad p_1x_1 + x_0 = m$$
$$x_o \geqslant 0.$$

现在我们将得到两类答案,这取决于 $x_0 > 0$ 还是 $x_0 = 0$。如果 $x_0 > 0$,我们有上述的答案——物品1的需求仅仅取决于物品1的价格并独立于收入之外。如果 $x_0 = 0$,那么间接效用函数将由 $u(m/p_1)$ 给出。

设想消费者自 $m = 0$ 开始并使收入增加一个较小的量,效用的增加就是 $u'(m/p_1)/p_1$。如果它大于1,那么消费者把第一个美元的收入花在物品1上而非物品0将较优裕。继续在物品1上支出直至花在该物品上的一个额外美元的边际效用等于1;也就是直至消费的边际效用等于价格。所以额外的收入将花在物品 x_0 上。

拟线性效用函数常被用于应用福利经济学,因为它有一个简单的需求结构。需求只取决于价格——至少对于足够大的收入水平——同时无须担心收入效应。这会简化市场均衡的分析。你可以把这看成是为一种情况建模,这种情况中物品的需求对收入不太敏感。想一想对纸或铅笔的需求:随着你的收入变化你的需求将变化多少？最可能的是,收入的任何增加都只会进入其他物品的消

费。

此外，拟线性效用的可积性问题非常简单。因为反需求函数是 $p_1(x_1)=u'(x_1)$，所以与物品 1 的特殊消费水平相关的效用可以通过简单的积分从反需求曲线中得到。

$$u(x_1) - u(0) = \int_0^{x_1} u'(t)dt = \int_0^{x_1} p_1(t)dt.$$

选择消费 x_1 的总效用等于消费物品 1 的效用，加上消费物品 0 的效用：

$$u(x_1(p_1)) + m - p_1 x_1(p_1) = \int_0^{x_1} p_1(t)dt + m - p_1 x_1(p_1).$$

如果我们不考虑常数 m，方程的右边就是物品 1 的需求曲线以下的区域减去物品 1 的支出。或者，就是需求曲线左边的区域。

考察此情形的另一种方法是自间接效用函数 $v(p_1) + m$ 出发，通过罗伊法则 $x_1(p_1) = -v'(p_1)$，对这个方程积分，得

$$v(p_1) + m = \int_{p_1}^{\infty} x_1(t)dt + m.$$

这是需求曲线左边直至价格 p_1 的区域，这是另一种描述区域的方法，就像上一章描述的一样。

10.4 拟线性效用和货币测度效用

假设效用是拟线性的 $u(x_1) + x_0$，我们已知这样的效用函数其需求函数 $x_1(p_1)$ 将独立于收入之外。由上面我们看到可以通过对 p_1 积分来恢复与这个需求函数一致的间接效用函数。

当然，这个间接效用函数的任何单调变换也是一个描述消费者行为的间接效用函数。如果消费者做出使消费者剩余最大化的决策，那么他也会使消费者剩余的平方最大化。

上面已知货币测度效用函数对于许多目的来说是一个特别适宜的效用函数。结果是对于拟线性效用函数来说，需求的积分就是货币测度效用函数。

接下来写出可积性方程式并证明消费者剩余就是这些方程的解。如果 $x_1(p_1)$ 是需求函数,可积性方程是
$$\frac{d\mu(t;q,m)}{dt} = x_1(t)$$
$$\mu(p;q,m) = m.$$
通过直接计算可以证明这些方程的解由下式给出
$$\mu(p;q,m) = \int_p^q x_1(t)dt + m.$$
方程的右边就是自 p 至 q 变化时与价格相关的消费者剩余加上收入。

对于货币测度效用函数的这种形式,补偿和等价变动为
$$EV = \mu(p^0;p',m') - \mu(p^0;p^0,m^0)$$
$$= A(p^0,p') + m' - m^0$$
$$CV = \mu(p';p',m') - \mu(p';p^0,m^0)$$
$$= A(p^0,p') + m' - m^0.$$
在这个特例中补偿和等价变动一致。不难看到这个结果后面直觉所起的作用。因为补偿函数在收入方面是线性的,所以一个额外美元的价值——收入的边际效用——独立于价格之外。因此收入的补偿或等价变化的价值独立于度量价值的价格之外。

10.5 作为近似的消费者剩余

我们知道只有当效用函数是拟线性的时候,消费者剩余才是补偿和等价变动的一个精确度量。但是,在更一般的情况下,它可以是一个合理的近似。

比如,有这样一种情况:只有物品 1 的价格从 p^0 至 p^1 发生变化,收入固定 $m = m^0 = m^1$,那么我们使用方程(10.1)和 $\mu(p;p,m) \equiv m$ 的事实,得
$$EV = \mu(p^0;p',m) - \mu(p^0;p^0,m)$$

$$= \mu(p^0; p', m) - \mu(p'; p', m)$$
$$CV = \mu(p'; p', m) - \mu(p'; p^0, m)$$
$$= \mu(p^0; p^0, m) - \mu(p'; p^0, m).$$

因为所有其他的价格均被假定是固定的,我们把这些表达式看成是 p 的函数。让 $u^0 = v(p^0, m)$ 和 $u' = v(p', m)$,使用第 7 章第 109 页中货币测度效用函数的定义,有

$$EV = e(p^0, u') - e(p', u')$$
$$CV = e(p^0, u^0) - e(p', u^0).$$

最后,由于希克斯需求函数是支出函数的导数,所以 $h(p, u) \equiv \partial e / \partial p$,我们可以把这些表达式写成

$$EV = e(p^0, u') - e(p', u') = \int_{p'}^{p^0} h(p, u') dp$$

$$CV = e(p^0, u^0) - e(p', u^0) = \int_{p'}^{p^0} h(p, u^0) dp. \quad (10.2)$$

从上式可知补偿变动是与效用初始水平相关的希克斯需求曲线的积分,等价变动是与效用初始水平相关的希克斯需求曲线的积分。福利的正确度量是需求曲线的积分——但是你需要使用希克斯需求曲线而非马歇尔需求曲线。

不过我们可以使用(10.2)导出一个有用的边界,斯卢茨基方程告诉我们

$$\frac{\partial h(p, u)}{\partial p} = \frac{\partial x(p, m)}{\partial p} + \frac{\partial x(p, m)}{\partial m} x(p, m).$$

如果讨论中的物品是正常物品,希克斯需求曲线的导数将大于马歇尔需求曲线的导数,如图 10.2 所示。

由此得出希克斯需求曲线左边的区域将界定马歇尔需求曲线左边的区域。如图所示 $p^0 > p'$ 所以所有的区域均为正。可见 $EV >$ 消费者剩余 $> CV$。

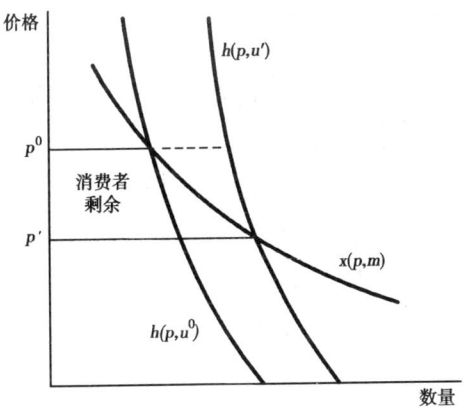

图 10.2 消费者剩余的边界

对于正常物品来说,希克斯需求曲线比马歇尔需求曲线陡,因此马歇尔需求曲线左边的区域为希克斯需求曲线以下的区域所界定。

10.6 加　总

补偿变动、等价变动以及消费者剩余的上述关系对于单个消费者来说也成立。在此我们将考察包括许多消费者的一些情况。

在原书第 9 章 153 页中我们知道,只有代理人 i 的间接效用函数具有高曼形式时,物品的总需求才是价格和总收入的函数

$$v_i(p, m_i) = a_i(p) + b(p)m_i.$$

此例中每一物品的总需求函数可从具有下述形式的总间接效用函数中导出

$$V(p, M) = \sum_{i=1}^{n} a_i(p) + b(p)M,$$

其中 $M = \sum_{i=1}^{n} m_i$。

从上面,我们可以看出与拟线性偏好相关的间接效用函数有形式
$$v_i(p) + m_i.$$
这明显是 $b(p) \equiv 1$ 时高曼形式的一个特例。因此导出总需求的总间接效用函数就是
$$V(p) + M = \sum_{i=1}^{n} v_i(p) + \sum_{i=1}^{n} m_i.$$
上式如何与总的消费者剩余相关联呢?回想单一价格的简单例子,罗伊法则展示函数 $v_i(p)$
$$v_i(p) = \int_{p}^{\infty} x_i(t) dt.$$
由此可得
$$v(p) = \sum_{i=1}^{n} v_i(p) = \sum_{i=1}^{n} \int_{p}^{\infty} x_i(t) dt = \int_{p}^{\infty} \sum_{i=1}^{n} x_i(t) dt.$$
也就是,产生总需求函数的间接效用函数仅仅是总需求函数的积分。

假如所有的消费者有拟线性效用函数,那么总需求函数将会使总的消费者剩余最大化。但是,总消费者剩余适宜于福利比较这一点还不完全明显。为什么效用的一个特殊代表的未加权之和是一个有用福利度量?我们在原书第 13 章 225 页讨论这个问题。就像已经知道的,总消费者剩余适宜于拟线性效用的福利度量,但是这种情况相当特殊。一般来说,总消费者剩余不是一个精确的福利度量。然而,它在实际工作中常被用作消费者福利的近似度量。

10.7 非参数边界

我们知道,给定间接效用的参数式罗伊恒等式可用来计算需求函数。如果我们给定需求函数的参数式,可积性理论可用来计算货币测度效用函数的参数式。然而,每一个这类运算都要求我们为需求函数或间接效用函数设定参数式。

有趣的是,如果不设定参数式我们能走多远。结果是,以一种完全非参数的方式在货币测度效用函数上导出紧的非参数边界是

可能的。

在第 8 章恢复性问题的讨论中我们知道,可以构造一些消费束集,这些消费束集与某个给定的消费束相比是"显示性偏好的"(revealed preferred)或"显示性更坏"(revealed worse)。这些集可以看成是消费者偏好集的内外边界。

用 $\mathrm{NRW}(x_0)$ 表示与 x_0 相比是"非显示性更坏"的点集,这只是 $\mathrm{RW}(x_0)$ 集的补。从第 8 章我们知道,与 x_0 相关的真偏好集 $p(x_0)$ 必须包含 $\mathrm{RP}(x_0)$ 并且包含于点集 $\mathrm{NRW}(x_0)$ 中。

我们用图 10.3 描述这种情况。为了不使图混乱,我们去掉了许多预算线和可观察到的选择,仅仅展示 $\mathrm{RP}(x_0)$ 和 $\mathrm{RW}(x_0)$。我们也通过 x_0 展示"真"无差异曲线。根据定义,x_0 的货币测度效用被定义为

$$m(p, x_0) = \min_x px$$
$$\text{使得 } u(x) \geqslant u(x_0).$$

这是与下相同的问题

$$m(p, x_0) = \min_x px$$
$$\text{使得 } x \text{ 在 } p(x_0) \text{ 中}.$$

定义 $m^+(p, x_0)$ 和 $m^-(p, x_0)$ 为

$$m^-(p, x_0) = \min_x px$$
$$\text{使得 } x \text{ 在 } \mathrm{NRW}(x_0) \text{ 中},$$

和

$$m^+(p, x_0) = \min_x px$$
$$\text{使得 } x \text{ 在 } \mathrm{RP}(x_0) \text{ 中}.$$

因为 $\mathrm{NRW}(x_0) \supset P(x_0) \supset \mathrm{RP}(x_0)$,自标准形式的论证可得 $m^+(p, x_0) \geqslant m(p, x_0) \geqslant m^-(p, x_0)$。因此**过度补偿函数**(overcompensation function),$m^+(p, x_0)$ 和**补偿不足函数**(undercompensation function),$m^-(p, x_0)$ 界定真的补偿函数 $m(p, x_0)$。

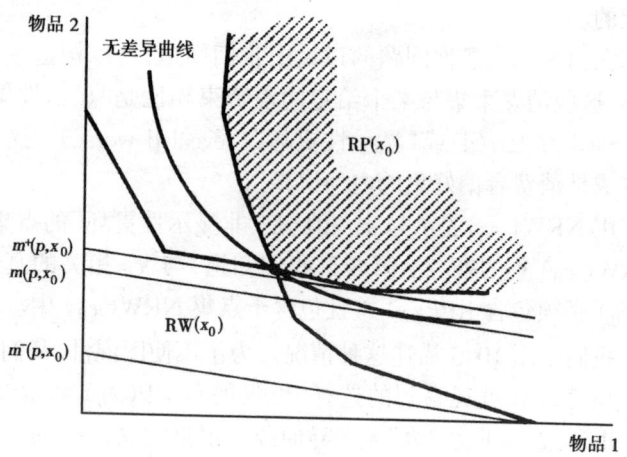

图 10.3 货币测度效用的边界

真偏好集 $p(x_0)$ 包含 $RP(x_0)$ 同时包含于 $NRW(X_0)$ 中。因此如图所示，$p(x_0)$ 上的最小支出位于两个边界之间。

注 释

补偿和等价变动的概念以及它们与消费者剩余的关系应归功于希克斯(Hicks,1956)；消费者剩余的紧边界见维利希(Willig,1976)；货币测度效用函数的非参数边界应归功于瓦里安(Varian,1982)。

习 题

10.1 假设效用是拟线性的，证明间接效用函数是价格的凸函数。

10.2 埃尔斯沃思(Ellsworth)效用函数是 $U(x,y) = \min\{x,y\}$。埃尔斯沃思有 150 美元。x 和 y 的价格都是 1。他的老板想派他去另一个城市，那里 x 的价格是 1，y 的价格是 2。老板不提高支付。埃尔斯沃思完全理解补偿和等价变动，他很是抱怨。他说虽然他不介意搬动本身并且新城和老城一样愉快，但是搬家就像减少 A 美元薪水那样坏。他又说如果他获得 B 美元的加薪的话他不介意搬。求 A 和 B。

第11章 不确定性

迄今为止我们均考虑确定条件下的消费者行为。然而,消费者的许多选择发生在不确定性条件下,本章我们探讨消费者选择理论如何用于描述这种行为。

11.1 抽 彩

首先的工作是描述消费者面临的一组选择。我们设想消费者的选择采取抽彩的形式。用 $p \circ x \oplus (1-p) \circ y$ 表示一个抽彩。这些符号的含义是"消费者以概率 p 收到奖 x,以概率 $(1-p)$ 收到奖 y"。奖可以是货币、物品甚至彩票。风险行为的大部分情况均可归入这个抽彩构架。

我们就消费者对抽彩的感觉作几个假设。

$L1. 1 \circ x \oplus (1-1) \circ y \sim x$. 以1的概率获得一个奖就是肯定得奖。

$L2. p \circ x \oplus (1-p) \circ y \sim (1-p) \circ y \oplus p \circ x$. 消费者不介意奖被描述的次序。

$L3. q \circ (p \circ x \oplus (1-p) \circ y) \oplus (1-q) \circ y \sim (qp) \circ x \oplus (1-qp) \circ y$. 消费者对抽彩的感觉仅仅取决于获得各种奖的净概率。

假设$(L1)$和$(L2)$无需解释,假设$(L3)$有时称为"复合抽彩扣减",它有些不可信,因为有证据表明,消费者区别对待复合抽彩和一次性抽彩。不过我们不在此追究此点。

根据这些假设我们定义消费者的抽彩空间 L。假定消费者在抽彩空间上有偏好:给定任意两个抽彩,他可以在它们之间挑选。我们仍然假设偏好是完全的、反射的和传递的。

抽彩仅有两种结果这个事实是非限制性的,因为我们允许结果可以是彩票。这样通过复合两奖抽彩,我们可以构造一个为任意奖数的抽彩。比如,假设我们有一个 x、y 和 z 三奖的情况,获得每项奖的概率均为 $\frac{1}{3}$,通过复合抽彩的扣减,本抽彩等同于这样的抽彩

$$\frac{2}{3} \circ [\frac{1}{2} \circ x \oplus \frac{1}{2} \circ y] \oplus \frac{1}{3} \circ z.$$

根据假设 L3,消费者只关心其中的净概率,所以这个确实等值于初始的抽彩。

11.2 预期效用

在另外次要的假设条件下,原书第 7 章第 95 页中效用函数存在的定理可以用来证明,存在描述消费者偏好的连续效用函数 u;也就是

$$p \circ x \oplus (1-p) \circ y \succ q \cdot w \oplus (1-q) \circ z$$

当且仅当 $u(p \circ x \oplus (1-p) \circ y) > u(q \circ w \oplus (1-q) \circ z)$。当然,这个效用函数不是惟一的;任何单调变换也可以。在另外一些假设下,我们可以发现效用函数的特殊单调变换具有一个非常方便的性质,即**预期效用性质**:

$$u(p \circ x \oplus (1-p) \circ y) = pu(x) + (1-p)u(y).$$

预期效用性质表明,抽彩的效用是获奖效用的期望值。通过取得每个结果产生的效用,把效用和结果发生的概率相乘并就所用结果加总,我们可以计算任何抽彩的效用。就结果而言效用是加性可分的,就概率而言效用是线性的。

应该强调的是,效用函数的存在没有问题;任何行为端正的偏好的次序可以用效用函数来代表。有趣的是具有上述方便性质效用函数的存在。为此我们需要这些附加的公理:

U1. $\{p$ 在$[0,1]$中$:p \circ x \oplus (1-p) \circ y \geq z\}$ 和 $\{p$ 在$[0,1]$中$:z \geq p \circ x \oplus (1-p) \circ y\}$

对于所有在L中的x,y和z而言是闭集。

U2. 如果 $x \sim y$,那么 $p \circ x \oplus (1-p) \circ z \sim p \circ y \oplus (1-p) \circ z$.

假设(U1)是一个连续性的假设;它相对来说是平平淡淡的。假设(U2)表明无差异奖的抽彩是无差异的,也就是,如果给定一个抽彩 $p \circ x \oplus (1-p) \circ z$ 并且知道 $x \sim y$,那么我们可以用 y 替代 x 来构造一个抽彩 $p \circ y \oplus (1-p) \circ z$,消费者把它看作与初始抽彩是等值的。这个假设显得好像颇有道理。

为了避免技术上的复杂,我们作两个进一步的假设:

U3 存在某个最好的抽彩 b 和某个最坏的抽彩 w,对于在L中的任何 x 而言,$b \geq x \geq w$。

U4 抽彩 $p \circ b \oplus (1-p) \circ w$ 的偏好强于 $q \circ b \oplus (1-q) \circ w$ 当且仅当 $p > q$ 时。

假设(U3)纯粹是为了方便。假设(U4)可以从其他公理中导出。它只是说明如果一个最好和最坏奖之间的抽彩,其偏好强于另一个的话,这一定是因为它获得最好奖的概率更高。

在这些假设下我们可以陈述主要的定理。

预期效用定理 如果$(L, \geq)$满足以上公理,那么存在一个定义于L上的效用函数满足预期效用性质:

$$u(p \circ x \oplus (1-p) \circ y) = pu(x) + (1-p)u(y)$$

证明:定义 $u(b)=1$ 和 $u(w)=0$. 求得任意抽彩 z 的效用,集 $u(z) = p_z$,其中 p_z 被定义为

$$p_z \circ b \oplus (1-p_z) \circ w \sim z \qquad (11.1)$$

在这个结构中消费者在 z 和一个赌博之间是无差异的,该赌博介于一个最好和最坏结果之间,它有最好结果的概率 p_z。

为了确保这一点很好地被定义,我们需要检验两点。

(1) p_z 是否存在？两个集 $\{p$ 在 $[0,1]$ 中 $: p \circ b \oplus (1-p) \circ w \geq z\}$ 和 $\{p$ 在 $[0,1]$ 中 $: z \geq p \circ b \oplus (1-p) \circ w\}$ 是闭的和非空的, $[0,1]$ 中的每一点位于两集中的其中一个之中。因为单位区间是连接的,所以在两个集中存在某个 p,但是这将仅仅是合意的 p_x。

(2) p_z 是否惟一？假设 p_z 和 p_z' 是两个不同的数并且都满足 (11.1)。那么一个肯定比另一个大。根据假设 ($U4$)。获得最优奖的较大概率的抽彩并非与较小概率的抽彩无差异。因此, p_z 是惟一的并且 u 很好地被定义。

下面我们检验 u 有预期效用性质,这来自于一些简单的代换:
$$p \circ x \oplus (1-p) \circ y$$
$$\sim_1 p \circ [p_x \circ b \oplus (1-p_x) \circ w] \oplus (1-p) \circ [p_y \circ b \oplus (1-p_y) \circ w]$$
$$\sim_2 [pp_x + (1-p)p_y] \circ b \oplus [1 - pp_x - (1-p)p_y] \circ w$$
$$\sim_3 [pu(x) + (1-p)u(y)] \circ b \oplus [1 - pu(x) - (1-p)u(y)] \circ w.$$

代换 1 使用 ($U2$) 和 p_x 与 p_y 的定义;代换 2 使用 ($L3$),($L3$) 仅说明获得 b 或 w 的净概率;代换 3 使用了效用函数的构造。

从效用函数的构造可得
$$u(p \circ x \oplus (1-p) \circ y) = pu(x) + (1-p)u(y).$$

最后我们证明 u 是效用函数,假设 $x \succ y$,那么
$$u(x) = p_x \text{ 使得 } x \sim p_x \circ b \oplus (1-p_x) \circ w$$
$$u(y) = p_y \text{ 使得 } y \sim p_y \circ b \oplus (1-p_y) \circ w.$$
根据 ($U4$),我们一定有 $u(x) > u(y)$。

11.3 预期效用函数的惟一性

我们现在已经证明,存在一个预期效用函数 $u : L \to R$,而且, u 的任意单调变换也是一个描述消费者选择行为的效用函数。但是,这样的单调变换是否保持了预期效用函数的性质呢？上述架构是否在各方面刻画出了预期效用函数的特征呢？

不难看出,如果 $u(\cdot)$ 是一个描述某消费者行为的预期效用函数,则 $v(\cdot) = au(\cdot) + c$,其中 $a>0$,也是一个描述消费者行为的预期效用函数,即预期效用函数的任意仿射变换仍为预期效用函数。这个结论是显而易见的,因为

$$\begin{aligned}v(p \circ x \oplus (1-p) \circ y) &= au(p \circ x \oplus (1-p) \circ y) + c \\ &= a[pu(x) + (1-p)u(y)] + c \\ &= p[au(x) + c] + (1-p)[au(y) + c] \\ &= pv(x) + (1-p)v(y).\end{aligned}$$

我们也不难发现上述结论的逆命题:具有预期效用函数特征的 u 的任何单调变换一定是一个仿射变换。换言之

预期效用函数的惟一性(定理):对于一个仿射变换,预期效用函数是惟一的。

证明:根据上述分析,我们只需证明:如果一个单调变换保持了预期效用函数的特征,则它一定是一个仿射变换。令 $f: R \to R$ 是一个保持预期效用函数特征的 u 的一个单调变换。则

$$f(u(p \circ x \oplus (1-p) \circ y)) = pf(u(x)) + (1-p)f(u(y)),$$

或者

$$f(pu(x) + (1-p)u(y)) = pf(u(x)) + (1-p)f(u(y)).$$

这等同于仿射变换的定义(见原书第 26 章第 482 页)。证毕。

11.4 预期效用的其他涵义

我们已在具有两种结果的抽彩的情况下证明了预期效用定理。正如前面所指出的那样,我们还可以通过运用复合抽彩把此证明直接拓展到具有有限个结果的情况,对于 $i = 1, \cdots, n$,如果以 p_i 概率获得结果 x_i,则此抽彩的预期效用为

$$\sum_{i=1}^{n} p_i u(x_i). \tag{11.2}$$

根据某些次要的技术细节,预期效用定理对于连续概率分布也是成立的。如果 $p(x)$ 是定义在结果 x 上的概率密度函数,则此次打赌的预期效用可以写成

$$\int u(x)p(x)dx. \tag{11.3}$$

我们可以通过运用期望算子把上述情况归为两类。令 X 为一**随机变量**,其取值以 x 表示,则 X 的效用 $u(X)$ 也是一个随机变量。此随机变量的数学期望 $Eu(X)$ 仅是一个与抽彩 X 相联系的预期效用。在离散随机变量的情况下,$Eu(X)$ 是由(11.2)给出;在连续随机变量的情况下,$EU(X)$ 由(11.3)给出。

11.5 风险规避

我们考察仅包含货币奖赌博的抽彩空间的情形。我们知道,如果消费者的选择行为满足各个要求的公理,我们就可以找到一个具备预期效用函数特征的效用表述。这意味着如果知道消费者对货币的效用函数的特定表述,我们就可以描述消费者对所有货币赌博的行为,例如,为计算消费者的一个赌博 $p \circ x \oplus (1-p) \circ y$ 的预期效用,我们仅需考察 $pu(x)+(1-p)u(y)$。

这个结论在图 11.1 中按 $p=\dfrac{1}{2}$ 的情况进行了描述。注意,在这个例子中,消费者偏好于获得抽彩的预期值。即抽彩 $u(p \circ x \oplus (1-p) \circ y)$ 的效用小于抽彩预期值 $px+(1-p)y$ 的效用。这种行为称作**风险规避**(risk aversion)行为。一个消费者也可能是一个**风险偏爱**(risk loving)者。风险偏爱者对抽彩的效用大于预期值的效用。

如果一个消费者是在某个范围内为风险规避者,则在此范围内,其效用函数曲线任意两者间的连线一定位于函数曲线的下方。这等价于凹函数的数学定义。因此,期望效用函数的凹性与风险规避是同义的。

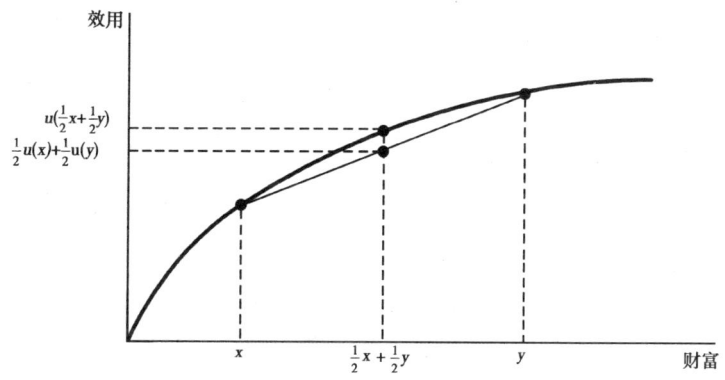

图 11.1 赌博的预期效用

赌博的预期效用是 $\frac{1}{2}u(x)+\frac{1}{2}u(y)$；赌博预期值的效用是 $u(\frac{1}{2}x+\frac{1}{2}y)$。图中所描述的情况,赌博预期值的效用高于预期效用,该消费者为风险规避者。

风险的度量通常还是很方便的。直观上看,预期效用函数越凹,消费者的风险规避倾向越强。因此,我们可以考虑用预期效用函数的二阶导数来对风险规避加以度量。然而,此定义对预期效用函数的变化不是不变的：如果我们将预期效用函数乘以 2,消费者行为并不改变,但我们拟议中的风险规避度量却改变了。但是如果我们以一阶导数除以 2 阶导数,使之标准化,我们就能得到一个合理的度量,被称之为**阿罗·普拉特(绝对)风险规避度量**：

$$r(w)=-\frac{u''(w)}{u'(w)}.$$

下面的分析旨在使这一度量更为合理化。我们以一对数 (x_1, x_2) 代表一个赌博,其中,如果事件 E 发生,消费者得到 x_1；如果事件 E 不发生,消费者得到 x_2。则我们把消费者的接受集定义为,消费者在初始财富水平 w 可以接受的全部赌博的集合。如果消费者是风险规避者,其接受集将是一个凸集,该集合的边界——无差异赌博集——可以通过隐函数 $x_2(x_1)$ 给出。如图 11.2 所示。

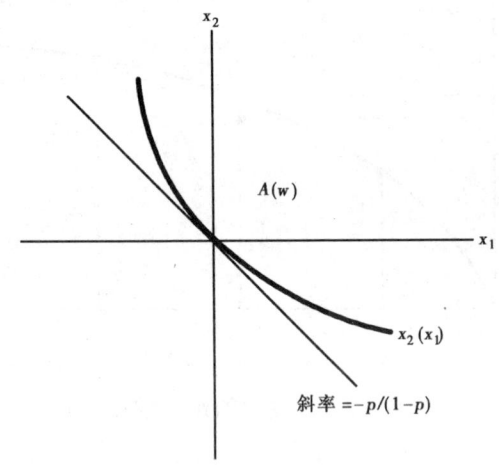

图 11.2 接受集

该集合描述消费者在初始财富水平可接受的所有赌博。如果消费者为风险规避者，则其接受集为凸集。

假设消费者行为可以通过预期效用的最大化来加以描述，则 $x_2(x_1)$ 一定满足恒等式

$$pu(w + x_1) + (1 - p)u(w + x_2(x_1)) \equiv u(w).$$

接受集边界在点 $(0,0)$ 的斜率可以通过将恒等式对 x_1 求导，并在 $x_1 = 0$ 的求解这一导数得到：

$$pu'(w) + (1 - p)u'(w)x_2'(0) = 0. \qquad (11.4)$$

解接受集的斜率，我们得到

$$x_2'(0) = -\frac{p}{1 - p}.$$

即接受集在 $(0,0)$ 的斜率给我们提供了一种可能，一种非常好的引出这种可能性的方式，即找到消费者恰好愿意接受对此事件进行一个小的打赌的可能性。

现在假设有两个消费者，他们对事件 E 具有相同的概率。若

消费者 i 的接受集包括在消费者 j 的接受集中,我们自然可以说消费者 i 比 j 有更强的风险规避倾向。这是一个对风险规避的全面表述,因为它说明消费者 j 愿意接受 i 可接受的任何赌博。如果我们限定在小的赌博,我们可以获得更有价值的度量。

如果消费者 i 的可接受集包含在 j 的可接受集在点 $(0,0)$ 的邻域之内,我们就可以说,消费者 i 比消费者 j 具有"局部更强风险回避"倾向。这意味着消费者 j 可接受 i 可接受的任何小的赌博。若这种包含是严格的,则消费者 i 比 j 可接受的赌博严格地小。

不难发现,如果消费者 i 的可接受集比 j 的可接受集在接近于点 $(0,0)$ 时更"弯曲",则 i 比 j 具有"**局部更强风险规避**"倾向,这个结论是有益的,因为我们可以通过计算 $x_2(x_1)$ 的二阶导数来检验可接受集的曲率。将恒等式(11.4)对 x_1 求导,并在零求相应导数的值,得到

$$pu''(w) + (1-p)u''(w)x_2'(0)x_i'(0)$$
$$+ (1-p)u'(w)x_2''(0) = 0.$$

由于 $x_2'(0) = -p/(1-p)$,我们有

$$x_2''(0) = \frac{p}{(1-p)^2}\left[-\frac{u''(w)}{u'(w)}\right].$$

此表达式与前面定义的阿罗-普拉特局部风险规避度成比例。我们可以得出结论:当且仅当代理人 i 具有一个较大的阿罗-普拉特局部风险规避度量时,代理人 j 将比 i 接受更小的赌博。

一个例子:保险需求

假设某消费者具有初始货币财富 W,他可能损失数量 L 的概率为 P,比如他的房子存在着被烧毁的可能性。该消费者可以购买保险,在他蒙受这一损失时,得到 q 美元的支付。他购买 q 美元保险而必须花费的钱数为 πq。这里 π 是每美元保险的保险费。

那么,该消费者愿购买多少保险呢?我们考察效用最大化问题

$$\max\ pu(W - L - \pi q + q) + (1-p)u(W - \pi q).$$

对 q 求一阶偏导数并令其等于零,我们有

$$pu'(W-L+q^*(1-\pi))(1-\pi)-(1-p)u'(W-\pi q^*)\pi = 0$$

$$\frac{u'(W-L+(1-\pi)q^*)}{u'(W-\pi q^*)} = \frac{(1-p)}{p}\frac{\pi}{1-\pi}.$$

如果消费者蒙受损失的事件发生,保险公司得到 $\pi q - q$ 美元;如果事件不发生,保险公司得到 πq 美元。因此,保险公司的预期利润为

$$(1-p)\pi q - p(1-\pi)q.$$

我们假定,保险业的竞争使得利润为 0。这意味着

$$-p(1-\pi)q + (1-p)\pi q = 0,$$

由此可以得到 $\pi = p$。

在零利润假设下,保险公司实际上按照一个"公平收费率"提供保险,即每张保险单的成本恰好等于其预期价值,所以 $p = \pi$。将其代入效用最大化一阶条件,我们得到

$$u'(W-L+(1-\pi)q^*) = u'(W-\pi q^*).$$

若该消费者为严格风险规避者,所以 $u''(W) < 0$,则上面方程意味着

$$W - L + (1-\pi)q^* = W - \pi q^*.$$

由此可得 $L = q^*$。因此,该消费者将为其可能的 L 的损失投全额保险。

这一结论关键取决于这个假设:消费者不能影响损失的概率。如果消费者的行动确实影响损失的概率,则保险公司仅愿提供部分保险,以使消费者仍然具有动力去保持必要的谨慎。我们在原书第 25 章第 455 页研究此类模型。

11.6 全部风险规避

阿罗-普拉特度量似乎是局部风险规避的一个合理的解释:如

果一个代理人愿意接受更少的小赌博,那么,他就有更强的风险回避倾向。然而在很多情况下,我们需要对全部风险规避进行度量——即我们需要说明一个代理人是否比另一个代理人对全部财富水平具有更强的风险规避倾向。表述这一条件的自然方式是什么呢？

规范"具有效用函数 $A(w)$ 的代理人比具有效用函数 $B(w)$ 的代理人更是风险规避者"这一概念的第一个可行方式是对全部财富水平 w,需要如下不等式：

$$-\frac{A''(w)}{A'(w)} > -\frac{B''(w)}{B'(w)}$$

这仅意味着代理人 A 比代理人 B 在任何地方都有更高程度的风险规避倾向。

规范"代理人 A 比 B 更是风险规避者"这一概念的另一个合理的表述方式是,代理人 A 的效用函数比 B 的效用函数"更凹"。更确切地说,代理人 A 的效用函数是 B 的效用函数的一个凹变换。即存在一个递增的、严格凹的函数 $G(\cdot)$,使得

$$A(w) = G(B(w)).$$

捕捉这一思想,即 A 比 B 更具有风险规避倾向的第三种表述方式是"为避免给定风险,A 比 B 愿意支付更多",为规范化这一思想,令 $\tilde{\varepsilon}$ 是一个具有零期望 $E\tilde{\varepsilon}=0$ 的随机变量。定义 $\pi_A(\tilde{\varepsilon})$ 是 A 为了避免面对随机变量而需要放弃的财富的最大数量。以符号表示,这个**风险金**是

$$A(w - \pi_A(\tilde{\varepsilon})) = EA(w + \tilde{\varepsilon}).$$

表达式的左侧表示财富减少 $\pi_A(\tilde{\varepsilon})$ 的效用,右侧表示面对赌博 $\tilde{\varepsilon}$ 的预期效用。如果对于全部 w,$\pi_A(\tilde{\varepsilon}) > \pi B(\tilde{\varepsilon})$,自然可以说 A 比 B 更是一个(全面)风险规避者。

在对什么是"一个代理人比另一代理人更具有全面风险规避倾向"的三个可能有效的解释中进行选择,似乎是很困难的。幸运

的是，我们不需要做出这种选择：三个定义将被证明是等价的。作为证明这一事实的一个步骤，我们需要下述结论。这个不等式对处理预期效用问题是极具价值的。

詹森不等式(Jensen's inequality)：令 X 为一非退化的随机变量，且 $f(X)$ 是该随机变量的严格凹函数，则 $Ef(X) < f(EX)$。

证明：此不等式是普遍成立的，但在可微凹函数的情况下证明最为简单。这种函数具有下述特征：在任意点 $\bar{x}$，$f(x) < f(\bar{x}) + f'(\bar{x})(x - \bar{x})$ 成立，令 $\bar{X}$ 是 X 的预期值，对表达式两边取期望，我们有

$$Ef(X) < f(\bar{X}) + f'(\bar{X})E(X - \bar{X}) = F(\bar{X}),$$

由此可得

$$Ef(X) < f(\bar{X}) = f(EX).$$

证毕。

普拉特定理(Pratt's theorem)：令 $A(w)$ 和 $B(w)$ 为两个可微、递增、凹的财富预期效用函数。则下述三种表述是等价的：

(1)对所有的 w，$-A''(w)/A'(w) > -B''(w)/B'(w)$。

(2)对某一递增的严格凹函数 G，$A(w) = G(B(w))$。

(3)对所有具有期望 $E\tilde{\epsilon} = 0$ 的随机变量 $\tilde{\epsilon}$，$\pi A(\tilde{\epsilon}) > \pi B(\tilde{\epsilon})$ 成立。

证明：首先证明(1)成立，意味着(2)成立。以 $A(w) = G(B(w))$ 定义函数 $G(B)$。注意，此效用函数的单调性意味着 G 是定义完备的——即每一个 B 值对应一个惟一的 $G(B)$ 值。现在将此定义两次微分，得到

$$A'(w) = G'(B)B'(w)$$
$$A''(w) = G''(B)B'(w)^2 + G'(B)B''(w).$$

因为 $A'(w) > 0, B'(w) > 0$，由第一个方程可知 $G'(B) > 0$。以第一个方程除第二个方程，有

$$\frac{A''(w)}{A'(w)} = \frac{G''(B)}{G'(B)}B'(w) + \frac{B''(w)}{B'(w)}.$$

整理后得
$$\frac{G''(B)}{G'(B)}B'(w) = \frac{A''(w)}{A'(w)} - \frac{B''(w)}{B'(w)} < 0,$$
其中,不等式源于定理(1)。这证明 $G''(B)<0$,所以,结论得证。

其次证明(2)成立意味着(3)成立。这一结论可以从下面的不等式链中得到证明:
$$A(w - \pi_A) = EA(w + \tilde{\varepsilon}) = EG(B(w + \tilde{\varepsilon}))$$
$$< G(EB(w + \tilde{\varepsilon})) = G(B(w - \pi_B))$$
$$= A(w - \pi_B).$$
除不等式外,上式中的所有关系均源于风险金的定义,而不等式则出自于詹森不等式。比较第一项和最后一项,我们可以看到 $\pi_A > \pi_B$。

最后我们证明(3)意味着(1)。因为(3)式对所有零均值随机变量 $\tilde{\varepsilon}$ 均成立,所以,它对任意小的随机变量也一定成立。固定一个 $\tilde{\varepsilon}$,考察由 $t\tilde{\varepsilon}$ 定义的随机变量族,其中 $0 \leqslant t \leqslant 1$。令 $\pi(t)$ 表示风险金,它是 t 的函数。围绕 $t=0$ 的 $\pi(t)$ 的二阶泰勒展开式由下式给出:
$$\pi(t) \approx \pi(0) + \pi'(0)t + \frac{1}{2}\pi''(0)t^2. \qquad (11.5)$$
我们将计算泰勒展开式中的各项,以考察 $\pi(t)$ 对微小的 t 如何反应。$\pi(t)$ 的定义是
$$A(w - \pi(t)) \equiv EA(w + t\tilde{\varepsilon}).$$
由定义知 $\pi(0)=0$。将定义对 t 同时求微分,我们有
$$-A'(w - \pi(t))\pi'(t) = E[A'(w + t\tilde{\varepsilon})\tilde{\varepsilon}]$$
$$A''(w - \pi(t))\pi'(t)^2 - A'(w - \pi(t))\pi''(t)$$
$$= E[A''(w + t\tilde{\varepsilon})\tilde{\varepsilon}^2].$$
(有些读者可能不熟悉对期望求微分的运算。但可把期望作为另一种求和或积分的概念,所以仍可应用同样的规则:期望的微分即微分的期望。)

当 $t=0$ 时,求解第一个表达式,我们知道 $\pi'(0)=0$。当 $t=0$ 时,求解第二个表达式,我们得到

$$\pi''(0) = -\frac{EA''(w)\tilde{\epsilon}^2}{A'(w)} = -\frac{A''(w)}{A'(w)}\sigma^2,$$

其中,σ^2 是 $\tilde{\epsilon}$ 的方差。将其代入(11.5)式,我们有

$$\pi(t) \approx 0 + 0 - \frac{A''(w)}{A'(w)}\frac{\sigma^2}{2}t^2.$$

这意味着对任意小的 t,风险金单调地依赖于风险规避的程度。这正是我们要证明的结论。

例子:一个简单资产组合问题的比较静态分析

下面我们用学过的知识来分析一个两期资产组合问题。此资产组合包括两种资产,一种具有风险回报,另一种具有确定回报。因为风险资产的回报率是不确定的,所以我们以随机变量 $\tilde{R}$ 表示它。

令 w 为初始财富,令 $a \geqslant 0$ 为投资在风险资产上的美元数量,由预算约束可知,$w-a$ 是投资于确定资产的数量。为方便起见,我们假定确定资产具有零回报率。

在此情况下,第二期财富可以写成:

$$\tilde{W} = a(1+\tilde{R}) + w - a = a\tilde{R} + w.$$

注意,由于 $\tilde{R}$ 是一个随机变量,所以第二期财富也是随机变量。在风险资产上投资 a 的预期效用可以写成

$$v(a) = Eu(w + a\tilde{R}),$$

预期效用对 a 的一阶、二阶导数为

$$v'(a) = Eu'(w + a\tilde{R})\tilde{R}$$
$$v''(a) = Eu''(w + a\tilde{R})\tilde{R}^2.$$

需要指出的是,风险规避意味着 $v''(a)$ 在任何地方均为负,所以二阶条件自动满足。

我们首先来考察边界解。在 $a=0$ 时求一阶导数的值,我们有

$$v'(0) = Eu'(w)\tilde{R} = u'(w)E\tilde{R}.$$

由此得到:如果 $E\tilde{R} \leqslant 0$,$V'(0) \leqslant 0$,并给定严格风险规避,则对任意 $a > 0$,$v'(a) < 0$,因此当且仅当 $E\tilde{R} \leqslant 0, a = 0$ 是最优解。即当且仅当风险规避者的预期回报为非正时,他对风险资产将选择零投资。

相反,若 $E\tilde{R} > 0$,由此知 $v'(0) = u'(w)E\tilde{R} > 0$,则此人一般愿在风险资产上进行一定数量的投资。最优投资满足一阶条件:
$$Eu'(w + a\tilde{R})\tilde{R} = 0, \tag{11.6}$$
这仅要求财富的预期边际效用为零。

让我们对这个选择问题进行比较静态分析。首先考察当 w 变化时 a 如何变化。令 $a(w)$ 为 a 作为 w 函数的最优选择,这一定使一阶条件恒等:
$$Eu'(w + a(w)\tilde{R})\tilde{R} \equiv 0.$$
对 w 微分,得到
$$Eu''(w + a\tilde{R})\tilde{R}[1 + a'(w)\tilde{R}] \equiv 0,$$
或者
$$a'(w) = -\frac{Eu''(w + a\tilde{R})\tilde{R}}{Eu''(w + a\tilde{R})\tilde{R}^2}.$$
同以往一样,由于二阶条件,分母一定为负,所以我们看到
$$a'(w) \text{ 的符号} = Eu''(w + a\tilde{R})\tilde{R} \text{ 的符号}.$$
表达式右侧的符号并不是完全清楚的。然而,可以证明它是由绝对风险规避行为 $r(w)$ 所决定的。

风险规避: 当 $r(w)$ 为递增、递减、或者常数时,$Eu''(w + a\tilde{R})\tilde{R}$ 分别为正、负或零。

证明:我们只需证明 $r'(w) < 0$,意味着 $Eu''(w + a\tilde{R})\tilde{R} > 0$,因为这是非常合理的情形,其他情形的证明也类似。

首先考察 $\tilde{R} > 0$ 的情况,在此情况下我们有
$$r(w + a\tilde{R}) = -\frac{u''(w + a\tilde{R})}{u'(w + a\tilde{R})} < r(w),$$
此式可以写成

$$u''(w+a\tilde{R}) > -r(w)u'(w+a\tilde{R}). \quad (11.7)$$

因为 $\tilde{R} > 0$，

$$u''(w+a\tilde{R})\tilde{R} > -r(w)u'(w+a\tilde{R})\tilde{R}. \quad (11.8)$$

现在考察 $\tilde{R} < 0$ 的情况。观察(11.7)式，我们看到递减的绝对风险规避意味着

$$u''(w+a\tilde{R}) < -r(w)u'(w+a\tilde{R}).$$

因为 $\tilde{R} < 0$，我们有

$$u''(w+a\tilde{R})\tilde{R} > -r(w)u'(w+a\tilde{R})\tilde{R}.$$

将其与方程(11.8)比较，无论 $\tilde{R} > 0$ 或 $\tilde{R} < 0$，(11.8)式一定成立，因此，对所有的 $\tilde{R}$ 值取期望，我们有

$$Eu''(w+a\tilde{R})\tilde{R} > -r(w)Eu'(w+a\tilde{R})\tilde{R} = 0,$$

其中最后的等号源于一阶条件。证毕。

此引理给我们这样一个结论：当风险规避倾向随财富增加而递减时，在风险资产上的投资将随财富增加而递增；当风险规避倾向不因财富变化而变化时，在风险资产上的投资也不对财富变化发生反应；当风险规避倾向随财富增加而增加时，在风险资产上的投资随财富增加而递减。

现在我们转而考察对风险资产的需求如何随着风险资产回报的概率分布的变化而变化。对随机回报率进行参数化转换的一种方式是写出 $(1+h)\tilde{R}$，其中 h 为一转换变量。当 $h=0$ 时，我们得到原始随机变量，若 h 为正，则意味着每一实现的回报高 $h\%$。

以 $(1+h)\tilde{R}$ 替换方程(11.6)中的 $\tilde{R}$，并将表达式两边除以 $(1+h)$，得到

$$Eu'(w+a(1+h)\tilde{R})\tilde{R} = 0. \quad (11.9)$$

我们可以继续将此式对 h 求微分，并观察结果的符号是正还是负，但还有一个更简单的方式来考察当 h 变化时 a 如何变化。令 $a(h)$ 表示对风险资产的需求，它是 h 的函数。我们可以认为

$$a(h) = \frac{a(0)}{1+h}.$$

这个结论只要将此式带入一阶条件(11.9)式即可得到证明。

直观地看,如果随机变量扩大$(1+h)$倍,消费者恰好减少$1/(1+h)$的风险资产,从而准确地恢复到随机变量变化前他拥有的同样的回报格局。随机变量的这种线性变换能够被消费者资产组合的变化所完全抵消。

随机变量的一个更有趣的变换是"不变均值分布",即增加$\tilde{R}$的方差但使均值不变。对这种变化进行参数化的一个办法是写出$\tilde{R} + h(\tilde{R} - \bar{R})$。此随机变量的期望值为$\bar{R}$,但方差是$(1+h)^2\sigma_R^2$,所以,$h$的增加使均值不变,但方差增加。

我们也可以将此表达式写成$(1+h)\tilde{R} - h\bar{R}$。此式表明,这种不变均值分布可以被视为$(1+h)$乘以随机变量再减去$h\bar{R}$。根据我们前面的结论,如果假设绝对风险规避是递减的,用$(1+h)$乘以随机变量,将使风险需求比例降低$(1+h)$,减去财富将减少更多需求。因此,这种不变均值分布减少的风险投资高于随机变量变化的比例。

一个例子:资产定价

现在假设存在多种风险资产,一种确定资产。每一风险资产对于$i = 1,\cdots, n$,有一个随机的全部回报$\tilde{R}_i$,安全资产具有全部回报R_0(单位资产的全部回报R等于1加上回报率;在最后一节,我们也用R表示回报率)。消费者最初具有财富w。并且将其财富的一个比例x_i投资于资产$i, i = 0,\cdots, n$。因此,消费者在第二期——即当随机回报实现后的时期的财富,可以通过下式给出:

$$\tilde{W} = w\sum_{i=0}^{n} x_i \tilde{R}_i \quad (11.10)$$

我们假设消费者希望选择(x_i)以最大化其随机财富$\tilde{W}$的预期效用。

此问题的预算约束为$\sum_{i=0}^{n} x_i = 1$。因为x_i是消费者财富中

投资于资产 i 的比重,所以,全部适宜资产的比例之和一定等于1。我们也可以把此预算约束写成

$$x_0 + \sum_{i=1}^{n} x_i = 1,$$

所以 $x_0 = 1 - \sum_{i=1}^{n} x_i$。将此式代入(11.10)式,整理,我们有:

$$\begin{aligned}\tilde{W} &= w\Big[x_0 R_0 + \sum_{i=1}^{n} x_i \tilde{R}_i\Big] \\ &= w\Big[(1 - \sum_{i=1}^{n} x_i) R_0 + \sum_{i=1}^{n} x_i \tilde{R}_i\Big] \\ &= w\Big[R_0 + \sum_{i=1}^{n} x_i (\tilde{R}_i - R_0)\Big].\end{aligned}$$

通过对预算约束的这种整理,我们现在得到一个对 $x_1, \cdots, x_n$ 的非约束的最大化问题:

$$\max_{x_1, \cdots, x_n} Eu(w[R_0 + \sum_{i=1}^{n} x_i (\tilde{R}_i - R_0)])$$

对 x_i 求微分,我们得到一阶条件

$$Eu'(\tilde{W})(\tilde{R}_i - R_0) = 0,$$

对 $i = 1, \cdots, n$。注意,此式同上一节推导出的表达式实质上是相同的。

此式也可以写成

$$Eu'(\tilde{W}) \tilde{R}_i = R_0 Eu'(\tilde{W}).$$

利用随机变量的协方差恒等式,$\mathrm{cov}(X, Y) = EXY - EXEY$,我们可以将此式转换为

$$\mathrm{cov}(u'(\tilde{W}), \tilde{R}_i) + E\tilde{R}_i Eu'(\tilde{W}) = R_0 Eu'(\tilde{W}),$$

经重排有

$$E\tilde{R}_i = R_0 - \frac{1}{Eu(\tilde{W})} \mathrm{cov}(u'(\tilde{W}), \tilde{R}_i) \quad (11.11)$$

此方程说明,任何资产的预期回报可以表示为两部分之和:无风险回报加上风险回报。风险回报取决于财富的边际效用与资产

回报之间的协方差。(这里"风险回报"的概念与前面讨论普拉特定理的证明时所使用的风险金的概念是不同的。不幸的是,两个概念却要应用同一术语。①)

考察一种回报与财富正相关的资产。因为风险规避意味着财富的边际效用随着财富的增加而递减,由此可知这种资产一定与边际效用负相关。因此,这种资产一定具有一个高于无风险回报率的预期回报,以对风险进行补偿。

另一方面,一种与财富负相关的资产,将具有一个低于无风险回报率的预期回报。直观地讲,与财富负相关的资产是这样一种资产,它对降低风险特别有价值,因此,人们为持有该资产而宁愿牺牲预期回报。

11.7 相对风险规避

考察一个具有财富 W 的消费者,并假定她得到这样一种抽彩:以概率 P 获得她现有财富的 $x\%$,以概率 $(1-p)$ 获得她现有财富的 $y\%$ 。如果该消费者用预期效用对抽彩加以评估,此次抽彩的预期效用将为

$$pu(xw) + (1-p)u(yw).$$

注意这种倍增的赌博有与前面分析的加和的赌博不同的结构。然而,这种相对赌博常在经济问题中产生。比如投资回报一般就是相对于投资水平来表示的。

同以往一样,我们可以提出这样的问题:在给定财富水平的情况下,一个消费者比另一个消费者何时愿意接受更小的相对赌博?经过上述同样的分析,我们可以找到合适的度量,即**阿罗-普拉特相对风险规避度量:**

---

① 风险回报和风险金的英文均为 rish premium,我们在翻译时作了区分。——译注

$$\rho = -\frac{u''(w)w}{u'(w)}.$$

应该提这样的问题:绝对与相对风险规避如何随着财富的变化而变化?作这样的假设似乎是合理的:绝对风险规避倾向随财富增加而递减,即当你变得更富有时,你将愿意接受以绝对美元数量表示的更多的赌博。但是,相对风险规避行为却更为不确定。当你的财富增加时,你是更愿意还是更不愿意冒损失其中一个特定比例的风险?不变相对风险规避倾向也许是一个并不太坏的假设,至少对财富的小的变化而言是如此。

例子:均值-方差效用

通常,赌博的预期效用取决于结果的全部概率分布。但在某些情况下,赌博的预期效用仅取决于某些分布的加和统计。最常见的例子就是均值-方差效用函数。

例如,假设预期效用函数为二次方程,所以 $u(w) = w - bw^2$。预期效用为

$$Eu(w) = Ew - bEw^2 = \bar{w} - b\bar{w}^2 - b\sigma_w^2$$

因此,赌博的预期效用仅是财富的均值与方差的函数。

不幸的是,二次方程效用函数具有一些不合意的性质:它在某些范围内是财富的减函数,并表现出递增的绝对风险规避。

当均值-方差分析经证明后,更具有讨论价值的是当财富为正态分布时的情况。众所周知,均值与方差完全刻画了一个正态随机变量的特征,因此,在正态随机分布变量中的选择可以简化为对其均值与方差之比较。

令人感兴趣的是当消费者具有 $u(w) = -e^{-yw}$ 这种形式的效用函数的特殊情况,可以证明,这种效用函数具有不变绝对风险规避倾向。进而,当财富为正态分布时

$$Eu(w) = -\int e^{-rw} f(w)dw = -e^{-r[\bar{w} - r\sigma_w^2/2]}.$$

(要进行积分,或者完成二次幂的计算,或者指明这实质上是与找

到正态分布函数的要素相同的计算。)注意,预期效用对 $\bar{w}-r\sigma_w^2/2$ 是递增的。这意味着我们可以对预期效用进行单调变换,并利用效用函数 $u(\bar{w},\sigma_w^2)=\bar{w}-\dfrac{r}{2}\sigma_w^2$ 估计财富的分布。这个函数具有方便的特点,它是财富的均值与方差的线性函数。

11.8 状态依存效用

在我们原来对不确定状态下选择的分析中,奖仅是抽象的物品;后来我们又将不确定性条件下的选择限定为仅具有货币结果的抽彩。然而,事实并不像这种分析所表现的那样单纯。毕竟,美元的价值取决于现行的价格;美元赌博结果的完备表述不仅应当包括适用于每一结果的货币数量,而且还应包括每一结果的现行价格。

广而言之,一个物品的有用性通常依赖于其使用的环境或"自然状态"(state of nature)一把伞在下雨时对一个消费者的价值与不下雨时可能是完全不同的。这个例子表明,在有些选择问题中,根据物品使用的自然状态而对其加以区分,是非常重要的。

例如,假设存在两种自然状态,热和冷,我们分别以 h 和 c 表示。令 x_h 表示热的时候得到的冰激凌数量,x_c 表示冷时得到的冰激凌数量。则如果天气热的概率为 p,我们可以描述一个特定抽彩 $pu(h,x_h)+(1-p)u(c,x_c)$。这里,物品束是在天气热的状态时得到的 x_h 单位的冰激凌和在天气冷的状态时得到的 x_c 单位的冰激凌。

一个更严肃一点的例子是健康保险。一个美元的价值可能完全依赖于一个人的健康——如果一个人处于昏迷状态,那么100万美元对他能值多少钱呢?在这种情况下,我们可把效用函数写成 $u(h,m_h)$,其中 h 是一个健康指示器,m 是一定数量的货币。这些均属状态依存函数之例。这仅意味着考虑中的物品的偏好取决于这些物品使用的自然状态。

11.9　主观概率理论

在讨论预期效用理论时,我们对进入预期效用函数的"概率"的确切性质还是十分模糊的。最直接的解释是它们是"客观"的概率,如在某些观测频率的基础上计算出来的概率。但不幸的是,大多数有趣的选择问题均涉及**"主观概率"**:一个给定代理人对某些事件发生可能性的主观感觉。

就预期效用理论而言,我们可以提出这样的问题:关于个人选择行为的何种公理将表明代表该行为的预期效用函数确实存在?类似地,我们还可以问:关于某个人选择行为的何种公理能被用于推断主观概率的存在? 即该人的选择行为可以视为好像他正在根据其关于某些主观概率度量的预期效用对赌博进行评估?

碰巧,这种公理集的确存在,并且是合理似然的。主观概率可以按照类似于构建预期效用函数的方式加以构建。回想一下,某一赌博 x 的效用为数量 $u(x)$,使得

$$x \sim u(x) \circ b \oplus (1 - u(x)) \circ w.$$

假设我们努力确定某个体关于某日将下雨的主观概率。则我们可以问在多大的概率 p,该个体将认为赌博 $p \circ b \oplus (1-p) \circ w$ 与赌博"如果天下雨,收到 b,否则得到 w"是无差别的?

更正式地,令 E 表示某一事件,令 $p(E)$ 代表 E 将发生的(主观)概率。我们定义 E 发生的主观概率 $p(E)$ 满足

$$p(E) \circ b \oplus (1-p(E)) \circ w \sim 若 E 发生,收到 b;否则收到 w.$$

可以证明,在一定的正规的假设之下,以此方式定义的概率具有一般客观概率所具有的全部性质,特别是它们服从条件概率处理的一般规则。

我们可以简单地探讨上述情况中的一种,假设 $p(H)$ 为一个体关于一特定假设为真的主观概率,E 是一个事件,被作为推断

H 为真的证据。那么,一个理性的经济代理人如何根据证据 E 调整其相信 H 为真的概率呢?也就是说,什么是在观测证据 E 条件下的 H 为真的概率呢?

我们可以将观测中的 E 与 H 为真的联合概率写成
$$p(H,E) = p(H \mid E)p(E) = p(E \mid H)p(H).$$
整理方程右侧,有
$$p(H \mid E) = \frac{p(E \mid H)p(H)}{p(E)}.$$
此即**贝叶斯定理**,它将**先验概率** $p(H)$——即在观测证据前假设为真的概率——与后验概率——即在观测证据后假设为真的概率——联系在一起。

贝叶斯定理直接从条件概率的简单处理中产生。如果一个体行为满足足以确保主观概率存在的约束,则这些概率就一定满足贝叶斯定理。贝叶斯定理是重要的,因为它证明一个理性的个人如何根据事实修正其概率,因此成为大多数理性学习行为模型的基础。

因此,只要观测到的选择行为服从某些直观的似然公理,效用函数和主观概率就都可以由观测到的选择行为而构建,然而,需要强调的是,尽管公理是直观似然的,但并不能由此得出它们是对个体实际如何行动的确切描述。

例子:阿莱反论和埃尔斯伯格反论(The Allais and the Ellsberg paradox)

预期效用理论和主观概率理论被理性思维所激发。以预期效用理论为基础的公理似乎是合理的,正如我们用于主观概率所进行的构建一样。

然而,不幸的是,真实的个体行为表现为系统地违背某些公理,这里我们提供两个著名的例子。

阿莱反论

你需要在下面两个赌博间进行选择:

赌博 A:100% 的机会得到 100 万。

赌博 B:10% 的机会得到 500 万,89% 的机会得到 100 万,1% 的机会什么也得不到。

在你进一步向下阅读前,从中做出一个选择并记下,现在考察下面两个赌博:

赌博 C:11% 的机会得到 100 万,89% 的机会什么也得不到。

赌博 D:10% 的机会得到 500 万元,90% 的机会什么也得不到。

再从两个赌博中做出你偏好的选择,并记下来。

很多人偏好于 A 而非 B,偏好于 D 而非 C。然而这种选择违背了预期效用公理。为证明这一点,仅需写出由 $A \geq B$ 所隐含的预期效用关系:

$$u(1) > .1u(5) + .89u(1) + .01u(0).$$

重排此式,给出:

$$.11u(1) > .1u(5) + .01u(0),$$

两边加上 $.89u(0)$,得到

$$.11u(1) + .89u(0) > .1u(5) + .90u(0).$$

由此可以得出,预期效用最大化者一定偏好于 C 而非 D。

埃尔斯伯格反论

埃尔斯伯格反论与主观概率理论有关。

有人告诉你一个缸中有 300 个球。其中 100 个球为红色,其余 200 个或者为蓝色或者为绿色。你若从中拿出一球:

赌博 A:若球为红色,你得到 1000 美元。

赌博 B:若球为蓝色,你得到 1000 美元。

记下你愿意选择的赌博。现在考察下面两个赌博:

赌博 C:如果球不是红的,你得到 1000 美元。

赌博 D:如果球不是蓝的,你得到 1000 美元。

所有的人基本上严格偏好于 A 而非 B,严格偏好于 C 而非

D。但这种偏好关系违背了标准的主观概率理论。要想知道原因,可令 R 表示球为红色的事件,$-R$ 表示球不是红色的事件;相应地定义 B 为球是蓝色的事件,$-B$ 表示球为非蓝色的事件。根据概率的一般规则,有

$$p(R)=1-p(-R)$$
$$p(B)=1-p(-B). \quad (11.12)$$

为方便起见,标准化 $u(0)=0$,则若你对 A 偏好于 B,一定有 $p(R)u(1000)>p(B)u(1000)$,由此可得:

$$p(R)>p(B). \quad (11.13)$$

如果对 C 偏好于 D,我们一定有 $p(-R)u(1000)>p(-B)u(1000)$,由此可得:

$$p(-R)>p(-B). \quad (11.14)$$

然而,显然(11.12)式,(11.13)式和(11.14)式是不一致的。

埃尔斯伯格反论对这样一个事实而言,似乎是合理的:即人们认为对红球 R 会出现还是不会出现打赌,比对蓝球 B 是不是会出现打赌更"安全"。

关于阿莱反论和埃尔斯伯格反论重要性的意见存在分歧。一些经济学家认为,这些异常表明需要新的模型来描述人的行为。另一些经济学家认为这些反论类似于"视觉错误";尽管在某些环境中人们对判断距离无能为力,但这并不意味着我们需要发明一个新的距离概念。

注 释

预期效用函数可参看诺依曼(Neumann)和摩根斯坦(Morgenstern)(1944)的文章;风险规避的度量请参阅阿罗(Arrow,1970)和普拉特(Pratt,1964);预期效用理论最近成果的概括性描述可参阅梅茨纳(Machina,1982)的文章;我们对主观概率的简单处理基于安斯柯姆(Anscombe)和奥曼(Aumman)(1963)的文章。

练 习

11.1 证明:为避免一个方差为 V 的小赌博的受益者负担(the willingness-to-pay)近似等于 $r(w)v/2$。

11.2 若风险规避为常数,预期效用函数为何种形式?如若相对风险规避为常数,预期效用函数为何种形式?

11.3 预期效用函数为何种形式,在风险资产上的投资才会独立于财富的变化?

11.4 考察预期效用方程为二次方程的情况,证明在某一财富水平边际效用是递减的。更重要的是,要证明在任意财富水平,绝对风险规避是递增的。

11.5 抛一硬币,正面向上的概率为 p。你参与一次打赌,如果抛第 j 次时正面向上,你将得到 2^j 美元。

(a) 当 $p=1/2$ 时,此次打赌的预期值为多少?

(b) 假设你的预期效用函数为 $u(x)=\ln x$,描述这次博弈的效用之和。

(c) 求效用和的值(这需要一些求和公式方面的知识)。

(d) 令 w_0 为能够给你带来与参加这一博弈的效用相同的货币数量。求解 w_0。

11.6 埃斯佩兰萨自 5 岁起就是一个效用最大化者。由于在一所偏僻的英国寄宿学校所接受的严格教育,她的效用函数是严格递增和严格凹的。现在,在她 30 岁左右时,她正在对具有随机结果 R 的一份资产进行评估;结果 R 是具有均值 μ 和方差 σ^2 的正态分布。因此,此密度函数为

$$f(r) = \frac{1}{\sigma\sqrt{2\pi}} \exp\left\{-\frac{1}{2}\left(\frac{r-\mu}{\sigma}\right)^2\right\}.$$

(a) 证明埃斯佩兰萨对 R 的预期效用仅是 μ 和 σ^2 的函数,进而证明 $E[u(R)] = \phi(\mu, \sigma^2)$。

(b) 证明 $\phi(\cdot)$ 对 μ 是递增的。

(c) 证明 $\phi(\cdot)$ 对 σ^2 是递减的。

11.7 令 R_1 和 R_2 为两份资产的随机回报。假设 R_1 和 R_2 是独立的并具有相同的分布。证明:如果效用最大化者是一个风险规避者,她会将其财富在两种资产间进行分配,如果她是一个风险偏爱者,她会将其全部财富投资在一种资产上。

11.8 假设一个消费者面临两种风险,其中只有一种是可以避免的。令 $\widetilde{w}=w_1$ 的概率为 p,令 $\widetilde{w}=w_2$ 的概率为 $1-p$。令若 $\widetilde{w}=w_2$, $\widetilde{\varepsilon}=0$;若 $\widetilde{w}=w_1$, $\widetilde{\varepsilon}=\varepsilon$ 的概率为 $1/2$, $\widetilde{\varepsilon}=-\varepsilon$ 的概率为 $1/2$。现在定义对 $\widetilde{\varepsilon}$ 的风险金满足

$$E[u(\widetilde{w}-\pi_u)] = E[u(\widetilde{w}+\widetilde{\varepsilon})]. \quad (*)$$

(a)证明若 ε 足够小,则

$$\pi_u \approx \frac{-\frac{1}{2}pu''(w_1)\varepsilon^2}{pu'(w_1)+(1-p)u'(w_2)}.$$

[提示:对(*)式两边按泰勒展开式展开,左侧展开至一阶,右侧展开至二阶。]

(b)令 $u(w)=-e^{-aw}$ 和 $v(w)=-e^{-bw}$。计算对 u 和 v 的阿罗-普拉特度量。

(c)假设 $a>b$。证明如果 $p<1$,则存在一个值 w_1-w_2,大到足以使 $\pi_u > \pi_v$。说明这对风险仅能部分降低的问题的阿罗-普拉特度量的有用性意味着什么?

11.9 某人具有预期效用函数 $u(w)=\sqrt{w}$。他具有初始财富 4 美元。他具有一张彩票,能够得到 12 美元的概率为 $1/2$,能够得到 0 美元的概率为 $1/2$。他的预期效用是多少?他卖掉彩票的最低价格为多少?

11.10 一个消费者具有预期效用函数 $u(w)=\ln w$。他有一个对抛硬币进行打赌的机会,硬币正面向上的概率为 π。如果他赌 x 美元,若硬币正面向上,他将有 $w+x$ 美元,若正面向下则有 $w-x$ 美元。求证最优 x 为 π 的函数,当 $\pi=1/2$ 时,最优选择 x 为多少?

11.11 一个消费者具有预期效用函数 $u(w)=-1/w$。他可参与一次赌博,可以概率 p 得到财富 w_1,以概率 $1-p$ 得到财富 w_2。他现在需要多少财富能使其保持现有财富水平与接受赌博恰好是无差异的?

11.12 考察一个关注在下一期可能发生的自然状态 $s=1,\cdots,s$ 条件下的货币报酬的个体。以 x_s 表示在 s 状态下的美元报酬;以 p_s 表示状态 s 将发生的概率。假设该个体选择 $x=(x_1,\cdots,x_s)$ 以最大化其报酬的贴现预期价值。贴现因子以 α 表示,即 $\alpha=1/(1+r)$,其中 r 为贴现率。可行报酬集以 X 表示,假设 X 为非空的。

(a)写出该个体的最大化问题的目标函数与约束条件。

(b)如果概率为 $p=(p_1,,\cdots,p_s)$,贴现因子为 α,定义 $v(p,\alpha)$ 为该个体

可达到的最大贴现预期值。证明 $v(p,\alpha)$ 对 α 是一次齐次的。(提示:$v(p,\alpha)$ 是否像你以前曾看到的什么函数呢?)

(c)证明:$v(p,\alpha)$ 是 p 的凸函数。

(d)假设对各种 p 值和 α 值,你可以观测一个任意大的最优选择数量。为使其能从观测到的选择行为中恢复,集合 X 必须具备何种性质。

第12章 经济计量学

在前面的章节里,我们讨论了各种最优化模型,本章我们研究如何利用前面内容中建立起的理论洞察力,来帮助估计由最优化行为可能产生的种种联系。

理论分析与经济计量分析几个方面是相互影响的。首先,理论分析能够产生可计量检验的假说;其次,理论可以提出建造模型参数更好估计的途径;再次,理论可以更合适估计方式,帮助确定模型的结构关系;最后,理论有助于为了估计而确定适当的函数形式。

12.1 最优化假设

我们知道,最优化选择模型对观察的行为要施加一定的约束。这些约束可由多种方式来表示:(1)如 WAPM、WACM、GRAM 等的代数关系;(2)如替代矩阵必须对称且为正半定或负半定等的微分关系;(3)如利润必须为价格凸函数等的对偶关系。

最优化模型包含的条件,其重要之处至少有两个方面的理由。第一,它们允许我们去检验最大化行为模型。如果数据不满足我们使用的特定包含的约束条件,那么,我们通常便不想用此模型描述观察到的行为。

第二,那些条件允许我们更精确地估计模型中的参数。如果我们发现,最优化所施加的理论约束并不被一些特定的数据集合所推翻,则我们可能要以满足最优化条件所要求的估计方式来重新估计我们的模型。

例如,假设我们有一个最优化模型,要求参数 α 等于零。首先,我们可能想检验这个约束,看 α 的估计值是否显著地不等于零。如果 α 并不是显著地不等于零,我们便可能接受 $\alpha = 0$ 的假说,然后在此之上再估计模型。如果此假设为真,则对该系统中其他参数的第二次估计集合,一般来说是更加有效的估计。

当然,如果此假设为伪,再估计程序将不适当。在一系列发生的估计中,我们的信心在一定程度上依赖最优化约束条件的最初检验结果。

12.2 最大化行为的非参数检验

如果给定一个关于企业选择的观测集合,我们可以直接对前面描述的 WAPM 与 WACM 不等式单独或同时进行检验。如果我们有关于消费者选择的数据,像 GARP 之类条件的检验只是稍显更困难一些。这些条件对该数据是否由最大化行为所产生的,可给我们一个确定的回答。

这些不等式条件很容易检验,我们只要看所讨论的数据是否满足特定的不等式关系即可。只要观察到其中一个不等式关系不能被满足,我们就可以拒绝此最大化模型。例如,设我们对企业在不同价格向量下对净产出的不同选择,有过几次观测: $(P^t, Y^t), t = 1, \cdots, T$。我们感兴趣的假说可能是竞争环境下企业最大化自己利润。我们知道,利润最大化即为 WAPM: $P^t Y^t \geqslant P^t Y^s$,对所有的 t 和 s。检验 WAPM,只要检查这些 T^2 个不等式是否满足即可。

在此框架下,具备 $P^t Y^t < P^t Y^s$ 的惟一观测,就足以拒绝该利润最大化模型。但这也许太强了。假定我们所关心的不是一个特定的企业是否严格在最大化自己利润,而是其行为是否能为最大化利润模型所合理而很好地描述。典型地,我们不仅想知道企业是否不能够进行最大化,而且还想知道不能够进行最大化的程度。如

果仅只有很小程度的不能够最大化,我们仍愿意接受企业"近乎"是最大化利润的理论。

存在一个 WAPM 背离程度的天然度量,即"剩余",$R_t = \text{Max}_s \{P^t Y^s - P^t Y^t\}$。剩余 R_t 度量如果在有不同选择的情况下,企业在观测 t 下能够得更多利润的数值。这提供了一个背离最大化行为的合理测度。如 R_t 的平均值小,则对该企业而言,"近乎"的最优行为就可能不是一个坏的模型。

12.3 最大化行为的参数检验

上面描述的非参数检验是最优化的"严格"检验:它们为数据与最优化模型相一致的必要与充分条件。不过,经济学家常常感兴趣这样的问题,即某一特定的参数形式是否为基本的生产函数或效用函数的一个较好近似。

回答该问题的方式之一,是使用回归分析或更复杂的统计技术,去估计一个函数形式中的参数,看其是否满足最大化模型要求的约束条件。例如,假设我们观测 K 个商品的各种价格与选择。柯布-道格拉斯(Cobb-Douglas)效用函数意味着商品 i 的需求为收入除以价格的线性函数:$x_i = a_i m / p_i$,对 $i = 1, \cdots k$。

我们观测到的需求数据不可能与 m/p_i 严格成线性,因此应该有一个误差项,以表示对误差、说明失当和遗漏变量等的度量。用 ε_i 代表第 i 个等式的误差项,我们有**回归模型**。

$$x_i = a_i \frac{m}{p_i} + \varepsilon_i \quad i = 1, \ldots, k \tag{12.1}$$

它是遵循 $\sum_{i=1}^{k} a_i = 1$ 的最大化模型。我们可以估计方程(12.1)中的所有参数,看其是否能满足此约束。如果满足,则表明符合柯布-道格拉斯模型;如果估计出的参数不满足该约束,则表明与柯布-道格拉斯参数形式冲突。

如果使用更复杂的函数形式,就会有一个更复杂的可检验约束集。我们从消费者行为的研究中知道,最大化要求的基本可观测的约束,是替代项矩阵必须为负半定。这个条件影响到一系列可以用标准假说检验程序检验的交叉方程约束条件。

12.4 施加最优化约束

如果统计检验并不拒绝一些特别的参数约束,我们可以在估计过程中加上这些约束,以再估模型。继续上面举过的例子,方程(12.1)代表的柯布-道格拉斯需求规则意味着 $\sum_{i=1}^{k} a_i = 1$,我们可以将此作为一个持续的假设来估计参数 (a_i) 集合。如果假设为真,随后的估计一般要好于没有约束的估计。

最优化模型常常将约束施加于误差项及参数之上。例如,理论模型施加的另一约束是 $\sum_{i=1}^{k} p_i x_i(p, m) = m$。通常,观测到的选择能够满足约束 $\sum_{i=1}^{k} p_i x_i = m$。倘若如此,则方程(12.1)意味着

$$\sum_{i=1}^{k} p_i x_i = m = \sum_{i=1}^{k} a_i m + \sum_{i=1}^{k} p_i \varepsilon_i.$$

如果估计服从约束 $\sum_{i=1}^{k} a_i = 1$,则我们也要施加约束 $\sum_{i=1}^{k} p_i \varepsilon_i = 0$。这就是说,$k$ 个误差项必须与价格向量正交。

12.5 最优化模型的拟合优度(Goodness-of-fit)

上节简要讨论的参数检验,说明了如何从由一些特殊参数形式最大化所产生的被观测到的选择,来进行假说的统计检验。在此意义上,这种检验是"鲜明"的,要么接受最大化的假说,要么不接受。但是,在许多情况下,使用拟合优度手段是合适的;观察到的选择在多大程度上"接近于"最大化选择?

回答此问题需要有关于"接近于"的一个合理的定义。在利润

最大化的非参数检验中，我们看到对此有一个合理的度量方法，即看看如果企业采取不同的经营方式，它将能获得多少额外的利润。这个思想可以更加一般化：拟合优度的一个度量方法，是经济当事人偏离其既定最优化目标函数的程度。

这种度量可以在企业行为意义上直接计算得出。如果我们的假设是利润最大化或成本最小化，我们只要对最好拟合最优化模型与实际选择进行比较，计算出损失的利润或过量的成本即可。而运用效用最大化则要求更细致一些。

假设使用柯布-道格拉斯函数检查消费者选择行为。如果柯布-道格拉斯效用函数的最好拟合以参数($\hat{a}_i$)描述，我们可以用估计的效用函数去比较最优选择的效用与实际选择的效用。

此度量的问题在于效用函数的单位是任意的。如何称之为"接近于"并不明显。而解是使用特定的效用函数来计算拟合优度。这里一个自然的选择是原书第7章第109页描述的货币计量的效用函数。它以货币为单位来度量效用：在一固定价格下，消费者偏离消费束 X 恰好需要补偿其多少货币。

让我们看看如何用此法建立一个拟合优度度量。设我们观测到一些数据，$(P^t X^t)$，$t = 1, \cdots, T$。假设消费者最大化效用函数 $u(x, \beta)$，这里，β 是一未知参数（或为参数表），给定 $u(x, \beta)$，我们就可用标准的最优化技术建立货币计量的效用函数 $m(x, \beta)$。

我们使用该选择数据来估计效用函数 $u(x, \hat{\beta})$，它最合适描述了观察到的选择行为。一个检查这个效用函数如何"适合"的方式是计算"剩余"t

$$G^t = \frac{m(p^t, x^t, \hat{\beta})}{p^t x^t}.$$

这里，与消费者实际支出的货币量比较，G^t 度量消费者为获得效用 $u(x^t, \hat{\beta})$ 而需支出的最小货币量。这有一个关于效率的天然解释：如果 G^t 的平均值为 $\bar{G}$，那么可以说消费者在其选择行为中有平均为百分之 $\bar{G}$ 的效率。

如果消费者完全地最大化了他的效用函数 $u(x,\hat{\beta})$，那么，$\bar{G}$ 将等于 1——消费者在他的选择中有 100% 的效率。如果 $\bar{G}$ 为 0.95，则其有 95% 的效率，如此等等。

12.6 结构模型和简化形式模型

设有一理论认定若干变量之间存在一些关系。一般地，在我们的模型中有两类变量。**内生变量**(endogenous)，其值由模型决定；**外生变量**(exogenous)，其值由预先给定。如在利润最大化模型中，价格和技术是外生变量，要素选择是内生变量。

典型的情况是，一个模型可以表示为一个方程组。每一方程都包含了外生变量、内生变量和参数之间的一些关系。这个方程组就称为结构模型(structural model)。

例如，考虑下述一个简单的需求和供给系统

$$D = a_0 - a_1 p + a_2 z_1 + \varepsilon_1$$
$$S = b_0 + b_1 p + b_2 z_2 + \varepsilon_2$$
$$D = S \tag{12.2}$$

这里，D 和 S 分别代表对一些商品的(内生)需求和供给，p 为 (内生)价格，a_i 和 b_i 为参数，z_1 和 z_2 为影响需求和供给的其他外生变量，变量 ε_1 和 ε_2 为误差项。方程组(12.2)为一结构方程组。

我们可以内生变量 p 表示成外生变量函数的形式来解此结构方程组：

$$p = \frac{a_0 - b_0}{a_1 + b_1} + \frac{a_2}{a_1 + b_1} z_1 - \frac{b_2}{a_1 + b_1} z_2 + \frac{\varepsilon_2 - \varepsilon_1}{a_1 + b_1}. \tag{12.3}$$

这就是该系统的**简化形式**(reduced form)。

通常，估计一个模型的简化形式并不很复杂。在这个需求供给的例子中，我们只要估计下列形式的一个回归即可

$$p = \beta_0 + \beta_1 z_1 + \beta_2 z_2 + \varepsilon_3.$$

参数 β_i 是 (a_i, b_i) 的函数。不过，它一般不可能从简化形式参

数 β_i 中恢复对结构参数 (a_i, b_i) 的惟一估计。简化形式参数可以用来预测当外生变量变化时,均衡价格如何变化。这也许对一些目的而言是有用的。

但对其他一些目的而言,估计结构参数是必要的。如我们想知道市场中均衡价格是如何随商品税负而变化的,而结构模型(12.2)就提出了供应商接受的均衡价格 p_s 应是税收的线性函数:

$$p_s = \frac{a_0 - b_0}{a_1 + b_1} + \frac{a_2}{a_1 + b_1} z_1 - \frac{b_2}{a_1 + b_1} z_2 - \frac{b_1}{a_1 + b_1} t. \quad (12.4)$$

如果有许多描述不同税收选择的数据和相应的供应价格,我们就能估计如方程(12.4)所述的简化形式。但是,如果没有这样的数据,简化形式就无法进行估计。为预测均衡价格如何响应税收的变化,我们需要知道结构参数 $b_1/(a_1 + b_1)$,方程(12.3)中的简化形式参数并不能提供回答此问题的足够信息。

这就提出我们必须考虑如方程(12.2)那样的结构方程组的估计方法。最简单的方法似乎是使用通常的标准最小二乘法(OLS)回归技术分别估计需求和供给方程。

我们从统计学中知道,如果一定的假设被满足,最小二乘估计具有合意的特征。一个特别的假设是回归方程右边项变量与误差项不相关。

不过,这并不是我们讨论的问题中的情况。从方程(12.3)中很容易看到,变量 p 依赖于误差项 ε_1 和 ε_2,它表明这种依赖一般会导致对这些参数的有偏估计。

为估计结构方程组,一般需要使用如两阶段最小二乘法或各种最大拟然技术之类的更复杂的估计技术。在估计涉及方程组的问题上,这样的方法比 OLS 显示出更好的统计特性。

在上述简单的需求-供给例子中,变量之间的理论联系意味着特定的一些估计技术将比其他的更合适。事情通常就是这样,经济计量学的艺术部分包括了使用理论来指导统计技术的选择。我们将在下一节一个拓展的例子中进行进一步的探讨。

12.7 估计技术联系

设我们想估计一个简单的柯布-道格拉斯生产函数的参数。为精确起见,设有一农场的样本,假定农场主 i 的棉花产量 C_i 依赖于棉花种植面积 K_i 和成长季节的日照天数 S_i。此处,我们假定只有这两个变量影响棉花产量。

假设生产的联系由柯布-道格拉斯生产函数形式给出,即 $C_i = K_i^a S_i^{1-a}$。取对数,我们可以写出如下的投入与产出之间的联系:

$$\log C_i = a \log K_i + (1-a) \log S_i. \quad (12.5)$$

假定农场主在做出种植决策时,并不能观测到日照天数,进一步地在每一地点,经济计量学家也没有关于日照天数的数据。因此,经济计量学家视(12.5)为下列形式的回归模型。

$$\log C_i = a \log K_i + \varepsilon_i, \quad (12.6)$$

这里,ε_i 为误差项 $(1-a)\log S_i$。

如果 $\log K_i$ 与 ε_i 不相关,经济计量学理论会告诉我们 OLS 对参数 a 会给出很好的估计。如果农场主们在选择 K_i 时并不知道 $\log S_i = \varepsilon_i$,则他们的选择就不会受此影响。因此,本例中,这是一个合理的假设,OLS 还是一个合适的估计技术。

让我们看一下 OLS 不是合适估计技术时的情况。现设生产联系还依赖于每一农场主的土地质量,即 $C_i = Q_i K_i^a S_i^{1-a}$,或

$$\log C_i = \log Q_i + a \log K_i + (1-a) \log S_i.$$

如前一样,假设经济计量学家和农场主都不知道 S_i。不过,让我们假定农场主知道 Q_i,而经济计量学家则不知道。现在,估计回归方程(12.6)能给我们一个关于 a 的很好估计吗?

答案是否定的。由于每一农场主知道 Q_i,其 K_i 的选择依赖于此,故 K_i 将与误差项相关,结果可能是有偏的估计。

如果假定利润最大化行为,我们可以对农场主如何使用有关

K_i 的信息相当清楚。对农场主而言,(短期的)利润最大化问题为

$$\max\ p_i Q_i K_i^a S_i^{1-a} - q_i K_i,$$

这里,p_i 为产出价格,q_i 为第 i 农场主面临的种子价格。取对 K_i 的导数,解要素需求函数,我们有

$$K_i = \left(a Q_i \frac{p}{q} \right)^{\frac{1}{1-a}} S_i. \tag{12.7}$$

很显然,农场主关于 Q_i 的知识,直接影响其种植选择,从而也影响生产的产量。考虑如图 12.1 中 $\log K_i$ 和 $\log C_i$ 的散布点图,我们还对函数 $\log C_i = a \log K_i + \bar{Q}$ 进行标点,这里 $\bar{Q}$ 为平均质量。

方程(12.7)清楚地表明具有更高质量土地的农场主倾向于种植更多的棉花。这意味着我们观测到一个农场有大的 K_i 投入,则表明它有更多的高质量土地。因而,该农场的产量将高于只有平均土地质量的农场,从而更大 K_i 的农场的数据点将位于真实联系线之上。此线代表那些只有平均质量的农场。相应地,具有小的 K_i 投入的农场,其土地质量可能会低于平均质量。

结果是适合这样数据的回归线给我们关于 a 的估计将大于 a 的真值。而根本的问题是大的产出值并不是大的投入值引起的,这里有被省略的第三个变量,土地质量。它既影响产出水平,也影响投入选择。

这种偏差在经济计量工作中非常普通:影响选择的一些典型回归变量是由经济当事人自己选择的。例如,设我们想估计教育的回报,通常,高收入的人具有高水平的教育,但教育并不是一个预先确定的变量:人们选择获得多少教育。如果人们选择不同水平的教育,他们大概在其他未被观察到的方面也会不同。但是,这些未被观测到的方面也容易影响他们的收入。

如设高智商的人会得到高的工资,而不管其受教育情况。但是,高智商的人很容易获得更多的教育。这意味着受过高教育的人们具有高工资存在两个原因:第一,他们有比平均更高的智商;

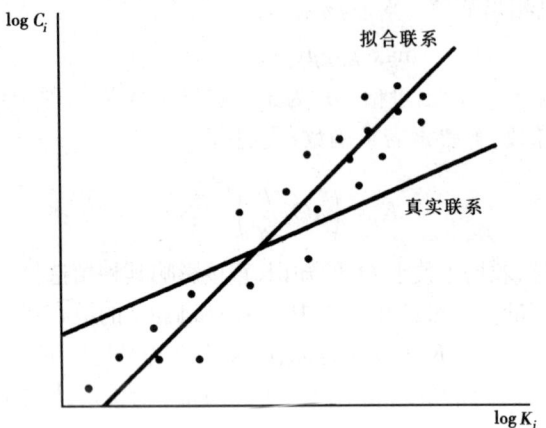

图 12.1 散布点

这是一个关于 $\log K_i$ 和 $\log C_i$ 的散布点。注意,具有大的 K_i 的农场通常有比平均更好的土地,因而产出也大于平均质量土地的产出。所以,这样的点将位于具有平均质量土地的农场的生产联系线之上。

第二,他们受过更多的教育。工资对教育的简单回归会过于强调教育对收入的影响。

另一方面,某人可能会提出这样一种观点,即有富裕父母亲的人倾向于有更高的收入,但富裕的父母亲能够负担得起购买更多的教育,也能遗赠更多的财富给其子女。此外,更高的收入将与更高水平的教育相联系。这里,这两个变量之间并没有直接的因果关系。

对于被控制的试验而言,简单的回归分析是适当的。但对解释变量由当事人选择时却不那么适当。此时,作为真实外生变量的函数,用结构模型来表示所有相关的选择是必要的。

12.8 估计要素需求

在生产联系的情形下,间接估计其参数也许是有用的。例如,

考虑方程(12.7),对其取对数,我们可以写成

$$\log K_i = \frac{1}{1-a}\log a + \frac{1}{1-a}\log P_i - \frac{1}{1-a}\log q_i$$
$$+ \frac{1}{1-a}\log Q_i + \log S_i,$$

此方程的适当回归是

$$\log K_i = \beta_0 + \beta_1 \log p_i + \beta_2 \log q_i + \varepsilon_1,$$

此处,常数 β_0 是 a 和 $\log Q_i$ 与 $\log S_i$ 均值的函数。注意,这种限制意味着 $\beta_2 = -\beta_1$。

这个方程可能是 OLS 估计的候选者吗?如果农场主面对的是投入与产出的竞争性市场,答案是肯定的,其原因是在竞争性市场中,价格并非由农场主控制。如果价格与误差项不相关,那么,OLS 就是一个适当的估计技术。

进而,一个最优化模型中 $\beta_1 = -\beta_2$ 的事实给我们提供了一种检验柯布-道格拉斯生产函数的方法。如果发现 β_1 显著地不同于 $-\beta_2$,我们就可倾向于拒绝该最优化,另一方面,如果不能拒绝假设 $\beta_1 = -\beta_2$[①],我们则倾向于将此作为持续的假设加上,然后估计模型

$$\log K_i = \beta_0 + \beta_1 \log(p_i/q_i) + \varepsilon_i.$$

在这种情况下,需求函数为结构方程:作为外生变量的函数来表示选择。可以用此方程的估计来推出其他的技术特性。

12.9 更复杂的技术

考虑多种投入的生产函数。为简单起见,考虑有两个投入的柯布-道格拉斯生产函数:

$$f(x_1, x_2) = A x_1^a x_2^b$$

从原书第四章的 54 页中知道,要素需求函数具有形式

---

① 原书中为 $\beta_1 = \beta_2$,疑误,应为 $\beta_1 = -\beta_2$。——译注

$$x_1(w_1, w_2, y) = A^{-\frac{1}{a+b}} \left(\frac{aw_2}{bw_1} \right)^{\frac{b}{a+b}} \frac{1}{y^{a+b}}$$

$$x_2(w_1, w_2, y) = A^{-\frac{1}{a+b}} \left(\frac{aw_2}{bw_1} \right)^{-\frac{a}{a+b}} \frac{1}{y^{a+b}}.$$

这两个需求函数具有线性对数形式,故我们写出此回归模型

$$\log x_1 = \beta_{01} + \beta_{11} \log(w_2/w_1) + \beta_{21} y + \varepsilon_1$$

$$\log x_2 = \beta_{02} + \beta_{12} \log(w_1/w_2) + \beta_{22} y + \varepsilon_2.$$

这里,技术参数是回归系数的函数。不过,重要的是知道相当的参数 a 和 b 进入了这些系数的定义之中。这说明这两个方程中的参数并非无约束,而是相关的。如很容易看到有 $\beta_{01} = \beta_{02}$。估计这个方程组应考虑**交叉方程约束**(cross-equation restrictions)。

另一方面,我们可以结合这两个方程以形成成本函数 $C(w, y)$。

$$c(w_1, w_2, y) = A^{\frac{-1}{a+b}} \left[\left(\frac{a}{b} \right)^{\frac{b}{a+b}} + \left(\frac{a}{b} \right)^{\frac{-a}{a+b}} \right] w_1^{\frac{a}{a+b}} w_2^{\frac{b}{a+b}} y^{\frac{1}{a+b}}.$$

线性对数形式为

$$\log c = \log \gamma_0 + \gamma_1 \log w_1 + \gamma_2 w_2 + \gamma_3 y.$$

要素需求函数的交叉方程约束很容易并入一个成本函数的方程式之中。进而,我们从理论研究中知道,此成本函数应是一个递增、齐次与凹的函数。如果合适,这些约束是可以被检验和施加的。

事实上,成本函数可以被认为是这组要素需求的简化形式,不像我们前面研究的需求与供给例子,成本函数包含了原结构模型的所有相关信息。从成本函数的分析中得知,成本函数的微分为其条件需求,因此,估计成本函数的参数会自动地得出条件需求函数的参数估计。

不过,应该强调,此结论在成本最小化假设得以维持下成立。如果被检查的企业确实在最小化成本或最大化利润,我们可以使用各种间接技术来估计这些技术参数。如果最优化假设为真,这些技术通常优于直接技术。

12.10 函数形式选择

所有我们的例子都是使用柯布-道格拉斯函数形式,这是为简单起见,并非现实如此。为表示技术上的权衡(Tradeoffs),常希望有更灵活的参数形式。

你可以写出任意一个函数形式来作为生产函数,但你必须去计算隐含的要素需求或(和)成本函数。对成本函数而言,直接从函数形式出发会更加简单,那么,寻找条件需求就是一个简单的微分事情。

我们从第六章中知道,对一些性能良好的技术来说,任何单调、齐次和凹的价格的函数,是成本函数,因而,所有这些对寻找具有要求特性的函数形式是必要的。

通常,我们想选择一个参数形式以使一些参数值能满足最优化施加的约束,而另一些值则不能满足。这样,我们就可以估计参数,检验所估计出的参数满足理论施加的相应约束的假说。下面列举几个例子。

例子:戴沃特(Diewart)成本函数

戴沃特成本函数形式如

$$c(w, y) = y \sum_{i=1}^{k} \sum_{j=1}^{k} b_{ij} \sqrt{w_i w_j}.$$

对于此函数形式,要求 $b_{ij} = b_{ji}$。注意,我们也可将此形式改写成

$$c(w, y) = y \Big[\sum_{i=1}^{k} b_{ii} w_i + \sum_{i \neq j} \sum_{j \neq i} b_{ij} \sqrt{w_i w_j} \Big].$$

由于此表达式的第一部分为里昂惕夫成本函数形式,故称此形式为**广义里昂惕夫成本函数**(generalized Leontief cost function)。

要素需求函数形式为

$$x_i(w,y) = y\sum_{j=1}^{k} b_{ij}\sqrt{w_j/w_i}.$$

这些需求关于参数 b_{ij} 是线性的,如果 $b_{ij} \geqslant 0$ 和总有一些 $b_{ij} > 0$,很容易证明它满足作为成本函数的必要条件。

参数 b_{ij} 与不同要素之间的替代弹性有关,b_{ij} 项越大,要素 i 和 j 之间的替代弹性也越大,此函数形式并不施加约束于各种弹性之上。戴沃特成本函数可视为对任意成本函数的局部二阶近似。

例子:反对数成本(translog cost)函数

反对数成本函数取形式

$$\log c(w,y) = a_0 + \sum_{i=1}^{k} a_i \log w_i + \frac{1}{2}\sum_{i=1}^{k}\sum_{j=1}^{k} b_{ij}\log w_i \log w_j + \log y.$$

对这种函数,我们要求

$$\sum_{i=1}^{k} a_i = 1$$
$$b_{ij} = b_{ji}$$
$$\sum_{j=1}^{k} b_{ij} = 0.$$

在这些约束下,反对数成本函数关于价格是齐次的。如果对所有的 i 和 j,$a_i > 0$ 和 $b_{ij} = 0$,该成本函数就变成柯布-道格拉斯生产函数。

条件要素需求函数关于参数不是线性的,但要素份额 $s_i(w,y) = w_i x_i(w,y)/c(w,y)$ 则是关于参数线性的,并由下式给出:

$$s_i(w,y) = a_i + \sum_{j=1}^{k} b_{ij}\ln w_i.$$

12.11 估计消费者需求

前面的例子都集中在估计生产的联系方面,这对目标函数为可观测的利润或成本而言有着便利的特征。在消费需求行为的情况下,目标函数不可能被直接观测到。这使得事情有一点概念上的复杂,但并不会产生像人们期望的那么多困难。

设给定数据 $(P^t, X^t), t = 1, \cdots, T$。欲希望估计一些参数的需求函数,我们先分析对单一商品的需求,然后拓展到多个商品。

单一商品的需求函数

即使我们在分析单一商品的需求时,重要的是要理解仍包括两种商品:我们感兴趣的商品和"所有其他的商品"。通常,我们对此选择构造模型时,总是将其作为对该商品和所有花费在其他商品上的货币之间的选择。见原书第九章148页的希克斯可分性讨论。

设以 x 代表某种商品的购买量,y 代表花费在其他商品上的货币。如果 p 是商品 x 的价格,q 是商品 y 的价格,则效用最大化问题变成

$$\max_{x,y} u(x, y)$$
使得 $px + qy = m$.

以 $x(p, q, m)$ 代表需求函数,由于需求函数是零齐次的,我们可用 q 进行标准化,这样它成为 x 的相对价格和真实收入的函数:$x(p/q, m/q)$。在实际中,p 是我们感兴趣商品的价格,q 通常被作为消费物价指数,则需求表说明了观测到的需求量是"真实价格" p/q 和"真实收入" m/q 的函数。

两商品问题的便利之处是任何函数形式实际上与效用最大化相一致。我们从原书第26章的484页可知,两商品情况的可积性方程可以表示成一个惟一的常微分方程,从而由罗伊定律(Roy's law),总存在一个能产生惟一需求方程的间接效用函数。本质上,两商品情形最大化所施加的惟一要求是自己的补偿价格效应应当为负。

这意味着人们在选择与最优化相一致的函数形式方面有更大的自由度。三个普通形式为:

(1) 线性需求:$x = a + bp + cm$.
(2) 对数需求:$\ln x = \ln a + b\ln p + c\ln m$.

(3) 半对数需求：$\ln x = a + bp + cm$.

每个方程都与间接效用函数相连。在原书第 26 章 484 页中，当线性和半对数的情况作为练习给出，我们推导出了对数需求的间接效用函数。估计需求函数的参数自动地得出了间接效用函数的参数估计。

一旦有间接效用函数，我们可用此作出各种预测。例如，我们可以利用这些估计去计算与一些价格改变相关的补偿或等价变化。具体见原书第 10 章 161 页。

多个方程

假设我们想估计多于两个商品的一组需求。这种情况下，我们可以从需求方程的函数形式开始，然后尝试着将它们结合起来寻找效用函数。不过，通常为效用或间接效用指定一个函数形式会更加容易，然后对其求导以得到需求函数。

例：线性支出系统

假设效用函数取形式

$$u(x) = \sum_{i=1}^{k} a_i \ln(x_i - \gamma_i)$$

这里，$x_i > r_i$，效用最大化问题为

$$\max_{x_i} \sum_{i=1}^{k} a_i \ln(x_i - \gamma_i)$$

$$\text{满足} \sum_{i=1}^{k} p_i x_i = m.$$

如果令 $z_i = x_i - \gamma_i$，可以将效用最大化问题改写成

$$\max_{z_i} \sum_{i=1}^{k} a_i \ln z$$

$$\text{满足} \sum_{i=1}^{k} p_i z_i = m - \sum_{i=1}^{k} p_i \gamma_i.$$

这就是以 z_i 表示的柯布-道格拉斯最大化问题。x_i 的需求函数很容易看到具有下列形式

$$x_i = \gamma_i + a_i \frac{m - \sum_{i=1}^{k} p_i \gamma_i}{p_i}$$

例子:近乎理想的需求系统

近乎理想需求系统(Almost Ideal Demand System, AIDS)的支出函数形式为

$$e(p,u) = a(p) + b(p)u, \quad (12.8)$$

这里

$$a(p) = \alpha_0 + \sum_i a_i \log p_i + \frac{1}{2} \sum_i \sum_j \gamma_{ij}^* \log p_i \log p_m$$
$$b(p) = \beta_0 \prod_i p_i \beta_i.$$

由于 $e(p,u)$ 必须关于 p 是齐次的,故参数必须满足

$$\sum_{i=1}^{k} a_i = 1$$
$$\sum_{i=1}^{k} \gamma_{ij}^* = \sum_{j=1}^{k} \gamma_{ij}^* = \sum_{i=1}^{k} \beta_i = 0.$$

需求函数可从方程(12.8)的微分中得到,不过,更方便的是估计支出份额

$$s_i = \alpha_i + \sum_{j=1}^{k} \gamma_{ij} \log p_j + \beta_i \log \frac{m}{P}, \quad (12.9)$$

这里,P 为价格指数,由下式给定。

$$\log P = \alpha_0 + \sum_{i=1}^{k} \log p_i + \frac{1}{2} \sum_{i=1}^{k} \sum_{j=1}^{k} \gamma_{ij} \log p_i \log p_j,$$
$$\gamma_{ij} = \frac{1}{2}(\gamma_{ij}^* + \gamma_{ji}^*).$$

除价格指数项外,AIDS 系统接近于线性。在实践中,经济计量学家一般用一任意价格指数去计算 m/P 项,然后使用方程(12.9)估计该系统的剩余部分。

12.12 小　结

我们看到,最优化模型的理论分析可以在几个方面对指导经济计量研究有帮助。首先,无论是非参数形式还是参数形式,它提供了一种检验理论的方法;其次,理论可以提出构造更加有效估计的约束;再次,理论可以给出模型中的结构关系,指导估计技术的选择;最后,理论可以指导函数形式的选择。

注　释

见迪顿(Deaton)和米尔堡(Muelbauer)(1980)的著作,书中讨论了应用消费者理论估计需求系统。瓦里安(Varian,1990)给出了更具体的拟合优度讨论和几个经验实例。

第13章 竞争市场

直到目前为止,我们研究的是单个经济当事人的最大化行为:厂商和消费者。我们完全将经济环境视为给定,并用市场价格向量予以全部概括。本章,我们开始研究单个当事人的行为如何决定市场价格。我们从最简单的模型开始:单个竞争市场。

13.1 竞争厂商

竞争厂商为一视产出的市场价格为给定,且不能予以控制的企业。在竞争市场中,尽管所有厂商行动的总和构成了市场价格,但每一厂商却视价格独立于自己的行动之外。

令 $\bar{p}$ 为市场价格。那么,一个理想竞争厂商面临的需求曲线取形式

$$D(p) = \begin{cases} 0 & \text{如果 } p > \bar{p} \\ \text{任意量} & \text{如果 } p = \bar{p} \\ \infty & \text{如果 } p < \bar{p} \end{cases}$$

一个竞争厂商在确定他想要的价格、生产他所生产的产量方面是自由的。不过,如果厂商处于竞争市场之中,他制定的价格高于通行的市场价格,就没有人会购买他的产品。如果他制定的价格低于市场价格,则拥有的顾客会尽其所想。但是,由于以市场价格定价也可以获得尽可能多的顾客而不需要放弃利润,这有时可以被表示成竞争厂商面临的是无穷弹性的需求曲线。

如果一个竞争厂商欲销售任何一点产量,他就必须以市场价

格来卖出。当然,真实世界中的市场很少能达到这种理想境界。问题不是任何特定的竞争市场是否完全竞争——几乎没有市场会是如此,问题是什么程度的完全竞争模型能够产生关于真实世界中市场的见解。正像物理学中无摩擦的物理模型能描述物理世界中的一些重要现象一样,完全竞争的无摩擦模型也能产生经济世界中的有用见解。

13.2 利润最大化问题

由于竞争厂商必须把市场价格作为给定,其利润最大化问题非常简单。他必须选择产量 y,以便解

$$\max_{y} py - c(y).$$

内部解的一阶和二阶条件分别为

$$p = c'(y^*)$$
$$c''(y^*) \geqslant 0.$$

特别地,我们将假定作为严格不等式的二阶条件能够满足。这并不很必要,但可能使一些计算更简单。我们称此为**正则情况**。

以 $p(y)$ 表示**反供给函数**,测度厂商为可获利地供给一定量产出的通行价格。根据一阶条件,反供给函数由下式给出

$$p(y) = c'(y),$$

只要 $c''(y) > 0$.

供给函数给出每一价格下的利润最大化产量,因而,$y(p)$ 必须满足一阶条件

$$p \equiv c'(y(p)), \tag{13.1}$$

和二阶条件

$$c''(y(p)) \geqslant 0.$$

直接供给曲线和反供给曲线度量了相同的关系——产出的价格和利润最大化供给之间的关系。两个函数仅只以不同的方式来描述。

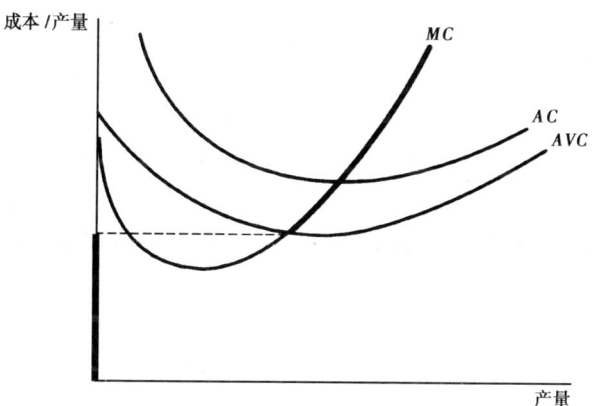

图 13.1 供给函数和成本曲线

在性状良好情况下,竞争厂商的供给函数为位于平均变动成本线之上的边际成本曲线的向上倾斜部分。

竞争厂商的供给如何响应于产出价格的变化?对表达式(13.1)求关于 p 的导数,我们可以得到

$$1 = c''(y(p))y'(p).$$

通常由于 $c''(y)>0$,故 $y'(p)>0$。因此,竞争厂商的供给曲线具有正的斜率,至少在正则情形下如此。在前面的第 2 章中,我们用不同的方法得到了相同的结果。

我们已将重点集中于利润最大化问题的内部解,但有趣的问题是内部解何时被选择。让我们将成本函数写成 $c(y) = c_v(y) + F$,以使总成本能表达成变动成本与固定成本之和。我们将固定成本解释成真正固定的———即使产量为零,固定成本仍需支付。当产量大于零的利润超过产量为零的利润时,厂商会发现正的产量水平是有利可图的。

$$py(p) - c_v(y(p)) - F \geqslant - F.$$

重新安排这个条件,我们发现该厂商将生产正的产量水平,仅

当
$$p \geqslant \frac{c_v(y(p))}{y(p)},$$

这就是说,当价格大于平均变动成本。见图 13.1。

13.3 行业供给函数(industry supply function)

行业供给函数是单个厂商供给函数之和。如某行业有 m 个厂商,第 i 个厂商的供给函数为 $y_i(p)$,则该行业供给函数由下式给出:

$$Y(p) = \sum_{i=1}^{m} y_i(p).$$

该行业的反供给函数是这个函数的反函数:它表示该行业愿意供给一给定产量的最低价格。由于每一厂商都选择价格等于边际成本的产量水平,故每一生产正的产量水平的厂商都具有相同的边际成本。行业供给函数度量行业产量与生产该产量的共同边际成本之间的关系。

例:不同的成本函数

考虑一下有两个厂商的竞争行业。厂商 1 的成本函数为 $c_1(y) = y^2$,厂商 2 的成本函数为 $c_2(y) = 2y^2$。供给函数为
$$y_1 = p/2$$
$$y_2 = p/4.$$

因此,行业供给函数为 $Y(p) = 3p/4$。对任何水平的行业产量 Y,每一厂商生产的边际成本为 $4Y/3$。

例:相同的成本函数

设 m 个厂商具有共同的成本函数,$c(y) = y^2 + 1$。边际成本函数为 $MC(y) = 2y$,平均变动成本函数为 $AV(y) = y$。由于该例中的边际成本函数总是大于平均变动成本函数,故该厂商

的反供给函数由 $p = MC(y) = 2y$ 给定。

继而,厂商的供给函数为 $y(p) = p/2$,行业供给函数为 $Y(p,m) = mp/2$,行业反供给函数为 $p = 2y/m$。注意,厂商数量越大,反供给函数的斜率就越小。

13.4 市场均衡

行业供给函数测度在任何价格下供给的总产量。**行业需求函数**测度在任何价格下面临需求的产量。**均衡价格**是需求量等于供给量时的价格。

为什么这样的价格值得被称之为均衡？通常的论点是,在任何需求不等于供给的价格下,一些经济当事人会发现单边改变行为是有利的。例如,在某一价格时,供给量超过需求量,此时,一些厂商不能卖出所有他们生产的产量,他们将削减产量,以节约成本而不致减少收入,进而增加利润。因此,这样的价格不是均衡的。

如果我们令 $x_i(p)$ 为个体 i 的需求函数,$i = 1,\cdots,n$。令 $y_j(p)$ 为厂商 j 的供给函数,$j = 1,\cdots,m$。那么,均衡价格是下列方程的解。

$$\sum_{i=1}^{n} x_i(p) = \sum_{j=1}^{m} y_j(p).$$

例:相同的厂商

设行业需求函数为线性,$X(p) = a - bp$,行业供给函数由上例给出,$Y(p,m) = mp/2$。均衡价格则为下式的解。

$$a - bp = mp/2,$$

即

$$p^* = \frac{a}{b + m/2}.$$

注意,本例中的均衡价格随厂商数量增加而减少。

对任一行业需求曲线,均衡由下式决定

$$X(p) = my(p).$$

均衡价格如何随 m 而变化？我们视 p 为 m 的隐函数,对此求导数,发现

$$X'(p)p'(m) = my'(p)p'(m) + y(p),$$

即

$$p'(m) = \frac{y(p)}{X'(p) - my'(p)}.$$

假定该行业需求曲线斜率为负,则均衡价格必然会随 m 增加而下降。

13.5 进　　入

上一节描述了厂商数量为外生给定时,行业供给曲线的计算。不过,长期地看,一个行业中的厂商数量是变化的。如果一厂商认为他生产某种产品能够获得利润,我们也就认为他会这么去做。相似,如果某行业中的一个厂商发现他正在损失货币,我们也就认为他会退出这个行业。

依赖于对有关**进入**与**退出**成本所做的何种假设,进入与退出模型在预见诸如潜在进入者收获之类的问题方面是可能的。在本节中,我们讨论一个具有零进入与退出成本和完全预见的简单模型。

设有任意大数量的厂商,其成本函数是相同的,为 $c(y)$。我们可以计算出盈亏平衡(break-even)价格 p^*,此价格下的供给量为最优且利润为零。这也是平均成本等于边际成本的产量水平。

现在,如果行业中的厂商数量为 $1,2,\cdots$,我们可以绘出该行业的供给曲线,寻找最大的厂商数量,以便能盈亏平衡,见图13.2。如果厂商的均衡数量很大,则相应的供给函数会非常平缓,均衡价格也会接近于 p^*。因此,通常假定自由进入的竞争性行业的供

给曲线在价格等于最小平均成本处,基本上为一水平线。

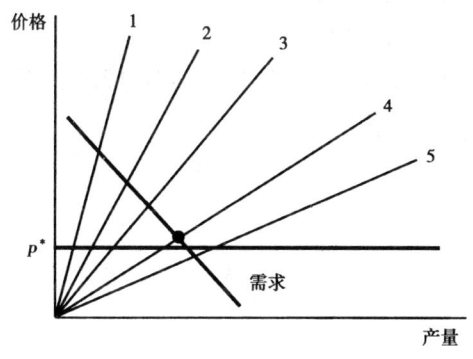

图 13.2 均衡厂商数量

在我们的进入模型中,均衡厂商数量是厂商能够盈亏平衡的最大数量。如果这个数量相当地大,则均衡价格就必须是接近于最小平均成本。

在此进入模型中,均衡价格可以大于盈亏平衡价格,即使该行业中的厂商正在获得正的利润,进入也被阻止。因为潜在进入者会正确地预见到他们的进入会导致负的利润。

像往常一样,正的利润可以被视作经济租金。在这种情况下,我们可将此利润当作"首位租金"(Rent to being First)。亦即,投资者为获得利润流,愿意支付在位厂商赚取利润流的现值。这个租金可用保留在该行业中的(机会)成本来计算。如果这个计算习惯被遵守,处于均衡的厂商会获得零利润。

例子:进入和长期均衡

如果 $c(y) = y^2 + 1$,则盈亏平衡水平可由使平均成本等于边际成本来得到:

$$y + 1/y = 2y,$$

即 $y = 1$。在此产量水平下,边际成本为 2,故这也是盈亏平衡价格。根据我们的进入模型,只要厂商不导致低于 2 的均衡价格,他们便决定进入该行业。

如前例一样,假设需求为线性。那么,均衡价格将是满足下列条件的最小价格 p^*。

$$p^* = \frac{a}{b + m/2}$$
$$p^* \geqslant 2.$$

随着 m 的增大,均衡价格必然会越来越接近 2。

13.6 福利经济学

我们已经看到如何计算竞争均衡:供给等于需求的价格。本节,我们将讨论这个均衡的福利特征。处理此问题的方法有好几种,我们使用的可能是一种最简单的方法:有代表性的**消费者法**(representative consumer)。在后面对一般均衡的讨论中,我们将使用不同的但更一般性的方法。

假设市场需求曲线 $x(p)$ 是由单个有代表性的消费者的最大化效用产生的,效用函数形式为 $u(x) + y$。商品 x 是这一特定市场中要观察的商品,商品 y 代表所有其他物品。最方便的方法是把商品 y 当作消费者在做出关于商品 x 的最优购买决策后,剩余下来的购买其他商品的货币。

我们已在第九章中看到,这种形式的效用函数产生一个如下形式的反需求曲线

$$p = u'(x).$$

直接需求函数 $x(p)$ 为此函数的反函数,故满足一阶条件

$$u'(x(p)) = p.$$

注意其特殊性质:在拟线性效用情况下,需求函数与收入独立。这个性质使得均衡和福利分析特别简单。

只要我们假定了一个有代表性的消费者,我们也可假定一个其成本函数为 $c(x)$ 的有代表性的厂商。对此,我们这样解释:即 x 单位产量的生产要求商品 y 为 $c(x)$ 单位,且做出假设 $c(0) = 0$。我们还假定 $c''(\cdot) > 0$,以便一阶条件惟一地决定有代表性的厂商的利润最大化供给[1]。

有代表性的厂商的利润最大化(反)供给函数为 $p = c'(x)$,因此,商品 x 的**均衡**产量水平是下面方程的解。

$$u'(x) = c'(x). \tag{13.2}$$

这是商品 x 边际愿意支付等于边际生产成本的产量水平。

13.7 福利分析

假设替代使用市场机制,我们直接以最大化有代表性的消费者效用来决定产量。这个问题如下式所示:

$$\max_x u(x) + y$$
$$s.t\ y = \omega - c(x).$$

这里 ω 是消费者关于 y 商品的最初禀赋。

替代约束,我们可重写该问题为

$$\max_x u(x) + \omega - c(x).$$

一阶条件为

$$u'(x) = c'(x), \tag{13.3}$$

根据前面的曲率假设,二阶条件会自动满足。注意,方程(13.2)和方程(13.3)决定了相同的产量水平:此例中,竞争市场严格地导致了与直接最大化效用相同的生产和消费水平。

福利最大化问题即为最大化总效用:消费商品 x 的效用加上消费商品 y 的效用。由于商品 x 的 x 单位意味着放弃商品 y 的 $c(x)$ 单位,故我们的社会目标函数为 $u(x) + \omega - c(x)$。最初禀赋 ω 为常数,所以我们还可取社会目标函数为 $u(x) - c(x)$。

我们已经看到，$u(x)$ 只是(反)需求曲线下并增至 x 的那块区域面积，相似，$c(x)$ 为边际成本线下并增至 x 的区域，这是因为
$$c(x) - c(0) = \int_0^x c'(x)dx$$
我们假定了 $c(0) = 0$。

因此，选择 x 以使效用减成本的最大化等价于需求曲线之下和供给曲线之上形成那块区域面积的最大化，见图 13.3。

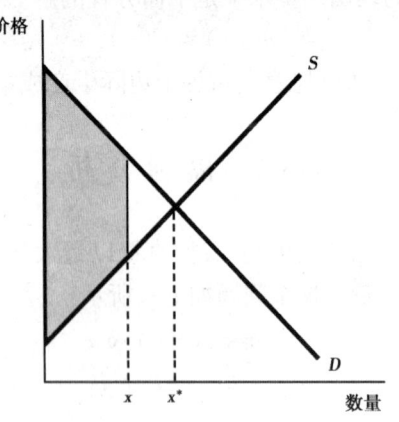

图 13.3 直接效用

均衡价格在需求和供给曲线间最大化该垂直的区域。

这里有一个另外的方法能得到相同的结果。令 $cs(x) = u(x) - px$ 为与给定产量水平相连的**消费者剩余**：它计量从商品 x 的消费和支出中得到总收益的不同。相应地，令 $ps(x) = px - c(x)$ 为利润或典型厂商获得的**生产者剩余**。

那么，**总剩余**最大化要求
$$\max_x CS(x) + PS(x) = [u(x) - px] + [px - c(x)],$$
或
$$\max_x u(x) - c(x).$$

因此,我们可以说产量的竞争均衡水平最大化总剩余。

13.8 若干消费者

上节的分析只涉及单个消费者和单个厂商。不过,这很容易扩展到多个消费者和多个厂商。设有 n 个消费者,$i=1,\cdots,n$;m 个厂商,$j=1,\cdots,m$。每一消费者都有一拟线性效用函数 $u_i(x)+y_i$,每一厂商都有一成本函数 $C_j(x)$。

本文中的**配置**将描述每一消费者消费多少商品 x 和商品 y,即 (x_i,y_i),$i=1,\cdots,n$;以及每一厂商生产多少商品 x,即 z_j,$j=1,\cdots,m$。由于我们知道每一厂商的成本函数,故厂商 j 使用商品 y 的数量由 $c_j(z_j)$ 确定。每一消费者的**初始禀赋**为一定量的商品 Y(为 ω_i)和数量为零的商品 x。

这种情况下的福利最大化合适候选者是在满足可行生产量的约束下,最大化效用总和的配置。效用总和为

$$\sum_{i=1}^n u_i(x_i)+\sum_{i=1}^n y_i.$$

商品 Y 总量是初始禀赋之和减去生产中的消耗。

$$\sum_{i=1}^n y_i=\sum_{i=1}^n \omega_i-\sum_{j=1}^m c_j(z_j).$$

将此式代入目标函数,并认识到商品 x 的总产量必须等于总消费量的可行性约束。我们有最大化问题

$$\max_{x_i,z_j}\sum_{i=1}^n u_i(x_i)+\sum_{i=1}^n \omega_i-\sum_{j=1}^m c_j(z_j)$$

$$\text{满足}\sum_{i=1}^n x_i=\sum_{j=1}^m z_j.$$

令 λ 为此约束的拉格朗日乘数,此最大化问题的答案必须随可行性约束满足

$$u_i'(x_i^*)=\lambda$$

$$c_j'(z_j^*) = \lambda,$$

但应该注意,这些精确的条件必须是以均衡价格 $p^* = \lambda$ 来满足的。这样的均衡价格使得边际效用等于边际成本,同时使需求等于供给。因此,市场均衡必然地最大化至少是以效用总和计量的福利。

当然,这在总效用的分配方面并不能说明什么,因为它将依赖初始禀赋 ω_i 的模式。在拟线性效用情况下,均衡价格并不依赖于财富分配,任何初始禀赋的分配都与上述给出的均衡条件相一致。

13.9 帕累托效率

我们已经看到,竞争均衡最大化了效用的总和,至少在拟线性效用情况下是如此。但效用总和作为可行的目标函数还远不明显,即使在这个被限制的情况下也是这样。

更一般的目标是**帕累托效率**思想。一个帕累托有效配置是一种无法使所有当事人都能更好的配置。换言之,帕累托有效配置是给定其他当事人的效用,使每一当事人尽可能好的配置。

让我们讨论拟线性效用函数情况下的帕累托有效配置,为简单起见,我们将自己限定在只有两个固定量商品的情况下,$(\bar{x}, \bar{y})$。也只有两个人。此时,帕累托有效配置是当事人 2 的效用维持在一固定效用($\bar{u}$)水平上,最大化当事人 1 的效用。即

$$\max_{x_1, y_1} u_1(x_1) + y_1$$

满足 $u_2(\bar{x} - x_1) + \bar{y} - y_1 = \bar{u}.$

将此约束代入目标函数,我们有无约束的最大化问题

$$\max_{x_1} u_1(x_1) + u_2(\bar{x} - x_1) + \bar{y} - \bar{u},$$

其一阶条件为

$$u_1'(x_1) = u_2'(x_2). \tag{13.4}$$

对 x_1 的任何给定值,此条件将惟一决定有效的 x_2 水平。不

过, y_1 和 y_2 的分配是任意的。在两个消费者之间来回转移商品 Y, 会使得一个更好而另一个更差,但这丝毫不影响效率的边际条件。

最后,考虑式(13.4)和竞争均衡之间的关系。在均衡价格 p^*,每一消费者调整商品 x 的消费,以使

$$u_1'(x_1^*) = u_2'(x_2^*) = p^*.$$

因此,帕累托效率的必要条件被满足。进而,任何帕累托效率的配置必须满足等式(13.4)。它基本上决定了这样一个价格,在此价格下,帕累托有效配置像竞争均衡一样得以被支持。

偶而,即使效用函数不是拟线性的,同样的结果也基本有效。不过一般地说,均衡价格将依赖于商品 Y 的分配。我们将在一般均衡那一章中进一步讨论这种依赖性。

13.10 效率和福利

初看起来似乎很奇怪,当我们最大化效用总和就如同在解帕累托效率问题,获得了相同的答案。本节对此作进一步的探讨。为简单起见,我们固定于两个消费者和两个商品,但除此之外均予以一般化。

设商品 x 的初始量为 $\bar{x}$,商品 y 的初始量为 $\bar{y}$,给定一个其他人效用水平的约束,一个有效配置是最大化此人的效用。

$$\max_{x_1, y_1} u_1(x_1) + y_1 \tag{13.5}$$

满足 $u_2(\bar{x} - x_1) + \bar{y} - y_1 = \bar{u}_2$.

最大化效用总和的配置是解

$$\max_{x_1, y_1} u_1(x_1) + u_2(\bar{x} - x_1) + y_1 + \bar{y} - y_1. \tag{13.6}$$

我们业已观察到,这两个问题均由同一 x^* 解出。不过,关于商品 y,这两个问题的解是不同的。任何最大化效用总和的组合 (y_1, y_2),将只有一个 y_1 值能够满足式(13.5)的效用约束。式(13.5)的解只是式(13.6)的许多解中的一个[2]。

13.11 离散商品模型

对市场行为的检验来说,离散商品模型是另一种有用的特殊情况。在此模型中,又只有两种商品,商品 x 和商品 y。不过,商品 x 可以离散量来消费。特别地,我们仍假定消费者总是购买要么一单位、要么零单位的商品。

具有收入 m 和面临的价格为 p 的消费者,其达到的效用,如果他购买该商品则为 $u(1, m-p)$,如果他不购买商品则为 $u(0, m)$。保留价格为 r,它使得消费者在购买或不购买商品 x 之间无差异。这就是说,价格 r 满足下列等式

$$u(1, m-r) = u(0, m).$$

单个消费者的需求曲线描绘在图 13.4A 中,具有不同保留价格的多个消费者的需求曲线呈现阶梯形状,我们在图 13.4B 中给出。

拟线性偏好和离散商品的情况特别简单。此种情形下,如果消费者购买这种商品,其效用为 $u(1) + m - p$,如果不买,则为 $u(0) + m$。保留价格是下式的解

$$u(1) + m - r = u(0) + m$$

容易看到,$r = u(1) - u(0)$。使用方便的标准化,即 $u(0) = 0$,我们看到,保留价格就等于消费商品 x 的效用。

如果商品 x 的价格为 p,则选择消费此商品的消费者具有效用 $u(1) + m - p = m + r - p$。因此,消费者剩余 $r-p$ 就是一种度量面临价格为 p 的消费者所获得效用的简便方法。

这种特殊结构使得均衡与福利分析非常简单。市场均衡价格度量了**边际消费者**(Marginal Consumer)的保留价格——消费者购买或不购买该商品是无差异的。边际消费者(近似)获得了零消费者剩余,**边际内消费者**(Inframarginal Consumers)获得正的消费者剩余。

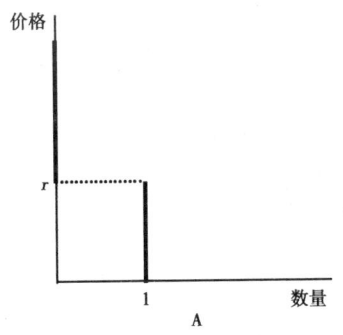 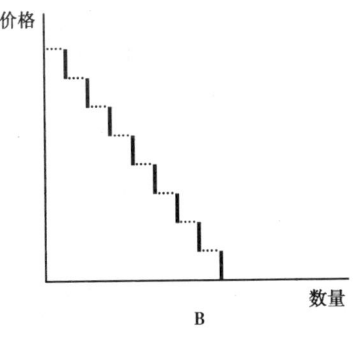

图 13.4　保留价格

图 A 描绘了单个消费者的需求曲线,图 B 描绘了具有不同保留价格的多个消费者的总需求曲线。

13.12　税收和补贴

我们已经看到,比较静态这个术语是关于经济结果如何随经济环境变化而变化的分析。在竞争市场中,我们一般要问,均衡价格和(或)数量如何随一些政策变量的变化而变化。税收和补贴就是方便的例子。

关于税收,重要的事情是要记住在此体制下总存在两个价格,**需求价格**(demand price)和**供给价格**(supply price)。需求价格 p_d 是商品需求者支付的价格,供给价格 p_s 是商品供给者接受到的价格。它们依税收或补贴量而不同。

例如,**数量税**是对商品消费量征税。这意味着需求者支付的价格以税收量大于供给者接受到的价格,多出的部分为税收。

$$p_d = p_s + t.$$

价值税是对商品的支出征税,通常表示成百分量,如 10% 的销售税。税率为 t 的价值税导致下面的特殊形式

$$p_d = (1+r)p_s.$$

补贴有着相似的结构。s 量的补贴表示卖者得到的价格多于买者支付的价格,每单位多 s,即 $p_d = p_s - s$。

需求者和供给者的行为依赖于各自面对的价格,故我们写为 $D(p_d)$ 和 $S(p_s)$。典型的均衡条件是需求等于供给。这导致两个方程:

$$D(p_d) = S(p_s)$$
$$p_d = p_s + t.$$

将第二个方程带入第一个方程之中,我们可以解

$$D(p_s + t) = S(p_s),$$

或

$$D(p_d) = S(p_d - t).$$

显然,关于 p_d 和 p_s 的解独立于我们要解的方程。

解这种税收问题的另外一种方法是使用反需求和反供给函数。此时,方程变成

$$p_d(q) = P_s(q) + t,$$

或

$$p_s(q) = P_d(q) - t.$$

一旦我们解出了均衡价格和数量,直接去进行福利分析是合理的。消费者在均衡点 x^* 消费产生的效用为 $u(x^*) - p_d x^*$,而厂商产生的利润为 $p_s x^* - c(x^*)$。最后,政府获得的税收收入为 $tx^* = (p_d - p_s)x^*$。最简单的情况是厂商利润和税收收入都来自有代表性的消费者,产生的净福利为

$$W(x^*) = u(x^*) - c(x^*).$$

即为需求曲线以下的区域与边际成本曲线以下的区域之差,见图 13.5。有税收下达到的剩余与原均衡所获得的福利之差称为**净损失**(deadweight loss)。在图 13.5 中以黑的三角形表示,净损失为消费者度量损失产量的价值。

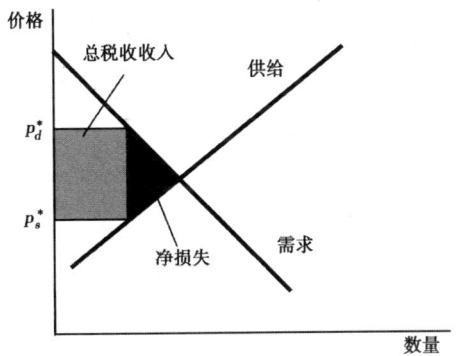

图 13.5 净损失

淡阴影区域表示总税收收入,深的三角形部分为净损失。

注 释

这是一个相当标准的单市场新古典分析,这里讨论的形式可能是马歇尔(Marshall,1920)最先采用的。

[1] 当然,如果只有一个厂商,竞争行为就非常不合理。最好是一竞争行业。此处应为"平均"或"有代表性"的厂商行为。

[2] 对这些说法有一个提醒:他们要求有(y_1, y_2)的内部解,如果消费者 2 的目标效用水平很低,以致只有使 $y_2 = 0$ 时方可达到,那么就破坏了这两个问题的等份。

练 习

13.1 令 $v(p) + m$ 为一有代表性的消费者的间接效用函数,$\pi(p)$ 为一有代表性的厂商的利润函数。福利为价格的函数,且为 $v(p) + \pi(p)$。证明竞争价格最小化这个函数。你能解释为什么均衡价格最小化而不是最大化此计量。

13.2 证明当价格从 p_0 变至 p_1 时,供给函数在 p_0 与 p_1 间积分所给出的利润变化。

13.3 一个有大量厂商的行业,每一厂商都取如下的成本函数形式
$$c(w_1,w_2,y) = (y^2+1)w_1 + (y^2+2)w_2.$$

(a) 找出厂商的平均成本曲线,描述它如何随要素价格 w_1/w_2 变化而移动?

(b) 找出单个厂商的短期供给曲线。

(c) 找出行业的长期供给曲线。

(d) 描述单个厂商的投入要求集合。

13.4 农场主生产棉花需土地和劳动。生产 y 蒲式耳棉花需以货币计的劳动成本为 $c(y)=y^2$。存在 100 个相同的农场主,其行为互相竞争。

(a) 单个农场主的棉花供给曲线是什么?

(b) 棉花市场供给曲线是什么?

(c) 假定棉花的需求曲线为 $D(p)=200-5p$,售出的均衡价格和数量是多少?

(d) 土地的均衡租金是多少?

13.5 考虑一个英国和美国进行雨伞贸易的模型。英国的有代表性的厂商生产出口的雨伞,生产函数为 $f(k,l)$,k 和 l 分别为生产中需要的资本量和劳动量。令 r 和 w 分别为英国的资本价格和劳动价格,$c(w,r,y)$ 是与生产函数 $f(k,l)$ 相联系的成本函数。假定雨伞最初的均衡价格为 p^*,均衡产量为 y^*。为简单起见,假设模型中的所有雨伞均为出口,美国不生产雨伞,所有市场均为竞争。

(a) 英国决定给每把雨伞施加出口补贴 s 以支持雨伞的生产与出口。这样,出口商出口每把雨伞可获 $p+s$。美国应该采用多高的进口税方可抵消这种补贴的使用。即保持雨伞的生产和出口在 y^* 处不变(提示:这是一个简单的问题,不要想得太复杂了)。

(b) 由于美国很容易抵消出口补贴的效果,英国决定替代而使用资本补贴。特别地,他们决定以一定的补贴 s 补助资本购买,以使英国的雨伞制造商的资本价格为 $r-s$。美国为进行报复,决定对进口雨伞予以征税 $t(s)$,以使雨伞的生产数量在 y^* 处保持不变。消费者支付的价格 p、税收 $t(s)$ 和成本函数 $c(w,r,y)$ 之间的关系是什么?

(c) 计算关于 $t'(s)$ 的表达式,它包含了对资本 $k(w,r,y)$ 的条件需求函数。

(d) 假设生产要素表现出常数规模报酬,这如何使得关于 $t'(s)$ 的公式变得简单?

(e) 在雨伞制造中,假定资本为一劣等生产要素,抵补英国资本补贴效应的关税有何不寻常?

13.6 在一热带岛屿上,从第1到第100,共有100个造船商。每一造船商一年可造12条船,并在给定价格下最大化自己的利润。令 y 代表某造船商每年造船的数量。假定造船商1的成本函数为 $c(y) = 11 + y$,造船商2的成本函数为 $c(y) = 11 + 2y$;余此类推。这就是说,造船商 i 的成本函数为 $c(y) = 11 + iy, i = 1, \cdots, 100$。假定$11为拟固定成本,即只在造船商选择正的产量水平时需支付。如果船的价格是25,有多少造船商选择正的产量水平,一年共造出多少只船?

13.7 考虑具有下列结构的行业。50个以竞争方式行动的厂商,具有相同的成本函数 $c(y) = y^2/2$。一个具有零边际成本的垄断者,产品的需求曲线由下式给出

$$D(p) = 1000 - 50p$$

(a) 什么是垄断者的利润最大化产量?

(b) 什么是垄断者的利润最大化价格?

(c) 在此价格下,该竞争部门供给多少?

13.8 美国消费者关于雨伞的需求函数为 $D(p) = 90 - p$。雨伞由美国和英国的厂商来供应。为简单起见,假定每一国家只有一个典型厂商,且为竞争行为。每一国家生产雨伞的成本函数都由 $C(y) = y^2/2$ 给出。

(a) 雨伞的总供给函数是什么?

(b) 出售的均衡价格和数量各为什么?

(c) 现在国内行业游说要求保护,国会同意对外国雨伞征收$3的关税,消费者支付的新的美国价格是什么?

(d)国外及国内厂商各供给多少雨伞?

第14章 垄　　断

垄断一词的原意是排他性销售的权利。现在他已被用来描述一个厂商或少量厂商在一给定市场上对某一产品具有排他性的控制。此定义的困难之处在于定义什么是一个"给定的市场"。在软饮料市场上有很多厂商，但在可乐市场上却只有几家。

从经济分析观点看，一个垄断者的关键特征是在某种程度上具有市场力(market power)。他能够出售的产量，作为其索要价格的函数而持续响应。这与竞争厂商的情形相对立：如果他索要的价格高于通行的市场价格，其销售量会降至为零。竞争厂商是价格接受者，垄断则是价格制定者。

垄断者在选择价格和产出水平时面临两种约束。首先，他面临的是前面已经描述的标准的技术约束——只有一定的投入产出模式是技术可行的。我们将发现用成本函数 $C(y)$ 来概括技术约束是非常方便的(在成本函数中，省略了作为论据之一的要素价格，因为我们假定其为固定的)。

垄断者面临的第二种约束集合是消费者呈现出的行为。消费者愿意就某一商品以不同价格购买不同的量。我们以需求函数 $D(p)$ 来概括这种关系。

垄断者的最大化问题可以写成：

$$\max_{p,y} py - c(y)$$
$$\text{满足 } D(p) = y$$

在大部分情况下，垄断者愿意生产所需求的量，以使约束可以被写成等式，$y = D(p)$。于是，在目标函数中替代 y，我们有下列问题：

$$\max_{p} pD(p) - c(D(p)).$$

尽管这也许是最自然地提出垄断者的最大化问题，但在大部分情况下，用反需求函数较之正需求函数会更加方便。

令 $p(y)$ 为反需求函数——为出售 y 单位产量而必须索要的价格。那么，垄断者生产 y 单位产量期望得到的收益为 $r(y) = p(y)y$。我们可以提出垄断者的最大化问题为

$$\max_{y} p(y)y - c(y).$$

该问题的一阶和二阶条件为

$$p(y) + p'(y)y = c'(y) \tag{14.1}$$

$$2p'(y) + p''(y)y - c''(y) \leqslant 0. \tag{14.2}$$

一阶条件说明，在利润最大化产量下，边际收益必须等于边际成本。让我们更仔细地考虑这个条件。当垄断者多出售 dy 单位产量时，他必须考虑两个效应：第一，他以当前价格出售更多产量而增加的收入 pdy；第二，为了能出售此额外产量，他必须降低价格，$dp = \dfrac{dp}{dy}dy$，这个低的价格用于出售他所有单位的 y。因此，出售额外产量的额外收益由下式给出：

$$pdy + dpy = \left[p + \frac{dp}{dy}y \right]dy,$$

二阶条件要求边际收益的微分必须小于边际成本的微分，即边际收益线从上面穿过边际成本线。

一阶条件可重新安排成如下形式：

$$r'(y) = p(y)\left[1 + \frac{dp}{dy}\frac{y}{p} \right] = c'(y),$$

或

$$p(y)\left[1 + \frac{1}{\varepsilon(y)} \right] = c'(y), \tag{14.3}$$

这里

$$\varepsilon(y) = \frac{p}{y}\frac{dy}{dp}$$

为垄断者面临的(价格)**需求弹性**。注意,只要消费者的需求曲线具有负的斜率,此弹性就是一负数。当然,这是一个标准情况。

由最优产量水平的一阶条件可得,需求弹性的绝对值必须大于1。如果不是这样,边际收益为负,因而也就不能等于非负的边际成本。

垄断者的最优产量如图14.1所示。边际收益曲线为$r'(y) = p(y) + p'(y)y$。根据假设,$p'(y) < 0$,故边际收益曲线位于反需求曲线的下面。

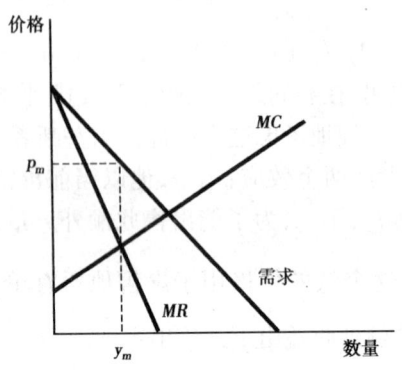

图14.1 垄断产量的决定

垄断者在边际收益等于边际成本处生产。

当$y = 0$时,出售一个额外单位产量的边际收益恰为价格$p(0)$。不过,当$y > 0$时,出售一个额外单位产量的边际收益必须小于价格。由于出售额外产量的惟一方法是降低价格,而这一价格降低将影响所有边际内单位出售所获得的收益。

垄断者的最优产量水平位于边际收益线与边际成本线的交叉处。为满足二阶条件,MR线必须从上面穿过MC线。我们典型地假定,只有惟一的利润最大化产量水平。已知此产量水平,比如

说 y^*,索要的价格将由 $p(y^*)$ 给出。

14.1 特殊情形

有两种垄断行为的特殊情形值得注意:第一是线性需求情形。如反需求函数取形式 $p(y)=a-by$,那么,收益函数将取形式 $r(y)=ay-by^2$,边际收益取形式 $r'(y)=a-2by$。因此,边际收益曲线像需求曲线一样陡峭。如果厂商取常数边际成本形式,即 $c(y)=c\cdot y$,我们可以解这个边际收益等于边际成本方程,以直接确定垄断价格和产量。

$$y^* = \frac{a-c}{2b}$$
$$p^* = \frac{a+c}{2}.$$

另一有趣的情形是常数需求弹性函数,$y=Ap^{-b}$。正如我们在前面所看到的,其需求弹性为常数,且为 $\varepsilon(y)=-b$。在这种情况下,应用(14.3),我们可以写出

$$p(y) = \frac{c}{1-1/b}.$$

因此,对于常数弹性的需求函数来说,价格为对边际成本的一个不变补偿,补偿量依赖于需求弹性。

14.2 比较静态

决定垄断者的产量和价格如何随成本变化而变化常常是有趣的。为简单起见,假定边际成本不变,则该利润最大化问题为

$$\max_{y} p(y)y - cy,$$

一阶条件为

$$p(y) + p'(y)y - c = 0.$$

我们从标准的比较静态计算中可知，dy/dc 的符号与一阶条件关于 C 的微分的符号一样。容易看到，它是负的。故我们可以得出结论：利润最大化的垄断者在其边际成本增加时，将总是降低产量。

更加有趣的是计算成本变化对价格的效应。我们从连锁法则中知道：

$$\frac{dp}{dc} = \frac{dp}{dy}\frac{dy}{dc}.$$

由此表达式，很明显有 $dp/dc>0$。但是，知道 dp/dc 的范围通常是很有用的。

标准的比较静态告诉我们

$$\frac{dy}{dc} = -\frac{\partial^2\pi/\partial y\partial c}{\partial^2\pi/\partial y^2}.$$

取利润函数适当的二阶微分，我们有

$$\frac{dy}{dc} = \frac{1}{2p'(y) + yp''(y)}.$$

从而

$$\frac{dp}{dc} = \frac{p'(y)}{2p'(y) + yp''(y)}.$$

这也可被写成为

$$\frac{dp}{dc} = \frac{1}{2 + yp''(y)/p'(y)}.$$

由此表达式，很容易看到在上面所说的特殊情形下会有什么发生。如果需求为线性，那么，$p''(y) = 0$，$dp/dc = 1/2$。如果需求函数表现为 ε 的常数需求弹性，那么，$dp/dc = ε/1+ε$。在线性需求曲线情况下，成本上升的一半由价格增加来传递。在常数需求弹性下，价格增加比成本增加更大，需求越是无弹性，越多的成本增加被传递。

14.3 福利和产量

在第13章中,我们已经看到,在一定条件下,价格等于边际成本的产量水平是帕累托有效的。由于边际收益曲线总是位于反需求曲线之下,显然,一个垄断生产的产量水平低于帕累托有效的产量。本节我们将更详细一点讨论垄断的这种无效。

为简单起见,让我们考虑只有一个消费者的经济,他拥有拟线性效用函数,$u(x)+y$。正如我们在第13章中看到的,这种形式效用函数的反需求函数由 $p(x) = u'(x)$ 给出。令 $C(x)$ 代表为生产 x 单位的 X 商品而必需的 Y 商品量,那么,一个可行的社会目标是选择 x 以最大化效用

$$W(x) = \max_x u(x) - c(x).$$

这意味着产量的社会最优水平 x_0 由下式给出

$$u'(x_0) = p(x_0) = c'(x_0)$$

另一方面,垄断的产量水平满足条件

$$p(x_m) + p'(x_m)x_m = c'(x_m).$$

因此,由垄断产量水平估计的福利函数微分为

$$W'(x_m) = u'(x_m) - c'(x_m) = -p'(x_m)x_m = -u''(x_m)x_m > 0.$$

它可从 $u(x)$ 的凹性推定,增加产量将增加效用。

我们可稍微不同地来进行相同的讨论。我们也可将社会目标函数写成消费者剩余加利润:

$$W(x) = [u(x) - p(x)x] + [p(x)x - c(x)].$$

在垄断产量下,由于垄断者在最大化利润下选择产量,故利润关于 x 的微分为零。消费者剩余关于 x_m 的微分为

$$u'(x_m) - p(x_m) - p'(x_m)x_m = -p'(x_m)x_m,$$

它当然为正。

14.4 质量选择

垄断者不仅选择产量水平,也选择他们生产产品的其他方面,如考虑产品质量。让我们假定产品质量以数的等级 q 来表示,假定效用和成本依赖于质量,假定取社会目标函数为

$$W(x,q) = u(x,q) - c(x,q).$$

(为分析简单,通常我们假定效用函数为拟线性的。)我们假定质量是一种商品,故有 $\partial u/\partial q > 0$。其生产耗费大,故有 $\partial c/\partial q > 0$。

垄断者最大化利润:

$$\max_{x,q} p(x,q)x - c(x,q).$$

该问题的一阶条件为

$$p(x_m, q_m) + \frac{\partial p(x_m, q_m)}{\partial x} x_m = \frac{\partial c(x_m, q_m)}{\partial x}$$

$$\frac{\partial p(x_m, q_m)}{\partial q} x_m = \frac{\partial c(x_m, q_m)}{\partial q}$$

让我们在 (x_m, q_m) 点计算福利函数的微分,我们有

$$\frac{\partial W(x_m, q_m)}{\partial x} = \frac{\partial u(x_m, q_m)}{\partial x} - \frac{\partial c(x_m, q_m)}{\partial x}$$

$$\frac{\partial W(x_m, q_m)}{\partial q} = \frac{\partial u(x_m, q_m)}{\partial q} - \frac{\partial c(x_m, q_m)}{\partial q}.$$

用一阶条件对上式进行替代,我们发现

$$\frac{\partial W(x_m, q_m)}{\partial x} = -\frac{\partial p(x_m, q_m)}{\partial x} x_m > 0 \quad (14.4)$$

$$\frac{\partial W(x_m, q_m)}{\partial q} = \frac{\partial u(x_m, q_m)}{\partial q} - \frac{\partial p(x_m, q_m)}{\partial q} x_m. \quad (14.5)$$

第一个方程告诉我们,将质量固定,垄断者相对于社会最优水平将生产很少。第二个方程不那么容易理解。由于 $\partial p/\partial q$ 为生产更多质量的边际成本,它必须为正。因而福利关于质量的导数是两个正数之间的差异,从表面上看,它并不清楚。

问题是我们能否找到任何关于需求行为的可能条件去给此方程标上符号。如果我们将社会目标函数写成消费者剩余加利润,而不是效用减成本,似乎更加容易看到答案。

$$W(x,q) = [u(x,q) - p(x,q)x] + [p(x,q)x - c(x,q)]$$
$$= 消费者剩余 + 利润$$

现在,对此定义求关于 x 和 q 的微分,并在垄断者最大化利润的产量水平处对此进行评价。由于垄断者最大化利润,垄断利润关于产量和质量的导数必须等于零,表明了福利关于数量和质量的导数精确地是消费者剩余关于数量和质量的导数。

消费者剩余关于数量的导数总是为正,这是垄断者生产很少产量的另一种说法。消费者剩余关于质量的导数是模糊的——可能为正,也可能为负。其符号依赖于 $\partial^2 p(x,q)/\partial x \partial q$ 的符号。

为看清楚此点,考虑图14.2。当质量增加时,需求曲线向上移动,并(可能)由一面向另一面倾斜。将此运动分解成平行移动和转动,如图所示。在平行移动中,消费者剩余不受影响,因而总的变化就只依赖于反需求曲线是变平还是变陡。如果反需求曲线的斜率变得更平,消费者剩余将下降,反之亦然[1]。

另一种解释方程(14.5)的方法是基于保留价格模型的考虑。将 $p(x,q)$ 认作计量消费者消费 x 的保留价格,故 $u(x,q)$ 即为保留价格的总和。在此解释中,$u(x,q)/x$ 为平均支付意愿(average willingness to pay),$p(x,q)$ 为边际支付意愿(marginal willingness to pay)。我们可以重写(14.5)为

$$\frac{1}{x}\frac{\partial W(x_m,q_m)}{\partial q} = \frac{\partial}{\partial q}\left[\frac{u(x,q)}{x_m} - p(x_m,q_m)\right].$$

现在我们可以看到,福利关于 q 的导数与平均支付意愿关于质量变化的导数减去边际支付意愿关于质量变化的导数成正比。

社会福利依赖于消费者效用或支付意愿的总和。但是,垄断者只关心边际个人的支付意愿。如果这两个值不同,从社会角度看,垄断者的质量选择将不是最优的。

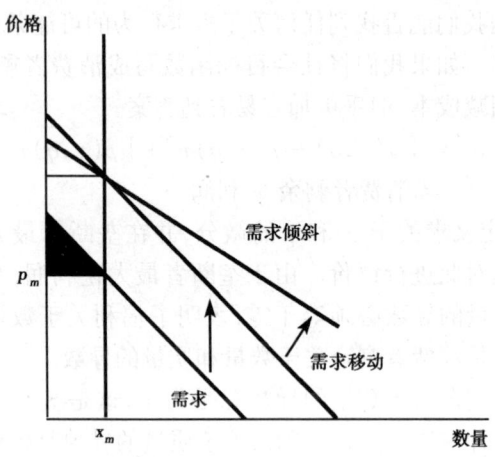

图 14.2 质量变化对消费者剩余的影响

当需求曲线移动和倾斜时,消费者剩余的影响只依赖倾斜方向。

14.5 价格歧视

粗略地说,价格歧视就是对同一消费者或不同消费者,以不同价格出售不同单位的同一商品。价格歧视很自然地由对垄断的研究所引起。我们已经看到,如果垄断者能够找到一种不降低当前销售这些单位的价格的方法,他一般希望出售额外的产量。

为使价格歧视能够成为厂商的一种可行战略,他必须有能力对消费者进行分类,并防止重新出售。防止重新出售通常不是一个严肃的问题,与价格歧视有关的最大困难是对消费者进行分类。最容易的情况是厂商可用如年龄之类的外生范畴来清晰区别消费者。当厂商必须对以如购买量和购买时间之类的一些内生范畴为基础进行价格歧视时,更复杂的分析就是必要的。在这种情况下,厂商面临的是定价结构问题,以使消费者"自我选择"进入适当的等级。

价格歧视形式的传统分类由庇古(Pigou,1920)给出:

第一类价格歧视是卖者以每一单位的索要价格等于该单位的最大支付意愿的方式,对每一单位商品索要不同的价格。这也被称为**完全价格歧视**。

第二类价格歧视发生在价格的不同依赖于商品购买的数量,而不依赖于消费者。这个现象也被称为非线性定价。每个消费者面临相同的价格表,但此表对不同的购买量有不同的价格。数量折扣或佣金是明显的例子。

第三类价格歧视意思是不同的买者被索要不同的价格,但每一买者为每一单位商品的购买需求支付一个不变的量。这也许是最普通的价格歧视形式,如学生折扣、对一周的不同时间索要不同的价格等。

我们将在一个非常简单的模型中探讨这三种形式的价格歧视。假定有两个潜在的消费者,其效用函数为 $u_i(x) + y, i = 1,2$。为简单起见,对效用进行标准化,以使 $u(0) = 0$,消费者 i 对若干消费水平 x 的最大支付意愿以 $r_i(x)$ 来表示。它是下列方程的解。

$$u_i(0) + y = u_i(x) - r_i(x) + y.$$

等式左边给出了零商品消费的效用,右边给出了消费 x 单位并支付价格 $r_i(x)$ 的效用。借助于标准化,$r_i(x) \equiv u_i(x)$。

另一个与效用函数有关的有用函数是边际支付意愿函数,如(反)需求函数。这个函数度量为诱使消费者需求 x 单位消费品,每单位价格必须为多少。如果消费者面临每单位价格为 p,需选择最优消费水平,他或她必须解效用最大化问题

$$\max_{x,y} u_i(x) + y$$

满足 $px + y = m$

正如我们已多次看到的,该问题的一阶条件为

$$p = u_i'(x). \tag{14.6}$$

因此,此反需求函数由(14.6)清晰地给出:诱使消费者选择消费水

平 x 的必要价格为 $p = p_i(x) = u_i'(x)$。

我们假定,消费者 2 对该商品 2 的最大支付意愿总是超过消费者 1 的最大支付意愿,即

$$u_2(x) > u_1(x) \quad \text{对所有的 } x. \tag{14.7}$$

我们一般地还将假定消费者 2 对该商品的边际支付意愿超过消费者 1 的边际支付意愿,即

$$u_2'(x) > u_1'(x) \quad \text{对所有的 } x. \tag{14.8}$$

因而很自然地会得出,消费者 2 是高需求消费者,消费者 1 是低需求消费者。

我们还将假定,问题中只有一个卖者出售该商品,他在每单位固定边际成本 c 处生产。从而,这个垄断者的成本函数为 $c(x) = c \cdot x$。

14.6 第一类价格歧视

现在假定只有一个当事人,故我们省略了区分当事人的下标。垄断者想提供给当事人某一价格和产量的组合 (r^*, x^*),以便能获得最大利润。价格 r^* 是要么接受要么放弃的价格——消费者可以支付 r^* 以消费 x^*,或消费零单位商品。

垄断者的利润最大化问题为

$$\max_{r, x} r - cx$$
$$\text{满足 } u(x) \geqslant r.$$

约束表明,消费者在从 x 商品的消费中必须获得非负的剩余。由于垄断者希望 r 尽可能大,所以此约束将作为一个等式得以满足。

用约束替代并求导数,我们发现,决定最优生产水平的一阶条件为

$$u'(x^*) = c. \tag{14.9}$$

已知这个生产水平,要么接受要么放弃的价格为:

$$r^* = u(x^*).$$

关于这个结论有几点值得说明。第一,垄断者将选择一个帕累托有效的产量水平进行生产——边际支付意愿等于边际成本的产量水平。不过,生产者将设法获得所有的这种有效生产水平的收益——在消费者消费或不消费产品无差异时,他将获得最大可能的利润。

第二,在这个市场中的垄断者与在竞争行业中一样,生产同一水平的产量。竞争行业在价格等于边际成本处生产,且供给等于需求。这两个条件合在一起表示 $p(x) = c$,这恰好是与(14.6)中反需求函数定义相伴随的等式(14.9)。当然,交易收益的分配与在竞争均衡中非常不同,在这种情况下,消费者获得效用 $u^*(x) - cx^*$,厂商获得零利润。

第三,如果垄断者以不同的价格出售每一单位产量给这个消费者,可以得到相同的结果。例如,假定厂商将产量分成 n 份,每份的大小为 Δ,故 $x = n\Delta x$。则第一单位消费的支付意愿由下式给出
$$u(0) + m = u(\Delta x) + m - p_1,$$
或
$$u(0) = u(\Delta x) - p_1.$$
相似地,第二单位消费的边际支付意愿为
$$u(\Delta x) = u(2\Delta x) - p_2.$$
继续此过程至 n 单位,我们有方程序列
$$u(0) = u(\Delta x) - p_1$$
$$u(\Delta x) = u(2\Delta x) - p_2$$
$$\vdots$$
$$u[(n-1)\Delta x] = u(x) - p_n.$$
对这 n 个方程进行相加,并使用标准化 $u(0) = 0$,我们有 $\sum_{i=1}^{n} p_n = u(x)$。这就是边际支付意愿加总等于总的支付意愿。因此,厂商如何进行价格歧视并不重要:提供一个要么接受要

么放弃的价格,或以每单位的边际支付意愿出售商品。

14.7 第二类价格歧视

第二类价格歧视也被称之为**非线性定价**。这包括像数量折扣这样的实践,厂商得到的收益是购买量的非线性函数。本节,我们将分析这种类型中的一个简单问题。

回忆早期引入的概念。有两个具有效用函数为 $u_1(x_1) + y_1$ 和 $u_2(x_2) + y_2$ 的消费者,这里,我们假定 $u_2(x) > u_1(x)$ 和 $u_2'(x) > u_1'(x)$。我们把消费者 2 称作高需求消费者,消费者 1 称作低需求消费者。更大总支付意愿的消费者也具有更大边际支付意愿的假定有时被称作**单交叉性**(single crossing property),因为它意味着这两个当事人之间的任何无差异曲线只有最多一次的相交。

设垄断者选择某一(非线性)函数 $p(x)$,以表明如果 x 单位被需求,他将索要多少。假定消费者 i 需求 x_i 单位,支出 $r_i = p(x_i)x_i$元。从消费者和垄断者角度看,所有相关的是函数 $p(x_i)$ 的选择归为 (r_i, x_i) 的选择。消费者 1 选择 (r_1, x_1),消费者 2 选择 (r_2, x_2)。

垄断者面临的约束如下。首先,每个消费者希望消费 x_i,愿意支付价格 r_i:

$$u_1(x_1) - r_1 \geq 0$$
$$u_2(x_2) - r_2 \geq 0.$$

这就是说每个消费者至少做到既消费又不消费 x 商品。其次,每个消费者必须偏好他自己的消费,而不是别人的消费。

$$u_1(x_1) - r_1 \geq u_1(x_2) - r_2$$
$$u_2(x_2) - r_2 \geq u_2(x_1) - r_1.$$

这就是所谓的自我选择约束。如果消费者在自愿选择基础上,计划 (x_1, x_2) 为可行,则与消费其他人的束相比较,消费者必须偏好自己意愿的束。

重新安排上一段的不等式为

$$r_1 \leq u_1(x_1) \tag{14.10}$$

$$r_1 \leq u_1(x_1) - u_1(x_2) + r_2 \tag{14.11}$$

$$r_2 \leq u_2(x_2) \tag{14.12}$$

$$r_2 \leq u_2(x_2) - u_2(x_1) + r_1. \tag{14.13}$$

当然，垄断者希望选择使其尽可能大的 r_1 和 r_2。一般地，由前面两个不等式中的任一个是具约束力的，就可推出后两个不等式中的一个也将具有约束力(这里的含意为不等式变成等式约束——译者注)。其结果是 $u_2(x) > u_1(x)$ 和 $u_2'(x) > u_1'(x)$ 的假设足以决定哪一个约束将变成等式，这正像我们要证明的。

开始假设(14.12)为等式约束，则(14.13)的意思是

$$r_2 \leq r_2 - u_2(x_1) + r_1,$$

或

$$u_2(x_1) \leq r_1.$$

使用(14.7)，我们有

$$u_1(x_1) < u_2(x_1) \leq r_1,$$

这与(14.10)相冲突，从而可知(14.12)不属等式约束，而(14.13)才是等式约束。它是一个我们为未来使用要说明的事实：

$$r_2 = u_2(x_2) - u_2(x_1) + r_1. \tag{14.14}$$

现在考虑(14.10)和(14.11)。如果(14.11)为等式约束，我们有

$$r_1 = u_1(x_1) - u_1(x_2) + r_2.$$

用(14.14)替代，发现

$$r_1 = u_1(x_1) - u_1(x_2) + u_2(x_2) - u_2(x_1) + r_1,$$

即

$$u_2(x_2) - u_2(x_1) = u_1(x_2) - u_1(x_1),$$

我们可以重写此表达式为

$$\int_{x_1}^{x_2} u_1'(t)dt = \int_{x_1}^{x_2} u_2'(t)dt$$

不过,这与 $u_2'(x) > u_1'(x)$ 的假设冲突,从而可知(14.11)不是等式约束,而(14.10)才为等式约束,故

$$r_1 = u_1(x_1). \tag{14.15}$$

等式(14.14)和(14.15)含意是低需求消费者将被索要他的最大边际支付意愿,高需求消费者将被索要能诱使他消费 x_2 而不是 x_1 的最高价格。

垄断者的利润函数为

$$\pi = [r_1 - cx_1] + [r_2 - cx_2],$$

对 r_1 和 r_2 进行替代而变成

$$\pi = [u_1(x_1) - cx_1] + [u_2(x_2) - u_2(x_1) + u_1(x_1) - cx_2].$$

求此方程关于 x_1 和 x_2 的最大化。求导数,我们有

$$u_1'(x_1) - c + u_1'(x_1) - u_2'(x_1) = 0 \tag{14.16}$$

$$u_2'(x_2) - c = 0. \tag{14.17}$$

重新安排方程(14.16),有

$$u_1'(x_1) = c + [u_2'(x_1) - u_1'(x_1)] > c, \tag{14.18}$$

这表明,低需求消费者具有超过该商品边际成本的(边际)价值。因此,他无效地消费一小部分商品。等式(14.17)说明,在最优的非线性价格下,高需求消费者有一个等于边际成本的边际支付意愿,故他消费了社会标准的量。

注意,如果单交叉性不满足,(14.18)的括号项符号会为负,因此低需求消费者会比其在有效点上消费一个更大的量。这种情况可以发生,但被认为是相当奇怪的。

高需求消费者支付边际成本的结论非常普通,如果高需求消费者以超过边际成本来支付价格,则垄断者可以对最大的消费者少量降低其索要的价格,诱使他们购买更多。由于价格仍超过边际成本,垄断者从这些销售中会获得利润。进而,这样的策略不会

影响垄断者从任何其他消费者那儿得到的利润,因为他们都在消费的更低价值处被最优化。

例子:图上处理

自我选择的价格歧视问题可以在图上进行处理。考虑表示两个消费者需求曲线的图14.3,为简单起见,我们假定边际成本为零。图14.3中的A表示没有自我选择问题的价格歧视,厂商对高需求消费者出售x_h^0,对低需求消费者出售x_l^0,出售价格为各自的消费者剩余——即各自需求曲线下的区域。这样,高需求消费者为消费x_h^0需支付$A+B+C$,低需求消费者为消费x_l^0需支付A。

不过,这种策略违犯了自我选择约束。高需求消费者偏好低需求消费者的束,因为选择它会让其得到一个面积为B的净剩余。为满足自我选择约束,垄断者必须以等于$A+C$的价格提供x_h^0,它给高需求消费者留下了等于B的剩余,而不管其选择哪一束来消费。

这个策略是可行的,但为最优吗? 答案却是否定的:用提供给低需求消费者一个更小一点的束,垄断者损失的利润如图14.3中

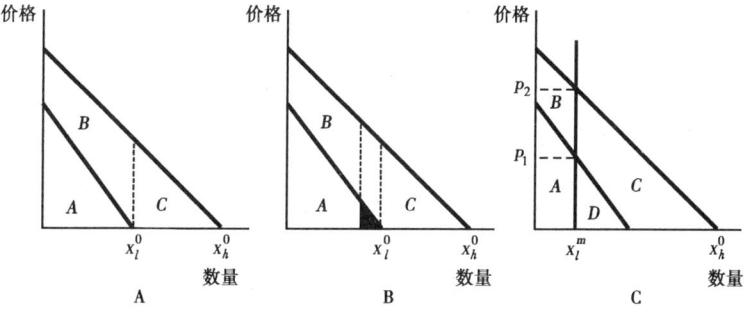

图14.3 第二类价格歧视

图A显示了自我选择不成为问题时的解,图B证明了减少低需求消费者的束将增加利润,图C证明了对低需求消费者而言的利润最大化水平。

B 的黑三角所示,获得的利润由阴影的四边形表示。减少提供给低需求消费者的量对利润没有一阶效应,这是由于在 x_l^0 处的边际支付意愿等于零。不过,由于高需求消费者在此点的边际支付意愿大于零,故他非边际地增加了利润。

对于低需求消费者而言,在利润最大化的消费水平处,即图 14.3C 中的 x_l^m,利润的边际减少来自于低需求消费者自价格 p_1 的进一步减少,它正好等于来自高需求消费者的在利润方面的边际增加,即 $p_2 - p_1$(注意,这也可从式(14.8)中得出)。最后的结论是低需求消费者在 x_l^m 处消费并支付 A,故从其购买中得到零剩余。高需求消费者在 x_h^0 处消费,这属社会合理量,他为此支付 $A + C + D$,留下正的且量为 B 的剩余。

14.8 第三类价格歧视

第三类价格歧视出现在当消费者被索要不同的价格时,但每一消费者对购买量的所有单位都面临着一个固定的价格。这可能是最常见的价格歧视形式。

教科书情况就是这样,有两个独立的市场,厂商可以很容易对此实施分割。一个例子是可以年龄束进行歧视,正如在电影放映中给年轻人折扣一样。如果我们令 $p_i(x)$ 为群体 i 的反需求函数,且设只有两个群体。那么,垄断者的利润最大化问题为

$$\max_{x_1, x_2} p_1(x_1)x_1 + p_2(x_2)x_2 - cx_1 - cx_2.$$

该问题的一阶条件为

$$p_1(x_1) + p_1'(x_1)x_1 = c$$
$$p_2(x_2) + p_2'(x_2)x_2 = c.$$

令 ϵ_i 为市场 i 中的需求弹性,我们可以写出这些表达式为

$$p_1(x_1)\left[1 - \frac{1}{|\epsilon_1|}\right] = c$$

$$p_2(x_2)\Big[1-\frac{1}{|\epsilon_2|}\Big]=c.$$

当且仅当 $|\epsilon_1|<|\epsilon_2|$ 时,有 $p_1(x_1)>p_2(x_2)$。因此,需求弹性越大的市场——对价格的敏感度也越大——被索要的价格也更低。

现在假设垄断者并不能像其所想的那样能清楚地分割市场,从而在一个市场中索要的价格影响在另一个市场中的需求。例如,考虑一个星期一廉价之夜的剧场,星期一较低的价格可能在一定程度上影响到星期二的需求。

在这种情况下,厂商的利润最大化问题为

$$\max_{x_1,x_2}\ p_1(x_1,x_2)x_1+p_2(x_1,x_2)x_2-cx_1-cx_2,$$

该问题的一阶条件为

$$p_1+\frac{\partial p_1}{\partial x_1}x_1+\frac{\partial p_2}{\partial x_1}x_2=c$$

$$p_2+\frac{\partial p_2}{\partial x_2}x_2+\frac{\partial p_1}{\partial x_2}x_1=c.$$

我们可以重新安排这些条件以给出

$$p_1\Big[1-\frac{1}{|\epsilon_1|}\Big]+\frac{\partial p_2}{\partial x_1}x_2=c$$

$$p_2\Big[1-\frac{1}{|\epsilon_2|}\Big]+\frac{\partial p_1}{\partial x_2}x_1=c.$$

由于我们假设为拟线性效用,从而有 $\partial p_1/\partial x_2=\partial p_2/\partial x_1$,即交叉价格效应是对称的。将第一个等式代入第二个等式并重新安排,我们有

$$p_1\Big[1-\frac{1}{|\epsilon_1|}\Big]-p_2\Big[1-\frac{1}{|\epsilon_2|}\Big]=[x_1-x_2]\frac{\partial p_2}{\partial x_1}.$$

很自然地假设这两个商品是替代的——毕竟它们是卖给不同群体的同一商品——所以有 $\partial p_2/\partial x_1>0$。不失一般性,假设 $x_1>x_2$,根据上式就可立即得出

$$p_1\left[1-\frac{1}{|\varepsilon_1|}\right]-p_2\left[1-\frac{1}{|\varepsilon_2|}\right]>0.$$

重新安排,我们有

$$\frac{p_1}{p_2}>\frac{1-1/|\varepsilon_2|}{1-1/|\varepsilon_1|}.$$

由此表达式可知,如果 $|\varepsilon_2|>|\varepsilon_1|$,必然有 $p_1>p_2$。这就是说,如果较小的市场有更多弹性的需求,其必然会有一个较低的价格。从而,在这些辅助假设下,独立市场的直觉蕴藏着更一般的情形。

福利效应

关于第三类价格歧视更多讨论方面必须要做的是估计这种形式价格歧视的福利效应。当第三类价格歧视存在或不存在时,我们一般会期望消费者剩余加生产者剩余是更高还是更低?

我们从确定福利改进的一般检验处开始。为简单起见,假设只有两个群体,总效用函数形式为 $u(x_1,x_2)+y$。这里,x_1 和 x_2 分别代表两个群体的消费量,y 是花费在另一商品上的货币。这两个商品的反需求函数由下式给出

$$p_1(x_1,x_2)=\frac{\partial u(x_1,x_2)}{\partial x_1}$$

$$p_2(x_1,x_2)=\frac{\partial u(x_1,x_2)}{\partial x_2}.$$

我们假设 $u(x_1,x_2)$ 为凹且可微,尽管这比所要求的要更强一点。

令 $c(x_1,x_2)$ 为提供 x_1 和 x_2 的成本,从而社会福利由下式计量

$$W(x_1,x_2)=u(x_1,x_2)-c(x_1,x_2).$$

现在考虑两个产量组合,(x_1^0,x_2^0) 和 (x_1',x_2')。其相应的价格为 (p_1^0,p_2^0) 和 (p_1',p_2')。根据 $u(x_1,x_2)$ 的凹性,我们有

$$u(x_1',x_2')\leq u(x_1^0,x_2^0)+\frac{\partial u(x_1^0,x_2^0)}{\partial x_1}(x_1'-x_1^0)$$

$$+ \frac{\partial u(x_1^0, x_2^0)}{\partial x_2}(x_2' - x_2^0).$$

重新安排并使用反需求函数的定义,我们有

$$\Delta u \leq p_1^0 \Delta x_1 + p_2^0 \Delta x_2.$$

用类似的讨论,我们有

$$\Delta u \geq p_1' \Delta x_1 + p_2' \Delta x_2.$$

由于 $\Delta W = \Delta u - \Delta c$,故我们的最终结果为

$$p_1^0 \Delta x_1 + p_2^0 \Delta x_2 - \Delta c \geq \Delta W \geq p_1' \Delta x_1 + p_2' \Delta x_2 - \Delta c. \tag{14.19}$$

在固定边际成本的特殊情况下,$\Delta c = c \Delta x_1 + c \Delta x_2$,故不等式变成

$$(p_1^0 - c)\Delta x_1 + (p_2^0 - c)\Delta x_2 \geq \Delta W \geq (p_1' - c)\Delta x_1 + (p_2' - c)\Delta x_2. \tag{14.20}$$

注意,这些福利约束完全是一般性的,仅只依赖于效用函数的凹性,这也是需求曲线向下倾斜的基本要求。瓦里安(Varian,1985)用间接效用函数推导出这些不等式,比此稍更显一般性。

为在价格歧视的问题中应用这些不等式,令初始的价格集合为不变的垄断价格,从而有 $p_1^0 = p_2^0 = p^0$,令 (p_1', p_2') 为歧视价格,则(14.20)中的边界就变成

$$(p^0 - c)(\Delta x_1 + \Delta x_2) \geq \Delta W \geq (p_1' - c)\Delta x_1 + (p_2' - c)\Delta x_2. \tag{14.21}$$

上边界的含意是,福利增加的必要条件为总产量增加。假定与此相反,总产量减少,即 $\Delta x_1 + \Delta x_2 < 0$。由于 $p^0 - c > 0$,(14.21)就意味着 $\Delta W < 0$。下边界给出了价格歧视下福利增加的充分条件,即加权产量变化的总和为正,权重由价格减边际成本给出。

此边界的简单几何图形如图 14.4 所示。福利所得 ΔW 由梯形表示。梯形的面积由上下两个矩形清晰地界定。

作为福利边界的简单应用,让我们考虑具有线性需求的两个

市场的情况。

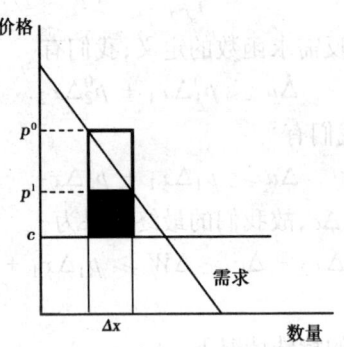

图 14.4 福利边界说明

梯形是消费者剩余的真实变化。

$$x_1 = a_1 - b_1 p_1$$
$$x_2 = a_2 - b_2 p_2.$$

为简单起见,令边际成本为零。那么,如果垄断者进行价格歧视,他将在每一条需求曲线的下一半长度内出售来使收益最大化,故有 $x_1 = a_1/2, x_2 = a_2/2$。

现在假定垄断者用单一价格向两个市场进行出售,总需求曲线将为

$$x_1 + x_2 = a_1 + a_2 - (b_1 + b_2)p.$$

为最大化收益,垄断者将在需求曲线的下一半经营,它表示

$$x_1 + x_2 = \frac{a_1 + a_2}{2}.$$

因此,在具有线性需求曲线的价格歧视下,总产量与通常的垄断下一样。边界由(14.21)给出,它表示在价格歧视下,福利必然会减少。

不过,这个结论依赖两个市场都被服务于通常的垄断之下的假设。假定市场 2 非常小,且不允许价格歧视,因而利润最大化厂商将不在该市场上销售。如图 14.5 所示。

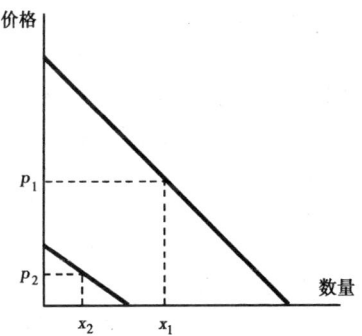

图 14.5 价格歧视

如果不允许价格歧视,垄断者会最优地只选择服务于大的市场。

在这种情况下,由(14.21)任给一福利所得,允许价格歧视将导致 $\Delta x_1 = 0$ 和 $\Delta x_2 > 0$。当然,这不仅是福利所得,而且也是事实上的帕累托改进。

这个例子相当有说服力。如果由于价格歧视而开辟一新的市场——该市场以前并不被通常的垄断者所服务——那么,我们一般有两个帕累托改善性的福利增加。另一方面,如果需求的线性不是差的第一近似,为响应于价格歧视,产量也不会有太剧烈的改变,我们也有理由期望净福利效应为负。

注 释

质量选择的讨论基于斯潘思(Spense, 1975)。价格歧视的文献综述见瓦里安(Varian, 1989a)。

[1] 注意,需求曲线的斜率为负,这就是说,倾斜度越平,斜率越趋于零。

练 习

14.1 反需求曲线由 $p(y) = 10 - y$ 给出,垄断者有 4 单位商品的一个固定供给,他将出售多少且定什么价格?在具有这些需求和供给特点的竞争市场中,价格和产量会怎样?如果垄断者有 b 单位商品,将会发生什么(假定自由分配)?

14.2 假设一个垄断者面临的需求曲线为 $D(p)=10-p$,并有 7 单位的固定供给可出售,最大化利润的价格是什么?最大化利润是多少?

14.3 垄断者面临的需求曲线形式为 $x=10/p$,边际成本为固定且等于 1,最大化利润的产量水平是什么?

14.4 什么形式的需求曲线使得 $dp/dc=1$?

14.5 假定垄断者面临的需求曲线由 $p(y,t)$ 给出,这里的 t 为移动需求曲线的参数,为简单起见,假定垄断者有表现出常数边际成本的技术,推导出一个表达式以证明产量如何响应 t 的变化。如果这个移动参数取特殊形式 $p(y,t)=a(y)+b(t)$,如何简化此表达式?

14.6 垄断者面临的需求函数由 $D(p)=10/p$ 给出,并有正的边际成本 C,利润最大化产量水平是什么?

14.7 假定边际成本在 $C>0$ 时为不变的,需求函数由下式给出

$$D(p)=\begin{cases} 10/p & \text{当 } p\leq 20 \\ 0 & \text{当 } p>20. \end{cases}$$

利润最大化的价格是什么?

14.8 已知数量选择,垄断者为什么形式的效用函数和需求曲线生产最优的质量水平?

14.9 在课文中,我们给出了一个图上讨论,如果 $\partial^2 p/\partial x \partial q > 0$,则 $\partial u/\partial q - x \partial p/\partial q < 0$,让我们用代数形式证明。这里的步骤如下:

(1) 证明这个假设的含意是

$$\frac{\partial p(z,q)}{\partial q} < \frac{\partial p(x,q)}{\partial q}.$$

(2) 依据效用函数,表述不等式的左边。

(3) 对不等式两边从 0 到 x 进行积分。

14.10 一个常见的价格歧视方式是索要一笔一次总付的费用以有权力购买某商品,然后再索要消费该商品的单位成本。标准的例子是娱乐园,经营者索要一个进入费,再索要在内部的驾乘费。这样的定价策略被称为两次收费。假设所有消费者都有同样的效用函数,以 $u(x)$ 表示,提供的服务成本为 $c(x)$。如果垄断者采用二次收费,他将比有效产量水平生产多或是少?

14.11 考虑第二类价格歧视的图上处理,仔细地观察图 14.3C,回答下

列问题:什么条件下,垄断者只出售给高需求消费者?

14.12 如果垄断者选择给两部分消费者出售,证明 B 的面积必然小于 C 的面积。

14.13 假设只有两个消费者,每一消费者可以购买一单位的某商品。如果该商品质量为 q,则消费者 t 达到的效用为 $u(q,t)$。垄断者提供质量的成本为零。消费者愿意支付质量 q 的最大价格以 ω_t 表示。垄断者不能区分这两个消费者,并至多提供两个不同的质量供消费者自由选择。建立该垄断者的利润最大化问题并予以深入分析。提示:该问题像你从前遇到的问题吗?

14.14 垄断者可以被看作是选择价格,让市场决定出售多少。写下此利润最大化问题,证明在最优价格水平处有 $p[1+1/\varepsilon]=c'(y)$。

14.15 有一垄断者呈现常数边际成本的技术,即 $c(y)=cy$。市场需求弹性为常数,以 ε 表示。存在一从价税,当消费者支付价格 p 时,垄断者得到 $p_s=(1-\tau)p_D$(这里,p_D 是消费者面临的需求价格,p_s 是生产者面临的供给价格)。

税收当局正考虑改变从价税为从量税 t,即有 $p_D=p_s+t$。你已经被请去计算等价于从价税的从量税 t,并使得消费者面临的价格在这两种情况下都一样。

14.16 假定垄断者面临的反需求曲线由 $p(y,t)$ 给出,这里 t 是移动需求曲线的参数,为简单起见,假定垄断者具有呈现为常数边际成本的技术。

(a)推导出一个表达式以证明产量如何响应 t 的变化。

(b)如果反需求函数取 $p(y,t)=a(y)+b(t)$,如何简化这个表达式?

14.17 考虑一个只有一个消费者的简单经济,其效用函数为 $u_1(x_1)+u_2(x_2)+y$。这里,x_1 和 x_2 分别是商品1和商品2的数量,y 是所有花费在其他商品上的货币。假定商品1由一竞争行为的厂商供给,商品2由一有垄断行为的厂商供给。商品 i 的成本函数以 $c_i(x)$ 表示。在行业 i 中,有一特殊数量税 t_i。假定 $c_i''>0$,$p_i''<0$ 和 $p'<0$。

(a)对 $i=1,2$,推导出 dx_i/dt 的表达式,并确定符号。

(b)已知产量的变化 (dx_1,dx_2),推导福利变化的表达式。

(c)假定我们考虑对这两个行业进行征税,用所得补贴另一行业,我们是对竞争行业征税,还是对垄断行业征税?

14.18 有两个具有下列效用函数的消费者

$$u_1(x_1,y_1)=a_1x_1+y_1$$
$$u_2(x_2,y_2)=a_2x_2+y_2.$$

商品 y 的价格为1,每个消费者的初始财富为\$100。已知 $a_2 > a_1$,对两个商品只能消费非负的量。

一个垄断者供应商品 x,边际成本为零,但有生产能力约束:至少供应商品×10个单位,垄断者最多提供两个价格-数量约束,(r_1, x_1) 和 (r_2, x_2)。这里,r_i 是购买该商品 x 单位的费用。

(a)写出垄断者的利润最大化问题。你应该有四个约束,再加上生产能力约束,$x_1 + x_2 \leq 10$。

(b)在最优解中,哪个约束为等式约束?

(c)将这些约束代入目标函数,相应的表达式是什么?

(d)(r_1, x_1) 和 (r_2, x_2) 的最优值是什么?

14.19 一垄断者在两个市场上出售。对垄断者产品的市场需求曲线为:市场1,$x_1 = a_1 - b_1 p_1$;市场2,$x_2 = a_2 - b_2 p_2$。这里的 x_1 和 x_2 是在市场上的销售数量,p_1 和 p_2 分别是在每一市场上索要的价格。垄断者的边际成本为零。注意,尽管垄断者可以在两个市场上制定不同的价格,但在同一市场上只能以同一价格出售所有的单位。

(a)参数 $(a_1, b_1; a_2, b_2)$ 在什么条件下,垄断者将不最优选择于价格歧视(假设为内部解)?

(b)现在假定需求函数取形式 $x_i = A_i p_i^{-b_i} (i = 1, 2)$ 且垄断者取某一不变边际成本 $c > 0$,在什么条件下,垄断者的最优选择不是价格歧视(假定内部解)?

14.20 一垄断者最大化 $p(x)x - c(x)$。为获取若干利润,政府对其收入征收量为 t 的税,从而该垄断者的目标函数变化 $p(x)x - c(x) - tp(x)x$。最初,政府从这种税收中拥有收入。

(a)这税是增加还是减少了垄断者的产量?

(b)现在政府决定将这部分税收收入返回给垄断者产品的消费者。每一消费者将从其这种消费支出所征集的税收中获得"回扣"。花费 px 的典型消费者从政府那里得到 tpx。假定拟效用函数,推导出消费者作为 x 和 t 的反需求函数的表达式。

(c)垄断者的产量如何对"税收-回扣"计划作出反应?

14.21 考虑一具有下列特征的市场,只有一个垄断者,其技术呈现不变边际成本,即

$$c(y) = cy$$

市场需求曲线表现为常数需求弹性 ε。存在一个对商品售价征收的从价税,从而当消费者支付价格 p_D 时,垄断者得到的价格为 $p_s = (1-\tau)p_D$(这里,p_D 是消费者面临的需求价格,p_s 是生产者面临的供给价格)。

税收当局正考虑改变从价税为从量税,故我们有 $p_D = p_s + t$。你已被聘用来计算等价于从价税的从量税,使得消费者在这两种情况下面临的价格都一样。

14.22 一垄断者的成本函数为 $c(y) = y$,故其边际成本不变且为单位1,他面临如下的需求曲线

$$D(p) = \begin{cases} 0 & \text{如果 } p > 20 \\ 100/p & \text{如果 } p \leqslant 20 \end{cases}$$

(a)利润最大化产量的选择是什么?

(b)如果政府能对垄断者制定一个价格上限,以迫使其作为一个竞争者行动,他们应该制定什么样的价格?

(c)如果垄断者被迫作像竞争厂商那样行动,其生产的产量是多少?

14.23 一经济有两个消费者和两种商品。A 类型消费者的效用函数为 $U(x_1, x_2) = 4x_1 - (x_1^2/2) + x_2$;$B$ 类型消费者的效用函数为 $U(x_1, x_2) = 2x_1 - (x_1^2/2) + x_2$。消费者只能消费非复的数量,商品 2 的价格为 1,所有消费者的收入为 100。A 型消费者和 B 型消费者的数量均为 N。

(a)假定垄断者以每单位为 c 的不变单位成本生产商品 1,并且不能从事事任何价格歧视,找出其最优价格和数量选择。对什么样的 c 值,垄断者向两类消费者出售的选择为真。

(b)假定垄断者采用"两次收费",此处,消费者必须支付一笔总量 k 方可购买任何量商品。一个支付了一笔总价的人,可以单位购买价格 p 购买任何他所需的量。消费者不能重新出售商品 1。对于 $p < 4$,A 型消费者为能够获得以 p 购买这个特许权的最高量 k 是多少?如果 A 型消费者支付了 K,从而能够以 p 进行购买,那么,他将需要多少单位?把决定 A 型消费者对商品 1 需求的函数说成为 p 和 K 的函数,B 型消费者对商品 1 的需求函数是什么?现在描述作为 p 和 K 的函数的所有消费者对商品 1 的总需求函数。

(c)如果经济中只包括 N 个 A 型消费者,没有 B 型消费者,p 和 K 的利润最大化选择将会是什么?

(d)如果 $c < 1$,找出在两类消费者从其购买的约束,最大化垄断者利润 p 和 K 值是什么?

第 15 章 博 弈 论

博弈论是关于相互影响的决策者的研究。前面章节里,我们研究了在非常简单的环境下,单个当事人(一个厂商或一个消费者)的最优决策理论。当事人之间的战略互相影响并不非常复杂。本章,我们将对经济当事人在复杂环境下的行为作更深入的分析铺垫基础。

人们可以从多个方面研究相互制约的决策者。我们可以从社会学、心理学、生物学等角度来检验行为。在特定范围内,这其中的每一种方法都是有用的。博弈论强调冷血的"理性"决策的研究,因为对于大部分经济行为而言,这是最合适的模型。

在最近的十几年中,博弈论在经济学中得到了广泛的应用,在澄清经济模型中战略相互制约的性质方面,取得了许多进展。确实,大部分经济行为都可视作博弈论的一个特殊情形,博弈论的深入理解是任何经济学家分析工具箱中的必要组成部分。

15.1 博弈描述

描述一个博弈有几种方式。就我们的目的而言,**战略形式**与**扩展形式**就已足够。粗略地说,扩展形式提供了一个博弈的"扩展"的描述,而战略形式则提供了一个博弈的"简化"的概括[1]。我们首先将讨论战略形式,对扩展形式的讨论将保留在序列博弈那一节中。

博弈的战略形式可用表现的**局中人**(players)集合。**战略**

(stategies)集合,每一局中人所作的选择和**赢得**(Payoffs)集合来予以定义。赢得表示如果一特定的战略关系被选择,每一局中人所得到的效用。因仅限于说明,我们在本章中将只涉及二人博弈。下面所有描述的概念很容易推广至多人的内容中。

我们假定博弈的描述——适用局中人的赢得和战略——为**共同知识**(common knowledge)。这就是说,每一局中人都知道他自己和别人的战略与赢得。进而,每一局中人也知道其他局中人也掌握这些,等等。我们还假定,每一局中人皆为"完全理性"是一个共同知识。亦即,每一局中人在给定的主观信念下,会选择最大化自己效用的行动;当新的信息根据贝叶斯规则到来时,这些信念会得到修正。

据此,博弈论是标准的一人决策的广义化。在其赢得依赖于其他理性预期效用最大化者选择的情况下,该理性预期效用最大化者应如何采取行动? 显然,为了确定可行的选择,每一局中人都必须考虑其他局中人面临的问题。我们在下面分析这类考虑的结果。

例:便士匹配

在这个博弈中,有两个局中人,**行**和**列**。每一局中人都有一块他自己能安排以使得正面或反面朝上的硬币。这样,每一局中人有两个战略,我们将其简写为**正面**或**反面**。一旦战略被选定,每一局中人都有一赢得,它依赖于两个局中人所作的选择。

这些选择是独立做出的。局中人在自己做出选择时,并不知道他人的选择。我们假定,如果两个局中人同时出示正面或反面时,那么,行赢 1 美元,列输 1 美元。另一方面,如果一个局中人出示正面,另一个局中人出示反面,则行输 1 美元,列赢 1 美元。

我们在一个**博弈矩阵**中描绘此战略反应。盒的入口(正面,反面),表明局中人行得到 -1,局中人列得到 $+1$,如果这一特定的战略组合被选择。注意,此盒的每一个入口,局中人行的支付等于局中人列的支付的负数。换句话说,这是一个**零和博弈**。在零和博弈中,局中人的利益正好相反,这对于分析尤其简单。不过,对经济学家而言,大部分利益博弈并非是零和博弈。

表 15.1 便士匹配博弈矩阵

	列 正面	列 反面
行 正面	1, −1	−1, 1
行 反面	−1, 1	1, −1

例:囚徒困境

我们再一次有两个局中人,行和列。不过,现在他们的利益只是部分地冲突。有两个战略:合作与背叛。原来,故事的起源是行和列为两个囚犯,他们共同参与了一次犯罪活动。他们可以互相合作,拒绝供出任何证据,也可背叛去指控他人。

在其他的应用中,合作和背叛可以有不同的含义。例如,在双头垄断的情况下,合作表示"保持索要一个高价",背叛则表示"削价以窃取其竞争者的市场"。

奥曼(Aumann,1987)对这种博弈作了一个特别简单的描述,每一局中人可以对仲裁人简单地宣告:"给我 1000 元",或"给其他人 3000 元"。注意,货币支付来自第三方,并非来自局中人的任何一方。囚徒困境是**一变和博弈**。

局中人可以事先讨论此博弈,但实际的决策必须独立地做出。合作战略中的每一个人被宣布给 4000 元礼品,而背叛战略则只得到 1000 元(博弈开始!)。表 15.2 描绘了奥曼囚犯困境文本中的赢得矩阵,这里的赢得单位为千元。

我们将在下面更详细地讨论这个博弈,但是我们在开始之前应该指出这个"悖论"。问题是每一方都有背叛的激励,而不管他或她认为另一方将做什么。

如果我认为其他人将合作且给我 3000 元礼品,那么,我若背叛将总共能获得 4000 元。另一方面,如果我相信其他人将背叛而只能得到 1000 元,则我最好是为自己取得 1000 元而行动。

表 15.2　囚徒困境

		列	
		合作	背叛
行	合作	3,3	0,4
	背叛	4,0	1,1

例:古诺双头垄断

考虑一个首先由古诺(Cournot,1838)分析的简单双头垄断博弈。我们假定有两个以零成本生产相同产品的厂商。每一厂商必须在不知道另一双头垄断者产量的情况下,决定自己生产多少产量。如果厂商生产该商品的全部产量为 x 单位,则市场价格将为 $p(x)$。这就是说,$p(x)$是两个生产者面临的反需求函数。

如果 x_i 是厂商 i 的生产水平,那么,市场价格将为 $p(x_1+x_2)$,厂商 i 的利润由 $\pi_i = p(x_1+x_2)x_i$ 给出。在这个博弈中,厂商 i 的战略是生产水平的选择,厂商 i 的赢得则为其利润。

例:贝特朗(Bertrand)双头垄断

考虑一个构建与古诺博弈相同的博弈。但现在假定局中人的战略是宣布他愿意供给任意量商品的价格。在此情况下,赢得函数采取了完全不同的形式。假设消费者只从最低价格厂商处购买似乎是合理的。如果厂商索要相同的价格,他们将均匀分担消费者。令 $x(p)$ 代表市场需求函数,这导致了厂商 1 的赢得形式

$$\pi_1(p_1,p_2) = \begin{cases} p_1 x(p_1) & \text{如果 } p_1 < p_2 \\ p_1 x(p_1)/2 & \text{如果 } p_1 = p_2 \\ 0 & \text{如果 } p_1 > p_2 \end{cases}$$

这个博弈与囚徒困境有相似的结构。如果两个局中人合作,他们可以索要一个垄断价格,每人可收取一半的垄断利润。但是,诱惑对每一局中人始终存在,他稍微降低价格就可获得全部的市场。然而,如果两个局中人都降低价格,他们都将会变差。

15.2 战略选择的经济模拟

注意,古诺博弈和贝特朗博弈的结构非常不同,即使他们的目的都在于模拟相同的经济现象——双头垄断。在古诺博弈中,每一厂商的赢得是其战略选择的连续函数;在贝特朗博弈中,赢得为战略的非连续函数。正像可以预见的,这导致了相当不同的均衡,哪一个模型是"正确"的?

抽象地看,发出哪一个是"正确模型"的疑问,并无多少意义。答案是它将依赖于你试图去模拟什么。也许更加有益的问题是在模拟当事人采用的战略集合中,什么考虑是切入主题的。

显然,经验证据是一个指导。如果对欧佩克(OPEC)公告的观察表明,他们企图为每一成员决定产量配额,且允许按世界石油市场定价,则按产量水平而不是价格水平来模拟此博弈的战略将可能更加合理。

另一考虑是,一旦对手的行为被观察到,其战略应该是被承诺的或很难改变的。上面描述的博弈称为"一次性"(one-shot)博弈,但是他们描述的现实应该发生在实际生活中。假设我为我的产量挑选一个价格,然后发现我的对手制定了一个稍微更小一点的价格,在这种情况下,我可以很快地调整自己的价格。由于一旦知道对手的行动,战略变量可以很快地进行调整,故在"一次性"博弈中试图模拟这种战略反应并不具更多意义。在这类定价博弈中,似乎可能必须要使用具有多阶段的一个博弈来捕获战略行为可能性的全部范围。

另一方面,假定我们将古诺博弈中的产量解释成"能力",在此意义上,表明产量的生产可能是一种不可撤销的资本投资。此时,一旦我发现了对手的产量水平,而要改变我的产量水平则可能非常昂贵。这里,能力/产量似乎像是战略变量的天然选择,即使在一次性博弈中也是这样。

如同大部分经济模拟，当同时让博弈足够简单以利分析，挑选能够捕捉实际战略迭接要素的博弈战略选择的表示是一项艺术。

15.3 解的概念

在许多博弈中，战略相互制约的性质表明局中人希望去选择一个战略且事先并不能被其他人所预测。例如，考虑上面描述的便士匹配博弈。很显然，每一局中人都不希望他的选择被其他人准确地预测到。这样，很自然地考虑以某一概率 p_h 掷正面，另一概率 p_t 掷反面的随机战略，这样的战略称为混合战略。以概率 1 作某一选择的战略称为**纯战略**。

如果 R 是适用于行的纯战略集合，则其展现的混合战略集合是所有 R 上概率分布的集合。这里，在 R 中执行战略 r 的概率为 p_r。相似地，p_c 将是列推行某一战略 c 的概率。为解此博弈，我们需要寻找一个在某种程度上处于均衡的战略集合 (p_r, p_c)。也许有一些选择具备概率为 1 的均衡混合战略。此时，它们也可被称作为纯战略。

寻找解的概念的天然出发点是标准的决策理论：我们假定每个局中人关于其他局中人可能选择的战略有一概率信念，且每个局中人都选择最大化自己期望赢得的战略。

例如，假定行的支付为 $u_r(r,c)$，如果行执行 r，列执行 c。我们假定，行对以 (π_c) 表示的列的选择有一**主观概率分布**（见第 11 章第 191 页主观概率的基本思想）。这里，π_c 如行想象的那样，被设定代表列选择 c 的概率。相似地，列也有我们以 (π_r) 表示的关于行的行动的信念。

我们允许每个局中人使用混合战略，令 (p_r) 为行的**实际混合战略**，(p_c) 为列的**实际混合战略**。由于行做出选择时，并不知道列的选择，故一定结果 (r,c) 下，行的概率为 $p_r \pi_c$。这就是行执行 r 的（客观）概率乘以行关于列执行 c 的（主观）概率。因此，行的目

标是选择一个概率分布以最大化

$$\text{行的期望支付} = \sum_r \sum_c p_r \pi_c u f(r,c).$$

另一方面,列欲最大化

$$\text{列的期望支付} = \sum_c \sum_r p_c \pi_r u_c(r,c).$$

到目前为止,我们只应用了标准的理论决策模型于博弈之中——在给定信念下,每一局中人欲最大化他或她的期望效用。已知关于其他局中人可能要做什么的信念,我选择一个战略以最大化自己的效用。

在这个模型中,我拥有关于其他局中人战略选择的信念外生变量。不过,现在我们对此标准决策模型增加一个附加因素,即我们要问,拥有什么样的关于其他人行为的信念是合理的? 总之,博弈中,每个局中人都知道其他局中人在设法最大化自己的赢得,每个人都应该在决定什么是合理信念方面使用拥有关于其他人行为的信息。

15.4 纳什(Nash)均衡

在博弈理论中,我们取每一局中人设法最大化自己的赢得作为给定的命题,进一步,每一局中人知道,这也是每一个其他局中人的目标。因此,在决定我所拥有的关于其他局中人可能要做什么的合理信念方面,我必须要问其他人认为我将要做什么。在上节末给出的期望赢得公式中,行的行动——他如何可能执行的每一个战略——以概率分布(p_r)和列以(主观)概率分布(π_r)表示的关于行的行动的信念来表示。

自然一致性要求是每一局中人关于其他人行为选择的信念符合其他人意欲要做出的真实选择。符合真实频率的期望有时也被称作**理性预期**(rational expectations)。纳什均衡是一种理性预期均衡。更一般地:

纳什均衡。一个**纳什均衡**包括关于战略的概率信念(π_r, π_c)、选择战略的概率(p_r, p_c),以便:

(1)信念正确:$p_r = \pi_r, p_c = \pi_c$,对所有的r和c;

(2)每一局中人不断选择(p_r)和(p_c),以使在给定信念下,最大化自己的期望效用。

在此定义中,显然,纳什均衡是**行动**和**信念**的均衡。均衡中,每一局中人都能正确预见其他局中人如何去做出各种选择,两个局中人的信念是相互一致的。

纳什均衡一个更加规范的定义是,已知其他当事人的战略,存在一对混合战略(p_r, p_c),使得每一当事人的选择最大化他的期望效用。这等价于我们所使用的定义,但由于当事人的信念和当事人行动之间的区别是模糊的,故它可能误导。我们试图在区分这两个概念方面尽量小心。

纳什均衡一个特别有趣的特殊情况是**纯战略纳什均衡**。它是每一局中人执行一特定战略概率为1的纳什均衡。即:

纯战略。纯战略的纳什均衡是指:存在(r^*, c^*),对所有行的战略r,使得$u_r(r^*, c^*) \geqslant u_r(r, c^*)$;对所有列的战略$c$,使得$u_c(r^*, c^*) \geqslant u_c(r^*, c)$。

纳什均衡是置于一个战略组合上的最低一致性要求:如果行相信列将执行c^*,则行的最好响应是r^*,列也与此相似。没有局中人会找到单边偏离纳什均衡的利益。

如果一个战略集合不是纳什均衡,那么至少一个局中人不会持续地想通了其他局中人的行为,即局中人之一必须期望其他局中人不会在他的自身利益中行动——这与分析的最初假设相抵触。

一个均衡概念常被当作某一调整过程的"剩余点(rest point)"。纳什均衡的一个解释是"想透"其他局中人动机的调整过程。行可能想:"如果我认为列将执行某个战略c_1,则我的最好响应是执行r_1。而如果知道我将执行r_1,则对他最好的事情是执

行 c_2。但如果列将执行 c_2,则我的最好响应却是 r_2……等等"。一个纳什均衡是一个关于信念和战略的集合,此处,每一个局中人关于其他局中人将要做什么的信念与其真实选择相一致。

有时,前一段描述的"想透"调整过程被解释为**真实**的调整过程,每一局中人在试图理解其他局中人选择方面,以不同战略进行试验。尽管很显然这样的试验和学习存在于真实生活里的战略反应之中,但严格地说,它并不是纳什均衡概念的有效解释。理由是,如果每一局中人知道博弈将重复某一次数,则他可以计划他在时间 t 上的行动将基于时间 t 之前对其他局中人行动的观察之上。此时,纳什均衡的正确概念是一个执行序列(Sequence of Plays),它是对我的对手执行序列的最好响应(在某种程度上)。

例子:计算纳什均衡

下面的博弈被称之为"性别之战(Battle of the Sexes)",隐藏在此博弈之后的故事也正是如此。行,茹达(Rhonda),列·卡夫(Calvin),正在讨论本学期是否选微观经济学或宏观经济学课程。如果他们同时选微观经济学,则茹达获效用2,卡夫获效用1。如果他们同时选宏观经济学,则赢得正好与此相反。如果他们选择不同的课程,则得不到任何效用。

让我们计算此博弈中的所有纳什均衡。首先,我们寻找纯战略中的纳什均衡。它包括了对各种战略选择的最好响应的系统检验。假设列认为行将执行上,列执行左会得到 1,执行右会得到零,所以左是列对行执行上的最好响应。另一方面,如列执行左,那么很容易看到,行执行上是最优的。这一系列推理表明(上,左)是一个纳什均衡。相应的讨论表明,(下,右)也是一个纳什均衡。

我们可以用写出此每一当事人必须解决和检验其一阶条件的最大化问题来系统地解决这个博弈。令 (p_t, p_b) 为行执行上和下的概率,此类似方式定义 (p_l, p_r)。则行的问题为

$$\max_{(p_t, p_b)} p_t[p_l 2 + p_r 0] + p_b[p_l 0 + p_r 1]$$

满足 $p_t + p_b = 1$

$p_t \geq 0$

$p_b \geq 0.$

表 15.3 性别之战

		卡夫	
		左(微观)	右(宏观)
茹达	上(微观)	2,1	0,0
	下(宏观)	0,0	1,2

令 λ、μ_t 和 μ_b 为此约束条件的库恩-塔克乘数,使得拉格朗日公式形式为

$$L = 2p_t p_l + p_b p_r - \lambda(p_t + p_b - 1) - \mu_t p_t - \mu_b p_b.$$

求对 p_t 和 p_b 的导数,我们看到,行的库恩-塔克条件为

$$2p_l = \lambda + \mu_t$$
$$p_r = \lambda + \mu_b. \tag{15.1}$$

由于我们已经知道纯战略解,故只需考虑 $p_t > 0$ 和 $p_b > 0$ 的情形。附加的松弛条件意味着 $\mu_t = \mu_b = 0$。使用 $p_t + p_b = 1$ 的事实,我们容易看到行将发现当 $p_l = 1/3$ 和 $p_r = 2/3$ 时,执行混合战略是最优的。

对列也遵循相同的程序,我们发现,$p_t = 2/3$,$p_b = 1/3$。每一局中人从这个混合战略中获得的期望支付可将这些数值代入目标函数中而方便地算出。在这个例子中,每一局中人的期望支付为 2/3。注意,每一局中人较之混合战略而言,更喜欢任一个纯战略,因为它使得每一局中人的支付更高。

15.5 混合战略的解释

有时,给予混合战略思想以一个行为的解释是困难的。对于一些博弈,如便士匹配,混合战略显然是感觉得到的均衡。但对于

其他的经济利益博弈来说——如双头垄断——混合战略似乎不现实。

除混合战略在一些范围内的不现实性质外,另一困难则纯粹是逻辑原因。再一次考虑性别之战中的混合战略例子。该博弈中的混合战略均衡具有特征:如果行执行他的混合均衡战略,列从执行任一个纯战略中获得的期望赢得必须与执行均衡混合战略的期望赢得相同。看到这一点的最简单方式是查看一阶条件(15.1)。由于 $2p_l = p_r$,执行左的期望赢得与执行右的期望赢得相同。

不过,这并非偶然。对任何混合战略均衡来说,情况总是这样。如果一方相信另一方将执行均衡混合战略,则当他是否执行混合战略或混合战略一部分内容的纯战略时,是无差异的。逻辑是直接的:如果均衡混合战略一部分内容的某一纯战略比均衡混合战略的其他组成部分有更高的期望赢得,那么,他会注意增加执行更高期望赢得战略的频率。但是,如果在混合战略中,所有的以正的概率被实施的纯战略有着相同的期望赢得,这也必然是混合战略的期望赢得。这也依次表示了该当事人在执行纯战略或混合战略时无差异。这种"退化"产生于期望效用函数关于概率是线性的。人们会为"实施"混合战略结果喜欢一些更加激发兴趣的理由。

在某些环境下,这并不会带来严重的问题。假设你是一个大群体人口中的一部分,人们随机碰面并与群体中的其他人玩便士匹配游戏。设最初每个人正在以混合战略(1/2,1/2)执行惟一的纳什均衡,最终一些局中人倦于执行此混合战略,并决定总是玩正面或反面游戏。如果决定总是出正面的人口数量等于总是出反面的人口数量,则在任何当事人的选择问题中没有显著的改变:每一当事人仍然理性地认为他的对手以 50∶50 机会出正面或反面。

在这种方式下,每一成员正在执行纯战略,但在一给定博弈中,局中人无法知道其对手执行的是哪一个纯战略。作为既有人口频率的混合战略概率的解释在模拟动物行为中非常普通。

解释混合战略均衡的另一种方式是,考虑一个给定的个人在一次性博弈中是出正面还是出反面的选择。这个选择被当作依赖于不能被对手确定的特质性因素。例如，设你在"正面心情"中喊正面，在"反面心情"中喊反面。你可以观察你自己的心情，但你的对手却不能。因此，从每一局中人观点看，其他人的战略是随机的，即使自己的战略是确定性的。关于一个局中人混合战略重要性的大小是不确定的，它来自于博弈中的**其他**局中人。

15.6　重复(repeated)博弈

我们在上面指出，希望相同的局中人重复博弈的结果只是一次性博弈的简单重复是不合适的。这是因为重复博弈的战略空间更加巨大：每一局中人可以在某一点决定他或她的选择，该点作为这之前至此点全部博弈**历史**的函数。由于我的对手会基于我的选择历史而修正他的行为，我必须在做出自己的选择时考虑这种影响。

让我们在前面叙述的简单囚徒困境博弈框架中分析这个问题。这里，两个局中人的长期利益是企图获得(合作，合作)解。因此，对每一局中人而言，可行的是试着给另一局中人发出"信号"，以表明他愿"善意"且在博弈一开始移动就进行合作。当然，背叛是另一局中人的短期利益，但是他的长期利益吗？他可能说，如果他背叛，另一局中人会失去耐心且从此以后就只实行背叛。这样，第二局中人就会因短期最优战略而失去了长期利益。位于这种推理之后的事实是，我现在所做的移动可以在未来得到反射——其他局中人的未来选择可能依赖我的当前选择。

让我们讨论(合作，合作)的战略是否可以是重复囚徒困境的一个纳什均衡。首先，我们考虑每一局中人知道博弈将重复一固定次数的情况，考虑局中人给予最后一轮实施之前的推理。在此时，每个人都在认为他们在进行一次性博弈。由于在最后一次移动后将没有未来可以剩下，纳什均衡的标准逻辑得以应用，且双方为背叛。

现在考虑最后一次之前的移动。这里,似乎使每一局中人重视合作,以发出他是"好家伙"的信号(signal),从而能在下一次及最后移动中合作。但是,我们已经看到,当下一次移动来临时,每一局中人将选择背叛。因此,在下一次及最后移动中,合作并没有优点——局中人双方惟有相信其他局中人将在最后移动中背叛,用现在的善意企图去影响倒数第二次移动时的未来行为,并不有利可图。**后向归纳**(backwards induction)的相同逻辑对结束之前的两个移动产生效果,等等。在知道固定重复次数的重复囚徒困境中,每一回合的纳什均衡将是背叛。

在无限次重复博弈中,情况就相当不同。此种情况下,每一阶段都知道博弈至少将重复一次以上,因而合作将有(潜在的)利益,让我们看一下在囚徒困境例子中,它是如何进行的。

考虑一个包括无限次重复的囚徒困境的博弈。在这个博弈中的战略为一函数序列,它表明每一局中人在一特定阶段是否合作或背叛,是作为此阶段之前博弈历史的函数。重复博弈中的赢得是每一阶段赢得的折现和。即如果一局中人在时刻 t 获得赢得 u_t,他的赢得在重复博弈中就是 $\sum_{t=1}^{\infty} u_t/(1+r)^t$,这里,$r$ 为折现率。

我断定,只要折现率不是太高,就存在一个纳什均衡战略组合,使得每一局中人发现他在每一阶段合作的利益。事实上,很容易以一个清晰的例子展现这样的战略。考虑下列的战略:"在当前移动中合作,除非其他局中人在最后移动中背叛"。这有时被称作**惩罚战略**。原因是明显的:如果一个局中人背叛,他将以低的赢得被得到永久的惩罚。

为证明一个惩罚战略组合中包含了纳什均衡,我们只需要证明一个局中人执行惩罚战略,另一局中人最好也是执行惩罚战略。假定局中人已经合作且移动至 T,考虑如果一个局中人在本次移动中决定背叛将会发生什么。使用原书第 261 页中囚徒困境的数值,他立即会得到赢得 4,但他也会以值为 1 的无限次赢得流来毁灭自己。这种赢得流的折现值是 $1/r$,因此,他从背叛中得到的总期望赢得为 $4+1/r$。

另一方面,他从持续合作中得到的期望赢得为 $3+3/r$。只要 $3+3/r>4+1/r$,这归为只要 $r<2$,继续合作就被偏好。只要这个条件得以满足,惩罚战略就能形成一个纳什均衡:如果一方执行惩罚战略,另一方也欲执行惩罚战略,没有一方从单边偏离这个选择中会有收获。

此解释相当有生命力,本质上,对超过从(背叛,背叛)中获得赢得的任何赢得的相同讨论均有效。一个被称为俗定理(Folk Theorem)的著名定理准确地断定了这一点:在重复的囚徒困境中,任何赢得如果大于双方一致背叛所得的支付,都将被作为纳什均衡得以支持。证据或多或少沿着上面给出的路线。

例:维持卡特尔

考虑一个简单的重复双头垄断,如果两个厂商选择执行古诺博弈,则产生利润(π_c,π_c);如果两个厂商以最大化共同利润决定产量水平,则利润为(π_j,π_j),亦即,他们作为**卡特尔**行动。众所周知,在单一时期博弈中,最大化利润的产量水平典型地不是一个纳什均衡——每一局中人都有激励去倾销额外的产量,如果他认为其他生产者将保持产量不变。不过,只要折现率不是太高,合作利润最大化解将是重复博弈的纳什均衡。适当的惩罚战略是每一厂商生产卡特尔产量,除非其他厂商偏离。此例中将一直以古诺产量生产。与囚徒困境讨论类似的一个讨论证明它是一个纳什均衡。

15.7 纳什均衡的精化

纳什均衡似乎像是一个博弈均衡的合理定义。像任何均衡概念一样,存在两个直接有趣的问题:(1)纳什均衡一般是否存在?(2)纳什均衡是惟一的吗?

很幸运,存在不是一个问题,纳什(Nash,1950)证明了一个有限数量当事人和有限个纯战略的均衡总是存在。当然,它可能是包括混合战略的均衡。

不过,惟一性却通常很难发生。我们已经看到一个博弈中有几个纳什均衡。博弈理论家们已经付出大量努力去发现进一步的准则,以被用来在纳什均衡中进行挑选。这些准则被称作纳什均衡的**精化**(refinements)。我们将在下面对其中几个做一探讨。

15.8 超优战略

令 r_1 和 r_2 为行的两个战略。我们说, r_1 **严格超优**(strictly dominates) r_2 ,如果自战略 r_1 的赢得严格大于自战略 r_2 的,而不管列做任何选择。战略 r_1 **弱超优**(Weakly Dominant) r_2 ,如果自 r_1 的赢得对列所做的所有选择至少与 r_2 的赢得一样大,而对列作的一些选择要严格大于 r_2 的赢得。

一个**超优战略均衡**是每一局中人的战略选择,使得每一战略(弱)超优于任一适用于此局中人的其他战略。

一个具有超优战略均衡的特别有趣的博弈是囚徒困境,这里的超优战略均衡为(背叛,背叛)。如果我认为其他当事人将合作,则我背叛是有利的;如果我认为其他当事人将背叛,则我背叛仍有利。

显然,超优战略均衡是纳什均衡,但并不是所有的纳什均衡都是超优战略均衡。一个超优战略均衡是博弈的一个特别的强制解,它应该存在。因为每一局中人都有一个惟一的最优选择。

15.9 次优战略的剔除

当不存在超优战略均衡时,我们必须求助于纳什均衡的思想。但这典型地将导致不止一个的纳什均衡。于是,我们的问题是企图剔除一些被作为"不合理"的纳什均衡。

一个关于局中人行为的明显信念是,要他们执行次优于其他战略的战略是不合理的。这建议我们,当给定博弈时,首先应剔除所有的次优战略,然后再计算剩余博弈的纳什均衡。这个程序被称作**次优战略的剔除**(elimination of dominated strategies),有时,它可以导致纳什均衡数量的显著减少。

例如,考虑博弈

表15.4 具有次优战略的博弈

		列	
		左	右
行	上	2,2	0,2
	下	2,0	1,1

注意,这里有两个纯战略纳什均衡,(上,左)和(下,右)。不过,对局中人列来说,战略右稍优于战略左,如果行假定列将从来不会执行他的次优战略,则该博弈惟一的均衡是(下,右)。

严格次优战略的剔除对简化博弈分析而言,通常被当作是可接受的程序。**弱**次优战略的剔除就很成问题,在一些例子中,剔除**弱**次优战略看来在相当程度上会改变博弈的战略性质。

15.10 序列博弈

本章迄今为止所描述的博弈都具有一个非常简单的动态结构:它们或是一次性博弈,或是一次性博弈的重复序列。它们还有一个非常简单的信息结构:博弈的每一局中人都知道其他局中人的赢得和可适用战略,但不知道其他局中人的真实战略选择。另一说法是,迄今为止,我们以**同时移动**(simultaneous move)来讨论博弈。

但是,许多利益的博弈并没有这种结构。在许多情况下,至少一些选择是顺序做出的。局中人在做自己的选择之前,可能知道其他局中人的选择。由于许多经济博弈具有这种结构,对这样博弈的分析引起了经济学家的相当大的兴趣:垄断者在生产之前就开始观察消费者的需求行为,或一个双头垄断者在制定自己的产量决策之前,可以观察其对手的资本投资,等等。这样博弈的分析要求一些新的概念。

表 15.5 同时移动博弈的支付矩阵

		局中人 B	
		左	右
局中人 A	上	1,9	1,9
	下	0,0	2,1

例如,考虑表 15.5 中描述的简单博弈。很容易证明,该博弈中有两个纯战略纳什均衡,(上,左)和(下,右)。隐含这种描述之后是两个局中人同时做出各自的选择,没有关于其他局中人已经做出选择的知识。但是,现在假定在这个博弈中,我们考虑行必须先选择,列在观察行的行动之后再开始做出选择。

为描述这样的序列博弈,有必要引进一个新的工具,**博弈树**(game tree)。它是表示每一局中人在每一时点上做出选择的图。对每一局中人的支付表示在这个树的"叶子"上。如图 15.1。博弈树是用**扩展形式**描述博弈的一部分。

关于博弈树形图的美好事情是它指明博弈的动态结构——一些选择在另一些之前做出。博弈的一个选择对应于对树的分支的选择。一旦选择被作出,局中人从此就处于包括适用于他们的战略和支付的**子博弈**之中。

在每个可能的子博弈中,可以直接去计算纳什均衡,特别是在像上例所示特别简单的情况下。如果行选择上,他有效地选择了仅只有列保持移动的一个非常简单的子博弈。列在两个移动中无差异。所以,如果行选择上,他将决定性地以赢得 1 来结束博弈。

如果行选择下,列的最优选择是右,它给行的赢得为 2。由于 2 大于 1,行显然选择下比选择上会更好。因此,对这个博弈,合理的均衡是(下,右)。当然,这是同时移动博弈中的纳什均衡之一。如果列宣布他将选择右,则行的最优响应是下,如果行宣布他将选择下,则列的最优响应是右。

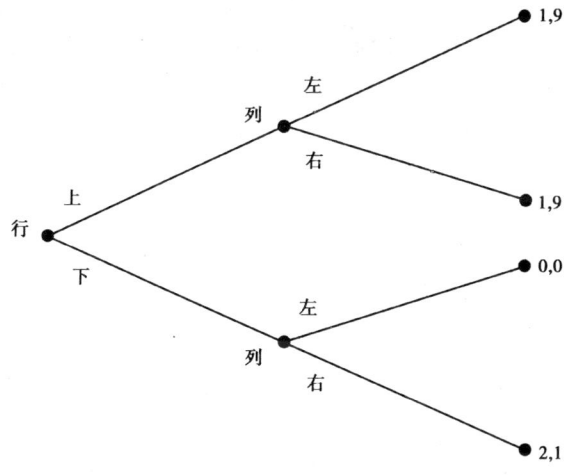

图15.1 博弈树

它表示当行先移动时,对先前博弈的各个赢得。

但是,对另一个均衡(上,左)会发生什么?如果行相信,列将选择左,则他的最优选择当然是上。不过,为什么行要相信列将实际上选择左?一旦行选择下,在随后的子博弈中,列的最优选择是右。在这个点上,左的选择不是这个相应子博弈的均衡选择。

在这个例子里的两个纳什均衡中,只有一个不但能满足总均衡条件,也满足每一个子博弈均衡的条件。具有这种特性的纳什均衡被称作**子博弈完美**(subgame perfect)纳什均衡。

计算子博弈完美纳什均衡相当容易,至少在我们检验的例子中是如此。一个简单的做法是起始于最后一个移动的"后向归纳"。最后移动的局中人只有一个简单的最优化问题,没有战略分支,故很容易解决该问题。做出相对于最后移动的第二次选择的局中人可以事先观察到最后移动的局中人如何响应他的选择,如此等等。分析的模式类似于动态规划,见原书第19章359页。一旦博弈以这种后向归纳来予以理解,当事人将向前推进。[2]

博弈的扩展形式还能够模拟一些移动为序列和一些移动为同

时的情形。必要的概念是**信息集**。当事人的信息集是所有不能被他区分的博弈树结点。例如,本节开头描述的同时移动博弈,它可以用如图15.2中的博弈树来表示。在此图中,阴影的区域表示当列必须做出他自己的选择时,他不能区分行做出了哪一个决策。因此,这正像选择是同时做出的。

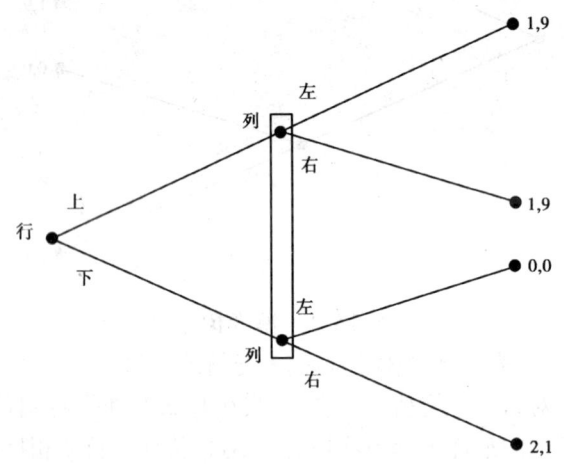

图 15.2　信息集

　　这是原来同时移动博弈的扩展形式,阴影的信息集表示列在做自己的选择时,不知道行做出了哪一个选择。

　　这样,博弈的这种扩展形式可以用来模拟关于战略形式加上关于选择序列信息和信息集信息的任何事情。在此意义上,扩展形式比战略形式是更有力的一个概念。因为,它包含了当事人之间战略互动的更详细信息。这种附加信息的存在有助于剔除一些"不合理"的纳什均衡。

　　例子:一个简单的讨价还价模型

　　有两个人,A 和 B,要在他们中间分配 $\$1$,他们同意用至多三天的时间来协商此分配。第一天,$A$ 先出价,B 或接受,或在第二天反出价。第三天,A 做最后的出价。如果他们在三天内达不成协议,都只能得到零。

A 和 B 的不耐心程度是不同的:A 以每天 α 折现未来赢得,B 每天以 β 折现未来赢得。最后,我们假定,如果一个局中人在两次出价中无差异,他将接受一个其对手最喜欢的出价。这个思想是对方可以出某一任意小的量,它会使局中人严格偏好某一选择。这个假设允许我们用零来"近似"这样一个任意小的量。其结果是这个讨价还价博弈中只有惟一的子博弈完美均衡。[3]

正如上面建议的,我们在博弈的结束处开始分析,恰好在最后一天之前。在此点上,A 可以对 B 做一个要么接受要么放弃的出价。显然,A 在此时要做的最优事情是给 B 出一个他会接受的最小可能量。根据假设,它为零。因此,如果这个博弈持续三天,A 会获得 1,B 会获得零(如,一个任意小的量)。

现在回到前面的移动,B 开始提出分配。在此点上,B 应该意识到,A 只要否定自己的提议,就可在下次移动中保证得到 1。对 A 来说,下一时期的 1 元值本期的 α 元,故任何低于 α 的提议肯定会被否决。B 当然偏好于 $1-\alpha$,而不是下一期的零。故他的合理提议应是出价 α 给 A,这是 A 将接受的。因此,如果博弈在第二次移动中结束,A 得到 α,B 得到 $1-\alpha$。

现在移动到第一天。在此点上,A 开始出价,他意识到 B 只要等到第二天,就可得到 $1-\alpha$。因此,为避免延误,A 必须给 B 出一个至少等于这个现值的赢得。这样,他会给 B 出 $\beta(1-\alpha)$。B 发现这是可接受的,于是博弈结束。博弈的最终结果是在第一天结束,A 得到 $1-\beta(1-\alpha)$,B 得到 $\beta(1-\alpha)$。

图 15.3A 显示了这种情况的过程,这里 $\alpha=\beta<1$。最外部的图线表明第一天的可能赢得模式,即所有形式的赢得为 $x_A+x_B=1$。往原点移动的下一图线表明在第二时期结束的赢得现值,它为 $x_A+x_B=\alpha$。最接近原点的图线表明博弈在第三时期结束,赢得现值为 $x_A+x_B=\alpha^2$。右边成角形的路线描述了每一时期的最小可能分配,导致最终的子博弈完美均衡。图 15.3B 表明了谈判

中有更多阶段的相同过程。

自然地,令水平趋向无限,然后看在无限的博弈中将会发生什么,它产生的子博弈均衡分配为

$$A \text{ 的支付} = \frac{1-\beta}{1-\alpha\beta}$$

$$B \text{ 的支付} = \frac{\beta(1-\alpha)}{1-\alpha\beta}.$$

注意,如果 $\alpha=1, \beta<1$,那么,局中人 A 获得了全部赢得,这符合高斯派尔思(Gospels)表述的准则:"让耐心有她的(子博弈)完美成果"。

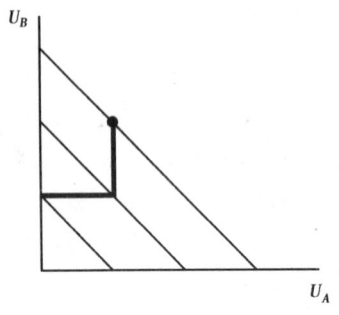 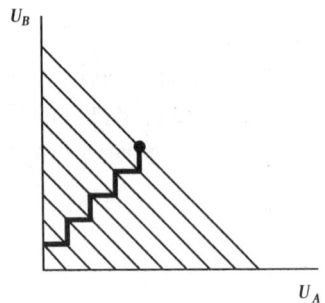

图 15.3　讨价还价博弈

　　黑线与子博弈中的均衡结果相连,最外部线上的那个点为子博弈完美均衡。

15.11　重复博弈和子博弈完美

　　子博弈完美的思想剔除了包含局中人不可信威胁行动的纳什均衡——如他们不在局中人去执行的利益中。例如,前面描述的惩罚战略就不是一个子博弈完美均衡。如果一个局中人实际上偏离(合作,合作)路线,则对另一局中人的利益来说,并没有必要

永远用实际上的背叛来予以反应。在一定程度上惩罚其他人似乎是合理的,但永远的惩罚却走向了极端。

一个有点不太严厉的战略被称为针锋相对(Tit-for-Tat):在开始的回合中进行合作,随后的选择就依赖于对手在前一回合中做了什么。在这个战略中:一个局中人被用背叛来惩罚,但仅被惩罚一次。在这个意义上,针锋相对是一个"原谅"的战略。

尽管惩罚战略不是重复囚徒困境的子博弈完美,仍存在支持合作解为子博弈完美的战略。这些战略不容易被描述,但它们具有西点军校荣誉准则的特征:每一局中人同意惩罚背叛的其他局中人,且也对其他局中人不能惩罚另一局中人的背叛而进行惩罚,等等。如果你不能惩罚背叛者,你将被惩罚的事实使得执行惩罚成为子博弈完美。

不幸地,同样种类的战略也支持重复囚犯悖论的许多其他结果。**俗定理**断定在重复一次性博弈中,基本上所有的效用分配都可以是重复博弈的均衡。

这种均衡的过度供给是麻烦的。一般地,战略空间越大,均衡也将越多,因为从一给定战略集合中,局中人有更多的方式对背叛进行"威胁"报复。为剔除"不合意"的均衡,我们需要找到剔除战略的某一准则。一个自然的准则是剔除"太复杂"的战略。尽管在此方向上已做出一定的进展,但所谓复杂性的思想是难以捉摸的,很难给出一个完全满意的定义。

15.12 不完全信息博弈

迄今为止,我们一直讨论的是完全信息博弈。特别地,每一当事人被假定知道其他局中人的赢得函数,每一局中人也知道其他局中人掌握他的赢得函数,等等。在许多情况下,这不是一个合适的假设,如果一个当事人不知道其他当事人的赢得,则纳什均衡就没有更多的意义。不过,由于豪尔绍尼(Harsanyi,1967)对其特性作了一个系统的分析,存在一种考虑不完全信息博弈的方法。

豪尔绍尼方法的关键是把每一个当事人关于其他人的所有不确定性归结为一个变量,称为该当事人的类型(Type)。例如,一个当事人关于其他当事人对某一商品价值判断的不确定性,对风险回避的不确定性,等等。每一类型的局中人被当作不同的局中人,每一当事人都有定义在不同类型当事人之上的先验概率分布。

这种博弈的一个**贝叶斯纳什均衡**是指,给定其他局中人追求的战略,一个每一类型的局中人最大化自己期望值的战略集合。除了附加的包含关于其他局中人类型的不确定性外,这基本上与纳什均衡定义类似。每一局中人知道其他局中人从可能的类型集合中进行选择,但并不严格知道他正选择哪一个。注意,为有一个均衡的完全描述,我们必须考虑关于局中人所有类型的战略表列,并不仅仅是考虑特殊情况下的实际类型,因为单个局中人并不知道其他局中人的实际类型,我们必须考虑所有的可能性。

在一个同移动的博弈中,均衡的这个定义是适当的。在序列博弈中,允许局中人基于他们对行动的观察而调整关于其他局中人类型的信念是合理的。正常地,我们假定这种调整以贝叶斯规则方式做出[4]。这样,如果一个局中人观察到另一个局中人选择了战略 s,则他应该根据决定 s 如何被各种类型所选择的可能性来校正关于另一局中人为什么类型的信念。

例子:密封投标

考虑一个只有两个投标者对一个项目的简单的密封投标拍卖。每一局中人在不知道其他局中人投标的情况下,独立做出投标。项目将给予最高投标者。每一投标人知道自己对被拍卖项目的估价,令其为 v。但没有人知道其他人的估价。不过,每一局中人相信,其他人对该项目的评价在 0 和 1 之间均匀分配(且每个人都相信其他人也知道此点,等等)。

在这个博弈中,局中人的类型就是他的估价。因而,此博弈的贝叶斯均衡将为函数 $b(v)$,它表明了对于类型为 v 的局中人,最

优投标为 b。已知博弈的对称特点,我们寻求每一局中人遵循一个同一战略的均衡。

很自然地猜测,函数 $b(v)$ 是严格增加的,即更高的估价导致更高的投标。因此,我们可以令 $V(b)$ 为其反函数,所以 $V(b)$ 给出投标为 b 者的估价。当一个局中人投标为某一特定 b 时,他赢的概率为其他局中人投标小于 b 的概率,不过,这也是其他局中人估价小于 $V(b)$ 的概率。由于 v 是均匀地分布在 0 与 1 之间,其他局中人估价小于 $V(b)$ 的概率为 $v(b)$。

因此,如果一个局中人估价为 v 时,投标为 b,他的期望支付为
$$(v-b)V(b)+0[1-V(b)].$$
第一项是消费者期望剩余,如果他的投标最高。第二项是如果他投标失败,只能获得零剩余。最优的投标必须是最大化这个表达式,所以
$$(v-b)V'(b)-V(b)=0.$$
对任一 v 值,这个等式为局中人确定了作为 v 的函数的最优投标。由于 $V(b)$ 是依据假设来描述最优投标和估价之间关系的函数,我们必须有
$$(V(b)-b)V'(b)\equiv V(b)$$
对所有的 b。

此微分方程的解为
$$V(b)=b+\sqrt{b^2+2C},$$
这里,C 是积分常量(检查一下!)。在决定这个积分常量时,我们注意当 $V=0$ 时,必有 $b=0$,这是由于最优的投标在估价为零时必然为 0。将此代入微分方程,有
$$0=0+\sqrt{2C},$$
这意味着 $C=0$。它得出了 $V(b)=2b$,或 $b=v/2$ 为这个简单拍卖的贝叶斯均衡。这就是说,每一局中人的贝叶斯均衡是以他估

价的一半来投标。

我们得到这个博弈解的方式是合理而标准的。基本上,我们猜到了最优投标函数是可逆的,然后推导出了它必须满足的微分方程。结果是,产生的投标函数具有合意的特性。这种方法的一个弱点是对此贝叶斯博弈仅只展现了一个特定的均衡——原则上还存在着其他的均衡。

在这个特定的博弈中,当它发生时,我们计算的解是惟一的。但它不需要发生在一般的情况下。特别地,在不完全信息博弈中,一些局中人可以尽量企图去隐藏他的真实类型。例如,一个类型可能试图像某一其他类型一样,推行相同的战略。这种情况下,联结类型与战略的函数是不可逆的,分析将更加复杂。

15.13 贝叶斯纳什均衡的讨论

贝叶斯纳什均衡的思想是精巧的,不过,也许太精巧了。问题是包含在计算贝叶斯纳什均衡之中的推理常常太复杂了。尽管纯粹的理性局中人根据贝叶斯思想进行博弈也许并非不合理,然而相当大的疑问是真实的局中人是否能做出此必要的计算。

此外,还有一个与模型预测有关的问题。每一局中人所做的选择决定性地依赖他关于总体中各种类型分布的信念。关于不同类型频率的不同信念导致了不同的最优行为。由于我们一般不能观察某一局中人关于其他局中人各种类型流行的信念,我们也将不能够检查模型的预测。莱迪亚德(Ledyard,1986)证明了对一些信念模式而言,几乎任何模式的博弈都是一个贝叶斯纳什均衡。

在原来的公式中,纳什均衡对当事人的信念提出了一致性要求——仅只有与最大化行为相容的信念才被允许。但是,只要我们允许具有不同效用函数的局中人存在许多类型,这个思想就丧失了很大的力量,行为的任何模式可以近似地与信念的任何模式一致。

注 释

纳什均衡的概念来自纳什(Nash,1951)。贝叶斯均衡的概念出自豪尔绍尼(Harsanyi,1967)。简单讨价还价模型的更详细处理可以在宾茅和达格浦塔(Binmore & Dagupta,1987)的文献中找到。

本章只是对博弈论进行梗概性介绍,大多数学生都想仔细地研究这个学科。幸而,几个更好的处理近来变得可使用,它们更加完整和详细。对于综述性文章,见奥曼(Auman,1987),迈尔森(Myerson, 1986),特如(Tirole, 1988)。对于教科书长度的处理,见克瑞浦斯(Kreps,1990),宾茅(Binmore, 1991),迈尔森(Myerson,1991),瑞斯米塞(Rasmusen,1989),富登布格和特如(Fudenberg & Tirole,1991)。

[1] 战略形式最初被称为博弈的**标准形式**,但这个词并不很具描述性,近年已不鼓励使用。

[2] 比较克依克歌德(Kierkegard,1938):正如哲学家所言,生活必须向后思考是完全真实的。但他们忘记了另一个命题,那就是人们必须向前活着。

[3] 这是罗宾斯顿-斯塔尔(Rubinstein Ståhl)讨价还价模型的简化形式,更详细的信息见本章末的参考文献。

[4] 见原书第11章191页对贝叶斯规则的讨论。

练 习

15.1 计算便士匹配博弈中的所有纳什均衡。

15.2 在有限重复囚犯悖论博弈中,我们证明了一个纳什均衡为每一回合都背叛,证明它事实上也是超优战略均衡。

15.3 在剔除次优战略之后,下列博弈的纳什均衡是什么?

		列		
		左	中	右
行	上	3,3	0,3	0,0
	中	3,0	2,2	0,2
	下	0,0	2,0	1,1

15.4 对于课文中讨论的简单拍卖模型,如果每一局中人视他的估价 V 遵循贝叶斯纳什均衡,计算每一局中人的期望支付。

15.5 考虑这里给出的博弈矩阵

局中人 B

		左	右
局中人 A	上	a, b	c, d
	下	e, f	g, h

(a) 如果(上,左)为一超优战略均衡,那么在 $a, \cdots, h$ 中,什么不等式必须有效?

(b) 如果(上,左)为一纳什均衡,那么,上述不等式中哪一个必须要满足?

(c) 如果(上,左)为超优战略均衡,它必须是一个纳什均衡吗?

15.6 两个加利福尼亚年轻人,比尔和泰德,正在相互挑衅。比尔驾驶他的高速汽车在单向道路南边,泰德驾车在同一条路的北边。每个人都有两个战略:保持原状或转向。如果一个局中人选择转向,他就丧失了面子,如果两个都转向,则都失去面子。不过,如果都选择保持原状,则他们会被撞死。挑衅行为的支付矩阵如下列矩阵。

局中人 B

		左	右
局中人 A	上	$-3, -3$	$2, 0$
	下	$0, 2$	$1, 1$

(a) 找出所有的纯战略均衡;

(b) 找出所有的混合战略均衡;

(c) 两个年轻人都能活下来的概率是多少?

15.7 在一个重复、对称的双头垄断中,如果两个厂商的产量水平是最大化他们的共同利润,则对其支付为 π_j;如果他们生产古诺产量水平,则为 π_c。如果其他人选择最大化共同利润的产量水平,一个局中人可以得到的最大支付为 π_d。折现率为 r。局中人采用的是惩罚战略,如果一个局中人从共同利润最大化战略背叛,则他就会转向古诺博弈。问 r 可以为多大?

15.8 考虑如下的博弈

	列		
	左	中	右
上	1,0	1,2	2,−1
行 中	1,1	1,0	0,−1
下	−3,−3	−3,−3	−3,−3

(a) 行的哪一个战略为严格次优,而不管列做什么?

(b) 行的哪一个战略为弱次优?

(c) 列的哪一个战略为严格次优而不管行做什么?

(d) 如果我们剔除列的次优战略,行的哪些战略是弱次优?

15.9 考虑下列的协调博弈

	列	
	左	右
行 上	2,2	−1,−1
下	−1,−1	1,1

(a) 计算此博弈的所有纯战略均衡。

(b) 有任何纯战略均衡超优于任何其他的?

(c) 假定行先移动,承诺为上或下,上面描述的战略仍为纳什均衡吗?

(d) 此博弈的子博弈完美均衡是什么?

第16章 寡头垄断

寡头垄断是对具有少数厂商的市场的互相影响的研究。当代对这个问题的研究几乎完全立足于上一章讨论的博弈理论。当然,这是一个非常自然的发展。早期许多关于市场战略性互相影响的解释已经相当清楚地使用了博弈论的概念。本章,我们将初步讨论寡头垄断理论,尽管它并不全面。

16.1 古诺均衡

我们从**古诺均衡**的经典模型开始,它作为例子已在上一章中提到。现考察两个具有产量水平 y_1 和 y_2 且生产同一产品的厂商。它们的总产量为 $Y = y_1 + y_2$。与此产量水平相应的市场价格被给定为 $p(Y) = p(y_1 + y_2)$(反需求函数)。厂商 i 的成本函数由 $c_i(y_i)$ 给定,$i = 1, 2$。

厂商1的最大化问题为

$$\max_{y_1} \pi_1(y_1, y_2) = p(y_1 + y_2)y_1 - c_1(y_1).$$

显然,厂商1的利润依赖于厂商2的产量选择。为制定有根据的决策,厂商1必须预测厂商2的产量决策。这恰好进入那种抽象博弈的考虑——每一局中人必须猜测其他局中人的选择。根据此原因,古诺模型被当作是一次性博弈是很自然的:厂商 i 的利润为其赢得,战略空间则为他可能生产的产量。那么,一个(纯战略)纳什均衡是一个产量 (y_1^*, y_2^*) 集合,每一厂商都在已知关于其他厂商选择的信息下,选择最大化利润的产量水平。每一厂商关于其他厂商的信念都实际上是正确的。

假定对每一厂商都为内部最优,这表示纳什古诺均衡必须满足两个一阶条件:

$$\frac{\partial \pi_1(y_1, y_2)}{\partial y_1} = p(y_1 + y_2) + p'(y_1 + y_2)y_1 - c'_1(y_1) = 0$$

$$\frac{\partial \pi_2(y_1, y_2)}{\partial y_2} = p(y_1 + y_2) + p'(y_1 + y_2)y_2 - c'_2(y_2) = 0.$$

我们还有每个厂商的二阶条件,它取形式

$$\frac{\partial^2 \pi}{\partial y_i^2} = 2p'(Y) + p''(Y)y_i - c''_i(y_i) \leqslant 0 \text{ 对 } i = 1, 2$$

这里,$Y = y_1 + y_2$。

厂商 1 的一阶条件决定了厂商 1 的最优产量选择是关于厂商 2 产量选择信念的函数。这个关系被称作厂商 1 的**反应曲线**:它描述已知厂商 2 可能的选择的各种信念,厂商 1 将如何反应。

假定充分正则性,厂商 1 的反应曲线,$f_1(y_2)$,由下列恒等式清晰地定义

$$\frac{\partial \pi_1(f_1(y_2), y_2)}{\partial y_1} \equiv 0.$$

为决定厂商 1 在关于厂商 2 产量的信念发生改变时,如何最优地改变他的产量,我们对此恒等式进行微分,解 $f'_1(y_2)$

$$f'_1(y_2) = -\frac{\partial^2 \pi_1 / \partial y_1 \partial y_2}{\partial^2 \pi_1 / \partial y_1^2}.$$

像通常一样,根据二阶条件,分母是负的,所以反应曲线的斜率由混合偏导数来决定。容易看到有

$$\partial^2 \pi_1 / \partial y_1 \partial y_2 = p'(Y) + p''(Y)y_1.$$

如果反需求曲线为凹,或者至少不太凸,这个表达式将为负,它表示厂商 1 的古诺反应曲线一般有负的斜率。典型的例子如图 16.1 所示。

正像我们下面将要看到的,双头垄断互相制约的许多重要特点依赖反应曲线的斜率,而它又依赖于利润关于两个选择变量的

混合偏导数。在这里,我们说,y_1 和 y_2 是**战略替代**。如果混合偏导数为正,则我们有**战略互补**的情况。我们在下面将要看这些区别的一个例子。

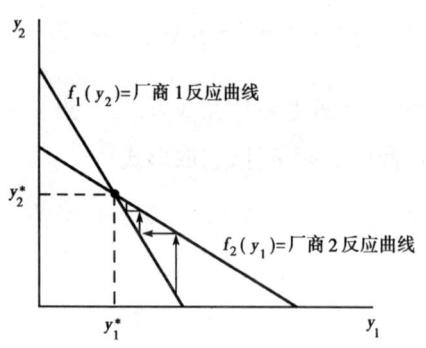

图 16.1　反应曲线

两条反应曲线的交点是古诺-纳什均衡。

系统的稳定性

尽管我们反复地强调古诺博弈的一次性特点,但古诺自己却用更加动态的观点来思考它。确实,动态解释这个模型是自然的(如果有一些疑问)。假设我们考虑到有一个学习过程,这期间每一厂商靠观察其他厂商的实际产量选择,来深化他关于该厂商行为的信念。

已知在时期 0 处的一个任意产量模式,(y_1^0, y_2^0),厂商 1 猜测厂商 2 在时期 1 将继续生产 y_2^0,因而要选择符合这个猜测的利润最大化产量,即 $y_1' = f_1(y_2^0)$。厂商 2 观察到这个选择 y_1',并猜想厂商 1 将继续保持这个产量水平 y_1'。厂商 2 因此选择 $y_2^2 = f_2(y_1')$。一般而言,厂商 i 在时期 t 的产量选择为 $y_i^t = f_i(y_j^{t-1})$。

这在产量方面给我们一个不同的方程,它给出了如图 16.1 所示的一个"蛛网"。在所示的情况下,厂商 1 的反应曲线比厂商 2

的反应曲线陡,蛛网收敛于古诺-纳什均衡。因此,我们说所示的均衡是**稳定**的。如果厂商 1 的反应曲线比厂商 2 的平,则均衡将是**不稳定**的。

假定另一个厂商保持其产量固定,如果我们设想厂商朝增加利润方向上调整他们的产量,将会产生一个不同的动态模型。这导致了如下的**动态系统**形式:

$$\frac{dy_1}{dt} = \alpha_1 \left[\frac{\partial \pi_1(y_1, y_2)}{\partial y_1} \right]$$

$$\frac{dy_2}{dt} = \alpha_2 \left[\frac{\partial \pi_2(y_1, y_2)}{\partial y_2} \right].$$

这里,参数 $\alpha_1 > 0$ 和 $\alpha_2 > 0$,代表着调整速度。

这个动态系统局部稳定性的充分条件是

$$\begin{vmatrix} \dfrac{\partial^2 \pi_1}{\partial y_1^2} & \dfrac{\partial^2 \pi_1}{\partial y_1 \partial y_2} \\ \dfrac{\partial^2 \pi_2}{\partial y_1 \partial y_2} & \dfrac{\partial^2 \pi_2}{\partial y_2^2} \end{vmatrix} > 0. \qquad (16.1)$$

这"几乎"是稳定的必要条件。问题出自行列式可能为零的事实,即使动态系统是局部稳定的。我们将忽视这些由于考虑边界情形所引起的复杂情况。

在推导比较静态的结果方面,这个行列式条件证明是相当有用的。不过,应该强调,所要求的调整过程相当特别。每一厂商希望其他厂商保持产量不变,尽管他希望改变自己的产量。这类不一致的信念是博弈理论所厌恶的。问题是一次性的古诺博弈不能给出一个动态的解释。为分析多时期博弈的动态性,人们应该回到上一章讨论的重复博弈分析。除此客观性外,这类朴实的动态模型可能对经验上的相关性有一些要求。为获得市场如何响应他们的决策,厂商可能需要去体验,而上面描述的特定的动态调整过程可以被当作是描述这类学习过程的一个简单模型。

16.2 比较静态学

假定 a 是移动厂商 1 利润函数的参数,古诺均衡由下列条件描述:

$$\frac{\partial \pi_1(y_1(a), y_2(a), a)}{\partial y_1} = 0$$

$$\frac{\partial \pi_2(y_1(a), y_2(a))}{\partial y_2} = 0.$$

对这些方程求关于 a 的导数,给出系统

$$\begin{pmatrix} \frac{\partial^2 \pi_1}{\partial y_1^2} & \frac{\partial^2 \pi_1}{\partial y_1 \partial y_2} \\ \frac{\partial^2 \pi_2}{\partial y_1 \partial y_2} & \frac{\partial^2 \pi_2}{\partial y_2^2} \end{pmatrix} \begin{pmatrix} \frac{\partial y_1}{\partial a} \\ \frac{\partial y_2}{\partial a} \end{pmatrix} = \begin{pmatrix} -\frac{\partial^2 \pi_1}{\partial y_1 \partial a} \\ 0 \end{pmatrix}.$$

应用克莱姆法则(见第 26 章第 474 页),我们有

$$\frac{\partial y_1}{\partial a} = \frac{\begin{vmatrix} -\frac{\partial^2 \pi_1}{\partial y_1 \partial a} & \frac{\partial^2 \pi_1}{\partial y_1 \partial y_2} \\ 0 & \frac{\partial^2 \pi_2}{\partial y_2^2} \end{vmatrix}}{\begin{vmatrix} \frac{\partial^2 \pi_1}{\partial y_1^2} & \frac{\partial^2 \pi_1}{\partial y_1 \partial y_2} \\ \frac{\partial^2 \pi_2}{\partial y_1 \partial y_2} & \frac{\partial^2 \pi_2}{\partial y_2^2} \end{vmatrix}}.$$

行列式的符号由(16.1)的稳定性条件决定,我假定它为正。分子的符号由下式决定

$$-\frac{\partial^2 \pi_1}{\partial y_1 \partial a} \frac{\partial^2 \pi_2}{\partial y_2^2}$$

根据利润最大化的二阶条件,此表达式的第二项为负。它有

$$\text{sign} \frac{\partial y_1}{\partial a} = \text{sign} \frac{\partial^2 \pi_1}{\partial y_1 \partial a}.$$

这个条件是说,为决定利润移动如何影响均衡产量,我们只需要计

算混合偏导数,$\partial^2 \pi_1 / \partial y_1 \partial a$。

让我们应用这个结果于寡头垄断模型之中。假设 a 等于一个(不变)边际成本,利润由下式给出

$$\pi_1(y_1, y_2, a) = p(y_1 + y_2)y_1 - ay_1$$

那么,$\partial \pi_1 / \partial y_1 \partial a = -1$。这表示,增加厂商 1 的边际成本将减少古诺均衡产量。

16.3 若干个厂商

如果有 n 个厂商,古诺模型就更有同样的风味。这种情况下,厂商 i 的一阶条件变成

$$p(Y) + p'(Y)y_i = c_i'(y_i), \qquad (16.2)$$

这里,$Y = \sum_i y_i$。方便地重新安排这个方程,取形式

$$p(Y)\left[1 + \frac{dp}{dY}\frac{y_i}{p}\right] = c_i'(y_i).$$

令 $s_i = y_i / Y$ 为厂商 i 的行业产量份额,我们可以写出

$$p(Y)\left[1 + \frac{dp}{dY}\frac{Y}{p}s_i\right] = c_i'(y_i),$$

或

$$p(Y)\left[1 + \frac{s_i}{\varepsilon}\right] = c_i'(y_i), \qquad (16.3)$$

这里,ε 是市场需求弹性。

最后一个方程解释了古诺模型的意义。在某种程度上,它处在垄断和纯粹竞争之间。如果 $s_i = 1$,我们严格地有垄断条件。当 s_i 接近于零时,每一厂商有无穷小的市场份额,古诺均衡接近竞争均衡[1]。

存在一对特殊的情形,(16.2)和(16.3)。它们对于构造例子是有用的。首先,假定每一厂商有不变的边际成本 c_i,那么,对方程两边加上所有的 n 个厂商,我们有

$$np(Y) + p'(Y)Y = \sum_{i=1}^{n} c_i.$$

因此,总行业产量只依赖边际成本的总和,并不依赖在企业间的分布[2]。如果所有的厂商都有同样的边际成本 c,则在一个对称的均衡 $s_i = 1/n$ 中,我们写出此方程为

$$p(Y)\left[1 + \frac{1}{n\in}\right] = c. \tag{16.4}$$

此外,如果 $\in$ 为常数,这个方程证明了价格是对边际成本的一个不变的补充。在这个简单的例子中,显然,当 $n \to \infty$ 时,价格必然接近边际成本。

福利

我们前面已经看到,由于价格超过边际成本,垄断行业生产一个无效的低产量水平,在一个古诺行业中也是这样。展示这种扭曲的一个图上方法是要问,什么是古诺的行业最大化?

正如我们前面已经看到的,需求曲线下的面积,$U(Y) = \int_0^Y p(x)dx$,是一定情况下总收益的合理度量。使用此定义,可以证明,在一个具有不变边际成本的对称古诺均衡中,产量水平最大化下列表达式:

$$W(Y) = [p(Y) - c]Y + (n-1)[U(Y) - cY].$$

证明只要对此表达式求关于 Y 的导数,且注意它满足方程(16.4)即可(我们将假定相应的二阶条件满足)。

一般来说,我们想要一个行业最大化其效用减去成本。竞争性行业事实上是这样做的,而垄断行业只最大化利润。一个古诺行业则最大化这两个目标的加权总和,权重依赖厂商的数量。当 n 增加时,与私人的利润目标相比较,越来越多的权重被赋予为效用减去成本的社会目标。

16.4 贝特朗均衡

上节简单介绍的古诺模型之所以具有吸引力,有多方面原因。但不管怎样,它只是寡头垄断行为的一个可能模型。古诺模型把数量作为企业的战略空间,但是如果把价格作为相关的战略变量时,似乎很自然地要考虑会发生什么。这被称为**贝特朗**(Bertrand)寡头垄断模型。

假定,我们有固定边际成本为 c_1 和 c_2 的两个厂商,面临的市场需求曲线为 $D(p)$。为明确起见,假定 $c_2>c_1$。如前,我们假定为同一产品,从而,厂商1面临的需求曲线由下式给出

$$d_1(p_1,p_2)=\begin{cases}D(p_1) & \text{当 } p_1<p_2\\ D(p_1)/2 & \text{当 } p_1=p_2\\ 0 & \text{当 } p_1>p_2.\end{cases}$$

这就是说,厂商1相信,用制定一个小于厂商2的价格,他就能获得全部市场。当然,厂商2也被假定有同样的信念。

这个博弈的纳什均衡是什么? 设厂商1使得 p_1 大于 c_2,它就不是一个均衡。为什么? 如果厂商2期望到了厂商1做此选择,他会选择 p_2,使其位于 p_1 和 c_2 之间。这会给厂商1产生零的利润,厂商2则产生正的利润。相似地,在任何低于 c_2 的价格下,厂商1是"放钱于桌上"(leaving money on the table)。在任何这样的价格下,厂商2会选择生产零,而厂商1用稍微增加一点价格就能增加利润。

这样,该博弈的一个纳什均衡是,厂商1取 $p_1=c_2$,生产 $D(c_2)$ 单位产量,而厂商2取 $p_2\geqslant p_1$,生产零单位产量。

在一个两厂商的行业中,我们取价格等于边际成本似乎有些不太直观。部分的问题是贝特朗博弈为一次性博弈:局中人选择他们的价格,然后博弈结束。这典型地不是真实生活中的标准市

场实践。

思考贝特朗模型的一种方式是把它当作一种竞争性投标模型。每一厂商递交一个密封的投标,陈述他服务于所有顾客的价格。投标被公开,最高的投标者得到顾客。用这种方式看,贝特朗模型的结果并不如此自相矛盾。众所周知,密封投标是诱使厂商积极竞争的非常好的方式,即使只有少数厂商。

迄今为止,我们假定每一厂商的固定成本为零。让我们放松这个假定,考虑一下如果每一厂商有为 $k > 0$ 的固定成本会发生什么。在这种情况下,上面讨论的逻辑很快会导致贝兰德均衡:均衡价格等于厂商 2 的边际成本(高成本厂商),只要厂商 1 的利润为非负。如果厂商 1 的利润为负,则没有纯战略均衡存在。

不过,混合战略的均衡将存在,事实上还可以被清楚地计算。在这样的均衡中,每一厂商都有关于其他厂商可能索要的价格的概率分布,且选择自己的概率分布以最大化期望支付。这是一个似乎令人难以置信的混合战略情况。不过像往常一样,这部分是分析一次性特征的人工合成。即使我们考虑到重复博弈,人们可用一个"销售"策略来解释混合战略:零售市场上的每一个商店随机定价,以使在一个任意给定的一周内,一个商店具有城中的最低价,从而拥有全部顾客。不过,每周都有一个不同的商店是获胜者。

例:一个销售模型

让我们在一个寡头垄断销售模型中计算混合战略均衡。为简单起见,假定每个厂商的边际成本为零,固定成本为 k。存在两种类型的消费者,**知情的消费者**(informed consumers)知道被索要的价格,**不知情的消费者**(uninformed consumers)只是随机选择商店。设有 I 个灵通的消费者和 $2U$ 个不灵通的消费者。因此,每一商店肯定在每一时能得到 U 个不知情的消费者。如果他们偶而制定了最低的价格,也能得到知情的消费者。每个消费者的保留价格为 r。

我们将考虑对称的均衡,这里每个厂商使用相同的混合战略。

令 $F(p)$ 为均衡战略的累积分布函数。亦即，$F(p)$ 为选择价格小于或等于 p 的概率。我们令 $f(p)$ 为概率相关的密度函数，并假定它为连续的，因为这允许我们忽视平分的概率[3]。

已知此假设，当厂商制定价格 p 时，严格地有两个事件与他相关。一个是他成功地具有最低价格，事件的概率为 $1-F(p)$，另一个是他不具有最低价格，事件的概率为 $F(p)$。如果他成功地具有最低价格，可获得收益 $p(U+I)$，如果他不具有最低价格，可获收益 pU。在任一种情况下，都需要付出固定成本 k。从而，厂商的期望赢得 $\overline{\pi}$ 可以被写成

$$\overline{\pi} = \int_0^\infty [p(1-F(p))(I+U) + pF(p)U - k]f(p)dp.$$

注意跟随下面的简单观察：在均衡混合战略中实际索要的每一个价格必然产生同样的期望支付。此外，与较少的获利价格相关，厂商可以增加索要更高利润价格的频率，增加他的总期望赢得。

这意味着我们必须有

$$p(I+U)(1-F(p)) + pF(p)U - k = \overline{\pi},$$

或者解

$$F(p) = \frac{p(I+U) - k - \overline{\pi}}{pI}. \tag{16.5}$$

剩下来要确定 $\overline{\pi}$。厂商索要的价格小于或等于 r 的概率为 1，所以，我们必然有 $F(r)=1$。解此方程可得，$\overline{\pi} = rU - k$。代回至方程(16.5)，有

$$F(p) = \frac{p(I+U) - rU}{pI}.$$

令 $u = U/I$，我们可以写出此为

$$F(p) = 1 + u - \frac{ru}{p}.$$

此表达式在 $\underline{p} = ru/(1+u)$ 处等于零，因此，对 $p \leqslant \underline{p}$，有 $F(p) = 0$；对任何 $p \geqslant r$，$F(p) = 1$。

16.5 补足与替代

在我们两个寡头垄断模型中,我们假定厂商生产的商品是完全替代的。不过,直接放松这个假设,我们在古诺和贝特朗均衡之间可以指出有一个很好的对偶。在线性需求函数的情况下,重要部分最容易显露,尽管在一般情况下也是这样。令消费者需求函数由下式给出

$$p_1 = \alpha_1 - \beta_1 y_1 - \gamma y_2$$
$$p_2 = \alpha_2 - \gamma y_1 - \beta_2 y_2.$$

注意,对性状良好的消费者需求函数来说,要求"交叉价格效应是对称的"。

相应的直接需求函数为

$$y_1 = a_1 - b_1 p_1 + c p_2$$
$$y_2 = a_2 + c p_1 - b_2 p_2,$$

这里,参数 a_1, a_2 等为 α_1, α_2 等的函数。

当 $\alpha_1 = \alpha_2$ 和 $\beta_1 = \beta_2 = \gamma$,时,商品为完全替代。当 $\gamma = 0$ 时,各市场是独立的。一般地,$\gamma^2/\beta_1\beta_2$ 可以被用作产品多样化的指数。当其为 0 时,市场独立,当其为 1 时,商品完全替代。

为简单起见,假设边际成本为零,则如果厂商 1 为古诺竞争者,他最大化

$$(\alpha_1 - \beta_1 y_1 - \gamma y_2) y_1,$$

如果为一贝特朗竞争者,他最大化

$$(a_1 - b_1 p_1 + c p_2) p_1.$$

注意,这两个表达式在结构上非常相似:我们只要用 a_1 替代 α_1,β_1 替代 b_1,γ 替代 $-c$ 即可。因此,具有替代产品($\gamma > 0$)的古诺均衡与具有补足的($c < 0$)的贝特朗均衡基本上有同样的数学结构。

这种"对偶"允许我们为一个价格证明两个定理:当我们计算含有古诺竞争的结果时,我们只要用希腊字母替代罗马字母,就有

贝特朗竞争。

例如我们在前面看到的,反应曲线的斜率在决定比较静态学结果方面是重要的。在这里讨论的非齐次商品情形里,厂商 1 的反应曲线是下列最大化问题的解

$$\max_{y_1}[\alpha_1 - \beta_1 y_1 - \gamma y_2]y_1.$$

很容易看到有

$$y_1 = \frac{\alpha_1 - \gamma y_2}{2\beta_1}.$$

将希腊字母换成罗马字母,贝特朗模型的反应曲线为

$$p_1 = \frac{a_1 + cp_2}{2b_1}.$$

注意,古诺模型的反应曲线与贝特朗模型中的反应曲线有相反的斜率。我们已经看到,古诺模型的反应曲线向下倾斜,这意味着贝特朗模型的反应曲线向上倾斜。这在直观上是合理的。如果厂商 2 增加他的产量,则厂商 1 欲减少产量以促使价格上升。不过,厂商 2 如果增加价格,厂商 1 将发现,为了超上这个增加的价格,提高自己的价格是有利的。

理解此点的另一方式是使用早先介绍的战略补充和战略替代的概念。厂商的产量是战略替代的,这是因为增加 y_2,如果厂商 1 也增加产量,会使其少获利。不过,p_2 的增加会使厂商 1 多获利,因为厂商 1 也要提高价格。由于混合偏导数的符号不同,反应曲线将有不同符号的斜率。

16.6 数量领先

另一个有趣的双头垄断模型是**数量领先**(quantity leadership),也被称为**斯塔克尔贝格模型**(Stackelberg model)。基本上,它是一个厂商先移动的两阶段模型。另一个厂商可以观察第一个厂商的产量选择,然后选择自己的最优产量水平。用上一章的术

语,数量领先模型是一个序列博弈。

像通常一样,我们"逆向"解此模型。假设厂商 1 是领导者,厂商 2 是追随者,厂商 2 的问题是直接的:已知厂商 1 的产量,厂商 2 欲最大化他的利润 $p(y_1+y_2)y_2-c_2(y_2)$。这个问题的一阶条件为

$$p(Y)+p'(Y)y_2=c_2'(y_2). \qquad (16.6)$$

这正像前面描述的古诺条件,我们可以使用此方程去推导厂商 2 的反应函数,$f_2(y_1)$ 也恰如前一样。

移回到博弈的第一阶段,现在厂商 1 欲选择他的产量水平,他考虑未来,意识到厂商 2 将如何反应。这样,厂商 1 欲最大化

$$p(y_1+f_2(y_1))y_1-c_1(y_1).$$

这导致一阶条件的形式为

$$p(Y)+p'(Y)[1+f_2'(y_1)]y_1=c_1'(y_1). \qquad (16.7)$$

方程(16.6)和(16.7)足够能决定两个厂商的产量水平。

斯塔克尔贝格均衡在图 16.2 中用图解法来确定。这里,厂商 1 的等利润线代表了能够产生一个不变利润的产量水平组合,较低的等利润线与更高水平的利润相联系。厂商 1 欲在厂商 2 反应曲线的某个点上运作,此时,他能得到最大可能的利润,如图所示。

斯塔克尔贝格均衡如何与古诺均衡相比较?从显示偏好立即有一个结果:由斯塔克尔贝格的领导者拣起最优点放在其竞争者的反应曲线上,古诺均衡就有一些"任意"地拣起一个点放在他的竞争者的反应曲线上。在斯塔克尔贝格均衡中,领导者的利润将高于他们在相同博弈的古诺均衡中所得到的。

作为领导者与作为追随者的利润怎样,一个厂商偏好成为哪一个? 这有一个优美且一般的结果,但需要一些论据。在下列假设下,我们将分析非齐次性商品(y_1 和 y_2)的一般情形(当然,这些假设包括了齐次商品的特殊情形,这里,y_1 和 y_2 是完全替代)。

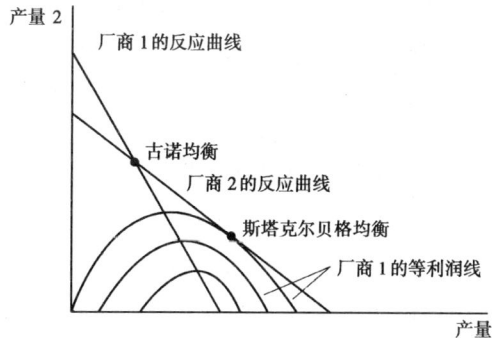

图 16.2 古诺和斯塔克尔贝格均衡的比较

纳什均衡在两条反应曲线相交处出现,斯塔克尔贝格均衡发生于一条反应曲线与另一厂商的等利润线相切处。

A1:替代品 $\pi_1(y_1,y_2)$ 是 y_2 的严格递减函数,$\pi_2(y_1,y_2)$ 是 y_1 的严格递减函数。

A2:向下倾斜的反应曲线 反应曲线 $f_i(y_j)$ 是严格递减函数。

领导优先 在假设 $A1$ 和 $A2$ 下,一个厂商总是弱偏好于为一个领导者,而不是一个追随者。

证明 当厂商 1 领导时,令 $(y_1^*, y_2^*) = (y_1^*, f_2(y_1^*))$ 为斯塔克尔贝格均衡,首先,我们需要证明

$$f_1(y_2^*) \leq y_1^*. \tag{16.8}$$

假设不是这样,从而

$$f_1(y_2^*) > y_1^*. \tag{16.9}$$

应用函数 $f_2(\cdot)$ 于此不等式两边,我们发现

$$f_2(f_1(y_2^*)) <_1 f_2(y_1^*) =_2 y_2^*. \tag{16.10}$$

不等式(1)符合 $A2$,等式(2)符合斯塔克尔贝格均衡的定义。

现在,我们有下列的不等式链:

$$\pi_1(y_1^*, y_2^*) \leq_1 \pi_1(f_1(y_2^*), y_2^*) <_2 \pi_1(f_1(y_2^*), f_2(f_1(y_2^*))). \tag{16.11}$$

不等式(1)遵从反应函数的定义,不等式(2)来自方程(16.10)和假设 $A1$。根据(16.11),点$(f_1(y_2^*),f_2(f_1(y_2^*)))$比$(y_1^*,f_2(y_1^*))$产生更高的利润,这与$(y_1^*,f_2(y_1^*))$为斯塔克尔贝格均衡的要求相矛盾,这个矛盾使得(16.8)成立。

我们在后面的结果很快地得自于不等式

$$\max_{y_2} \pi_2(f_1(y_2),y_2) \geq_1 \pi_2(f_1(y_2^*)y_2^*) \geq_2 \pi_2(y_1^*,y_2^*).$$

不等式(1)来自最大化,不等式(2)遵从(16.8)和 $A1$。这些不等式的左边和右边项证明了厂商 2 的利润并不更小,如果他是领导者,而不是厂商 1 是领导者。

由于向下倾斜的反应函数和替代通常被作为"标准"的情形,此结果表明,我们可以期望每一个斯塔克尔贝格模型会偏好于作为领导者。至于哪一个厂商实际上能成为领导者,大概地依赖历史因素,如哪一个厂商首先进入市场等。

16.7 价格领先

当一个厂商制定价格,而另一个厂商视其为给定时,就出现了**价格领先**。价格领先模型像斯塔克尔贝格模型一样来解决:我们首先推导追随者的行为,再推导领导者的行为。

在一个非齐次商品的模型中,令 $x_i(p_1,p_2)$ 为对厂商 i 产量的需求,追随者视 p_1 为给定,选择 p_2,亦即,追随者最大化

$$\max_{p_2} p_2 x_2(p_1,p_2) - c_2(x_2(p_1,p_2)). \qquad (16.12)$$

我们令 $p_2 = g_2(p_1)$ 为反应函数,它作为 p_1 的函数,给出了 p_2 的最优选择。

然后,领导者解

$$\max_{p_1} p_1 x_1(p_1,g_2(p_1)) - c_1(x_1(p_1,g_2(p_1)))$$

以确定他的最优 p_1 值。

当厂商都出售相同的产品时,出现了一个有趣的特殊情况。

此种情况下,如果厂商 2 出售正的产量,它必须以 $p_2 = p_1$ 来出售。对每一价格 p_1,追随者视 p_1 为给定,将选择去生产 $s_2(p_1)$ 量,以最大化他的利润。因此,这种情况下的反应函数就是竞争性的供给曲线。

如果厂商 1 索要价格 p_1,将出售 $r(p_1) = x_1(p_1) - s_2(p_1)$ 量,函数 $r(p_1)$ 被称为厂商 1 面临的**剩余需求曲线**。厂商 1 欲选择 p_1 以最大化

$$\max_{p_1} p_1 r(p_1) - c_1(r(p_1)).$$

这正是一个面临剩余需求曲线 $r(p_1)$ 的垄断者的问题。

解在图 16.3 中以图示法呈现出来。我们从市场需求曲线中减去了厂商 2 的供给曲线,以获得剩余需求曲线,然后,我们使用标准的 $MR = MC$ 条件来解出领导者的产量。

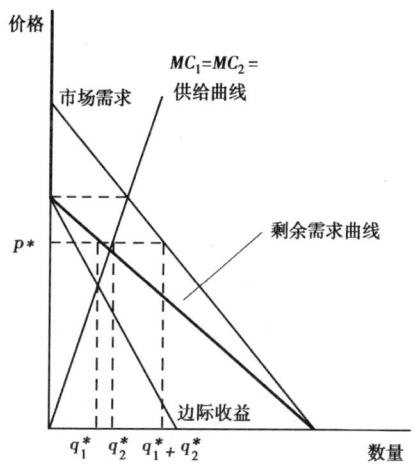

图 16.3 价格领先

从市场需求曲线中减去厂商 2 的供给曲线,得到厂商 1 的剩余需求曲线。然后,在此曲线上挑选最可能获利的生产水平。

回到非齐次产品的情形下,在此模型中,我们可以问,一个厂商是喜欢作一个领导者,还是喜欢作一个追随者。首先,我们注意到,上面证明出的结果可以立即推广到价格领先模型中,只要以 p_i 替换 y_i 即可。不过,这种推广有两个困难。第一,利润将为另一厂商价格的一个递减函数的情形并非必然。厂商 1 的利润关于厂商 2 价格的导数为

$$\frac{\partial \pi_1(p_1, p_2)}{\partial p_2} = [p_1 - c'(x_1(p_1, p_2))] \frac{\partial x_1(p_1, p_2)}{\partial p_2}.$$

这个导数的符号依赖于价格是大于还是等于边际成本。结果,这个困难可以被克服。只要反应函数向下倾斜,在价格领先模型中,领导者仍被偏好。

不过,向下倾斜的价格反应函数的假设并不总是合理的。为简单起见,假设边际成本为零,那么,厂商 2 的反应函数必须满足一阶条件

$$p_2 \frac{\partial x_2(p_1, g_2(p_1))}{\partial p_2} + x_2(p_1, g_2(p_1)) \equiv 0.$$

用通常的比较静态计算

$$\text{符号 } g_2'(p_1) = \text{符号} \left[p_2 \frac{\partial^2 x_2}{\partial p_1 \partial p_2} + \frac{\partial x_2}{\partial p_1} \right].$$

第一项可以为正,也可以为负,但如果两个商品为替代的,第二项的符号将为正。因此,正如前面指出的,我们在价格领先模型中,也可以预期有向上倾斜的反应函数。

一个类似于上面给出的讨论可以被用来建立下面的命题。

一致(consensus) 如果两个厂商有向上倾斜的反应函数,则一个厂商偏好作为领导者,另一厂商必然偏好作为追随者。

证明。见道内克(Dowrick, 1986)。

由此可以直接得出下面的结论。

偏好追随。如果两个厂商有相同的成本和需求函数,反应曲线都向上倾斜,则每个厂商必然偏好于成为一个追随者而不是一

个领导者。

证明。如果其中一个偏好于领导,那么,对称地,另一个也会偏好于领导,然而,这立即与上面给出的命题相矛盾。

在两个厂商生产相同产品的特殊情况下,对此结果有另外的讨论。讨论用了图 16.3。在这个图中,厂商 1 取价格 p^* 和产量水平 q_1^*,厂商 2 有一个抉择;选择以价格 p^* 来供应与厂商 1 供应量 q_1^* 相同的量,或者基于厂商 2 的供应曲线,倾向于生产不同的产量水平。所以,在均衡中,厂商 2 获得了比厂商 1 更高的利润。

直观地,厂商在一个价格制定博弈中偏好于作为一个追随者的理由是,领导者必须减少他的产量以支持价格,而追随者可以视价格由领导者固定,从而尽可能多地生产,即追随者在搭乘领导者产量限制的便车。

16.8 模型的分类和选择

我们已讨论了四种双头垄断模型:古诺、贝特朗、数量领先和价格领先。从博弈论观点看,这些模型可用战略空间(价格或数量)的定义和信息集来区分:当一个局中人做出移动时,是否知道其他局中人的选择。

哪一个模型是正确的?通常,这个问题无法回答。他只能在一个特定的经济形势或特定的要检验的行业范围内提出。不过,我们可以提供若干有用的指南。

重要的是要记住。这些模型都是"一次性"博弈。但在应用中,我们经常企图去模拟现实中的互动关系,即一个持续多期的产业结构。因而,很自然地要求用来模拟该产业的战略变量并不能立即调整———旦被选择,他们将持续若干个时期,以便一次性的分析具有代表发生在实际中经济现象的一些希望。

例如,考虑贝特朗均衡。正式地说,这是一个一次性博弈:双头垄断者没有观察其他人的选择而同时制定价格。但是,如果你一旦看到对手的价格后(和顾客看到该价格之前)而毫不费力地调整自己的价格,则贝特朗模型就不那么吸引人:当敌对的一方观察到另一方的价格,他可以使用这种或那种方式来予以响应,这可能导致一个非贝特朗的结果。

当数量仅只缓慢地被调整时,古诺模型似乎是合适的。这在"数量"被解释成能力时,尤其吸引人。其思想是,每一厂商都在秘密地选择生产能力,他们意识到,一旦能力被确定,只能进行价格竞争——即进行贝特朗博弈。克雷普斯和施恩克曼(Kreps & Sheinkman,1983)分析了这个两阶段博弈,证明其结果是典型的古诺均衡。我们将在这里粗略地勾画出这个模型的一个被简化的形式。

假定每个厂商在第一期同时生产某一产量水平 y_i,在第二期,每个厂商选择一个能够出售其产量的价格。我们对这个两阶段博弈的均衡感兴趣。

像通常一样,从第二期开始。此时,厂商 i 在出售任何低于 y_i 的量时,其边际成本为零;在出售任何大于 y_i 的量时,其边际成本为无穷大。在均衡下,厂商必然索要相同的价格。否则,高价格的厂商可以通过索要一个略低于低价格厂商所索要的价格而获益。此外,这个索要的价格不能大于 $p(y_1 + y_2)$。否则,一个厂商可以略微降低价格而占领全部市场。最后,索要的价格也不会小于 $p(y_1 + y_2)$,这是由于当每一厂商以既定能力出售时,提高价格对双方有利(这个讨论的思路相当直观,但令人吃惊地,却很难严密地建立起来)。

关键的结论是,当每一厂商以既定能力出售时,没有人去想要削减价格,这是真实的。如果一方降低价格,就会偷去对手的全部顾客。但是,由于他已经出售了所必需出售的,故这些额外的顾客对其并无用处[4]。

一旦知道了在第二期的均衡价格只是关于既定能力的反需求,计算第一期的均衡就很简单:这只是一个标准的古诺博弈。因此,能力的古诺竞争被价格的贝特朗竞争所追随,从而导致了标准的古诺结果。

16.9 猜想变量

上面描述的价格领先和数量领先的博弈,可以用一个有趣的方式予以一般化。回忆描写一个斯塔克尔贝格领导者的最优数量选择,其一阶条件为

$$p(Y) + p'(Y)[1 + f_2'(y_1)]y_1 = c_1'(y_1). \quad (16.13)$$

项 $f_2'(y_1)$ 表明了厂商 1 关于厂商 2 在 y_1 改变时的最优行为变化的信念。

在斯塔克尔贝格模型中,这个信念等于厂商 2 真实反应函数的斜率。不过,我们可以将此项作为对厂商 2 如何响应厂商 1 的产量选择的一个"任意猜想",称此为厂商 1 关于厂商 2 的**猜想变量**,以 v_{12} 表示。现在,适当的一阶条件为:

$$p(Y) + p'(Y)[1 + v_{12}]y_1 = c_1'(y_1). \quad (16.14)$$

这个参数化的美好之处在于,参数的不同选择直接导出前面讨论的各种模型的相应一阶条件。

(1) $v_{12} = 0$——此为古诺模型,每一厂商认为其他厂商的选择与自己独立;

(2) $v_{12} = -1$——此为竞争性模型,由于一阶条件能简化成价格等于边际成本;

(3) $v_{12} =$ 厂商 2 反应曲线的斜率——这是斯塔克尔贝格模型;

(4) $v_{12} = y_2/y_1$——此种情况下,一阶条件归纳成最大化行业利润的条件——串谋均衡。

上面证明了前面讨论的每一种主要模型,只是猜想变量模型的一个个特例。在此意义上,猜想变量的思想能够作为寡头垄断模型的一个分类方法。

不过,作为一个行为模型,它并不十分满意。问题是它具有一种传递至内在静态模型最顶部的伪动态性。前面讨论的每一个模型都是一个特殊的一次性模型——在古诺模型中,厂商独立地选择产量;在斯塔克尔贝格模型中,厂商选择一个产量,并希望其他厂商能最优地做出反应,等等。猜想变量模型表明,厂商选择一个产量,因为他希望其他厂商以一个特定的方式来做出反应;但是在一次性博弈中,厂商如何做出反应?如果希望模型处于一种动态的情形,从而每一厂商能够对其他厂商的产量选择做出反应,那么,我们应该从重复博弈着手。

16.10 串 谋

迄今为止,上面所讨论的所有模型都是非合作博弈的例子。每个厂商都企图最大化他的利润,每个厂商都独立于其他厂商做出自己的决策。如果放松这个假设而考虑协调行动的可能性,会发生什么?厂商在一定程度上确定他们价格和产量的串谋的行业结构,被称之为**卡特尔**。

一个自然的模型是考虑如果两个厂商选择他们的产量以最大化共同的利润会发生什么。在这种情况下,厂商同时选择 y_1 和 y_2,以便最大化行业利润:

$$\max_{y_1, y_2} p(y_1 + y_2)[y_1 + y_2] - c_1(y_1) - c_2(y_2).$$

一阶条件为

$$p(y_1^* + y_2^*) + p'(y_1^* + y_2^*)[y_1^* + y_2^*] = c_1'(y_1^*)$$
$$p(y_1^* + y_2^*) + p'(y_1^* + y_2^*)[y_1^* + y_2^*] = c_2'(y_2^*).$$
(16.15)

由于这个方程的左边项相同,右边项也必然相同——厂商的边际生产成本必然相等。

卡特尔解的问题是其并不"稳定"。总是存在着欺骗的诱惑:以多于被同意的产量生产。为看到此点,考虑如果厂商 1 认为厂商 2 会遵守卡特尔协议的产量 y_2^*，而以 dy_1 增加自己的产量时会发生什么。随 y_1 的变化，厂商 1 利润的变化可以用卡特尔解来估计，即

$$\frac{\partial \pi_1(y_1^*, y_2^*)}{\partial y_1} = p(y_1^* + y_2^*) + p'(y_1^* + y_2^*)y_1^* - c_1'(y_1^*)$$
$$= -p'(y_1^* + y_2^*)y_2^* > 0.$$

表达式中等式的符号来自于方程(16.15)中的一阶条件，不等式的符号则源于需求曲线向下倾斜的事实。

如果一个厂商认为其他厂商会遵守被同意的卡特尔产量，则他增加自己的产量会受益。因为可以在高的价格下卖得更多一些。但是，如果他认为其他厂商也不会遵守卡特尔协议，则要其维护卡特尔协议，通常也不是最优的。这还可能在市场上进行倾销，获取可能得到的利润。

战略情况与囚徒困境类似：如果你认为其他厂商以配额生产，这促使你背叛——比你的配额生产更多。而且，如果你认为其他厂商以配额生产，则你的生产多于配额通常是有利可图的。

为了使卡特尔的结果存在，必须寻找稳定市场的方法。这通常是寻找对欺骗卡特尔协议的厂商予有效惩罚。例如，某一厂商可以宣布，如果他发现其他厂商改变了其卡特尔产量，他就相应地增加自己的产量。有趣的是，究竟增加多少产量来作为对其他厂商偏离的反应。

我们在前面看到，支持卡特尔解的猜想变量为 $v_{12} = y_1/y_2$ 这意味着什么？假设厂商 1 宣布，如果厂商 2 以 dy_2 增加产量，他就以 $dy_1 = (y_1/y_2)dy_2$ 来增加产量，作为对厂商 2 的反应。如果厂商 2 相信这个威胁，则从产量的 dy_2 增加所期望的利润变化为

$$d\pi_2 = p(y_1 + y_2)dy_2 + p'(y_1 + y_2)\left[dy_2 + \frac{y_1}{y_2}dy_2\right]y_2 - c_2'(y_2^*)dy_2$$
$$= [p(y_1 + y_2) + p'(y_1 + y_2)[y_1 + y_2] - c_2'(y_2^*)]dy_2$$
$$= 0.$$

因此,如果厂商2相信厂商1将以此种方式来反应,那么,厂商2从配额的违背中并不能获利。

想一想不对称的市场份额情况,就很容易看到厂商1惩罚的性质。假定在卡特尔均衡中,厂商1的产量是厂商2的两倍,则他就必须以增加为对方任何偏离卡特尔的两倍产量来予以威胁。另一方面,厂商2则只需以生产对方可能考虑的任何偏离的一半产量来威胁。

尽管有启发,这类分析仍有与猜想变量相关的标准问题:将动态的互动关系压缩进一个静态模型。不过,我们将看到,一个清晰的动态分析包含了更多的相同考虑,支持卡特尔结果的主要问题是如何构造一个对偏离的适当的惩罚。

16.11 重复寡头垄断博弈

到目前为止,所有上面讨论的博弈都是一次性博弈。但是,真实的市场中总是发生着互动的行为,互动的重复性质的考虑当然是合适的。开始此讨论的最简单方式是把数量确定的古诺博弈想像成一个重复博弈。

类似于第15章中重复囚徒困境分析的处理,这种情况下,合作的结果是卡特尔解。古诺产量选择可以被当作惩罚。于是,支持卡特尔解的战略为下列形式:选择卡特尔产量,除非你的对手欺骗;如果欺骗,选择古诺产量。恰像囚徒困境的情况,这将是一个纳什均衡的战略集合,只要折现率不是太高。

不幸的是,此博弈有许多其他的均衡战略:正像囚徒困境一样,几乎任何战略都是一个纳什均衡。而不像重复囚徒困境之处,对于有限重复的数量确定的博弈,这也为真。

为看到此点,让我们分析一个具有零边际成本的相同产品的两个厂商的两阶段博弈。考虑厂商1的下列战略:在第一期生产某一产量 y_1,下一期生产古诺产量水平 y_1^c。如果你的对手的产量

不是 y_2,则生产一个足以使市场价格为零的产量。

对这个威胁,厂商 2 的最优反应是什么?如果他在第一期生产 y_2,在第二期生产 y_2^c,可得到赢得 $\pi_2(y_1, y_2) + \delta\pi_2(y_1^c, y_2^c)$。如果他在第一期就生产了一个不同于 y_2 的量,比如说为 x,可得到赢得 $\pi_2(y_1, x)$。从而,与厂商 1 合作是有利可图的,当

$$\pi_2(y_1, y_2) + \delta\pi_2(y_1^c, y_2^c) > \max_x \pi_2(y_1, x).$$

这个条件对产量 (y_1, y_2) 的整个范围都将有效。

问题是实际执行惩罚的战略是不可信的:一旦第一期过去,以洪水般充斥市场通常并不在厂商 2 的利益之中。换句话说,在仅只包括第二期的子博弈中,洪水般涌入市场不是一个均衡战略,用第 15 章中的术语,这个战略不是**子博弈完善**的。

在有限次重复的数量确定的博弈中,不难证明惟一的子博弈完善均衡是重复的一次性古诺均衡,至少只要一次性古诺均衡是惟一的。讨论还是用通常的后向归纳:由于古诺均衡是最后一期的惟一均衡,第一期博弈的进行就不能可信地影响最后一期的结果,因此,"近视"的古诺均衡是惟一选择。

很自然地你会问,卡特尔产量在无限的重复博弈中,是否能成为子博弈完美均衡。弗里德曼(Friedman,1971)证明了这个问题,答案为是。采用的战略类似于上一章讨论的惩罚战略。令 π_i^c 为厂商 i 一个时期(one-period)古诺均衡的利润,π_2^* 为从一个时期卡特尔结果得到的利润,考虑厂商 1 的下列战略:生产卡特尔产量水平,除非厂商 2 的产量不同于卡特尔产量,一旦厂商 2 偏离,就永远生产古诺产量。

如果厂商 2 认为,厂商 1 在一个给定的时期里将生产古诺产量水平,则他的最好响应也是生产古诺产量水平(这是古诺均衡的定义!)。因此,无穷地重复古诺产量确实是重复博弈的均衡。

为看清厂商 2 生产卡特尔水平是否有利可图,我们必须比较偏离与合作的利润的现值。令 π_2^d 为偏离得到的利润,这个条件变成

$$\pi_2^d + \delta \frac{\pi_2^c}{1-\delta} < \frac{\pi_2^*}{1-\delta}.$$

亦即,厂商2在本期偏离的利润,加上未来所有期的古诺均衡利润的现值。重新安排,我们有条件

$$\delta > \frac{\pi_2^d - \pi_2^*}{\pi_2^d - \pi_2^c}. \tag{16.16}$$

只要 δ 足够大——即,只要折现率足够小——这个条件将被满足。如同重复囚徒困境的情况,这个模型有多种多样的其他均衡。

允许不同种类的惩罚而不仅是简单的古诺形式,(子博弈完美)惩罚战略的基本思想可以用不同的方式予以拓展。例如,阿布瑞(Abreu,1986)证明,惩罚一期并接着回到卡特尔解,将一般足够地去支持卡特尔解。这使人想起了猜想变量模型中关于最优惩罚的结论——只要一个厂商能足够快地惩罚另一厂商,就可保证其他厂商从偏离中不能获利。请见夏皮洛(Shapiro,1989)一个有关重复寡头垄断博弈结果的很好的综述。

16.12 序列博弈

上节描述的重复博弈只是一次性市场博弈的简单重复。厂商在一个时期做出的选择不在另一时期中影响他的利润,除了以间接的方式影响到对手的行为。不过,事实上,在一个时点上做出的决策会影响到随后时间里产生的结果。在一些博弈中,这类投资决策扮演了重要的战略作用。

在讨论这类行为的模型时,纳什均衡和子博弈完美均衡的区别非常重要。为以最简单的可能的方式展现这种区别,考虑一个简单的进入模型。

想象有两个厂商准备在条件成熟时进入一个行业。假定进入不需要花费成本,且在一段时间内有某种降低生产成本的外生技术进步。在时间 t,如果仅有一个厂商在市场中,令 $\pi_1(t)$ 为其在

t 中获得利润的现值;如果市场中有两个厂商,则每一个厂商在 t 中获得的利润为 $\pi_2(t)$。这个简化形式的利润函数掩盖了该行业内严格的竞争形式。所有我们需要的是 $\pi_1(t) > \pi_2(t)$,对所有的 t。这表示垄断比双头垄断更加有利。

我们在图 16.4 中展现了这些利润流。我们假定,利润在最初比利率增加得更快,导致在这段时间内折现的利润增加。但是,最终该行业的技术进步缓慢,从而引起利润增加不比利率更快,所以利润的现值下降。

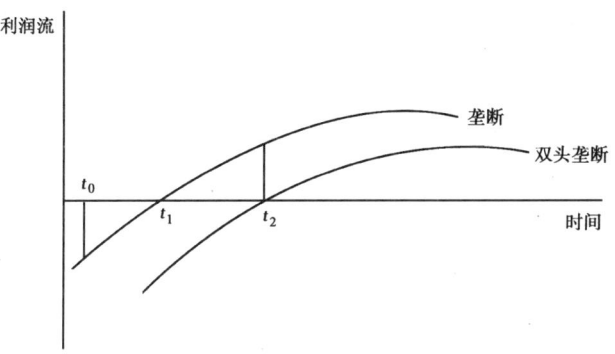

图 16.4 利润流和进入

在子博弈完美均衡中,第一个厂商在 t_0 进入,此时的利润折现为零。在 t_1 进入是一个纳什均衡,但不是子博弈完善均衡。

就我们的兴趣而言,问题是进入的模式。明显的候选者是组合 (t_1, t_2),即当垄断有利可图时,两个厂商中的一个进入;当双头垄断变得有利时,另一厂商进入。这通常是种绝对的利润进入条件,确实,容易证明它是一个纳什均衡。不过,令人吃惊地,它并不是子博弈完美均衡。

考虑一下,如果厂商 2(第二个进入者)稍微在时间 t_1 之前决定进入会发生什么。确实,在短时间内,会损失货币,但现在厂商 1 在时间 t_1 的进入威胁就不再可信。给定厂商 2 已在市场中,厂商1在时间 t_1 的进入就不再有利可图。因此,厂商2在区间[t_1, t_2]中获得正的垄断利润,在 t_2 之后得到双头垄断利润。

当然,如果厂商2企图能稍微在 t_1 之前进入,厂商1也有同样的企图。此模型的惟一子博弈均衡是一个厂商在 t_0 进入,最初垄断阶段的利润超至于零,即 t_0 和 t_1 之间 $\pi_1(t)$ 之上的(负)阴影面积等于 t_1 与 t_2 之间、$\pi_1(t)$ 之下的正的面积。进入的威胁被垄断利润予以有效稀释。

回顾一下,这有多种意义。厂商被相同地定位,如果他们以不同的利润结束会有些令人吃惊。在子博弈完美均衡中,早期进入的利润被竞争抵销,所有剩下的只是双头垄断博弈阶段的利润。

16.13 限制定价

通常认为,在寡头垄断中,进入威胁是作为一个惩罚力量。即使在一个行业中,当前仅只有少数的厂商,但却可能存在潜在的进入者。因此,竞争的"有效"量仍然很大。甚至一个垄断者也可能面临着进入的威胁,从而促使他进行竞争性定价。以这种方式阻止进入的定价被称为**限制定价**。

尽管这个观点有很大的直观兴趣,却存在一些严重的问题。让我们展开一个正式的模型来分析这些问题。令有两个厂商。**在位者**,他正在一个市场中进行生产;潜在**进入者**,他正企图进入。两个厂商的市场需求函数和成本函数为共同知识。存在两个时期:在第一期,垄断者制定价格和数量,潜在进入者可以观察并在此时决定是否进入。如果进入发生,第二期的厂商之间为一双头垄断博弈。如果不发生进入,在位者在第二期索要垄断价格。

在这个模型中,限制定价的性质是什么?基本上并没有什么。如果进入发生,就决定了一个双头垄断均衡。潜在进入者惟一关心的是,预测他在双头垄断均衡中可以得到的利润。由于完全知道成本和需求函数,第一期的价格没有传递信息。因此,在位者在其可能时,也能获得垄断利润,索要垄断价格。

你会设想,在位者在第一期可能想索取一个低的价格,以发出这样的信号:如果进入发生,他将"愿意战斗"。但这是一个空的威胁,如果其他厂商真正进入,在位者此时应该合理地去做利润最大化的事情。由于潜在进入者知道所有相关的信息,他可以**事先**预测在位者的利润最大化行动将是什么,并相应做出计划。

在这个框架中,限制定价不起作用,这是由于第一期的定价没有给第二期的博弈传递任何信息。不过,如果我们在模型中引入不确定性,我们将发现,限制定价很容易形成为一个均衡战略。

考虑下列简单的模型。如果市场价格小于或等于3,则需求某商品为一个单位。有一个在位者,其固定的边际成本为0或2,有一个潜在进入者,具有为1的固定边际成本。为进入这个市场,进入者需付进入费1/4。如果进入者进入市场,我们假定厂商进行贝特朗竞争。

由于厂商有不同的成本,这意味着厂商之一将被逐出市场。如果在位者为低成本厂商,则他将定价(略低)于进入者的边际成本,即为1,从而将进入者逐出市场。在这种情况下,在位者获得利润1,进入者损失了进入费,即$-1/4$。如果在位者为高成本厂商,则进入者将产品定价略低于2,从而得到利润$2-1-1/4=3/4$,在位者被逐出市场。

如果在位者是一个高成本厂商,且并没有发生进入,他制定为3的垄断价格,获得利润为1。问题是,在第一期制定什么样的价格?基本上,低成本的在位者会制定一个不被视作高成本的价格,因为这可以向潜在进入者传递其类型的信号。假定低成本在位者在第一期制定一个略低1的价格,在第二期制定为3的垄断价格。由于成本为零,这仍然能够获利。但这个策略对高成本厂商而言,却非有利可图——在第1期,其损失略多于1,在第2期则只能得到1。总体上,这个策略会招致损失。由于仅只有低成本厂商才能承受为1的价格,故这只是一个可信的信号。此例证明了限制定价在不完善信息中确实起着作用:它对潜在进入者来说,可以作为在位者成本结构的信号,从而排除进入,至少在一些情况下是如此。

注　释

寡头垄断理论的一个好的综述见夏皮洛(Shapiro,1989),我严密地遵循了他关于重复博弈的处理。寡头垄断中比较静态的材料取自狄西特(Dixit,1986),销售模型来自瓦里安(Varian,1980)。古诺模型中能力选择的讨论基于克瑞浦斯和施恩克曼(Kreps & Sheinkman,1983)。领导者——追随者博弈的盈利能力分析来自于道瑞克(Dowrick,1986)。古诺均衡和贝特朗均衡的对偶性首次由宗南沙恩(Sonnenschein,1968)提出,尔后由胜(Sing,1984)予以拓展。这里描述的限制定价的简单模型由米尔格罗姆和罗伯茨(Milgrom & Roberts,1982)提出。

[1] 实际上,当更加严格地依赖于每一厂商的份额如何趋于零时,我们应该仔细地对待这样粗略的说法。对于一个一致的说明,见诺夫什克(Novshek,1980)。

[2] 当然,我们假定为内部解。如果边际成本过于不一致,一些厂商将不愿意在均衡中生产。

[3] 用一个更复杂的讨论可以证明,在均衡中平分的概率为零。

[4] 不过,这确实带来了难以处理之处:如果一个厂商得到了比其可能销售更多的顾客,我们必须指定一个数量配给规则,以表明对额外的顾客会发生什么。戴维德森和德奈克(Davidson & Deneckere,1986)证明了这个数量配给规则的指定可以影响均衡的性质。

练　习

16.1　假定我们有两个具有固定边际成本为 c_1 的厂商和两个具有固定边际成本为 c_2 的厂商,且 $c_2 > c_1$,该模型的贝特朗均衡是什么? 竞争均衡是什么?

16.2　考虑在原书第294页描述的销售模型,当 U/I 增加时,$F(p)$ 会发生什么? 解释此结果。

16.3　已知在原书第294页中的线性反需求函数,推导关于直接需求函数参数的公式。

16.4 使用前面问题中的线性需求函数,证明古诺竞争比贝特朗竞争总是数量更低而价格更高。

16.5 证明如果两个厂商有向上倾斜的反应函数,从而 $f'_i(y_j)>0$,(y_1^*, y_2^*)为斯塔克尔贝格均衡,则 $f_2(f_1(y_2^*))>f_2(y_1^*)=y_2^*$。

16.6 与竞争性模型相连的猜想变量为 $V=-1$,这意味着一个厂商增加一单位产量,另一厂商就要减少一单位产量,直觉地,这很难像是竞争性行为,错在哪里?

16.7 证明对所有的 $x>0$,如果 $c'_1(x)<c'_2(x)$,则卡特尔解有 $y_1>y_2$。

16.8 假设两个相同的厂商正在卡特尔中经营,每一厂商都相信,如果他调整产量,其他厂商也将会调整产量,以保证市场份额为 $1/2$。这意味着猜想变量是什么?意味着何种产业的结构?

16.9 为什么在有限重复古诺博弈中有许多均衡,而在有限重复囚犯悖论中仅只有一个均衡?

16.10 考虑一有两个厂商的行业,其边际成本均为零,这个行业面临的(反)需求曲线为
$$P(Y)=100-Y,$$
这里,$Y=y_1+y_2$,为总产量。

(a) 该行业产量的竞争性均衡水平是什么?

(b) 如果每个厂商都是古诺竞争者,已知厂商2的产量选择,厂商1的最优选择是什么?

(c) 计算每个厂商的古诺均衡产量。

(d) 计算该行业的卡特尔产量。

(e) 如果厂商1为追随者,厂商2为领导者,计算每个厂商的斯塔克尔贝格均衡产量。

16.11 考虑一个古诺行业,厂商的产量以 $y_1,\cdots,y_n$ 表示,总产量以 $Y=\sum_{i=1}^n y_i$ 表示,行业需求曲线以 $P(Y)$ 表示,每个厂商的成本函数由 $c_i(y_i)=cy_i$ 给出。为简单起见,$P''(Y)<0$,假定每个厂商要求支付一个特别的税,t_i。

(a) 写出厂商 i 的一阶条件。

(b) 证明行业的产量和价格仅只依赖税率的总和 $\sum_{i=1}^n t_i$。

(c) 考虑每个厂商税率的变化,但并不影响行业的税收负担。令 Δt_i 代表厂商 i 的税率变化,要求 $\sum_{i=1}^{n} \Delta t_i = 0$。假定没有厂商会离于此行业,计算厂商 i 均衡产量的变化 Δy_i。提示:不需要求微分,这个问题可通过检查(a)和(b)来回答。

16.12 考虑一个具有下列结构的行业。存在 50 个以竞争方式进来的厂商,相同的成本函数由 $c(y) = y^2/2$ 给出。存在一个垄断者,其边际成本为零。产品的需求曲线由下式给出

$$D(p) = 1000 - 50p$$

(a) 一个竞争厂商的供应曲线是什么?
(b) 竞争部分的总供给是什么?
(c) 如果垄断者制定价格 p,他将出售多少产量?
(d) 垄断者的利润最大化产量是什么?
(e) 垄断者的利润最大化价格是什么?
(f) 在此价格下,竞争性部分将提供多少?
(g) 这个行业出售的总产量将为多少?

第17章 交　　换

在第十三章,我们考察了孤立的单一商品市场的经济理论。我们看到,在存在很多经济当事人的情况下,其中的每一个经济当事人都可以有理由地被假定为将市场价格视为其控制之外。在给定的这些外生价格下,每一个经济当事人就可以确定他对所考察的商品的需求和供给。该商品价格的调整已可出清市场,在这样的均衡价格下,没有任何经济当事人有变动其行动的愿望。

上段文字所描述的单一商品的市场的情形是一个**局部均衡**模型,在这个模型中,所考察商品之外的一切商品价格都被假定为保持不变。在一般均衡模型中,**所有**商品价格都是变量,并且均衡要求所有商品市场全部出清。也就是说,一般均衡理论在考虑单一市场发挥功能的同时,也考虑了诸市场之间的全部相互作用。

为了更好地将本章内容加以展开,我们首先考察一种一般均衡模型的特殊情形,即所有经济当事人都是消费者。这种情形被称为纯交换,它包含了在更为广泛的包括厂商和生产在内的情形中所呈现出的很多现象。

在一个纯交换经济中,我们有若干个消费者,每个消费者被认为有他们自己的偏好和拥有的商品。消费者在他们之间按照一定的规则进行商品交换并都试图使他们的境况更好一些。

这样一个过程的结果将会怎样呢?这样一个过程的令消费者合意的结果是怎样的呢?什么样的配置机制适合于达到令消费者满意的结果呢?上述这些问题既涉及到了实证经济学的观点,又涉及到了规范经济学的观点。从而恰恰是上述两类问题的相互作用,使之在资源配置理论中引起了很大兴趣。

17.1 当事人和商品

这里所考虑的商品的概念是很广泛的。商品可以通过时间、位置及环境状态来加以区别。服务,比如说劳务,只是被视为另一种商品。对每一类商品都假定存在其对应的一个市场,该市场决定该商品的价格。

在纯交换模型中,仅有的一类经济当事人就是消费者。每一个消费者可以只由他的消费偏好 $\succeq_i$(或其效用函数 u_i)和他对于 k 种商品的**初始禀赋** w_i 来加以描述。所有消费者都被假定遵从竞争性行为,也就是将商品价格视为给定而不依赖于他自己的行为。我们假定所有消费者都试图选择其支付能力以内的他最为偏好的消费束。

一般均衡理论关心的基本问题是商品如何在各经济当事人之间进行分配。当事人 i 所拥有的商品 j 的数量以 x_i^j 来表示。当事人 i 的消费束以 $x_i = (x_i^1, \cdots, x_i^k)$ 来表示;这是一个描述当事人 i 对每一种商品各消费多少的 k 元向量。一个分配 $x = (x_1, \cdots, x_n)$ 是 n 个消费束的集成,这 n 个消费束描述了所有 n 个消费者各自对 k 类商品的持有量。一个**可行的分配**是指在物理上是可能的;在纯交换情形下,这就是指将所有商品都加以分配,也就是指该分配满足 $\sum_{i=1}^{n} x_i = \sum_{i=1}^{n} w_i$。(在一些情形下,如果满足 $\sum_{i=1}^{n} x_i \leq \sum_{i=1}^{n} w_i$,那么考虑一种可行分配是很方便的。)

在两种商品和两个当事人的情形下,我们可以在一个二维平面图中使用一种方便的方式来表达分配、偏好和禀赋,该图被称为**埃奇沃思方盒**在图 17.1 中我们给出了埃奇沃思方盒的一个示例。

假定商品 1 的全部数量是 $w^1 = w_1^1 + w_2^1$,商品 2 的全部数量是 $w^2 = w_1^2 + w_2^2$。埃奇沃思方盒的宽就是 w^1,高就是 w^2。方

盒中的点 (x_1^1, x_1^2) 表示当事人 1 对两种商品各自的持有量。同时它也指示出了当事人 2 对两种商品各自的持有量:$(x_2^1, x_2^2) = (w^1 - x_1^1, w^2 - x_1^2)$。从图形上讲,我们从方盒的左下角开始来度量当事人 1 的消费束。当事人 2 的持有量是从方盒的右上角开始来加以度量的。通过这种方式,在两个当事人之间的两种商品的任何一种可行分配都能够以方框图中的一点来加以表示。

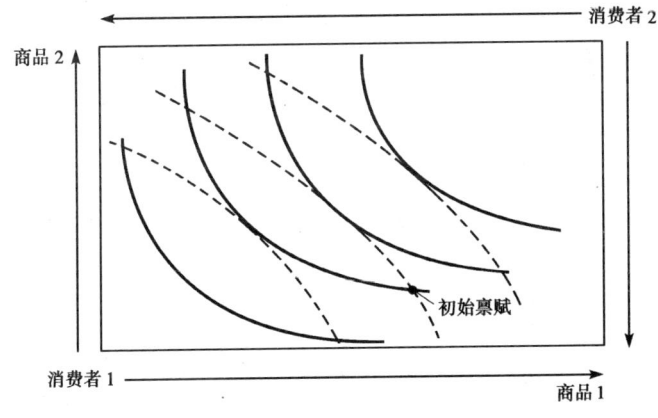

图 17.1　埃奇沃思方盒图

水平轴的长度表示商品 1 的总数量,垂直轴的高度表示商品 2 的总数量。图中的每一点都是一种可行分配。

在方盒中我们也能够描绘出当事人的无差异曲线。有两组无差异曲线,每一组对应一个当事人。在一个两人、两商品纯交换经济中所包含的所有信息都可以用上述方式在一个方便的图形中加以表示。

17.2　瓦尔拉斯均衡

我们曾经讲过,在存在很多当事人的情况下,假定每个当事人将市场价格视为不受其控制,这是站得住脚的。这里提出一个纯交换的特例供思考。我们设想某市场价格向量为 $p = (p_1, \cdots, p_k)$，每一价格对应一种商品。每一消费者将这些价格视为给定，并从其消费集中选择其最为偏好的消费束。这样，每一消费者 i 的行为就像是在求解下述问题。

$$\max_{x_i} u_i(x_i)$$
$$p x_i = p \omega_i.$$

该问题的解 $x_i(p, p\omega_i)$ 就是消费者的需求函数，我们在第九章已经研究过。在那章中消费者的收入或财富 m_i 是外生的。这里我们认为消费者的财富是其初始禀赋的市场价值，即 $m_i = p\omega_i$。在第九章我们看到在消费偏好严格凸性的假定下，需求函数是良好定义的连续函数。

当然，对于一个任意确定的价格向量 P，也许并不可能真正实际达成所要求的交易，原因很简单，总需求 $\sum_i x_i(p, p\omega_i)$ 也许并不等于总供给 $\sum_i \omega_i$。

很自然会想到一个均衡价格向量将会使所有市场出清；也就是说，在该组价格下，每一个市场上的需求等于供给。虽然这样，但是这一要求以我们的目的为出发点来看是有点太强了。比如说在某些商品不合需要的情况下，它们在均衡中就会处于过度供给状态。

基于这一理由，我们有代表性地将**瓦尔拉斯均衡**定义为满足 $\sum_i x_i(p^*, p^* \omega_i) \leqslant \sum_i \omega_i$ 的一对 (p^*, x^*)。也就是讲在均衡价格 p^* 下不存在超额需求为正的商品。在本章随后的内容中我们将证明，如果所有商品都是合意的——为准确起见——那么事实上在所有市场上需求将等于供给。

17.3 图形分析

瓦尔拉斯均衡可以在几何意义上通过埃奇沃思方盒的使用来

加以考察。给定任何价格向量,我们可以确定每个当事人的预算线并通过使用无差异曲线来找到每个当事人所选择的消费束。然后我们寻求一个价格向量,使得两个当事人所选择的点相容。

在图 17.2 中我们画出了这样一种均衡分配。每个当事人都在其预算线上达到了其最大效用并且这些需求与可获得的总供给是相容的。应该注意到瓦尔拉斯均衡在两条无差异曲线的切点上达到。这是非常明显的,因为效用最大化要求每个当事人的边际替代率等于共同的价格比率。

描述均衡的另一方法是使用提供曲线。我们还记得,一个消费者的提供曲线描述了当相对价格变动时无差异曲线与预算线之间切点的轨迹,也就是被选择消费束的集合。这样,在埃奇沃思方盒的均衡点两个当事人的提供曲线相交。在这样一个交点,各当事人所选择的消费束是与可获得的供给是相容的。

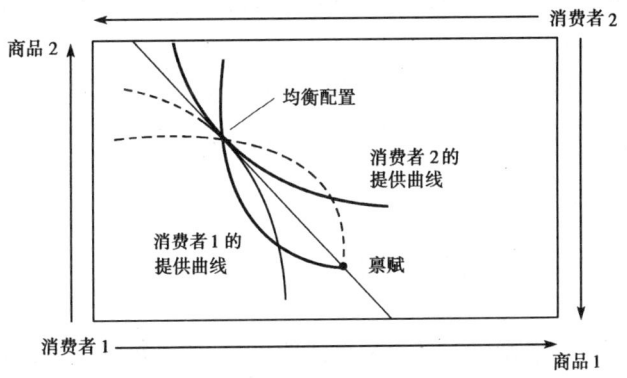

图 17.28　埃奇沃思方盒内的瓦尔拉斯均衡
每个经济单位在其预算线上达到效用最大化。

17.4　瓦尔拉斯均衡的存在性

是否使得所有市场出清的价格向量总会存在?本节将要对瓦

尔拉斯均衡的存在性问题进行分析。

让我们回顾一下有关存在性问题的几项事实。首先,如果所有商品价格都乘以一个任意正值常数,则消费者的预算集保持不变;这样,每个消费者的需求函数具有性质 $x_i(p, p\omega_i) = x_i(kp, kp\omega_i)$,对所有 $k > 0$;也就是说,需求函数关于价格是零次齐次的。由于齐次函数的和仍旧是齐次函数,所以总超额需求函数 $z(p) = \sum_{i=1}^{n}[x_i(p, p\omega_i) - w_i]$ 也关于价格零次齐次。应注意到我们忽略了如下事实,z 依赖于初始禀赋向量(ω_i),这是因为在我们的分析过程中初始禀赋保持不变。

如果所有的个人需求函数都连续,那么 z 也是连续函数,因为连续函数的和仍然是连续函数。另外,总超额需求函数必须满足一个称为瓦尔拉斯法则的条件。

瓦尔拉斯法则。对任何价格向量 p,我们有 $pz(p) = 0$;也就是讲,超额需求的价值恒等于零。

证明。我们只要简单地写出总超额需求的定义并乘以 p:

$$pz(p) = p\left[\sum_{i=1}^{n} x_i(p, p\omega_i) - \sum_{i=1}^{n}\omega_i\right]$$
$$= \sum_{i=1}^{n}[Px_i(p, p\omega_i) - p\omega_i] = 0$$

由于 $x_i(p, p\omega_i)$ 必须满足预算约束 $px_i = p\omega_i$,对每个经济单位 $i = 1, \cdots n$。

瓦尔拉斯法则讲的是非常显然的事情:如果每个个人满足其预算约束以至其超额需求价值为零,那么超额需求的和的价值一定为零。意识到瓦尔拉斯法则指明超额需求的价值恒为零——对所有价格向量均为零,是很重要的。

结合瓦尔拉斯法则和均衡的定义,我们得到两个有用的命题。

市场出清。如果在前 $k-1$ 个市场上需求等于供给并且 $p_k > 0$,那么在第 k 个市场上需求必然等于供给。

证明。如果不是如此,就违犯了瓦尔拉斯法则。

自由物品。如果 p^* 是瓦尔拉斯均衡价格向量并且 $z_j(p^*) < 0$,那么 $p_j^* = 0$。也就是说,在瓦尔拉斯均衡时如果某些商品存在过度供给,则肯定为自由物品。

证明。因为 p^* 是一个瓦尔拉斯均衡,所以满足 $Z(p^*) \leq 0$。由于价格的非负性,所以 $p^* z(p^*) = \sum_{i=1}^{k} p_i^* z_i(p^*) \leq 0$。如果 $z_j(p^*) < 0$ 并且,$p_j^* > 0$ 我们将有 $p^* z(p^*) < 0$,与瓦尔拉斯法则相违背。

这个命题向我们指出了所有市场达到出清均衡所要求的条件。假定所有商品在下述涵义下是合意的:

合意性。如果 $p_i = 0$,那么 $z_i(p) > 0$ 对 $i = 1, \cdots k$

合意性假设讲到,如果某些价格为零,则该商品的总超额需求严格大于零。这样我们有下述命题:

需求与供给的相等性。如果所有商品都是合意的并且 p^* 是一个瓦尔拉斯均衡,那么 $z(p^*) = 0$。

证明。假设 $z_i(p^*) < 0$,则由自由物品命题可得 $p_i^* = 0$。但是进一步可以通过合意性假设知道 $z_i(p^*) > 0$,矛盾。

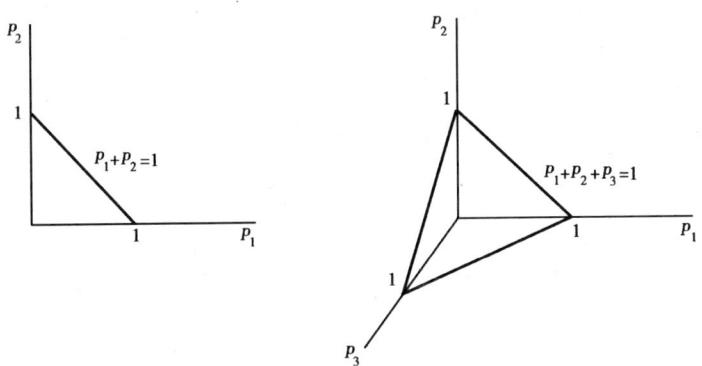

图 17.3 价格单形

第一图描绘了一维价格单形 S^1;第二图描绘了 S^2。

总结:总之,均衡所要求的全部条件就是对任何商品都不存在过度需求。但是上面的命题指出如果均衡时确有某些商品过度供给,则其价值一定为零。这样,如果在零价格就意味着过度需求的意义下,每种商品都是合意的,那么均衡事实上可以通过在每个市场上需求等于供给来刻画。

17.5 均衡的存在性

因为总超额需求函数是零次齐次的,我们可以将价格标准化并以相对价格来表达需求。存在好几种方式来做这件事情,但是能够达到我们目的的一种方便的标准化是把绝对价格 p_i 以一个标准化价格 $p_i = \dfrac{\dot{p}_i}{\sum_{j=1}^{k} \dot{p}_j}$ 来代替。这种作法使得标准化价格 p_i 之和总为 1。因此我们可以仅仅考虑属于 $k-1$ 维单位单形 $S^{k-1} = \left\{ p \text{ 属于 } R_+^k : \sum_{i=1}^{k} p_i = 1 \right\}$ 中的价格向量。图 17.3 描绘了 S^1 和 S^2 的图形。

现在我们回到瓦尔拉斯均衡存在性的问题上来:是否存在一个 p^* 出清所有市场?我们的存在性证明要利用布劳渥(Brouwer)不动点定理。

布劳渥(Brouwer)不动点定理。如果 $f: S^{k-1} \to S^{k-1}$ 是一个单位单形到其自身的连续函数,则在 S^{k-1} 中一定存在某个 x 满足 $x = f(x)$。

证明。对于一般情形的证明超出了本书范围,斯卡夫(Scarf, 1973)有一个好的证明。虽然这样,但是我们还是要针对 $k=2$ 的情况来证明这一定理。

在这种情况下,我们可以认为一维单位单形 S^1 同单位区间相一致。根据定理的设定我们有一个连续函数 $f:[0,1] \to [0,1]$ 并且我们要建立的是存在 $x \in [0,1]$ 满足 $x = f(x)$。

考虑如下定义的函数 $g(x) = f(x) - x$。从几何角度来看,

g 量度的就是 $f(x)$ 和图 17.4 中所画的方框对角线之间的差别。映射 f 的不动点的涵义是指在一点 x^* 满足 $g(x^*)=0$。

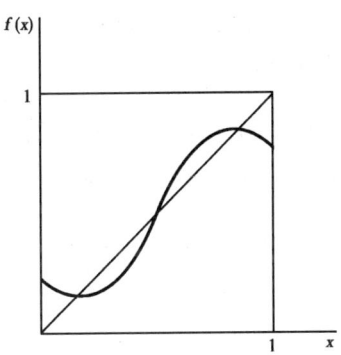

图 17.4 二维情形下布劳渥定理的证明

在图上所画的情形下,存在三个不动点使 $x=f(x)$。

现在有 $g(0)=f(0)-0\geqslant 0$,这是因为 $f(0)\in[0,1]$,由于同样原因 $g(1)=f(1)-1\leqslant 0$。因为 f 连续,我们可以应用中值定理得到结论——存在 $x\in[0,1]$,满足 $g(x)=f(x)-x=0$,定理得证。

现在开始证明瓦尔拉斯均衡存在性定理。**瓦尔拉斯均衡的存在性。**如果 $z:S^{k-1}\to R^k$ 是一个满足瓦尔拉斯法则的连续函数,且 $pz(p)\equiv 0$,那么存在 $p^*\in S^{k-1}$ 满足 $z(p^*)\leqslant 0$。

证明。定义映射 $g:S^{k-1}\to S^{k-1}$ 如下式

$$g_i(p)=\frac{p_i+\max(0,z_i(p))}{1+\sum_{j=1}^k\max(0,z_j(p))} \text{ 对 } i=1,\cdots,k$$

注意到这一映射是连续的,因为 z 和 max 函数都是连续函数。另外 $g(p)$ 属于 S^{k-1},因为 $\sum_i g_i(p)=1$。这一映射还有一个合理的经济解释:如果在某市场上存在过度需求以至于 $z_i(p)\geqslant 0$,那么该商品的相对价格将上升。

由布劳渥不动点定理,存在 p^* 满足 $p^*=g(p^*)$;也就是

$$p_i^* = \frac{p_i^* + \max(0, z_i(p^*))}{1 + \sum_j \max(0, z_j(p^*))} \text{ 对 } i = 1, \cdots, k \qquad (17.1)$$

我们将证明 p^* 是一个瓦尔拉斯均衡。方程(17.1)两边交叉相乘并重新安排可以得到

$$p_i^* \sum_{j=1}^k \max(0, z_j(p^*)) = \max(0, z_i(p^*)) \quad i = 1, \cdots, k$$

现在以 $z_i(p^*)$ 来乘以其对应的上述方程:

$$z_i(p^*) p_i^* \Big[\sum_{j=1}^k \max(0, z_j(p^*)) \Big] =$$
$$z_i(p^*) \max(0, z_i(p^*)) \quad i = 1, \cdots, k$$

将上述 k 个方程加总得到

$$\Big[\sum_{j=1}^k \max(0, z_j(p^*)) \Big] \sum_{i=1}^k p_i^* z_i(p^*) = \sum_{i=1}^k z_i(p^*) \max(0, z_i(p^*))$$

现在由瓦尔拉斯法则得 $\sum_{i=1}^k p_i^* z_i(p^*) = 0$,所以有

$$\sum_{i=1}^k z_i(p^*) \max(0, z_i(p^*)) = 0$$

上述和式中的每一项都大于或等于零,因为每项为 0 或 $(z_i(p^*))^2$。但是如果有一项严格大于零,等式将不能成立。因此,每项必须等于零,这就是说

$$z_i(p^*) \leq 0 \text{ 对 } i = 1, \cdots, k.$$

值得加以强调的是上述定理的非常一般的性质。超额需求函数连续和满足瓦尔拉斯法则就是所要求的一切条件。遵从瓦尔拉斯法则是直接因为消费者必须满足某种预算约束的假设;这种行为好像在任何类经济模型中都是必须的。连续性假设要更具有约束性但并非没有缘由。以前我们曾经提到,如果消费者都具有严格凸的偏好那么他们的需求函数能良好定义并且连续。因而总超额需求函数也是连续的。但是在存在大量消费者的情况下,即使个人需求函数表现出不连续性,总需求函数也仍可能是连续的。这样看起来,总需求函数的连续性好像也是相对弱的要求。

虽然这样,但是关于存在性的上述论点仍然存在一个小的问题。对正值价格来讲总需求函数很可能连续是正确的,但是在某些价格趋于零时连续性的假设就相当没有依据了。举例来讲,如果偏好是单调的而且某些商品价格为零,那么我们可以期望该商品的需求无穷大。这样的话,超额需求函数在价格单形的边界上甚至都不能很好地加以定义。此处价格单形的边界是指某些价格为零的价格向量集。虽然这样,但是这类非连续性仍然可以运用更为复杂的数学工具来加以处理。

例子:柯布-道格拉斯经济

令当事人 1 效用函数为 $u_1(x_1^1, x_1^2) = (x_1^1)^a (x_1^2)^{1-a}$ 并拥有禀赋 $w_1 = (1,0)$。令当事人 2 效用函数为 $u_2(x_2^1, x_2^2) = (x_2^1)^b (x_2^2)^{1-b}$ 并拥有禀赋 $w_2 = (0,1)$。那么当事人 1 对商品 1 的需求函数是

$$x_1^1(p_1, p_2, m_1) = \frac{am_1}{p_1}.$$

在价格 (p_1, p_2) 下,收入是 $m_1 = p_1 \times 1 + p_2 \times 0 = p_1$。代入上式我们有

$$x_1^1(p_1, p_2) = \frac{ap_1}{p_1} = a.$$

类似地有,当事人 2 对商品 1 的需求函数是

$$x_2^1(p_1, p_2) = \frac{bp_2}{p_1}.$$

在均衡价格下,对每种商品总需求等于总供给。由瓦尔拉斯法则知,我们仅仅需要求得使商品 1 总供求相等的价格:

$$x_1^1(p_1, p_2) + x_2^1(p_1, p_2) = 1$$

$$a + \frac{bp_2}{p_1} = 1$$

$$\frac{p_2^*}{p_1^*} = \frac{1-a}{b}.$$

注意到,像通常一样,均衡时只能确定相对价格。

17.6 福利经济学第一定理

限定于我们相信模型建立的行为假设,瓦尔拉斯均衡的存在作为一个实证结果是很有趣的。虽然这样,但是即使这些行为假设在许多情况下好像并不是非常适当的,我们也许仍然会对瓦尔拉斯均衡的规范性内容感兴趣。让我们考虑下述定义。

帕累托效率的定义。如果对一个可行分配 x,不存在可行分配 x' 使所有当事人相对于 x 严格偏好 x',则称分配 x 为**弱帕累托有效**。如果一个可行分配 x,不存在可行分配 x' 使所有当事人相对于 x 弱偏好 x',则称分配 x 为**强帕累托有效**。

容易看出若一个分配为强帕累托有效则它一定为弱帕累托有效。一般来讲逆命题不成立。虽然这样,但是在某些弱的关于偏好的附加假设下,逆命题也是成立的,所以两个概念可以互换使用。弱帕累托效率和强帕累托效率的等价性,假设偏好是连续且单调的,那么一个分配弱帕累托有效当且仅当其为强帕累托有效。

证明。如果一个分配是强帕累托有效,则其必定为弱帕累托有效:如果不能在不损害其他人的情况下使某人境况变好,则当然不能使每人境况都更好一些。

需要我们证明的是如果一个分配为弱帕累托有效则它一定为强帕累托有效。我们来证明逻辑上的等价命题,即如果一个分配不是强有效,则不是弱有效。

假设在不损害任何其他当事人的同时可以使某特定当事人 i 境况更好。则我们必须指明一种方法使每人境况都变好。为了做到这一点,只需少许从 i 的消费束中拿回一部分然后将这些拿回的商品均等地重新分配给其他当事人。更为精确地讲,就是将 i 的消费束 X_i 以 θx_i 来替代,将所有其他当事人 j 的消费束 X_j 以 $x_j + (1-\theta)x_i/(n-1)$ 来替代。由偏好的连续性可知,能够选择充分接近于 I 的 θ 来保证当事人 i 的境况依旧更好些。由偏好的单调性可知,接受到重新分配的消费束之后,每个其他当事人的境况都严格地好于以前。

弱帕累托有效的概念在数学上更为便利些,所以我们一般使用这个概念:当我们谈到"帕累托有效"时,我们一般是指"弱帕累托有效"。虽然这样,但是从今以后我们将总是假设偏好是连续且单调的,因而每个定义都是适用的。

注意帕累托效率的概念作为规范性概念是相当弱的;一个分配如果是只有一个当事人得到了经济中所有商品而其他当事人一无所获,也是帕累托有效的,这里假定获得所有商品的当事人没有满足。

帕累托有效分配可以很容易地在以前介绍过的埃奇沃思方盒中描绘出来。需要注意的只是,在两人情形下,帕累托有效分配可以通过将一个当事人的效用函数固定于一个给定的水平并在此约束下极大化另一个当事人的效用函数来找到。规范地讲,我们仅需要解决下述极大化问题:

$$\max_{x_1 x_2} u_1(x_1)$$

$$满足\ u_2(x_2) \geq \bar{u}_2$$

$$x_1 + x_2 = w_1 + w_2.$$

这一问题可以利用埃奇沃思方盒来求解。只要在一个当事人的无差异曲线上找到另一经济单位达到效用最大化的那点即可。到现在可以看清楚,所导出的帕累托有效点可以以一个相切条件来刻画:每个当事人的边际替代率相同。

对应于当事人 2 的效用的每个固定值,我们能够找到当事人 1 最大化其效用的一个分配并且满足相切条件。**帕累托有效点的集合**——帕累托集就是图 17.5 中的埃奇沃思方盒中画出的切点的轨迹。**帕累托集**也被称为**契约曲线**,因为它给出了有效"契约"或分配的集合。

图 17.5 与图 17.2 的比较揭示了一个惊人的事实:瓦尔拉斯

均衡与帕累托有效分配集之间似乎存在一一对应。每个瓦尔拉斯均衡都满足效用最大化一阶条件,即每个当事人对于两种商品的边际替代率等于两种商品的价格比。因为所有经济单位在瓦尔拉斯均衡面临相同的价格比,所以所有当事人具有相同的边际替代率。

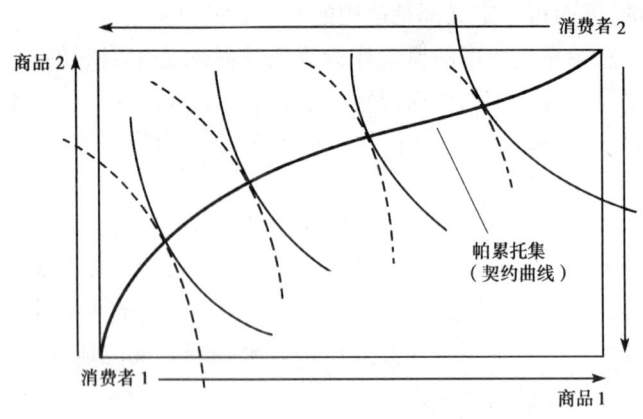

图 17.5 埃奇沃思方盒中的帕累托效率

帕累托集或称契约曲线是所有帕累托有效分配的集合。

此外,对于任意一个帕累托有效分配,我们知道边际替代率在两个当事人之间必定相等,这样我们就找到了与这一共同比率相等的一个价格比。从图形上讲,给定一个帕累托有效点,我们只不过画一条公共切线将两条无差异曲线分割开。这条切线上的任一点均可作为初始禀赋。如果当事人试图在其预算集中最大化其偏好,他们将恰好在帕累托有效分配点上达到。

下面两个定理精确地给出了这一对应关系。首先我们以一种更为方便的形式重新陈述瓦尔拉斯均衡的定义:

瓦尔拉斯均衡的定义。 如果满足以下两个条件,一个分配——价格对(x, p)就是一个瓦尔拉斯均衡。(1)分配是可行的。(2)每个当事人在其预算集内作出最优选择。条件数学表达式为:

(1) $\sum_{i=1}^{n} x_i = \sum_{i=1}^{n} w_i$

(2) 如果当事人 i 相对于 x_i 偏好 x'_i，那么 $px'_i > pw_i$

只要满足合意性假设，则这一定义就等价于瓦尔拉斯均衡的原始定义。这一定义允许我们忽略自由物品的可能性，自由物品会给我们下述论证带来麻烦。

福利经济学第一定理。 如果 (x, p) 是一个瓦尔拉斯均衡，则 x 为帕累托有效。

证明。假设非然，令 x' 是所有经济单位都偏好于 x 的一个可行分配。那么根据瓦尔拉斯均衡定义的性质2，我们有

$$px'_i > pw_i, 对 i = 1, \cdots, n$$

对上述几个不等式加总并利用 x' 是可行分配的事实，我们有

$$p\sum_{i=1}^{n} w_i = p\sum_{i=1}^{n} x'_i > \sum_{i=1}^{n} pw_i，得到矛盾。$$

该定理指出，如果我们模型的行为假设被满足，则市场均衡就是有效率的。一个市场均衡并非必须在任何道德意义上都是"最优的"，因为市场均衡也许会很"不公平"。结果完全依赖于初始禀赋分配。所需要的是一些进一步的道德标准来在有效分配之中加以选择。这样的一个标准即福利函数的概念将在本章的以后加以讨论。

17.7 福利经济学第二定理

我们已经证明了每个瓦尔拉斯均衡都是帕累托有效的。这里我们来证明每个帕累托有效分配都是一个瓦尔拉斯均衡。

福利经济学第二定理。 假设 x^* 是一个帕累托有效分配，其中每个当事人对每种商品都持有正的数量。假设偏好是凸的、连续的和单调的。则 x^* 是对应于初始禀赋 $w_i = x^*_i$ 的一个瓦尔拉斯均衡，此处 $i = 1, \cdots, n$。

证明 令
$$P_i = \{x_i \text{in} R^k : x_i \succ_i x_i^*\}.$$
这是当事人 i 偏好于 x_i^* 的消费束的集合。然后定义
$$P = \sum_{i=1}^n P_i = \{z : z = \sum_{i=1}^n x_i \text{with} x_i \text{in} P_i\}.$$
P 是能够在 n 个当事人之间进行分配并使各当事人境况更好的所有 k 类商品束的集合。因为假设每个 P_i 是一个凸集,且凸集的和也是凸集,可以推导出 P 也是凸集。

令 $w = \sum_{i=1}^n x_i^*$ 是当前的总消费束。因为 x^* 是帕累托有效,所以不存在 x^* 的重新分配使每个人境况更好。这意味着 w 不是集合 P 的一个元素。

因此,由割离超平面定理(原书第 26 章 483 页),存在一个 $p \neq 0$ 满足
$$pz \geq p\sum_{i=1}^n x_i^* \text{ 对所有 } z \text{ 属于 } P.$$
重新整理这个方程得
$$p(z - \sum_{i=1}^n x_i^*) \geq 0 \text{ 对所有 } z \text{ 属于 } P. \quad (17.2)$$
我们想要证明 p 事实上就是一个均衡价格向量。

证明过程分为三步。

(1) p 非负,也就是 $p \geq 0$。

为看到这一点,令 $e_i = (0, \cdots, 1, \cdots, 0)$,即第 i 个元素为 1,其余元素均为零。由于偏好是单调的,所以 $w + e_i$ 必定属于 P 集合;这是因为不管我们拥有了更多一单位任何商品,都能够对之重新分配来使每个人境况更好。那么不等式(17.2)意味着
$$p(w + e_i - w) \geq 0 \quad \text{对} \quad i = 1, \cdots, k$$
消掉同类项,
$$pe_i \geq 0 \quad \text{对} \quad i = 1, \cdots, k$$
该方程意味着 $p_i \geq 0$,对 $i = 1, \cdots, k$。

(2)对每个当事人 $j=1,\cdots,n$,如果 $y_j \succ_j x_j^*$,则
$$py_j \geq px_j^*$$

我们已经知道,如果每个 i 相对于 x_i^* 偏好 y_i,则
$$p\sum_{i=1}^n y_i \geq p\sum_{i=1}^n x_i^*.$$

现在假设仅仅某些特定 j 相对 X_j^* 偏好 y_j。通过将 j 的各种商品都拿走一部分并将之在其他间重新分配,可以构造一个分配 z。规范地表述为,令 θ 为小的正数并定义分配 z 为:
$$z_j = (1-\theta)y_j$$
$$z_j = x_i^* + \frac{\theta y_j}{n-1} \quad i \neq j.$$

对于足够小的 θ,强单调性意味着分配 z 是帕累托优于 x^*,因而 $\sum_{i=1}^n z_i$ 属于集合 P。应用不等式(17.2),我们有
$$p\sum_{i=1}^n z_i \geq p\sum_{i=1}^n x_i^*$$
$$p\Big[y_j(1-\theta) + \sum_{i\neq j} x_i^* + y_j\theta\Big] \geq p\Big[x_j^* + \sum_{i\neq j} x_i^*\Big]$$
$$py_j \geq px_j^*.$$

上式说明,如果当事人 j 相对 x_j^* 偏好 y_j,则 y_j 的花费不少于 x_j^*。剩下来要证明的是该不等式是严格成立的。

(3)如果 $y_j \succ_j x_j^*$,我们必定有 $py_j > px_j^*$。

我们已经知道 $py_j \geq px_j^*$;我们要排除等式成立的可能性。相应地,我们假设 $py_j = px_j^*$ 并试图导出矛盾。

从偏好连续性的假设,我们能够找到 $\theta \in (0,1)$ 满足 θy_j 严格偏好于 x_j^*。由(2)中结果可知 θy_j 的花费至少不少于 x_j^*:
$$\theta py_j \geq px_j^*. \tag{17.3}$$

定理有一条假设是 x_j^* 每个元素都严格大于零;因而 $px_j^* > 0$。

因此,如果 $py_j - px_j^* = 0$,推出 $\theta py_j < px_j^*$。但是这与(17.3)相矛盾,定理证明结束。

本定理的假设条件是值得考虑的。偏好的凸性和连续性当然是关键的,但是偏好的严格单调性可以在相当程度上加以放松。另外也能对 $x_i^* \gg 0$ 的假设加以放松。

显示偏好的观点

存在一个很简单却有一些间接的关于福利经济学第二定理的证明,这一证明基于显示偏好观点和本章前面所给出的存在性定理。

福利经济学第二定理。假设 x^* 是一个帕累托有效分配且偏好具有非饱和性。进一步假设对应初始禀赋 $w_i = x_i^*$,存在一个竞争性均衡,令其表示为 (p', x')。则实际上,(p', x^*) 是一个竞争性均衡。

　　证明。因为由 x_i^* 属于被构造的消费者 i 的预算集,我们必定有 $x'_i \succeq_i x_i^*$。因为 x^* 是帕累托有效的,所以这意味着 $x_i^* \sim_i x'_i$。这样,如果 x'_i 是最优的则 x_i^* 也是最优的。因此,(p', x^*) 是一个瓦尔拉斯均衡。

　　这一观点指明若对应一个帕累托有效分配存在一个竞争性均衡,则该帕累托有效分配本身就是一个竞争性均衡。本章关于存在性定理的评论表明,存在性的惟一必需条件是总超额需求函数的连续性。连续性可从个人偏好的凸性得到,亦也由一个"巨大"经济的假设得到。这样来看,福利经济学第二定理在相同的条件下成立。

17.8　帕累托效率与微积分

　　上节中我们已经看到每个竞争性均衡都是帕累托有效的,而且每个帕累托有效分配本质上都是对应于某些禀赋分配的一个竞争性均衡。本节中我们引入了微分学对这一关系进行更深入的探索。实质上,我们将导出表征市场均衡和帕累托效率的一阶条件,而后对这两组条件进行比较。

　　表征市场均衡的条件非常简单。

　　均衡的微分特征。若 (x^*, p^*) 是一个市场均衡而且每个消

费者持有正的数量的每种商品,则存在一组数$(\lambda_1,\cdots,\lambda_n)$满足:
$$Du_i(x^*) = \lambda_i p^* \quad i = 1,\cdots,n.$$

证明。若我们有一个市场均衡,则每个当事人在其预算集上达到了最优,而且上述定理列出的就是效用最大化的一阶条件。λ_i是当事人收入的边际效用。

帕累托效率的一阶条件的列出稍有些难。虽然这样,但是下面的技巧是很有帮助的。**帕累托效率的微分特征**。一个可行分配x^*是帕累托有效的,当且仅当x^*对$i = 1,\cdots,n$解决下述最大化问题:

$$\max_{(x_i^g)} u_i(x_i)$$

满足 $\sum_{i=1}^n x_i^g \leq w^g \quad g = 1,\cdots,k$
$u_j(x_j^*) \leq u_j(x_j) \quad j \neq i.$

证明。假设x^*为上述所有最大化问题的解,但并非帕累托有效。这意味着存在某个分配X'使每人境况都变好。但这样X^*就不可能解决任何一个最大化问题,一个矛盾。

反之,假设x^*是帕累托有效,但并不能解决上述全部最优化问题中的某一个。令X'为该问题的解,则X'在不损害其他经济单位的条件下使得某一个境况变好了,这与X^*是帕累托有效的假设是冲突的。

在考察这些最大化问题对应的拉格朗日等式之前,让我们先作一个小小的计算。对应这些最大化问题中的每一个,有$k + n - 1$个约束。前k个是资源约束,后面$n-1$个是效用约束。每个最大化问题中有kn个选择变量:n个当事人中的每一个对k类商品各持有多少。

令$q^g, g = 1,\cdots,k$是对应资源约束的拉格朗日乘子,令a_j,$j \neq i$,为对应效用约束的库恩-塔克(Kuhn-Tucker)乘子。写出其中一个最大化问题的拉格朗日函数。

$$L = u_i(x_i) - \sum_{g=1}^{k} q^g \left[\sum_{i=1}^{n} x_i^g - w^g \right] - \sum_{j \neq i} a_j [u_j(x_j^*) - u_j(x_j)].$$

现在对 X_j^g 求 L 的微分,这里 $g = 1, \cdots k, j = 1, \cdots, n$。我们得到了一阶条件公式

$$\frac{\partial u_i(x_i^*)}{\partial x_i^g} - q^g = 0 \qquad g = 1, \cdots, k$$

$$a_j \frac{\partial u_j(x_j^*)}{\partial x_j^g} - q^g = 0 \qquad j \neq i; g = 1, \cdots, k.$$

首先这些条件看起来有点奇怪,因为它们似乎不对称。对应于不同的 i 的选择,乘子(q^g)和(a_j)的取值不同。虽然这样,但是当我们注意到乘子(q^g)之间的相对比值并不依赖于 i 的选择时,上述悖论就被解决掉了。这是很明显的,因为上述条件满足

$$\frac{\dfrac{\partial u_i(x_i^*)}{\partial x_i^g}}{\dfrac{\partial u_i(x_i^*)}{\partial x_i^h}} = \frac{q^g}{q^h} \quad \text{对 } i = 1, \cdots, n \text{ 和 } g, h = 1, \cdots, k.$$

因为 x^* 是给定的,故而 q^g/q^h 必定不依赖于我们求解的那个最大化问题。基于同样的缘由可以看到 a_i/a_j 也独立于我们所求解的那个最大化问题。上述非对称问题的解现在看来变得很清晰了:如果我们将当事人 i 的效用最大化,并以其他当事人的效用作为约束,那么这恰似我们武断地将当事人 i 的库恩-塔克乘子设为$a_i = 1$。

运用福利经济学第一定理,我们能够对权数(a_i)和(q^g)导出好的解释:若 x^* 为一个市场均衡,那么

$$Du_i(x_i^*) = \lambda_i p \quad i = 1, \cdots, n.$$

虽然这样,但是所有市场均衡都是帕累托有效的,因而必须满足

$$a_i Du_i(x_i^*) = q \quad i = 1, \cdots, n.$$

依据上述两组公式,很明显地我们可以选择 $p = q$ 且 $a_i = 1/\lambda_i$。用文字描绘就是,资源约束的库恩-塔克乘子就是竞争性价格,当事人效用的库恩-塔克乘子就是他们收入边际效用的倒数。

如果我们将一阶条件中的库恩-塔克乘子消掉,我们得到刻画

有效分配的下述条件：

$$\frac{\frac{\partial u_i(x_i^*)}{\partial x_i^g}}{\frac{\partial u_i(x_i^*)}{\partial x_i^h}} = \frac{p_g}{p_h} = \frac{q^g}{q^h} \quad i=1,\cdots,n \text{ 且 } g,h=1,\cdots,k.$$

这一条件说明,每一帕累托有效配置必须满足下述条件,即所有当事人在每对商品之间的边际替代率全部是相同的。该边际替代率就是竞争价格比。

这一条件背后有着非常清晰的直觉涵义:如果两个当事人在同一对商品之间有着不同的边际替代率,他们可以安排一次小的交易来使两者境况都变好,这与帕累托效率的假设相矛盾。

注意到下述事实也会经常对我们有所裨益,即帕累托有效分配的一阶条件与一个效用加权和的最大化一阶条件相同。为了看到这一点,让我们考虑下述问题

$$\max \sum_{i=1}^{n} a_i u_i(x_i)$$

满足 $\sum_{i=1}^{k} x_i^g \leq w^g \quad g=1,\cdots,k.$

该问题的一阶条件是

$$a_i D u_i(x_i^*) = q, \tag{17.4}$$

恰好与帕累托效率的必要条件相同。

随着"福利权数"$(a_1,\cdots,a_n)$设定的变动,我们就可以勾画出帕累托有效分配集合的轮廓。如果对表征所有帕累托有效分配的条件感兴趣,那么需要对上述方程进行处理以消去福利权数。一般来讲,可以归结为用边际替代率来表述的条件。

得到上述结论的另一条思路是,将福利权数纳入效用函数的定义。若当事人 i 的原始效用函数是 $u_i(x_i)$,作一个单调变换使新效用函数为 $v_i(x_i) = a_i u_i(x_i)$。所导出的一阶条件刻画了一个特定的帕累托有效分配,该分配最大化上述特定表达形式的效用的和。但是如果我们对一阶条件加以整理致使其以边际替代率表

达,那么我们一般会找到刻画所有帕累托有效分配的一个条件。

现在注意,帕累托效率的微分特征给我们提供了关于福利学第二定理的简单证明。让我们假定所有消费者都有凹的效用函数,尽管并不确实需要。那么如果 x^* 是一个帕累托有效分配,我们依据一阶条件可知

$$Du_i(x^*) = \frac{1}{a_i}q \text{ 对 } i = 1,\cdots,n.$$

这样,全部消费者效用函数的梯度都与某些固定价格向量 q 成比例。让我们选择 q 为竞争性价格向量。需要确认每个消费者在其预算集 $\{x_i : qx_i \leq qx_i^*\}$ 上达到最优化。但是这依据凹性可以很快地导出;依据凹函数的数学性质:

$$u(x_i) \leq u(x_i^*) + Du(x_i^*)(x_i - x_i^*),$$

所以

$$u(x_i) \leq u(x_i^*) + \frac{1}{a_i}q(x_i - x_i^*).$$

这样,如果 x_i 属于消费者的预算集,则 $u(x_i) \leq u(x_i^*)$。

17.9 福利最大化

帕累托效率的概念作为一个规范性标准所存在的一个问题是不太具体。帕累托效率仅仅关心效率,对福利的分布没有讲任何东西。即使我们同意应当处于帕累托有效分配状态,但我们仍然不知道应当处于哪一个帕累托有效分配点上。

解决这些问题的一种方式就是假定存在某些**社会福利函数**。该函数被假定为加总了个人效用函数来提出一个"社会效用"。这种函数的最合理的解释是,它代表了社会决策者就如何对社会不同成员的效用进行综合折衷所拥有的偏好。这里我们将不进行哲学性讨论并仅仅假定存在某个这样的函数;也就是,我们将假设我们有

$$W: R^n \to R,$$

以至于函数 $w(u_1, \cdots, u_n)$ 对任何个人效用分布 $(u_1, \cdots, u_n)$ 为我们给出"社会效用"。为了弄懂这一构造，我们必须对每个当事人的效用选取一种特定形式，并在讨论过程中保持不变。

我们将假设 W 是其每个自变量的增函数——如果在不减少其他任何人福利的情况下，增加任何人的福利，社会福利将增加。我们假设社会应当在社会福利最大化点上运行；也就是，我们应当选择一个分配 X^*，使其解决

$$\max W(u_1(x_1), \cdots, u_n(X_n))$$

满足 $\sum_{i=1}^{n} x_i^g \leqslant w^g \quad g = 1, \cdots, k.$

与帕累托有效分配相比较，最大化这一社会福利函数的分配是怎样情况呢？下述是单调性假设的一个小推论：

福利最大化和帕累托效率。如果 x^* 最大化一个社会福利函数，那么 x^* 是一个帕累托有效分配。证明。若 x^* 非帕累托有效，那么将存在可行分配 X'，对 $i = 1, \cdots, n$ 满足 $u_i(x_i') \geqslant u_i(x_i^*)$。但是这样就有 $W(u_1(x_1'), \cdots, u_n(x_n')) > w(u_1(x_1^*), \cdots, u_1(x_n^*))$。

因为福利最大化点是帕累托有效的，所以它们必须同帕累托有效分配满足同样的一阶条件；此外，在凸性假设下，每个帕累托有效分配都是一个竞争性均衡，所以对于福利最大化点也是同样：即每个福利最大化点都是某些禀赋分布下的竞争性均衡。

上述观察给了我们对竞争性价格的进一步解释：它们是福利最大化问题的库恩-塔克乘子。应用包络定理，我们看到竞争性价格度量了一种商品的（边际）的社会价值：如果该商品有少量增加，福利会增加多少。虽然这样，但是这一结论仅仅对在所考察的分配达到最优的福利函数成立。

上面我们已经看到每个福利最大化点都是帕累托有效的，但是逆命题必然成立吗？上节中我们看到，每个帕累托有效分配与一个效用加权和最大化问题有着相同的一阶条件，所以在适当的凸性和

凹性假设下逆命题成立似乎是合理的。事实上确定是成立的。

帕累托效率和福利最大化。 令 x^* 是一个帕累托有效分配,其中 $x_i^* \gg 0, i = 1, \cdots, n$。令效用函数 u_i 都是凹的、连续、单调函数。则存在权数的某些选择 a_i^*,满足 X^* 在资源约束下最大化 $\sum a_i^* u_i(x_i)$。而且,权数满足 $a_i^* = 1/\lambda_i^*$,此处 λ_i^* 是第 i 个经济单位的收入边际效用;也就是,如果 m_i 是经济单位 i 的禀赋在均衡价格 p^* 下的价值,则

$$\lambda_i^* = \frac{\partial u_i(p^*, m_i)}{\partial m_i}.$$

证明。因为 x^* 是帕累托有效的,所以它是一个瓦尔拉斯均衡。因而存在价格 P 满足每个经济单位在其预算集上达到最优;这转而意味着

$$Du_i(x_i^*) = \lambda_i p^* \quad \text{对 } i = 1, \cdots, n.$$

考虑下述福利最大化问题

$$\max \sum_{i=1}^{n} a_i u_i(X_i)$$

$$\text{满足} \sum_{i=1}^{n} x_i^1 \leq \sum_{i=1}^{n} x_i^{1*}$$

$$\vdots$$

$$\sum_{i=1}^{n} x_i^k \leq \sum_{i=1}^{n} x_i^{k*}.$$

依据针对凹函数约束极值问题的充分性定理(原书第 27 章,504 页),如果存在非负数 $(q_1, \cdots, q_k) = q$,满足

$$a_i Du_i(X_i^*) = q.$$

那么 x^* 为上述福利最大化问题的解。若我们选择 $a_i = 1/\lambda_i$,则价格 P 可以充当合适的非负数,证明完成。

作为收入边际效用之倒数的权数有着好的经济学解释。若某些当事人在某些帕累托有效分配上有着巨大收入,则其收入的边际效用将较小而其在所蕴含的社会福利函数中的权数将很大。

上述两个定理完成了对市场均衡、帕累托有效分配和福利最大化之间关系的体系建构。下面扼要重述:

(1)竞争性均衡总是帕累托有效的;

(2)在凸性假设与禀赋重新分配条件下,帕累托有效分配是竞争性均衡;

(3)福利最大化点总是帕累托有效的;

(4)在对某些福利权数选择的凹性假设下,帕累托有效分配总是福利最大化点。

审查上述关系,我们可以看到其基本寓意:一个竞争性市场体系会给出有效分配但对财富分布一无所知。收入分布的选择与禀赋的重新分配是一样的,转而又等价于选取一个特定的福利函数。

注 释

一般均衡模型首次是由瓦尔拉斯(Walras,1954)提出。存在性的第一个证明归功于瓦尔德(Wald,1951),存在性的更为一般的处理由门肯兹(Mckenzie,1954),阿罗和德布勒(Arrow & Drbreu,1954)给出。权威性的现代处理属于德布勒(Debreu,1959),阿罗和哈恩(Arrow & Hahn,1971)。后者的工作包含了许许多多历史性注记。

基本的福利经济学结果已有很长历史。此处关于福利经济学第一定理的证明采取了科普曼斯(Koopmans,1957)的方法。福利经济学第二定理中凸性的重要性是由阿罗(1951)和德布勒(1953)认识到的。关于效率的微分化处理是首次由萨缪尔森(Samuelson,1947)严格地提出的。福利最大化点与帕累托效率之间的关系引自根岸(Negisihi,1960)。

福利经济学第二定理的显示偏好证明归功于马斯肯和罗伯茨(Maskin & Roberts,1980)。

练 习

17.1 考虑福利经济学第二定理的显示偏好观点。证明如果偏好严格凸时,对所有 $i=1,\cdots,n,x_i' = x_i^*$。

17.2 用有限数目的瓦尔拉斯均衡价格画出一个埃奇沃思方盒示例。

17.3 考虑图 17.6。此处 X^* 是一个帕累托有效分配,但是 X^* 不能被竞争性价格所支持。福利经济学第二定理的哪一条假设未被满足呢?

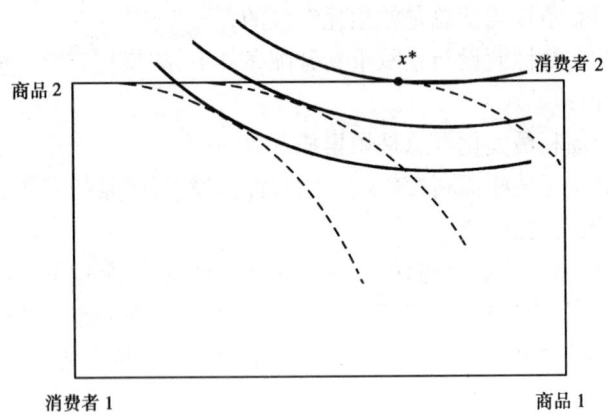

图 17.6 阿罗的例外情形

分配 X^* 的帕累托有效,但不存在价格使得 x^* 为瓦尔拉斯均衡。

17.4 两个消费者 A 和 B 具有下述效用函数和禀赋:
$$u_A(x_A^1, x_A^2) = a\ln x_A^1 + (1-a)\ln x_A^2 \quad \omega_A = (0,1)$$
$$u_B(x_B^1, x_B^2) = \min(x_B^1, x_B^2) \quad \omega_B = (1,0).$$
计算市场出清价格和均衡分配。

17.5 我们有具备相同的严格凹效用函数的 n 个经济单位。W 为初始商品束。证明均等分配为一个帕累托有效分配。

17.6 我们有两个当事人,其间接效用函数为,
$$u_1(p_1, p_2, y) = \ln y - a\ln p_1 - (1-a)\ln p_2$$
$$u_2(p_1, p_2, y) = \ln y - b\ln p_1 - (1-b)\ln p_2$$
初始禀赋为
$$\omega_1 = (1,1) \quad \omega_2 = (1,1).$$
计算市场出清价格。

17.7 假设所有消费者都具有高曼(Gorman)效用函数,即 $u_i(p, m_i) = a_i(p) + b(p)m_i$。令 p^* 为一个瓦尔拉斯均衡。证明在 p^*,每种商品的总

需求曲线必定是向下倾斜的。更为一般地,证明总替代矩阵必定为半负定。

17.8 假设我们有两个消费者 A 和 B,他们有相同的效用函数 $u_A(x_1, x_2) = u_B(x_1, x_2) = \max(x_1, x_2)$. 现有 1 单位商品 1 和 2 单位商品 2。画出埃奇沃思方框图来图示出强帕累托有效集和(弱)帕累托有效集。

17.9 考虑一个拥有 15 名消费者和 2 种商品的经济。消费者 3 拥有柯布－道格拉斯效用函数 $u_3(x_3^1, x_3^2) = \ln x_3^1 + \ln x_3^2$。在某一帕累托有效分配 X^*,消费者 3 持有 $(10, 5)$。支持分配 X^* 的竞争性价格是什么?

17.10 如果我们允许满足的可能性,则消费者的预算约束采取形式 $pX_i \leq pw_i$。而瓦尔拉斯法则对所有 $p \geqslant 0$ 变为 $pz(p) \leqslant 0$。证明本章所给出的瓦尔拉斯均衡存在性的证明仍然适用于推广后的瓦尔拉斯法则。

17.11 A 的效用函数为 $u_A(x_1, x_2) = x_1 + x_2$,$B$ 的效用函数为 $u_B(x_1, x_2) = \max(x_1, x_2)$. A 和 B 有相同的初始禀赋 $(1/2, 1/2)$。

(a) 在埃奇沃思方盒中图示这一情形。

(b) p_1 和 p_2 之间的均衡关系是什么?

(c) 什么是均衡分配?

第18章 生　　产

在上一章中仅仅分析了一个纯粹交换经济。本章中我们将描述如何把这样一个一般均衡模型扩展到包括生产的经济中。首先我们将讨论如何对厂商行为建模,而后讨论如何对消费者行为建模,最后讨论如何对基本存在性和效率定理加以修正。

18.1 厂商行为

我们将延用第1章中描述的技术表述方式。如果有 K 种商品,那么厂商 j 的净产出为 K 维向量 y_j,而且其可行净产出向量的集合,即生产可行集表示为 y_j。我们还记得,净产出向量中的负项表示净投入,正项表示净产出。第1章中描绘了生产可行集的示例。

本章我们将专门处理竞争性、价格接受性厂商。如果 p 是各种商品价格的向量,则 py_j 就是对应于生产计划 y_j 的利润。厂商 j 被假定选择最大化其利润的生产计划 y_j^*。

第2章中我们已经讨论了这一行为模型的推论。那里我们描述了竞争性厂商的净供给函数 $y_j(p)$ 的思想。该函数把每个价格向量 p 与在这些价格下的利润最大化净产量相联系。在一定假设条件下,单个厂商的供给函数的定义完善且性状良好。如果我们有 m 家厂商,则总净供给函数将是 $y(p) = \sum_{j=1}^{m} y_j(p)$。若单个厂商的净供给函数定义完善且是连续的,则总净供给函数亦然。

我们也可以考虑总生产可行性集, Y。该集合意味着经济作为整体,其所有可能的净产出向量。该总生产可行性集是单个厂

商生产可行性集的加总,所以我们可以写出

$$Y = \sum_{j=1}^{m} Y_j.$$

让我们温习一下这一式子的含义是有帮助的。当且仅当 y 能够写为如下形式时,一个生产计划 y 才是 Y 的一部分。

$$y = \sum_{j=1}^{m} y_j,$$

式中每个生产计划 y_j 都属于 Y_j。因此,Y 表示那些能够把生产在厂商 $j=1,\cdots,m$ 之间进行分配来加以完成的所有生产计划。

总利润最大化。 当且仅当每家厂商的生产计划 y_j 能最大化其各自的利润时,一个总生产计划 y 才能使其总利润最大化。

证明。 假设 $y = \sum_{j=1}^{m} y_j$ 最大化总利润,但是某厂商 K 选择 y'_K 可获更高利润。那么通过使厂商 K 选择 y'_K 而其余厂商生产不变,能够使总利润更高。

反之,令 $(y_j), j=1,\cdots,m$ 为单个厂商的一组利润最大化生产计划。假设 $y = \sum_{j=1}^{m} y_j$ 不是在价格 p 时的利润最大化点。这意味着存在某其他生产计划 $y' = \sum_{j=1}^{m} y'_j, y'_i$ 在 Y_j 之中因而有着更高的利润:

$$\sum_{j=1}^{m} p y'_j = p \sum_{j=1}^{m} y'_j > p \sum_{j=1}^{m} y_j = \sum_{j=1}^{m} p y_j.$$

但是观察不等式两边的和,我们看到必定有厂商在 y'_j 的利润比在 y_j 的更高。

该命题是说,若每家厂商的利润最大化,则总利润必定最大化,反之,若总利润最大化,则各家厂商利润必定要最大化。本结论的成立以总生产可行集可以简单地表示为单家厂商生产可行集之和的假设为条件。

从本命题可以导出,存在两条途径来构造总净供给函数:或对单个厂商的净供给函数直接加总,或对单个厂商的生产可行集加总而后在此总生产可行集上最大化总利润来确定总净供给函数。

两种方法导致同一函数。

18.2 困　　难

虽然直接假定总净供给函数性状良好是很方便的,但是一种更为细致的分析将以生产可行集的内在性质为基础来导出。若生产可行集是严格凸并被适当限界,则不难证明净供给函数性质良好。反之,若生产可行集中含有非凸的区域,则会导致净供给"函数"的不连续。引号的使用着意于强调,在非凸性存在情况下供给函数将不能很好地加以定义;在某些价格下也许存在几个利润最大化束。若这种不连续是"小的"则也许问题不大,但是使我们难于作出一般结论。

固定规模收益情形是介于两者之间的一种。在第 2 章我们已经看到这种情形下的净供给行为可能相当不令人满意:依据不同价格,供给可能为零、无限大或整个产出区间。尽管有着明显的不良行为,但是与固定规模收益生产技术相联系的净供给"函数",仍然或多或少地表现出依价格而连续地变动。

首先要说明的一点是,净供给"函数"也许根本就不是函数。函数的定义要求在值域中存在**惟一的**点与定义域中的每一点相联系。若生产可行集表现出固定规模收益,则如果某净产出向量 y 产生最大化利润为零,那么对任何 $t \geq 0$,ty 也产生最大化利润为零。因此存在无限多商品束为最优净产出。

数学上,这种情形通过定义一种称为对应的广义函数来处理。一个对应将其定义域内每一点与其值域中的一个点集相联系。若该点集为凸集,则我们说我们有一个**凸对应**。当然一个函数只是凸对应的一种特殊情形。

不难证明,如果生产可行集为凸集,那么净供给对应为一个凸对应。此外,可以证明,随价格的变动,净供给对应以一种适当连续的方式在变动。几乎在本章中我们所运用的关于净供给函数的所有结果都可以推广到对应的情形。感兴趣的读者可以在本章末尾所列的文献中查询细节。虽然这样,但是为了使我们的讨论尽可能简单,我们将我们的分析局限于净供给函数。

18.3 消费者行为

生产为我们的消费者行为模型引入了两种新的涵义:劳动供给和利润分配。

劳动供给

在纯粹交换模型中消费者被假定为拥有一定数量的商品初始禀赋ω_i。若消费者出卖其拥有的禀赋,他得到收入为$p\omega_i$。消费者是卖掉其全部商品束并重新购回一些,还是仅仅出卖其部分商品束,是不重要的。所观察到的收入可能不同,但是经济收入是相同的。

如果将劳动引入我们的模型,那么我们就引进了一种新的可能性:消费者能够依据工资率来供给不同数量的劳动。

在第九章我们考察过一个简单的劳动供给模型。在那个模型中,消费者拥有"时间"$\bar{L}$并且必须将之在劳动l和闲暇$L = \bar{L} - l$之间进行分配。消费者关心的是闲暇L和一种消费品c。劳动的价格——工资率以ω来表示,消费品价格以p来表示。消费者可以事先拥有一定数量的消费品禀赋$\bar{c}$,这将归因于非劳动收入。

消费者的最优化问题可以写作
$$\max u(c, L)$$
满足
$$pc = p\bar{c} + \omega(\bar{L} - L).$$
将预算约束写为如下形式更为方便些:
$$pc + \omega L = p\bar{c} + \omega \bar{L}.$$
表达预算约束的第二种方式将闲暇视为另外一种商品:人们拥有其$\bar{L}$数量的初始禀赋,以价格ω"出卖"给厂商,而后以相同价格"购回"一些闲暇。

相同的策略也适用于消费者拥有多种不同类型劳动的更为复杂的情形。对应于商品和劳动的任何价格向量,消费者可以考虑卖掉其初始禀赋而后购回所需的商品和闲暇。当我们以这种方式来看待劳动供给问题时,我们看到它恰恰与以前的消费者行为模型相吻合。给定一个禀赋向量 ω 和价格向量 p,消费者求解下述问题:

$$\max u(x)$$

满足

$$px = p\omega.$$

惟一更为复杂的情况在于,问题有着更多的约束;比如,总闲暇的消费数量必须少于每天24小时。从形式上讲,这种约束可以结合进入原书第7章94页所描述的消费集的定义。

利润分配

现在我们转入利润分配问题。在资本主义经济中,消费者拥有企业并有权领取一份利润。我将把所有关系归结为一组数 (T_{ij}),此处 T_{ij} 表示消费者 i 占有企业 j 的利润份额。对任何企业 j,我们要求 $\sum_{i=1}^{n} T_{ij} = 1$,即其完全为消费者所有。我们将所有权关系视为已由历史所决定,虽然更为复杂的模型可以引入一个股票市场的存在,以处理份额问题。

在价格向量 p 下每家企业 j 将选择其利润为 $py_j(p)$ 的一个生产计划。消费者之所接受的全部利润收入即为他从每家企业所接受利润之加总:$\sum_{j=1}^{m} T_{ij} py_j(p)$。现在消费者预算约束变为

$$px_i = p\omega_i + \sum_{j=1}^{m} T_{ij} py_j(p).$$

我们假定在满足该约束的条件下,消费者将选择一个效用最大化消费束。因此,消费者 i 的需求函数可以写为价格向量 p 的一个函数。需要再次做出偏好严格凸性的假设以保证 $x_i(p)$ 为一个(单值)函数。虽然这样,但是在第9章我们实际上已经看到在这样

的假设下,至少在严格正的价格和收入下 $x_i(p)$ 是连续的。

18.4 总需求

将所有消费者的需求函数加总给出总消费者需求函数 $X(p) = \sum_{i=1}^{n} x_i(p)$。总供给向量是由 $\omega = \sum_{i=1}^{n} \omega_i$ 来表示的总消费者供给,和由 $Y(p)$ 表示的厂商总净供给的和。最终总超额需求函数定义为下式

$$z(p) = X(p) - Y(p) - \omega.$$

注意到所供给商品的符号很好地服从惯例约定:如果商品处于过度供给则 $z(p)$ 的相应元素为负,如果处于过度需求则为正。

在一个纯粹交换经济中,存在性定理成立的一个重要依据是瓦尔拉斯法则的适用。下面讲述包含生产的经济中瓦尔拉斯法则如何发挥作用。

瓦尔拉斯法则。如果 $z(p)$ 如上所定义,那么对所有 $p, pz(p) = 0$。
证明。我按其定义展开 $z(p)$。

$$\begin{aligned} pz(p) &= p[X(p) - Y(p) - \omega] \\ &= p\left[\sum_{i=1}^{n} x_i(p) - \sum_{j=1}^{m} y_j(p) - \sum_{i=1}^{n} \omega_i\right] \\ &= \sum_{i=1}^{n} px_i(p) - \sum_{j=1}^{m} py_j(p) - \sum_{i=1}^{n} p\omega_i. \end{aligned}$$

消费者的预算约束是 $px_i = p\omega_i + \sum_{j=1}^{m} T_{ij} py_j(p)$。
作这一替换

$$\begin{aligned} pz(p) &= \sum_{i=1}^{n} p\omega_i + \sum_{i=1}^{n}\sum_{j=1}^{m} T_{ij} py_j(p) - \sum_{j=1}^{m} py_j(p) - \sum_{i=1}^{n} p\omega_i \\ &= \sum_{j=1}^{m} py_j(p) \sum_{i=1}^{n} T_{ij} - \sum_{j=1}^{m} py_j(p) \\ &= \sum_{j=1}^{m} py_j(p) - \sum_{j=1}^{m} py_j(p) = 0, \end{aligned}$$

因为 $\sum_{i=1}^{n} T_{ij} = 1$,对每个 j。

瓦尔拉斯法则成立的原因与在纯粹交换经济中是同样的:每个消费者满足其预算约束,所以经济作为一个整体也必定满足一个总的预算约束。

18.5 均衡的存在性

如果 $z(p)$ 是定义在价格单形上的连续函数且满足瓦尔拉斯法则,那么第 17 章中的论证也可以用来证明存在一个 p^* 满足 $z(p^*) \leq 0$。我们已经看到,如果每家厂商的生产可行集是严格凸的,那么连续性就成立。并不太难就可以看出所要求的仅仅是**总生产可行集的凸性**。即使单家厂商拥有轻微非凸的生产技术,比如说一小段区域内的规模收益递增,所引起的非连续性也有可能在加总时被平滑掉。

应注意刚才我们所勾勒的关于存在性的论证仅仅在我们处理真正的需求**函数**时才有效。这种方法所强加的惟一一个严重限制是,它排除了规模收益不变的生产技术,但我们曾经提到这是很重要的一种情形。因此我们将针对一般情形给出一个存在性定理,并讨论其中假设的经济涵义。

均衡的存在性. 如果满足下列假设,则一个经济中均衡存在。
(1) 每个消费者的消费集是有下界的凸闭集;
(2) 任何消费者都没有充分满足的消费束;
(3) 对每个消费者 $i = 1, \cdots, n$,集合 $\{x_i : x_i \succeq_i x_i'\}$ 和 $\{x_i : x_i' \succeq_i x_i\}$ 都是闭集;
(4) 每个消费者在其消费集内部都有一个初始禀赋向量;
(5) 对每个消费者 i,如果 x_i 和 x_i' 是两个消费束,那么 $x_i \succ_i x_i'$ 意味着对任何 $t \in (0,1)$ 满足
$$t x_i + (1-t) x_i' \succ_i x_i'$$

(6) 对每家厂商,0 是 Y_j 的一个元素;
(7) Y 是闭凸集。
(8) $Y \cap (-Y) \subset \{0\}$
(9) $Y \supset (-R_+)$.

证明。参阅德布勒(Debreu,1959)。

虽然对本定理的证明超出本书范围之外,但是至少我们能够确认我们理解了每条假设的目的。假设(1)和(3)需要用来建立起效用最大化消费束的存在性。假设(1)—(5)需要用来建立起消费者需求对应的连续性。

假设(6)是假定一家厂商总是能够停业:这保证了均衡利润非负。假设(7)被用来保证每家厂商的(多值)净供给函数的连续性。假设(8)保证生产过程不能逆转,也就是指你不能在生产出一个净产出向量 y 之后再逆过来使用这些产出作为投入并生产出所有的原始投入以作为产出。它被用来保证分配可行集的有界性。最后,假设(9)指使用所有投入的任何生产计划都是可行的;这在本质上是一个自由配置假设;它意味着均衡价格非负。

18.6 均衡的福利性质

如果总持有量与总供给是相容的,则该分配(x,y)就是可行的:

$$\sum_{i=1}^{n} x_i - \sum_{j=1}^{m} y_j - \sum_{i=1}^{n} \omega_i = 0.$$

正如以前,对一个可行分配(x,y),若不存在其他可行分配 (x',y') 满足对所有 $i = 1,\cdots,n, x'_i \succ_i x_i$,则称可行分配(x,y)为帕累托有效。

福利经济学第一定理. 若(x,y,p)是一个瓦尔拉斯均衡,则(x,y)为帕累托有效。

证明。假设非如此,并令(x',y')为一个帕累托有效分配。那么消费者达到了效用最大化,所以必定有

$$px'_i > p\omega_i + \sum_{j=1}^{m} T_{ij} py_j$$

对消费者 $i = 1, \cdots, n$ 加总,我们有

$$p\sum_{i=1}^{n} x'_i > \sum_{i=1}^{n} p\omega_i + \sum_{j=1}^{m} py_j.$$

这里我们用到了事实 $\sum_{i=1}^{n} T_{ij} = 1$。现在我们便用 x' 可行性的定义并将 $\sum_{i=1}^{n} x'_i$ 以 $\sum_{j=1}^{m} y'_j + \sum_{i=1}^{n} \omega_i$：来代替:

$$p\left[\sum_{j=1}^{m} y'_j + \sum_{i=1}^{n} \omega_i\right] > \sum_{i=1}^{n} p\omega_i + \sum_{j=1}^{m} py_j$$

$$\sum_{j=1}^{m} py'_j > \sum_{j=1}^{m} py_j.$$

但是这说明生产计划(y'_j)的总利润大于生产计划(y_j)的总利润,此结论与厂商利润最大化相矛盾。

福利经济学另外一个基本学理大致也是如此令人惬意。我们将给出一个证明的轮廓以使我们感到满意。

福利经济学第二定理。假设(x^*, y^*)是一个帕累托有效分配,且每个消费者对各种商品持有严格正的数量,偏好是凸的,连续和严格单调的。假设厂商的生产可行集,Y_j,是凸集,此处 $j = 1, \cdots, m$,那么存在一个价格向量 $p \geq 0$ 满足:

(1) 如果 $x'_i \succ_i x^*_i$,那么 $px'_i > px^*_i$,对 $i = 1, \cdots, n$;
(2) 如果 y'_j 属于 Y_i,那么 $py^*_j \geq py'_j$,对 $j = 1, \cdots, m$;所有 $y'_j \in Y_j$。

证明。(概要) 正如以前,令 p 为所有加总的被优选消费束的集合。令 F 是所有可行的加总供给商品束的集合;就是

$$F = \left\{\omega + \sum_{j=1}^{m} y_j : y_j \text{ 在 } Y_j \text{ 中}\right\}.$$

则 F 和 p 两者都是凸集,而且因为(x^*, y^*)为帕累托有效,所以 F 和 P 是相互脱离的。因而我们能够应用原书第 26 章 483 页的分离超平面定理来找到一个价格向量 p 满足

$pz' \geq pz''$ 对所有 z' 属于 p 且 z'' 属于 F.

偏好的单调性意味着 $p \geq 0$。我们能够使用在纯粹交换经济中的证明中给出的方法来验证在这些价格下每个消费者达到其最大偏好,每家厂商都最大化其利润。

上述命题指出每个帕累托有效分配都能够通过适当的"财富"再分配来达到。我们确定我们想要的分配(x^*, y^*),而后我们确定相应的价格 p。如果我们给消费者 i 收入 px_i^*,则他将不想改变其消费束。

存在几种方式对这一结果加以阐释:首先,我们可以设想政府将消费者的初始商品和闲暇禀赋充分,并以一种与所要求的收入分布相一致的方式将这些禀赋加以重新分配。注意,这种重新分配可能涉及到商品、利润份额和闲暇的重新分配。

另一方面,我们可以设想消费者保持其原有禀赋但要缴纳一笔总额税。这种税不像平常的税,它是对"潜在"收入而不是对"实现的"收入征税;也就是,是对劳动禀赋而不是已出卖的劳动征税。消费者不管如何行动都要缴税。从经济意义上讲,对一个当事人征收一笔总额税并将收益补贴给另一当事人与把一个当事人的一些劳动送给另一当事人并让他以现行工资率出卖是同样的。

当然,当事人可能在能力上有所差异,或等价地讲,在其各种潜在劳动的禀赋方面有差别。在实践上也许非常难于观测在能力上的这种差别,而这种差别是我们如何征收总额税收的依据。当个人之间能力变化时,对于收入的重新有效分配存在着实实在在的难题。

显示偏好的观点

这里有一个简单却又有些间接的关于福利经济学第二定理的证明,该证明基于一种显示偏好理论,该理论是对第 17 章中相似定理的推广。

福利经济学第二定理。假设(x^*, y^*)是一个帕累托有效分配且偏好是局部非饱和的。进一步假设对所有 i, j 在初始禀赋为 ω_i

$= x_i^*$,利润份额为 $T_{ij} = 0$ 的情形下,存在一个竞争性均衡,并令其由 (p', x', y') 给出。那么事实上,(p', x^*, y^*) 是一个竞争性均衡。

证明。因为由命题的设定可知 x_i^* 满足每个消费者的预算约束,所以我们必定有 $x_i' \succeq_i x_i^*$。因为 x^* 是帕累托有效的,这意味着 $x_i' \sim_i x_i^*$。这样,若 x_i' 在预算集上提供最大效用,则 x_i^* 也是如此。

由非饱和性假设,每个当事人将满足等式预算约束

$$p' x_i' = p' x_i^* \qquad i = 1, \cdots, n.$$

对当事人 $i = 1, \cdots, n$ 加总并使用可行性条件,我们有

$$p' \left(\sum_{j=1}^m y_j' + \sum_{i=1}^n \omega_i \right) = p' \left(\sum_{j=1}^m y_j^* + \sum_{i=1}^n \omega_i \right),$$

或

$$p' \sum_{j=1}^m y_j' = p' \sum_{j=1}^m y_j^*.$$

因此,若 y^* 最大化总利润,则 y' 也最大化总利润。依据通常的论据,每家单个厂商也必定最大化其利润。

本命题指出,若对应帕累托有效分配 (x^*, y^*) 存在一个均衡,则 (x^*, y^*) 本身就是一个竞争性均衡。我们也许要问均衡存在的条件是什么。按照前面涉及存在性的讨论,下面两条假设为充分条件:(1) 所有需求函数都是连续的;(2) 满足瓦尔拉斯法则。需求的连续性可由偏好和生产可行集的凸性推导出。瓦尔拉斯法则可由以下计算来验证

$$\begin{aligned} pz(p) &= pX(p) - p\omega - pY(p) \\ &= pX(p) - pX^* - pY(p) \\ &= 0 - pY(p) \leq 0. \end{aligned}$$

我们看到在该模型中超额需求总是非正。这是因为我们没有给予消费者以厂商利润的一个份额。因为这些利润被"抛掉"了,所以超额需求就有充分理由可能为负了。虽然这样,但是对原书第 17 章第 321 页均衡存在性证明的考察显示出我们并不真的需要假设 $pz(p) \equiv 0$;有 $pz(p) \leq 0$. 就足够了。

该结果说明，福利经济学第二定理成立的关键就是使竞争性均衡存在的条件——也就是凸性条件。

18.7 生产性经济中的福利分析

毫无令人惊讶之处，生产性经济中的福利分析沿袭着与纯交换情形下大致同样的方式进行。惟一真正的问题是如何在生产的情形下描述分配可行集。

最早的方法是运用原书第一章第 4 页中提到的转换函数。还记得这是一种能够选出有效生产计划的一个函数，y 是有效生产计划的条件是当且仅当 $T(y) = 0$。可以证明几乎所有合理的生产技术都能通过一个转换函数的方式来描述。

则福利最大化问题可以写为如下形式

$$\max W(u_1(x_1), \cdots, u_n(x_n))$$
$$\text{满足 } T(X^1, \cdots, X^k) = 0.$$

此处 $X^g = \sum_{i=1}^{n} x_i^g$，对 $g = 1, \cdots, k$。此问题的拉格朗日等式为

$$L = W(u_1(x_1), \cdots, u_n(x_n)) - \lambda T(X) = 0,$$

其一阶条件为

$$\frac{\partial W}{\partial u_i} \frac{\partial u_i(x_i^*)}{\partial x_i^g} - \lambda \frac{\partial T(X^*)}{\partial X^g} = 0 \quad \begin{matrix} i = 1, \cdots, n \\ g = 1, \cdots, k. \end{matrix}$$

可以重新整理这些条件并得到

$$\frac{\dfrac{\partial u_i(x_i^*)}{\partial x_i^g}}{\dfrac{\partial u_i(x_i^*)}{\partial x_i^h}} = \frac{\dfrac{\partial T(X^*)}{\partial X^g}}{\dfrac{\partial T(X^*)}{\partial X^h}} \quad \begin{matrix} i = 1, \cdots, n \\ g = 1, \cdots, k \\ h = 1, \cdots, k. \end{matrix}$$

刻画福利最大化的这些条件要求任意一对商品之间的边际替代率必须等于这对商品之间的边际转换率。

18.8 图形分析

存在类似于埃奇沃思方盒的一种图,有助于理解生产和一般均衡。假设我们考虑一个单消费者的经济。该消费者过着一种患精神分裂症般的生活:一方面他是一个用劳动投入生产一种消费品的利润最大化生产者,同时另一方面他是一个拥有利润最大化企业的效用最大化消费者。这有时称作**鲁滨孙·克鲁索经济**。

图 18.1 中我们画出了企业的生产可行集。注意劳动是作为负数被度量,因为它是生产过程的投入,生产技术则表现出规模收益不变特征。

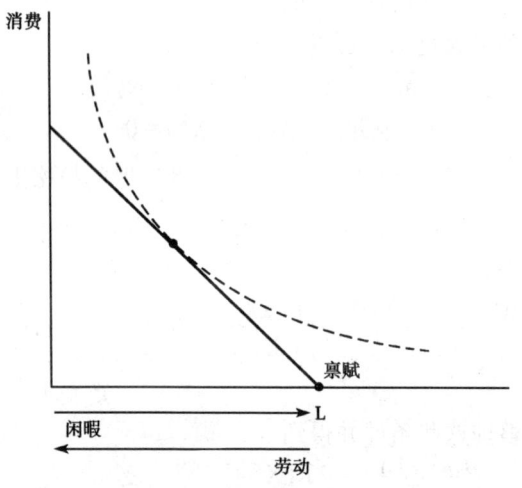

图 18.1 固定规模收益的鲁滨孙·克鲁索经济

劳动作为负数来度量并且生产技术表现出规模收益不变特征。

$\bar{L}$ 是可以提供的劳动的最大数量。为简单起见,我们假设消费品的初始禀赋是零。消费者的偏好由图中的无差异曲线给出,依赖于消费品和闲暇。均衡工资是怎样的呢?

如果实际工资由生产可行集的斜率所给出,则消费者的预算集将与生产可行集相吻合。他将以给他带来最大效用的消费品——闲暇组合作为其需求。生产者愿意供给相同的组合,因为他获得零利润。因此消费品和劳动市场都出清。

注意下述有趣的一点:实际工资完全由生产技术所决定,而最终的生产和消费组合由消费者需求决定。这一观察可以推广到**非替代性定理**,它指出如果生产仅有一种非被生产性投入并且生产技术规模收益不变,则均衡价格不依赖于偏好——它们完全由生产技术所确定。在原书第 18 章第 354 页我们将证明该定理。

图 18.2 描绘了规模收益递减的情形。通过寻找边际替代率与边际转换率相同的点,我们能够找到均衡配置。在该点的斜率给出了均衡实际工资率。

当然,在这一实际工资率下消费者的预算线并没有通过初始禀赋 $(0,\bar{L})$。原因是消费者从企业接受了一些利润。用消费品单位来度量的企业创造的利润由纵轴截距给出。由于消费者拥有企业,他得到作为"非劳动"收入的所有这些利润。这样其预算集就正如图中所示并且两个市场确实均出清。

这引起了一般均衡模型中关于利润的一点有趣之处。在上面的处理中,我们已经假定生产技术表现出对劳动的规模收益递减,但并未对此进行任何特定解释。这种收益递减的一个可能原因也许是某些固定要素的存在,如土地。在这种解释中,鲁滨孙的消费品生产依赖于(固定)土地投入,T,和劳动投入,L。若我们同时增加两种生产要素,也许生产函数会表现出很好的固定规模收益,但是若我们固定土地投入并将生产函数视为仅依赖于劳动,我们将假定劳动的规模收益递减。在原书第 1 章第 16 页我们已经看到,通过假定存在一个固定要素,每个规模收益递减生产技术都可以被视为规模收益固定的生产技术。

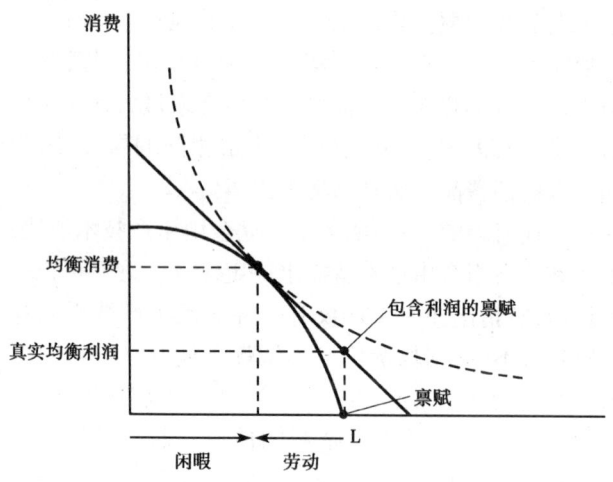

图 18.2 规模收益递减的鲁滨孙·克鲁索经济

消费者预算线并不通过$(0,\bar{L})$,因为他从企业接受一些利润

依据此观点,"利润"或非劳动收入可被解释为固定要素的**租金**。若我们确实采用该解释,那么广义上讲利润为零——产出的价值等于要素的价值,几乎是这样定义的。不管剩余什么,都可以自动地归为要素支出或固定要素的租金。

例:柯布-道格拉斯固定规模收益经济

假定我们有一个消费者,其柯布-道格拉斯效用函数依赖于消费品 x 和闲暇 R:$u(x,R) = a\ln x + (1-a)\ln R$。消费者拥有一个单位的劳动/闲暇禀赋,还有一家企业,拥有一种固定规模收益的生产技术:$x = aL$。

考察上述问题,我们可以看出均衡实际工资必定为劳动的边际产出;因此,$w^* p^* = a$. 消费者的最大化问题是

$$\max a\ln x + (1-a)\ln R$$
$$\text{满足 } px + wR = w.$$

写出预算约束时我们已经用到了均衡利润为零的事实。使用我们

现在已经熟悉的结果，即对应柯布-道格拉斯效用函数的需求函数具有形式 $x(p) = am/p$，此处 m 是货币收入，我们得到

$$x(p, w) = a\frac{w}{p}$$

$$R(p, w) = (1-a)\frac{w}{w} = 1-a.$$

因此，均衡劳动供给为 a，均衡产出是 a^2。

例：一种规模收益递减经济

假设消费者拥有同上例的柯布-道格拉斯效用函数，但生产者拥有生产函数为 $x = \sqrt{L}$。我们主观地将产出的价格标准化为 1。利润最大化问题是

$$\max L^{1/2} - wL.$$

该问题有一阶条件

$$\frac{1}{2}L^{-\frac{1}{2}} - w = 0.$$

得到厂商的需求和供给函数，

$$L = (2w)^{-2}$$
$$x = (2w)^{-1}.$$

通过替代得到利润方程：

$$\pi(w) = (2w)^{-1} - w(2w)^{-2}$$
$$= (4w)^{-1}.$$

现在消费者的收入包括利润收入，所以闲暇需求为

$$R(w) = \frac{(1-a)}{w}\left(w + \frac{1}{4w}\right) = (1-a)\left(1 + \frac{1}{4w^2}\right).$$

由瓦尔拉斯法则，我们只需要找到一个实际工资使劳动市场出清：

$$\frac{1}{4w^2} = 1 - (1-a)\left(1 + \frac{1}{4w^2}\right).$$

求解该方程，我们得到

$$w^* = \left(\frac{2-a}{4a}\right)^{1/2}.$$

因而利润的均衡水平为

$$\pi^* = \frac{1}{4}\left(\frac{2-a}{4a}\right)^{-1/2}.$$

这里给出求解上述问题的另一种方法。正如以前所指出的,生产技术的规模收益递减特征被假定归因于一种固定生产要素的存在。让我们称此要素为"土地"并以单位数量来加以度量,所以土地的全部数量为 $\bar{T}=1$。生产函数由 $L^{\frac{1}{2}}T^{\frac{1}{2}}$ 给出。注意此函数表现出规模收益固定特征而且当 $T=1$ 时与原始生产技术的假定相一致。土地价格以 q 来表示。

厂商的利润最大化问题是

$$\max L^{1/2}T^{1/2} - wL - qT,$$

具有一阶条件

$$\frac{1}{2}L^{-1/2}T^{1/2} - w = 0$$

$$\frac{1}{2}L^{1/2}T^{-1/2} - q = 0.$$

均衡时土地市场出清,所以 $T=1$。将该条件加入上述方程组,我们得到

$$L = (2w)^{-2}$$
$$L = (2q)^2.$$

这些方程意味着 $q = 1/4w$。

现在,消费者的收入包括从其劳动禀赋而来的收入 $w\bar{L}=w$,再加上从其土地禀赋而来的收入 $q\bar{T}=q$。因此他对闲暇的需求为

$$R = (1-a)\frac{m}{w} = (1-a)\frac{(w+q)}{w}.$$

令劳动需求等于供给,得到均衡工资率

$$w^* = \left(\frac{2-a}{4a}\right)^{1/2}$$

土地的均衡租金为

$$q^* = \frac{1}{4}\left(\frac{2-a}{4a}\right)^{-1/2}.$$

注意到该结果与前面的解是相同的。

18.9 非替代性定理

这里我们为前面提及的非替代性定理给出一个论证。我们将假设存在几个行业分别生产产出 $y_i, i=1,\cdots,n$。每个行业只生产一种产出；不允许联合生产。仅有一种由 y_0 表示的非被生产的生产投入。一般我们将该非被生产的商品设想为劳动。全部共 $n+1$ 种商品的价格由 $\mathrm{w}=(w_0, w_1, \cdots w_n)$. 来表示。

像往常一样，均衡价格将仅作为相对价格来加以确定。我们将假定劳动是每个行业的必需投入，这样均衡时有 $w_0 > 0$,而且我们可以选择它作为记价单位；也就是说我们可以武断地选择 $w_0 = 1$。

我们将假定生产技术为规模收益不变。在原书第 5 章第 66 页我们已经看到,这意味着对每个行业 $i = 1, \cdots, n$, 成本函数可以写作 $c_i(\mathrm{w}, y_i) = c_i(\mathrm{w})y_i$。该成本函数 $c_i(\mathrm{w})$ 为单位成本函数，即在以 w_0 为记价单位时的价格 w 下的单位产出的成本。

我们还假设劳动对生产来讲必不可缺,因而劳动的单位要素需求严格大于零。以 x_i^0 表示厂商 i 在 $y=1$ 时对要素 0 的需求,我们可以运用成本函数的微分性质写出

$$x_i^0(\mathrm{w}) = \frac{\partial c_i(\mathrm{w})}{\partial w_0} > 0.$$

注意则这意味着成本函数对 w_0 是严格增的。因为成本函数至少对一个价格是严格增的,所以对 $t > 1, c_i(t\mathrm{w}) = tc_i(\mathrm{w}) > c_i(\mathrm{w})$。

非替代性定理。假设仅有一种非生产性生产投入,该投入对生产来讲必不可缺,不存在联合生产,且生产技术表现出规模收益不变特征。令 (x, y, w) 为一个瓦尔拉斯均衡,此处对 $i=1, \cdots, n, y_i > 0$。则 w 是 $w_i = c_i(\mathrm{w}), i = 1, \cdots, n$. 的惟一解。

证明。如果 w 是一个规模收益不变经济中的均衡价格向量,那么各行业利润必定为零;即
$$w_i y_i - c_i(w) y_i = 0 \quad i = 1, \cdots, n.$$
因为 $y_i > 0, i = 1, \cdots, n$,该条件可以写为
$$w_i - c_i(w) = 0 \quad i = 1, \cdots, n.$$
这是讲,任何均衡价格向量必须满足价格与平均成本相等的条件。因为 $w_0 > 0$ 且劳动对生产必不可缺,所以我们必有 $c_i(w) > 0$。这转而意味着对 $i = 0, \cdots, n, w_i > 0$。用另一句话讲就是价格向量严格为正。

我们将证明仅仅存在惟一的这样的均衡价格向量。因为假设 w′ 和 w 是上述方程系统的两个不同的解。定义
$$t = \frac{w'_m}{w_m} = \max_i \frac{w'_i}{w_i}.$$
这里两个向量之间最大区别在于第 m 项元素,此处 w'_m 为 w_m 的 t 倍。

假设 $t > 1$。那么我们有下列一串不等式
$$w'_m = 1 t w_m = 2 t c_m(w) = 3 c_m(tw) > 4 c_m(w') = 5 w'_m.$$

下述是这些等式和不等式成立的理由:

(1) t 的定义;

(2) 假设 w 为一个解;

(3) 成本函数的线性齐次性;

(4) t 的定义,假设 $t > 1$,成本函数对要素价格向量的严格单调性。

(5) w′ 是解的假设。

$t > 1$ 假定的结果是得到一个矛盾,所以 $t \leq 1$,而且这样的话 w $\geq$ w′。上述论证过程中,w 和 w′ 的角色是对称的,所以我们也有 w′ $\geq$ w。将这两个不等式放在一起我们有,所要求的 w′ = w 成立。

该定理告诉我们,如果经济中存在一个均衡价格,它必定为 $w_i = c_i(w), i = 1, \cdots, n,$ 的解。令我们感到惊讶的是,w 并不依赖

于任何需求条件;也就是说,w完全不依赖于偏好和禀赋。

让我们使用**技术**这个名词来代指生产单位产出所必需的要素需求。令w^*为满足零利润条件的价格向量。那么通过将其成本函数对每个要素价格j求微分,我们就可以确定厂商i的均衡技术:

$$x_i^j(w^*) = \frac{\partial c_i(w^*)}{\partial w_j}.$$

因为均衡价格独立于需求条件之外,所以技术的均衡选择也独立于需求条件之外。不管消费者需求如何变化,厂商都不会进行替代来离开均衡技术;这就是非替代性定理名称的事例。

18.10 一般均衡时的产业结构

回忆在瓦尔拉斯模型中,厂商数目是给定的。前面在第13章中我们曾提及一个行业中厂商数目是一个变量。我们能够怎样调和这两个模型呢?

让我们首先考虑固定规模收益的情形。我们知道在此情形下,与均衡相容的惟一最大化利润水平为零利润。另外在与零利润相容的价格下,厂商愿意在任何产量水平下运营。因此经济的产业结构是不确定的——占有多大市场份额对厂商来讲是无差异的。如果厂商数目也是变量,它也是不确定的。

现在考虑规模收益递减的情形。如果所有生产技术都是收益递减的,我们知道将存在某些均衡利润。在我们直到现在一直在介绍的一般均衡模型中,不存在任何理由使厂商之间获得相同的利润。相同利润的一个论据是,厂商会进入利润最高的行业;但若厂商数目固定时,这不可能发生。

如果厂商数目是变量时,实际情况怎样呢?假设我们将看到进入发生。如果生产技术真地表现出规模收益递减特性,则厂商的最优规模将是无限少,因为拥有两家小企业总是比拥有一家大企业要好。因此,我们将期望连续的进入会发生,拉低了利润水平。在一个长期均衡中我们将期望看到无限多的企业,每家企业都在无限低的水平上运营。

这看起来非常不可能。走出这一困境的一种方法是回到第13章中提到的论点:如果我们总是能够复制,那么惟一合理的长期生产技术是一种规模收益不变的生产函数。因此,规模收益递减生产技术真地必须归因于某固定要素的存在。在这种解释中均衡"利润"应真的被当作固定要素的收益。

注 释

参见萨缪尔森(Samuelson,1951)中的非替代性定理。此处的处理依据威兹萨克(Weizsalker,1971)。

[1]我们可以将资源禀赋结合进入变换函数的定义。

练 习

18.1 考虑一个经济,有两种非被生产的生产要素,土地和劳动,还有两种被生产的商品,苹果和手帕。苹果和手帕的生产满足规模收益不变。手帕仅用劳动来生产,苹果是用劳动和土地来生产。有 N 个相同的人,每人有15单位劳动和10单位土地的初始禀赋。他们的效用都为 $U(A \cdot B) = c\ln A + (1-c)\ln B$,此处 $0<c<1$,A 和 B 分别为此人对苹果和手帕的消费量。苹果用一个固定系数生产技术来生产,每生产一单位苹果需要使用 1 单位劳动和 1 单位土地。生产一块手帕需要 1 单位劳动。令劳动价格为经济中的记账单位。

(a)找到本经济中的竞争性均衡价格及数量。

(b)对于参数 c 的什么值(如果存在),土地禀赋的微小变动将引致竞争性均衡价格的变动?

(c)对于参数 c 的什么值(如果存在),土地禀赋的微小变动将引致竞争性均衡消费的变动?

18.2 考虑一个经济,有两家企业,两个消费者。企业 1 由消费者 1 完全所有。它通过生产函数 $g=2x$,用石油生产枪支。企业 2 由消费者 2 完全占有,它通过生产函数 $b=3x$,用石油生产黄油。每个消费者拥有 10 单位石油。消费者 1 的效用函数是 $u(g,b)=g^{.4}b^{.6}$，消费者 2 的效用函数是 $u(g,b)=10+.5\ln g+.5\ln b$。

(a) 找到枪支、黄油和石油的市场出清价格。

(b) 每个消费者消费枪支和黄油各多少？

(c) 每个企业各使用多少石油？

第 19 章 时 间

在本章中我们讨论涉及时间的消费者行为和整体经济方面的一些专题。正如我们即将看到的,在某些情形下,跨时期行为可以被认为是以前所讨论的静态模型的简单推广。虽然这样,但是时间仍然给偏好和市场施加了某些有趣的结构。既然未来有着内在的不确定性,那么对某些涉及不确定性的论题进行考察也就是很自然的了。

19.1 跨时期偏好

我们标准的消费者选择理论对于描述跨时期选择是完全足够的。选择的目标——消费束,现在将是时间坐标上的消费流。我们假定消费者对这些消费流进行选择,而且偏好满足通常的正则条件。标准的考虑是一般存在一个效用函数来表示这些偏好。

虽然这样,但是正如期望效用最大化的情形一样,我们正在考虑一个特定类型的选择问题的事实,意味着偏好有一个特殊结构,该结构产生了特定形式的效用函数。一个尤其普遍的选择是在时间上满足可加性的效用函数,即

$$U(c_1,\cdots,c_T) = \sum_{t=1}^{T} u_t(c_t).$$

此处 $U_t(c_t)$ 是 t 时期消费的效用。该函数也可进一步特定于时间-静态形式

$$U(c_1,\cdots,c_T) = \sum_{t=1}^{T} \alpha^t u(c_t).$$

在这一情况下,我们在各期采用相同的效用函数;虽然这样,但是t期效用要乘以折现因子a^t。

注意其与期望效用结构很近的相似性。在期望效用模型中,消费者在自然的每个状态下有相同的效用函数,而且每个状态下的效用要乘以该状态发生的概率。事实上,加之于潜在偏好的约束根据对期望效用理论之公理进行机械重述,就可以用来证明这种时间可加性效用函数的合理性。

假设未来的消费可能性是不确定的。正如我们以前所看到的,一套自然的公理意味着我们能够选择一种在自然的各种状态之间满足可加性的效用表示方式。虽然这样,但是情形也许倾向于这样:效用的一个单调变换满足在自然的各种状态之间的可加性,而另一个**不同**的单调变换满足在时间上的可加性。没有任何理由认为只应有一种表达方式,用来同时满足跨时期选择和不确定性选择两种情况下的可加性。尽管如此,最为广泛的设定形式仍是假定跨时期效用函数在时间上和自然的状态之间均满足可加性。这并不是非常现实的,但的确能够简化计算。

19.2 两时期的跨期最优化

在原书第 11 章第 184 页我们已经研究过一个简单的两时期投资组合最优化模型。这里我们将探索如何将这一模型推广到多时期。下述例子可用来说明**动态规划**方法。这种方法是一种把多时期最优化问题,分解为两时期最优化问题来求解的技术。

我们首先回顾一下两时期模型。将各时期消费表示为(c_1, c_2)。第 1 期消费者拥有初始禀赋 w_1,并将其财富投资到两种资产上去。一种资产有一个固定收益 R_0;另一种资产有一个**随机**收益 $\tilde{R}_1$。将这些收益视为**总**收益是方便的,也就是 1 加上收益率。

假设在第 1 期决定消费 c_1,并将其财富的 x 份额投资到风险资产,将$(1-x)$份额投资到无风险资产。在该投资组合中,消费者有$(w_1-c_1)x$美元资产收益为$\widetilde{R}_1$,$(w_1-c_1)(1-x)$美元资产收益为R_0。因此他第 2 期财富——等于其第 2 期消费,就是
$$\widetilde{w}_2 = \widetilde{c}_2 = (w_1-c_1)[\widetilde{R}_1 x + R_0(1-x)] = (w_1-c_1)\widetilde{R}.$$
此处$\widetilde{R} = \widetilde{R}_1 x + R_0(1-x)$是消费者的**投资组合收益**。注意,一般地它是随机变量,因为$\widetilde{R}_1$是随机变量。

由于投资组合收益是不确定的,所以消费者的第 2 期消费也是不确定的。我们假设消费者有如下形式的效用函数
$$U(c_1, \widetilde{c}_2) = u(c_1) + \alpha Eu(\widetilde{c}_2),$$
此处$\alpha < 1$是折现因子。

令$V_1(w_1)$是消费者在第 1 期有财富w_1时,其所能达到的最大效用:
$$V_1(w_1) = \max_{c_1, x} u(c_1) + \alpha Eu[(w_1-c_1)\widetilde{R}]. \quad (19.1)$$

函数$V_1(w_1)$本质上是间接效用函数:它给出了作为财富的函数的最大化效用。

对方程(19.1)求关于c_1和x的微分,我们有一阶条件
$$u'(c_1) = \alpha Eu'(\widetilde{c}_2)\widetilde{R} \quad (19.2)$$
$$Eu'(\widetilde{c}_2)(\widetilde{R}_1 - R_0) = 0. \quad (19.3)$$

方程(19.2)是一个跨时期最优化条件:亦即,第 1 期消费的边际效用必定等于第 2 期消费期望边际效用的折现。方程(19.3)是一个投资组合最优化条件:即将小部分资金从无风险资产转向风险资产的期望边际效用应为零。在第 11 章第 184 页我们分析过一个相似的一阶条件。

给定关于未知数x和c_1的这两个方程,原则上我们能够解决最优消费和投资组合选择问题。我们举出下边的例子,作为T时期最优化问题求解的一部分。

19.3 多时期跨期最优化问题

现在假设有T个时期。如果$(\widetilde{c}_1, \cdots, \widetilde{c}_T)$是一些(可能随机)

消费流,我们假设消费者依据效用函数束评价它

$$U(\tilde{c}_1,\cdots,\tilde{c}_T) = \sum_{t=0}^{T} a^t Eu(\tilde{c}_t).$$

若消费者在时间 t 有财富 w_t,并将其 x_t 部分投入风险资产,则第 $t+1$ 期其财富为

$$\tilde{w}_{t+1} = [w_t - c_t]\tilde{R},$$

此处 $\tilde{R} = x_t\tilde{R}_1 + (1-x_t)R_0$ 是 t 和 $t+1$ 期之间的(随机)投资组合收益。

为求解这一跨时期最优化问题,我们运用**动态规划**方法,将其分解为一系列两时期最优化问题。考虑第 $T-1$ 期。如果消费者在本期有财富 w_{T-1},则其能达到的最大效用是

$$V_{T-1}(w_{T-1}) = \max_{c_{T-1}, x_{T-1}} u(c_{T-1}) + aEu[(w_{T-1} - c_{T-1})\tilde{R}]. \tag{19.4}$$

这就是方程(19.1),只是用 $T-1$ 替换了 1。一阶条件是

$$u'(c_{T-1}) = aEu'(\tilde{c}_T)\tilde{R} \tag{19.5}$$

$$Eu'(\tilde{c}_T)(\tilde{R}_1 - R_0) = 0. \tag{19.6}$$

原则上,我们已经知道如何求解这一问题并确定间接效用函数 $V_{T-1}(w_{T-1})$。

现在回到 $T-2$ 期。若消费者选择 (c_{T-2}, x_{T-2}),则在 $T-1$ 期他将有(随机)财富

$$\tilde{w}_{T-1} = [w_{T-2} - c_{T-2}]\tilde{R}.$$

根据这一财富他将达到 $V_{T-1}(w_{T-1})$ 的期望效用。因此,$T-2$ 期消费者的最大化问题可以写作

$$V_{T-2}(w_{T-2}) = \max_{c_{T-2}, x_{T-2}} u(c_{T-2}) + aEV_{T-1}[(w_{T-2} - c_{T-2})\tilde{R}].$$

这完全类似问题(19.4),但是"第 2 期"效用由**间接**效用函数 $V_{T-1}(w_{T-1})$ 给出,而不是由直接效用函数给出。

$T-2$ 期的一阶条件是

$$u'(c_{T-2}) - aEV'(\tilde{w}_{T-1})\tilde{R} = 0 \tag{19.7}$$

$$EV'(\widetilde{w}_{T-1})(\widetilde{R}_1 - R_0) = 0. \qquad (19.8)$$

与前面一样,(19.7)是一个跨时期最优化条件:当前消费的边际效用必须等于未来财富的**间接边际**效用的折现。(19.8)是投资组合最优化条件。

我们能够运用这些条件解出 $V_{T-2}(w_{T-2})$ 并一直进行下去。给定间接效用函数 $V_t(w_t)$,T 时期跨时期最优化问题就恰是两时期最优化问题的序列。

例:对数效用

假设 $u(c) = \log c$。则一阶条件(19.5)和(19.6)变为

$$\frac{1}{c_{T-1}} = \alpha E \frac{\widetilde{R}}{[w_{T-1} - c_{T-1}]\widetilde{R}} = \frac{\alpha}{[w_{T-1} - c_{T-1}]} \qquad (19.9)$$

$$0 = E\left[\frac{\widetilde{R}_1 - R_0}{[w_{T-1} - c_{T-1}]\widetilde{R}}\right]. \qquad (19.10)$$

注意方程(19.9)中不含投资组合收益 $\widetilde{R}$,这是一个对数效用的很方便的性质。

利用方程(19.9)解出 c_{T-1} 得

$$c_{T-1} = \frac{w_{T-1}}{1 + \alpha}.$$

我们将之代入目标函数来确定间接效用函数:

$$V_{T-1}(w_{T-1}) = \ln\frac{w_{T-1}}{1+\alpha} + \alpha E \ln \frac{\alpha w_{T-1}\widetilde{R}}{1+\alpha}.$$

运用对数的性质,

$$V_{T-1}(w_{T-1}) = (1+\alpha)\ln w_{T-1} + \alpha E\ln\widetilde{R} + \alpha\ln\alpha - (1+\alpha)\ln(1+\alpha).$$

注意,该间接效用函数 V_{T-1} 的一个重要特征是,它是财富的对数函数。随机收益对 V_{T-1} 的影响满足可加性;它并不影响财富的边际效用,因而并不进入相应的一阶条件。

接下来对第 $T-2$ 期,一阶条件有如下形式

$$\frac{1}{c_{T-2}} = \frac{\alpha(1+\alpha)}{[w_{T-2} - c_{T-2}]} \qquad (19.11)$$

$$0 = E\left[\frac{\tilde{R}_1 - R_0}{[w_{T-2} - c_{T-2}]\tilde{R}}\right] \quad (19.12)$$

这些与 $T-1$ 期的条件很相似;方程(19.11)在右边有一特殊因子 $1+\alpha$,方程(19.12)完全相同。这一观察说明,每一期消费者都要选择相同的投资组合,他的选择与两时期最优化问题相同,而且在 $T-1$ 期,消费选择总是与该期的财富成比例。

19.4 跨时期一般均衡

正如以前所述,在阿罗-德布勒一般均衡模型中商品的概念是非常一般的。商品可以通过当事人所关心的任何特征来加以区分。如果经济单位关心商品可获得的时间,那么在不同时间可获得的商品应被视为不同商品。如果当事人关心商品可获得的环境,那么商品可以通过它们被提供的自然状态所区分。

当我们以这些方式来理解商品时,我们可以用一种新的更深入的方式来理解价格。比如,让我们考虑涉及一种商品(即消费)的简单一般均衡模型,消费可在 $t=1,\cdots,T$ 这些不同的时间获得。鉴于上述评论,我们将该商品视为 T 种不同商品,并令 c_t 表示 t 时间的消费量。

在一个纯粹交换模型中,当事人 i 要被赋予在 t 时刻的一些消费 $\bar{c}_{it}$。在生产模型中,存在一种生产技术将 t 时刻的消费转化到未来其他时刻的消费。通过牺牲在某时刻的消费,消费者能够在未来某时刻享受消费。

当事人对消费流有所偏好,而且存在市场对不同时点的消费进行交换。这种市场的一种组织方式是使用**阿罗-德布勒证券**。这是特殊形式的证券:证券 t 在 t 时刻支付 1 美元,其他时刻没有支付。现实世界中存在这种形式的证券;它们被称为**纯折现债券**。一张纯折现债券在特定日期支付特定数量的资金(比如说 10000 美元)。

该模型有着标准阿罗-德布勒模型中的所有成分：偏好、禀赋、市场。我们可以应用标准的存在性结果来证明必定存在阿罗-德布勒证券的均衡价格(p_t)来出清所有市场。注意 p_t 是在 0 时刻对 t 时刻交付的消费品的支付价格。在该模型中，所有金融交易均在时间开始时进行，而消费则沿时间进行。

实际生产中我们经常使用另一种不同的方式来度量跨时期市场中的未来价格，**即利率**。设想有一家银行提供如下安排：对其在 0 时刻接受的每一美元将在 t 时刻支付 $1+r_t$ 美元。我们说提供利息率 r_t。利息率 r_t 与阿罗-德布勒价格间的关系怎样？

假设一些当事人在 0 时刻持有 1 美元。他也许将之投入银行，在 t 时刻他得到 $1+r_t$ 美元。另外一种方式，他也许将之投入阿罗-德布勒证券 t。如果阿罗-德布勒证券 t 的价格是 p_t，那么他能买 $1/p_t$ 单位。由于在 t 时刻这种证券价值为 1 美元，所以 t 时刻他将有 $1/p_t$ 美元。很显然，不管他如何投资，t 时刻该当事人所持有的资金量应相同；因此

$$1 + r_t = \frac{1}{p_t}.$$

这意味着利息率就是阿罗-德布勒价格之倒数再减去 1。

我们可以用阿罗-德布勒价格来通过平常的方法估计消费流的价值。比如，消费者的预算约束采取形式

$$\sum_{t=1}^{T} p_t c_t = \sum_{t=1}^{T} p_t \bar{c}_t.$$

运用价格与利息率之间的关系，我们也可以写为

$$\sum_{t=1}^{T} \frac{c_t}{1+r_t} = \sum_{t=1}^{T} \frac{\bar{c}_t}{1+r_t}.$$

因此，预算约束采取消费的**折现现值**必等于禀赋现值的形式。

在与以前描述的标准阿罗-德布勒模型完全相同的设定下，同样的定理也成立：在各种凸性假设下，均衡存在且为帕累托有效。

时间无限长

在许多应用中,应用一个有限的时间横轴似乎是不恰当的,因为当事人也许很有理由地期望经济会"不确定的"继续下去。虽然这样,但是如果使用无限长时间,均衡存在性和福利定理将存在某些问题。

首先一组问题是技术上的:无限多个自变量的连续函数的适当定义是什么?什么是适用的不动点定理或分离超平面定理?这些问题可以通过各种数学工具来提出;出现的绝大多数争论在本质上是技术性的。

虽然这样,但是无限多时期模型也具有特色。也许最著名的示例来自于**叠代模型**,它被认为是**纯粹消费-借贷模型**。考虑具有如下结构的经济。每期有 n 个当事人出生,每个生存两期。因此在每一时点有 $2n$ 个当事人存活:n 是年青的,n 个年老的。每个当事人在其出生时有 2 单位的消费禀赋,而且年青的消费与年老的消费之间没有区别。

在此简单情形下,均衡存在性没有任何问题。很明显每个当事人消费其禀赋就是一个均衡。这一均衡由价格 $p_t = 1$,对所有 t,所支持。虽然这样,但是,可以证实该均衡非帕累托有效。

值得思考一下,该模型中福利经济学的论证不成立是因为什么地方有问题?问题出在存在无限多种商品;如果均衡价格全部为 1,那么总消费流和总禀赋的价值都是无限大。第一福利经济学定理证明中最后一步的矛盾将不复存在,证明失败。

该例子非常简单,但这种现象是相当发人深省的。将有限坐标模型的结果推广到无限坐标模型时应当非常细心。

19.5 自然状态不确定性下的一般均衡

前面我们曾经讲过,当事人也许关心周围环境,或称**自然的状**

态，即商品成为可获取时的自然状态。毕竟，下雨和不下雨时的雨伞是非常不同的商品！

让我们假设市场在 0 时刻开放，但是关于在交易被假定真正实施的 1 时刻，将发生什么是不确定的。更为具体地讲，假设在时刻 1 自然有两种状态，或者下雨或者阳光灿烂。

假设当事人签订如下形式的**条件合同**(contingent contracts)："当且仅当下雨时，当事人 i 将向此份合同之持有人交付 1 单位商品 j。"0 时刻的交易是合同的交易，这就是答应在未来提供一些商品或服务，如果某种自然状态发生。

我们可以设想，存在这些合同的一个市场和价格向量，当事人能够考虑其偏好和生产技术以确定他们对各种合同要需求和供给多少。注意合同在 0 时刻交易并支付款项但仅在时刻 1 时如果适合的自然状态发生才执行。与通常一样，一个均衡价格向量是对任何合同都没有过度需求的价格向量。从合同理论的观点来看，合同就是像其他商品一样的商品。标准的均衡存在性和效率结果都是适用的。

重要的是要正确地理解效率结果。偏好是定义在彩票空间上。若冯·诺伊曼-摩根斯顿(Von Neumann-Morgenstem)公理成立，则定义于随机事件上的偏好可以归结为期望效用函数。我们说不存在其他可行分配使所有消费者境况变好，就是说不存在任何形式的条件合同能够增加每个当事人的期望效用。

实际生活中存在着条件合同的类似物。也许最为普遍的就是保险合同。保险合同提供的是，当且仅当某事件发生时将支付一定数量的货币。虽然这样，但是必须承认，条件合同在实践中是很少见的。

注 释

恩格索(Ingersoll, 1987)介绍了几个已经解决的动态投资组合最优化模型。金科普罗斯(Geanlcoplos, 1987)对叠代模型有一个好的评述。

练 习

19.1 考虑第 19 章第 362 页的对数效用的例子。证明任意 t 期的消费由下式给出

$$c_t = w_t / [1 + \alpha + \alpha^2 \cdots \alpha^{T-t}] = \frac{1-\alpha}{1-\alpha^{T-t+1}} w_t.$$

19.2 考虑下述"租金稳定化"计划。每年地主被允许按通货膨胀率的 $\frac{3}{4}$ 来提高租金。新建造公寓的所有者能够按其意愿的价格来设定初始租金。此计划的支持者声称,因为新公寓的初始价格可以设定于任何水平,所以新公寓的供给不会被抑制。让我们在一个简单模型中分析这种说法。

假设公寓持续两个时期。令 r 为名义利息率,π 为通货膨胀率。假定没有租金稳定化计划时,第 1 期租金为 p,第 2 期租金为 $(1+\pi)p$. 令 c 为新公寓建造的恒定边际成本且令每期对公寓的需求由 $D(p)$ 给出。最后,令 k 为租金受到控制的公寓供给。

(a) 在没有租金稳定化时,在第 1 期的租价 p 和新公寓建造边际成本间的均衡关系是什么?

(b) 若采用了租金稳定化计划,这一关系将变怎样?

(c) 画出简单的供给-需求曲线并图示没有租金稳定化时新公寓的数量。

(d) 租金稳定计划将导致更多还是更少新公寓的建造?

(e) 在租金稳定化计划之下,新公寓的均衡价格将较高还是较低?

第 20 章 资产市场

资产市场的研究要用一般均衡方法。正如我们以下就要看到的,一种给定资产的价格严重依赖于其价值与其他资产的价值的相关关系。因此,多资产定价的研究涉及到一般均衡方面的考虑。

20.1 确定性下的均衡

在资产市场研究中,关键问题是,什么决定了资产价格的差别。在确定性世界中,对资产市场的分析很简单:资产的价格就是当前其收益流的折现值。如果不是这样的话,就存在无风险**套利**的机会。

举例说,考虑一个两时期模型。我们假设存在某资产,可以获取确定的**总收益** R_0。也就是说,今天在 O 资产上投资 1 美元,下期将得到 R_0 的确定收益。若 R_0 为资产 O 的总收益,则 $r_0 = R_0 - 1$ 是**收益率**。

存在另一项资产 a,将于下期具有价值 V_a。其在今天的均衡价格是什么?

在确定性世界里,此问题的答案很简单:资产 a 在今天的价格必定由其现值给出

$$p_a = \frac{V_a}{R_0} = \frac{V_a}{r_0 + 1} \tag{20.1}$$

若不是这样,那么有人将有确定的方法来赚钱。若 $p_a > V_a/R_0$,则拥有 a 资产的人能够卖掉 1 单位并将收入投资于无风险资产。下期他将有 $P_a R_0 > V_a$。因为至少存在一个人想卖掉资产 a,所

以 p_a 不是均衡价格。

写出均衡条件(20.1)的另一种方式是,以资产 a 的收益的措词来表达。资产 a 的收益定义为 $R_a = V_a/p_a$。若我们以 p_a 去除式(20.1)两端并整理所导出的表达式,我们有

$$R_a = \frac{V_a}{p_a} = R_0. \qquad (20.2)$$

该方程只是说,在均衡时,所有具有确定收益的资产的收益率**相同**——因为没有人将持有一种预期有较小收益率的资产。

20.2 不确定性下的均衡

在一个资产收益不确定的世界里,资产的期望收益将依赖于资产的风险而不同。正常情况下若其他条件相同,则我们认为资产风险越大,我们对其支付越少。用另外一种方式来讲,这意味着,资产风险越大,则为诱使人们持有该资产,其预期收益不得不越高。

与方程(20.2)相对照,我们可以写出

$$\overline{R}_a = R_0 + 资产\ a\ 的风险回报$$

表达式左端是资产 a 的**预期收益**。右端是无风险收益加上资产 a 的风险回报。我们也可以如下表达这一条件

$$\overline{R}_a - R_0 = 资产\ a\ 的风险回报$$

该方程左端称为资产 a 的**超额收益**,而且该方程表明,在均衡时每项资产的超额收益等于其风险收益。

当然这些方程仅是定义。资产市场的经济理论试图以消费者偏好和资产收益模式等"基本元素"为措词,来导出风险回报的明确表达式。

这一分析涉及到一般均衡的考虑,因为风险资产的价值本质上依赖于作为该资产补充或替代资产的其他风险资产的存在与否。因此,在绝大多数资产定价模型中,一种资产的价值最终依赖于其如何与其他资产的**协同变动**。

令人惊讶的是,这一观察仅一般地出现在似乎是非常不同的模型中。本章将导出并比较几个资产定价模型。

20.3 记 号

这里我们收集了本章用到的所有记号。这便于读者按照需要进行查阅和温习各种符号的定义。某些词汇将在适当的章节进行更细致地定义。

一般地我们将考虑一个两时期模型,当期为 0 期。1 期各种资产的价值是不确定的。我们使用**自然状态**的记号来对这一不确定性建模。也就是,我们假设存在着各种可能结果,以 $s=1,\cdots,S$ 标记;而且下期每项资产的价值依赖于实际上发生哪个结果。

$\quad i \quad$ 个人投资者,$i=1,\cdots,I$

$\quad W_i \quad$ 投资者 i 在 0 期的财富

$\quad C_i \quad$ 0 期的消费

$\quad W_i - C_i \quad$ 投资者 i 在 0 期的投资数量

$\quad s \quad$ 1 期的自然状态 $s=1,\cdots,S$。

$\quad \pi_s \quad$ 状态 s 发生的概率。我们假定所有消费者对概率有相同信念;这是**均匀期望**的情形。

$\quad C_{is} \quad$ 消费者 i 在 1 期及状态 s 下的消费。

$\quad \widetilde{C}_i \quad$ 消费者 i 在 1 期作为随机变量的消费。

注意,我们可以用两种方式来看待消费。或是作为在每种状态下一系列可能消费,(C_{is}),或者作为随机变量 $\widetilde{C}_i$,它以 π_s 的概率取 (C_{is}) 值。$u_i(c_i) + \delta E u_i(\widetilde{C}_i)$。投资者 i 的冯·诺伊曼-摩根斯顿效用函数。注意我们假定该函数在时间上满足加性可分,折现因子为 σ。

$\quad p_a \quad$ 资产 a 的价格,对 $a=0,\cdots,A$

$\quad X_{ia} \quad$ 投资者 i 对资产 a 的购买量

$\quad x_{ia} \quad$ 资产 a 所占有投资者 i 的投资财富的份额。

若 W_i 是投资于各种资产的总数量，$x_{ia} = P_a X_{ia}/W_i$，因而
$$\sum_{a=0}^{A} x_{ia} = 1.$$
$(x_{io}, \cdots, x_{iA})$ 投资者 i 所持有的资产投资组合。注意投资组合由投资于各资产的份额来表示。

V_{as} 1 期 S 状态下资产 a 的价值。

$\widetilde{V}_a$ 1 期作为随机变量的资产 a 的价值。

R_{as} 状态 S 下资产 a 的(总)收益。按定义 $R_{as} = V_{as}/p_a$。

$\widetilde{R}_a$ 作为随机变量的资产 a 的总收益。随机变量 $\widetilde{R}_a$ 的概率 π_s 取值 R_{as}。

$\overline{R}_0 = \sum_{s=1}^{S} \pi_s R_{as} = E\widetilde{R}_a$ 资产 a 的期望收益

R_0 无风险资产的总收益

$\sigma_{ab} = \text{cov}(\widetilde{R}_a, \widetilde{R}_b)$ 资产 a 和 b 的收益的协方差

20.4 资本资产定价模型

我们将粗略地按照历史顺序来分析资产市场的各种模型，所以我们将从他们的祖宗开始，即著名的**资本资产定价模型**，CAPM。CAPM 是从一种特定效用函数入手，也就是说财富随机分配的效用仅仅依赖于其概率分布的两个矩：期望和方差。

这仅在特定情形下与期望效用模型相一致；比如说，当所有资产收益是正态分布，或期望效用函数是二次函数时。虽然这样，但是均值-方差可以充当广泛情形下的对一般效用函数的粗略近似。上下文中"风险回避"意味着消费的期望增加是好事而消费的方差增加是坏事。

我们首先导出预算约束。我们所考察的几个模型中将用到一个相似的预算约束。为了记法上的方便我们略去投资者的下标 i，1 期消费由下式给出

$$\widetilde{C} = (W - c)\sum_{a=0}^{A} x_a \widetilde{R}_a = (W - c)\left[x_0 R_0 + \sum_{a=1}^{A} x_a \widetilde{R}_a\right].$$

因为投资组合权数之和为 1,所以 $x_0 = 1 - \sum_{a=1}^{A} x_a$,我们也可以将预算约束写为

$$\widetilde{C} = (W - c)\left[R_0 + \sum_{a=1}^{A} x_a(\widetilde{R}_a - R_0)\right]. \quad (20.3)$$

方括号中的表达式是**投资组合收益**。给定我们关于均值-方差效用函数的假定,不管投资水平怎样,投资者将在给定的期望值下寻求方差最小的投资组合。也就是,投资者愿意购买**均值-方差有效**的投资组合。真正选择哪个投资组合将依赖于投资者的效用函数;但是不管效用函数如何,该投资组合必须在给定的期望收益水平下最小化方差。

在进一步深入以前,让我们考察一下该最小化问题的一阶条件。我们要最小化投资组合收益的方差,满足的约束是要达到一个指定期望收益,$\widetilde{R}$,并满足预算约束 $\sum_{a=0}^{A} x_a = 1$.

$$\min_{x_0, \cdots, x_A} \sum_{a=0}^{A} \sum_{b=0}^{A} x_a x_b \sigma_{ab}$$

$$\text{满足} \sum_{a=0}^{A} x_a \overline{R}_a = \overline{R}$$

$$\sum_{a=0}^{A} x_a = 1.$$

该问题中我们允许 x_i 为正或负。这意味着消费者可以在包括无风险资产在内的任何资产上处于多头或空头位置。

令 λ 为对应第一个约束的拉格朗日乘子,μ 为对应第二个约束的拉格朗日乘子,一阶条件采取下述形式

$$2\sum_{b=0}^{A} x_b \sigma_{ab} - \lambda \overline{R}_a - \mu = 0 \text{ 对 } a = 0, \cdots, A \quad (20.4)$$

由于目标函数是凸的且约束是线性的,所以 2 阶条件自动满足。

这些一阶条件可以用来导出一个好的方程来描述期望收益的

模式。我们所运用的推导是很优美的,但是有些兜圈子。令$(x_1^e, \cdots, x_A^e)$是全部由风险资产组成的均值-方差有效的某投资组合。假设投资者可获取的一种风险资产——比如说资产 e 是持有该有效投资组合(x_a^e)的一种"共同基金"。那么在资产 e 上投资 1,在其他资产上投资 0 的投资组合是均值-方差有效的。这意味着这样一种投资组合对每种资产 $a=0,\cdots,A$,满足方程(20.4)中给出的条件。

$$2\sigma_{ae} - \lambda \overline{R}_a - \mu = 0. \tag{20.5}$$

$a=0$ 和 $a=e$ 时是两种特殊情形:

$$-\lambda R_0 - \mu = 0$$

$$2\sigma_{ee} - \lambda \overline{R}_e - \mu = 0.$$

当 $a=0$ 时,因为资产 0 是无风险资产所以 σ_{ae} 为零。当 $a=e$ 时,$\sigma_{ae}=\sigma_{ee}$,因为一个变量与其自身的协方差就是随机变量的方差。对 λ 和 μ 求解这两个方程得

$$\lambda = \frac{2\sigma_{ee}}{\overline{R}_e - R_0}$$

$$\mu = -\lambda R_0 = \frac{-2\sigma_{ee}R_0}{\overline{R}_e - R_0}.$$

将这些值带回(20.5)并整理得

$$\overline{R}_a = R_0 + \frac{\sigma_{ae}}{\sigma_{ee}}(\overline{R}_e - R_0). \tag{20.6}$$

该方程讲,任意资产的期望收益等于无风险资产收益加上一个"风险回报",该"风险回报"依赖于该资产的收益与某有效风险资产投资组合收益的协方差。对任何有效风险资产投资组合该方程必定成立。

为使该方程具备经验性内容,我们要能够识别某特定有效投资组合。为了进行这项工作我们从图形上考察有效投资组合的结构。在图 20.1 中我们已经画出了某特定风险资产集合所产生的

期望收益和**标准差**。① 全部由风险资产组成的均值-标准差有效投资组合可以证明具有图 20.1 所描绘的双曲线形状。但是其具备特定形状的事实对我们下述论证不是必需的。

我们想使用风险资产和无风险资产一起来构造有效投资组合集。为了作这件事,画一条直线通过无风险资产收益 R_0 且正如图 20.1 所示恰与双曲线相接触。其与该集合相接触的点为 $(\overline{R}_m, \sigma_m)$。该点就是我们称为 m 的投资组合的期望收益和标准差。我声明,在此直线上的每个期望收益和标准差组合都可以由无风险资产和投资组合 m 的凸组合来达到。

举例说,为构造具有期望收益 $\frac{1}{2}(\overline{R}_m - R_0)$,标准差 $\frac{1}{2}\sigma_m$ 的一个投资组合,我们可以简单地将财富的一半投资于无风险资产,一半投资于投资组合 m。这验证了如何达到 $(\overline{R_m}, \sigma_m)$ 左边的均值-标准差组合。为产生 $(\overline{R_m}, \sigma_m)$ 右端的收益组合,我们不得不以利率 $\overline{R}_f$ 借款并投资于投资组合 m。

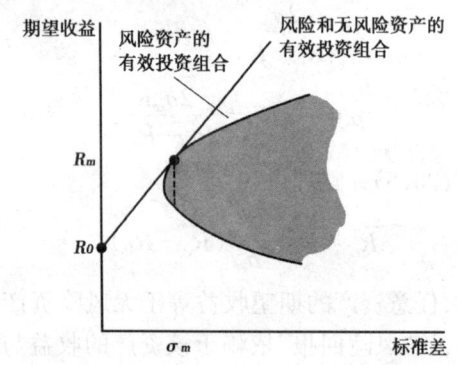

图 20.1 风险收益和标准差集合

所有均值-方差有效投资组合都可以通过收益为 R_0 和 $\overline{R}_m$ 的投资组合的组合来构造。

---

① 一个随机变量的标准差就是其方差的平方根。

从这一图形论证可以看出,事实上有效投资组合的构造非常简单:它完全可以通过两个投资组合来构造,一个投资组合由无风险资产构成,另一个是 m 投资组合。剩下的惟一问题是赋予该特定风险资产投资组合以经验涵义。

令在投资组合 m 中投资到资产 a 的财富份额由 x_a^m 来表示。当然,我们必定有 $\sum_{a=1}^{A} x_a^m = 1$。令 W_i 为 i 投入风险资产的财富总量。含 X_{ia} 为 i 投入风险资产 a 的份额数,且令 p_a 表示资产 a 的价格。由于每个投资者持有风险资产的相同投资组合,我们必定有

$$x_a^m = \frac{p_a X_{ia}}{W_i} \quad 对\ i = 1, \cdots, I.$$

方程两边乘以 W_i,并对 i 加总,可以得到

$$x_a^m = \frac{p_a \sum_{i=1}^{I} X_{ia}}{\sum_{i=1}^{I} W_i}$$

该表达式的分子是资产 a 的总市值。分母是所有风险资产的总价值。因此,x_a^m 就是在投资于风险资产的财富中资产 a 所占的份额。该投资组合被称为风险资产市场投资组合。这是一个潜在地可观察的投资组合——只要我们能够量度风险资产的总持有量。

因为风险资产的市场投资组合是一个特定的均值-标准差有效投资组合,我们可以将方程(20.6)改写为

$$\overline{R}_a = R_0 + \frac{\sigma_{am}}{\sigma_{mm}} (\overline{R}_m - R_0).$$

这是 CAPM 的基本结果。它给出了风险回报的经验涵义:风险回报是资产 a 与市场投资组合的协方差除以市场投资组合的方差再与市场投资组合的超额收益相乘。

σ_{am}/σ_{mm} 一项可作为 $\tilde{R}_a$ 对 $\tilde{R}_m$ 在理论上的回归系数来认识。根据此理由,该项一般写为 β_a。作这一替代后得到 CAPM 的最终

形式
$$\overline{R}_a = R_0 + \beta_a(\overline{R}_m - R_0). \tag{20.7}$$

CAPM 讲,为确定任何资产的期望收益,我们仅需知道该资产的"β"——它与市场投资组合的协方差系数。注意资产收益的方差是不相关的;重要的不是一项资产的"自身风险",而是该资产收益对经济单位总体投资组合风险的贡献如何。由于在 CAPM 模型中,每个人持有相同的风险资产投资组合,所以相关的风险在于一项资产如何对市场投资组合的风险产生影响。

CAPM 令人着迷的特征是涉及到似乎是经验上可观察的东西:风险资产市场投资组合的期望收益,特定资产的收益和市场投资组合收益之间的回归系数。虽然这样,但是必须记住,相应的理论是构建在所有风险资产的投资组合基础之上;这也许并不容易来观察。

20.5 套利价格理论

CAPM 是从对消费者偏好的一种说明开始的;套利价格理论(APT)是从对资产收益产生过程的说明开始。在此意义上,CAPM 是需求方模型,APT 是供给方模型。

能够普遍地观察到,绝大多数资产价格是一起运动的;也就是资产价格之间存在高的协方差。很自然地想到将资产收益写为几个共同因素和一些资产-特定风险的函数。比如说,若仅有两个因素,则可以写为

$$\tilde{R}_a = b_{0a} + b_{1a}\tilde{f}_1 + b_{2a}\tilde{f}_2 + \tilde{\varepsilon}_a. \quad 对 \ a = 1, \cdots, A.$$

此处我们将$(\tilde{f}_1, \tilde{f}_2)$视为"宏观经济的"影响所有资产收益的经济面因素。每项资产 a 对因素 i 拥有一个特定的"灵敏度"b_{ia}。资产-特定风险$\tilde{\varepsilon}_a$,由定义,与经济面因素$\tilde{f}_1$和$\tilde{f}_2$无关。

由于"常数项"b_{0a}的存在,因素$\tilde{f}_i, i=1,2,$和资产-特定风险

$\tilde{\varepsilon}_a, a=1,\cdots,A$,总是可以被假定为有零期望值(若期望值非零,则将其合并入 b_{0a})。我们还假设 $E\tilde{f}_1\tilde{f}_2=0$,这就是 $\tilde{f}_1,\tilde{f}_2$ 确实是相互无关的因素。

让我们首先考察一下没有资产-特定风险的 APT 特殊情形。我们从仅有一种风险因素的情形开始,所以

$$\tilde{R}_a = b_{0a} + b_{1a}\tilde{f}_1 \text{ 对 } a=0,\cdots,A.$$

像通常一样,我们寻求以风险回报为措词来解释资产的期望收益。由上述设定知 $\overline{R}_a = b_{0a}$,所以简化为解释 b_{0a} 的行为,$a=1,\cdots,A$。

假设我们构造两项资产 a 和 b 的一项投资组合,对资产 a 持有 x,对资产 b 持有 $1-x$。该投资组合的收益将是

$$x\tilde{R}_a + (1-x)\tilde{R}_b = [xb_{0a} + (1-x)b_{0b}] + [xb_{1a} + (1-x)b_{1b}]\tilde{f}_1.$$

让我们选择 x^*,使第二个在方括号中的项为零。这意味着

$$x^* = \frac{b_{1b}}{b_{1b} - b_{1a}}. \tag{20.8}$$

注意此处要求假定 $b_{1b} \neq b_{1a}$,即资产 a 和 b 灵敏度不相同。

由此构造所导出的投资组合是无风险投资组合。因此其收益必定等于无风险收益率,这意味着

$$x^* b_{0a} + (1-x^*) b_{0b} = R_0,$$

或

$$x^*(b_{0a} - b_{0b}) = R_0 - b_{0b}.$$

将方程(20.8)代入并整理得

$$\frac{b_{0b} - R_0}{b_{1b}} = \frac{b_{0b} - b_{0a}}{b_{1b} - b_{1a}}. \tag{20.9}$$

在论证过程中调换 a,b 的角色,可以得到

$$\frac{b_{0a} - R_0}{b_{1a}} = \frac{b_{0a} - b_{0b}}{b_{1a} - b_{1b}}. \tag{20.10}$$

观察方程(20.9)和(20.10)的右端,可知是相同的。由于这对所有资产 a 和 b 都成立,对某常数 λ_1 和所有资产 a,下式成立

$$\frac{b_{0a} - R_0}{b_{1a}} = \lambda_1$$

运用 $\bar{R}_a = b_{0a}$ 的事实,可整理得单因素 APT 的最终形式

$$\widetilde{R}_a = R_0 + b_{1a}\lambda_1. \qquad (20.11)$$

方程(20.11)是说,任何资产 a 的期望收益是无风险收益率再加上一个风险回报,该风险回报由资产 a 对公共风险因素的灵敏度乘以一个常数来给出。该常数可以解释为向以因素 1 代表其风险且具有灵敏度 1 的投资组合支付风险回报。

两因素

现在假设我们考虑一个两因素模型:

$$\widetilde{R}_a = b_{0a} + b_{1a}\widetilde{f}_1 + b_{2a}\widetilde{f}_2.$$

现在构造一个投资组合 (X_a, X_b, X_c),包括三种资产 a, b, c,满足三个条件

$$x_a b_{1a} + x_b b_{1b} + x_c b_{1c} = 0$$
$$x_a b_{2a} + x_b b_{2b} + x_c b_{2c} = 0$$
$$x_a + x_b + x_c = 1.$$

第一个方程讲该投资组合消去了因素 1 的风险,第二个方程讲该投资组合消去了因素 2 的风险,第三个方程讲资产份额之和为 1——即我们真正有一个投资组合。

可以导出该投资组合风险为零。因此,它必须获得无风险收益,所以 $x_a b_{0a} + x_b b_{0b} + x_c b_{0c} = R_0$。以矩阵形式写出这些条件

$$\begin{pmatrix} b_{0a} - R_0 & b_{0b} - R_0 & b_{0c} - R_0 \\ b_{1a} & b_{1b} & b_{1c} \\ b_{2a} & b_{2b} & b_{2c} \end{pmatrix} \begin{pmatrix} x_a \\ x_b \\ x_c \end{pmatrix} = \begin{pmatrix} 0 \\ 0 \\ 0 \end{pmatrix}.$$

向量 (x_a, x_b, x_c) 不能全部由 0 构成,因为三项之和为 1。进而左

端的矩阵必定是奇异的。若后两行不共线(这是我们所要假定的),则必然第一行是后两行的线性组合。也就是说,第一行中的每一项都是后两行中相应项的线性组合。这意味着

$$\bar{R}_a - R_0 = b_{1a}\lambda_1 + b_{2a}\lambda_2 \quad 对所有 \ a = 1,\cdots,A. \quad (20.12)$$

这些 λ 有着同以前一样的阐释:它们是那种对由相应因素表示的特定类型风险有着灵敏度 1 的投资组合的超额收益。这是对单因素情形的简单推广:资产 a 的超额收益依赖于其对两种风险因素的灵敏度。

资产-特定风险

我已经看到若因素数目比资产数目小,而且不存在资产-特定风险,则可能构造无风险投资组合。这些无风险投资组合必须获取无风险收益,这对期望收益集合加上了一定约束。

但是,由风险资产来构造这些无风险投资组合仅当所有风险均为宏观经济因素而致时才能完成。在经济面风险之外尚存在资产-特定风险时情况会怎样呢?

由定义知,资产-特定风险不依赖于经济面因素,而且相互之间也是独立的。这样大数定律将意味着,企业高度分散化投资组合的风险包括很小的资产-特定风险。这一论证建议我们可以忽视资产-特定风险,而且期望收益与因素之间的线性关系可以仍然被期望成立,至少作为一个好的近似。感兴趣的读者要了解细节可以查阅本章后所列参考文献。

20.6 期望效用

现在让我们考虑一个建立于跨时期期望效用最大化之上的资产定价模型。考虑下述两时期问题:

$$\max_{c,x_1,\cdots,x_A} u(c) + aE\left[u\left((W-c)(R_0 + \sum_{a=1}^{A} x_a(\tilde{R}_a - R_0))\right)\right].$$

再一次,我们为记法上的方便而略去了投资者 i 的下标。

该问题要求我们确定第一期的储蓄,$W-c$,以及投资组合模式来最大化折现的期望收益。

令 $\widetilde{R} = (R_0 + \sum_{a=1}^{A} x_a(\widetilde{R}_a - R_0))$ 为投资组合收益,而且 $\widetilde{C} = (W-c)\widetilde{R}$,我们可以写出这一问题的一阶条件

$$u'(c) = \alpha Eu'(\widetilde{C})\widetilde{R}$$

$$0 = Eu'(\widetilde{C})(\widetilde{R}_a - R_0) \quad 对\ a = 1,\cdots,A.$$

第一组条件是说,第 1 期消费的期望边际效用应等于第 2 期消费期望边际效用的折现。第 2 组条件是说对所有资产 $a=1,\cdots,A$,将投资组合从无风险资产转向资产 a 的期望边际效用必定为零。

让我们集中来看第 2 组条件并看其对资产定价的涵义是什么。运用原书第 26 章第 486 页的协方差恒等式,我们可以把这些条件写为

$$Eu'(\widetilde{C})(\widetilde{R}_a - R_0) = \text{cov}(u'(\widetilde{C}), \widetilde{R}_a) + Eu'(\widetilde{C})(\overline{R}_a - R_0) = 0$$

$$对\ a = 1,\cdots,A.$$

重新整理,我们有

$$\overline{R}_a = R_0 - \frac{1}{Eu'(\widetilde{C})} \text{cov}(\widetilde{R}_a, u'(\widetilde{C})). \tag{20.13}$$

该方程令我们想起 CAPM 的定价方程,即方程(20.7),但是有几点区别。现在风险回报依赖于与边际效用的方差,而不是与风险资产市场投资组合的方差。

若一项资产与消费成正相关,则它将与消费的边际效用成负相关,因为 $u''<0$。这意味着将有一个正的风险回报——持有该项资产要求更高的期望收益。对于与消费成负相关的资产则相反。

就实际而言,该方程仅对单个投资者 i 成立。但是,在某些条件下,该条件能够被加总。举例来讲,假定所有资产收益均正态分布。则消费也将正态分布,而且我们可以应用鲁滨斯坦(Rubinstein, 1976)提出的一个定理

$$\mathrm{cov}(u'(\widetilde{C}), \widetilde{R}_a) = Eu''(\widetilde{C})\mathrm{cov}(\widetilde{C}, \widetilde{R}_a).$$

对方程(20.13)应用此定理,并加上下标 i 以区别个人投资者,我们有

$$\overline{R}_a = R_0 + \left(-\frac{Eu_i''(\widetilde{C}_i)}{Eu_i'(\widetilde{C}_i)}\right)\mathrm{cov}(\widetilde{C}_i, \widetilde{R}_a). \qquad (20.14)$$

乘到协方差上的项有时被称为当事人 i 的**总体风险回避**。利用其相似性,我们将其表示为 r_i。将方程(20.14)左右交叉互乘,我们有

$$\frac{1}{r_i}(\overline{R}_a - R_0) = \mathrm{cov}(\widetilde{C}_i, \widetilde{R}_a).$$

对 $i = 1, \cdots, I$ 加总,并使用 $\widetilde{C} = \sum_{i=1}^{I}\widetilde{C}_i$ 来表示总消费,得

$$(\overline{R}_a - R_0)\sum_{i=1}^{I}\frac{1}{r_i} = \mathrm{cov}(\widetilde{C}, \widetilde{R}_a)。$$

这也可以写作

$$\overline{R}_a = R_0 + \left[\sum_{i=1}^{I}\frac{1}{r_i}\right]^{-1}\mathrm{cov}(\widetilde{C}, \widetilde{R}_a). \qquad (20.15)$$

现在,风险回报与总消费和该资产收益的协方差成比例。比例因子为平均风险回避的一个度量。

我们也可以将该比例因子表示为一特定资产的超额收益。假定存在资产 c 与总消费完全相关(该资产本身可以是其他资产的投资组合)。那么该资产 c 的收益 R_c 必须满足方程(20.15):

$$\overline{R}_c = R_0 + \left[\sum_{i=1}^{I}\frac{1}{r_i}\right]^{-1}\mathrm{cov}(\widetilde{C}, \widetilde{R}_c) = R_0 + \left[\sum_{i=1}^{I}\frac{1}{r_i}\right]^{-1}\mathrm{var}(\widetilde{C}).$$

求解该方程,我们得到平均风险回避

$$\left[\sum_{i=1}^{I}\frac{1}{r_i}\right]^{-1} = \frac{\overline{R}_c - R_0}{\sigma_{cc}}.$$

这使我们可以将资产定价方程(20.15)改写为

$$\overline{R}_a = R_0 + \frac{\sigma_{ca}}{\sigma_{cc}}(\overline{R}_c - R_0). \qquad (20.16)$$

该表达式中的协方差比有时被称为一项资产的**消费 β**。它是资产 a 的收益和与总消费完全相关资产收益之间的理论回归系数。它具有与 CAPM 中的"市场 β"相同的阐释。事实上，(20.16)和(20.7)之间是如此相似以至于使人惊奇是否不存在任何区别。

在两时期模型中的确没有区别。若仅有两期，则第 2 期的总财富(即市场投资组合)等于总消费。虽然这样，但是在多时期模型中，财富和消费可能有所区别。

虽然我们是就一个两时期模型导出了我们的方程，实际上在一个多时期模型中也是成立的。为看清这一点，考虑下述实验。在 t 期将 1 美元从无风险资产移向资产 a。在 $t+1$ 期将你的消费进行 $x_a(\tilde{R}_a - R_0)$ 数量的变动。如果你有一个最优的消费计划，则这一行动的期望效用必定为零。但是这一条件和收益分布的正态性是我们用来导出(20.16)的惟一条件！

例：期望效用和 APT

因为 APT 是对收益的特征作了限制，而期望效用模型是对偏好作了限制，我们可以将两个模型的结果结合起来为因素-特定风险提供一个阐释。

(20.13)的期望效用模型讲

$$\overline{R}_a = R_0 - \frac{1}{Eu'(\tilde{C})} \text{cov}(\tilde{R}_a, u'(\tilde{C})), \qquad (20.17)$$

且 APT 假定

$$\tilde{R}_a = b_{0a} + b_{1a}\tilde{f}_1 + b_{2a}\tilde{f}_2.$$

将该方程代入(20.13)有

$$\overline{R}_a = R_0 - \frac{1}{Eu'(\tilde{C})} [b_{1a}\text{cov}(u'(\tilde{C}), \tilde{f}_1) + b_{2a}\text{cov}(u'(\tilde{C}), \tilde{f}_2)].$$

将此方程与方程(20.12)进行比较，我们看到 λ_1 和 λ_2 与消费的边际效用和相应的因素风险之间的协方差成比例。

20.7 完全市场

现在我们考虑资产定价的另一个模型。假设自然有 S 种状态,而且对每种状态 s 存在一种资产,当 s 状态发生时支付 1 美元,否则支付 0 美元。这种形式的资产被称为阿罗-德布勒证券。令 p_s 为阿罗-德布勒证券 s 的均衡价格。

现在考虑在状态 s 中具有价值 V_{as} 的任一资产 a。在 0 期该资产价值多少?考虑下述论证:构造一个投资组合,拥有 V_{as} 单位阿罗-德布勒证券 s。由于阿罗-德布勒证券在状态 s 价值 1 美元,该投资组合在状态 s 价值 V_{as} 美元。因此该投资组合与资产 a 有相同的支付模式。从套利的角度考虑,资产 a 的价值必定与该投资组合的价值相同。因此,

$$p_a = \sum_{s=1}^{S} p_s V_{as}.$$

这证明任一资产的价值可由阿罗-德布勒资产的价值来确定。

令 π_s 为状态 s 发生的概率,我们可以写出

$$p_a = \sum_{s=1}^{S} \frac{p_s}{\pi_s} V_{as} \pi_s = E \frac{\tilde{p}}{\tilde{\pi}} \widetilde{V}_a,$$

此处 E 为期望算子。此公式是说,资产 a 的价值是资产 a 的价值与随机变量 $(\tilde{p}/\tilde{\pi})$ 的乘积的期望。运用原书第 26 章 486 页的协方差等式,我们将此表达式重新写为

$$p_a = \text{cov}\left(\frac{\tilde{p}}{\tilde{\pi}}, \widetilde{V}_a\right) + E \frac{\tilde{p}}{\tilde{\pi}} E \widetilde{V}_a. \qquad (20.18)$$

由定义

$$E \frac{\tilde{p}}{\tilde{\pi}} = \sum_{s=1}^{S} \frac{p_s}{\pi_s} \pi_s = \sum_{s=1}^{S} p_s.$$

因此,$E(\tilde{p}/\tilde{\pi})$ 是下一期确定支付 1 美元投资组合的价值。令 R_0 为这样一种投资组合的无风险收益,我们有

$$E\frac{\tilde{p}}{\tilde{\pi}}=\frac{1}{R_0}.$$

将之代入方程(20.18)，稍微整理，我们有

$$p_a = \frac{\overline{V}_a}{R_0} + \mathrm{cov}(\tilde{p}/\tilde{\pi}, \widetilde{V}_a). \qquad (20.19)$$

因此资产 a 的价值必定是其期望价值的折现再加上一个风险回报。

所有这些只是操作性的定义；现在我们加入行为假设。若当事人 i 购买 C_{is} 单位的阿罗-德布勒证券 s，他必须满足一阶条件

$$\pi_s u_i'(c_{is}) = \lambda p_s,$$

或

$$\frac{u_i'(c_{is})}{\lambda_i} = \frac{p_s}{\pi_s}.$$

可以推出，p_s/π_s 必定与投资者 i 的消费边际效用成比例。表达式的左端是消费的严格减函数，这是由于风险回避。令 f_i 为 u_i'/λ_i 的反函数；则这也是一个递减函数。我们可以写出

$$c_{is} = f_i(p_s/\pi_s).$$

对 i 加总，使用 C_s 表示状态 s 下的总消费，我们有

$$C_s = \sum_{i=1}^{I} f_i(p_s/\pi_s).$$

因为每个 f_i 是递减函数，该表达式的右端也是递减函数。因此，它在反函数下，所以我们可以写为

$$\frac{p_s}{\pi_s} = F(C_s),$$

此处 $F(C_s)$ 是总消费的递减函数。

将之代入(20.19)我们有

$$p_a = \frac{\overline{V}_a}{R_0} + \mathrm{cov}(F(\widetilde{C}), \widetilde{V}_a). \qquad (20.20)$$

因此，资产 a 的价值是经由一个风险回报调整过的期望价值的折现，该风险回报依赖于该资产价值和总消费的一个递减函数的协

方差。与总消费成正相关的资产将有负的调整;负相关则有正的调整,正如其他模型中一样。

20.8 纯粹套利

最后,我们考虑具有最少假设条件的资产-定价模型:我们仅要求无纯粹套利机会。

将资产集合排列为一个 $A \times S$ 矩阵,V_{sa} 项度量状态 S 下资产 a 的价值。称该矩阵为 V。令 $X = (X_1, \cdots, X_A)$ 是对 A 资产的持有模式。那么第 2 期该投资模式的价值将是矩阵乘积 VX 所给出的一个 S 维向量。

假设 X 在每个状态下收益非负: $VX \geq 0$。那么,假定此投资模式的价值应当非负似乎是合理的:即 $px \geq 0$。否则将存在明显的套利机会。将这一条件表达为**无套利原则**。若 $VX \geq 0$,则 $pX \geq 0$。

这实质上是要求没有"免费的午餐"。事实上可以证明无套利原则意味着,存在一组"状态价格"$\rho_s \geq 0, S = 1, \cdots, S$ 满足资产 a 的价值由下式给出

$$p_a = \sum_{s=1}^{S} \rho_s V_{as}. \tag{20.21}$$

因为此并非我们直接感兴趣的,所以在附录中给出。这里我们来探讨此条件对资产-定价的涵义。

我们知道,π_s 度量状态 s 发生的概率,于是方程(20.21)可写为

$$p_a = \sum_{s=1}^{S} \frac{\rho_s}{\pi_s} V_{as} \pi_s.$$

右端就是两个随机变量之乘积的期望。令 $\tilde{Z}$ 为取值 ρ_s/π_s 的随机变量,令 $\tilde{V}_a$ 为取值 V_{as} 的随机变量。

应用协方差等式,我们有

$$p_a = E\tilde{Z}\tilde{V}_a = \mathrm{cov}(\tilde{Z}, \tilde{V}_a) + \overline{Z}\,\overline{V}_a.$$

由定义

$$\overline{Z} = \sum_{s=1}^{S} \frac{\rho_s}{\pi_s}\pi_s = \sum_{s=1}^{S}\rho_s.$$

此表达式右端是各状态支付为 1 的证券之价值,也就是无风险证券的价值。由定义知,此值为 $1/R_0$。

将该值代入并重新整理得

$$\overline{V}_a = p_a R_0 - R_0\mathrm{cov}(\tilde{Z},\tilde{V}_a).$$

两边除以 p_a,转换为表示资产收益的表达式

$$\overline{R}_a = R_0 - R_0\mathrm{cov}(\tilde{Z},\tilde{R}_a).$$

从该方程,我们看到在非常一般的条件下,各资产的风险回报依赖于该资产收益与一个随机变量的协方差,上述随机变量对所有资产是相同的。

在我们已经探讨过的其他模型中,我们已经找到关于 $\tilde{Z}$ 的不同表示。在 CAPM 中,$\tilde{Z}$ 是风险资产市场投资组合的收益。在消费 β 模型中,$\tilde{Z}$ 是消费的边际效用。在阿罗-德布勒模型中,$\tilde{Z}$ 是总消费的特定函数。

附　　录

我们要证明正文中提到的无套利原则意味着非负状态价格 $(\rho_1,\cdots,\rho_s)$ 的存在。为着手该问题,我们考虑下述线性规划问题

$$\min\ pX$$
$$\text{满足}\quad VX \geq 0.$$

该线性规划问题要求我们找到能够给出非负收益向量的最便宜的投资组合。当然 $X=0$ 是该问题的可行解,而且无套利原则意味着它确实最小化目标函数。这样,该线性规划问题有一个确定的解。

此线性规划的对偶问题是

$$\max\ 0\rho$$
$$\text{满足}\quad \rho V = p,$$

此处 ρ 是对偶变量 S 维的非负向量。因为原问题有确定解,所以对偶问题也有确定解。这样我们已经发现,无套利原则的必然涵义是,必定存在一个非负的 S 维向量 ρ 满足

$$p = \rho V.$$

注 释

CAPM 的处理依据罗斯(Ross, 1977)。APT 模型归功于罗斯(Ross, 1976);此处的处理依据恩格索(Ingersoll, 1987)。阿罗-德布勒模型的定价公式依据鲁宾斯坦(Rubinstein, 1976)。纯粹套利分析依据罗斯(Ross, 1978),但使用了来自恩格索(Ingersoll, 1987)的证明。

练 习

20.1 期望效用模型中投资组合选择的一阶条件是对所有资产 a,$Eu'(\widetilde{C})(\widetilde{R}_a - R_0) = 0$。证明,也可以写为对任何资产 a 和 b,$Eu'(\widetilde{C})(\widetilde{R}_a - \widetilde{R}_b) = 0$。

20.2 根据资产 a 之收益率,写出方程(20.20)。

第21章 均衡分析

在本章我们讨论一些不便放之于其他章节的一般均衡分析方面的专题。我们的第一个论题是有关核(core)的,核是帕累托有效集的推广,我们要探讨它与瓦尔拉斯均衡的关系。随后我们简短讨论一下凸性和经济规模之间的关系。接着我们将讨论瓦尔拉斯均衡惟一性的条件。最后,我们讨论瓦尔拉斯一般均衡的稳定性。

21.1 交换经济中的核

我们已经看到,一般来说,瓦尔拉斯均衡是存在的,且为帕累托有效。但是竞争性市场机制系统仅仅是配置资源的一条途径。若我们运用其他社会制度来促成贸易,则情形会怎样呢?我们是否会仍可达到一个"接近于"瓦尔拉斯均衡的一种分配呢?

为了考察这个问题,我们考虑一种"市场博弈",每个当事人带着初始禀赋 W_i 来到市场。当事人不是利用价格机制而当事人 i 只是四处游荡,并作出相互交易的试验性的安排。当所有当事人都作出尽可能好的安排时,于是进行了交易。

正如上面所描述的,该博弈结构非常简单。我们并不给出计算均衡所需的博弈的具体细节,而是要问一个更为一般的问题。什么是该模型的"合理"结果?这里有几个定义,也许有助于我们思考这一问题。

分配的改进。一组当事人 S 被称作对一个给定的分配 x 进行改进,如果存在一个分配 x′满足

$$\sum_{i \in S} x'_i = \sum_{i \in S} \omega_i,$$

而且

$$x'_i \succ_i x_i \quad 对所有 \ i \in S.$$

如果一个分配 x 能够被改进，那么就存在某些当事人可以根本不通过进入市场而使自己境况更好；他们只要在他们之间彼此交易就可以得到改善。一个可能的例子是一组消费者组织一个合作商店来抵制杂货店的高价格。看起来，可以被改进的任何分配似乎都不是一个合理的均衡——某些成员总是有着从经济中分裂出去的激励。

经济的核。可行分配 x 称为属于经济的核，如果它不能通过任何联合(coalition)来改进。

注意，若 x 属于核，则 x 必定为帕累托有效。因为若 x 不是帕累托有效，则包括所有当事人的联合会改进 x。在此意义上，核是帕累托有效集的推广。若一个分配属于核，每组当事人都从交易中得到部分收获——没有一组有背叛的激励。

核的概念的一个问题是对当事人有非常大的信息要求——处于不满意联合中的人们必须能够彼此找得到。另外假定不存在联合形成成本，以至于即使通过联合只能创造出非常小的收获，联合也能形成。

通过一个两人、两物品的埃奇沃思方盒图，我们可以对核的概念进行图形描述。见图 21.1。在此图中，核是帕累托集合的子集，在此集合中，当事人进行交易比不进行交易得到改善。

一般情况下核将是非空集吗？若我们继续作出保证市场均衡存在的假设，则是这样的，因为市场均衡总是包含在核中。

瓦尔拉斯均衡属于核。若 (x^*, p) 是初始禀赋 ω_i 下的一个瓦尔拉斯均衡，则 x^* 属于核。

证明。假设不然；则存在某联合 S 和某可行分配 x'，使得 S 中所有当事人 i 相对于 x^*_i 严格偏好 x'_i，且

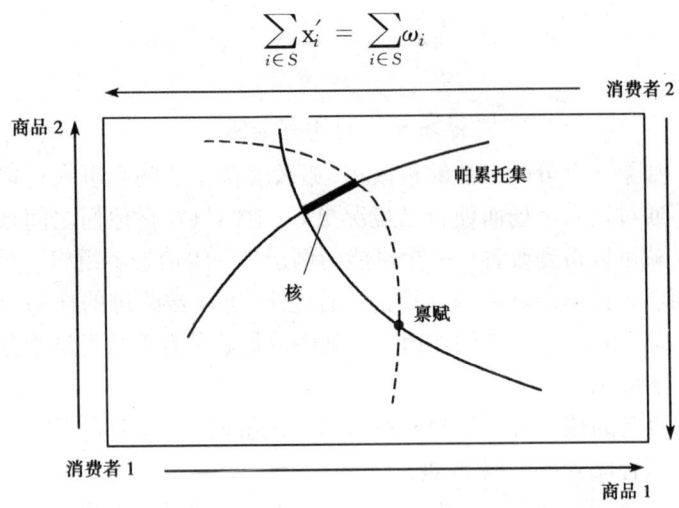

图 21.1　埃奇沃思方盒中的核

在埃奇沃思方盒中,核就是位于通过初始禀赋中的两条无差异曲线之间的帕累托有效集片段。

但瓦尔拉斯均衡的定义意味着

$$px'_i > p\omega_i \quad \text{对于 } S \text{ 中的所有 } i$$

所以

$$p\sum_{i\in S} x'_i > p\sum_{i\in S}\omega_i$$

这与第一个等式相矛盾。

从埃奇沃思方盒中可以看出,一般地核中存在市场均衡以外的其他点。虽然这样,但是若允许我们的两人经济扩大规模,我们将有更多的可能的联合,因而有更多的机会来改进任何给定的分配。因此人们可能怀疑随着经济规模的扩大,核也许会萎缩。处理这一问题的困难在于核是分配空间的一个子集,这样随着经济规模的扩大,核在不断变换维数。因此,我们想把自己局限于特别简单的增长类型的。

如果两个当事人的偏好和初始禀赋相同,我们则认为他们属于相同类型。我们说一个经济是另一个经济的**复制**,如果一个经济中的每类当事人是另一个经济的 r 倍。一个大型经济复制一个小型经济的涵义是,大型经济就是小型经济的"按比例扩大"。为简单起见,我们把自己局限于两种类型的当事人,类型 A 和 B。考虑固定的两人经济;该经济的 r-核表示原始经济 r 阶复制的核。

可以证明同类的所有当事人在任何核分配中接受相同的商品束。该结果大大简化了我们的分析。

核中的平等对待。假设当事人的偏好是严格凸,严格单调和连续的。则若 X 是给定经济的 r-核中的分配,则同类的任何两个当事人必须接受相同的商品束。

证明。令 x 为上述核中的一个分配,而且 $2r$ 个当事人使用下标 $A1,\cdots,Ar$ 和 $B1,\cdots,Br$ 来表示。若同类的所有当事人没有获得相同的分配,那么每类中存在一个受到最差待遇的当事人。我们称这两个当事人为"A 类受害者"和"B 类受害者"。如果出现相关联的情况,则从相关联的当事人中任选一个。

令 $\overline{x}_A = \frac{1}{r}\sum_{j=1}^r x_{A_j}, \overline{x}_B = \frac{1}{r}\sum_{j=1}^r x_{B_j}$ 为 A 类和 B 类当事人的平均商品束。因为分配 x 是可行的,所以

$$\frac{1}{r}\sum_{j=1}^r x_{A_j} + \frac{1}{r}\sum_{j=1}^r x_{B_j} = \frac{1}{r}\sum_{j=1}^r \omega_{A_j} + \frac{1}{r}\sum_{j=1}^r \omega_{B_j}$$
$$= \frac{1}{r}r\omega_A + \frac{1}{r}r\omega_B.$$

进而有

$$\overline{x}_A + \overline{x}_B = \omega_A + \omega_B,$$

所以 $(\overline{x}_A, \overline{x}_B)$ 对于两位受害者之间的联合是可行的。我们假设至少对一个类型,如 A 类中两个当事人接受不同的商品束。因此由其偏好的严格凸性可知,A 类受害者相对于当前分配严格偏好 $\overline{x}_A$(因为它是一个至少同 x_A 一样好的对商品束的加权平均),而且

B 类受害者认为 $\bar{x}_B$ 至少同当前的商品束一样好,对 B 类受害者进行贿赂,这样就形成一个能够改进分配的联合。

因为该核中的任何分配必须赋予相当类型的当事人以相同的商品束,所以我们可以通过使用埃奇沃思方盒来考察复制的"两当事人经济"的核。核中的点 x 不是代表 A 和 B 各获得多少,而是代表 A 类和 B 类的每个当事人各获得多少。上述引理告诉我们 r-核中的所有点均可由此种方式来表示。

下述命题是说,不是市场均衡的分配将不可避免地最终被排除于经济的 r-核之外。这意味着大型经济的核分配看起来就是瓦尔拉斯均衡。

萎缩的核。假定偏好是严格凸,严格单调,而且对应于初始禀赋 ω 存在惟一的市场均衡 x^*。则若 y 不是该市场均衡,就存在某复制 r 满足 y 不在 r-核中。

证明。参照图 21.2 中的埃奇沃思方盒。我们要证明像 y 这样的点将最终被改进。因为 y 不是一个瓦尔拉斯均衡,y 和 ω 之间的线段必须至少与一个当事人的通过 y 的无差异曲线相交。这样能够选择一个点,比如说 g,可以给当事人 A 带来比 y 更高的效用。

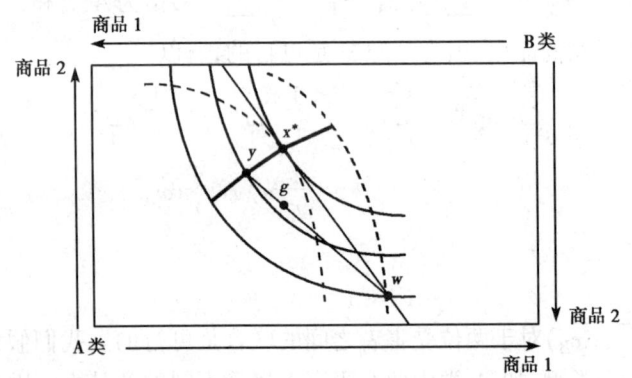

图 21.2 萎缩的核

随着经济的复制,像 y 这样的点将最终被排除在核之外。

依据 g 的位置,需要处理好几种情况;虽然这样,但是论证方法是相同的,所以我们仅仅处理所描绘的情形。

因为 g 处于 y 和 ω 之间的线段上,所以我们可以写出
$$g = \theta \omega_A + (1-\theta) y_A \qquad 对某些 \theta > 0.$$
由偏好的连续性,我们也可以假设存在某些整数 T 和 V,有 $\theta = T/V$。因此,
$$g_A = \frac{T}{V} \omega_A + \left(1 - \frac{T}{V}\right) y_A.$$

假设经济复制了 V 次。这样形成了包括 V 个 A 类消费者和 V-T 个 B 类消费者的一个联合,考虑该联合中 A 类当事人接受 g_A,B 类当事人接受 y_B 这样一种分配 z。该分配相对于 y,被联合的所有成员都偏好(我们可以从 A 类当事人那里拿走小部分送给 B 类当事人使其严格偏好)。我们将要证明对该联合的所有成员,上述分配是可行的。这可以从以下的计算得到:

$V^2 \cdot g_A + (V-T) y_B$
$$= V \left[\frac{T}{V} \omega_A + \left(1 - \frac{T}{V}\right) y_A\right] + (V-T) y_B$$
$$= T \cdot \omega_A + (V-T) y_A + (V-T) y_B$$
$$= T \cdot \omega_A + (V-T) [y_A + y_B]$$
$$= T \cdot \omega_A + (V-T) [\omega_A + \omega_B]$$
$$= T \cdot \omega_A + V \cdot \omega_A - T \cdot \omega_A + (V-T) \omega_B$$
$$= V \cdot \omega_A + (V-T) \omega_B.$$

这恰是我们的联合的禀赋,因为该联合有 V 个 A 类当事人 $(V-T)$ 个 B 类当事人。这样,该联合能够改进 y,定理得证。

该定理的许多严格假定可以被放松。特别是我们可以容易地去掉强单调性和市场均衡惟一性的假设。凸性对于此定理像是很关键的,但是正如在存在性定理中一样,该假设对大型经济是不必要的。当然,我们可以允许存在多于两类的经济单位。

在瓦尔拉斯均衡的研究中,我们发现价格机制导致一个定义很好的均衡。在帕累托有效分配研究中我们发现,几乎所有帕累托有效分配可以通过禀赋的适当分配和一个价格机制来达到。而且在这里,在一般纯粹交换经济研究中,价格呈现出另外一种不同的面目:大型经济核中的惟一分配是市场均衡分配。萎缩核定理说明,瓦尔拉斯均衡是稳定的:甚至非常弱的均衡概念,如核,也倾向于对大型经济导出接近于瓦尔拉斯均衡的分配。

21.2 凸性和经济规模

偏好的凸性在几个一般均衡模型中都出现过。通常,严格凸性的假设用来保证需求函数的良好定义——指在每一个价格仅对应惟一一个商品束需求,还用来保证需求函数的连续性——价格的微小变动导致需求的微小变动。凸性假设像是对均衡分配的存在性是必须的,因为容易构造示例以说明非凸性引起需求的不连续,以及由此而致的均衡价格的不存在。

例如,考虑图 12.3 中埃奇沃思方盒。此处当事人 A 有非凸偏好而当事人 B 有凸偏好。在价格 P^*,存在两个点最大化效用;但在每个点供给都不等于需求。

虽然这样,但是也许均衡并不像本例中那样难于达到。让我们考虑一个具体的例子。假定商品的总供给恰处于在 p^* 时的两个需求正中间,就像图 21.3B 所示。现在设想若经济复制过一次,则我们有两个 A 类当事人和 2 个 B 类当事人。那么在价格 p^*,一个 A 类当事人可以需求 x_A^*,而另一个 A 类当事人可以需求 x_A'。在这种情况下,当事人的总需求事实上与商品供给是相等的。瓦尔拉斯均衡对复制的经济是存在的。

不难证明,不管总供给曲线处于什么位置,都存在与上面相类似的构造使均衡存在:若供给曲线处于 x_A^* 和 x_A' 之间距离的 2/3 处,我们将复制三次,等等。只要我们对经济复制足够多的次数,

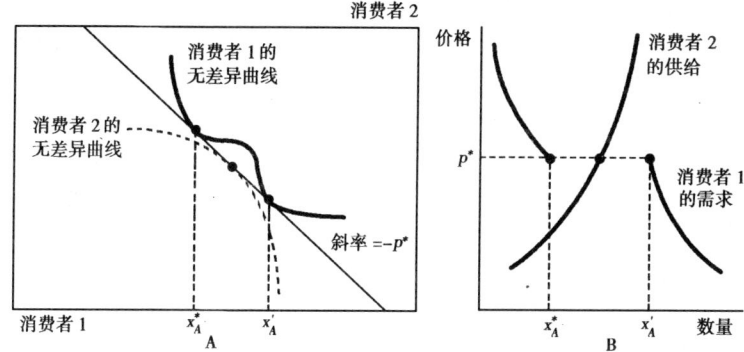

图 21.3　非凸性偏好下均衡的不存在性

A 图给出了一个经济单位具有非凸偏好的一个埃奇沃思方盒的例子。B 图给出了相应的不连续的总需求曲线。我们就可以得到任意接近于总供给的总需求。

上述论证说明，在大型经济中，如果非凸性范围相对于市场规模较小，则一般将存在一个价格向量，使需求接近于供给。对足够大的经济来讲，小的非凸性不会引起严重困难。

这一观察与我们对于竞争性厂商行为的讨论中所描述的复制观点是密切相关的。考虑具有固定成本和 u 型变动成本函数的古典厂商模型。单个厂商的供给函数一般是不连续的，但若市场足够大，则这些不连续性将是无关紧要的。

21.3　均衡的惟一性

从一般均衡的存在性那一节我们知道，在适当条件下，出清所有市场的价格向量将存在；也就是存在一个 P^* 满足 $z(P^*) \leq 0$。本节中我们要问的问题是有关惟一性的：什么时候存在出清所有市场的惟一价格向量？

在这里，自由物品情形不是我们所最感兴趣的，所以我们通过

419

合意性假设将其排除在外：我们假定，当其相对价格为零时，则商品的超额需求严格大于零。在经济上这意味着，当一种商品的价格趋于零时，每个人对其有着大量需求，这似乎非常合理。其显然的推论是，在所有均衡价格向量中，每种商品的价格必须严格大于零。

与以前一样，我们要假定 z 是连续的，但是现在我们的要求更强些——我们想假定 z 有连续的导数。其原因相当明显；若无差异曲线存在纽结，则我们会发现价格的整个区间都是市场均衡。不仅均衡不惟一，而且甚至局部都不惟一。

给定这些假设，我们就有一个纯粹数学问题：给定从价格单形到 R^K 的一个平滑映射 z，什么时候存在惟一点映射到 o？希望一般都将成立是一个奢望，因为可以构造简单的反例，即使在二维情形下。因此，我们有兴趣寻找能够保证惟一性的对超额需求函数的限制条件。这样我们就对这些限制条件是强还是弱，其经济涵义是什么等感兴趣。

这里我们将考虑保证惟一性的对 z 的两个限制条件。第一种情形是**总替代**，其令人感兴趣之处在于，其有着清晰的经济涵义而且在此条件下惟一性的证明简单而又直接。第二种情形是**指数分析**，其令人感兴趣之处在于它具有一般性。事实上，它将几乎所有其他惟一性结果都作为特例。不幸的是，其证明要用到相当高深的微分拓扑学定理。

总替代

粗略地讲，若一种商品价格的增加引起另一种商品需求的增加，则该两种商品就是总替代的。在基础教程中，这通常是替代的定义。在更为高级的教程中，必须区分**净替代**——当一种商品价格增加，则其他商品的希克斯(Hicks)需求增加——和**总替代**——在此定义中将"希克斯"换为"马歇尔"。

总替代。在价格向量 p，若 $\frac{\partial z_j(p)}{\partial p_i} \geq 0$，对 $i \neq j$，则两种商品 i 和 j 就是总替代的。

此定义说，若价格 i 的增加引起对商品 j 的超额需求的增加，则两种商品为总替代。若所有商品都是总替代的，则 z 的雅可比 (Jacobian) 矩阵 $dz(p)$ 将有全部为正的非对角线元素。

总替代意味着惟一均衡。如果在所有价格下所有商品都是总替代的，则若 p^* 是一个均衡价格向量，则它是惟一的均衡价格向量。

证明。假设 p' 是某其他均衡价格向量。因为 $p^* \gg 0$，我们可以定义 $m = \max\ p'_i/p^*_i \neq 0$。由齐次性和 p^* 为一个均衡，我们知道 $z(p^*) = z(mp^*) = 0$。由 m 的定义我们知道，对某价格 p'_k，我们有 $mp^*_k = p'_k$。现在我们把不同于 p'_k 的价格 mp^*_i 都依次降低到 p'_i。因为 k 以外的每种商品的价格从 mp^* 降到 p'，所以必定有对 k 的需求下降。这样 $z_k(p') < 0$ 意味着 p' 不是一个均衡。

指数分析

考虑仅有两种商品的一个经济。选择商品 2 的价格作为计价单位，将商品 1 的超额需求，作为其自身价格的函数画出其曲线。瓦尔拉斯法则意味着，对商品 1 的超额需求为零时，我们得到均衡。我们所作的合意性假设意味着，当商品 1 的相对价格很大时，对商品 1 的超额需求为负；而当商品 1 的相对价格较小时，商品 1 的超额需求为正。

参考图 21.4，图中我们画出了可能发生的几种情形。注意 (1) 中，均衡通常是孤立的；(2) 和 (3) 中，均衡没有分离的情形中，微小的"扰动"可引起不稳定；(4) 说明通常有奇数个均衡；(5) 中。如果超额需求曲线在所有均衡处都是向下倾斜，则存在惟一的均衡，而且若仅有一个均衡，那么在此均衡处，超额需求曲线必定向下倾斜。

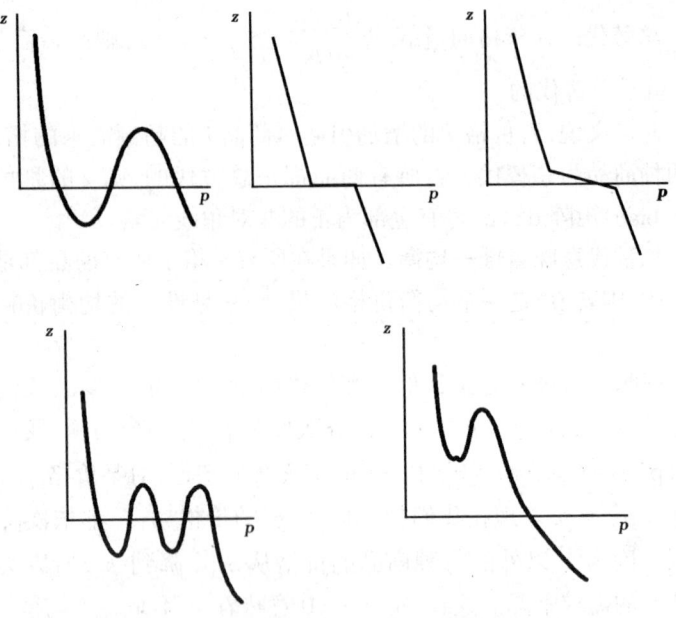

图 21.4　均衡的惟一性和局部惟一性

这些图画出了在均衡惟一性讨论中所用到的几个例子。

在上述一维情形下,如果在所有均衡点都有 $dz(p)/dp<0$,那么存在惟一的均衡点。指数分析将此结果推广到 k 维情形,给出了惟一性的一个简单充要条件。

给定一个均衡 p^*,以下述方式定义 p^* 的指数:写下超额供给向量的雅可比矩阵的负矩阵,舍掉其最后一行和最后一列,并求所导出矩阵的行列式。若行列式的值为正,则点 p^* 的指数赋为 $+1$,若行列式的值为负,则赋为 -1。(就像我们简单的一维示例一样,舍掉最后一行一列等价于选择最后的商品为计价物。)

我们还需要一个边界条件;有几种可能性,但是最为简单的是假定当 $p_i=0$ 时 $z_i(p)>0$。在这种情况下,微分拓扑的一个基本定理讲,若所有均衡有正的指数,则仅存在一个均衡。这立即给我们一个惟一性定理。

均衡的惟一性。假设 z 是一个定义于价格单形上的具有连续导函数的总超额需求函数,且当 $p_i=0$ 时,有 $z_i(p)>0$。若 $(K-1)\times(K-1)$ 矩阵 $(-Dz(p^*))$ 在所有均衡有正的行列式,则存在惟一均衡。

该惟一性定理是一个纯粹的数学结果。其优点在于该定理可以应用于大量不同的均衡问题。若一个均衡存在性定理能够作为一个不动点问题来提出,则我们一般地可以运用一个指数定理来找到均衡惟一的条件。虽然这样,但是该定理有一个弱点是,难于以经济学术语阐述其涵义。

在我们所考察的情形,我们感兴趣于总超额供给函数的行列式。我们能够运用斯卢茨基方程来写出总超额供给函数的导数

$$-Dz(p)=-\sum_{i=1}^{n}D_p h_i(p,u_i)-\sum_{i=1}^{n}D_m x_i(p,p\omega_i)[\omega_i-x_i].$$

在什么时候,左端的矩阵有一个正的行列式呢?让我们看该表达式的右端。右端第一项可以较好地处理;替代矩阵是半负定矩阵,所以该矩阵的 $(n-1)\times(n-1)$ 阶主子阵的负矩阵将一般为一个正定矩阵。正定矩阵的和也是正定矩阵,因而行列式值为正。

第二项就有问题了。该项本质上是商品的超额供给和该商品的边际消费倾向之间的协方差。没有理由认为它一般地具有某种特定结构。我们能说的就是若这些收入效应相对替代效应较小的话,以至于第一项为主导项,那么期望均衡惟一就是合理的。

21.4 一般均衡动态

我们已经证明,在对当事人似乎可行的行为假设下,总是存在一个价格向量使需求等于供给。但是并没有给出一个保证,使经济恰巧在此"均衡"点运行。存在什么因素倾向于使价格向市场出清价格移动呢?本节中我们将探讨在试图构造竞争性经济的价格

调整机制时所遇到的一些问题。

最大也是最基本的问题,即是存在于竞争思想和价格调整之间的悖论关系:若所有当事人将市场价格视为给定并在其控制之外,那么价格怎么会变动呢?还剩下谁将调整价格?

这个谜团导致了一个精心编造的神话的出现,其中假定了寻求市场出清价格的"瓦尔拉斯拍卖者"的存在。按照这一构造,一个竞争性市场功能如下:

> 在零时刻,瓦尔拉斯拍卖者喊出一些价格向量。所有当事人确定其在这些价格下的现货和期货的需求和供给。拍卖者检查总超额需求向量并按照某规划调整价格,假定增加具有过度需求的商品的价格,降低具有过度供给的商品的价格。此过程将继续到一个均衡价格被找到。在该点上,包括期货交易合同的交换在内的所有贸易都要敲定。经济则随着时间而运转,每个当事人执行已经同意的合同。

当然,这是一个很不现实的模型,但其基本思想是价格沿超额需求方向变动,这似乎是合理的。在什么条件下这种调整过程会导向一个均衡呢?

21.5 试探过程

让我们考虑随着时间而发生的一个经济。每天市场开放,人们将其需求和供给呈现在市场上。在任一价格 p 下,一般在某些市场上将存在过度需求和过度供给。我们将假设价格按照下述称为供给和需求的法则进行调整。

价格调整法则。对 $i=1,\cdots,k$,$\dot{P}_i = G_i(z_i(\mathrm{P}))$,此处 G_i 是超额需求的一个平滑保号函数。

很方便地可以作出某类合意性假定来排除均衡在零价格取到的可能性,所以我们假定,当 $p_i = 0$ 时 $z_i(p) > 0$。

画图来描绘该价格调整法则所定义的动态系统是很有帮助

的。让我们考虑对 $i=1,\cdots,k$, $G_i(z_i)$ 等于恒等函数的特殊情形。这样再加上边界假设,我们有了由下式定义的 R^K 空间中的一个系统

$$\dot p = z(p)$$

按常规考虑我们知道,此系统遵从瓦尔拉斯法则 $pz(p)=0$。从图形上讲,这意味着 $z(p)$ 与向量 p 正交。

瓦尔拉斯法则意味着一条非常方便的性质。让我们来看价格向量的欧几里得范数如何随时间而变动:由瓦尔拉斯法则

$$\frac{d}{dt}\Big(\sum_{i=1}^k p_i^2(t)\Big) = \sum_{i=1}^k 2p_i(t)\dot p_i(t) = 2\sum_{i=1}^k p_i(t)z_i(p(t)) = 0$$

因此,瓦尔拉斯法则要求价格的平方和随价格调整保持不变。这意味着价格的路径被局限于 k 维球面。另外,因为当 $p_i=0$ 时 $z_i(p)\geq 0$,我们知道在 $p_i=0$ 的点附近,价格的运动路径总是指向内部。在图 21.5 中,我们有 $k=2$ 和 $k=3$ 情形下的几张图。

第 3 张图特别令人不愉快。它描绘了存在惟一均衡的情形,但是均衡完全不稳定。我们所描绘的调整过程几乎永不收敛于一个均衡。这似乎是一种反常的情形,但非常容易发生。

德布勒(1974)已经在本质上证明,满足瓦尔拉斯法则的任何连续函数是某经济的一个超额需求函数;这样的话,效用最大化假设对总需求行为没有加上任何约束,而且价格球面上的动态系统可以从我们的经济行为模型中产生。很明显,要得到全局稳定性结果,必须对需求函数假定特殊条件,则结果的价值将依赖于所假定条件的经济自然性。

我们将针对一种特殊调整过程的一个特殊假设来对全局稳定性的论证予以勾勒,即总需求行为假设满足原书第 8 章 133 页所描述的显示偏好弱公理。这就是说对所有 p 和 p^*,若 $px(p)\geq px(p^*)$,我们必定有 $p^*x(p)>p^*x(p^*)$。因为该条件对所有 p 和 p^* 成立,所以它当然对 p^* 的均衡值也成立。让我们导出该条件对超额需求函数的涵义。

从这些不等式中减去 $p\omega$ 和 $p^*\omega$ 并运用超额需求的定义得

$$px(p) - p\omega \geq px(p^*) - p\omega$$

意味着 $p^*x(p) - p^*\omega > p^*x(p^*) - p^*\omega$.

运用超额需求的定义,我们可以将该表达式写为 $pz(p) \geq pz(p^*)$ 意味着 $p^*z(p) > p^*z(p^*)$

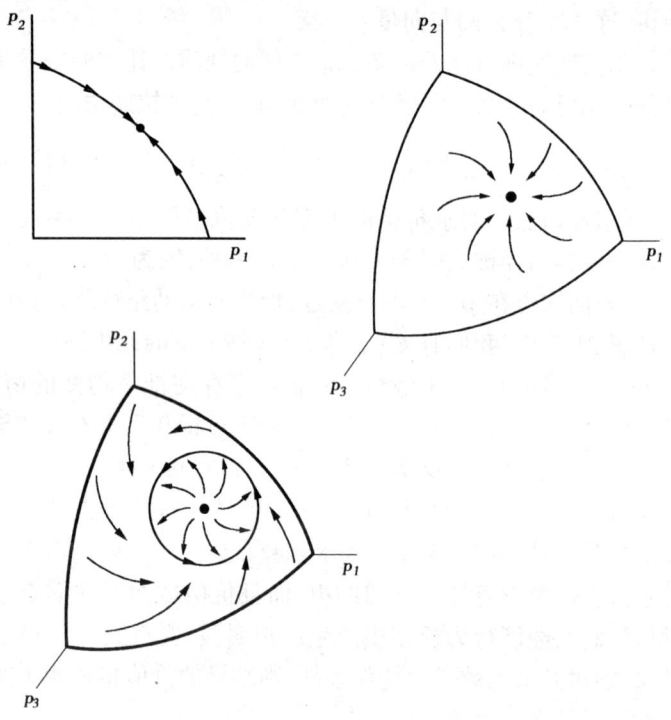

图 21.5 价格动态的示例

前两个示例是稳定均衡;第三个示例有惟一的不稳定均衡。

现在我们来说明(21.1)左端的条件对任何均衡价格向量 p^* 都必定满足。为证明这一点,只要看到瓦尔拉斯法则意味着 $pz(p) \equiv 0$,而均衡的定义意味着 $pz(p^*) = 0$。由此可知,对任何均衡

p^*,右侧不等式必定成立。因此对所有 $p \neq p^*$,我们必定有 $p^* z(p) > 0$。

WARP 意味着稳定性。假设由 $p_i = z_i(p), i = 1, \cdots, k$ 给出价格调整过程而且超额需求函数遵循显示偏好弱公理;即若 p^* 为经济的均衡,则对所有 $p \neq p^*$ 满足 $p^* z(p) > 0$。那么遵循上述法则的所有价格路径都收敛于 p^*。

证明。(概述)我们将对该经济构造一个李雅普诺夫(Liaponov)函数。(见原书第 26 章 485 页)。令 $V(p) = \sum_{i=1}^{k} [(p_i - p_i^*)^2]$,则

$$\frac{dV(p)}{dt} = \sum_{i=1}^{k} 2(p_i - p_i^*) \dot{p}_i(t) = 2\sum_{i=1}^{k}(p_i - p^*)z_i(p)$$

$$= 2\sum_{i=1}^{k}[p_i z_i(p) - p_i^* z_i(p)] = 0 - 2p^* z(p) < 0.$$

这意味着对 $p \neq p^*$,$V(p)$ 是沿着解路径的单调减函数。依据李雅普诺夫定理,我们仅需要说明 p 的有界性来得到 $V(p)$ 是一个李雅普诺夫函数和经济全局稳定的结论。我们省去该部分证明。

21.6 无试探过程

上节所谈到的试探过程的情形在两种状况下是有意义的:或者直到达到均衡才发生交易,或者没有商品是可贮藏的以至于每期中消费者拥有相同的禀赋。若商品可以积存,则消费者的禀赋将随时间而变动而且这反过来会影响需求行为。这种考虑到禀赋变动的模型被称为**无试探模型**。

我们考虑其中两种具体过程。第一种**埃奇沃思过程**是说,在当事人之间进行交易的技术必须具有使每个当事人的效用持续增加的性质。这基于以下观点,即除非交易使当事人境况都变好,否则不存在自愿交易。该过程的一个非常方便的性质是可以很快得

到一个稳定性定理;我们只要定义李雅普诺夫(Liaponov)函数为 $\sum_{i=1}^{n} u_i(\omega_i(t))$。由假设,效用的和必须随着时间的延伸而增加,所以一个简单的有界性论点就可以给出收敛性的证明。

第二个具体过程被称为**哈恩(Hahn)过程**。本过程中我们假定交易规则具备如下性质,即没有商品,对某个当事人而言处于过度需求状态,而对另外一个当事人而言处于过度供给状态。也就是说,在任何时点上,若一种商品对一特定商品处于过度需求状态,则它也处于总过度需求状态。

此假定具有一个重要的涵义。我们已经假定,当一种商品处于过度需求状态时其价格将上升。这将使需求该商品的当事人的间接效用下降。那些已经承诺以现行价格供应商品的不受此价格变动之影响。因此总的间接效用将随时间而下降。

为了使论证更加精确,我们需要对禀赋变动作出进一步假设。t 时刻消费者 i 的禀赋的价值是 $m_i(t) = \sum_{j=1}^{k} p_j(t)\omega_i^j(t)$,对 t 微分得

$$\frac{dm_i(t)}{dt} = \sum_{j=1}^{k} p_j(t) \frac{d\omega_i^j(t)}{dt} + \sum_{j=1}^{k} \frac{dp_j(t)}{dt}\omega_i^j(t).$$

假定表达式的第一项为零是合理的。这意味着以现行价格来计价的任一瞬间的禀赋变动为零。这仅仅是说,每个当事人用价值 1 美元的商品交换价值一美元的商品。由于价格变动,禀赋的价值将随时间而变动,但是不是因为当事人在现行价格下努力进行盈利性交易。

在此观察之下,容易证明间接效用的和随时间而减小。当事人 i 的间接效用函数是

$$\frac{dv_i(p(t), p(t)\omega_i(t))}{dt} = \sum_{j=1}^{k} \frac{\partial v_i}{\partial p_j}\frac{\partial p_j}{\partial t} + \frac{\partial v_i}{\partial m_i}\left[\sum_{j=1}^{k} p_j \frac{d\omega_i^j}{dt} + \frac{dp_j}{dt}\omega_i^j\right].$$

运用罗伊(Roy)法则和当前价格下禀赋价值为零的事实,我们有

$$\frac{dv_i(p(t), p(t)\omega_i(t))}{dt} = -\frac{\partial v_i}{\partial m_i}\sum_{j=1}^{k}\left[x_i^j(p, p\omega_i) - \omega_i^j\right]\frac{dp_j(t)}{dt}.$$

由假设,若当事人 i 对商品 j 处于过度需求状态,则 $dp_j/dt>0$,而且反过来也是这样。由于收入的边际效用大于零,所以只要总需求不等于总供给,则整个表达式将为负值。因此当经济未处于均衡时,每个当事人 i 的间接效用必定下降。

注 释

对这些专题的更为精细的讨论参见阿罗和哈恩(Arrow & Hahn,1971)。拓扑指数对于均衡惟一性的重要性首次是由迪尔克(Dierker,1972)所认识到的。核收敛性结果是由德布勒和斯卡夫(Debreu & Scarf,1963)严密建立起来的。

练 习

21.1 有两个当事人,有着相同的、严格凸的偏好和均等的禀赋。描述经济的核并把它从埃奇沃思方框图中描绘出来。

21.2 考虑一个单纯交换经济,所有消费者具有形式为 $u(x_1,\cdots,x_n)+x_0$ 的可微拟线性效用函数。假定 $u(x_1,\cdots,x_n)$ 是严格凹的。证明均衡惟一。

21.3 假设瓦尔拉斯拍卖者遵循以下价格调整法则 $\dot{p}=[Dz(\mathrm{p})]^{-1}z(\mathrm{p})$。证明 $V(\mathrm{p})=-z(\mathrm{p})z(\mathrm{p})$ 是该动态系统的一个李雅普诺夫函数。

第22章 福　　利

本章将考察几个不便置于本书其他章节的几个福利经济学概念。第一个概念是补偿标准，它经常用于收益-成本分析。然后我们讨论在计算产出或价格变动的福利效应时通常所用的一种技巧。最后我们考察最优商品税收问题。

22.1 补偿标准

人们经常需要知道，一个政府项目什么时候将增进社会福利。比如，建造一个水坝有诸如降低电力和水资源价格的经济效益。不过，与这些收益相对照，我们还必须权衡环境可能被破坏的成本，以及水坝的建造成本。一般来说，一个项目的成本和收益，会以不同方式影响不同的人。水坝增加了水供给，却可能在降低某些地区的水费的同时，又增加其他地区的水费。这些不同的收益和成本应当如何来比较？

以前我们曾经分析过由于某种商品的价格或消费数量的变动，给个人所带来的收益或成本的度量问题。本节我们试图运用**帕累托标准**和**补偿标准的概念**，将此类分析推广到由单个人所组成的社会。

考虑两个分配 x 和 x'。如果每个人都相对 x 偏好 x'，则 x' 被说成**帕累托优于** $x^{[1]}$。若每个个人相对于 x 选择 x'，那么断言 x'"优于" x 似乎是无可争议的；而一个把我们从 x 移向 x' 的项目就应该被采用。这是**帕累托标准**。但是受到一致偏爱的项目是很少的。在通常的情况下，某些人选择 x' 而其他人可能偏好 x。那么应该怎么决定呢？

补偿标准建议采用下述检验：若存在某种方式对 x' 重新分配，以使每个人相对于原始分配 x，都偏好重新对 x' 进行的分配，则称 x' **潜在帕累托优于** x。让我们更为正式地陈述此定义：如果存在某分配 x''，$\sum_{i=1}^{n} x_i'' = \sum_{i=1}^{n} x_i'$（即 x'' 为 x' 的重新分配），满足对所有当事人 $i, x_i'' \succ_i x_i'$，那么 x' 潜在帕累托优于 x。

这样，补偿标准仅要求 x' 是对 x 的潜在帕累托改进。若一个人相对于 x 偏好 x' 则称他为"赢家"，若他相对于 x' 偏好 x 则称其为"输家"。然后如果赢家能够补偿输家——即赢家能够让出足够的收益来保证每个人境况更好，则在补偿检验的意义下 x' 好于 x。

现在如果事实上赢家真的补偿了输家，则所建议的项目能够被每个人所接受就似乎是合理的。但是并不清楚为什么仅仅因为赢家有补偿输家的可能，就认为 x' 优于 x。

维护补偿标准的一个通常论据是，补偿是否实施的问题实际上是一个收入分配问题，而且基本福利定理认为收入分配问题独立于分配效率问题。而适当收入分配问题最好是通过诸如再分配税之类的其他方式来处理。在原书第 22 章 410 页我们将进一步对此加以探讨。

让我们以图形术语对此讨论进行重述。假设仅有两个个人，而且他们正考虑两个分配 x 和 x'。我们将之与其效用可能集相联系

$$U = \{u_1(y_1), u_2(y_2) : y_1 + y_2 = x_1 + x_2\}$$
$$U' = \{u_1(y_1), u_2(y_2) : y_1 + y_2 = x_1' + x_2'\}.$$

这些集合的右上边界被称为**效用可能性边界**。效用可能性边界给出了与 x 和 x' 的所有帕累托有效重新分配相联系的效用分布。图 22.1 中描绘了效用可能性集合的一些示例。

在图 22.1A 中，分配 x' 帕累托优于 x，因为 $u_1(x_1') > u_1(x_1)$ 而且 $u_2(x_2') > u_2(x_2)$。在图 22.1B 中，x' 潜在帕累托优于 x：即

使 x' 本身不是帕累托优的,但是存在某 x' 的重新分配帕累托优于 x。这样,在从 x 到 x' 的移动中,就赢家能够补偿输家的意义来讲,x' 满足补偿标准。在图 22.1C 中,x' 和 x 不可比——对于它们的相对合意性,补偿检验和帕累托检验都没有讲任何东西。在图 22.1D 中,我们有最为矛盾的情形:这里 x' 潜在帕累托优于 x,因为 x'' 帕累托优于 x;但是 x 也潜在帕累托优于 x',因为 x''' 帕累托优于 x'!

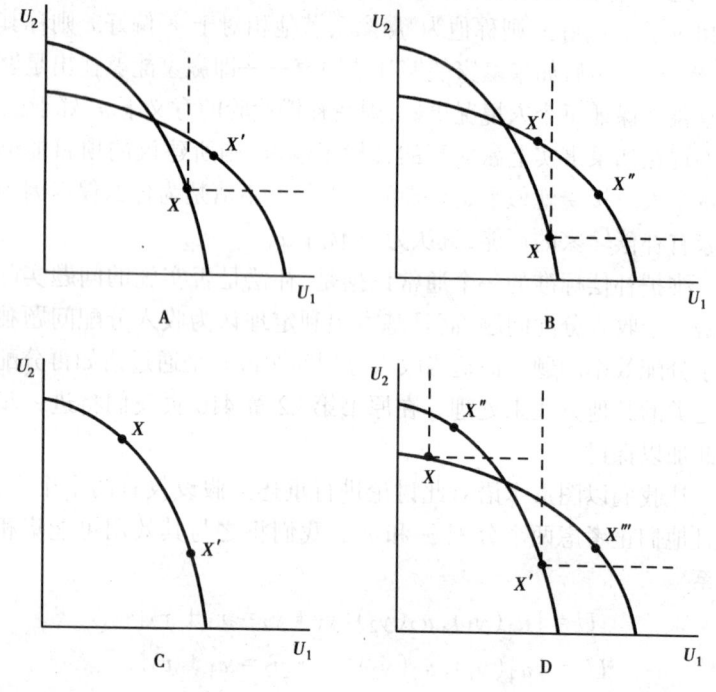

图 22.1 补偿检验

在 A 中,x' 帕累托优于 x。在 B 中,在补偿检验意义下,x' 帕累托优于 x。在 C 中,x 和 x' 不可比。在 D 中,x 优于 x' 且 x' 优于 x。

C 和 D 两种情形说明了补偿标准的主要缺点:它没有给

出任何准则用于比较两个帕累托有效分配,而且它可能导致不一致的比较。不过补偿原则仍普遍地应用于实用福利经济学中。

正如我们所描述的,补偿原则要求我们考虑项目对所有受影响的消费者的效用之影响。乍看起来,这似乎要求对人口进行细致调查。然而我们下面将证明,这对某些情形并不是必需的。

如果所考虑的项目是公共物品,为作出社会决策就不太可能避免社区的明确质询。我们在第 23 章考察与这种质询有关的问题。如果项目涉及私人物品,我们就有一个较好的情形,因为私人物品的当前价格在一定意义上反映它们对于单个当事人的边际价值。

假定我们目前处于一个市场均衡 (x, p),而且我们正试图移向分配 x'。则

国民收入检验. 若 x' 潜在帕累托优于 x,我们一定有

$$\sum_{i=1}^{n} px_i' > \sum_{i=1}^{n} px_i.$$

这就是,以现行价格度量的国民收入在 x' 比在 x 多。

证明. 如果在补偿标准的意义下,x' 优于 x,那么存在某分配 x'' 满足 $\sum_{i=1}^{n} x_i'' = \sum_{i=1}^{n} x_i'$ 而且对所有 i,$x_i'' \succ_i x_i'$。因为 x 是一个市场均衡,这意味着对所有 i 有 $px_i'' > px_i$。加总,我们有 $\sum_{i=1}^{n} px_i'' > \sum_{i=1}^{n} px_i$. 但是

$$\sum_{i=1}^{n} px_i'' = p \sum_{i=1}^{n} x_i'' = p \sum_{i=1}^{n} x_i'.$$

这就导出了结果。

此结果是有用的,因为它给我们提供了对所建议项目的一种单向检验:如果在当前价格下度量的国民收入下降,则该项目不可能潜在地帕累托优于目前的分配。

图 22.2 使该定理从图上清晰化了。该图的坐标轴度量两种可获得商品的总数量。当前分配由加总的商品束 $X = (X^1, X^2)$

来表示,此处 $X^1 = \sum_{i=1}^{n} x_i^1$,并类似地定义 X^2。(记住:消费者由下标表示,商品由上标表示。)

如果总商品束 X' 可以在当事人中间分配来构造帕累托优于 x 的分配 x'',则让我们说总商品束 x' 潜在帕累托优于分配 x。换一种说法,潜在帕累托优的总商品束集合定义如下:

$$P = \left\{ \sum_{i=1}^{n} x_i' : x_i' \succ x_i; 对所有的 i \right\}$$

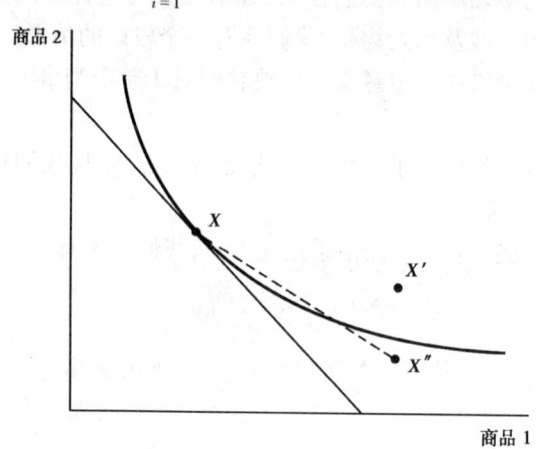

图 22.2 国民收入检验

如果国民收入下降,则该变动不可能是潜在帕累托优的。如果国民收入增加,则该变动可能是也可能不是潜在帕累托优的。虽然这样,但是如果一个小的变动引起了国民收入的增加,那么它很可能是潜在帕累托优的。

图 22.2 描绘了一种典型的情形。集合 p 具有较好的凸性而且总商品束 x 位于其边界上。竞争性价格把 x 从 p 中分离出来。从此图可以容易地看到上述定理的内容:如果在补偿标准意义下 x' 优于 x,则 x' 必定属于 p,因而 $pX' > pX$。

我们也可以看到逆命题并不正确。商品束 x'' 具有性质 $pX'' > pX$,但它并不潜在帕累托优于 x。虽然这样,但是该图确实提出了一条有趣的猜想:如果 $pX'' > pX$ 且 x'' 足够接近于 x,那么 x'' 必定潜在帕累托优于 x。更为精确地,请看连接 x'' 和 x 的虚线。在此线上的所有点都有比 x 大的价值,但是并不是此线上的所有点都处于通过 x 的无差异曲线的上方。虽然这样,但是此线上与 x 足够近的点是位于该无差异曲线上方的。让我们尝试用代数的方法来系统阐述这一思想。

论证基于以下事实,就一阶近似而言,个人效用的变化与收入变化成比例。这依据一个简单的泰勒(Taylor)级数展开式:
$$u_i(x_i') - u_i(x_i) \approx Du_i(x_i)[x_i' - x_i]$$
$$= \lambda_i p[x_i' - x_i]$$
根据此表达式,随着商品束价值变动为正或为负,商品束 x_i 的小变动将被选择或不被选择。

我们运用这一思想来证明,若 $p\sum_i x_i' > p\sum_i x_i$ 且 x_i' 接近于 x_i,则能够找到 x' 的重新分配——称之为 x''——满足每个人相对 x 选择 x''。为证明此结论,简单地令 $X = \sum_i x_i, X' = \sum_i x_i'$ 并定义 x'' 如下
$$x_i'' = x_i + \frac{X' - X}{n}.$$
此处当事人 i 得到了从 x 向 x' 移动中总收益的 $1/n$。依据上述泰勒展开式
$$u_i(x'') - u_i(x) \approx \lambda_i p\left[x_i + \frac{X' - X}{n} - x_i\right]$$
$$\approx \lambda_i p\left[\frac{X' - X}{n}\right]$$
这样,如果右端为正——国民收入在原始价格增加——那么增加每个当事人的效用肯定是可能的。当然,仅当变动足够小从而使泰勒近似式有效时,此结论才成立。此国民收入检验被广泛运用于评价边际政策变动对消费者福利的影响。

22.2 福利函数

正如在本章前面所论述的,补偿方法的弱点在于它忽视了福利分布方面的考虑。潜在帕累托优于当前分配的分配是潜在地具有高的福利。但是也许有人认为真正相关的是真实福利。

如果有人愿意假定存在某福利函数的话,那么他就可以将分布方面的考虑结合进成本-收益分析。让我们假定,我们有一个线性效用福利函数

$$W(u_1,\cdots,u_n) = \sum_{i=1}^{n} a_i u_i.$$

正如我们在原书第 17 章 331 页所看到的,参数 (a_i) 与单个经济单位的"福利权数"相关联。这些权数可以认为是"社会计划者"的价值判断。让我们假定,我们处于一个市场均衡 (x,p) 并且正考虑移向另一个分配 x'。该移动将增加福利吗?若 x' 接近于 x,我们可以应用泰勒级数展开式得到

$$W(u_1(x_1'),\cdots,u_n(x_n')) - W(u_1(x_1),\cdots,u_n(x_n))$$
$$\approx \sum_{i=1}^{n} a_i Du_i(x_i)(x_i' - x_i).$$

因为 (x,p) 为一个市场均衡,我们可以将此写为

$$W(u_1(x_1'),\cdots,u_n(x_n')) - W(u_1(x_1),\cdots,u_n(x_n))$$
$$\approx \sum_{i=1}^{n} a_i \lambda_i p(x_i' - x_i).$$

我们看到福利检验简化为考察支出的加权变动。权数与我们最初结合进入福利函数的价值判断有关。

作为一个特例,假设最初分配是福利最大化的。则原书第 17 章 331 页的结果告诉我们 $\lambda_i = 1/a_i$。在此情形下我们发现

$$W(u_1(x_1'),\cdots,u_n(x_n')) - W(u_1(x_1),\cdots,u_n(x_n))$$
$$\approx \sum_{i=1}^{n} p(x_i' - x_i).$$

分布项消失了——因为分布已经最优化了——而且留给我们的是一个简单的标准：如果国民收入（在原始价格下）增加，则小项目增加福利。这恰是与补偿检验有关的标准。

这意味着，如果社会计划者始终如一地遵循不仅就总额收入分布，而且就影响分配的其他政策选择进行福利最大化的政策，那么影响分配的政策选择可以独立于其对收入分布的影响来加以评价。

22.3 最优税收

在原书第 8 章 118 页，我们曾经看到，总额收入税总比货物税要可取。虽然这样，但是在很多情形下总额税是不可行的。如果我们不能使用总额税时，最优税收是怎样的呢？

我们在一个单一消费者经济中考察此问题。令 $u(x)$ 为消费者的直接效用函数且 $v(p,m)$ 为其间接效用函数。我们将 p 解释为生产者价格。如果 t 是一个税收向量，那么消费者面临的价格向量是 $p+t$。这使得，消费者的效用为 $v(p+t,m)$，政府的收入为 $R(t) = \sum_{i=1}^{k} t_i x_i(p+t,m)$。

最优税收问题是，在满足税收系统征收给定数目收入 R 的约束下，最大化此税率下消费者的效用：

$$\max_{t_1,\cdots,t_k} v(p+t,m)$$

$$\text{满足} \sum_{i=1}^{k} t_i x_i(p+t,m) = R.$$

此问题的拉格朗日等式为

$$L = v(p+t,m) - \mu\Big[\sum_{i=1}^{k} t_i x_i(p+t,m) - R\Big].$$

用 t_i 微分，我们有

$$\frac{\partial v(p+t,m)}{\partial p_i} - \mu\Big[x_i + \sum_{j=1}^{k} t_j \frac{\partial x_j(p+t,m)}{\partial p_i}\Big] = 0 \text{ 对 } i=1,\cdots,k.$$

应用罗伊法则,我们可以写出

$$-\lambda x_i - \mu\left[x_i + \sum_{j=1}^{k} t_j \frac{\partial x_j(p+t,m)}{\partial p_i}\right] = 0 \text{ 对 } i = 1,\cdots,k$$

解出 x_i,我们有

$$x_i = -\frac{\mu}{\mu+\lambda}\sum_{j=1}^{k} t_j \frac{\partial x_j(p+t,m)}{\partial p_i}.$$

现在运用斯卢茨基方程,此方程右端可以写为

$$x_i = -\frac{\mu}{\mu+\lambda}\sum_{j=1}^{k} t_j\left[\frac{\partial h_j}{\partial p_i} - \frac{\partial x_j}{\partial m}x_i\right].$$

经某些整理之后,此表达式可以写为

$$\theta x_i = \sum_{j=1}^{k} t_j \frac{\partial h_j}{\partial p_i},$$

此处 θ 是 μ,λ 和 $\sum_j t_j \partial x_j/\partial m$.的一个函数。

应用斯卢茨基矩阵的对称性,我们可以写出

$$\theta x_i = \sum_{j=1}^{k} t_j \frac{\partial h_i}{\partial p_j}. \tag{22.1}$$

将此表达式写为弹性形式,我们有

$$\theta = \sum_{j=1}^{k} \frac{\partial h_i}{\partial p_j}\frac{p_j}{x_i}\frac{t_j}{p_j} = \sum_{j=1}^{k} \varepsilon_{ij}\frac{t_j}{p_j}.$$

此方程意为税收选择必须使对所有商品,希克斯交叉-价格弹性的加权和都相同。

在 $\varepsilon_{ij}=0(i\neq j)$ 的极端情形下,该条件变为

$$\frac{t_i}{p_i} = \frac{\theta}{\varepsilon_{ii}}. \tag{22.2}$$

所有商品 j 的税收/价格比与需求弹性的倒数成正比。这被称为**反弹性法则**。其有好的涵义:应该对相对需求无弹性的商品课以重税,而对相对需求弹性较大的商品较轻地课税。这样来作可以在最小程度上扭曲消费者的决策。

当税率 t_i 很小时,可以得到另一种简化。在此情形下
$$dh_i \approx \sum_{j=1}^{k} \frac{\partial h_i}{\partial p_j} t_j.$$
将此代入方程(22.1)得
$$\frac{dh_i}{h_i} \approx \frac{1}{\theta}.$$
此方程是说小税收的最优设定将按同一比例降低补偿需求。

注 释

本章的内容非常标准:查询任何成本-收益分析方面的教科书都可以找到详细的介绍。最优税收理论的评论参见米尔里斯(Mirrlees,1982)或埃特肯森和施蒂格利兹(Atkinson & Stigliz,1980)。

[1]为方便起见,此处我们使用严格偏好;其思想可以容易地推广到弱偏好。

练 习

22.1 考虑正文中所导出的最优税收公式(22.1),证明当所要求的收入总量为正时,θ 为非负。

22.2 一家公用事业公司生产产出 $x_1,\cdots,x_k$。这些产品由一个具有效用函数 $u_1(x_1)+\cdots+u_k(x_k)+y$,的代表性消费者来消费,此处 y 为计价物品。该公用事业公司以边际成本 C_i 生产商品 i,其固定成本为 F。导出一个最优定价公式将(p_i-c_i)与商品 i 的需求弹性联系起来。

第 23 章 公 共 物 品

到现在为止,我们对资源配置的讨论一直完全集中在**私人物品**上,即那些消费仅涉及单个经济当事人的物品。比如说以面包为例,你和我可以消费不同数量的面包,并且,如果我消费某一条特定的面包,你就不能再消费它。

一件物品,如果在消费它时他人能够被排除在外,我们就说它是**排他性的**;如果一个人的消费并不减少其他消费者的可用量,我们就说它是**非竞争性的**。竞争性物品是单个人的消费确实能减少他人的可用量的物品。竞争性物品有时被称为**有减少性的**物品。普通的私人物品既有排他性又有竞争性。

有些物品不具备上面这些特性。一个很好的例子就是路灯。在一个既定的区域里,路灯的数量是固定的——你和我都具有同样的潜在消费量;而且,我"消费"的数量并不影响你可用来消费的数量。因此,路灯是非竞争性的。此外,我对路灯的消费并不排除你的消费。具有非排他性和非竞争性的物品被称为**公共物品**。其他的一些例子还有警察与消防保护,公路,国防,灯塔,电视与无线电广播,清洁的空气,等等。

也有不少介于两者之间的例子,比如加密的电视广播。这是非竞争性的——因为一个人的消费并不减少另外一个人的;但它又是排他性的,因为只有那些有权使用解密装置的人,才能观看广播节目。这类物品有时被称为**俱乐部物品**。

另一类例子是非排他性但具有竞争性的物品。一条拥挤的街道就是一个很好的例子:任何人都可以使用这条街道,但是一个人的使用会减少另外某个人的可用空间。

最后，我们还有这样一些物品，它们本来是私人物品，却被像公共物品般地对待。例如，教育实质上是一项私人物品——它是排他的，并且在一定程度上是减少性的。但是，大多数国家做出了提供公共教育的行政决策。通常还有对所有公民提供同等教育支出的政府决定。这要求我们把教育像公共物品那样看待。

涉及公共物品与涉及私人物品的资源配置问题，二者是完全不同的。我们前文已经谈到，竞争市场是以高效的方式配置私人物品的有效的社会制度。然而，结果表明，私人市场对于配置公共物品来说，通常不具有很好的机制。一般地说，必须运用其他的社会制度，例如投票。

23.1 离散型公共物品的有效供应

我们从研究两个当事人、两件物品的简单例子开始。一件物品，x_i，是一私人物品，可设想是用于私人消费的货币。另一件物品，G，是一公共物品，它可以是花费在某公共物品如路灯上的货币。当事人起初拥有一些属于私人物品的资源禀赋，w_i，并且决定用多少贡献于公共物品。如果当事人 i 决定贡献 g_i，他将有 $x_i = w_i - g_i$ 的私人消费。我们假设，消费私人与公共物品的效用都是严格递增的，并把当事人 i 的效用函数写为 $u_i(G, x_i)$。

首先，我们考虑这样一种情况：公共物品仅能以一个离散的数量来利用；它或者是以那个数量得到供应，或者根本得不到供应。假定供应一单位的公共物品要耗费 c，于是有下式表示的技术：

$$G = \begin{cases} 1 & \text{当 } g_1 + g_2 \geq c \\ 0 & \text{当 } g_1 + g_2 < c. \end{cases}$$

以后我们将考虑更一般的技术。

我们首先要问，什么时候供应这一公共物品才是帕累托有效的。如果有某一形式的联合贡献 (g_1, g_2)，使得 $g_1 + g_2 \geq c$，并且

$$u_1(1, w_1 - g_1) > u_1(0, w_1)$$

$$u_2(1, w_2 - g_2) > u_2(0, w_2). \tag{23.1}$$

那么,供应这一公共物品将帕累托优于不供应它。

令 r_i 为当事人 i 为了获得一单位的公共物品而愿意放弃的私人物品的最大数量,我们称之为支付意愿的最大值,或者消费者 i 的**保留价格**。(见原书第 9 章,第 153 页)

根据定义,r_i 必满足等式:
$$u_i(1, w_i - r_i) = u_i(0, w_i). \tag{23.2}$$

把这一定义式应用于(23.1)式,我们有
$$u_i(1, w_i - g_i) > u_i(0, w_i) = u_i(1, w_i - r_i),$$

$i = 1, 2$。由于个人消费的效用是严格递增的,
$$w_i - g_i > w_i - r_i$$

$i = 1, 2$。把这些不等式相加,我们可看出
$$r_1 + r_2 > g_1 + g_2 \geq c.$$

因此,如果供应公共物品是帕累托改进,我们必有 $r_1 + r_2 > c$。也就是说,对公共物品的愿意支付的总和必须超过供应它的成本。注意与供应私人物品在效率条件上的差别。在一私人物品的情形中,如果个人 i 愿意付出生产一私人物品的成本,那么供应它就是有效的。这里我们仅需更弱的条件,即**支付意愿的和超过供应的成本**。

表述其逆命题也没什么困难。假设我们有 $r_1 + r_2 > c$。然后选择 g_i 略小于 r_i,以使不等式 $g_1 + g_2 \geq c$,且
$$u_i(1, w_i - g_i) > u_i(0, w_i)$$

得以满足,$i = 1, 2$。这表示当 $r_1 + r_2 > c$ 时,供给这一公共物品既是可行的又是帕累托改进。我们用以下陈述来总结以上的讨论:当且仅当支付意愿的和超过供应成本时,供应一离散的公共物品才是帕累托改进。

表 23.1 一离散的公共物品的私人供应

		消费者 2	
		买	不买
消费者 1	买	-50, -50	-50, 100
	不买	100, -50	0, 0

23.2 一离散的公共物品的私人供应

一私人市场在供应公共物品上的有效性有多大？假设 $r_i = 100, i = 1, 2$ 且 $c = 150$，以使支付意愿的和超过供应成本。每一当事人独立地决定是否要购买这一公共物品。然而，由于公共物品是"公共的"物品，任何一个当事人都不能排除他人对其的消费。

我们可用一简单的对策矩阵来代表策略与结果，见表 23.1。

如果消费者 1 购买这一物品，他将获得 100 美元的收益，但须为这些收益付出 150 美元。如果消费者 1 购买，而消费者 2 不买，消费者 2 将免费得到 100 美元的收益。在此情形下，我们称消费者 2 **搭了**消费者 1 的**便车**。

注意这一博弈与原书第 15 章第 261 页所描述的**囚徒困境**在结构上是相似的。这一博弈中的优势策略均衡是(不买,不买)。没有一个消费者想购买，因为每人都想搭他人的便车。但净结果是这一物品根本得不到供应，即便这样做是有效率的。

这表明，我们不能期望纯粹的独立决策会必然导致公共物品的有效数量得到供应。一般来说，这需要运用更加复杂的机制。

23.3 对一离散的公共物品进行投票

一公共物品的数量通常用投票的方式加以决定。一般地，这能够导致一种有效的供应吗？假设我们有三个消费者，他们决定对是否要供给需花费 99 美元才能提供出来的一公共物品进行投票。如果多数投票赞成供应,他们将均摊成本,每人支付33美元。这三位消费者的保留价格分别是：$r_1=90, r_2=30, r_3=30$。

显然,保留价格之和超过供应成本。然而,在此情况下,只有消费者1将投票赞成供应这一公共物品,因为只有消费者1能从中获得一正的净收益。多数投票表决的问题是,它仅衡量了对公共物品的序数偏好,而效率条件需要一个对支付意愿的比较。消费者1或许愿意对其他消费者进行补偿,以使他们投公共物品的赞成票,但这种可能性也许得不到利用。

另一类投票涉及到个人宣布他们对公共物品的支付意愿,并伴之以如下规则:如果宣布的支付意愿之和超过公共物品的成本,该公共物品就将得到供应。如果成本份额是固定的,那么这一博弈中将典型地不存在均衡。考虑上面给出的三个投票者的例子。在此情况下,投票者1将因这一(公共)物品得到供应而获益,所以他完全有理由宣布一个任意大的正数。同样地,当事人2和3完全有理由宣布任意大的负数。

对一物品的另一类投票涉及每人宣布其对公共物品愿意支付多少。如果宣布的价格之和至少与公共物品的成本同样大,该公共物品就得到供应,并且每人必须支付他所宣布的数目。在此情况下,如果这一公共物品的供应是帕累托有效的,那么这就是博弈的一个均衡。使每一当事人所宣布的不大于其保留价格且总和达到公共物品的成本的任一声明集,都是一个均衡。然而,这一博弈也有许多其他的**低效**均衡。例如,所有的当事人都宣布对这一公共物品的支付意愿为零,就是一个典型的均衡。

23.4 一连续公共物品的有效供应

现在让我们假定公共物品可以任一连续的数量供应;为了简便我们继续考虑仅有2个当事人的情况。如果 g_1+g_2 被用于公共物品,那么公共物品的数量就由 $G=f(g_1+g_2)$ 给出,且当事人

i 的效用由 $U_i(f(g_1+g_2), w_i-g_i)$ 给出。我们还不如把生产函数包含在效用函数里,且仅写为 $u_i(g_1+g_2, w_i-g_i)$,而 $u_i(G, x_i)$ 就是以 $U_i(f(G), x_i)$ 定义的。效用函数里包含技术并不失其一般性,因为效用最终依赖于用于公共物品的总量。

我们知道,效率的一阶条件可从效用加权和的最大化中求得:
$$\max_{g_1, g_2} a_1 u_1(g_1+g_2, w_1-g_1) + a_2 u_2(g_1+g_2, w_2-g_2).$$
对 g_1 和 g_2 的一阶条件可写作:

$$a_1 \frac{\partial u_1(G, x_1)}{\partial G} + a_2 \frac{\partial u_2(G, x_2)}{\partial G} = a_1 \frac{\partial u_1(G, x_1)}{\partial x_1}$$

$$a_1 \frac{\partial u_1(G, x_1)}{\partial G} + a_2 \frac{\partial u_2(G, x_2)}{\partial G} = a_2 \frac{\partial u_2(G, x_2)}{\partial x_2}. \quad (23.3)$$

因而有 $a_1 \partial u_1/\partial x_1 = a_2 \partial u_2/\partial x_2$。(23.3)式的左边被右边相除,并应用这一等式,我们有

$$\frac{\frac{\partial u_1(G, x_1)}{\partial G}}{\frac{\partial u_1(G, x_1)}{\partial x_1}} + \frac{\frac{\partial u_2(G, x_2)}{\partial G}}{\frac{\partial u_2(G, x_2)}{\partial x_2}} = 1, \quad (23.4)$$

或者,
$$MRS_1 + MRS_2 = 1.$$

在连续的供应公共物品的情况下,有效率的条件是:边际支付意愿的和等于供应的边际成本。在本例中边际成本为 1,因为公共物品直接就是两者贡献之和。

跟通常一样,存在着配置 (G, x_1, x_2) 的一整个区域满足这一效率条件。由于一般说来对一公共物品的边际支付意愿依赖于个人消费的数量,G 的效率水平将典型地依赖于 x_1 和 x_2。

然而,在一特殊情况下,即拟线性效用的情形,公共物品的有效数量将独立于个人的消费水平。要看出这点,不妨假设效用函数具有 $u_i(G) + x_i$ 的形式。那么,效率条件(23.4)可写为 $u_1'(G) + u_2'(G) = 1$,它将标准地决定公共物品的惟一水平。[1]

例子:求解一公共物品的有效供应量

假定效用函数具有柯布-道格拉斯形式 $u_i(G, x_i) = a_i \ln G + \ln x_i$。在此情形下边际替代率(MRS)函数由 $a_i x_i / G$ 给出,所以效率条件为

$$\frac{a_1 x_1}{G} + \frac{a_2 x_2}{G} = 1,$$

或者

$$G = a_1 x_1 + a_2 x_2. \tag{23.5}$$

如果起初可用的私人物品的总量为 w,那么我们也有条件式

$$x_1 + x_2 + G = w. \tag{23.6}$$

等式(23.5)与(23.6)描述了帕累托有效配置集。

现在考虑具有 $u_i(G, x_i) = b_i \ln G + x_i$ 形式的拟线性效用函数。一阶效率条件为:

$$\frac{b_1}{G} + \frac{b_2}{G} = 1,$$

或者

$$G = b_1 + b_2. \tag{23.7}$$

配置又必定是可行的,因此帕累托有效配置集就由(23.6)与(23.7)给出。注意,在拟线性效用函数情况下,公共物品的有效数量是惟一的,而在一般情况下存在着许多不同的有效水平。

23.5 一连续公共物品的私人供应

假设每一当事人独立决定他要为这一公共物品贡献多少。比如说,如果当事人1认为当事人2将贡献 g_2,那么,当事人1的效用最大化问题就是

$$\max_{g_1} u_1(g_1 + g_2, w_1 - g_1)$$
$$s.t. \; g_1 \geq 0.$$

约束条件 $g_1 \geq 0$ 在本例中是一自然的限制,它说明当事人 1 可以自愿地增加公共物品的数量,但他不能单方面地减少它。如我们下面将要看到的那样,这一不等式约束结果是很重要的。

这一问题的库恩-塔克一阶条件为

$$\frac{\partial u_1(g_1+g_2,x_1)}{\partial G} - \frac{\partial u_1(g_1+g_2,x_1)}{\partial x_1} \leq 0, \quad (23.8)$$

如果 $g_1 > 0$ 则等式成立。我们也可把这一条件写为:

$$\frac{\dfrac{\partial u_1(g_1+g_2,x_1)}{\partial G}}{\dfrac{\partial u_1(g_1+g_2,x_1)}{\partial x_1}} \leq 1.$$

如果当事人 i 贡献一正的数量,其公共与私人物品间的边际替代率必定等于他的边际成本 1。如果其边际替代率低于他的成本,那他就不会贡献什么。

这一条件可用图 23.1 来说明。这里当事人 1 的"禀赋"是点 (w_1,g_2),因为在他无所贡献时他得到的个人消费量是 w_1,而且他获得的公共消费量是 g_2。"预算线"是过这一点斜率为 -1 的直线

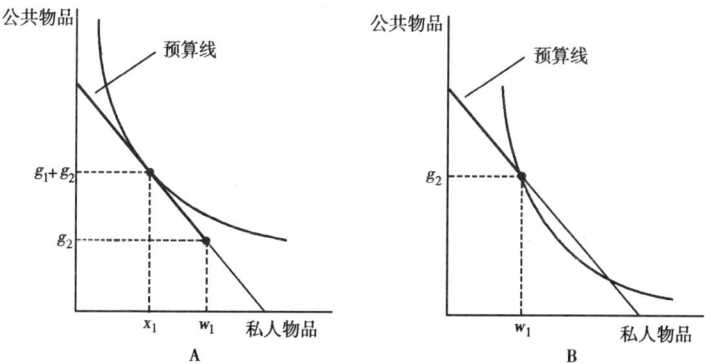

图 23.1 一公共物品的私人供应

在图 A 中,当事人 1 贡献一正的数量。在图 B 中,当事人 1 发现搭当事人 2 的便车是最可取的。

(段)。预算线上的可行点是那些满足 $g_1 = w_1 - x_1 \geq 0$ 的点。我们画出了两种情形:一种情形下,当事人 1 想贡献一正的数量;另一情形下,当事人 1 想搭便车。

这一博弈的一个纳什均衡,是在给定另一当事人贡献条件下使每一当事人都贡献出最优数量的一个贡献集(g_1^*, g_2^*)。因此,等式(23.8)对两个当事人来说必须同时得到满足。我们可以将以纳什均衡为特征的条件写为:

$$\frac{\frac{\partial u_1(G^*, x_1^*)}{\partial G^*}}{\frac{\partial u_1(G^*, x_1^*)}{\partial x_1}} \leq 1$$

$$\frac{\frac{\partial u_2(G^*, x_2^*)}{\partial G^*}}{\frac{\partial u_2(G^*, x_2^*)}{\partial x_2}} \leq 1. \tag{23.9}$$

如果一正数的 G 被提供出来,那么这些不等式中至少有一个必须是等式。我们可以继续分析并尝试着找出在怎样的条件下只有一个当事人贡献,何时两者都贡献,等等。

不过,在本例中还存在着另一种稍微更有用的方式来描述纳什均衡。为了做到这一点,我们需要解当事人 i 的**反应方程**。这给出当事人 i 想贡献出的以另一当事人的贡献量为函数的数量。

我们可以把当事人 1 的最大化问题写为:

$$\max_{g_1, x_1} u_1(g_1 + g_2, x_1)$$
满足 $g_1 + x_1 = w_1$
$$g_1 \geq 0. \tag{23.10}$$

利用 $G = g_1 + g_2$ 的事实,我们可以把这一问题重写为:

$$\max_{G, x1} u_1(G, x_1)$$
满足 $G + x_1 = w_1 + g_2$
$$G \geq g_2. \tag{23.11}$$

仔细留意第二个公式。它说明,当事人 1 在其预算约束与他选择的数量至少不小于另一个人提供的数量的约束条件下,他有效地选择了公共物品的总量。预算约束说明,他消费的总价值必须与其"禀赋"总值 $w_1 + g_2$ 相等。

问题(23.11)除了不等式约束外,与通常的消费者最大化问题十分相似。令 $f_1(w)$ 为当事人 1 对公共物品的需求,这一需求是其财富的函数,忽略去不等式约束。那么,解(23.10)所得出的公共物品数量由下式给出

$$G = \max\{f_1(w_1 + g_2), g_2\}.$$

等式两边同时减去 g_2,我们有

$$g_1 = \max\{f_1(w_1 + g_2) - g_2, 0\}.$$

这就是当事人 1 的反应方程;它给出了他的作为另一当事人贡献量函数的最优贡献量。一个纳什均衡就是一个能使下式成立的贡献集 (g_1^*, g_2^*)

$$g_1^* = \max\{f_1(w_1 + g_2^*) - g_2^*, 0\}$$
$$g_2^* = \max\{f_2(w_2 + g_1^*) - g_1^*, 0).\} \quad (23.12)$$

这一公式通常比公式(23.9)更为有用,因为我们对需求函数可能的样子有了一个更明晰的概念。我们在下面的例子中就会做到这一点。

考察一下效用为拟线性时均衡条件表现出来的形式是有用的。在此情况下,我们可以把(23.9)写为

$$u_1'(g_1^* + g_2^*) \leq 1$$
$$u_2'(g_1^* + g_2^*) \leq 1.$$

注意,一般说来,两个约束条件中仅有一个起限制作用。假设当事人 1 对公共物品比当事人 2 有一个更高的边际值,使得对所有的 G 都有 $u_1'(G) > u_2'(G)$,那么,只有当事人 1 愿意贡献——当事人 2 则总是搭便车。只有当两个人对公共物品有同样的爱好(在边际上)时,他们才会都有所贡献。

换一种说法,我们注意到当效用为拟线性时,对公共物品的需求将独立于收入,使得 $f_i(w) \equiv \bar{g}_i$ 成立。那么,(23.12)就采用了如下形式:

$$g_1^* = \max\{\bar{g}_1 - g_2^*, 0\}$$
$$g_2^* = \max\{\bar{g}_2 - g_1^*, 0\}.$$

从这些等式中可导出,如果 $\bar{g}_1 > \bar{g}_2$,那么 $g_1^* = \bar{g}_1$,且 $g_2^* = 0$.

例子:求解纳什均衡供应量

考虑我们前面的有柯布-道格拉斯效用函数的例子。应用柯布-道格拉斯需求函数的标准公式,我们有

$$f_i(w) = \frac{a_i}{1+a_i}w.$$

由此导出,(23.12)的解必须满足

$$g_1 = \max\left\{\frac{a_1}{1+a_1}(w_1 + g_2) - g_2, 0\right\}$$
$$g_2 = \max\left\{\frac{a_2}{1+a_2}(w_2 + g_1) - g_1, 0\right\}. \quad (23.13)$$

就拟线性的例子来说,我们有一阶条件:

$$\frac{b_1}{G} \leq 1$$
$$\frac{b_2}{G} \leq 1.$$

所以,$G^* = \max\{b_1, b_2\}$. 如果 $b_1 > b_2$,当事人 1 做出全部贡献,而当事人 2 则搭便车。

23.6 投　　票

假设一组当事人正在考虑对公共物品的数量进行投票表决。如果公共物品的当前水平是 G,那么他们就投票决定是否增加或

者减少公共物品的数量。如果多数人投票赞成增加或者减少公共物品的数量,那就这么做。能使多数人既不喜欢更多也不喜欢更少的公共物品之数量,就是一个**投票均衡**。

无需更进一步的限制,这一模型中就可能不存在均衡。例如,假定有 A、B、C 三个当事人,及公共物品的三种供应水平,1、2,或 3 单位。A 喜欢 1 甚于 2 且 2 甚于 3;B 喜欢 2 甚于 3 且 3 甚于 1;C 喜欢 3 甚于 1 且 1 甚于 2。因而,不管提供出来的公共物品数量是多少,总有想改变它的多数人存在。这就是著名的**投票悖论**的一个例子。

然而,如果我们愿意加进一点东西去,我们就能消除这一悖论。假设所有当事人都同意:如果多数人投票赞成增加公共物品的数量,那么当事人 i 就支付增加成本的一部分 s_i。假定所有当事人都有拟线性效用函数。如果供应了 G 单位的公共物品,当事人 i 获得的效用就是 $u_i(G) - s_i G$。因而,如果 $u_i'(G) > s_i$,他将投票赞成增加公共物品的数量。

如果 $u_i(G) - s_i G$ 有惟一的最大值,我们就称当事人 i 有单峰偏好。假设这一条件得到满足,令 G_i 为使当事人 i 效用最大化的点。那么我就断言,惟一的投票均衡由 G_i 的**中值**给出。为简单起见,假设每一当事人有一个不同的 G_i 值,且投票者人数为一奇数。如果有 $n+1$ 个投票者,那么**中间的投票者**就是这样一个人,他一边的 $n/2$ 的人喜欢更多的公共物品,另一边的 $n/2$ 则喜欢更少。如果当事人 m 是中间的投票人,那么公共物品投票均衡的水平 G_v,就由下式给出

$$u_m'(G_v) = s_m.$$

这样的一个均衡被称为**鲍恩均衡**。显然这是一个均衡,因为多数人不想增加或减少公共物品的数量。不难证明它是惟一的。

令人感兴趣的一个问题是,怎样比较公共物品的有效水平。回想一下,公共物品的这一水平能满足下式:

$$\sum_{i=1}^{n} u_i'(G_e) = 1.$$

我们也可把它写为

$$\frac{1}{n}\sum_{i=1}^{n} u_i'(G_e) = \frac{1}{n}.$$

等式左边是"平均的"效用函数的导数,等式右边是平均的成本份额。因而,公共物品的有效水平由以下条件决定:平均的支付意愿必须等于平均成本。投票均衡的条件是,中间的支付意愿决定公共物品的均衡数量。应把这两种条件加以对比。如果中间的消费者要求的公共物品数量与通常的消费者相同,那么投票决定的公共物品的供给数量就是有效的。不过,一般说来,由投票决定的公共物品供应,不是过多就是过少,这依赖于中间投票人比通常的投票人是否想要更多或更少的公共物品。

例子:拟线性效用与投票

假设效用采用 $b_i \ln G + x_i$ 的形式,且每人须支付公共物品的一个相等份额 $1/n$. 公共物品的有效数量由 $Ge = \sum_i b_i$ 给出。投票均衡数量是对中间投票人来说最优的数量。令 b_m 为投票者的偏好参数,我们有

$$\frac{b_m}{G_v} = \frac{1}{n},$$

或者 $G_v = nb_m$。所以

$$G_e > G_v \text{ 当且仅当} \frac{1}{n}\sum_i b_i > b_m.$$

也就是说,如果通常的消费者比中间的消费者认为公共物品具有更高的价值,那么,公共物品的有效数量就会超过多数投票决定的供应量。

23.7 林达尔配置

假设我们用价格系统来设法维持公共物品的一有效配置。我们让每个消费者 i 有权以 p_i 的价格想"买"多少就买多少公共物品。因而,消费者 i 要解最大化问题

$$\max_{x_i, G} u_i(G, x_i)$$
$$s.t. \; x_i + p_i G = w_i.$$

这一问题的一阶条件是

$$\frac{\frac{\partial u_i}{\partial G}}{\frac{\partial u_i}{\partial x_i}} = p_i.$$

作为 p_i 与 w_i 函数的 G 的最优数量,是消费者对公共物品的需求函数,我们把它写为 $G_i(p_i, w_i)$。

有没有这样一组价格,它使得消费者自然而然地选择公共物品的一有效数量?在标准的凸性条件下,答案是"有"。从我们对有效性的分析中得知,公共物品的一有效数量必须满足:

$$\frac{\frac{\partial u_1(G^*, x_1^*)}{\partial G}}{\frac{\partial u_1(G^*, x_1^*)}{\partial x_1}} + \frac{\frac{\partial u_2(G^*, x_2^*)}{\partial G}}{\frac{\partial u_2(G^*, x_2^*)}{\partial x_2}} = 1.$$

因而选择

$$p_i^* = \frac{\frac{\partial u_i(G^*, x_i^*)}{\partial G}}{\frac{\partial u_i(G_*, x_i^*)}{\partial x_i}}$$

就解决了难题。这些价格——维持公共物品的一有效配置的价格——就是**林达尔价格**。

我们也可将这些价格解释为税率。如果供应了 G 单位的公共

物品,那么当事人 i 必须支付 p_iG 的税金。为此,人们有时见到,林达尔价格被称为**林达尔税**。

23.8 需求显示机制

在本章前面我们已经看到,公共物品或许对分散化的资源配置机制提出了问题。公共物品的私人供应一般要少于公共物品的有效数量。投票则可能导致公共物品供给过多或者过少。是否存在着一种机制,使得公共物品的供给量恰好"正确"?

为了考察这一问题,让我们回到离散型公共物品的模型。假定 G 或者是 0 或者是 1。令 r_i 为当事人 i 的保留价格,s_i 为当事人 i 的公共物品成本份额。由于供给公共物品的成本为 c,所以,如果要供给公共物品,那么当事人 i 必须支付的货币总额就是 s_ic。令 $u_i = r_i - s_ic$ 为当事人 i 从公共物品所得的**净值**。根据我们前面的讨论,当 $\sum_i u_i = \sum_i (r_i - s_ic) > 0$ 时,供给公共物品是有效率的。

我们大概能用的一种机制,就是直接要求每一当事人报告他或她的净值,并且如果这些报告值的和非负,那就供给公共物品。这种方案的麻烦是,它对单个当事人显示其真实的支付意愿不能提供有效的激励。例如,不管当事人 1 的净值超过 0 有多少,他都完全有理由报告一个任意大的数值。由于他的报告不影响他支付的多少,但却影响到是否供给公共物品,他完全有理由尽可能地把数值报大。

我们怎样才能引导每一当事人诚实地显示其公共物品的真实值呢?这里有一个奏效的方案:

格罗夫斯-克拉克机制

(1) 每一当事人报告对公共物品的一个"出价",b_i。这可以是也可不是他的真实净值。

(2) 如果 $\sum_i b_i \geqslant 0$,就提供公共物品;如果 $\sum_i b_i < 0$,就不提

供。

(3)每一当事人 i 得到一份等于其他出价之和的额外支付,如果公共物品被提供的话。(如果这一和为正,当事人 i 就得到它;如果和为负,当事人 i 就必须支付那个数额。)

让我们来说明,对每一当事人来说报告其真实值是最优的。有几个当事人,每人的真实值为 v_i,其出价为 b_i。我们要说明,不管他人报告什么值、对每一当事人来说报告 $b_i = v_i$ 是最优的。也就是说,我们要说明,说实话是一**优势策略**。

当事人 i 的报偿采取如下形式

$$\text{对 } i \text{ 的报偿} = \begin{cases} v_i + \sum_{j \neq i} b_j & \text{当 } b_i + \sum_{j \neq i} b_j \geq 0 \\ 0 & \text{当 } b_i + \sum_{j \neq i} b_j < 0. \end{cases}$$

假设 $v_i + \sum_{j \neq i} b_j > 0$。那么当事人 i 可以通过报告 $b_i = v_i$ 而使公共物品的供给得到保证。另一方面,假定 $v_i + \sum_{j \neq i} b_j < 0$。那么当事人 i 可以通过报告 $b_i = v_i$ 而保证公共物品得不到供应。无论如何,对当事人 i 来说,说实话总是最优的。不管其他当事人做什么,都不会有歪曲偏好的激励。实际上,信息收集机制已得到改进,使得每一当事人面临着社会决策问题而不是个人决策问题,因而每一当事人有正确显示自己偏好的激励。

不幸的是,上述偏好显示方案有一重大缺陷。全部的额外支付额也许非常之大:它们与其他每个人的出价(总)额相等。诱使当事人说真话也许代价太高了!

理想地说,我们希望有一种额外支出之和为零的机制。不过,一般来说,这是不可能的。然而,设计出一种额外支付总为非正数的机制却是可能的。因而,当事人也许被要求"纳税",但永远得不到支付。由于有这些"浪费了"的税收支付,公共与私人物品的配置将不是帕累托有效的。可是,当且仅当提供公共物品有效时,人们才会这么做。

让我们来说明怎样才能做到这一点。基本的想法是这样的:我

们可以在当事人 i 的额外支付上增加另外一个数量,它仅依赖于其他当事人的行为而一点也不影响 i 的激励。

令 b_{-i} 为略去了当事人 i 的出价向量,$h_i(b_{-i})$ 为当事人 i 另外的支付额。现在,当事人 i 的报偿采取了形式:

$$\text{对 } i \text{ 的报偿} = \begin{cases} v_i + \sum_{j \neq i} b_j - h_i(b_{-i}) & \text{当 } b_i + \sum_{j \neq i} b_j \geq 0 \\ -h_i(b_{-i}) & \text{当 } b_i + \sum_{j \neq i} b_j < 0. \end{cases}$$

显然,正是由于上面提到的原因,这种机制会给出真实的显示。如果明智地选择 h_i 函数,额外支出的规模会大大减小。对 h_i 函数的一个较好选择如下:

$$h_i(b_{-i}) = \begin{cases} \sum_{j \neq i} b_j & \text{当 } \sum_{j \neq i} b_j \geq 0 \\ 0 & \text{当 } \sum_{j \neq i} b_j < 0. \end{cases}$$

这样的一个选择产生了**枢纽机制**,也作为**克拉克税**而知名。当事人 i 报偿的形式为

$$\text{对 } i \text{ 的报偿} = \begin{cases} v_i & \text{当 } \sum_i b_i \geq 0 \text{ 且 } \sum_{j \neq i} b_j \geq 0 \\ v_i + \sum_{j \neq i} b_j & \text{当 } \sum_i b_i \geq 0 \text{ 且 } \sum_{j \neq i} b_j < 0 \\ -\sum_{j \neq i} b_j & \text{当 } \sum_i b_i < 0 \text{ 且 } \sum_{j \neq i} b_j \geq 0 \\ 0 & \text{当 } \sum_i b_i < 0 \text{ 且 } \sum_{j \neq i} b_j < 0. \end{cases}$$
(23.14)

注意,当事人 i 永远收不到一正的额外支付,他或许被征税,却永远得不到补贴。仅当当事人 i 改变社会决定时,加进额外支付才有对他征税的效果。例如,参见表达式(23.14)的二、三行。仅当事人 i 把出价之和从正变为负时,他才必须纳税;反之亦然。当事人 i 必须交纳的税额正是其据以损害其他当事人(根据他们的出价)的数量。当事人 i 为了改变公共物品的数量所必须付出的代价,等于他施加于其他当事人的损害。注意,每一当事人都发现运用这一决策程序是有好处的,因为对他的征税决不会多于其决策

对他的价值。

23.9 有一连续物品的需求显示机制

假设我们现在关心的是一连续型公共物品的供应。如果供应了 G 单位的公共物品,那么消费者 i 将有效用
$$v_i(G) = u_i(G) - s_i G,$$
其中 $u_i(G)$ 为其对公共物品的(拟线性)效用, s_i 为其成本份额。假定当事人 i 被要求报告效用函数 $v_i(G)$。

他报告的函数记为 $b_i(G)$。政府宣布它将供应的公共物品的水平为 G^*, G^* 最大化报告的函数之和。每一当事人将得到等于 $\sum_{j \neq i} b_j(G^*)$ 的一份额外支付。

在这种机制下,诚实地报告其真实的效用函数,总是合乎每一当事人 i 的利益的。要看出这点,稍微留意一下个人 i 想最大化
$$v_i(G) + \sum_{j \neq i} b_j(G),$$
同时政府想最大化
$$b_i(G) + \sum_{j \neq i} b_j(G).$$
通过报告 $b_i(G) = v_i(G)$,当事人 i 保证政府会选择能够最大化他的效用的一个 G^*。

如同在离散的情况中一样,总的额外支付额也许非常庞大。不过,与前边一样,这些数可以通过一个适当的额外支付而减小。在本例中最佳选择是额外支付 $-\max_G \sum_{j \neq i} b_j(G)$。这使当事人 i 的净效用为
$$v_i(G) + \sum_{j \neq i} b_j(G) - \max_G \sum_{j \neq i} b_j(G).$$
注意,后两项的和必定是负的。与前边一样,当事人 i 被征的税正是他改变的社会福利额。

注 释

公共物品的效率条件首先由萨缪尔森(Samuelson,1954)进行了系统的阐述。公共物品的私人供应已由博格斯特罗姆(Bergstrom)、布鲁姆(Blume)和瓦里安(Varian)(1986)作了广泛研究。林达尔(Lindahl,1919)引入了林达尔价格的概念。需求显示机制已由克拉克(Clarke,1971)和格罗夫斯(Groves,1973)提出。

[1]这一论点假定供给一正数的公共物品是有效率的。如果收入非常低,也许就不会这样了。

习 题

23.1 考虑如下博弈作为两个当事人-离散公共物品情况下公共物品问题的一个解。每一当事人宣布一个"出价",b_i。如果 $b_1 + b_2 \geq c$,就提供这一物品且每个当事人支付其出价额;否则就不提供公共物品,每个当事人也无需支付什么。有效的结果是这一博弈的一个均衡吗?有其他的均衡吗?

23.2 假设 u_1 和 u_2 在 (x_i, G) 上都是相似的。推导纳什均衡贡献水平的条件。

23.3 假设现在两个当事人有不等的财富,但有同一的柯布-道格拉斯效用函数,$u_i(G, x_i) = G^a x_i^{1-a}$。均衡时当事人2的贡献为零所需的两人财富差异有多大?

23.4 假设 n 个当事人都有同样的柯布-道格拉斯效用函数,$u_i(G, x_i) = G^a x_i^{1-a}$。总的财富量为 w,分给 $k \leq n$ 个当事人。有多少公共物品被提供出来?当 k 增加时,公共物品的数量怎样变化?

23.5 克拉克税导致帕累托有效配置吗?克拉克税能导致公共物品的一帕累托有效数量吗?

23.6 在南海中有一被称为格兰德的特殊的土著部落,只消费椰子。他们把椰子用于两个目的:或者当食物吃,或者作为公共的宗教祭品而烧掉。(格兰德人相信这一祭品有助于他们的预备仪式。)

假定每一格兰德人 i 初始拥有的椰子量为 $w_i > 0$。令 $x_i \geq 0$ 为其消费的椰子量,$g_i \geq 0$ 为其为公共祭献而拿出的椰子量。拿出用于祭献的椰子总量为 $G = \sum_{i=1}^{n} g_i$。格兰德人 i 的效用函数由下式给出

$$u_i(x_i, G) = x_i + a_i \ln G,$$

其中 $a_i > 1$。

(a)在决定其祭礼时,每个格兰德人都假定其他格兰德人的祭礼数是固定的,确定在此基础上他会给出多少祭礼。令

$$G_{-i} = \sum_{j \neq i} g_j$$

为除格兰德人 i 的之外的祭礼。写出确定格兰德人祭礼的效用最大化问题。

(b)考虑到对所有当事人 i 来说,$G = g_i + G_{-i}$,公共物品的均衡量是多少?(提示:并非每一当事人都将贡献一正数的公共物品。)

(c)这一问题中,谁将搭便车?

(d)在这一经济中,要提供的公共物品的帕累托有效数量是多少?

第24章 外部效应

当一个当事人的行为直接影响另一当事人的环境时,我们就说存在着**外部效应**。在**消费外部效应**中,一个消费者的效用会直接受到另一个消费者行为的影响。例如,一些消费者会受到其他人的抽烟、喝酒、听震耳音乐的影响,等等。消费者或许会受到产生污染或噪音的企业的影响。

在生产的外部效应中,一个企业的生产集会直接受到其他企业行为的影响,例如,钢铁厂产生的烟尘会直接影响洗衣房洗净衣服;养蜂人生产蜂蜜也许会直接影响到隔壁苹果园的产出水平。

在本章中,我们要探讨外部效应的经济问题。我们发现,存在外部效应时市场均衡一般是低效的。这就自然引出了对资源有效配置各种替代方式建议的考察。

存在外部效应时,福利经济学的第一定理不能成立。理由是存在着为人们所关心而又没有标价的物品。存在外部效应时,要达到有效配置必须确保当事人面临其行为的正确定价。

24.1 生产外部效应的一个例子

假设我们有两个企业。企业 1 生产一产出 x 并把它在竞争市场上出售。可是,x 的生产给企业 2 造成了一成本 $e(x)$。例如,采用的是这样的技术,只有产生 x 单位的污染才能制造出 x 单位的产出,并且这污染损害了企业 2。

令 P 为产出的价格,两个企业的利润由下式给出

$$\pi_1 = \max_x px - c(x)$$

$$\pi_2 = -e(x).$$

我们假定两者的成本函数与通常的一样,是递增且凸的,(或许企业 2 会从某些生产行为中获得利润,但为简单起见我们不考虑这点。)

产出的均衡数量,x_q,由 $p = c'(x_q)$ 给出。不过,从社会的观点看,这一产出太大了。第一个企业考虑了**私人成本**——它施加给自己的成本——但它忽略了**社会成本**——私人成本加上它施加给其他企业的成本。

为了确定有效的产出数量,我们要问,如果两个企业合并以便把外部效应**内部化**,那将发生什么情况。在此情况下,联合起来的企业总的最大化利润为:

$$\pi = \max_x px - c(x) - e(x),$$

这一问题有一阶条件

$$p = c'(x_e) + e'(x_e). \tag{24.1}$$

产量 x_e 是一有效产量,它以价格等于边际社会成本为特征。

24.2 外部效应问题的解决

为解决外部效应的低效问题,人们提出了几种解决方案。

庇古税

根据这一观点,企业 1 面临的只是其行为的错误定价,正确的征税将导致有效的资源配置。这种正确的税收称之为**庇古税**。

举例来说,假定企业面临着产量税 t。那么,利润最大化的一阶条件变为

$$p = c'(x) + t.$$

在我们的凸性成本函数假设下,我们可令 $t = e'(x_e)$,这将使企业选择 $x = x_e$,如同等式(24.1)中所确定的那样。即使成本函数不

是凸性的,我们可以简单地对企业 1 征一非线性的税 $e(x)$,从而使其将外部效应的成本内部化。

这一解决方式的问题是,它要求税收当局知道外部效应成本函数 $e(x)$。但如果税收当局知道这一成本函数,它或许只需吩咐企业生产多少就行了。

缺乏市场

根据这一观点,问题是企业 2 关心企业 1 造成的污染但没法影响它。为企业 2 增加一个表达其需求污染——或者减少污染的一个市场,将会提供一个有效配置的机制。

在我们的模型中,当生产 x 单位产出时,不可避免地产生 x 单位的污染。如果污染的市场价格为 r,那么企业 1 就会决定它想卖多少污染,x_1,企业 2 也会决定它要购买多少,x_2。利润最大化问题变为

$$\pi_1 = \max_{x_1} px_1 + rx_1 - c(x_1)$$

$$\pi_2 = \max_{x_2} - rx_2 - e(x_2).$$

一阶条件为

$$p + r = c'(x_1)$$
$$- r = e'(x_2).$$

当污染的需求等于其供给时,我们有 $x_1 = x_2$,且这些一阶条件等于(24.1)中的条件。注意,污染的均衡价格 r 将是一负数。这是自然的,因为污染是一"坏事"而非好事。

更一般地,假定污染和产出不一定以一对一的比例产生。如果企业 1 生产 x 单位的产出并造成了 y 单位的污染,那么它支付的成本为 $c(x, y)$。大概 y 从零的递增会减少生产 x 的成本,否则就不会有什么问题。

当缺乏任何控制污染的机制时,企业 1 的利润最大化问题为

$$\max_{x,y} px - c(x, y),$$

它有一阶条件

$$p = \frac{\partial c(x,y)}{\partial x}$$

$$0 = \frac{\partial c(x,y)}{\partial y}.$$

企业 1 将使污染的价格等于其边际成本。在本例中污染的价格为零,所以,企业 1 的污染将达到使其生产成本极小化的点上。

现在我们为污染设立一个市场。仍令 r 为单位污染的成本,y_1 和 y_2 为企业 1 和 2 的供给和需求。最大化问题为

$$\pi_1 = \max_{x,y_1} px + ry_1 - c(x, y_1)$$

$$\pi_2 = \max_{y_2} - ry_2 - e(y_2).$$

一阶条件为

$$p = \frac{\partial c(x, y_1)}{\partial x}$$

$$r = \frac{\partial c(x, y_1)}{\partial y_1}$$

$$-r = \frac{\partial e(y_2)}{\partial y_2}.$$

令供求相等,于是 $y_1 = y_2$,我们有了 x 和 y 有效水平的一阶条件。

这一解决方式的问题是,为污染而设的市场也许十分虚弱。在上述例子中只有两个企业。没有特别的理由认为这样一个市场会是竞争性的。

产权

按照这一观点,基本的问题是产权无助于实现充分的效率。如果两者的技术都由一个企业来运用,我们已看到不存在什么问题,然而,我们将会看到,存在着一种市场信号来鼓励当事人确定出一有效的产权模式。

如果一个企业的外部效应对另一个企业的经营产生有害影响,它将总能补偿一个企业以买下另一个。明显地,通过协调两个企业的行为,一个企业总能够比各自单独行动时生产更多的利润。因为当外部效应被最优调整时一个企业的价值会超过其当前的市场价值,所以,(在外部效应存在时)一个企业足以补偿另一个企业的市场价值。这一观点表明,市场机制本身提供了调整产权以内部化外部效应的信号。

我们在第 18 章第 345 页的福利经济学第一定理的证明中已经相当一般地确立了这一论断。在那里我们阐明了:如果一配置不是帕累托有效的,那么就存在着某种能使利润总和增大的配置方式。对定理的仔细考察表明,所有必需的条件是,消费者所关心的全部商品都已被定价,或者等价地说,消费者的偏好仅依赖于他们自己的消费束。也许存在着任意种类的生产外部效应,并且我们的论证直到最后一行仍然是通得过的,在那里我们阐明了在帕累托优势配置点的利润总和超过初始配置点的利润总和。如果没有生产外部效应,这就是一个矛盾。如果生产外部效应存在,那么这一论断表明了,存在着能够增加利润总和的某种替代性的生产计划——因而对一个企业来说存在着一种市场激励,使它将其他企业收购下来,协调它们的生产计划,把外部效应内部化。

实质上,企业一直增长到它把所有有关的生产外部效应内部化。这就某些种类的外部效应很奏效,但并不是对所有的外部效应。例如,它不能很好地处理消费外部效应的情况,或者公共物品外部效应的情况。

24.3 补偿机制

上面我们论述了,庇古税一般不足以解决由信息问题而产生的外部效应:不能期望税收当局能够知道外部效应所造成的成本。可是,产生外部效应的当事人也许很有理由清楚它所造成的成本。

如果是这样的话,那就会有一个相对简单的将外部效应内部化的方案。

这一方案包括为外部效应设立一个市场,但须以鼓励企业正确显示其给其他企业造成的成本的方式来这么做。这一方案发挥作用的方式如下:

宣布阶段。企业 $i=1,2$ 命名一庇古税 t_i,它可以是也可以不是这种税的有效水平。

选择阶段。如果企业1生产 x 单位产出,那么它必须交 $t_2 x$ 的税,并且企业2获得 $t_1 x$ 数量的补偿。另外,每一企业根据它们所宣布的两个税率的差额再支付一份罚金。

罚金的精确形式对我们的目的是无关紧要的;重要的是,当 $t_1 = t_2$ 时,它为零,其他情况下皆为正数。为了说明方便,我们选择了一个二次的罚金项。在这种情况下,企业1和企业2的最终支付由下式给出

$$\pi_1 = \max_x px - c(x) - t_2 x - (t_1 - t_2)^2$$
$$\pi_2 = t_1 x - e(x) - (t_2 - t_1)^2.$$

我们要说明:这一博弈的均衡结果包含外部效应生产的一个有效水平。为了说明这点,我们须考虑一下什么构成了这一博弈的一个合理的均衡概念。由于此博弈有两个阶段,需有一个**子博弈完美**均衡——即每一个企业考虑了第一阶段的选择对第二阶段结果的影响的均衡——是合理的。见第15章,第275页。

与往常一样,我们通过先看第二阶段来解这一博弈。考虑第二阶段的产出选择。企业1将选择 x 以满足条件

$$p = c'(x) + t_2 \tag{24.2}$$

对于选定的 t_2 的每一个值,将存在某些最优的选择 $x(t_2)$。如果 $c''(x) > 0$,容易证明 $x'(t_2) < 0$。

在第一阶段,每个企业将选择税率以最大化其利润。对企业1来说,选择是简单的:如果企业2选择 t_2,那么企业1也想选择

$$t_1 = t_2. \tag{24.3}$$

为了验证这一点,对企业 1 的利润函数关于 t_1 求导即可。

对企业 2 来说,事情有些麻烦,因为它必须认识到其选择 t_2 会通过函数 $x(t_2)$ 影响企业 1 的产出。对企业 2 的利润函数求导,考虑到这一影响,我们有

$$\pi'_2(t_2) = (t_1 - e'(x))x'(t_2) - 2(t_2 - t_1) = 0. \tag{24.4}$$

将(24.2)、(24.3)和(24.4)合在一起,我们发现

$$p = c'(x) + e'(x),$$

这就是效率条件。

这一方法通过为两个当事人设立相反的激励而奏效。显然,从(24.3)中可看出,企业 1 总有与企业 2 所宣布的税率相等的动力。但考虑一下企业 2 的激励。如果企业 2 认为,企业 1 将提议给它以一个较大的补偿 t_1,那么它就希望企业 1 尽可能少地被征税——以使企业 1 能尽可能多地生产。另一方面,如果企业 2 认为企业 1 将提议给它以较小的补偿率,那么企业 2 就希望企业 1 尽可能多地被征税。企业 2 关于企业 1 生产水平无差异的惟一的点,是企业 2 的外部效应的成本在边际上得到了精确的补偿的那个点。

24.4 外部效应存在时的效率条件

这里,我们推导外部效应存在时一般的效率条件。假设有两个物品,一个 x 物品,一个 y 物品,且两个当事人。每一当事人关心另一当事人对 x 物品的消费,但没有人在乎另一当事人对 y 物品的消费。起初,有 $\bar{x}$ 单位的 x 物品和 $\bar{y}$ 单位的 y 物品可用。

根据第 17 章第 332 页,一帕累托配置将在资源约束下使效用之和最大化

$$\max_{x_i, y_i} a_1 u_2(x_1, x_2, y_1) + a_2 u_2(x_1, x_2, y_2)$$
$$\text{满足 } x_1 + x_2 = \bar{x}$$
$$y_1 + y_2 = \bar{y}.$$

一阶条件为

$$a_1 \frac{\partial u_1}{\partial x_1} + a_2 \frac{\partial u_2}{\partial x_1} = \lambda$$

$$a_1 \frac{\partial u_1}{\partial x_2} + a_2 \frac{\partial u_2}{\partial x_2} = \lambda$$

$$a_1 \frac{\partial u_1}{\partial y_1} = \mu$$

$$a_2 \frac{\partial u_2}{\partial y_2} = \mu.$$

经整理,这些条件可写为

$$\frac{\frac{\partial u_1}{\partial x_1}}{\frac{\partial u_1}{\partial y_1}} + \frac{\frac{\partial u_2}{\partial x_1}}{\frac{\partial u_2}{\partial y_2}} = \frac{\lambda}{\mu}$$

$$\frac{\frac{\partial u_1}{\partial x_2}}{\frac{\partial u_1}{\partial y_1}} + \frac{\frac{\partial u_2}{\partial x_2}}{\frac{\partial u_2}{\partial y_2}} = \frac{\lambda}{\mu}.$$

效率条件为边际替代率之和等于一常数。当判定当事人增加其对物品1的消费是否应当时,我们不仅需要考虑到他愿意为增加消费支付多少,而且要考虑到当事人2愿意支付多少。这实质上与对一公共物品的效率条件是相同的。

从这些条件里可以很清楚地看出如何把外部效应内部化。我们直接将 x_1 和 x_2 作为不同的物品。x_1 的价格为 $P_2 = \partial u_2 / \partial x_1$,$x_2$ 的价格为 $p_2 = \partial u_1 / \partial x_2$。如果每一当事人面临其行为的适当价格,市场均衡将导致一有效结果。

注 释

庇古(Pigou,1920)和科斯(Coase,1960)是关于外部效应的经典著作。补偿机制由瓦里安(Varian,1989b)作了深入考察。

习 题

24.1 假定有两个人在决定他们应把车开多快,个人 i 选择速度 x_i 并从这一选择中得到 $u_i(x_i)$ 的效用;我们假定 $u_i'(x_i)>0$。不过,车开得越快,他们就越有可能发生撞车事故。令 $P(x_1,x_2)$ 为一事故发生的概率,假设它关于每个自变量都是递增的;令 $C_i>0$ 为发生事故对个人 i 带来的成本。假定每个人的效用关于货币都是线性的。

(a)说明从社会的观点看,每个人都有激励把车开得过快。

(b)如果发生事故时个人 i 被罚款的数量为 t_i,为了把外部效应内部化,t_i 应为多大?

(c)如果用最优罚款,包括个人支付的罚款在内的总成本是多少?如何与事故的总成本进行比较?

(d)现在假设只有当不发生事故时个人 i 的效用才是 $u_i(x)$。在此情况下,适当的罚金是多少?

第25章 信　　息

过去十年经济理论中成长最为迅速的领域,一直是信息经济学。本章我们将描述这方面的某些基本内容。

我们所要研究的绝大部分内容,是关于**非对称信息**的情形,即在这种情况下,一个经济当事人知道另一经济当事人所不知道的某些事情。例如,一个工人也许比其雇主更知道他能生产多少;或者,一件物品的生产者比其潜在的消费者更了解他所生产的物品的质量。

然而,通过仔细观察这位工人的行为,该雇主或许能够对其生产能力作出一些推断。同样,一个消费者或许能够根据产品的销售情况,对一工厂产品的质量作出一些评判。优秀工人或许希望作为优秀工人而为人所知,或者他们也许不希望这样,这取决于给予他们怎样的报酬。产品质量高的生产者一般希望以此而知名,但产品质量低的生产者也希望获得高质量的声誉。所以,研究非对称信息下的行为,必然涉及到当事人策略的相互作用。

25.1　委托-代理问题

许多种激励问题都可以用以下框架加以模型化。一个人(**委托人**)想要诱导另一个人(**代理人**)进行对代理人有代价的某种活动。委托人或许不能直接观测代理人的活动,但能够观测某一产出 x,它至少部分地是由代理人的活动所决定的。委托人的问题是设计出一种委托人给予代理人的有**激励性的报酬**,$s(x)$,以诱导代理人采取在委托人看来是最好的行动。

委托-代理问题的最简单的事例,是只有一个管理者和一个工人。管理者希望工人付出尽可能多的努力,以生产尽可能多的产出,而工人在既定的努力与激励性报酬格局里,有理由希望做出一项能够最大化自己效用的选择。

稍微不那么明显的例子,是一个零售商与顾客的情形。零售商希望顾客购买其物品——对购买者来说是一种有代价的活动。零售商希望对每个顾客的要价恰好是顾客保留价格——顾客愿意支付的最大值。该商人无法直接观测到这一保留价格,但他能够观测到不同口味的消费者在不同的价格下所愿意购买的数量。于是,该商人的问题就是设计出一个最大化其利润的价格表。这正是垄断厂商在进行价格歧视时所面临的问题。见原书第14章,第244页。

我们将这种问题称为委托-代理问题。在以下各节我们将考察管理者-工人问题,但不难将它推广到其他情况,如非线性定价。

令 x 为委托人得到的产出,令 a 和 b 为代理人从某一可行活动集 A 中选出的可行的活动。在往后某些情况中,假设只有两种可行活动将是方便的,但我们在此先不引入这一限制。首先,我们假设没有不确定性,以使结果完全由代理人的行为所决定,我们将这一关系记为 $x = x(a)$。令 $c(a)$ 为活动 a 的成本,$s(x)$ 为委托人给代理人的激励性报酬。

委托人的效用函数为 $x - s(x)$,即产出减去激励性报酬。代理人的效用函数为 $s(x) - c(a)$,即激励性报酬减去活动成本。委托人想选择一个函数 $s(\cdot)$,它在代理人最优化行为的约束下能够最大化委托人的效用。

有关代理人的约束典型的有两种。第一种是,代理人可能有另外一个可以利用的机会,它能给代理人带来某一保留水平的效用,委托人必须保证代理人至少能获得这一保留水平,以使之愿意参与工作。我们把这一约束称为**参与约束**(有时叫做**个人理性约束**)。

该问题的第二个约束是**激励相容约束**;按委托人选择的既定激励安排,代理人将选择对自己最佳的行为。委托人不能直接选择代理人的行为,他只能通过对激励性报酬的选择来影响这一行为。

我们将考虑两种委托-代理环境。第一种是,其中只有一个作为垄断者的委托人:他制定一种报酬安排,只要预期它能够产生的效用比代理人的保留水平更大,代理人就会接受它。这里我们需要确定在委托人看来是**最优**的激励安排的性质。第二种环境是,其中有许多竞争的委托人,他们各自制定激励计划,我们所要确定的是激励性报酬制度的**均衡**性质。

在垄断性问题中,代理人效用的保留水平是外生的:它一般是与某一不相关的活动相联系的效用。在竞争性问题中,效用的保留水平是内生的:这一效用与其他委托人提供的合同有关。同样,在垄断问题中,可获得的利润的最大值是该问题的目标函数。但在竞争性的问题中,我们一般假设均衡时利润已在竞争中丧失。因此,零利润条件成为一个重要的均衡条件。

25.2 完全信息:垄断解

我们以最简单的例子开始,其中委托人对代理人的成本与活动有完全的信息。在此情况下,委托人的目标是,直接确定他希望代理人选择什么活动,并设计一项激励性的报酬来诱导代理人选择那一活动。由于仅有一个委托人我们称之为垄断情形。[1]

令 a 为代理人可以进行的各种活动,令产出为这一活动的某一已知函数,$x(a)$。令 b 为委托人想诱致的活动。(将 b 视为对委托人最好的活动,a 视为"替代性的"活动。)

设计最优激励方案 $s(\cdot)$ 的问题可以写为

$$\max_{b, s(\cdot)} x(b) - s(x(b))$$

满足 $s(x(b)) - c(b) \geq \bar{u}$ （25.1）

$$s(x(b)) - c(b) \geq s(x(a)) - c(a)$$

对于 A 中所有的 a （25.2）

条件(25.1)施加了这样一个约束:代理人至少必须得到其保

留水平的效用,因为一个可能的"活动"是不参与;这是参与约束。条件(25.2)施加了这样一个约束:代理人将认为选择 b 是最优的;这是激励相容约束。注意,委托人在其激励报酬函数的设计中实际上选择了代理人的活动 b,尽管不是直接的。委托人面临的约束是确信代理人想要采取的行动事实上是委托人希望他采取的行动。

尽管这一最大化问题一眼看来显得特别,但事实上它有平常解。让我们暂且忽略激励相容约束。集中注意目标函数和参与约束,我们看到,对于任何 x,委托人都希望 $s(x)$ 尽可能地小。根据参与约束(25.1),这意味着应让 $s(x(b))$ 等于 $\bar{u} + c(b)$;即,给代理人的报酬补偿了其活动的成本并保有其保留效用。

因此,在委托人看来的最优活动,是能够最大化 $x(b) - \bar{u} - c(b)$ 的。将此活动称为 b^*,相关的产出水平为 $x^* = x(b^*)$。问题是,我们能够设计一个激励方案 $s(x)$ 使得 b^* 对代理人来说是最优选择吗?但这很容易:只要选择任何一个函数 $s(x)$,使得对于 A 中的所有 a 均有 $s(x^*) - c(b^*) \geqslant s(x(a)) - c(a)$ 就行了。例如,令

$$s(x^*) = \begin{cases} \bar{u} + c(b^*) & \text{当 } x = x(b^*) \\ -\infty & \text{其他}. \end{cases}$$

这个激励方案是一个**目标产出方案**:设定一个目标产出 x^*,如果代理人达到了这一目标,就支付给他保留价格,否则会受到一个任意大的处罚。(事实上,任何少于这项报酬的支付都是可行的,如果代理人达到了这一目标的话。)

这仅是解决激励问题的多种可能的激励方案之一。另一种选择是选取**线性激励报酬**,且令 $s(x(a)) = x(a) - F$。在此情况下,代理人必须给委托人一项总额费 F,然后得到所生产的全部产量。这种方案可行,是因为代理人有积极性选择最大化 $x(a) - c(a)$ 的行动。支付 F 的选择要使得代理人恰满足于参与约束;即 $F = x(b^*) - c(b^*) - \bar{u}$。在此情况下,代理人是产出的**剩余索取者**。一旦代理人将数量 F 支付给了委托人,代理人就可获取所有的剩余利润。

关于完全信息委托-代理问题的这些解,有几件事值得注意。

第一,激励相容约束实际上不"起作用"。一旦选择了产量的最优值,总有可能选择一项激励方案,它将支持最优值作为代理人的一项最佳选择。第二,由于激励相容约束从未起作用,将总会生产出帕累托有效的产量。即没有办法生产出令委托人和代理人都喜欢的另一产量。注意到没有激励约束的这一最大化问题为标准形式的帕累托最优化问题:最大化一个当事人的效用并保持另一当事人的效用不变,由此即可导出上面的结论。

这些激励方案的困境是,它们对信息的细微的不完善十分敏感。例如,假设投入产出之间的关系不是完全确定的。也许系统内有某种"噪音",使得产出低或许是由于厄运,而不是缺乏努力。在此情形下,上述激励方案也许是不合适的。如果代理人只是当他取得了目标产量后才得到支付,那么他的期望效用——对随机化了的产量进行平均——或许低于其效用的保留水平。因此,他会拒绝参与。

为了满足参与约束,委托人必须给代理人提供一个使代理人得到其保留水平的效用的支付方案。一般地,这样的方案将包括在多个产量下的正的报酬,因为许多不同的产出或许与目标水平的努力是一致的。这类问题以**隐瞒活动**激励问题而知名,因为代理人的活动不能被委托人完全观察到。

令人感兴趣的第二类信息不完善问题是,其中的委托人不能完全观测到代理人的目标函数。或许有许多不同类型的代理人,他们具有不同效用函数或成本函数。委托人必须设计出一项激励方案,它不论涉及什么样的代理人,平均说来是运行良好的。这类激励问题以**隐瞒信息**问题而知名,因为困难在于有关代理人类型的信息对委托人隐瞒起来了。下面我们将分析这两类激励问题。

25.3 完全信息:竞争解

在转入讨论之前,在一个竞争环境中考察一下完全信息委托-

代理问题是挺有趣的。如上面所指出的,完成模型的一个方法是加入竞争使利润为零这一条件。

为了理清思路,假设有一组生产者和一组同样的工人。每一生产者制定一套激励制度,试图把工人吸引到他的工厂里来。生产者必须相互竞争以吸引工人,工人必须相互竞争以获得工作。

一个给定的生产者所面临的最优化问题与垄断情形里的是一样的:他清楚诱导各种水平的努力要花费多少,吸引工人到其工厂要花费多少,并选择最大化收益减去成本的那一组合。

我们已经知道,在此情形下可以选出一项最优激励方案,使得报酬成为产出的一个线性函数,于是 $s(x) = x - F$。在垄断模型中,F 由参与约束所决定

$$x(b^*) - F - c(b^*) = \bar{u},$$

其中 $\bar{u}$ 是在模型外的某一其他活动中可以得到的效用水平。

在竞争模型中,这一般不合适。在这种框架中,决定 F 的方法是假设参与约束不起作用,但工业中的竞争将利润压低到零。在此情况下,F 由以下条件决定

$$x - (x - F) = 0,$$

这意味着 $F = 0$。工人们得到其全部边际产品,"垄断租金"被迫为零。

均衡租金为零,是由规模收益不变的技术人为造成的。如果生产者有某些固定成本 K,那么均衡条件就要求 $F = K$。

从正式的观点看,垄断与竞争解之间的主要区别,是租金 F 如何确定。在垄断模型中,F 是使得工人在为委托人工作与从事其他活动之间无差异的那一数量。在竞争模型中,租金由零利润条件确定。

25.4 隐蔽活动:垄断解

在本节中,我们将考察委托-代理关系的一个简单模型,其中

的活动不能直接观察。我们将作出几个假设以便于分析。特别地,我们将假设仅存在有限数目的可能的产出水平($x_1,\cdots,x_n$)。代理人可以采取两种行动,a 或者 b,它们影响各种产出出现的概率。因而我们令 π_{ia} 为代理人选择行动 a 时产出水平 x_i 被观察到的概率。令 π_{ib} 为代理人选择行动 b 时 x_i 被观察到的概率。令 $s_i = s(x_i)$ 为当观察到 x_i 时委托人给予代理人的报酬。那么,当代理人选择行动 b 时,委托人的预期利润为

$$\sum_{i=1}^{n}(x_i - s_i)\pi_{ib}. \qquad (25.3)$$

至于代理人,让我们假设他是风险回避的,并且追求最大化报酬的某一冯·诺伊曼-摩根斯顿效用函数,$u(s_i)$,其行动的成本 c_a 以线性形式进入其效用函数。因此,如果

$$\sum_{i=1}^{n}u(s_i)\pi_{ib} - c_b \geqslant \sum_{i=1}^{n}u(s_i)\pi_{ia} - c_a \qquad (25.4)$$

代理人将选择行动 b,否则将选择行动 a。这是激励相容约束。

我们还假设代理人可以采取的行动之一是不参与。假设,如果代理人不参与,他会得到效用 $\bar{u}$。因此,参与的期望效用至少是 $\bar{u}$:

$$\sum_{i=1}^{n}u(s_i)\pi_{ib} - c_b \geqslant \bar{u}. \qquad (25.5)$$

此为参与约束。

委托人想在约束(25.4)与(25.5)下最大化(25.3)。最大化是对行动 b 和报酬 (s_i) 进行的。注意,在这一问题中,当事人双方都在进行优化选择。在给定了由委托人设立的激励制度 (s_i) 的情况下,代理人将选择对自己最有利的行动 b,明白了这一点,委托人希望提供一种对自己最为有利的激励性报酬形式。因此,委托人必须把代理人的随后行动作为激励性报酬设计中的一个约束。实际上,委托人在为代理人选择一项他希望的行动,同时将这样做的成本考虑在内——即,他必须制定激励性的报酬,使得委托人所希望的行动也正是代理人想做的。

代理人的行动可以观测

在上节讨论的完全信息问题中,激励方案是否以行动或产出为基础是无关紧要的。那是因为存在着行动与产出之间的一一对应关系。在本问题中,这一区别是至关重要的。如果报酬以行动为基础,就有可能实施最好的激励方案,即使产出是随机的,委托人必须做的仅是确定从诱导代理人每一可能的行动中所得的(期望)利润,然后诱发最大化委托人期望利润的行动。

为了从数学上看清这一点,假设委托人能够支付给代理人的报酬是代理人所采取行动的函数,而不是产出。那么代理人将得到某一报酬 $s(b)$。注意,这一报酬是确定的,使得代理人的效用为 $\sum_{i=1}^{n} \pi_{ib} u(s(b)) - C_b = u(s(b)) - c_b$。上述激励问题化简为

$$\max_{S(b),b} \sum_{i=1}^{n} x_i \pi_{ib} - s(b)$$

满足 $u(s(b)) - c_b \geq \bar{u}$

$$u(s(b)) - c_b \geq u(s(a)) - c_a.$$

这正如前面考察的完全信息问题:激励相容约束是无关紧要的。

在委托-代理问题中,只有当行动隐蔽了起来,使得激励性报酬只能以产出为基础时,有趣的情形才会出现。在此情形中,给代理人的报酬必然是随机的,最优激励方案将包含委托人与代理人之间某种程度的风险分担。委托人希望当产出少时对代理人的支付也少,但委托人无法辨别,较少的产量究竟是由于代理人不够努力呢,还是由于坏的运气。如果委托人对产量低处罚太重,他将给代理人造成太大的风险,并将不得不提高平均的支付水平以补偿这一风险。这是委托人在设计最优激励机制时面临的交换。

假设不存在激励问题,仅有风险分担问题。在此情况下,委托人的最大化问题是

$$\max_{(s_i)} \sum_{i=1}^{n} (x_i - s_i) \pi_{ib}$$

满足 $\sum_{i=1}^{n} u(s_i)\pi_{ib} - c_b \geqslant \bar{u}$.

令 λ 为关于约束的拉格朗日乘子,一阶条件是

$$-\pi_{ib} - \lambda u'(s_i)\pi_{ib} = 0,$$

它意味着 $u'(s_i)$ = 常数,从而意味着 s_i = 常数。实质上,委托人承担了代理人的所有风险。这是很自然的。因为委托人是风险中立的,而代理人是风险回避的。

这个解一般不适于有某种激励约束的情况。如果委托人提供完全的保险,代理人就不关心会出现什么结果,于是他就没有积极性选择委托人所希望的行动:如果代理人得到一份确定的报酬,他何必努力工作?最优激励合同的确定,涉及到委托人为代理人保险所获收益与这一保险带来的积极性损失之间的交换。

最优激励方案的分析

我们将用以下策略来探讨最优激励方案的设计。首先,我们将确定引致每一可能行动所必须的最优激励方案。然后我们比较这些方案对委托人的效用,以弄清在委托人看来哪个方案花费最少。为简便起见,我们假设只有两种行动,a 和 b,是可能的,并要问我们怎样才能设计出一个方案以引致比如说行动 b。令 $V(b)$ 为当委托人设计出引导代理人选择行动 b 的方案时他能获得的最大可能效用。委托人面临的最大化问题是

$$Vb = \max_{(s_i)} \sum_{i=1}^{n}(x_i - s_i)\pi_{ib}$$

满足 $\quad \sum_{i=1}^{n} u(s_i)\pi_{ib} - c_b \geqslant \bar{u} \quad (25.6)$

$$\sum_{i=1}^{u} u(s_i)\pi_{ib} - c_b \geqslant \sum_{i=1}^{n} u(s_i)\pi_{ia} - c_a. \quad (25.7)$$

这里条件(25.6)是参与约束,条件(25.7)是激励相容约束。

这是一个具有线性目标函数和非线性约束的问题。尽管可以

对它进行直接分析,但对于图形处理来说,将此问题重新表述为一个具有线性约束与非线性目标函数的问题会比较方便。令 u_i 为从结果 i 中获得的效用,于是 $u(s_i) = u_i$。令 f 为效用函数的反函数,并写成 $s_i = f(u_i)$。函数 f 直接指出要提供效用 u_i 给代理人需花费委托人多少。容易证明,f 是一凸的增函数。用这一记号重写(25.6)和(25.7),我们有

$$V(b) = \max_{(u_i)} \sum_{i=1}^{n} (x_i - f(u_i)) \pi_{ib}$$

$$\sum_{i=1}^{n} u_i \pi_{ib} - c_b \geqslant \bar{u} \qquad (25.8)$$

$$\sum_{i=1}^{n} u_i \pi_{ib} - c_b \geqslant \sum_{i=1}^{n} u_i \pi_{ia} - c_a. \qquad (25.9)$$

这里,我们将问题视为给代理人选择一个效用的分布,其中委托人提供 u_i 的成本是 $s_i = f(u_i)$。

当 $n = 2$ 时,这一问题可用图形进行分析。在此情况下,只有两种产出水平 x_1 和 x_2;委托人只需设定两个效用水平,u_1,代理人在产出为 x_1 时所得到的效用,及 u_2,当产出为 x_2 时所得到的效用。

由(25.8)和(25.9)确定的约束集如图25.1所示。如果代理人选择行动 a 或 b,其无差异曲线将恰是下列形式的直线

$$\pi_{1b} u_1 + \pi_{2b} u_2 - c_b = 常数$$
$$\pi_{1a} u_1 + \pi_{2a} u_2 - c_a = 常数$$

看看激励相容约束(25.9),并考虑一下代理人在行动 a 和行动 b 之间无差异的那些效用对 (u_1, u_2)。这些是行动 a 的无差异曲线与行动 b 的无差异曲线的交点,代表着同样水平的效用。所有这种效用对 (u_1, u_2) 的轨迹满足方程

$$\pi_{1b} u_1 + \pi_{2b} u_2 - c_b = \pi_{1a} u_1 + \pi_{2a} u_2 - c_a.$$

将 u_2 作为 u_1 的函数,求解,我们有

$$u_2 = \frac{\pi_{1a} - \pi_{1b}}{\pi_{2b} - \pi_{2a}} u_1 + \frac{c_b - c_a}{\pi_{2b} - \pi_{2a}} = u_1 + \frac{c_b - c_a}{\pi_{2b} - \pi_{2a}}. \quad (25.10)$$

u_1 的系数为 1,因为
$$\pi_{1a} + \pi_{2a} = \pi_{1b} + \pi_{2b} = 1.$$
由此可见,方程(25.10)所决定的激励相容线的斜率为 $+1$。代理人更喜欢行动 b 的区域是这条线以上的部分。

参与约束要求
$$\pi_{1b}u_1 + \pi_{2b}u_2 - c_b \geq \bar{u}.$$
使这一条件作为等式得到满足的 (u_1, u_2) 的集合,直接就是代理人的一条 b-无差异曲线。满足激励相容与参与约束的区域在图 25.1 中描绘了出来。

在图中还画出了 45°线。这条线很重要,因为它画出了 $u_1 = u_2$ 的那些 u_1 和 u_2 的组合我们已经知道,如果没有激励相容约束的话,委托人就会直接为代理人保险,且最优解满足条件 $u_1 = u_2 = \bar{u}$。

由于有激励相容约束,完全保险点可能是不可行的。委托代理问题解的性质取决于激励相容线是否截纵或横坐标轴。我们在图 25.2 中说明了这些情形。为了找到最优解,我们简单地画出委托人的无差异曲线。这些线具有如下形式
$$\pi_{1b}(x_1 - f(u_1)) + \pi_{2b}(x_2 - f(u_2)) = 常数$$
当 s_1 和 s_2 减小时,委托人的效用增加。关于其斜率我们知道些什么? 委托人无差异曲线的斜率由下式给出
$$MRS = -\frac{\pi_{1b}f'(u_1)}{\pi_{2b}f'(u_2)}.$$

当 $u_1 = u_2$ 时,我们必有 $MRS = -\pi_{1b}/\pi_{2b}$。由于代理人的无差异曲线取决于条件 $\pi_{1b}u_1 + \pi_{2b}u_2 =$ 常数,当 $u_1 = u_2$ 时,其无差异曲线的斜率也由 $-\pi_{1b}/\pi_{2b}$ 给定。所以委托人的无差异曲线必与代理人的无差异曲线沿 45°线相切。这完全是下述事实的几何结果:如果不存在激励问题,委托人将对代理人完全保险。

因此,如果完全保险解是可行的,如图 25.2B 所示,它将是最优解。如果完全保险解是不可行的,我们发现在最优解中,代理人将承担某些风险。

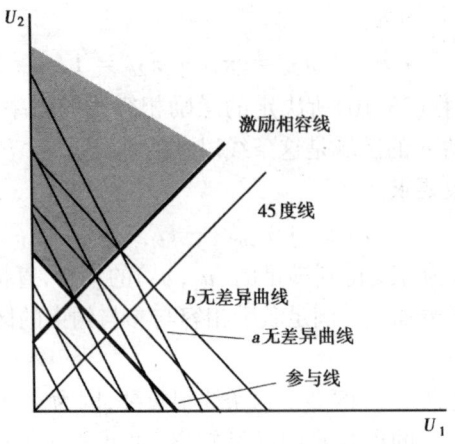

图 25.1 具有隐蔽行动的委托-代理问题的可行集

参与线右上方的区域满足参与约束。激励相容线左上方的区域满足激励相容约束。两个区域的交集是阴影区。

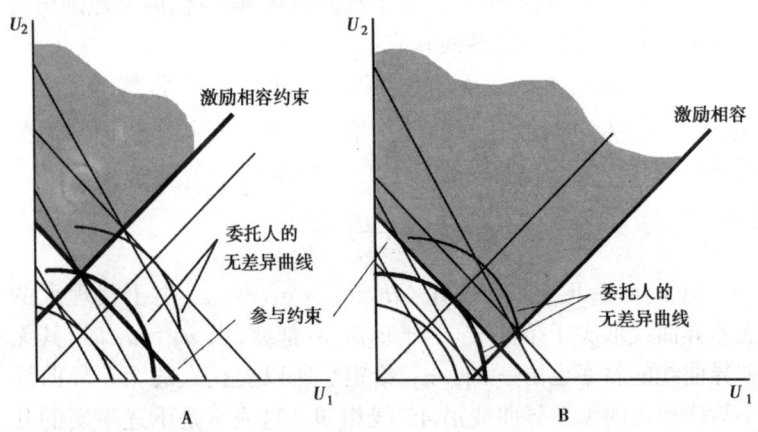

图 25.2 委托-代理问题的两个解

在图 A 中,我们描绘了最优解包含代理人承担某些风险的情形;图 B 描绘了完全保险为最优的情形。

为了用代数方法探讨最优激励方案的性质,我们返回到几个结果的情形,并为(25.6-25.7)描述的最优化问题建立拉格朗日函数

$$L = \sum_{i=1}^{n}(x_i - s_i)\pi_{ib} - \lambda\Big[c_b + \bar{u} - \sum_{i=1}^{n}u(s_i)\pi_{ib}\Big]$$
$$- \mu\Big[c_b - c_a - \sum_{i=1}^{n}u(s_i)(\pi_{ib} - \pi_{ia})\Big].$$

将此式对 s_i 微分,可得到库恩-塔克一阶条件。它给出

$$-\pi_{ib} + \lambda u'(S_i)\pi_{ib} + \mu u'(s_i)[\pi_{ib} - \pi_{ia}] = 0.$$

除以 $\pi_{ib}u'(s_i)$ 并重新排列,我们得到决定激励方案形状的基本方程:

$$\frac{1}{u'(s_i)} = \lambda + \mu\Big[1 - \frac{\pi_{ia}}{\pi_{ib}}\Big]. \tag{25.11}$$

我们一般可以预期,对保留效用的约束将是起作用的,使得 $\lambda > 0$。

第二个约束更有问题:如同我们从图形分析中所见的那样,它可能或者可能不"起作用"。假设 $\mu=0$。于是方程(25.11)意味着 $u'(s_i)$ 等于某常数 $1/\lambda$;即,对代理人的报酬与结果无关。可以推知, s_i 等于某一常数 $\bar{s}$,代入激励相容约束,我们得

$$u(\bar{s})\sum_{i=1}^{n}\pi_{ib} - c_b > u(\bar{s})\sum_{i=1}^{n}\pi_{ia} - c_a.$$

由于每一概率分布之和为1,这意味着

$$c_a > c_b.$$

因此这种情形仅当委托人所喜欢的行动对代理人来说也成本较低时才会出现。这是图25.2B所示的情形,其中委托人与代理人之间没有利益冲突,委托人直接为代理人提供保险。

回到约束起作用因而 $\mu>0$ 的情形,我们知道,一般说来给代理人的报酬 s_i,将随产出 x_i 而变化。在这种情形中,委托人渴望那种给代理人带来高成本的行动,所以给代理人的报酬将依赖于分数 π_{ia}/π_{ib} 的大小。

在统计学文献中, π_{ia}/π_{ib} 形式的表达式以**似然比**而知名。它衡

量在给定代理人选择 a 时观察到 x_i 的可能性与在给定代理人选择 b 时观察到 x_i 的可能性的比率。似然比的值高是倾向于代理人选择了 a 这种观点的根据,而似然比的值低则令人联想到代理人选择了 b。

公式中似然比的出现强有力地表明,最优激励方案的制定与统计推断问题紧密相关。这表明我们可以将统计学文献中的正则条件来分析最优方案的效果问题。例如,一个常用条件,**单调似然比性质**,要求比值 π_{ia}/π_{ib} 是随着 x_i 单调递减的。如果这一条件得到满足,则可推出:$s(x_i)$ 将是 x_i 的单调增函数。细节见梅尔格罗姆(Milgrom,1981)。方程(25.11)引人注意的特征是,最优激励方案是多么简单:它实质上是似然比的一个线性函数。

例子:比较静态

如往常一样,我们可以通过考察这一问题的拉格朗日函数来了解最优激励方案。包络定理告诉我们,委托人最优化了的值函数关于该问题参数的导数,恰等于拉格朗日函数对同一参数的导数。

例如,拉格朗日函数对于 c_a 和 c_b 的导数为

$$\frac{\partial L}{\partial c_a} = \mu$$
$$\frac{\partial L}{\partial c_b} = -(\lambda + \mu). \tag{25.12}$$

这些导数可以用来回答这一古老的问题:胡萝卜与大棒哪个更好?将胡萝卜视为减少选择行动 b 的成本,将大棒视为以同样数量增加选择替代性的行动 a 的成本。根据方程组(25.12),所选行动之成本的微小减少,较之于替代性行动之成本的同量增加,总是能够更多地增加委托人的效用。实际上,胡萝卜放松了两个约束,而大棒仅放松了一个。

下一步,考虑概率分布的一个变化($d\pi_{ia}$)。这一变化对委托人效用的影响由下式给出

$$dL = -\mu \sum_{i=1}^{n} u(s_i) d\pi_{ia}.$$

这表明,当激励相容约束起作用、使得 $\mu > 0$ 时,委托人和代理人的利益在关于替代性行动之概率分布的变化方面截然相反:使代理人境况好转的任何变化,无疑会使委托人的境况恶化。

例子:带均值-方差效用的委托代理模型

这里有一个以霍尔姆斯特罗姆和梅尔格罗姆(Holmstrom & Milgrom, 1987)论文为基础的激励方案的简单例子。令行动 a 代表代理人的努力,令 $\tilde{x} = a + \tilde{\epsilon}$ 为委托人观察到的产出。随机变量 $\tilde{\epsilon}$ 具有均值为零、方差为 δ^2 的正态分布。

假设委托人选择的激励方案是线性的,使得 $s(\tilde{x}) = \delta + \gamma \tilde{x} = \delta + \gamma a + \gamma \tilde{\epsilon}$。这里 δ 和 γ 是特定参数。由于委托人是风险中立的,其效用为

$$E[\tilde{x} - s(\tilde{x})] = E[a + \tilde{\epsilon} - \delta - \gamma a - \gamma \tilde{\epsilon}] = (1-\gamma)a - \delta.$$

假设代理人具有不变绝对风险回避效用函数,$u(w) = -e^{-rw}$,其中 r 为绝对风险回避,w 为财富。代理人的财富就是 $s(\tilde{x}) = \delta + \gamma \tilde{x}$。由于 $\tilde{x}$ 服从正态分布,所以财富也将服从正态分布。我们在原书第 11 章第 189 页已经看到,在此情况下,代理人的效用线性依赖于财富的均值和方差。于是,与激励性报酬 $s(\tilde{x}) = \delta + \gamma \tilde{x}$ 相联的代理人的效用将由下式给出

$$\delta + \gamma a - \frac{\gamma^2 r}{2} \sigma^2.$$

代理人希望最大化这一效用减去努力成本 $c(a)$:

$$\max_{a} \delta + \gamma a - \frac{\gamma^2 r}{2} \sigma^2 - c(a).$$

这给出了我们一阶条件

$$\gamma = c'(a). \tag{25.13}$$

委托人的最大化问题是,在代理人得到某一水平的保留效用 $\bar{u}$

约束及激励约束(25.13)式下,确定最优的 δ 和 γ。这一问题可以写成

$$\max_{\delta,\gamma,a}(1-\gamma)a - \delta$$

$$s.t. \quad \delta + \gamma a - \frac{\gamma^2 r}{2}\sigma^2 - c(a) \geqslant \bar{u}$$

$$c'(a) = \gamma.$$

从第一个约束中求解 δ,从第二个约束中求解 γ,并将它们代入目标函数。经过一些简化,得出:

$$\max_a \quad a - \frac{c'(a)^2 r}{2}\sigma^2 - c(a).$$

微分,我们得一阶条件

$$1 - rc'(a)c''(a)\sigma^2 - c'(a) = 0.$$

求解 $c'(a) = \gamma$,我们得

$$\gamma = \frac{1}{1 + rc''(a)\sigma^2}.$$

这一方程显示了解的实质特征。如果 $\sigma^2 = 0$,以至于不存在风险,我们有 $\gamma = 1$:最优激励方案具有 $s = \sigma + \tilde{x}$ 的形式。如果 $\sigma^2 > 0$,我们有 $\gamma < 1$,于是每一当事人分担部分风险。不确定性越大,或者当事人越是风险回避,γ 将越小。

25.5 隐蔽行动:竞争性市场

如果有许多委托人在其激励合同系统中进行竞争,那会发生什么情况?在此情况下,我们可以假设竞争迫使委托人的利润为零。在此情况下,图 25.2 仍然适用,但我们简单地重新解释一下等利润线和无差异曲线的水平。

在竞争情况下,参与约束不起作用,零利润条件决定委托人特定的等利润线,同在垄断情形中一样,存在两种可能的均衡配置:完全保险或部分保险。

在一个完全保险合同中,不管生产了多少产出,所有的工人都

获得一固定的报酬。他们作出的反应是投入最少的努力。在部分保险均衡中,工人所得的工资依赖于产出。因为工人承担更多的风险,他们便投入更多的努力,以增加生产更大产出的可能性。

考虑图 25.3 所示的部分保险的情形。为了使之成为一个均衡,可以不存在其他的给代理人带来更大效用、给厂商带来更大利润的合同。通过作图可知,引致行动 b 的合同都不具有这些性质,然而或许存在一个引致行动 a 的合同将是帕累托偏好的——即,一个取得正利润并为代理人所喜欢的合同。

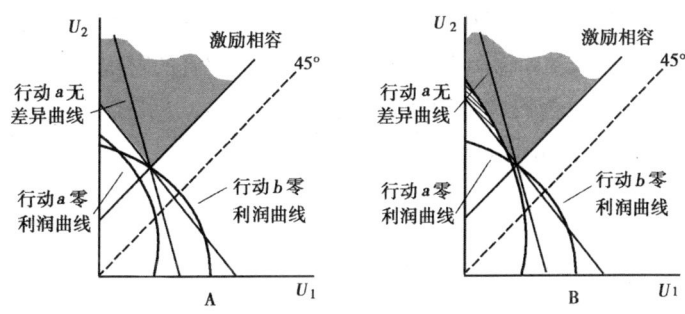

图 25.3　均衡合同

在图 A 中,部分保险合同为一均衡。在图 B 中则不是,因为行动 A 下的零利润线与代理人的偏好集相交。

为了弄清这样一个合同是否存在,我们画一条通过部分保险合同与行动 a 零利润线的行动 a 无差异曲线。如果零利润线与工人偏好的区域不相交,如图 25.3A 所示,部分保险合同就是一个均衡。如果零利润线与工人偏好的区域相交,如图 25.3B 所示,那么这不能是一个均衡,因为某一厂商可以提供一份能够带来正利润的完全保险合同,它对那些持有部分保险合同的工人仍有吸引力。在此情况下不可能存在均衡。

例子:保险市场中的道德灾难

在保险市场的各种情况中,具有隐蔽行动的委托-代理问题以

道德风险问题而知名。"道德灾难"是保险单的买主不愿意采取适当水平的小心。让我们在原书第 11 章第 180 页对保险所做的早先分析的背景下考察这一问题。

假设有许多同样的消费者正在打算购买保险防止汽车失窃。如果一个消费者的汽车被盗了,他承担损失 L。令状态 1 为消费者的汽车被盗的状态,状态 2 为没有被盗。消费者汽车被盗的概率依赖于其行为——比如说他是否锁上了汽车。令 π_{1b} 为即使消费者记住了锁他的车也会被盗的概率,π_{1a} 为如果消费忘记了锁上他的车而失窃的概率。令 c 为记住锁车的成本,令 s_i 为消费者在状态 i 下付给保险公司的净保险费。最后,令 w 为消费者的财富。

假设保险公司希望消费者锁上他的车,激励问题为:

$$\max_{s_1, s_2} \pi_{1b}s_1 + \pi_{2b}s_2$$

满足 $\pi_{1b}u(w - s_1 - L) + \pi_{2b}u(w - s_2) - c \geq \bar{u}$

$\pi_{1b}u(w - s_1 - L) + \pi_{2b}u(w - s_2) - c$
$\geq \pi_{1a}u(w - s_1 - L) + \pi_{2a}u(w - s_2).$

如果没有激励问题,则事件发生的概率与代理人的行动无关,如果保险业的竞争迫使期望利润为零,从原书第 11 章第 180 页中我们已经得知,最优解将要求 $s_2 = s_1 + L$。即保险公司将给消费者完全保险,以使不管失窃是否发生,消费者仍有同样的财富。

当损失的概率依赖于代理人的行动,完全保险将不再是最优的了。一般地,委托人希望使得代理人的消费依赖于其选择,以使之有积极性采取适当的谨慎措施。在此情况下,消费者对保险的需求将受到限制。消费者愿意以经过保险精算的公平费率来购买更多保险,但保险业不愿意提供这种合同,因为那将诱使消费者粗心大意。

在竞争情况下,参与约束不起作用,均衡取决于零利润条件和激励相容约束。

$$\pi_{1b}s_1^* + \pi_{2b}s_2^* = 0$$

$$\pi_{1b}u(w - s_1^* - L) + \pi_{2b}u(w - s_1^*) - c =$$
$$\pi_{1a}u(w - s_1^* - L) + \pi_{2a}u(w - s_2^*). \quad (25.14)$$

这两个方程式决定均衡(s_1^*, s_2^*)。同往常一样,为了确信不存在打破这一均衡的全部保险合同,我们必须进行检验。若没有附加假设,也许会存在这种合同,使得这一模型中可能不存在均衡。

25.6 隐蔽信息:垄断

现在我们来考虑另一类委托代理问题,其中有关代理人的效用或成本函数的信息是不可观测的。为了简便,我们假设仅存在两种代理人,他们以其成本函数相互区别,令代理人的行动为其生产的产出的数量。在前面讨论的工人-雇主模型的背景下,我们现在假设产出可被厂商完全观察到,但某些工人发现其生产总是比别人花费更多成本。厂商可以完全地观察到工人的行动,但他不能分辨那些行动耗费了工人多少成本。

令x_t和$c_t(x)$为t种代理人的产出与成本函数。为了明确起见,令代理人2为高成本代理人,于是对所有x,有$c_2(x) > c_1(x)$。令$s(x)$为产出函数的报酬,并假定代理人t的效用函数形式为$s(x) - c_t(x)$。委托人不能确信他所面临的是哪种类型的代理人,但他以π_t的概率认为代理人是t类型的。同往常一样,我们要求每个代理人至少得到其保留水平的效用,为了简便,我们视之为零。

对成本函数作出进一步假设将是方便的,即假设具有较高总成本的代理人也具有较高的边际成本,即,对于所有x,有$c_2'(x) > c_1'(x)$。这有时称作**单交叉性**,因为它意味着,第一种代理人的任何一条给定的无差异曲线与第2种代理人的任何一条给定的无差异曲线最多相交一次。我们观察到如下简单事实,并要求你在练习中证明它:

单交叉性。假设对于所有x,有$c_2'(x) > c_1'(x)$。可以推知,对于任何两个不同水平的产出x_1和x_2, $x_2 > x_1$,我们必有$c_2(x_2)$

$-c_2(x_1) > c_1(X_2) - c_1(x_1)$。

如果委托人可以观测到成本函数,考虑一下最优激励方案会是什么是有启发意义的。在此情况下,委托人有完全信息,所以解实质上是先前考察过的目标产出情形。委托人会直接最大化总产出减去总成本 $x_1 + x_2 - c_1(x_1) - c_2(x_2)$。解要求 $c_t'(x_t^*) = 1$,$t = 1, 2$。于是,委托人对每一代理人的支付将恰好满足代理人的保留效用,使得 $s_t - c_t(x_t^*) = 0$。

这绘于图 25.4 中,这里我们在纵坐标轴上画出了边际成本,在横坐标轴上画出了产出。代理人 t 生产了 x_t^*,在这点上 $C_t'(x_t^*) = 1$。能够对代理人作出准确区分的委托人,通过给代理人 t 提出一个如前所述的目标产出方案而直接要求他生产产出 x_t^*;即,代理人 t 可以得到使 $s_t(x^*) = c_t(x_t^*)$ 的一份报酬,且对于 x 的所有其他值,$s_t(x) < c_t(x)$。

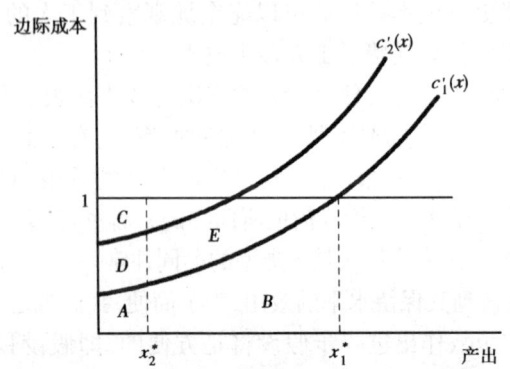

图 25.4 有隐蔽信息的委托-代理问题

在最佳方案中,代理人 1 生产 x_1^*,代理人 2 生产 x_2^*。

这意味着每个代理人的总剩余都被榨取了。用图形来说,代理人会得到 $A + B$ 的报酬,它恰等于其总生产成本;同样地,代理人 2 会得到等于其总成本的报酬,$A + D$。

这一方案的问题是它不满足激励相容。如果高成本代理人仅仅满足于其参与约束,低成本的代理人必然更喜欢(s_2, x_2^*)而不是(s_1, x_1^*)。用符号来说明:
$$s_2 - c_1(x_2^*) > s_2 - c_2(x_2^*) = 0 = s_1 - c_1(x_1^*)$$
因为对任何x,有$c_1(x) < c_2(x)$。用图形来说,低成本的代理人可以假装成高成本代理人并只生产x_2^*。这会留给他剩余D。

这个问题的一个解就是变动报酬,假设若产出是x_2^*,则给予报酬A,但如果产出是x_1^*,则给予报酬$A+B+D$。这给低成本的代理人留下了剩余D,使之在生产x_1^*和x_2^*之间无差异。

这当然是一个可行计划,但它在委托人看来是最优的吗?答案为否,有一个有趣的理由说明为什么如此。假设我们略微减少高成本代理人的目标产出。由于他是在价格等于边际成本的点上进行经营,仅存在利润的一阶减少:生产的产出的减少恰被必须支付给代理人2的数量的减少所弥补。

但由于x_2和区域D都较小,低成本的代理人从在x_2点生产所得的剩余现在减少了。通过使高成本代理人生产少一点,给予他的报酬少一点,我们使其目标产出对低成本代理人不那么具有吸引力。这比一阶效果更大,因为低成本代理人在边际成本小于1的点上进行工作。

这在图25.5中得到了说明。高成本代理人目标产出的减少以面积ΔC降低了从高成本代理人那里所得的利润,但以面积ΔD增加了从低成本代理人那里所得的利润。因此,委托人将会发现,将高成本代理人的目标产出定为以某一数量低于效率水平将是有利可图的。通过减少给高成本代理人的报酬,委托人减少了他必须付给低成本代理人的报酬。

为了详细说明激励方案的构成,以代数方法说明这一问题是比较方便的。

如几何分析指出的那样,基本的激励问题是低成本代理人可能会试图"伪装"成高成本代理人。如果x_1是代理人1应该选择的产出,那么委托人必须制定报酬方案,使得代理人1选择 x_1 的效用高于其选择 x_2 的效用,对代理人2也是同样道理。这些完全是激励相容条件的特殊形式,在此背景下它们被称为**自我选择约束**。

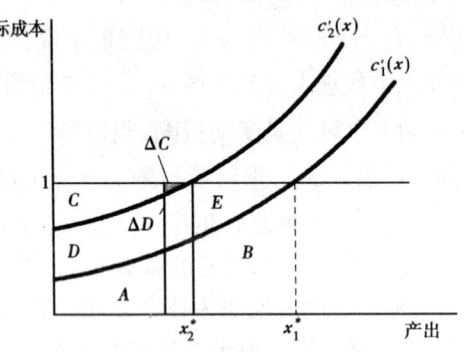

图 25.5 **增加利润**

通过以微小的数量削减高成本代理人的目标产出,委托人可以增加其利润。

给定这些观察资料,我们将委托人的最优化问题写成:

$$\max_{x_1,x_2,s_1,s_2} \pi_1(x_1-s_1) + \pi_2(x_2-s_2)$$

满足

$$s_1 - c_1(x_1) \geqslant 0 \qquad (25.15)$$

$$s_2 - c_2(x_2) \geqslant 0 \qquad (25.16)$$

$$s_1 - c_1(x_1) \geqslant s_2 - c_1(x_2) \qquad (25.17)$$

$$s_2 - c_2(x_2) \geqslant s_1 - c_2(x_1) \qquad (25.18)$$

前两个约束为参与约束,后两个约束为激励相容或自我选择约束。最优激励方案 $(x_1^*, s_1^*, x_2^*, s_2^*)$ 是这一最大化问题的解。

对这一问题的第一个观察结果来自于对自我选择约束的整理:

$$s_2 \leqslant s_1 + c_1(x_2) - c_1(x_1) \qquad (25.19)$$

$$s_2 \geqslant s_1 + c_2(x_2) - c_2(x_1). \qquad (25.20)$$

这些不等式表明,如果自我选择约束得以满足

$$c_1(x_2) - c_1(x_1) \geqslant c_2(x_2) - c_2(x_1). \qquad (25.21)$$

单交叉条件意味着代理人2比代理人1始终有较高的边际成本。如果 $x_2 > x_1$,这会与(25.21)相矛盾。因此在最优解中必有 $x_2 \leqslant x_1$,它意味着低成本代理人至少与高成本代理人生产得同样多。

现在看约束(25.15)和(25.17)。这些可被写为

$$s_1 \geqslant c_1(x_1) \tag{25.15'}$$

$$s_1 \geqslant c_1(x_1) + [s_2 - c_1(x_2)]. \tag{25.17'}$$

由于委托人希望 s_1 尽可能的小,这两个约束中最多有一个是起作用的。从约束(25.16)和成本函数的性质,我们得

$$s_2 - c_1(x_2) > s_2 - c_2(x_2) = 0.$$

因此,方程(25.17')中方括号中的表达式是正的,(25.15')不能起作用。于是有

$$s_1 = c_1(x_1) + [S_2 - C_1(X_2)]. \tag{25.22}$$

同样可知,约束(25.16)和(25.18)中必有一个是起作用的。(25.18)能够作为等式得到满足吗?在此情形中,我们可将等式(25.22)代入(25.18)中,得

$$s_2 = s_1 + c_2(x_2) - c_2(x_1)$$
$$= s_2 + c_1(x_1) - c_1(x_2) + c_2(x_2) - c_2(x_1).$$

整理,我们有

$$c_1(x_2) - c_1(x_1) = c_2(x_2) - c_2(x_1),$$

它违反单交叉条件。于是,最优策略必有

$$s_2 = c_2(x_2). \tag{25.23}$$

甚至无需考察实际的最优化问题,我们也看得出约束和目标函数本身的性质规定了两条重要特性,高成本代理人得到的报酬恰好使他对参与感到无偏好,低成本代理人得到一份剩余。低成本代理人的剩余恰好是阻止他伪装成高成本代理人的必要量。

为了确定最优行动,我们用(25.22)和(25.23)替代 s_1 和 s_2,并把委托人的最优化问题写为

$$\max_{x_1, x_2} \pi_1[x_1 - c_1(x_1) - c_2(x_2) + c_1(x_2)] + \pi_2[x_2 - c_2(x_2)].$$

这一问题的一阶条件为

$$\pi_1[1 - c'_1(x_1)] = 0$$
$$\pi_1[c'_1(x_2) - c'_2(x_2)] + \pi_2[1 - c'_2(x_2)] = 0.$$

我们可以将它们重新写成

$$c'_1(x_1^*) = 1$$
$$c'_2(x_2^*) = 1 + \frac{\pi_1}{\pi_2}[c'_1(x_2^*) - c'_2(x_2^*)] \tag{25.24}$$

第一个方程意味着,低成本代理人生产的产量与仅存在他那种类型的代理人时他所愿意生产的产出水平相同;即帕累托效率产出水平。给定单交叉性,高成本代理人的产量少于他是仅有的代理人时他意愿的产出,因为 $c'_2(x_2^*) - c'_1(x_2^*) > 0$。

为了用图形画出这些条件,为方便起见,假设 $\pi_1 = \pi_2 = \frac{1}{2}$。那么(25.24)的第二个条件意味着 $2c'_2(x_2^*) = 1 + c'_1(x_2^*)$。在这点上减小 x_2 一点点所得的边际收益恰等于边际成本。最优解绘于图 25.6 中。低成本代理人在边际收益等于边际成本的点上进行生

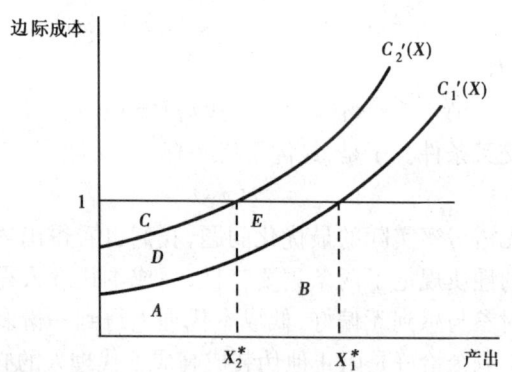

图 25.6 最优合同

高成本代理人在 x_2^* 生产而低成本代理人在 x_1^*。高成本代理人得到支付 A+D,低成本代理人得到报酬 A+B+D。

产,高成本代理人在其自己的报酬与其他代理人的目标报酬之间恰好无差异的点上生产。高成本的代理人得到 A+D 的报酬,这榨取了他全部的剩余;低成本的代理人得到 A+B+D 的报酬,这使之恰不偏好装扮成高成本代理人。

图 25.7 提供了最优激励合同的另一幅图景。在此图中我们在 (s,x) 空间中绘出了该合同。t 种工人有 $u_t = s_t - c_t(x_t)$ 形式的效用函数。因此,其无差异曲线的形式为 $s_t = u_t + c_t(x_t)$。根据单交叉性,高成本代理人的无差异曲线总是比低成本代理人的更陡。

我们知道,均衡时高成本工人得到其零水平的保留效用。这规定了对高成本工人来说的无差异曲线及所有的激励合同都必须位于零效用无差异曲线上。

厂商从 t 种工人那里获得的利润为 $p_t = x_t - s_t$。因此,等利润线具有 $s_t = x_t - P_t$ 的形式。这是些斜率为 $+1$ 且截距为 $-P_t$ 的平行线。厂商的总利润为 $\pi_1 P_1 + \pi_2 P_2$。注意,利润随着利润线向右下方移动而增加,代理人的效用随着无差异曲线向左上方移动而增加。

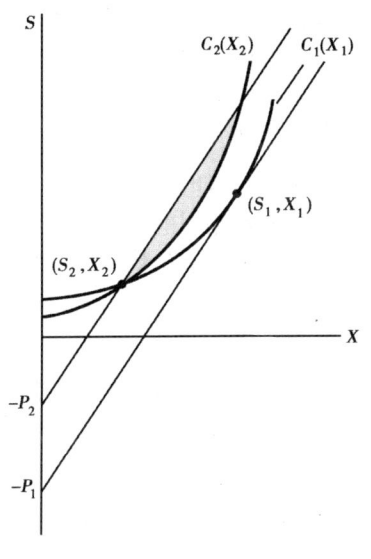

图 25.7　最优激励合同

厂商的利润为 $\pi_1 P_1 + \pi_2 P_2$。阴影区域代表了由自我选择约束所引致的对高成本工人的低效使用。

从条件(25.24)中我们知道,低成本工人必须满足条件 $c'_1(x_1^*) = 1$。这意味着等利润函数必与低成本代理人的无差异曲线相切。我们还知道 $c'_2(x_2^*) < 1$,所以等利润线与高成本工人的无差异曲线相割。

如果低成本工人不存在,委托人会希望高成本工人生产更多,而且高成本工人会愿意这么做。图 25.7 中的阴影部分描绘出了高成本工人与委托人双方境况均能得以改善的区域。但由于低成本工人的出现,提高高成本工人的产出就增加了厂商对高成本工人必须支付的数量。在均衡时,通过减小 x_2 和 s_2 而增大 P_2 所得的收益恰被 P_1 的下降所抵消。

正是高成本与低成本工人之间的负的外部性导致了低效的均衡,如果垄断者能够区分并给每种工人提供一份不同的工资,结果会是完全有效的。这与在第 14 章、第 244 页中讨论的二级价格歧视的情形是相似的。在那一模型中,如果只存在一种消费者,垄断者将实行完全的价格歧视,并开出——取走或留下的报价。但如果有几种消费者,价格歧视的企图一般会导致低效的结果。

25.7 市场均衡:隐蔽信息

如同往常一样,我们可以通过在模型中加入零利润条件并重新解释保留效用来分析竞争均衡。随着更多厂商加入市场,他们哄抬工人的工资并减少了代表性厂商的利润,在垄断问题中,保留价格决定利润水平;在竞争均衡中,零利润条件决定工人的效用。

这点可从对图 25.7 的考察中看得出来。在垄断情况下,高成本代理人的无差异曲线决定厂商的利润水平 $\pi_1 P_1 + \pi_2 P_2$。在竞争情况下,厂商的利润被迫为零,代理人移向了更高的无差异曲线。

我们将仅考察对称均衡,其中所有的厂商提供同样的合同:均衡看来有几种可能:

(a)代表性厂商提供吸引两种工人的惟一的一份合同。
(b)代表性厂商提供仅吸引一种工人的惟一的一份合同。
(c)代表性厂商提供两份合同,每种工人一份。

两种工人都接受惟——份合同的情形以**合并均衡**而知名。另一种情形,其中不同类型的工人接受不同的合同,叫做**分离均衡**。

我们在图25.8中画出了某些可能的均衡图形。不难看出,仅提供一种合同不能是一均衡,它排除了(a)类的合并均衡或(b)类的分离均衡。如果代表性的厂商在赚取零利润,在图25.8A中它必须在45°线上经营。如果它仅提供一种合同,例如(s^*, x^*),这对于两种工人中的一种来说必是最优的;假设它对低成本类型是最优的。然而一个异常的厂商可以提供一份阴影区域中的合同,它为高成本类型所喜欢并产出正利润。当合同对于高成本类型最优时,理由是类似的。

结果是,只要两种代理人都至少得到其保留水平的效用时,这一模型中惟一可能的均衡是绘于图25.8B的分离均衡。厂商对每种工人支付其产出的完全价值并挣得零利润。

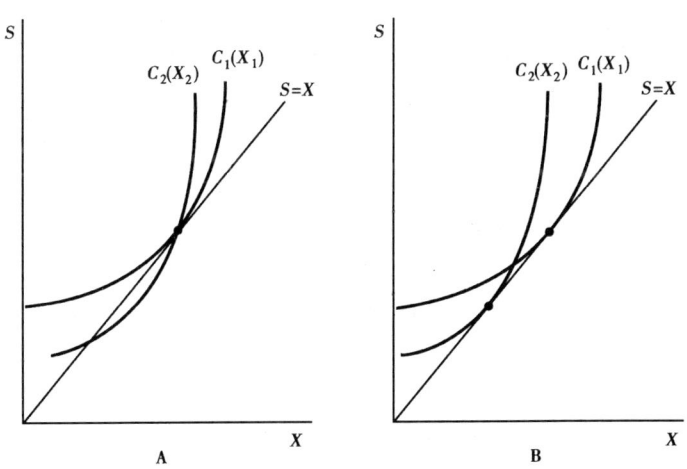

图25.8 可能均衡图形

根据文中给出的论据,图A不能是一均衡,惟一的可能性是情形B,其中每种工人得到其边际产品。

例子: 一个代数例子

用代数方法弄清垄断与竞争的隐蔽信息模型之间的区别,是有益处的。假设 $c_t(x_t) = tx_t^2/2$ 且 $\pi_1 = \pi_2 = \dfrac{1}{2}$。那么垄断者的最优解取决于方程(25.22)、(25.23)和(25.24)。你应该验证这些方程具有解

$$x_1^* = 1$$
$$x_2^* = 1/3$$
$$s_1^* = 5/9$$
$$s_2^* = 1/9.$$

垄断者的利润是

$$\frac{1}{2}[x_1^* - s_1^*] + \frac{1}{2}[x_2^* - s_2^*] = \frac{1}{2}[4/9] + \frac{1}{2}[2/9] = 1/3.$$

在垄断模型中,高成本工人恰得到其为零的保留水平的效用。在竞争模型中,代理人得到的效用随厂商哄抬工资而增加。

我们已经知道,竞争均衡包含一线性工资,于是一个 t 类型的工人希望最大化 $x_t - c_t(x_t)$。这给予我们 $x_1 = 1$ 和 $x_2 = 1/2$。厂商得零利润,于是我们必有 $s_1 = x_1 = 1$ 且也有 $s_2 = x_2 = 1/2$。低成本代理人有 $1/2$ 的一份剩余,高成本代理人有 $1/4$ 的一份剩余。

25.8 逆向选择

考虑上节描述的模型的一个变形。假设工人们除了有不同的成本函数外还有不同的生产率。高成本工人生产 $u_1 x_2$ 单位的产出,而低成本工人生产 $u_1 x_1$。我们假设 $u_1 > u_2$,结果低成本工人由于两条原因而具有吸引力:他们有高的生产率和低的成本。

现在均衡工资合同看起来像什么样子?如上节一样,对于一对称均衡,存在着两种逻辑上的可能性。或者所有的厂商对所有的工人提供惟一的一份合同 (S^*, X^*),或者所有厂商提供两种合同 $(s_1^*, x_1^*), (s_2^*, x_2^*)$。如果仅提供了惟一一份合同,我们称之为合并均衡,如果提供了两种合同,我们称之为分离均衡。

首先考虑合并均衡。这里所有的工人得到同样的补偿，即使某些人比其他人有更高的生产率。由于总利润为零，厂商必须从低成本工人那里获取正的利润且从高成本工人那里获得负利润。生产的总产值，$(\pi_1 v_1 + \pi_2 v_2) x^*$，等于总成本，$\pi_1 s^* + \pi_2 s^* = s^*$。因此$(s^*, x^*)$必位于直线$s = (\pi_1 v_1 + \pi_2 v_2) x$上，其斜率为两种代理人生产率的加权平均数，如图25.9所示。

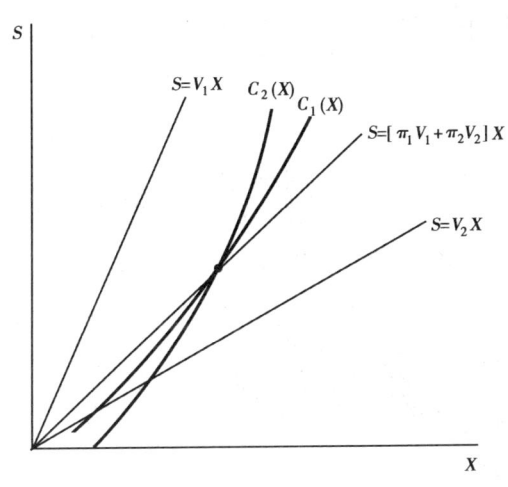

图 25.9 合并不能是一均衡

如果只提供惟一一份合同，它必沿着零利润线。通过这样的一个合同画无差异曲线，并注意到由于低生产率工人有更陡的无差异曲线，在阴影区中总有可能找到只吸引高生产率工人的合同，从而赚取正利润。

提出的合并均衡是这一直线上的某一点。在这样的任何一点，通过此点画出两种代理人的无差异曲线，根据定义，高生产率代理人的无差异曲线比低生产率代理人的无差异曲线要平坦。这意味着在阴影区,有某种合同对高生产率代理人有利而对低生产率代理人有害。因此,一个异常的厂商可以提供这样的一份合同,并仅吸引高生产率的代理人,从而取得正利润。由于这一图形在零利润线上的任一点都能做出来,不存在合并均衡。

余下的可能性,是有两种合同的分离均衡。图 25.10 绘出了既是有效又是均衡的合同的一个例子。合同(s_1^*,x_1^*)和(s_2^*,x_2^*)是(完全信息)有效率的合同,但它们不满足自我选择约束:低生产率代理人喜欢为高生产率代理人制定的合同。一个厂商或许提供(s_2^*,x_2^*),希望仅吸引低成本、高生产率的工人。但这一厂商会感受到**逆向选择**——两种工人都发觉这一合同有吸引力。

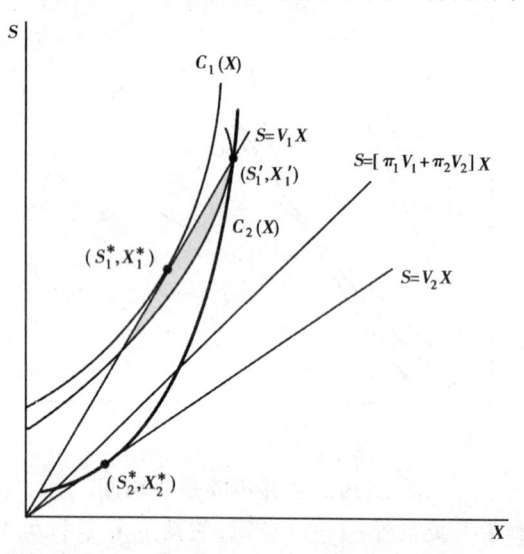

图 25.10 分离均衡

合同(s_1^*,x_1^*)和(s_2^*,x_2^*)是有效率的,但它们不满足自我选择约束。合同(s_2^*,x_2^*)和(s_1',x_1')满足自我选择。

逆向选择问题的解是把对于高生产率工人的零利润线移向如(s_1',x_1')的一点。现在(s_1',x_1')和(s_2^*,x_2^*)是合同的一均衡图形:低生产率代理人在其合同与高生产率代理人的合同之间恰无偏好,任何一个代理人的无差异曲线上方的任何点,对厂商来说都是无利可图的,于是我们有一个均衡。

然而,不存在均衡也会发生。注意,通过(s'_1, x'_2)的无差异曲线就图形说来切割零利润线。结果,将存在如同图25.10中的阴影部分的某一区域,它为厂商和高生产率工人双方所喜爱。在这一区域中不提供合同,因为它们也会吸引低生产率工人,从而无利可图——我们知道这样的合同是无利可图的,因为图25.10中对于合并了的工人的零利润线位于阴影区域之下。

但假设有许多高生产率工人,使得$s = \pi_1 v_1 + \pi_2 v_2$线与阴影区域相交。在此情形下,在这一区域中提供一份合并了的合同会是有利可图的。因此,所提到的分离均衡可被打破,不存在均衡①。

25.9 次品市场和逆向选择

这里有另外一个例子,可以用来说明由于有逆向选择,在隐蔽信息问题中均衡不存在的可能性。考虑一下旧车市场。一辆汽车的当前所有人大概比潜在的买主更了解其质量。就买主知道这点来说,他们或许不愿意购买一件供出卖的产品。因为他们(正确地)担心被次货粘住了。如果这辆车那么好,为什么要卖它呢?买主也许会问。因此旧车市场也许比较冷清,尽管存在着许多潜在的买主和卖主。

这一简单直觉被阿克罗夫(Akerlof, 1970)在其**旧货市场**中以一种醒目的方式描述了出来。假设我们能够用某一数字q来标明一辆旧车的质量,q均匀分布在区间[0,1]之中。为了后边要用,我们注意到,如果q均匀分布在区间[0, b]上,q的平均值将为$b/2$。因此,在这一市场中可资利用的质量平均为1/2。

对于旧车有大量的需求者,他们愿意对于q质量的一辆车支

---

① 即,在纯策略中不存在均衡;混合策略均衡也许是有可能的。——译注

付 $\frac{3}{2}q$,有大量卖主,他们每人愿意以价格 q 将一辆质量为 q 的车卖出,因此,如果质量是可观察的,每辆质量为 q 的旧车将以 $\frac{3}{2}q$ 与 q 之间的某一价格卖出。

然而,假设质量是不可观察的。那么对于旧车买主通过考虑旧车市场上提供的车的平均质量来试图评估提供给他们的一辆车的质量,是有意义的。我们假设,尽管任何给定的车的质量不可观察,但平均质量是可观察的。因而对于一辆旧车的意愿支付将是 $\frac{3}{2}\bar{q}$。

这一市场中的均衡价格是什么?假设均衡价格是某一数 $p>0$。那么质量劣于 q 的汽车的全部所有者将要卖出他们的车。因为对那些所有者来说,p 大于他们的保留价格。由于质量均匀分布在区间 $[0, p]$ 上,拿出来卖的汽车的平均质量将是 $\bar{q}=p/2$。将此代入买主保留价格的表达式,我们看出买主将愿意支付 $\frac{3}{3}\bar{q}=\frac{3}{2}\cdot\frac{p}{2}=\frac{3}{4}p$。这小于 p,我们已假设在价格 p 上旧车会卖出。因此在价格 p 上没有车被卖出。由于价格 p 是任意的,我们已经证明了在任何正价格下汽车都卖不出去。在这一市场上惟一的均衡价格是 $p=0$。在这一价格上需求为零且供给为零:买主和卖主之间的不对称信息摧毁了旧车市场!

对好车的所有者有吸引力的任何价格对次货所有者更有吸引力。对提供到市场上去的汽车的选择不是典型的选择,而是偏向次货的。这是逆向选择的另一个例子。

25.10 信号发送

上节中我们指出了具有隐蔽信息的问题如何导致逆向选择均衡。在次品市场上极少发生交易,因为高质量物品不容易从低质量物品中区分出来。在劳动市场上,有效率的合同是不可行的。

因为低生产率工人想要选择适合于高生产率工人的合同。

在次品市场上,好车的卖主会愿意发出信号表明他们提供了一辆好车而不是一蹩脚货。一种可能是提供一份担保——好车的所有者会证明他们愿意在一定时期内补偿任何故障的损失。实际上,好车的卖主愿意为其车的买主提供保险。

为了与均衡相一致,信号必须使得好车的所有者能够负担得起提供它而次品的所有者不能。这样的信号将允许好车的所有者向潜在的买主"证明"他们真的有一辆好车。对次品的卖方来说提供担保是一项费用较大的行动。因此,这一信号使得买主能在两种车之间作出区分。在此情形下,信号的存在允许市场比不存在信号时更有效地发挥作用。这无需总是这种情形,我们下面将要看到这点。

25.11 教育信号的发送

让我们回到劳动市场的例子上来,它有两种工人,其生产率为 v_1 和 v_2。假设每种工人工作的时间不变。如果没有办法区别高生产率与低生产率的工人,在竞争均衡时,工人将仅仅得到其生产率的平均数。这给予他们的工资为

$$\bar{s} = \pi_1 v_1 + \pi_2 v_2.$$

高生产率的工人得到的报酬少于他们的边际产品,低生产率的工人得到的报酬多于他们的边际产品。高生产率的工人会喜欢表明他们比其他人更富于生产性的一种方法。

假设存在某种信号,高生产率的工人得到它要比低生产率的工人容易。一个很好的例子是教育——对高生产率的工人来说获得教育要比低生产率的工人更容易,这似乎是有理的。为了明显,让我们假设,对于高生产率的工人来说获得七年教育的成本为 $c_2 e$,对低生产率的工人来说为 $c_1 e$,并有 $c_1 > c_2$。

让我们假设,教育对生产率没有影响。然而,厂商可能仍发觉

以教育为基础发工资是有利可图的,因为它们可能吸引到更高质量的劳动力。假设工人们相信厂商将付 $s(e)$ 的工资,其中 s 为 e 的某一增函数。一个发送信号均衡将是由工人们推测并被厂商行为所证实的一工资曲线。

令 e_1 和 e_2 为工人们实际选择的教育水平。那么一个分离发送信号均衡必须满足零利润条件

$$s(e_1) = v_1$$
$$s(e_2) = v_2,$$

自我选择条件

$$s(e_1) - c_1 e_1 \geqslant s(e_2) - c_1 e_2$$
$$s(e_2) - c_2 e_2 \geqslant s(e_1) - c_2 e_1.$$

一般地,可能有许多函数 $s(e)$ 满足这些条件。展示一个这样的函数我们就感到满意了。

令 e^* 为使下式成立的某一数字

$$\frac{v_2 - v_1}{c_2} > e^* > \frac{v_2 - v_1}{c_1}.$$

假设工人们推测的工资函数为

$$s(e) = \begin{cases} v_2 & \text{当 } e > e^* \\ v_1 & \text{当 } e \leqslant e^*. \end{cases}$$

证明这满足自我选择约束,从而是与均衡一致的工资曲线是没多大价值的。

注意,这一发送信号均衡在社会意义上是浪费的。教育没有社会收益,因为它不改进生产率。其惟一的作用是将高生产率的工人从低生产率工人中区分出来。

注 释

上面讨论的两种行动情形是简单的,但它包含了存在于多种行动之情形中的许多深刻见解。关于此点的一般性概述及委托代理文献中的其他问题,见哈特和霍尔姆斯特罗姆(Hart & Holmström, 1987)。信号的发出是由斯本

斯(Spence,1974)首先引入经济学的。阿克罗夫(Akerlof,1970)首先考察了次品市场。见罗思柴尔德和斯蒂格利茨(Rothschild & Stiglitz,1976)关于带逆向选择的市场均衡的模型。有关非对称信息模型中的均衡的更详细的讨论,见克莱普斯(Kreps,1990)。

[1]我们可称之为买方垄断情形,因为我们处理的是单个买者而不是单个卖者的情况,但我是在一般意义上使用垄断这一术语,可包括单一买者和/或单一卖者的情况。

练 习

25.1 考虑正文中描述的隐蔽行动委托代理问题,并令 $f = u^{-1}$。假设 $u(s)$ 是增且凹的,证明 f 是一递增的凸函数。

25.2 当行动 a 和 b 的成本分别为 c_a 和 c_b 时,令委托人运用最优激励方案所得的效用为 $V(c_a', c_b)$。根据出现在基本条件中的参数来推导 $\partial V/\partial c_a$ 和 $\partial V/\partial c_b$ 的表达式,并运用这些表达式解释那些参数。

25.3 假设 $c_a = c_b$。最优激励方案将采取什么形式?

25.4 假设在委托代理问题中 c_b 下降而所有其他参数保持不变。证明代理人必至少处于同样好的境况。

25.5 假设在隐蔽行动委托代理问题中,代理人是风险中立的。证明可以得到最优结果。

25.6 考虑垄断情况下的隐蔽信息问题。假设两种代理人有同样的成本函数但不同水平的保留效用。正文中的分析应如何变化?

25.7 证明单交叉性的下列含义:如果对于所有 x,有 $c_2'(x) > c_1'(x)$,那么对于任何不同的产出水平 x_1 和 x_2,其中 $x_2 > x_1$,我们必有 $c_2(x_2) - c_2(x_1) > c_1(x_2) - c_1(x_1)$。

25.8 在正文中曾断言,如果 $c_2(x) > c_1(x)$ 且 $c_2'(x) > c_1'(x)$,那么类型 1 和类型 2 代理人的任何两条无差异曲线至多相交一次。证明这点。

25.9 考虑正文中所描述的隐蔽信息模型中的竞争均衡。如果高成本代理人的保留效用足够高,均衡可能存在于仅雇佣低成本代理人的情形中。对于什么样的 $\bar{u}_2$ 值会发生这种情况?

25.10 P 教授雇佣了一位教学助理,A 先生。P 教授关心,A 先生教了多少小时,她应该给他多少报酬。P 教授想最大化她的支付函数,$x - s$,其中 x 是 A 先生的教学小时数,s 是她付给他的总工资。如果 A 先生教了 x 小

时并得到报酬 s,他的效用是 $s - c(x)$,其中 $c(x) = x^2/2$。A 先生的保留效用为零。

(a)如果 P 教授在 A 先生愿意为她工作的约束下选择 x 和 s 最大化她的效用,A 先生将做多少教学工作?

(b)为了使 A 先生做这么多的教学工作,P 教授必须付给他多少报酬?

(c)假设 P 教授用如下的方案使 A 先生为她工作。P 教授制定出 $s(x) = ax + b$ 形式的工资曲线,并让 A 先生选择他想工作的小时数。P 教授应选择什么样的 a 与 b 的值来最大化她的支付函数?如果 P 教授使用更一般的函数形式的工资曲线,她能得到更高的报偿吗?

第 26 章 数　　学

本章对前文中所运用的绝大多数数学工具予以简要说明。如果你忘记了某些术语的定义，或者某些重要性质，你可以翻阅本章。但它不适于对一些概念的初次学习。本章末的注释附有适宜于学习的推荐书目。

26.1 线性代数

我们将所有 n 维实数集记为 R^n。非负实数 n 维集记为 R^n_+。这些集合里的元素被称为**点**或**向量**。向量将以黑体字标记出来。如果 $X=(x_1,\cdots,x_n)$ 是一向量，那么我们将其第 i 个分量记为 x_i。

我们可以通过相加其分量而将两个向量相加：$X+Y=(x_1+y_1,\cdots,x_n+y_n)$。我们可以通过用一固定实数 t 乘以一向量的每一分量而对这一向量实施**标量乘法运算**：$tX=(tx_1,\cdots,tx_n)$。从几何图形上看，向量相加是通过画出 X 并把 y 位移到 x 的尾部完成的，标量乘法是通过将向量原来的长度延长 t 倍完成的。

一个向量 X 是一 n 维向量集 A 的**线性组合**，如果 $X=\sum_{i=1}^{n}t_i y_i$，其中 $y_i \varepsilon A$ 且 t_i 为标量。一个 n 维向量集 A 是**线性无关的**，如果不存在一组 (t_i, x_i)，其中 $t_i\neq 0$ 且 $x_i \varepsilon A$，使得 $\sum_{i=1}^{n}t_i x_i = 0$。一个等价的定义是 A 中没有一个向量可用 A 中向量的一个线性组合来表示。

给定两个向量，其**内积**由 $xy=\sum_i x_i y_i$ 给出。一个向量 x 的**模**记作 $|x|$ 并定义为 $|x|=\sqrt{xx}$。注意，根据毕达哥拉斯定理，x 的

模为点 x 到原点的距离；也就是说，它是向量 x 的长度。内积有一个十分重要的几何解释，如图 26.1 所示。我们有两个向量 x 和 y，从 y 的顶部向 x 引一虚线且垂直于 x。从原点伸向虚线与 x 交点的向量被称为 y 到 x 上的**射影**。当然 y 到 x 上的射影是一 tx 形式的向量。让我们用毕达哥拉斯定理来计算 t。

$$|tx|^2 + |y - tx|^2 = |y|^2$$
$$t^2 xx + (y - tx)(y - tx) = yy$$
$$t^2 xx + yy - 2txy + t^2 xx = yy$$
$$txx = xy$$
$$t = \frac{xy}{xx}.$$

因此，如果我们将 y 向 x 作射影，我们得到与 x 指向同一方向的向量，但仅是 x 长度的 xy/xx。如果 $xy = 0$，x 和 y 就被称为是**正交的**。

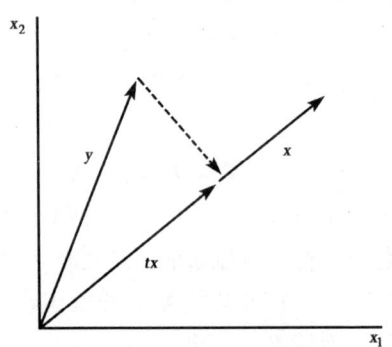

图 26.1 y 在 x 上的射影

这说明了作射影的几何意义。

令 θ 为 x 与 y 之间的角，从基本的三角学知识可很明显地看出 $t|x| = |y|\cos\theta$。如果我们把它与计算 t 的公式合起来，就会看到：$xy = |x||y|\cos\theta$。因此，如果 $\theta = 90°$，那么 $xy = 0$；如果 $\theta >$

90°,那么 $xy<0$;如果 $\theta<90°$,那么 $xy>0$。

我们可以考虑从 R^n 到 R^m 的向量之间的映射,我们把这样的映射记作 $f:R^n \to R^m$。一个映射是**线性函数**,如果对于所有的标量 s 和 t 及向量 x 与 y 来说都有 $f(tx+sy)=tf(x)+sf(y)$。如果 f 是一到 R^1 上的线性函数,我们则称之为**线性泛函**。如果 P 是一线性函数,我们可以用一向量 $P=(p_1,\cdots,p_n)$ 将它表示为 $p(x)=px$。

$H(p,a)=\{x:px=a\}$ 形式的点集称为**超平面**。

超平面 $H(p,0)$ 由所有与向量 p 正交的向量 x 构成。不难看出这是一个 $n-1$ 维的集合。$H(p,a)$ 形式的超平面是这一基本超平面的位移。超平面在经济学中是很重要的,因为 $H(p,a)$ 由所有在价格 p 时价值为 a 的向量 x 组成。

如果 A 是一线性函数 $A:R^n \to R^m$,我们可用一 n 乘以 m 的矩阵 $A=(a_{ij})$ 来表示它,于是 $A(x)=A(x)$;即要在映射 A 下找到 x 的像,我们仅需运用普通的矩阵乘法。一个**对称矩阵**对于所有 i 和 j 来说都有 $a_{ij}=a_{ji}$。

我们沿用以下惯例来进行向量的大小比较:$x \geqslant y$ 意味着对所有的 i 来说都有 $x_i \geqslant y_i$;$x \gg y$ 意味着对于所有的 i,都有 $x_i > y_i$。

26.2 定和半定矩阵

令 A 为一对称方阵。如果我们用某一向量 x 右乘 A 并以该向量的转置向量左乘它,我们就得到了一个**二次型**。例如

$$(x_1 \quad x_2)\begin{bmatrix} a_{11} & a_{12} \\ a_{21} & a_{22} \end{bmatrix}\begin{bmatrix} x_1 \\ x_2 \end{bmatrix} = a_{11}x_1^2 + (a_{21}+a_{12})x_1x_2 + a_{22}x_2^2.$$

假定 A 是单位阵,在此情况下不难看出,不管 x_1 和 x_2 取何值,二次型一定是非负的。实际上,如果 x_1 和 x_2 不都为零,xAx 将是严格正的。单位阵是**正定矩阵**的一个例子。

定矩阵 一个矩阵 A 是

(a) **正定的**,如果对于所有 $x \neq 0$ 都有 $x^t A x > 0$;
(b) **负定的**,如果对于所有 $x \neq 0$ 都有 $x^t A x < 0$;
(c) **正半定的**,若对于所有 x 都有 $x^t A x \geq 0$;
(d) **负半定的**,若对于所有 x 都有 $x^t A x \leq 0$。

在某些情况下,我们不想要求对于所有 x 的值,$x^t A x$ 都有一个确定的符号,只是要求对某一限定的数值集如此。我们称 A 是在 $bx = 0$ **约束下正定的**,如果对于所有使 $bx = 0$ 成立且不等于零的 x 都有 $x^t A x > 0$。其他的定义以一种自然而然的方式推广到这一约束情形。

定矩阵的判定

能够识别一个矩阵是负或正半定的,常常是很方便的。一个有用的必要条件如下:如果一个矩阵是正半定的,则它必有非负对角项。证明仅需注意到,例如若 $x = (1, 0, \cdots, 0,)$,则 $x^t A x = a_{11}$。

充要条件有更为复杂的形式。矩阵 A 的**子矩阵**是删去 K 列与同一数目的 K 行所形成的。矩阵 A 的**自然顺序**或**嵌套主子阵**是下式给出的子矩阵:

$$a_{11} \quad \begin{bmatrix} a_{11} & a_{12} \\ a_{21} & a_{22} \end{bmatrix} \quad \begin{bmatrix} a_{11} & a_{12} & a_{13} \\ a_{21} & a_{22} & a_{23} \\ a_{31} & a_{32} & a_{33} \end{bmatrix}$$

如此等等。一个矩阵的**子行列式**或**子式**是其子矩阵的行列式。我们把矩阵 A 的行列式记为 $det\ A$ 或者 $|A|$。

假设给定了一方阵 A 和一向量 b。我们可以如下方式用 b 给 A 加边:

$$\begin{bmatrix} 0 & b_1 & \cdots & b_n \\ b_1 & a_{11} & \cdots & a_{1n} \\ \vdots & & & \vdots \\ b_n & a_{n1} & \cdots & a_{nn} \end{bmatrix}$$

这一矩阵叫做**加边矩阵**,这样对子矩阵进行的有用推广称为**留边主子阵**。它们是这一矩阵的子矩阵,从包括边元素的左上角开始。结果证明,这些子矩阵的行列式对于判定该矩阵是正定还是负定给出了一个方便的判据。

定矩阵的判定,一方阵 A 是
(a) **正定的**,当且仅当所有的主子式都为正;
(b) **负定的**,当且仅当 k 阶主子式的符号为 $(-1)^k, k=1,\cdots,n$.
(c) 在 $bx=0$ 约束下**正定**,当且仅当留边主子式均为负;
(d) 在 $bx=0$ 约束下**负定**,当且仅当留边主子式的符号为 $(-1)^k, k=2,\cdots,n$.

要特别注意这样一个特殊现象,即一个正定阵的主子式都是正的,而约束下的正定矩阵的留边主子式皆为负。见第 27 章,第 500 页中的例子。

推论 在上述情况下,如果自然顺序主子式满足 $(a)-(d)$ 的条件之一,则所有的主子式均满足相应条件,因此,检验自然顺序主子式对于判定来说就足够了。

26.3 克莱姆法则

对于解下列形式的线性方程组有一方便的法则

$$\begin{bmatrix} a_{11} & \cdots & a_{1n} \\ \vdots & & \vdots \\ a_{n1} & \cdots & a_{nn} \end{bmatrix} \begin{bmatrix} x_1 \\ \vdots \\ x_n \end{bmatrix} = \begin{bmatrix} b_1 \\ \vdots \\ b_n \end{bmatrix}$$

我们可将这一方程组更方便地写为 $Ax=b$。

克莱姆法则。要找到线性方程组解向量的分量 x_i,用向量 b 代替矩阵 A 的第 i 列以形成矩阵 A_i。那么 x_i 就是 A_i 的行列式除以 A 的行列式的商。

$$x_i = \frac{|A_i|}{|A|}.$$

26.4 分 析

给定 R^n 中的一向量 x 和一正实数 e,我们在 x 处定义一半径为 e 的**开球** $Be(x) = \{y \in R^n : |y - x| < e\}$。点集 A 为一**开集**,如果对于 A 中每一 x 均有包含于 A 中的某一 $Be(x)$。如果 x 位于一个任意的集合内且存在一个 $e > 0$ 使得 $Be(x)$ 位于 A 中,则称 x 在 A 的**内部**。

R^n 中集合 A 的**补集**由 R^n 中所有不在 A 内的点构成,记之为 $R^n \setminus A$。

一个集合是一**闭集**,若 $R^n \setminus A$ 是一开集。一个集合 A 是有界的,如果存在 A 中的某一 x 及某一 $e > 0$,使得 A 包含于 $Be(x)$ 中。如果 R^n 中的一非空集合既是闭的又是有界的,则称它是**紧的**。

R^n 中的一个无限**序列**,$(x^i) = (x^1, x^2, \cdots)$ 正是一个无限的点集,每一正整数对应着一点,称一个序列为**收敛**于点 x^* 的,如果对每一 $e > 0$,存在一个整数 m,使得对于所有 $i > m$,均有 x^i 位于 $Be(x^*)$ 中。我们有时说 x^i 任意接近于 x^*。我们也称 x^* 是序列 (x^i) 的**极限**,并记为 $\lim_{i \to \infty} x^i = x^*$。如果一个序列收敛于一点,我们则称之为**收敛序列**。

闭集 A 是一闭集,如果 A 中每一收敛序列均收敛于 A 中一点。

紧集 如果 A 是一紧集,那么 A 中的每一序列均有一收敛子序列。

函数 $f(x)$ 在点 x^* 处是**连续的**,如果对于收敛于点 x^* 的每一序列 (x^i),我们都有收敛于 $f(x^*)$ 的序列 $(f(x^i))$。在其定义域内每一点均连续的函数叫做**连续函数**。

26.5 微 积 分

微积分是用线性函数近似某些函数来把线性代数和分析捆在

一起的方法。给定一个函数 $f:R\to R$,我们把点 x^* 处的导数定义为

$$\frac{df(x^*)}{dx}=\lim_{t\to 0}\frac{f(x^*+t)-f(x^*)}{t}$$

如果该极限存在。导数 $df(x^*)/dx$ 也记为 $f'(x^*)$。如果在 x^* 处 f 的导数存在,我们称 f 在 x^* 处是**可微**的。

考虑一个如下定义的一个线性函数 $F(t)$:

$$F(t)=f(x^*)+f'(x^*)t.$$

这是在 x^* 附近对 f 很好的一个近似,因为

$$\lim_{t\to 0}\frac{f(x^*+t)-F(t)}{t}=\lim_{t\to 0}\frac{f(x^*+t)-f(x^*)-f'(x^*)t}{t}=0.$$

同样地,给定一任意函数 $f:R^n\to R^m$,我们可以定义其在 x^* 处的导数,$Df(x^*)$,作为在以下意义上在 x^* 附近近似 f 的从 R^n 到 R^m 的线性映射

$$\lim_{|t|\to 0}\frac{|f(x^*+t)-f(x^*)-Df(x^*)t|}{|t|}=0,$$

当然,假定这一映射存在。我们用模符号,因为分子与分母都是向量。映射 $f(x)+Df(x^*)$ 是对于小向量 t 在如下意义上于 x^* 处对 f 的一个很好近似

$$f(x^*+t)\approx f(x^*)+Df(x^*)t.$$

给定函数 $f:R^n\to R$,我们也可定义在 x^* 处计算的 f 对于 x_i 的**偏导数**。要做到这一点,我们将除第 i 个分量以外的所有分量都固定住,以使 f 仅为 x_i 的函数,并计算普通的一维导数。我们把在 x^* 处计算的 f 对于 x_i 的偏导数记为 $\partial f(x^*)/\partial x_i$。

由于 $Df(x^*)$ 是一线性变换,我们可用一矩阵表示它,于是有

$$Df(x^*)=\begin{pmatrix}\frac{\partial f_1(x^*)}{\partial x_1} & \cdots & \frac{\partial f_1(x^*)}{\partial x_n}\\ \vdots & & \vdots\\ \frac{\partial f_m(x^*)}{\partial x_1} & \cdots & \frac{\partial f_m(x^*)}{\partial x_n}\end{pmatrix}.$$

表示 $Df(x)$ 的这一矩阵叫做 f 在 x^* 处的**雅可比矩阵**。我们将经常处理从 R^n 到 R 的函数,在此情况下,$Df(x^*)$ 将是一 n 乘以 1 矩阵,即一向量。

高阶导数

如果我们有一函数 $f:R^n \to R$,那么该函数的**海赛矩阵**是混合偏导数矩阵

$$D^2 f(x) = \left(\frac{\partial^2 f(x)}{\partial x_i \partial x_j} \right).$$

注意 $D^2 f(x)$ 是一对称阵

令 $f:R^n \to R$ 为一可微函数且令 x 和 y 为 R^n 中的两个向量。那么它可表示为

$$f(y) = f(x) + Df(z)(y-x)$$
$$f(y) = f(x) + Df(x)(y-x) + \frac{1}{2}(y-x)^t D^2 f(w)(y-x)$$

其中 z 和 w 是 x 与 y 之间线段上的点。这些表达式叫做在 x 处的**泰勒级数**展开式。

如果 x 和 y 彼此靠近且导函数是连续的,那么 $Df(z)$ 和 $D^2 f(w)$ 分别约等于 $Df(x)$ 和 $D^2 f(x)$。所以我们经常将泰勒级数展开式写为

$$f(y) \approx f(x) + Df(x)(y-x)$$
$$f(y) \approx f(x) + Df(x)(y-x) + \frac{1}{2}(y-x)^t D^2 f(x)(y-x).$$

26.6 梯度和切面

考虑一个函数 $f:R^n \to R$。f 在 x^* 处的**梯度**是其坐标为 f 在 x^* 偏导数的一个向量:

$$Df(x^*) = \left(\frac{\partial f(x^*)}{\partial x_1}, \ldots, \frac{\partial f(x^*)}{\partial x_n} \right).$$

f 在 x^* 的梯度与 f 在 x^* 的偏导数有同样的表达式,但它们在概念上有些不同。导数是关于 R^n 的一个线性泛函,梯度是 R^n 中的一个向量。线性泛函有时可用向量来表达,所以它们"看起来"一样,即使它们真是不同的东西。然而,我们将用同样的符号来表示它们。

梯度有一个重要的几何解释:它指向函数 f 增大最快的方向。要看出这一点,令 h 模为 1 的向量。f 在 x^* 沿 h 方向的导数即为 $Df(x^*)h$。运用内积公式

$$Df(x^*)h = |Df(x^*)|\cos\theta,$$

很明显,当 $\theta = 0$ 时它最大,即当向量 $Df(x^*)$ 和 h 平行时最大。

一个函数的**水平集**是能使函数取常数的所有 x 的集合:$Q(a) = \{x : f(x) = a\}$。一个可微函数 $f : R^n \to R$ 的水平集一般是一个 $n-1$ 维的曲面。

一个函数 $f : R^n \to R$ 的**上等值集**是所有使 $f(x)$ 不小于某一数值的 x 的集合:$U(a) = \{x \varepsilon R^n : f(x) \geqslant a\}$。

找出水平集在点 x^* 处的**切超平面**的公式往往是很方便的。我们知道线性映射 $f(x^*) + Df(x^*)(x - x^*)$ 在 x^* 附近非常接近于映射 f。因此,对于 $\{x : f(x) = a\}$ 最好的线性近似应为 $H(a) = \{x : f(x^*) + Df(x^*)(x - x^*) = a\}$。因为 $f(x^*) = a$,我们对切超平面有如下公式

$$H(a) = \{x : Df(x^*)(x - x^*) = 0\}. \quad (26.1)$$

超平面 如果 x 是切超平面中的一个向量,那么 $x - x^*$ 与 f 的梯度在 x^* 是正交的。

这直接从等式 26.1 中推出,但也是十分直观的,沿着曲面 $Q(a)$ 函数 f 的值是一常量。所以 $f(x)$ 在那些方向的导数应为零。

26.7 极 限

本文中我们在几个点处运用**罗比塔法则**计算极限。假设我们

正试图计算分式 $f(x)/g(x)$ 在 $x \to 0$ 时的极限,但 $f(0) = g(0) = 0$,因此分式在 $x=0$ 处的值是无定义的,然而,如果 f 和 g 是可微的,且如果 $g'(0) \neq 0$,罗比塔法则说明

$$\lim_{x \to 0} \frac{f(x)}{g(x)} = \frac{f'(0)}{g'(0)}.$$

因此,比值的极限为导数的比值。

26.8 齐次函数

一个函数 $f: R_+^n \to R$ 是 k 次**齐次**的,如果对于所有 $t>0$,$f(tx) = t^k f(x)$。两个最为重要的情形是其中的 $k=0$ 和 $k=1$。如果我们将一个零次齐次函数的所有自变量增加一倍,函数值不变。如果函数是一次齐次的,函数值也增加一倍。

欧拉定理 如果 f 为一可微的一次齐次函数,那么

$$f(x) = \sum_{i=1}^{n} \frac{\partial f(x)}{\partial x_i} x_i.$$

至于证明的方法,我们注意到,根据定义有 $f(tx) \equiv t f(x)$。将这一恒等式对 t 微分,我们有

$$\sum_i \frac{\partial f(tx)}{\partial (tx_i)} x_i = f(x).$$

令 $t=1$ 就得出结果。

齐次性 如果 $f(x)$ 是 $k \geq 1$ 次齐次的,那么 $\partial f(x)/\partial x_i$ 是 $k-1$ 次齐次的。

要看出这点,将恒等式 $f(tx) = t^k f(x)$ 对 x_i 微分

$$\frac{\partial f(tx)}{\partial (tx_i)} t = t^k \frac{\partial f(x)}{\partial x_i}.$$

两边同除以 t 即得到求证结果。

这一事实的一个重要含义是,一齐次函数等位面的斜率沿过原点的射线方向是常量,对于所有的 $t > 0$,

$$\frac{\frac{\partial f(tx)}{\partial x_i}}{\frac{\partial f(tx)}{\partial x_j}} = \frac{\frac{\partial f(x)}{\partial x_i}}{\frac{\partial f(x)}{\partial x_j}}, \qquad (26.2)$$

然而,存在有这一相同性质的非齐次函数。一个函数被称为**位似的**,如果它是一个 1 次齐次函数的正的单调变换,就是说,一个位似函数可以写为 $f(x) = g(h(x))$,其中 $h(x)$ 是 1 次齐次的。不难证明,位似的性质满足条件(26.2)。

26.9 仿 射 函 数

一个函数是一**仿射函数**,如果它可以表达成 $f(x) = a + bx$ 的形式。仿射函数有时称作线性函数,但严格说来,只有当 $a = 0$ 时这种说法才是正确的。

显然,一个可微函数是一仿射函数当且仅当 $f''(x) = 0$。这一事实的一个重要含义是:一个函数对所有的 $0 \le p \le 1$ 满足条件 $f(pu + (1-p)v) \equiv pf(u) + (1-p)f(v)$ 当且仅当 $f(u)$ 是仿射的。证明仅需对条件式求关于 p 的微分以得出 $f'(pu + (1-p)v)(u-v) \equiv f(u) - f(v)$。再微分一次就得到 $f''(pu + (1-p)v) \equiv 0$。

26.10 凸　　集

R^n 中的一个点集 A 是**凸集**,如果 x 和 y 都在 A 中意味着对于使 $0 \le t \le 1$ 成立的所有 t 都有 $tx + (1-t)y$ 在 A 中。一个点集 A 是**严格凸的**,如果对于使 $0 < t < 1$ 成立的所有 t 都有 $tx + (1-t)y$ 在 A 的内部。

我们经常用到凸集的和仍为凸集这一事实,所以我们在此证明这一点。令 A_1 和 A_2 为两个凸集,令 $A = A_1 + A_2$。令 x 和 y 为 A 中两点。根据定义,$x = x_1 + x_2$,其中 x_1 在 A_1 中,x_2 在 A_2

中,对 y 也是如此。于是有 $tx+(1-t)y=t(x_1+x_2)+(1-t)(y_1+y_2)=[tx_1+(1-t)y_1]+[tx_2+(1-t)y_2]$。方括号里的表达式所代表的点分别位于 A_1 和 A_2 中,因为 A_1 和 A_2 都是凸集。因此 $tx+(1-t)y$ 在 A 中,这就表明了 A 是一凸集。

26.11 隔离超平面

令 A 和 B 为 R^n 中不相交的两个凸集,即,没有交点。于是有理由感到,可以找出一个将两个集合"隔离开"的超平面。也就是说,A 位于超平面的一侧,B 位于另一侧。这就是下述定理的内容。

隔离超平面定理 如果 A 和 B 是 R^n 中两个非空、不相交的凸集,那么存在一个线性泛函 P,使得对所有 A 中的 x 和 B 中的 y,都有 $Px \geqslant Py$ 成立。

26.12 偏微分方程

偏微分方程组是具有以下形式的方程组:
$$\frac{\partial f(p)}{\partial p_i} = g_i(f(p), p) \qquad i=1,\cdots n$$
$$f(q) = 0.$$
最后一个方程叫做**边界条件**。一般的偏微分方程组要比这个复杂,但就我们的目的来说,这一形式就足够了。

偏微分方程组的**一个解**是满足关于 p 的恒等式的一个函数 $f(p)$。偏微分方程组的解存在的一个必要条件从交叉偏导数的对称性中得出

$$\frac{\partial g_i}{\partial f}\frac{\partial f}{\partial p_j} + \frac{\partial g_i}{\partial p_j} = \frac{\partial^2 f(p)}{\partial p_i \partial p_j} = \frac{\partial^2 f(p)}{\partial p_j \partial p_i} = \frac{\partial g_j}{\partial f}\frac{\partial f}{\partial p_i} + \frac{\partial g_j}{\partial p_i}.$$

于是
$$\frac{\partial g_i}{\partial f}\frac{\partial f}{\partial p_j} + \frac{\partial g_i}{\partial p_j} = \frac{\partial g_j}{\partial f}\frac{\partial f}{\partial p_i} + \frac{\partial g_j}{\partial p_i}.$$

是这组偏微分方程的局部解存在的必要条件。这一条件即是有名的**可积性条件**。(全局解存在的条件有点更加复杂,且依赖于定义域的拓扑性质。)

求出一个偏微分方程组的一个显式解可能是非常困难的,但有一个容易处理的特例。这就是 $f(\boldsymbol{p})$ 不明显地出现在方程式右边的情形。这种方程组可以通过简单的积分求解。

例如,当有两个方程时,考虑一下会出现什么情况。

$$\frac{\partial f(p_1, p_2)}{\partial p_1} = g_1(p_1, p_2)$$

$$\frac{\partial f(p_1, p_2)}{\partial p_2} = g_2(p_1, p_2)$$

$$f(q_1, q_2) = 0.$$

如果可积性条件

$$\frac{\partial g_1(p_1, p_2)}{\partial p_2} = \frac{\partial g_2(p_1, p_2)}{\partial p_1}$$

得以满足,可以证明这一方程组的解由下式给出:

$$f(p_1, p_2) = \int_{q_1}^{p_1} g_1(t, q_2) dt + \int_{q_2}^{p_2} g_2(p_1, t) dt.$$

显然,这一函数满足边界条件,且简单的微分表明 $\partial f / \partial p_2 = g_2(p_1, p_2)$。我们仅需确认 $\partial f / \partial p_1 = g_1(p_1, p_2)$。

求导,我们得出

$$\frac{\partial f(p_1, p_2)}{\partial p_1} = g_1(p_1, q_2) + \int_{q_2}^{p_2} \frac{\partial g_2(p_1, t)}{\partial p_1} dt.$$

运用可积性条件

$$\begin{aligned}\frac{\partial f(p_1, p_2)}{\partial p_1} &= g_1(p_1, q_2) + \int_{q_2}^{p_2} \frac{\partial g_1(p_1, t)}{\partial p_2} dt \\ &= g_1(p_1, q_2) + g_1(p_1, p_2) - g_1(p_1, q_2) \\ &= g_1(p_1, p_2).\end{aligned}$$

26.13 动态系统

一个系统的**状态**由对影响系统行为的所有变量的描述构成。一个系统的**状态空间**由所有可行状态构成。例如,一特定经济系统的状态空间可能由所有可能的价格结构、或者所有可能的价格与消费束结构构成。

如果我们将状态空间记为 S,我们可以用函数 $F: S \times R \to S$ 来描述一个**动态系统**。实线 R 被解释为时间,且如果系统在 0 时刻的状态为 x,其在 t 时刻的状态即为 $F(x, t)$。

系统状态方程 F 通常不会明显地给出,而是用一**微分方程组**隐含地给出。例如,$\dot{x} = f(x(t))$ 是一微分方程,它告诉我们系统在状态 $x(t)$ 时 x 的变化率。如果 $f(x)$ 满足某些正则条件,可以证明,由 f 定义的动态系统是惟一的。

一微分方程组 $\dot{x} = f(x)$ 的**解**是对所有 t 满足 $\dot{x}(t) = f(x(t))$ 的一个函数 $x: R \to R^n$。解也可以叫做**解曲线**,**轨道**等。

动态系统的一个**均衡**是满足 $f(x^*) = 0$ 的一种状态 x^*。粗略地说,如果一个动态系统一旦达到了一种均衡态,它就永远停留在那里。

假设给定某一动态系统 $\dot{x} = f(x)$,且在 0 时刻我们停留在某一任意状态 x_0。人们通常希望知道何时系统的状态会移动到某一均衡态 x^*。我们称系统是**全局稳定**的,如果对于所有初始 x_0 值都有 $\lim_{t \to \infty} x(t) = x^*$。我们注意到全局稳定均衡必定是惟一的。

有一个十分方便的标准来判断一个动态系统何时是全局稳定的。我们将讨论严格限定在紧的状态空间 S 的情形下,以便我们知道系统总是停留在一个有界区域里。假设我们可以找到一个可微函数 $V: S \to R$,具有如下两条性质:

(1) v 在 x^* 处达到极小值;

(2) 对所有 $x(t) \neq x^*$,有 $\dot{v}(x(t)) < 0$。即,对于 $x(t) \neq$

x^*,有 $DV(x)\dot{x}(t)<0$。

这样的函数叫做**李雅普诺夫函数**。

李雅普诺夫定理 如果我们能够给一动态系统找到一李雅普诺夫函数,那么惟一的均衡 x^* 是全局稳定的。

26.14 随机变量

给定一随机变量 $\tilde{R}_a$,它取值为 R_{as} 的概率为 $\pi_s, s=1,\cdots,S$,我们将这一随机变量的**期望**定义为

$$E\tilde{R}_a = \bar{R}_a = \sum_{s=1}^{S} R_{as}\pi_s.$$

我们将两个随机变量 $\tilde{R}_a$ 和 $\tilde{R}_b$ 的**协方差**定义为

$$\mathrm{cov}(\tilde{R}_a, \tilde{R}_b) = \sigma_{ab} = E(R_a - \bar{R}_b)(R_b - \bar{R}_b).$$

一个随机变量 $\tilde{R}_a$ 的**方差**由下式给出:

$$\sigma_a^2 = \sigma_{aa} = \mathrm{cov}(\bar{R}_a, \bar{R}_a).$$

令 x_a, x_b 和 c 为非随机的。于是,在上述定义下,下列事实可由直接计算导出。

和的期望

$$E(x_a\tilde{R}_a + x_b\tilde{R}_b) = x_a E\tilde{R}_a + x_b E\tilde{R}_b = x_a\bar{R}_a + x_b\bar{R}_b.$$

更一般地,

$$E\sum_{a=1}^{A} x_a\tilde{R}_a = \sum_{a=1}^{A} x_a\bar{R}_a.$$

协方差恒等式 $\mathrm{cov}(\tilde{R}_a, \tilde{R}_b) = E\tilde{R}_a\tilde{R}_b - \bar{R}_a\bar{R}_b.$

和的协方差 $\mathrm{cov}(x_a\tilde{R}_a + c, \tilde{R}_b) = x_a\mathrm{cov}(\tilde{R}_a, \tilde{R}_b).$

和的方差

$$\mathrm{var}(x_a\tilde{R}_a + x_b\tilde{R}_b + c) = x_a^2\mathrm{var}(\tilde{R}_a) + 2x_ax_b\mathrm{cov}(\tilde{R}_a, \tilde{R}_b)$$

$$+ x_b^2 \text{var}(\tilde{R}_b) = x_a^2 \sigma_{aa} + 2x_a x_b \sigma_{ab} + x_b^2 \sigma_{bb}.$$

更一般地，$\quad \text{var}\left(\sum_{a=1}^{A} x_a \tilde{R}_a\right) = \sum_{a=1}^{A} \sum_{b=1}^{A} x_a x_b \sigma_{ab}.$

注 释

有许多关于经济数学的书从细节上包含了本材料。例如，见宾莫尔(Binmore,1982)，宾莫尔(Binmore,1983)，及布鲁姆与西蒙(Blume & Simon, 1991)

第27章 最优化

本章意在作为有关最优化的各种细节的一个复习。通常学生应在研读本文之前,在数学课中先花费几个星期来学习这些方法。

27.1 单变量最优化

令 $f:R \to R$ 为一函数。我们称这一函数在 x^* 取**极大值**,如果对于所有 x,有 $f(x^*) \geqslant f(x)$。如果对于所有 $x \neq x^*$,有 $f(x^*) > f(x)$,我们称在 x^* 取**严格极大值**。同理,如果对于所有 x,有 $f(x^*) \leqslant f(x)$,我们称这一函数达到**极小值**;如果对于所有 $x \neq x^*$,有 $f(x^*) < f(x)$,我们就得到了一个**严格极小值**。

注意,关于 x 的 $f(x)$ 最大化问题与 $-f(x)$ 的最小化问题是一样的。

一阶和二阶条件

假设一个可微[1]函数 f 在 x^* 取极大值。那么我们从初等微积分中得知 f 在 x^* 的一阶导数必为零,且 f 在 x^* 的二阶导数必小于或等于零。这些条件分别被认为是**一阶条件**和**二阶条件**,它们可以用如下数学公式表示:

$$f'(x^*) = 0$$
$$f''(x^*) \leqslant 0.$$

注意,这些是**必要**而非充分条件;R 中作为最大化问题解的点必须满足这些条件,但可能有些满足这些条件的点并不是最大化问题的解。

最小化问题的一阶条件是一样的,而二阶条件变为 $f''(x^*) \geq 0$。

例子:一阶和二阶条件

设函数 $f(x,a) = \ln x - ax$。关于 x 的最大值的一阶条件是 $1/x - a = 0$,二阶条件是 $-1/x^2 \leq 0$。我们看到二阶条件自动得到满足,所以可以得出 x 的最优值为 $x^* = 1/a$。

现在令 $g(x,b) = u(x) - bx$。在此情形下,我们不能明确得出使该式最大化的 x^*,但我们知道它必满足两个条件 $u'(x^*) = b$ 和 $u''(x^*) \leq 0$。

凹性

一个单变量函数是**凹的**,如果对于所有 x 和 y 及所有满足 $0 \leq t \leq 1$ 的 t,有
$$f(tx + (1-t)y) \geq tf(x) + (1-t)f(y)$$
如图 27.1 所示。一个凹函数具有这样的性质:x 和 y 加权平均数的函数值大于或等于函数值 $f(x)$ 和 $f(y)$ 的同样权数的加权平均数。

如果 f 是可微的,那么 f 是凹的,当且仅当对于所有 x,$f''(x) \leq 0$。例如,$\ln x$ 是一凹性函数,因为其二阶导数总是小于或等于零。

一个函数是**严格凹**的,当且仅当对于所有 x 和 y 及满足 $0 < t < 1$ 的所有的 t,都有
$$f(tx + (1-t)y) > tf(x) + (1-t)f(y)$$
如果对于所有的 x,$f''(x) < 0$,那么 f 是严格凹的,但逆命题不成立。例如,$f(x) = -x^4$ 是严格凹的,但 $f''(0) = 0$。

凹函数的另一性质是,对于所有 x 和 y,
$$f(x) \leq f(y) + f'(y)[x-y] \qquad (27.1)$$
一线性函数以固定的比率变化。粗略地说,一凹函数是比与之相

切的线性函数在每一切点处的变化都较慢的函数。

如果 f 是凹的,那么其二阶导数在每一点都小于或等于零。于是有如果 $f'(x^*)=0$,那么 x^* 是这一函数的极大值点。对此最简易的证明是把 $y=x^*$ 与 $f'(x^*)=0$ 代入方程(27.1),得出,对于所有的 x,有

$$f(x) \leq f(x^*) + f'(x^*)[x-x^*] = f(x^*)$$

但这一不等式表明 x^* 是 f 的一个极大值点。因此,对凹函数来说,一阶条件既是必要的又是充分的。

一个**凸**函数满足性质

$$f(tx+(1-t)y) \leq tf(x)+(1-t)f(y).$$

注意,如果 $f(x)$ 是凸的,则 $-f(x)$ 是凹的。给定这一结果,很容易确认下列细节

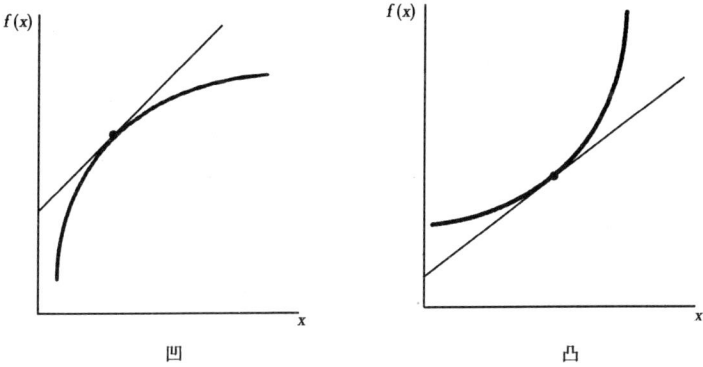

图 27.1 凹函数和凸函数

在某点之上,凹函数比与之相切的线性函数增长得慢;
  凸函数比与之相切的线性函数增长得快。

(1)如果 f 是凸函数,则对于所有 x,$f''(x) \geq 0$。

(2)如果 f 是凸函数,那么

$$f(x) \geq f(y) + f'(y)[x-y].$$

(3)如果 f 是一凸函数,且 $f'(x^*)=0$,那么 x^* 使函数 f 极

小化。

包络定理

假设 $f(x,a)$ 是 x 和 a 的一个函数。我们一般将 a 解释为决定于所研究的问题之外的一个参数,将 x 解释为我们希望研究的变量。假设选定 x 来最大化这一函数。对于每一个不同的 a 值,一般会有一个不同的 x 的最优选择。在充分正则的情形下,我们将能够写出函数 $x(a)$,它就每一个不同的 a 值给予我们 x 的最优选择。例如,在某一经济问题中,选择变量或许是消费的或生产的某一物品的数量,而参数 a 将是价格。

我们也可以定义(最优的)**值函数**,$M(a) = f(x(a), a)$。它告诉我们,对于不同的 a 值,f 的最优值是什么。

例子:值函数

前面我们已经知道,对于 $f(x,a) = \ln x - ax$,x 的最优值是 $x(a) = 1/a$。因此这一问题的值函数是 $M(a) = \ln(1/a) - a/a = -\ln a - 1$。

对于例子 $g(x,b) = u(x) - bx$,我们有 $M(b) = u(x(b)) - bx(b)$。

在经济学中,我们通常对在参数 a 变化时最优值如何变化感兴趣。于是,有一个计算这一变化的简单方法。根据定义,我们有
$$M(a) \equiv f(x(a), a).$$
对恒等式两边求微分,我们有
$$\frac{dM(a)}{da} = \frac{\partial f(x(a), a)}{\partial x} \frac{\partial x(a)}{\partial a} + \frac{\partial f(x(a), a)}{\partial a}.$$
由于 $x(a)$ 是能够使 f 最大化的 x 值,我们知道
$$\frac{\partial f(x(a), a)}{\partial x} = 0.$$
把它代入上面的表达式中,我们有

$$\frac{dM(a)}{da} = \frac{\partial f(x(a), a)}{\partial a}. \tag{27.2}$$

记之为

$$\frac{dM(a)}{da} = \frac{\partial f(x, a)}{\partial a}\bigg|_{x=x(a)}.$$

会更好一些。如此，显然是将 x 固定在 $x(a)$ 的最优值而求导。

换句话说，值函数关于参数的全导数，等于在最优点求导的偏导数。这一表述是**包络定理**的最简洁的形式。花些时间考虑一下为什么如此是值得的。当 a 变化时，有两个结果：a 的变化直接影响 f，a 的变化影响 x 然后影响到 f。但如果 x 是最优选择，x 的微小变化对 f 没有影响，所以间接效果消失了，只剩下直接效果。

例子：包络定理

继续用 $f(x, a) = \ln x - ax$ 这一例子，我们记得 $M(a) = -\ln a - 1$。所以 $M'(a) = -1/a$，我们也可运用包络定理看出这一点。通过直接计算我们看到 $\partial f(x, a)/\partial a = -x$。令 x 等于其最优值，我们有 $\partial f(x, a)/\partial a = -1/a = M'(a)$。

对于 $M(b) = g(x(b), b) = u(x(b)) - bx(b)$ 的情形，我们有 $M'(b) = -x(b)$。

比较静态

经济学中令人感兴趣的另一问题是，当参数变化时，最优选择如何变化。这种分析是所谓**比较静态**分析或**灵敏度**分析。基本的计算如下。我们知道最优选择函数 $x(a)$ 必须满足条件

$$\frac{\partial f(x(a), a)}{\partial x} \equiv 0.$$

微分这一恒等式的两边，

$$\frac{\partial^2 f(x(a), a)}{\partial x^2}\frac{dx(a)}{da} + \frac{\partial^2 f(x(a), a)}{\partial x \partial a} \equiv 0.$$

求解 $dx(a)/da$，我们有

$$\frac{dx(a)}{da} = -\frac{\partial^2 f(x(a),a)/\partial x \partial a}{\partial^2 f(x(a),a)/\partial x^2}.$$

我们知道,由于最优化的二阶条件,这一表达式的分母是负的。注意到分式前边的负号,我们可以推出

$$\operatorname{sign}\frac{dx(a)}{da} = \operatorname{sign}\frac{\partial^2 f(x(a),a)}{\partial x \partial a}.$$

因此,最优选择关于参数的导数的符号,仅依赖于目标函数关于 x 和 a 的二阶交叉偏导数。

这一性质的优点是,我们实际上无需每次都得重复计算。我们可以直接运用有关交叉偏导数的信息。

例子:特定问题的比较静态

如果 $f(x,a) = \ln x - ax$,我们在上面见到 $x(a) = 1/a$。通过直接计算 $x'(a) < 0$。但我们无需解最大化问题直接通过观察下式就可以看出这一点:

$$\frac{\partial^2 f(x,a)}{\partial x \partial a} = -1 < 0.$$

在目标函数为 $g(x,b) = u(x) - bx$ 的最优化问题中,我们可以立即看出

$$\operatorname{sign} x'(b) = \operatorname{sign}(-1) < 0.$$

这是一个值得注意的例子:我们几乎对函数 $u(x)$ 的形状一无所知,但我们能够通过直接运用目标函数的形式的性质来确定当参数变化时最优选择一定会如何变化。在我们微观经济学的学习中,我们将考察许多这类例子。

对于极小化问题,所变化的仅是分母的符号。由于最小化的二阶条件意味着关于选择变量的二阶导数是正的,我们看出选择变量关于参数的导数的符号,与交叉偏导数的符号相反。

27.2 多变量极大化

现在让我们考虑更为复杂的极大化问题。现在我们有两个变量，x_1 和 x_2。将这两个变量写成一个向量 $X=(x_1,x_2)$ 通常是很方便的。

在此情形下，我们用以下记号来写极大化问题

$$\max_{x_1,x_2} f(x_1,x_2),$$

或者，更一般地，写为

$$\max_{x} f(x).$$

一阶和二阶条件

这里，一阶条件采取了这样的形式，即目标函数关于每一选择变量的偏导数必为零。如果仅有两个变量，这给出了两个必要条件

$$\frac{\partial f(x_1,x_2)}{\partial x_1}=0$$

$$\frac{\partial f(x_1,x_2)}{\partial x_2}=0.$$

如果有 n 个选择变量，以下式定义**梯度向量**，$Df(x)$

$$Df(x)=\left(\frac{\partial f}{\partial x_1},\cdots,\frac{\partial f}{\partial x_n}\right).$$

是适宜的。应用这一记号，我们可以将 n 个一阶条件写为

$$Df(x^*)=0.$$

这一方程直接说明，在最优选择 x^*，偏导数向量必须等于零向量。

两选择变量问题的二阶条件可以用目标函数的二阶导数矩阵最为轻易地表示出来。这一矩阵，以**海赛矩阵**而知名，采取如下形式

$$H=\begin{bmatrix} f_{11} & f_{12} \\ f_{21} & f_{22} \end{bmatrix}.$$

其中 f_{ij} 代表 $\partial^2 f/\partial x_i \partial x_j$。

微积分告诉我们,在最优选择 x^*,海赛矩阵必为**负半定的**。这意味着对于任意向量 (h_1, h_2),我们必须满足

$$(h_1, h_2)\begin{bmatrix} f_{11} & f_{12} \\ f_{21} & f_{22} \end{bmatrix}\begin{bmatrix} h_1 \\ h_2 \end{bmatrix} \leq 0.$$

更一般地,让我们把 h 认作列向量,令 h^t 为 h 的转置。那么,我们可将一个以负半定矩阵为特征的二阶条件写成

$$h^t H h \leq 0.$$

如果我们在考察一下极小化问题而不是极大化问题,那么一阶条件是一样的,但二阶条件变为要求海赛矩阵是**正半定的**。

比较静态

假设我们想确定最优选择函数如何对参数 a 的变化作出反应。我们知道最优选择必须满足一阶条件

$$\frac{\partial f(x_1(a), x_2(a), a)}{\partial x_1} = 0$$

$$\frac{\partial f(x_1(a), x_2(a), a)}{\partial x_2} = 0.$$

关于 a 对这两个表达式求微分

$$f_{11}\frac{\partial x_1}{\partial a} + f_{12}\frac{\partial x_2}{\partial a} + f_{13} = 0$$

$$f_{21}\frac{\partial x_1}{\partial a} + f_{22}\frac{\partial x_2}{\partial a} + f_{23} = 0.$$

以矩阵形式记之是更为方便的

$$\begin{bmatrix} f_{11} & f_{12} \\ f_{21} & f_{22} \end{bmatrix}\begin{bmatrix} x'_1(a) \\ x'_2(a) \end{bmatrix} = \begin{bmatrix} -f_{13} \\ -f_{23} \end{bmatrix}.$$

如果表达式左边的矩阵是可逆的,我们可以解这一方程组以得到

$$\begin{bmatrix} x'_1(a) \\ x'_2(a) \end{bmatrix} = \begin{bmatrix} f_{11} & f_{12} \\ f_{21} & f_{22} \end{bmatrix}^{-1}\begin{bmatrix} -f_{13} \\ -f_{23} \end{bmatrix}.$$

通常不是对矩阵求逆,而是用第 26 章、第 477 页所述的**克莱姆法则**来解方程组,以求出 $\partial x_1/\partial a$ 等,这样要更容易些。

例如,如果我们要求解 $\partial x_1/\partial a$,我们可以应用克莱姆法则,将这一导数表示成两个行列式的比值:

$$\frac{\partial x_1}{\partial a} = \frac{\begin{vmatrix} -f_{13} & f_{12} \\ -f_{23} & f_{22} \end{vmatrix}}{\begin{vmatrix} f_{11} & f_{12} \\ f_{21} & f_{22} \end{vmatrix}}.$$

根据极大化的二阶条件,这一表达式的分母上的矩阵是负半定矩阵。初等的线性代数知识告诉我们,这一矩阵一定有正的行列式。因此,$\partial x_1/\partial a$ 的符号直接就是分子上行列式的符号。

例子:比较静态

令 $f(x_1, x_2, a_1, a_2) = u_1(x_1) + u_2(x_2) - a_1 x_1 - a_2 x_2$。极大化 f 的一阶条件为

$$u'_1(x_1^*) - a_1 = 0$$
$$u'_2(x_2^*) - a_2 = 0.$$

二阶条件是矩阵

$$H = \begin{pmatrix} u''_1(x_1^*) & 0 \\ 0 & u''_2(x_2^*) \end{pmatrix}$$

是负半定的。由于负半定矩阵的对角项必小于或等于零,于是有 $u''_1(x_1^*) \leqslant 0, u''_2(x_2^*) \leqslant 0$.

极大化的值函数由下式给出

$$M(a_1, a_2) \equiv \max_{x_1, x_2} u_1(x_1) + u_2(x_2) - a_1 x_1 - a_2 x_2,$$

应用包络定理进行简单计算,得

$$\frac{\partial M}{\partial a_1} = -x_1^*$$

$$\frac{\partial M}{\partial a_2} = -x_2^*.$$

以上比较静态计算立即表明

$$\text{sign} \frac{\partial x_1}{\partial a_1} = \text{sign} \begin{vmatrix} 1 & 0 \\ 0 & u''_2(x_2^*) \end{vmatrix}.$$

对这一行列式进行计算,

$$\text{sign} \frac{\partial x_1}{\partial a_1} \leq 0.$$

注意,我们在对 u_1 和 u_2 的显函数形式一无所知的情况下,可以确定选择变量如何对参数的变化作出反应;我们仅需知道目标函数的结构——在此情况下,它是**加性可分的**。

凸性和凹性

一个函数 $f: R^n \to R$ 是**凹的**,如果对于所有 x 和 y 及所有 $0 \leq t \leq 1$,有

$$f(tx + (1-t)y) \geq tf(x) + (1-t)f(y)$$

其解释与单变量情形相同;也就是,在 x 与 y 加权平均处的 f 值,不小于 $f(x)$ 和 $f(y)$ 的加权平均值。

于是,一个凹函数必满足不等式

$$f(x) \leq f(y) + Df(y)[x - y].$$

在二维情况下,我们可以将之记为

$$f(x_1, x_2) \leq f(y_1, y_2) + \left(\frac{\partial f(y_1, y_2)}{\partial x_1} \quad \frac{\partial f(y_1, y_2)}{\partial x_2} \right) \begin{pmatrix} x_1 - y_1 \\ x_2 - y_2 \end{pmatrix},$$

进行乘法计算,

$$f(x_1, x_2) \leq f(y_1, y_2) + \frac{\partial f(y_1, y_2)}{\partial x_1}[x_1 - y_1] + \frac{\partial f(y_1, y_2)}{\partial x_2}[x_2 - y_2].$$

这是一维条件的自然推广。

也有一个对凹性二阶导数条件的良好推广。回想在一维情况下,一凹函数的二阶导数必小于或等于零。在多维情况下,对凹性

的条件是二阶导数**矩阵**在每一点上都是负半定的。从几何图形上看,这意味着,凹函数的图形必在每一方向上都"弯离"其切平面。这意味着对凹函数来说,极大化的二阶条件自动得到满足。同理,凸函数的海赛矩阵必为正半定的。

如果一个函数的海赛矩阵在每一点上都是负定的,那么函数必是严格凹的。然而逆命题不成立:一个严格凹函数的海赛矩阵在某些点上可能是奇异的。即使对一维情况这也是对的;考虑函数 $-x^4$ 在 $x=0$ 时的情形。

拟凹和拟凸函数

一个函数 $f: R^n \to R$ 是**拟凹的**,如果该函数的上等值集是凸集。换句话说,$\{x \in R^n : f(x) \geqslant a\}$ 形式的集合对所有的 a 值是凸的。一个函数 $f(x)$ 是**拟凸的**,如果 $-f(x)$ 是拟凹的。

27.3 约束极大化

考虑以下形式的约束极大化问题

$$\max_{x_1, x_2} f(x_1, x_2)$$
$$\text{满足} \quad g(x_1, x_2) = 0.$$

为了说明这一问题的一阶和二阶条件,宜用**拉格朗日函数**:

$$L(\lambda, x_1, x_2) = f(x_1, x_2) - \lambda g(x_1, x_2).$$

变量 λ 就是有名的**拉格朗日乘子**。我们将会看到,它有一个有用的经济解释。

一阶条件要求,拉格朗日函数对其每一自变量的导数皆为零。

$$\frac{\partial L}{\partial x_1} = \frac{\partial f}{\partial x_1} - \lambda \frac{\partial g}{\partial x_1} = 0$$

$$\frac{\partial L}{\partial x_2} = \frac{\partial f}{\partial x_2} - \lambda \frac{\partial g}{\partial x_2} = 0$$

$$\frac{\partial L}{\partial \lambda} = -g(x_1, x_2) = 0.$$

有 3 个未知数——x_1, x_2 和 λ——及 3 个方程;通常能够解出这一方程组的最优选择。

n 维最优化问题有同样的一般结构。问题为:

$$\max_x f(x)$$

满足 $g(x) = 0,$

于是拉格朗日函数变为

$$L = f(x) - \lambda g(x),$$

$n+1$ 个一阶条件有如下形式

$$\frac{\partial L}{\partial x_i} = \frac{\partial f(x)}{\partial x_i} - \lambda \frac{\partial g(x)}{\partial x_i} = 0 \quad for \quad i = 1, \cdots, n$$

$$\frac{\partial L}{\partial \lambda} = -g(x) = 0.$$

二阶条件利用了拉格朗日函数的海赛矩阵,在二维问题中,它是

$$D^2 L(x_1, x_2) = \begin{pmatrix} \frac{\partial^2 L}{\partial x_1^2} & \frac{\partial^2 L}{\partial x_1 \partial x_2} \\ \frac{\partial^2 L}{\partial x_2 \partial x_1} & \frac{\partial^2 L}{\partial x_2^2} \end{pmatrix}$$

$$= \begin{pmatrix} \frac{\partial^2 f}{\partial x_1^2} - \lambda \frac{\partial^2 g}{\partial x_1^2} & \frac{\partial^2 f}{\partial x_1 \partial x_2} - \lambda \frac{\partial^2 g}{\partial x_1 \partial x_2} \\ \frac{\partial^2 f}{\partial x_2 \partial x_1} - \lambda \frac{\partial^2 g}{\partial x_2 \partial x_1} & \frac{\partial^2 f}{\partial x_2^2} - \lambda \frac{\partial^2 g}{\partial x_2^2} \end{pmatrix}.$$

二阶条件要求这一矩阵在线性约束下必须是负半定的。

$h^t D^2 L(x) h \leq 0$ 对于所有的 h 满足 $Dg(x) h = 0.$

直观地,这一条件要求,对于沿与约束面相切方向的任何变化,海赛矩阵是负半定的。

如果海赛矩阵在约束下是负定的,那么我们称我们有**正则极大值**。一个正则极大值必是一个严格的局部极大值,但反过来说

就不一定正确了。

27.4 一个替代性的二阶条件

在正则局部极大值的情形下,二阶条件有一个替代性的表述方法。在此情形下,考察一个特定的受线性约束的矩阵是否负定,可以化简为对某一矩阵的各种行列式符号的检验。

考虑拉格朗日函数的二阶导数矩阵,它包含关于拉格朗日乘子 λ 的各个导数。如果有两个选择变量和一个约束,这一矩阵看起来像这样:

$$D^2 L(\lambda, x_1, x_2) = \begin{pmatrix} \frac{\partial^2 L}{\partial \lambda^2} & \frac{\partial^2 L}{\partial \lambda \partial x_1} & \frac{\partial^2 L}{\partial \lambda \partial x_2} \\ \frac{\partial^2 L}{\partial x_1 \partial \lambda} & \frac{\partial^2 L}{\partial x_1^2} & \frac{\partial^2 L}{\partial x_1 \partial x_2} \\ \frac{\partial^2 L}{\partial x_2 \partial \lambda} & \frac{\partial^2 L}{\partial x_2 \partial x_1} & \frac{\partial^2 L}{\partial x_2^2} \end{pmatrix}.$$

(27.3)

运用拉格朗日函数的定义与一阶导数条件直接计算下列导数:

$$\frac{\partial^2 L}{\partial \lambda^2} = 0$$

$$\frac{\partial^2 L}{\partial \lambda \partial x_1} = \frac{\partial^2 L}{\partial x_1 \partial \lambda} = -\frac{\partial g(x)}{\partial x_1}$$

$$\frac{\partial^2 L}{\partial \lambda \partial x_2} = \frac{\partial^2 L}{\partial x_2 \partial \lambda} = -\frac{\partial g(x)}{\partial x_2}.$$

将这些表达式插入(27.3),就得到了**加边海赛阵**。

$$\begin{pmatrix} 0 & -\frac{\partial g}{\partial x_1} & -\frac{\partial g}{\partial x_2} \\ -\frac{\partial g}{\partial x_1} & \frac{\partial^2 L}{\partial x_1^2} & \frac{\partial^2 L}{\partial x_1 \partial x_2} \\ -\frac{\partial g}{\partial x_2} & \frac{\partial^2 L}{\partial x_2 \partial x_1} & \frac{\partial^2 L}{\partial x_2^2} \end{pmatrix}.$$

注意,这一矩阵有如下形式

$$\begin{bmatrix} 0 & b_1 & b_2 \\ b_1 & h_{11} & h_{12} \\ b_2 & h_{21} & h_{22} \end{bmatrix},$$

其中"边缘项"是约束条件的负的一阶导数,h_{ij} 项是拉格朗日函数关于选择变量的二阶导数。如果有 n 个选择变量和 1 个约束条件,加边海赛阵将是 $n+1$ 维方阵。下面我们给出有四个选择变量的例子。

于是,在正则极大值的情形下,上述二阶条件意味着该加边海赛阵有一个正的行列式。对此的证明并不困难,但相当乏味,故省略。

值得注意的是,如果我们对加边海赛阵行列式的第一行和第一列乘以 -1,它的符号将不变。这一运算将消除边上的负号并使表达式显得更洁净些。然而,如果你那么做,以下事实就不那么明显了:加边海赛阵恰是拉格朗日函数的包含了关于 λ 的导数的海赛阵。

如果有 n 个选择变量和一个约束条件,加边海赛阵将是一个 $n+1$ 乘 $n+1$ 矩阵。在此情况下,我们不得不检验加边海赛阵各个子矩阵的行列式。我们用一个 4 乘 4 加边海赛阵的例子说明这种算法。像前面一样将边缘项记为 b_i,海赛项记为 h_{ij},于是加边海赛阵成为

$$\begin{bmatrix} 0 & b_1 & b_2 & b_3 & b_4 \\ b_1 & h_{11} & h_{12} & h_{13} & h_{14} \\ b_2 & h_{21} & h_{22} & h_{23} & h_{24} \\ b_3 & h_{31} & h_{32} & h_{33} & h_{34} \\ b_4 & h_{41} & h_{42} & h_{43} & h_{44} \end{bmatrix}.$$

考虑一个正则极大值的情形,其中海赛阵是约束下负定的。那么二阶条件的一个等价说法是下列行列式条件必须成立

$$\det \begin{pmatrix} 0 & b_1 & b_2 \\ b_1 & h_{11} & h_{12} \\ b_2 & h_{21} & h_{22} \end{pmatrix} > 0$$

$$\det \begin{pmatrix} 0 & b_1 & b_2 & b_3 \\ b_1 & h_{11} & h_{12} & h_{13} \\ b_2 & h_{21} & h_{22} & h_{23} \\ b_3 & h_{31} & h_{32} & h_{33} \end{pmatrix} < 0$$

$$\det \begin{pmatrix} 0 & b_1 & b_2 & b_3 & b_4 \\ b_1 & h_{11} & h_{12} & h_{13} & h_{14} \\ b_2 & h_{21} & h_{22} & h_{23} & h_{24} \\ b_3 & h_{31} & h_{32} & h_{33} & h_{34} \\ b_4 & h_{41} & h_{42} & h_{43} & h_{44} \end{pmatrix} > 0.$$

对于一任意数目的变量,同样的条件成立。我们这样表达这一条件:加边海赛阵的自然顺序主子式的符号必须交替。

对于正则局部极小值的二阶条件是类似的,即这同一组行列式必须都是负的。

如何记忆二阶条件

要记住有关二阶条件的所有行列式条件,你或许会感到困难,至少我是这样。所以这里给出一种记住这些条件的简易方法。

正定矩阵的最简单的例子是单位阵。计算其行列式,很容易看出,单位阵的主子式都是正的。

负定矩阵的最简单的例子是负的单位阵。不难看出,这一矩阵主子式的符号必定交替。

$$\begin{vmatrix} -1 & 0 \\ 0 & -1 \end{vmatrix} > 0$$

$$\begin{vmatrix} -1 & 0 & 0 \\ 0 & -1 & 0 \\ 0 & 0 & -1 \end{vmatrix} = -1 \begin{vmatrix} -1 & 0 \\ 0 & -1 \end{vmatrix} < 0.$$

假设我们有一个线性约束下的正定矩阵。其最简单的情形是受 $(h_1,h_2)(1,1)=0$ 约束的一个单位阵。这给出了加边海赛阵

$$\begin{pmatrix} 0 & 1 & 1 \\ 1 & 1 & 0 \\ 1 & 0 & 1 \end{pmatrix}.$$

左上角子式为

$$\begin{vmatrix} 0 & 1 \\ 1 & 1 \end{vmatrix} = -1 < 0.$$

沿整个矩阵的行列式的第一列展开，其值为：

$$-1\begin{vmatrix} 1 & 1 \\ 0 & 1 \end{vmatrix} + 1\begin{vmatrix} 1 & 1 \\ 1 & 0 \end{vmatrix} = -2.$$

因此，约束下的矩阵为正定的条件是，加边海赛阵的所有主子式都是负的。

下一步我们考察约束下为负半定的矩阵。再一次采用最简单的例子：负的单位阵和约束 $(h_1,h_2)(1,1)=0$。这给出了加边海赛阵

$$\begin{pmatrix} 0 & 1 & 1 \\ 1 & -1 & 0 \\ 1 & 0 & -1 \end{pmatrix}.$$

两个主子式为

$$\begin{vmatrix} 0 & 1 \\ 1 & -1 \end{vmatrix} = -1 < 0,$$

和

$$\begin{vmatrix} 0 & 1 & 1 \\ 1 & -1 & 0 \\ 1 & 0 & -1 \end{vmatrix} = -\begin{vmatrix} 1 & 1 \\ 0 & -1 \end{vmatrix} + \begin{vmatrix} 1 & 1 \\ -1 & 0 \end{vmatrix} = 2 > 0.$$

因此，我们要求主子式交替符号。

包络定理

考虑如下形式的一个参数化的极大化问题

$$M(a) = \max_{x_1,x_2} g(x_1, x_2, a)$$

满足 $h(x_1, x_2, a) = 0$.

这一问题的拉格朗日函数为

$$L = g(x_1, x_2, a) - \lambda h(x_1, x_2, a),$$

一阶条件为

$$\frac{\partial g}{\partial x_1} - \lambda \frac{\partial h}{\partial x_1} = 0$$

$$\frac{\partial g}{\partial x_2} - \lambda \frac{\partial h}{\partial x_2} = 0$$

$$h(x_1, x_2, a) = 0.$$

(27.4)

这些条件决定最优选择函数$(x_1(a), x_2(a))$,该函数又决定极大值函数

$$M(a) \equiv g(x_1(a), x_2(a), a).$$ (27.5)

包络定理给出了在极大化问题中值函数关于一个参数的导数的公式

$$\frac{dM(a)}{da} = \frac{\partial L(x, a)}{\partial a}\bigg|_{x=x(a)}$$

$$= \frac{\partial g(x_1, x_2, a)}{\partial a}\bigg|_{x=x(a)} - \lambda \frac{\partial h(x_1, x_2, a)}{\partial a}\bigg|_{x=x(a)}.$$

同前面一样,对偏导数的解释需要特别谨慎:它们是 g 和 h 在保持 x_1 和 x_2 于其最优值不变的条件下对 a 的导数。

包络定理的证明为一直接的计算。微分恒等式(27.5),得

$$\frac{dM}{da} = \frac{\partial g}{\partial x_1}\frac{dx_1}{da} + \frac{\partial g}{\partial x_2}\frac{dx_2}{da} + \frac{\partial g}{\partial a},$$

运用一阶条件(27.4)进行替代,得

$$\frac{dM}{da} = \lambda\left[\frac{\partial h}{\partial x_1}\frac{dx_1}{da} + \frac{\partial h}{\partial x_2}\frac{dx_2}{da}\right] + \frac{\partial g}{\partial a}.$$ (27.6)

现在看到,最优选择函数必须恒满足约束 $h(x_1(a), x_2(a), a) \equiv 0$。对这一恒等式关于 a 求微分,我们有

$$\frac{\partial h}{\partial x_1}\frac{dx_1}{da}+\frac{\partial h}{\partial x_2}\frac{dx_2}{da}+\frac{\partial h}{\partial a}\equiv 0. \qquad (27.7)$$

将(27.7)代入(27.6),得

$$\frac{dM}{da}=-\lambda\frac{\partial h}{\partial a}+\frac{\partial g}{\partial a},$$

这就是所求的结果。

27.5 不等式约束的约束极大化

在经济学的许多问题中,运用不等式约束是很自然的。这里我们考察这类问题一阶条件的适当形式。

令 $f:R^n\to R$ 及 $g_i:R^n\to R, i=1,\cdots,k$,考虑最优化问题

$$\max f(x)$$

满足 $g_i(x)\leq 0. \quad i=1,\cdots,k \qquad (27.8)$

点集 $\{x:g_i(x^*)\leq 0 \quad i=1,\cdots,k\}$ 叫做可行集。如果在某一特定的 x^*,我们有 $g_i(x^*)=0$,我们称第 i 个约束是**起作用约束**;否则我们就称第 i 个约束不起作用,或是一**松弛约束**。

令 $G(x^*)$ 为在 x^* 处起作用约束的梯度集:

$$G(x^*)=\{Dg_i(x^*):对于所有的 i 满足 g_i(x^*)=0.\}.$$

如果向量集 $G(x^*)$ 是线性无关的,那么我们称**约束备格**成立

库恩-塔克定理 如果 x^* 是(27.8)的解且约束备格在 x^* 成立,那么存在一组**库恩—塔克乘子** $\lambda_i\geq 0, i=1,\cdots,k$,使得

$$Df(x^*)=\sum_{i=1}^{k}\lambda_i Dg_i(x^*).$$

进一步地,我们有**互补松弛条件**

$$\lambda_i\geq 0 \quad 对于所有的 i$$
$$\lambda_i=0 \quad 当 g_i(x^*)<0.$$

比较库恩-塔克定理与拉格朗日定理,我们发现主要区别在于,库恩-416 塔克乘子的符号是非负的,而拉格朗日乘子可以是任

何一个数。这一增加的信息有时可以是很有用的。

当然,库恩-塔克定理仅是极大值的一个必要条件。然而,在一个重要的情形里,它是必要且充分的。

库恩-塔克充分条件 假设 f 是一凹函数,g_i 是一凸函数,$i=1,\cdots,k$。令 x^* 为一可行点,并假设我们能够找到非负数字 λ_i,使得 $Df(x^*) = \sum_{i=1}^{k} \lambda_i Dg(x^*)$。那么 x^* 是极大化问题 27.8 的解。

证明:由于 f 是凹的,我们可以写出

$$f(x) \leq f(x^*) + Df(x^*)(x-x^*).$$

运用定理的假设,我们可以将它写成

$$f(x) \leq f(x^*) + \sum_{i=1}^{k} \lambda_i Dg_i(x^*)(x-x^*). \quad (27.9)$$

由于 $g_i(x)$ 是凸的,我们有

$$g_i(x) \geq g_i(x^*) + Dg_i(x^*)(x-x^*). \quad (27.10)$$

由于 x^* 是可行的,$g_i(x) \leq g_i(x^*)$,$i=1,\cdots,k$。因此,等式(27.10)意味着 $Dg_i(x^*)(x-x^*) \leq 0$,$i=1,\cdots,k$。将这点应用到等式(27.9)中,并运用 $\lambda_i \geq 0$ 的细节,我们得到 $f(x) \leq f(x^*)$,这正是所要求的。

27.6 设立库恩-塔克问题

对约束极大值与约束极小值问题的拉格朗日条件是一样的,因为它们仅处理一阶条件。如果正确地设立问题,库恩-塔克条件也是一样的。一般地,在应用这一定理之前需要进行一点变换。

回顾一下,我们表述了如下形式的极大化问题的库恩-塔克条件

$$\max_{x} f(x)$$

满足 $g_i(x) \leq 0$,$i=1,\cdots,k$.

这一问题的拉格朗日函数为

$$L = f(x) - \sum_{i=1}^{k} \lambda_i g_i(x).$$

当问题以这种方式设立时,库恩-塔克乘子确保为非负的。

在某些问题里,约束条件要求某一函数大于或等于零。在此情形下,我们必须用 -1 乘以约束条件,使其形式适于运用库恩-塔克条件。例如,假设我们有问题

$$\max_x f(x)$$

满足 $h_i(x) \geq 0, i = 1, \cdots, k$.

这等价于问题

$$\max_x f(x)$$

满足 $-h_i(x) \leq 0, i = 1, \cdots, k,$

这是所需的形式

这一问题的拉格朗日函数变为

$$L = f(x) - \sum_{i=1}^{k} \lambda_i(-h_i(x)) = f(x) + \sum_{i=1}^{k} \lambda_i(h_i(x)).$$

由于做了变换的问题有适当的形式,乘子(λ_i)确保为非负的。

假定我们在研究一极小化问题。那么为了使库恩-塔克乘子有正确的(非负的)符号,我们必须将问题设成如下形式:

$$\min_x f(x)$$

满足 $g_i(x) \geq 0, i = 1, \cdots, k$.

注意,极小化问题需要大于号不等式,而极大化问题需要小于号不等式。

27.7 极大值的存在与连续性

考虑如下形式的参数化的极大化问题:

$$M(a) = \max f(x, a)$$

满足 x 在 $G(a)$ 中 \hfill (27.11)

最优值的存在性 如果约束集 $G(a)$ 是非空且紧的,函数 f 是连续的,那么这一极大化问题存在一个解 x^*。

最优值的惟一性 如果函数 f 是严格凹的,且约束集是凸的,那么,若解存在,则它是惟一的。

令 $x(a)$ 为问题(27.11)的一个解。令人感兴趣的,通常是知道何时 $x(a)$ 有良好的行为。我们必须面临的第一个问题是,$x(a)$ 一般说来或许不是一个函数:一般地,或许有几个点是最优化问题的解。即,对于每一个 a,$x(a)$ 将是一个点集。一个**对应**是联系每一个 a 与一个 x 的集合的一项规则。我们要考察当 a 变化时,点 $x(a)$ 的集合如何变化。特别地,我们希望知道何时 $x(a)$ 会随着 a 的变化而"连续地"变化。

结果有两种适合对应的连续性的定义。如果当 a 略微变化时集合 $x(a)$ 没有"急剧膨胀",那么我们称对应是**上半连续**的。如果当 a 略微变化时集合 $x(a)$ 没有"急剧坍缩",我们就称对应为**下半连续**的。如果一个对应既是上半连续又是下半连续的,那么就称它是**连续**的。

极大值定理 令 $f(x,a)$ 为有一紧值域的一个函数,假设约束集 $G(a)$ 是 a 的一个非空、紧值、连续的对应。那么(1)$M(a)$ 是一个连续函数,(2)$x(a)$ 是一个上半连续的对应。

如果对应 $x(a)$ 恰好是单值的,使得 $x(a)$ 为一函数,那么它将是一个连续函数。

注 释

关于经济学中最优化的直观讨论和例子,见迪克西特(Dixit,1990)。对于更深入的讨论,见布鲁姆和西蒙(Blume & Simon,1991)。对于更多的关于对应的拓扑性质的讨论,见波智(Bergt,1963)和希尔顿布兰德与科曼(Hildenbrand & Kirman,1988)。

[1]本文中我们将常常采用"索洛约定":假设每一函数比我们所需的还多可微一次。

参 考 文 献

Abreu, D. (1986). Extremal equilibria of oligopolistic supergames. Journal of Economic Theory, 39, 191 – 225.

Afriat, S. (1967). The construction of a utility function from expenditure data. International Economic Review, 8, 67 – 77.

Akerlof, G. (1970). The market for lemons: Quality uncertainty and the market mechanism. Quarterly Journal of Economics, 89, 488 – 500.

Anscombe, F. & Aumann, R. (1963). A definition of subjective probability. Annals of Mathematical Statistics, 34, 199 – 205.

Arrow, K. (1951). An extension of the basic theorems of classical welfare economics. In P. Newman(Ed.), Readings in Mathematical Economics. Baltimore: Johns Hopkins Press.

Arrow, K. (1970). Essays in the Theory of Risk Bearing. Chicago: Markham.

Arrow, K. & Debreu, G. (1954). Existence of equilibrium for a competitive economy. Econometrica, 22, 265 – 290.

Arrow, K. & Hahn, F. (1971). General Competitive Analysis. San Francisco: Holden – Day.

Atkinson, T. & Stiglitz, J. (1980). Lectures on Public Economics. New York: McGraw – Hill.

Aumann, R. (1987). Game theory. In J. Eatwell, M. Milgate, & P. Newman (Eds.), The New Palgrave. London: MacMillan Press.

Berge, C. (1963). Topological Spaces. New York: Macmillan.

Bergstrom, T. Blume, L., & Varian, H. (1986). On the private provision of public goods. Journal of Public Economics, 29(1), 25 – 49.

Binmore, K. (1982). Mathematical Analysis (2 ed.). Cambridge: Cambridge University Press.

Binmore, K. (1983). Calculus. Cambridge: Cambridge University Press.

Binmore, K. (1991). Fun and Games. San Francisco: Heath.

REFERENCES

Binmore, K. & Dasgupta, P. (1987). The Economics of Bargaining. Oxford: Basil Blackwell.

Blackorby, C., Primont, D., & Russell, R. (1979). Duality, Separability and Functional Structure: Theory and Economic Applications. Amsterdam: North – Holland.

Blackorby, C. & Russell, R. R. (1989). Will the real elasticity of substitution please stand up. American Economic Review, 79(4), 882 – 888.

Blume, L. & Simon, C. (1991). Mathematics for Economists. New York: W. W. Norton & Co.

Clarke, E. (1971). Multipart pricing of public goods. Public Choice, 11, 17 – 33.

Coase, R. (1960). The problem of social cost. Journal of Law and Economics, 3, 1 – 44.

Cook, P. (1972). A one – line proof of the Slutsky equation. American Economic Review, 42, 139.

Davidson, C. & Deneckere, R. (1986). Long – run competition in capacity, short – run competition in price, and the Cournot model. RAND Journal of Economics, 17, 404 – 415.

Deaton, A. & Muellbauer, J. (1980). Economics and Consumer Behavior. Cambridge: Cambridge University Press.

Debreu, G. (1953). Valuation equilibrium and Pareto optimum. In K. Arrow & T. Scitovsky (Eds.), Readings in Welfare Economics. Homewood, Ill: Irwin.

Debreu, G. (1959). Theory of Value. New York: Wiley.

Debreu, G. (1964). Continuity properties of Paretian utility. International Economic Review, 5, 285 – 293.

Debreu, G. (1974). Excess demand functions. Journal of Mathematical Economics, 1, 15 – 22.

Debreu, G. & Scarf, H. (1963). A limit theorem on the core of an economy. International Economic Review, 4, 235 – 246.

Dierker, E. (1972). Two remarks on the number of equilibria of an economy. Econometrica, 40, 951 – 953.

Diewert, E. (1974). Applications of duality theory. In M. Intriligator & D. Kendrick (Eds.), Frontiers of Quantitative Economics. Amsterdam: North – Holland.

Dixit, A. (1986). Comparative statics for oligopoly. International Economic Review, 27, 107 – 122.

REFERENCES

Dixit, A. (1990). Optimization in Economic Theory (2 ed.). Oxford: Oxford University Press.

Dowrick, S. (1986). von Stackelberg and Cournot duopoly: Choosing roles. Rand Journal of Economics, 17(1), 251 – 260.

Friedman, J. (1971). A noncooperative equilibrium for supergames. Review of Economic Studies. 38, 1 – 12.

Frisch, R. (1965). Theory of Production. Chicago: Rand McNally.

Fudenberg, D. & Tirole, J. (1991). Game Theory. Cambridge: MIT Press.

Geanakoplos, J. (1987). Overlapping generations model of general equilibrium. In J. Eatwell, M. Milgate, & P. Newman (Eds.), The New Palgrave. London: MacMillan Press.

Gorman, T. (1953). Community preference fields. Econometrica, 21, 63 – 80.

Groves, T. (1973). Incentives in teams. Econometrica, 41, 617 – 631.

Harsanyi, J. (1967). Games of incomplete information played by Bayesian players. Management Science, 14, 159 – 182, 320 – 334, 486 – 502.

Hart, O. & Holmström, B. (1987). The theory of contracts. In T. Bewley (Ed.), Advances in Economic Theory. Cambridge: Cambridge University Press.

Herstein, I. & Milnor, J. (1953). An axiomatic approach to measurable utility. Econometrica, 21, 291 – 297.

Hicks, J. (1932). Theory of Wages. London: Macmillan.

Hicks, J. (1946). Value and Capital. Oxford, England: Clarendon Press.

Hicks, J. (1956). A Revision of Demand Theory. London: Oxford University Press.

Hildenbrand, W. & Kirman, A. (1988). Equilibrium Analysis. Amsterdam: North – Holland.

Holmström, B. & Milgrom, P. (1987). Aggregation and linearity in the provision of intertemporal incentives. Econometrica, 55, 303 – 328.

Hotelling, H. (1932). Edgeworth's taxation paradox and the nature of demand and supply function. Political Economy, 40, 577 – 616.

Hurwicz, L. & Uzawa, H. (1971). On the integrability of demand functions. In J. Chipman, L. Hurwicz, M. Richter, & H. Sonnenschein (Eds.), Preferences, Utility, and Demand. New York: Harcourt, Brace, Jovanovich.

Ingersoll, J. (1987). Theory of Financial Decision Making. Totowa, New Jersey: Rowman & Littlefield.

REFERENCES

Kierkegaard, S. (1938). The Journals of Soren Kierkegaard. Oxford: Oxford University Press.

Koopmans, T. (1957). Three Essays on the State of Economic Science. New Haven: Yale University Press.

Kreps, D. (1990). A Course in Microeconomic Theory. Princeton University Press.

Kreps, D. & Scheinkman, J. (1983). Quantity pre − commitment and Bertrand competition yield Cournot outcomes. Bell Journal of Economics, 14, 326 − 337.

Ledyard, J. (1986). The scope of the hypothesis of Bayesian equilibrium. Journal of Economic Theory, 39, 59 − 82.

Lindahl, E. (1919). Just taxation − a positive solution. In R. Musgrave & A. Peacock (Eds.), Classics in the Theory of Public Finance. London: Macmillan.

Machina, M. (1982). 'Expected utility' analysis without the independence axiom. Econometrica, 50, 277 − 323.

Marshall, A. (1920). Principles of Economics. London: Macmillan.

Maskin, E. & Roberts, K. (1980). On the fundamental theorems of general equilibrium. Technical Report 43, Cambridge University, Cambridge, England.

McFadden, D. (1978). Cost, revenue, and profit functions. In M. Fuss & D. McFadden (Eds.), Production Economics: A Dual Approach to Theory and Applications. Amsterdam: North − Holland.

McFadden, D. & Winter, S. (1968). Lecture Notes on Consumer Theory. University of California at Berkeley: Unpublished.

McKenzie, L. (1954). On equilibrium in Graham's model of world trade and other competitive systems. Econometrica, 22, 147 – 161.

McKenzie, L. (1957). Demand theory without a utility index. Review of Economic Studies, 24, 183 – 189.

Milgrom, P. (1981). Good news and bad news: Representation theorems and applications. Bell Journal of Economics, 13, 380 – 391.

Milgrom, P. & Roberts, J. (1982). Limit pricing and entry under incomplete information: An equilibrium analysis. Econometrica, 50, 443 – 459.

Mirrlees, J. (1982). The theory of optimal taxation. In K. Arrow & M. Intriligator (Eds.), Handbook of Mathematical Economics, volume II. Amsterdam: North – Holland.

REFERENCES

Myerson, R. (1986). An introduction to game theory. In S. Reiter (Ed.), Studies in Mathematical Economics. Mathematical Association of America.

Myerson, R. (1991). Game Theory. Cambridge: Harvard University Press.

Nash, J. (1950). Equilibrium points in n-person games. Proceedings of the National Academy of Sciences, 36, 48 – 49.

Nash, J. (1951). Non – cooperative games. Annals of Mathematics, 54, 286 – 295.

Negisihi, T. (1960). Welfare economics and the existence of an equilibrium for a competitive economy. Metroeconomica, 12, 92 – 97.

Neumann, J. & Morgenstern, O. (1944). Theory of Games and Economic Behavior. Princeton, NJ: Princeton University Press.

Novshek, W. (1980). Cournot equilibrium with free entry. Review of Economic Studies, 47, 473 – 486.

Pigou, A. (1920). The Economics of Welfare. London: Macmillan.

Pollak, R. (1969). Conditional demand functions and consumption theory. Quarterly Journal of Economics, 83, 60 – 78.

Pratt, J. (1964). Risk aversion in the small and in the large. Econometrica, 32, 122 – 136.

Rasmusen, E. (1989). Games and Information. Oxford: Basil Blackwell.

Ross, S. (1976). The arbitrage theory of capital asset pricing. Journal of Economic Theory, 13, 341 – 360.

Ross, S. (1977). The capital asset pricing model (CAPM), short sales restrictions and related issues. Journal of Finance, 32, 177 – 183.

Ross, S. (1978). A simple approach to the valuation of risky streams. Journal of Business, 51, 453 – 475.

Rothschild, M. & Stiglitz, J. (1976). Equilibrium in competitive insurance markets: An essay on the economics of imperfect information. Quarterly Journal of Economics, 80, 629 – 649.

Roy, R. (1942). De l'utilité. Paris: Hermann.

Roy, R. (1947). La distribution de revenu entre les divers biens. Econometrica, 15, 205 – 225.

Rubinstein, M. (1976). The valuation of uncertain income streams and the pricing of options. Bell Journal of Economics, 7, 407 – 25.

Samuelson, P. (1947). Foundations of Economic Analysis. Cambridge, Mass: Harvard University Press.

REFERENCES

Samuelson, P. (1948). Consumption theory in terms of revealed preference. Econometrica, 15, 243 – 253.

Samuelson, P. (1951). Abstract of a theorem concerning substitutability in an open Leontief model. In T. Koopmans(Ed.), Activity Analysis of Production and Consumption. New York: Wiley.

Samuelson, P. (1954). The pure theory of public expenditure. The Review of Economics and Statistics, 64, 387 – 389.

Samuelson, P. (1974). Complementarity: An essay on the 40th anniversary of the Hicks – Allen revolution in demand theory. Journal of Economic Literature, 64(4), 1255 – 1289.

Scarf, H. (1973). The Computation of Economic Equilibrium. New Haven: Yale University Press.

Shafer, W. & Sonnenschein, H. (1982). Market demand and excess demand functions. In K. Arrow & M. Intriligator(Eds.), Handbook of Mathematical Economics. Amsterdam: North – Holland.

Shapiro, C. (1989). Theories of oligopoly behavior. In R. Schmalensee & R. Willig(Eds.), Handbook of Industrial Organization, volume. 1. Amsterdam: North – Holland.

Shephard, R. (1953). Cost and Production Functions. Princeton, NJ: Princeton University Press.

Shephard, R. (1970). Cost and Production Functions. Princeton, NJ: Princeton University Press.

Silberberg, E. (1974). A revision of comparative statics methodology in economics. Journal of Economic Theory, 7, 159 – 172.

Silberberg, E. (1990). The Structure of Economics. New York: Mc-Graw-Hill.

Singh, N. & Vives, X. (1984). Price and quantity competition in a differentiated duopoly. Rand Journal of Economics, 15, 546 – 554.

Sonnenschein, H. (1968). The dual of duopoly is complementary monopoly: or, two of Cournot's theories are one. Journal of Political Economy, 36, 316 – 318.

Spence, M. (1974). Market Signaling. Cambridge, Mass. : Harvard University Press.

Spence, M. (1975). Monopoly, quality and regulation. Bell Journal of Economics, 6(2), 417 – 429.

Tirole, J. (1988). The Theory of Industrial Organization. Cambridge: MIT Press.

REFERENCES

Varian, H. (1980). A model of sales. American Economic Review, 70, 651 – 659.

Varian, H. (1982a). The nonparametric approach to demand analysis. Econometrica, 50, 945 – 973.

Varian, H. (1982b). The nonparametric approach to production analysis. Econometrica, 52, 579 – 597.

Varian, H. (1985). Price discrimination and social welfare. American Economic Review, 75(4), 870 – 875.

Varian, H. (1989a). Price discrimination. In Handbook of Industrial Organization. Amsterdam: North-Holland.

Varian, H. (1989b). A solution to the problem of externalities when agents are well-informed. Technical report, University of Michigan, Ann Arbor.

Varian, H. (1990). Goodness-of-fit in optimizing models. Journal of Econometrics, 46, 125 – 140.

Wald, A. (1951). On some systems of equations in mathematical economics. Econometrica, 19, 368 – 403.

Walras, L. (1954). Elements of Pure Economics. London: Allen and Unwin.

Weizsacker, C. V. (1971). Steady State Capital Theory. New York: Springer-Verlag.

Willig, R. (1976). Consumer's surplus without apology. American Economic Review, 66, 589 – 597.

Wold, H. (1943). A synthesis of pure demand analysis, i-iii. Skandinavisk Aktuarietidskrift, 26, 27.

Yaari, M. (1969). Some remarks on measures of risk aversion and their uses. Journal of Economic Theory, 1, 315 – 329.

Yokoyama, T. (1968). A logical foundation of the theory of consumer's demand. In P. Newman (Ed.), Readings in Mathematical Economics. Baltimore: Johns Hopkins Press.

答 案

1. 技术

1.1 假。有许多反例。考虑由生产函数 $f(x)=x^2$ 规定的技术。生产集 $Y=\{(y,-x):y\leqslant x^2\}$，当然不是凸的，但投入要素集 $v(y)=\{x:x\geqslant\sqrt{y}\}$ 是凸集。

1.3 $\varepsilon_1=a$ 和 $\varepsilon_2=b$

1.5 将 tx_i 代入，$i=1,2$，得

$$f(tx_1,tx_2)=[(tx_1)^\rho+(tx_2)^\rho]^{\frac{1}{\rho}}=t[x_1^\rho+x_2^\rho]^{\frac{1}{\rho}}=tf(x_1,x_2).$$

这意味着 CES 函数显示出不变规模收益，因此规模弹性为 1。

1.7 令 $f(x)=g(h(x))$ 并假设 $g(h(x))=g(h(x'))$。由于 g 是单调的，结果有 $h(x)=h(x')$。现在 $g(h(tx))=g(th(x))$ 且 $g(h(tx'))=g(th(x'))$，这给出了所需要的结果。

1.9 注意，我们可以写成

$$(a_1+a_2)^{\frac{1}{\rho}}\left[\frac{a_1}{a_1+a_2}x_1^\rho+\frac{a_2}{a_1+a_2}x_2^\rho\right]^{\frac{1}{\rho}}.$$

现在直接规定 $b=a_1/(a_1+a_2)$ 和 $A=(a_1+a_2)^{\frac{1}{\rho}}$

1.11.a 对于所有 $y>0$，这是闭且非空的（如果我们允许投入为负）。等产量线看起来恰似里昂惕夫技术，除非我们以单位 $\log y$ 而不是 y 来衡量产出。因此，等产量曲线的形状将是相似的。可以推出这表明了技术是单调且凸的。

1.11.b 这是非空且非闭的。它是单调且凸的。

1.11.c 这是正则的。$f(x_1,x_2)$ 的导数都是正的，所以技术

是单调的。由于等产量曲线凸向原点,所以生产函数是凹的是充分的(但不是必要的)。为了验证这点,用生产函数的二阶导数形成一个矩阵,并看它是否为负半定。海赛阵的第一个主子阵必有一个负的行列式,第二个主子阵必有一个非负的行列式。

$$\frac{\partial^2 f(x)}{\partial x_1^2} = -\frac{1}{4} x_1^{-\frac{3}{2}} x_2^{\frac{1}{2}} \qquad \frac{\partial^2 f(x)}{\partial x_1 \partial x_2} = \frac{1}{4} x_1^{-\frac{1}{2}} x_2^{-\frac{1}{2}}$$

$$\frac{\partial^2 f(x)}{\partial x_2^2} = -\frac{1}{4} x_1^{\frac{1}{2}} x_2^{\frac{-3}{2}}$$

$$\text{海赛阵} = \begin{bmatrix} -\frac{1}{4} x_1^{-3/2} x_2^{1/2} & \frac{1}{4} x_1^{-1/2} x_2^{-1/2} \\ \frac{1}{4} x_1^{-1/2} x_2^{-1/2} & -\frac{1}{4} x_1^{1/2} x_2^{-3/2} \end{bmatrix}$$

$$D_1 = -\frac{1}{4} x_1^{-3/2} x_2^{1/2} < 0$$

$$D_2 = \frac{1}{16} x_1^{-1} x_2^{-1} - \frac{1}{16} x_1^{-1} x_2^{-1} = 0.$$

所以投入要素集是凸的。

1.11.d 这是正则、单调且凸的。

1.11.e 这是非空的,但没有办法生产任何 $y>1$。它是单调且弱凸的。

1.11.f 这是正则的。为了检验单调性,写下生产函数 $f(x) = ax_1 - \sqrt{x_1 x_2} + bx_2$ 并计算

$$\frac{\partial f(x)}{\partial x_1} = a - \frac{1}{2} x_1^{-1/2} x_2^{1/2}.$$

仅当 $a > \frac{1}{2} \sqrt{\frac{x_2}{x_1}}$ 时这才是正的,因而投入要素集并不总是单调的。

查看 f 的海赛阵,其行列式为零,且第一个主子式为正。所以 f 不是凹的。仅凭这点不足以证明投入要素集不是凸的。但我们可以说得更详细:f 是凸的,所以具有下述形式的所有集合都

是凸的。

$$\{x_1, x_2: ax_1 - \sqrt{x_1 x_2} + bx_2 \leq y\}$$ 对所有 y 的选择除了边界点外,这正是我们感兴趣的投入要素集的补集(不等号的方向错了)。作为凸集的补集(使得边界线不是一条直线)我们的投入要素集本身因而不能是凸的。

1.11.g 这一函数是一线性与一里昂惕夫函数的连续运用,所以它具有这两种函数所拥有的所有性质,包括是正则、单调和凸的。

2. 利润最大化

2.1 对于利润最大化,库恩-塔克定理要求下列三个不等式成立

$$\left(p\frac{\partial f(x^*)}{\partial x_j} - W_j\right)x_j^* = 0,$$

$$p\frac{\partial f(x^*)}{\partial x_j} - W_j \leq 0,$$

$$x_j^* \geq 0.$$

注意,如果 $x_j^* > 0$,那么我们必有 $w_j/p = \partial f(x^*)/\partial x_j$。

2.3 在正文中曾为了这一技术而计算供给函数和要素需求。运用那些结果,利润函数由下式给出

$$\pi(p,w) = p\left(\frac{w}{ap}\right)^{\frac{a}{a-1}} - w\left(\frac{w}{ap}\right)^{\frac{1}{a-1}}.$$

为了证明齐次性,注意

$$\pi(tp, tw) = tp\left(\frac{w}{ap}\right)^{\frac{a}{a-1}} - tw\left(\frac{w}{ap}\right)^{\frac{1}{a-1}} = t\pi(p,w),$$

它意味着 $\pi(p,w)$ 是一个一次齐次函数。

在计算海赛阵之前,以下列方式把利润函数分解为

$$\pi(p,w) = p^{\frac{1}{1-a}} w^{\frac{a}{a-1}} (a^{\frac{1}{1-a}} - a^{\frac{a}{1-a}}) = p^{\frac{1}{1-a}} w^{\frac{a}{a-1}} \phi(a),$$

其中 $\phi(a)$ 是严格正的,$0 < a < 1$。

海赛阵现在可以写成

$$D^2\pi(p,w) = \begin{pmatrix} \dfrac{\partial^2\pi(p,w)}{\partial p^2} & \dfrac{\partial^2\pi(p,w)}{\partial p\partial w} \\ \dfrac{\partial^2\pi(p,w)}{\partial w\partial p} & \dfrac{\partial^2\pi(p,w)}{\partial w^2} \end{pmatrix}$$

$$= \begin{pmatrix} \dfrac{a}{(1-a)^2}p^{\frac{2a-1}{1-a}}w^{\frac{a}{a-1}} & -\dfrac{a}{(1-a)^2}p^{\frac{a}{1-a}}w^{\frac{1}{a-1}} \\ -\dfrac{a}{(1-a)^2}p^{\frac{a}{1-a}}w^{\frac{1}{a-1}} & \dfrac{a}{(1-a)^2}p^{\frac{1}{1-a}}w^{\frac{2-a}{a-1}} \end{pmatrix}\phi(a).$$

这一矩阵的主子式为

$$\frac{a}{(1-a)^2}p^{\frac{2a-1}{1-a}}w^{\frac{a}{a-1}}\phi(a) > 0.$$

和0。所以,海赛阵是一个正半定矩阵,这意味着 $\pi(p,w)$ 在 (p,w) 中是凸的。

2.5 从前面的练习中,我们知道
$$\ln(w_2x_2/w_1x_1) = \ln(w_2/w_1) + \ln(x_2/x_1),$$
微分,我们得
$$\frac{d\ln(w_2x_2/w_1x_1)}{d\ln(w_2/w_1)} = 1 - \frac{d\ln(x_2/x_1)}{d\ln|TRS|} = 1-\sigma.$$

2.7.a 我们想要最大化 $20x - x^2 - wx$. 一阶条件是 $20 - 2x - w = 0$.

2.7.b 由于最优的 x 为零,利润关于 x 的导数在 $x=0$ 点必为非正的:当 $x=0$ 或 $w \geq 20$,有 $20 - 2x - w < 0$.

2.7.c 当 $w=0$ 时,最优的 x 将为 10。

2.7.d 要素需求函数为 $x = 10 - w/2$,或者,更确切地说,
$$x = \max\{10 - w/2, 0\}.$$

2.7.e 利润作为产出的函数为
$$20x - x^2 - wx = [20 - w - x]x.$$

将 $x = 10 - w/2$ 代入,得
$$\pi(w) = \left[10 - \frac{w}{2}\right]^2.$$

2.7.f 利润对 w 的导数为 $-(10 - w/2)$,当然,它是负的要素需求。

3. 利润函数

3.1.a 由于利润函数是凸的且是要素价格的减函数,我们知道 $\varphi_i'(w_i) \leqslant 0$ 且 $\varphi_i''(w_i) \geqslant 0$。

3.1.b 它为零。

3.1.c 对要素 i 的需求仅是第 i 个价格的函数。所以要素 i 的边际产品可以仅依赖于要素 i 的数量。可以推出,$f(x_1, x_2) = g_1(x_1) + g_2(x_2)$。

3.3 一阶条件为
$$a_1 \frac{p}{x_1} - w_1 = 0$$
$$a_2 \frac{p}{x_2} - w_2 = 0,$$

可以很容易地解这些方程求出要素需求函数。代入目标函数就得出利润函数。

3.5 如果 w_i 是严格正的,厂商将永不会运用多于他需要的要素 i,这意味着 $x_1 = x_2$。所以利润最大化问题可以写成
$$\max p x_1^a - w_1 x_1 - w_2 x_2.$$

一阶条件为
$$p a x_1^{a-1} - (w_1 + w_2) = 0.$$

要素需求函数和利润函数是一样的,好像生产函数是 $f(x) = x^a$ 一样。但要素价格为 $w_1 + w_2$,而不是 w。为了最大值存在,要求 $a < 1$。

4. 成本最小化

4.1 令 x^* 为价格 (p, w) 下利润最大化的一个投入向量。这

意味着,对于所有可允许的 x, x* 必须满足 $pf(x^*) - wx^* \geq pf(x) - wx$。假设对于产出 $f(x^*)$, x* 没有使成本最小化;即存在一个向量 x** 满足 $f(x^{**}) \geq f(x^*)$ 与 $w(x^{**} - x^*) < 0$。然而在 x** 下所取得的利润必须大于在 x* 下所取得的利润:

$$pf(x^{**}) - wx^{**} \geq pf(x^*) - wx^{**}$$
$$> pf(x^*) - wx^*,$$

这与 x* 使利润最大化的假设相矛盾。

4.3 按照前面习题中的逻辑,我们令边际成本相等,得

$$y_1 = 1.$$

我们还知道 $y_1 + y_2 = y$,所以我们将这两个方程合并,得 $y_2 = y - 1$。看起来成本方程为 $c(y) = 1/2 + y - 1 = y - 1/2$。然而,经过思考,这不能是正确的:如果 $y_1 < 1$,显然在工厂 1 生产每件产品是更好的。有时,我们忽略了隐含的约束 $y_2 \geq 0$。实际的成本函数为

$$c(y) = \begin{cases} y^2/2 & \text{当 } y < 1 \\ y - 1/2 & \text{当 } y > 1. \end{cases}$$

4.5 利用行动 a 的成本是 $a_1 w_1 + a_2 w_2$,利用行动 b 的成本是 $b_1 w_1 + b_2 w_2$。厂商将利用更便宜的一个,所以

$$c(w_1, w_2, y) = y \min\{a_1 w_1 + a_2 w_2, b_1 w_1 + b_2 w_2\}.$$

例如,要素 1 的需求函数由下式给出

$$x_1 = \begin{cases} a_1 y & \text{当 } a_1 w_1 + a_2 w_2 < b_1 w_1 + b_2 w_2 \\ b_1 y & \text{当 } a_1 w_1 + a_2 w_2 > b_1 w_1 + b_2 w_2 \\ a_1 y \text{ 与 } b_1 y \text{ 之间的任意值} & \text{其他} \end{cases}$$

当 $a_1 w_2 + a_2 w_2 = b_1 w_1 + b_2 w_2$. 时,成本函数将是不可微的。

4.7 不,数据违反了成本最小化的弱公理(WACM)。生产 100 单位产出花费的成本为 40,但在同一价格下,生产 110 单位的产出花费的成本仅为 38。

5. 成本函数

5.1 厂商想使生产既定的产出水平的成本最小化，
$$c(y) = \min_{y_1, y_2} y_1^2 + y_2^2$$
$$\text{s.t.} \quad y_1 + y_2 = y.$$

解为 $y_1 = y_2 = y/2$。代入目标函数，
$$c(y) = (y/2)^2 + (y/2)^2 = y^2/2.$$

5.3 考虑第一项技术。如果用了它，那么我们需有 $2x_1 + x_2 = y$。由于这是线性的，厂商一般会分工，并根据哪一个更便宜而令 $x_2 = y$ 或者 $x_1 = y/2$。所以该技术的成本函数为 $y\min\{w_1/2, w_2\}$。同理，另一技术的成本函数为 $y\min\{w_3, w_4/2\}$。由于必须用两种技术来生产 y 单位的产出，
$$c(w_1, w_2, y) = y[\min\{w_1/2, w_2\} + \min\{w_3, w_4/2\}].$$

5.5 投入要素集不是凸的。由于 $y = \max\{x_1, x_2\}$，厂商将使用更便宜的要素；因此成本函数为 $c(w_1, w_2, y) = \min\{w_1, w_2\}y$。对要素 1 的要素需求函数具有如下形式
$$x_1 = \begin{cases} y & \text{当 } w_1 < w_2 \\ \text{或者 0 或 } y & \text{当 } w_1 = w_2 \\ 0 & \text{当 } w_1 > w_2 \end{cases}.$$

5.7 建立极小化问题
$$\min x_1 + x_2$$
$$x_1 x_2 = y.$$

代入以得到无约束极小化问题
$$\min x_1 + y/x_1.$$

一阶条件为
$$1 - y/x_1^2,$$

它意味着 $x_1 = \sqrt{y}$。根据对称性，$x_2 = \sqrt{y}$。给定了 $2\sqrt{y} = 4$，所以 $\sqrt{y} = 2$，由此可知 $y = 4$。

5.9.a $d\pi/da = py > 0$.

5.9.b $dy/da = p/c''(y) > 0$.

5.9.c $p'(a) = n[y + ap/c'']/[D'(p) - na/c''] < 0$.

5.11.a $x = (1,1,0,0)$.

5.11.b $\min\{w_1 + w_2, w_3 + w_4\}y$.

5.11.c 规模收益不变。

5.11.d $x = (1,0,1,0)$.

5.11.e $c(w,y) = [\min\{w_1,w_2\} + \min\{w_3,w_4\}]y$.

5.11.f 不变的。

5.13.a 要素需求函数向下倾斜,所以当非熟练工人的工资增加时,对他们的需求必下降。

5.13.b 给定了 $\partial l/\partial p < 0$。但根据对偶性,$\partial l/\partial p = -\partial^2\pi/\partial p\partial w = -\partial^2\pi/\partial w\partial p = -\partial y/\partial w$。于是有 $\partial y/\partial w > 0$。

5.15 根据函数的线性性,我们知道我们将或者运用 x_1,或者 x_2 与 x_3 的一个组合来生产 y。根据里昂惕夫函数的性质,我们知道如果我们用 x_2 和 x_3 来生产 y,我们必须用 3 单位的 x_2 和 3 单位的 x_3 来生产 1 单位的 y。因而,如果使用 1 单位的 x_1 的成本小于 x_2 和 x_3 都使用 1 单位的成本,我们将只使用 x_1,反过来说也是同样的道理。条件要素需求可以写成

$$x_1 = \begin{cases} 3y & \text{当 } w_1 < w_2 + w_3 \\ 0 & \text{当 } w_1 > w_2 + w_3 \end{cases}$$

$$x_2 = \begin{cases} 0 & \text{当 } w_1 < w_2 + w_3 \\ 3y & \text{当 } w_1 > w_2 + w_3 \end{cases}$$

$$x_3 = \begin{cases} 0 & \text{当 } w_1 < w_2 + w_3 \\ 3y & \text{当 } w_1 > w_2 + w_3 \end{cases}$$

如果 $w_1 = w_2 + w_3$,那么具有 $x_2 = x_3$ 及 $x_1 + x_2 = 3y$(或 $x_1 + x_3 = 3y$)的任一束 (x_1, x_2, x_3) 都使成本最小化。

成本方程为

$$c(w,y) = 3y\min(w_1, w_2 + w_3).$$

5.17.a $y=\sqrt{ax_1+bx_2}$

5.17.b 注意,这一函数恰似一个线性函数,只是 x_1 和 x_2 的线性组合将生产 y^2 而不是 y。所以,我们知道如果 x_1 相对便宜,我们将只使用 x_1 而不使用 x_2。

5.17.c 成本函数为 $c(w,y)=y^2\min\left(\dfrac{w_1}{a},\dfrac{w_2}{b}\right)$.

6. 对偶性

6.1 生产函数为 $f(x_1,x_2)=x_1+x_2$。条件要素需求具有如下形式

$$x_i=\begin{cases} y & \text{当 } w_i<w_j \\ 0 & \text{当 } w_i>w_j \\ 0\text{ 与 }y\text{ 之间的任意值} & \text{当 } w_i=w_j. \end{cases}$$

6.3 该成本函数必是关于两种价格的增函数,所以 a 和 b 都是非负的。该成本函数必是两种价格的凹函数,所以 a 和 b 均小于 1。最后,该成本函数必是一次齐次的,所以 $a=1-b$。

7. 效用最大化

7.1 除了在 $(0,0)$,偏好显示出了局部非满足。消费者当面临正的价格时将选择这一消费点。

7.3 支出函数为 $e(p_1,p_2,u)=u\min\{p_1,p_2\}$ 效用函数为 $u(x_1,x_2)=x_1+x_2$(或任何单调变换),需求函数为

$$x_1=\begin{cases} m/p_1 & \text{当 } p_1<p_2 \\ \text{满足 } p_1x_1+p_2x_2=m \text{ 的任意 }x_1\text{ 和 }x_2 & \text{当 } p_1=p_2 \\ 0 & \text{当 } p_1>p_2 \end{cases}$$

7.5.a 拟线性偏好

7.5.b 小于 $u(1)-1$

7.5.c $v(p_1,p_2,m)=\max\{u(1)-p_1+m,m\}$

8. 选择

8.1 我们知道

$$x_j(p,m) \equiv h_j(p,v(p,m)) \equiv \partial e(p,v(p,m))/\partial p_j. \quad (27.12)$$

(注意,偏导数是关于 p_j 的第一次出现求出的)对等式(27.12)关于 m 求导,得

$$\frac{\partial x_j}{\partial m} = \frac{\partial^2 e(p,v(p,m))}{\partial p_j \partial u} \frac{\partial v(p,m)}{\partial m}.$$

由于收入的边际效用, $\partial v/\partial m$,必为正,结果就出来了。

8.3 方程为 $d\mu/dt = at + b\mu + c$ 。间接的货币度量效用函数为

$$\mu(q,p,m) = e^{b(q-p)}\left[m + \frac{c}{b} + \frac{a}{b^2} + \frac{c}{b}p\right] - \frac{c}{b} - \frac{a}{b^2} - \frac{aq}{b}.$$

8.5 写出拉格朗日函数

$$L(x,\lambda) = \frac{3}{2}\ln x_1 + \ln x_2 - \lambda(3x_1 + 4x_2 - 100).$$

(确信你懂得了为什么我们可以这样变换 u)现在,令关于 x_1, x_2 和 λ 的导数等于零,我们得到有三个未知数的三个方程。

$$\frac{3}{2x_1} = 3\lambda,$$

$$\frac{1}{x_2} = 4\lambda,$$

$$3x_1 + 4x_2 = 100.$$

求解,我们得

$$x_1(3,4,100) = 20, \text{且 } x_2(3,4,100) = 10.$$

注意,如果你要把拉格朗日乘子解释为收入的边际效用,你必须明确你指的是哪一个效用函数。因而,收入的边际效用可用初始的"效用"(utils)或者"对数效用"(ln utils)来衡量。令 $u^* = \ln u$,相应地, $v^* = \ln v$,那么

$$\lambda = \frac{\partial v^*(p,m)}{\partial m} = \frac{\frac{\partial v(p,m)}{\partial m}}{v(p,m)} = \frac{\mu}{v(p,m)},$$

其中 μ 代表拉格朗日函数中的拉格朗日乘子：

$$L(x,\mu) = x_1^{\frac{3}{2}} x_2 - \mu(3x_1 + 4x_2 - 100).$$

验证在本问题中我们会得到 $\mu = \frac{20^{\frac{3}{2}}}{4}, \lambda = \frac{1}{40}$，及 $v(3,4,100) = 20^{\frac{3}{2}} 10$

8.7 不是从效用最大化问题开始，现在让我们从支出最小化问题开始。拉格朗日函数为

$$L(x,\mu) = p_1 x_1 + p_2 x_2 - \mu((x_1 - a_1)^{\beta_1}(x_2 - a_2)^{\beta_2} - u);$$

一阶条件为

$$p_1 = \mu \beta_1 (x_1 - a_1)^{\beta_1 - 1}(x_2 - a_2)^{\beta_2},$$
$$p_2 = \mu \beta_2 (x_1 - a_1)^{\beta_1}(x_2 - a_2)^{\beta_2 - 1},$$
$$(x_1 - a_1)^{\beta_1}(x_2 - a_2)^{\beta_2} = u.$$

用第二个等式除以第一个

$$\frac{p_1 \beta_2}{p_2 \beta_1} = \frac{x_2 - a_2}{x_1 - a_1},$$

运用最后一个等式

$$x_2 - a_2 = ((x_1 - a_1)^{-\beta_1} u)^{\frac{1}{\beta_2}};$$

代入再求解，

$$h_1(p,u) = a_1 + \left(\frac{p_2 \beta_1}{p_1 \beta_2} u^{\frac{1}{\beta_2}}\right)^{\frac{\beta_2}{\beta_1 + \beta_2}},$$

且

$$h_2(p,u) = a_2 + \left(\frac{p_1 \beta_2}{p_2 \beta_1} u^{\frac{1}{\beta_1}}\right)^{\frac{\beta_1}{\beta_1 + \beta_2}}$$

证明

$$\frac{\partial h_1(p,m)}{\partial p_2}=\left(\frac{u}{\beta_1+\beta_2}\left(\frac{\beta_1}{p_1}\right)^{\beta_2}\left(\frac{\beta_2}{p_2}\right)^{\beta_1}\right)^{\frac{1}{\beta_1+\beta_2}}=\frac{\partial h_2(p,m)}{\partial p_1}.$$

支出函数为

$$e(p,u)=p_1\left[\alpha_1+\left(\frac{p_2\beta_1}{p_1\beta_2}u^{\frac{1}{\beta_2}}\right)^{\frac{\beta_2}{\beta_1+\beta_2}}\right]+p_2\left[\alpha_2+\left(\frac{p_1\beta_2}{p_2\beta_1}u^{\frac{1}{\beta_1}}\right)^{\frac{\beta_1}{\beta_1+\beta_2}}\right].$$

求解 u，我们得间接效用函数

$$v(p,m)=\left(\frac{\beta_1}{\beta_1+\beta_2}\left(\frac{m-\alpha_2 p_2}{p_1}-\alpha_1\right)\right)^{\beta_1}\left(\frac{\beta_2}{\beta_1+\beta_2}\left(\frac{m-\alpha_1 p_1}{p_2}-\alpha_2\right)\right)^{\beta_2}.$$

根据罗伊定理，我们得马歇尔需求

$$x_1(p,m)=\frac{1}{\beta_1+\beta_2}\left(\beta_1\alpha_2+\beta_2\frac{m-\alpha_1 p_1}{p_2}\right),$$

和 $\quad x_2(p,m)=\dfrac{1}{\beta_1+\beta_2}\left(\beta_2\alpha_1+\beta_1\dfrac{m-\alpha_2 p_2}{p_1}\right).$

8.9 根据定义，马歇尔需求 $x(p,m)$ 在 $px=m$ 约束下最大化 $\phi(x)$。我们断定它们在同一预算约束下也最大化 $\psi(\phi(x))$。假设不是这样。那么，会存在某一其他选择 x'，满足 $\psi(\phi(x'))>\psi(\phi(x(p,m)))$ 及 $px'=m$。但由于对不等式两端进行变换 $\psi^{-1}(\cdot)$ 不等式仍成立，我们会有 $\phi(x')>\phi(x(p,m))$ 且 $px'=m$，这违反了我们最初的假设：$x(p,m)$ 在约束 $px=m$ 下最大化 $\phi(x)$。所以，$x(p,m)=x^*(p,m)$。（验证逆命题也成立——即当同样的预算约束在两种情形下都成立时，最大化 u^* 的选择也最大化 u。）

$$\begin{aligned}v^*(p,m)&=\psi(\phi(x^*(p,m)))\\&=\psi(\phi(x(p,m))=\psi(v(p,m)),\end{aligned}$$

根据定义，第一个和最后一个等式成立，根据我们前面的结果，中间一个也成立。现在

$$\begin{aligned}e^*(p,u^*)&=\min\{px:\psi(\phi(x))=u^*\}\\&=\min\{px:\phi(x)=\psi^{-1}(u^*)\}\\&=e(p,\psi^{-1}(u^*));\end{aligned}$$

我们在两端再次运用定义及 $\psi(\cdot)$ 的性质——即反函数是得到很好定义了的,因为 $\psi(\cdot)$ 是单调的——以得出中间的等式;最后,在需要时我们就运用定义和替代,得

$$h^*(p,u^*) = x^*(p,e^*(p,u^*)) = x(p,e^*(p,u^*))$$
$$= x(p,e(p,\psi^{-1}(u^*))) = h(p,\psi^{-1}(u^*)).$$

8.11 不,因为他的需求行为违反了显示偏好"一般性公理"。当价格为 (2,4) 时他支出了 10。在这些价格下他能够负担消费束 (2,1),但他拒绝了它;所以,$(1,2) \succ (2,1)$。当价格为 (6,3) 时,他支出了 15。在这些价格下他能够负担得起消费束 (1,2),但拒绝了它,所以 $(2,1) \succ (1,2)$。

8.13.a 画出直线 $x_2 + 2x_1 = 20$ 和 $x_1 + 2x_2 = 20$。无差异曲线是这一 X 的东北边界。

8.13.b 预算线的斜率为 $-p_1/p_2$。如果预算线陡于 2,则 $x_1 = 0$。所以条件为 $p_1/p_2 > 2$。

8.13.c 同理,如果预算线比 $\frac{1}{2}$ 更平坦,x_2 将等于 0,所以条件是 $p_1/p_2 < \frac{1}{2}$。

8.13.d 如果最优值是惟一的,它必出现于 $x_2 - 2x_1 = x_1 - 2x_2$ 处。这意味着 $x_1 = x_2$,于是 $x_1/x_2 = 1$。

8.15 用斯卢茨基方程写出:$\frac{\partial L}{\partial w} = \frac{\partial L^s}{\partial w} + (\bar{L} - L)\frac{\partial L}{\partial m}$。注意,替代效果总是负的,$(\bar{L} - L)$ 总是正的,因此,如果闲暇是劣等的,$\frac{\partial L}{\partial w}$ 必是负的。因而劳动供给曲线的斜率是正的。

9. 需求

9.1 如果偏好是位似的,则需求函数是收入的线性函数,所以我们可以写成 $x_i(p)m$ 和 $x_j(p)m$。应用斯卢茨基对称性,我们有

$$\frac{\partial x_i(p)}{\partial p_j} + x_i(p)x_j(p)m = \frac{\partial x_j}{\partial p_i} + x_j(p)x_i(p)m.$$

方程两边都减去 $x_i(p)x_j(p)m$ 就得出求证结果。

9.3 我们必须解

$$\frac{d\mu(p;q,m)}{dp} = a + bp + c\mu(p;q,m).$$

齐次部分的解具有 Ae^{cp} 的形式,非齐次方程的特解由下式给出

$$\bar{\mu} = -\frac{(a+bp)c+b}{c^2}.$$

所以微分方程的通解为

$$\mu(p;q,m) = Ae^{cp} - \frac{(a+bp)c+b}{c^2}.$$

由于 $\mu(q,q,m) = m$,我们得

$$\mu(p;q,m) = \left(m + \frac{(a+bq)c+b}{c^2}\right)e^{c(p-q)} - \frac{(a+bp)c+b}{c^2}.$$

因此,间接效用函数为

$$v(q,m) = \left(m + \frac{(a+bp)c+b}{c^2}\right)e^{-cq}.$$

(用罗伊恒等式验证我们得到原需求函数)

要得到直接效用函数,我们必须解

$$\min_q \left(m + \frac{(a+bq)c+b}{c^2}\right)e^{-cq}$$

$$s.t.\ qx + z = m.$$

最优值由下式给出

$$q^* = \frac{x - cz - a}{b + cx},$$

这意味着

$$u(x,z) = \frac{b+cx}{c^2}\exp\left\{\frac{ac - cx + c^2 z}{b + cx}\right\}.$$

(再用 $m - px$ 替代上式中的 z,令所得出的表达式关于 x 的导数等于零,求解 x,重新获得原来的需求函数。)

9.5 要得到直接效用函数,我们必须解
$$u(x,z) = \min_q \{v(q,m): z + q_1 x_1 + q_2 x_2 = m\}.$$
经过几分钟的代数娱乐,我们得
$$q_1^* = \frac{b_2(x_1 - a_1) - b(x_2 - a_2)}{b_1 b_2 - b^2},$$
且
$$q_2^* = \frac{b_1(x_2 - a_2) - b(x_1 - a_1)}{b_1 b_2 - b^2}.$$
将这些值代入 $v(\cdot)$,我们得
$$u(x,z) = z + \frac{b_2(x_1 - a_1)^2 + b_1(x_2 - a_2)^2}{2(b_1 b_2 - b^2)}$$
$$+ \frac{b(a_1 x_2 + a_2 x_1 - x_1 x_2 - a_1 a_2)}{b_1 b_2 - b^2}$$
$$= z + \frac{1}{2(b_1 b_2 - b^2)} [x_1 - a_1, x_2 - a_2]$$
$$\begin{bmatrix} b^2 & -b \\ -b & b_1 \end{bmatrix} \begin{bmatrix} x_1 - a_1 \\ x_2 - a_2 \end{bmatrix}.$$

9.7 函数是弱可分的,消费 z 物品的次效用为 $z_1^b z_3^c$。对 z 物品的条件需求是柯布-道格拉斯需求
$$z_1 = \frac{b}{b+c} \frac{m_z}{p_2}$$
$$z_2 = \frac{c}{b+c} \frac{m_z}{p_3}.$$

9.9.a 函数 $V(x,y) = \min\{x,y\}$,且 $U(V,Z) = V + z$。

9.9.b z 物品的需求函数在 $p_z < p_x + p_y$ 时是 $z = m/p_z$。如果 $p_z > p_x + p_y$,那么对 x 物品和 y 物品的需求是 $x = y = m/(p_x + p_y)$。如果 $p_z = p_x + p_y$,那么取这些需求的任意凸组合。

9.9.c 间接效用函数为
$$v(p_x, p_y, p_z, m) = \max\left\{\frac{m}{p_x + p_y}, \frac{m}{p_z}\right\}.$$

9.11.a 有各种方法来解这一问题。最简单的是求解间接效用函数以得到 $v_1(p_1, p_2, m_1) = m_1(p_1 p_2)^{-1/2}$。现在用罗伊恒等式来计算

$$x_1 = \frac{1}{2}\frac{m_1}{p_1}$$

$$x_2 = \frac{1}{2}\frac{m_1}{p_2}.$$

注意,这些是柯布-道格拉斯需求。

认识到第2个人具有柯布-道格拉斯效用,我们可以直接写下需求

$$x_1 = \frac{3}{3+a}\frac{m_2}{p_1}$$

$$x_2 = \frac{a}{3+a}\frac{m_2}{p_2}$$

9.11.b 我们必有消费每一物品的边际倾向对于每一消费者都相同。这意味着

$$\frac{1}{2} = \frac{3}{3+a},$$

它意味着 $a = 3$。

10. 消费者剩余

10.1 我们看到,在此情况下,间接效用函数采取了 $v(p) + m$ 的形式。因此支出函数的形式为 $e(p, u) = u - v(p)$。支出函数必然是价格的凹函数,这意味着 $v(p)$ 是一个凸函数。

11. 不确定性

11.1 普兰特定理的证明表明了

$$\pi(t) \approx \frac{1}{2} r(w) \sigma^2 t^2.$$

但 $\sigma^2 t^2$ 完全是赌博 $t\bar{\varepsilon}$ 的方差。

11.3 我们已经知道,如果风险回避是不变的,对风险资产的

投资将是与财富无关的。在以前的问题中,我们已经知道,不变绝对风险回避意味着效用函数采取了 $u(w) = -e^{-rw}$ 的形式。

11.5.a 在第 j 次抛掷时才第 1 次出现正面的概率为 $(1-p)^{j-1}p$。因此赌注的期望值为 $\sum_{j=1}^{\infty}(1-p)^{j-1}p2^j = \sum_{j=1}^{\infty}2^{-j}2^j = \sum_{j=1}^{\infty}1 = \infty$.

11.5.b 期望效用为

$$\sum_{j=1}^{\infty}(1-p)^{j-1}p\ln(2^j) = p\ln(2)\sum_{j=1}^{\infty}j(1-p)^{j-1}.$$

11.5.c 根据标准求和公式

$$\sum_{j=0}^{\infty}(1-p)^j = \frac{1}{p}.$$

将这一表达式的两端关于 p 求微分,得

$$\sum_{j=1}^{\infty}j(1-p)^{j-1} = \frac{1}{p^2}.$$

所以,

$$p\ln(2)\sum_{j=1}^{\infty}j(1-p)^{j-1} = \frac{\ln(2)}{p}.$$

11.5.d 为了求解所需的货币量,我们令参与赌博的效用与不参与赌博的效用相等。这给予我们

$$\ln(w_o) = \frac{\ln(2)}{p},$$

现在直接解这一方程,求 w_o,得

$$w_o = e^{\ln(2)/p}.$$

11.7 风险回避意味着一个凹效用函数。将投资于资产 1 的初始财富比例记为 $\alpha \in [0,1]$。我们有

$$E[u(\alpha w_o(1+R_1) + (1-\alpha)w_o(1+R_2))]$$
$$= \iint u(\alpha w_o(1+r_1) + (1-\alpha)w_o(1+r_2))f(r_1)f(r_2)dr_1dr_2$$

$$> \iint [au(w_o(1+r_1)) + (1-a)u(w_o(1+r_2))]f(r_1)f(r_2)dr_1dr_2$$
$$= \int u(w_o(1+r_1))f(r_1)dr_1 = \int u(w_0(1+r_2))f(r_2)dr_2$$
$$= E[u(w_0(1+R_1))] = E[u(w_0(1+R_2))].$$

不等式从 $u(\cdot)$ 的凹性推出。

至于 b 部分,继续进行如前推导,反转不等式,因为现在 $u(\cdot)$ 是凸的。

11.9 起初这人有期望效用
$$\frac{1}{2}\sqrt{4+12} + \frac{1}{2}\sqrt{4+0} = 3.$$

如果他以价格 p 出卖其彩票,他需要至少获得这一效用。为了找到得失相当的价格,我们写下方程
$$\sqrt{4+p} = 3.$$

求解,我们有 $p = 5$

11.11 我们要解方程
$$\frac{p}{w_1} + \frac{1-p}{w_2} = \frac{1}{w}.$$

经过某些运算,我们有
$$w = \frac{w_1 w_2}{pw_2 + (1-p)w_1}.$$

13. 竞争市场

13.1 福利函数的一阶导数为 $v'(p) + \pi'(p) = 0$。运用罗伊定理和霍特林引理,我们有 $-x(p) + y(p) = 0$,这完全是需求等于供给的条件。这一福利函数的二阶导数是 $-x'(p) + y'(p)$,它显然是正的。因此,我们有一个福利极小值而不是极大值。

这背后的直感是,在均衡价格之外任何价格,厂商要提供一个不同于消费者需求的数量,因此,与均衡价格之外的所有价格相联

的"福利"是不能达到的。

13.3.a 平均成本曲线恰为
$$\frac{c(w,y)}{y} = \frac{y^2+1}{y}w_1 + \frac{y^2+2}{y}w_2.$$
你应该验证它是一凸函数,在点
$$y_m = \sqrt{\frac{w_1/w_2+2}{w_1/w_2+1}}.$$
有惟一的极小值。y_m 关于 w_1/w_2 的导数是负的,所以当 w_1/w_2 增加(减少)时,平均成本的极小值左(右)移。实际上,当这一比例趋于∞时,它收敛于 1,当这一比例趋于 0 时,它收敛于 $\sqrt{2}$。

13.3.b 边际成本为
$$\frac{\partial c(w,y)}{\partial y} = 2y(w_1+w_2),$$
所以短期供给函数为
$$y(p) = \frac{p}{2(w_1+w_2)}.$$

13.3.c 长期供给曲线为
$$Y(p) = \begin{cases} \text{任意大的数} & \text{如果 } p > zy_m(w_1+w_2) \\ 0 & \text{其他} \end{cases}$$

13.3.d 从成本函数中我们得 $x_1 = y^2+1$ 和 $x_2 = y^2+2$。我们还看到,在任何程度上 x_1 和 x_2 都不是替代的。所以,单个厂商的投入要素集是
$$V(y) = \left\{ \begin{matrix} (x_1, x_2) \varepsilon [1,\infty) \times [2,\infty) : y \\ \leq \min\{\sqrt{x_1-1}, \sqrt{x_2-2}\} \end{matrix} \right\}.$$

13.5.a 为了抵销产出补贴,美国应选择与补贴同样大小的税收;即选择 $t(s) = s$。

13.5.b 在资本补贴的情形中,生产者得到 $p - t(s)$。如果 y^* 要保持最优,我们必须有 $p - t(s) = \partial c(w, r-s, y^*)/\partial y$.

13.5.c 微分上式,得

$$t'(s) = \frac{\partial^2 c(w, r-s, y^*)}{\partial y \partial r} = \frac{\partial K(w, r-s, y^*)}{\partial y}.$$

13.5.d 由于 $K(w, r-s, y) = K(w, r-s, 1)y$,公式简化为 $t'(s) = K(w, r-s, 1)$.

13.5.e 在此情形下,$\partial K/\partial y < 0$,所以补贴率的增加意味着关税的减少。

13.7.a $y_m = 500$

13.7.b $p = 5$

13.7.c $y_c = 50 \times 5 = 250$

14. 垄断

14.1 产出的利润最大化水平为 5 单位。如果垄断者只有 4 单位要卖,那么他会发现定价为 6 将是最有利可图的。这与竞争解是一样的。然而,如果有 6 单位要卖,那么处理掉一单位并在价格 5 下只卖 5 单位是最有利可图的。

14.3 对于这一不变弹性需求函数,不管产出水平如何,收益在 10 上不变。因此,产出应尽可能的少——即产出的利润最大化水平不存在。

14.5 垄断者的利润最大化问题是
$$\max_y p(y,t)y - cy.$$
这一问题的一阶条件为
$$p(y,t) + \frac{\partial p(y,t)}{\partial y}y - c = 0.$$
根据标准的比较静态计算,dy/dt 的符号与一阶条件表达式关于 t 的导数的符号相同。即
$$\operatorname{sign} \frac{dy}{dt} = \operatorname{sign} \frac{\partial p}{\partial t} + \frac{\partial p^2}{\partial y \partial t} y.$$
对于这一特例 $p(y,t) = a(y) + b(t)$,右边的第二项为零。

14.7 由于需求的弹性为 -1,收益在小于或等于 20 的任何

价格下不变。边际成本在 c 不变,所以垄断者希望生产尽可能小的产出。当 $p=20$ 时,这将发生,并意味着 $y=1/2$。

14.9 要计算的积分是
$$\int_0^x \frac{\partial^2 u(z,q)}{\partial z \partial q} dz < \int_0^x \frac{\partial p(x,q)}{\partial q} dz.$$
进行积分计算,得
$$\frac{\partial u(x,q)}{\partial q} < \frac{\partial p(x,q)}{\partial q} x,$$
这就是所要求的结果。

14.11 该图描绘了这样一种情形,其中垄断者已将价格降低到进一步降价所得的边际收益恰抵销边际成本的点上。这是 $p_2 = 2p_1$ 上的点。如果高需求消费者的反需求曲线总是大于两倍的低需求消费者的反需求曲线,这一条件就不能满足,低需求消费者将被逼到零水平的消费。

14.13 这与 $x=q$ 且 $w_t = r_t$ 的价格歧视问题是等价的。在那里导出的所有结果可在一一对应的基础上转换,例如,更看重质量的消费者以消费社会最优的数量而告终,等。

14.15 在从价税下,我们有
$$(1-r)P_D = \left(1 + \frac{1}{\varepsilon}\right)c.$$
在产量税下,我们有
$$P_D - t = \left(1 + \frac{1}{\varepsilon}\right).$$
解每一方程,求 P_D,令结果彼此相等,求解 t,得
$$t = \frac{Tkc}{1-T} \qquad k = \frac{1}{1+\frac{1}{\varepsilon}}$$

14.17.a 用通常的方法微分一阶条件,得
$$\frac{\partial x_1}{\partial t_1} = \frac{1}{p_1' - c_1''} < 0$$

$$\frac{\partial x_2}{\partial t_2} = \frac{1}{2p_2' + p_2''x_2 - c_2''} < 0.$$

14.17.b 相应的福利函数为 $W = u_1(x_1) + u_2(x_2) - c_1(x_1) - c_2(x_2)$. 全微分为

$$dW = (u_1' - c_1')dx_1 + (u_2' - c_2')dx_2.$$

14.17.c 有点令人吃惊的是,我们应该对竞争性行业征税而对垄断进行补贴! 为了弄清这一点,将前两个问题的答案结合起来,以得出源于税收政策 (t_1, t_2) 的福利变化。

$$dW = (p_1 - c_1')\frac{dx_1}{dt_1}dt_1 + (p_2 - c_2')\frac{dx_2}{dt_2}dt_2.$$

对竞争性行业略微征税或补贴所引起的福利变化为零,因为价格等于边际成本。但对垄断了的行业,价格超过边际成本,所以我们希望 dx_2/dt_2 为正。但当 t_2 为负——即我们补贴行业 2 时这才能发生。

14.19.a 关于 p_1 和 p_2 的利润最大化选择为

$$p_1 = a_1/2b_1$$
$$p_2 = a_2/2b_2.$$

当 $a_1/b_1 = a_2/b_2$ 时,这些将是相等的。

14.19.b 我们必有 $p_1(1 - 1/b_1) = c = p_2(1 - 1/b_2)$. 因此,当且仅当 $b_1 = b_2$ 时, $p_1 = p_2$。

14.21 在从值税下,我们有

$$(1 - \tau)P_D = \left(1 + \frac{1}{\varepsilon}\right)c.$$

在产量税下,我们有

$$P_D - t = \left(1 + \frac{1}{\varepsilon}\right).$$

解每一方程,求 p_D,令结果彼此相等,求解 t,得

$$t = \frac{\tau kc}{1 - \tau} \qquad k = \frac{1}{1 + \frac{1}{\varepsilon}}$$

14.23.a 如果 $c < 1$, 那么在 $p = 3/2 + c/2$ 点利润最大,垄断

者卖给两类消费者,如果他仅卖给 A 型的消费者,他最好在 $2+c/2$ 的价格上出卖。如果 $c \geqslant 1$,他将这样做。

14.23.b 如果一个消费者有效用 $ax_1 - x_1^2/2 + x_2$,那么当 $(a-p)^2/2 > k$ 时,她将选择支付 k。如果她购买,她将买 $a-p$ 单位。所以,如果 $k < (2-p)^2/2$,那么需求为 $N(4-p) + N(2-p)$。如果 $(2-p)^2 < k < (4-p)^2/2$,那么需求为 $N(4-p)$。如果 $k > (4-p)^2/2$,那么需求为零。

14.23.c 令 $p=c$ 且 $k=(4-c)^2/2$。利润将为 $N(4-c)^2/2$。

14.23.d 在此情形下,如果两类消费者都购买这一物品,那么利润最大化价格将使 B 型消费者恰在买与不买之间无差异。所以 $k=(2-p)^2/2$。那么总利润将为 $N((6-2p)(p-c)+(2-p)^2/2)$. 当 $p=2(c+2)/3$. 时,它达到最大。

15. 博弈论

15.1 不存在纯策略均衡,惟一的混合策略均衡为每一局中人以 $1/2$ 的概率选择正面或反面。

15.3 在清除了弱优策略以后剩下的惟一均衡是(底部,右边)

15.5.a $a \geq e, c \geq g, b \geq d, f \geq h$

5.5.b 只有 $a \geq e, b \geq d$

15.5.c 是的。

15.7 如果一个局中人背叛,他在当期获得的报偿为 π_d,此后永为 π_c。为了使惩罚策略成为一个均衡,报偿必须满足
$$\pi_d + \frac{\pi_c}{r} \leq \pi_j + \frac{\pi_j}{r}.$$
整理,得
$$r \leq \frac{\pi_j - \pi_c}{\pi_d - \pi_j}.$$

15.9.a (上部,左边)和(底部,右边)都是均衡。

15.9.b 是的,(上部,左边)优于(底部,右边)

15.9.c 是的。

15.9.d （上部,左边）

16. 寡头

16.1 伯特兰均衡使价格等于最低的边际成本 c_1,这与竞争均衡时一样。

16.3 令 $\delta = \beta_1\beta_2 - \gamma^2$。那么经过直接计算：$a_i = (\alpha_i\beta_j - \alpha_j\gamma)/\delta$, $b_i = \beta_j/\delta$, $c = \gamma/\delta$。

16.5 理由与原书297页所给出的相似。

16.7 在卡特尔中,各厂商必须使其边际成本相等。由于关于成本的假定,当 $y_1 > y_2$ 时这样的一个等式才成立。

16.9 在囚徒困境中,(背叛,背叛)是一个绝对优势策略均衡。在古诺博弈中,古诺均衡是惟一的纳什均衡。

16.11.a $P(Y) + P'(Y)y_i = c + t_i$

16.11.b 将一阶条件相加,得 $nP(Y) + P'(Y)Y = nc + \sum_{i=1}^{n} t_i$,并注意行业产出 Y 只能依赖于税收之和。

16.11.c 由于总产出不变,Δy_i 必须满足
$$P(Y) + P'(Y)[y_i + \Delta y_i] = c + t_i + \Delta t_i.$$
运用原来的一阶条件,这就变为 $P'(Y)\Delta y_i = \Delta t_i$,或者 $\Delta y_i = \Delta t_i / P'(Y)$。

17. 交换

17.1 在定理的证明中,我们推出了 $x_i^* \sim_i x_i'$。如果 x_i^* 与 x_i' 不同,那么这两束物品的一个凸组合是可行的,并为每一当事人所严格偏好。这与 x^* 是帕累托有效的假设相矛盾。

17.3 当事人2持有物品2的数量为零

17.5 没有办法使一个人境况好起来而不伤害其他人。

17.7 对于消费者 i 的斯卢茨基方程为
$$\frac{\partial x_i}{\partial p_j} = \frac{\partial h_i}{\partial p_j}.$$

17.9 均衡时我们必有 $p_2/p_1 = x_3^2/x_3^1 = 5/10 = 1/2$.

17.11.a 图形省略。

17.11.b 我们必须有 $p_1 = p_2$。

17.11.c 均衡配置必须给予一个代理人一种物品的全部,给予另一代理人另一种物品的全部。

18. 生产

18.1.a 考虑如下两种可能性。(i)土地处于超额供给状态。(ii)所有土地都得到了利用。如果土地是超额供给的,那么土地的价格为零。固定收益要求苹果与手巾行业的利润都为零。这意味着均衡时 $p_A = p_B = 1$。每一消费者的收入将为 15。每人将选择消费 $15C$ 单位的苹果和 $15(1-C)$ 单位的手巾。对土地的总需求将为 $15cN$。对劳动的总需求将为 $15N$。如果 $c<2/3$,将存在土地的过度供给。所以,如果 $c<2/3$,这就是一个竞争均衡。

如果所有土地都被利用了,那么总产出肯定是 10 单位的苹果和 5 单位的手巾。手巾的价格一定等于工资,而工资是 1。苹果的价格将是 $1+r$,其中 r 是土地的价格。由于偏好是位似且同质的,将不能不出现这种情况:每人消费的苹果是手巾的两倍。如果 $P_A/P_B = \frac{c}{1-c}(1/2)$,人们想要消费的苹果就是手巾的两倍。那么在均衡时还必有 $r = (P_A/P_B) - 1 \geq 0$。当且仅当 $c \geq 2/3$ 时,这最后一个不等式才会成立。这成为 $c \geq 2/3$ 时均衡的特征。

18.1.b 对于 $c<2/3$。

18.1.c 对于 $c<2/3$。

19. 时间

19.1 见英格索尔(Ingersoll)(1987),第 238 页。

20. 资产市场

20.1 证明这点最容易的方法是将一阶条件写成

$$Eu'(\tilde{C})\tilde{R}_a = Eu'(\tilde{C})R_o$$
$$Eu'(\tilde{C})\tilde{R}_b = Eu'(\tilde{C})R_o$$

并相减。

21. 均衡分析

21.1 核直接是初始禀赋。

21.3 微分 $V(p)$，我们有
$$\begin{aligned}\frac{dV(p)}{dt} &= -2z(p)Dz(p)\dot{p}\\ &= -2z(p)Dz(p)Dz(p)^{-1}z(p)\\ &= -2z(p)z(p) < 0.\end{aligned}$$

22. 福利

22.1 我们有等式
$$\theta x_i = \sum_{j=1}^{k} t_j \frac{\partial h_j}{\partial p_i}.$$

等式两边乘以 t_i，并加总，得
$$\theta R = \theta \sum_i t_i x_i = \sum_{j=1}^{k}\sum_{i=1}^{k} t_i t_j \frac{\partial h_j}{\partial p_i}.$$

表达式的右边是非负的(一般是正的)，因为斯卢茨基矩阵是负半定的。因此 θ 与 R 有同样的符号。

23. 公共物品

23.1 假设共同提供公共物品是有效率的，但没人愿意单独提供它。那么满足 $b_1 + b_2 = c$ 且 $b_i \leq r_i$ 的任何一组索价都是这一博弈的一个均衡。然而，也有许多低效均衡，如 $b_1 = b_2 = 0$

23.3 当事人 1 将贡献出 $g_1 = \alpha w_1$，当事人 2 的反应函数为 $f_2(w_2 + g_1) = \max\{\alpha(w_2 + g_1) - g_1, 0\}$. 解 $f_2(w_2 + \alpha w_1) = 0$ 得

$w_2 = (1-\alpha)w_1$.

23.5 一般说来,均衡不是帕累托有效的,因为对某些类型的偏好来说,某些私人物品一定被扔掉了,然而,提供的公共物品数量一定是帕累托有效数量:如果 $\sum_i r_i > c$,就提供 1 单位;其他情况下为 0 单位。

24. 外部效应

24.1.a 当事人 1 的效用最大化问题为
$$\max_{x_1} u_1(x_1) - p(x_1,x_2)c_1,$$
而社会的问题是
$$\max_{x_1,x_2} u_1(x_1) + u_2(x_2) - p(x_1,x_2)[c_1+c_2].$$
由于当事人 1 忽略了他施加给当事人 2 的成本,他一般会选择过大的 x_1 值。

24.1.b 通过审查社会问题与私人问题,当事人 1 应被处以 $t_1 = c_2$ 的罚金。

24.1.c 如果使用了最优罚款,那么在发生事故的情况下当事人所承担的总成本为 $2[c_1+c_2]$,这直接是事故总成本的两倍。

24.1.d 当事人 1 的目标函数为
$$(1-p(x_1,x_2))u_1(x_1) - p(x_1,x_2)c_1.$$
这也可写成
$$u_1(x_1) - p(x_1,x_2)[u_1(x_1)+c_1].$$
这恰是用 $u_1(x_1)+c_1$ 代替了 c_1 的先前目标函数的形式。因此对当事人 1 的最优罚金为 $t_1 = u_2(x_2) + c_2$。

25. 信息

25.1 根据题中的解释我们知道 $f(u(s)) \equiv s$。微分一次,有 $f'(u)u'(s) = 1$。由于 $u'(s) > 0$,我们必有 $f'(u) > 0$。再次微分,我们有

$$f'(u)u''(s) + f''(u)u'(s)^2 = 0.$$
运用关于 $u'(s)$ 符号的假设。我们得 $f''(u) > 0$

25.3 在此情形中,采取委托人喜欢的行动与采取替代行动的代价是同样大的。因此,激励约束将不起作用,这意味着 $\mu = 0$。于是有 $s(x_i)$ 是不变的。

25.5 在此情形中,最大化问题采取了如下形式

$$\max \sum_{i=1}^{n}(x_i - s_i)\pi_{ib}$$

满足 $\sum_{i=1}^{n} s_i\pi_{ib} - c_b \geq \bar{u}$

$$\sum_{i=1}^{n} s_i\pi_{ib} - c_b \geq \sum_{i=1}^{n} s_i\pi_{ia} - c_a.$$

假设参与约束是起作用的,且暂忽略激励相容约束,我们代入目标函数以写成

$$\max \sum_{i=1}^{m} s_i\pi_{ib} - c_b - \bar{u}.$$

因此,委托人将选择能够最大化预期产出减去(代理人的)成本的行动,这是最优的结果。我们可以通过选择 $s_i = x_i + F$ 来满足激励相容问题,并选择 F 以满足参与约束。

25.7 由于 $c'_2(x) > c'_1(x)$,我们必有

$$\int_{x_1}^{x_2} c'_2(x)dx > \int_{x_1}^{x_2} c'_1(x)dx.$$

这一结果现在可由初等微积分定理推出。

25.9 由于只有低成本工人被雇佣,不存在对高成本工人有吸引力的合同。对高成本工人最为有利的合同最大化 $x_2 - x_2^2$,这意味着 $x_2^* = 1/2$。这对于该工人的成本是 $(1/2)^2 = 1/4$。对于该工人来说要发觉这是可接受的,须有 $s_2 - 1/4 \geq \bar{u}_2$,或者 $s_2 = \bar{u}_2 + 1/4$。对于厂商来说要获取利润,须有 $x_2^* \geq s_2$。因此我们有 $1/2 \geq \bar{u}_2 + 1/4$,或者 $\bar{u}_2 \leq 1/4$。

内 容 索 引

INDEX

acceptance set, 178　接受集
activities, 5　活动性
activity analysis, 5　活动性分析
additive, 21　加性的
additively separable, 495　加性可分的
adverse selection, 466　逆向选择
affine function, 482　仿射函数
Afriat's theorem, 133　阿弗雷特定理
agent, 441　当事人
aggregate consumers' surplus, 169　总的消费者剩余
aggregate net supply function, 339　总的净供给函数
aggregate production possibilities set, 339　总的生产可能性集
aggregation　加总
across consumers, 152　全部消费者
across goods, 147　全部商品
allocation, 224, 314　分配
Almost Ideal Demand System, 213　几乎理想的需求系统
arbitrage, 368, 382　套利
Arrow-Debreu securities, 363, 382　阿罗-德布勒证券
Arrow-Pratt measure of (absolute) risk aversion, 178　阿罗-普拉特绝对风险回避测度
Arrow-Pratt measure of relative risk aversion, 189　阿罗-普拉特相对风险回避测度
asset, 186, 187　资产
asymmetric information, 440　不对称信息

backwards induction, 270　后向归纳
bargaining, 276　讨价还价
Battle of the Sexes, 267　性别之战
Bayes' law, 192　贝叶斯定理
Bayes-Nash equilibrium, 279, 281　贝叶斯-纳什均衡
Bertrand, 291　伯特兰均衡
Bertrand equilibrium, 295　伯特兰均衡
Bertrand model, 263　伯特兰模型
binding constraint, 503　等式约束
border　边

580

of a matrix, 476 矩阵的边

border-preserving principal minor matrices, 476 边保存主子矩阵

bordered Hessian, 53, 499 加边海赛

bordered matrix, 476 加边矩阵

boundary condition, 483 边界条件

boundary solutions, 29 边界解

Bowen equilibrium, 424 鲍恩均衡

Capital Asset Pricing Model, 371 资本资产定价模型

CAPM, 371 资本资产定价模型

cartel, 271, 303 卡特尔

CES production function, 19 不变替代弹性生产函数

CES utility iunction, 112 不变替代弹性效用函数

Clarke tax, 428 克拉克税

closed set, 478 闭集

club goods, 415 俱乐部产品

Cobb-Douglas technology, 4 柯布-道格拉斯技术

collusion, 303 串谋

common knowledge, 260 共同知识

compact, 478 紧

comparative statics, 31, 491 比较静态

compensated demand function, 105, 106 补偿需求函数

compensating variation, 161 补偿变动

compensation criterion, 405 补偿标准

competitive firm, 25, 215 竞争厂商

complement, 478 互补

complementary slackness, 57, 504 互补松弛性

complete preferences, 95 完全偏好

concave, 488, 496 凹的

conditional demand functions, 151 条件需求函数

conditional factor demand function, 53 条件要素需求函数

conjectural variation, 302 推测变动

constant elasticity of substitution, 19 不变替代弹性

constant returns to scale, 15, 66, 88, 350 规模收益不变

constant-returns-to-scale technology, 29 规模收益不变技术

constraint qualification, 503 约束备格

consumer's surplus, 160, 163, 224 消费者剩余

consumption beta, 381 消费β值

consumption bundle, 314 消费束

consumption externality, 432 消费外部效应

consumption set, 94, 342 消费集

contingent contracts, 366 应变合同

continuous, 478, 506 连续

continuous function, 478 连续函数

contract curve, 324 契约曲线

convergent sequence, 478 收敛序列

convex, 482, 489　凸的
preferences, 97　偏好
technology, 8　技术
convex correspondence, 340　凸对应
convex set, 8　凸集
convexity and size, 393　凸性和大小
core, 388　核
correspondence, 340, 506　对应
cost function, 26, 53, 64, 72, 76, 208　成本函数
cost minimization, 49　成本最小化
Cournot equilibrium, 285, 294　古诺均衡
Cournot model, 262　古诺模型
covariance, 486　协方差
covariance identity, 486　协方差恒等
covaries, 370　共变
Cramer's rule, 59, 477, 494　克莱姆法则
cross-equation restrictions, 208　交叉方程限制

deadweight loss, 229　额外净损失
decreasing returns to scale, 16, 350　规模收益递减
definite matrices, 475　定义矩阵
demand function, 99, 315　需求函数
demand price, 228　需求价格
demand revealing mechanisms, 426　需求显示机制
demanded bundle, 99　需求束
Diewert cost function, 209　戴沃特成本函数
differentiable, 478　可微的
diminishable, 414　缩减的
directly revealed preferred, 132　直接显示偏好
discount factor, 359　贴现因素
discounted present value, 364　贴现现值
discrete good, 227　离散产品
divisible, 21　可除的
dominant strategy, 272, 427　超优战略
dominant strategy equilibrium, 272　超优战略均衡
duality, 81, 90, 91, 106, 129, 294　对偶
duality mapping, 87　对偶映射
dynamic programming, 359, 361　动态规划
dynamical system, 288, 485　动态系统
dynamics, 398　动态

economic rate of substitution, 100　经济替代率
Edgeworth box, 314　埃奇沃思盒
Edgeworth process, 401　埃奇沃思过程(方法)
elasticity of demand, 235　需求弹性
elasticity of scale, 16, 88　规模弹性
elasticity of substitution, 13　替代弹性

elimination of dominated strategies, 273 次优战略剔除
endogenous, 202 内生的
endowment, 144 禀赋
endowment income effect, 145 禀赋收益效应
Engel curves, 116 恩格尔曲线
entrant, 308 进入者
entry, 220 进入
envelope theorem, 45, 70, 75, 334, 491, 502 包络定理
equilibrium, 222, 485 均衡
equilibrium price, 219 均衡价格
equivalent variation, 161 等值变动
excess return, 369 超额收益
excise tax, 118 货物税
excludable, 414 排他的
existence of Walras equilibria, 343 瓦尔拉均衡存在
existence of Walrasian equilibria, 317 瓦尔拉主义均衡
existence of Walrasian equilibrium, 320 瓦尔拉主义均衡
exit, 220 退出
exogenous, 202 外生的
expectation, 177, 485 期望
expectation of a sum, 486 总数的期望
expected return, 369 预期收益
expected utility, 174, 379 预期效用
expected utility property, 173 预期效用性质

expenditure function, 103 支出函数
extensive form, 260, 274 扩展型
externality, 432 外部效用

factor demand, 31 要素需求
factor demand function, 28 要素要求函数
feasible allocation, 314 可行分配
feasible set, 503 可行集
First Theorem of Welfare Economics, 325, 345, 432 福利经济学第一定理
first-degree price discrimination, 241, 243 第一类价格歧视
first-order condition, 488 一阶条件
fixed cost, 65 不变成本
fixed factors, 65 不变要素
Folk Theorem, 279 民间定理,通俗定理
free disposal, 6 自由处置
free good, 318 自由物品
free riding, 417 免费搭车
functional form, 209 函数形式
functional separability, 148, 150 函数的可分性

game matrix, 261 博弈矩阵
game theory, 259 博弈论
game tree, 274 博弈树
general equilibrium, 313 一般均衡
Generalized Axiom of Revealed Preference, 132 显示偏好广义公理

generalized Leontief cost function, 209　广义里昂惕夫成本函数
Giffen good, 117　吉芬商品
global risk aversion, 380　总体风险回避
globally stable, 485　总体稳定
goodness-of-fit, 201　拟合优度
Gorman form, 153　戈尔曼型
gradient, 26, 480　梯度
gradient vector, 493　梯度向量
gross substitutes, 395　总替代
Groves-Clarke mechanism, 427　格罗夫斯-克拉克机制

Hahn process, 401　哈恩过程（方法）
Hessian matrix, 479, 493　海赛矩阵
Hicksian compensation, 135　希克斯补偿
Hicksian demand function, 105　希克斯需求函数
Hicksian separability, 148　希克斯可分性
hidden action, 444　隐蔽行动
hidden information, 444　隐蔽信息
homogeneous expectations', 370　齐次期望
homogeneous of degree k, 17, 481　K次齐次
homogeneous of degree 1, 146　1次齐次
homothetic, 146, 482　同位的，相似的

homothetic function, 18　相似函数
homothetic preferences, 147　相似偏好
Hotelling's lemma, 43　霍特林引理
hull, 37　包, 壳
hyperplane, 475　超平面

improve upon, 388　改进
incentive compatibility, 442　刺激相容
incentive payment, 441　刺激支付
income effect, 120　收入效应
income expansion path, 116　收入扩展路径
income tax, 119　收入税
increasing returns to scale, 16　规模收益递增
incumbent, 308　在位者
index, 397　指数
index analysis, 395　指数分析
indifference, 95　无差异
indifference curve, 96　无差异曲线
indirect utility function, 99, 102　间接效用函数
individual rationality, 442　个人理性
industry demand function, 219　行业需求函数
industry supply function, 218　行业供给函数
inferior, 117　劣
information set, 275　信息集
informed consumers, 293　了解情况

的消费者

inframarginal consumers, 228 边际内消费者

initial endowment, 224, 314 初始禀赋

inner product, 474 内积

input requirement set, 3 输入要求集

insurance, 180, 455 保险

integrability condition, 126, 483 可积性条件

integrability equations, 127 可积等式

integrability problem, 125 可积性问题

interest rates, 364 利率

interior, 478 内

interior solutions, 28 内部解

internalize, 433 内部化

inverse elasticity rule, 412 反弹性规则

inverse supply function, 216, 218 反供给函数

isoquant, 3 等子量线

Jacobian matrix, 479 雅可比矩阵

Kuhn-Tucker multipliers, 503 库恩-塔克乘数

Kuhn-Tucker theorem, 503, 504 库恩-塔克定理

L'Hôpital's rule, 69, 481 罗比塔法则

labor supply, 145, 341 劳动供给

Lagrange multiplier, 497 拉格朗日乘数

Lagrangian, 497 拉格朗日

Law of Large Numbers, 378 大数定律

LeChatelier principle, 47 沙特利耶原理

leisure, 145 闲暇

lemons market, 468 次品市场

Leontief technology, 4 里昂惕夫技术

level set, 96, 103, 480 水平集

Liaponov function, 485 李雅普诺夫函数

likelihood ratio, 452 似然比

limit, 478 极限

limit pricing, 308 极限定价

Lindahl prices, 426 林达尔价格

Lindahl taxes, 426 林达尔税

linear combination, 474 线性组合

linear demand, 211 线性需求

linear function, 475 线性函数

linear functional, 475 线性函数的

linear incentive payment, 443 线性刺激支付

linear programming, 385 线性规划

linearly independent, 474 线性无关

local nonsatiation, 96 局部非饱和性

locally more risk averse, 179 局部更加风险回避

logaritymic demand, 211　对数需求
logarithmic derivative, 13　对数导数
logarithmic utility, 362　对数效用
long run, 3　长期
lotteries, 172　彩票
lower-semicontinuous, 506　下半连续的
luxury good, 117　奢侈品

marginal consumer, 228　边际消费者
marginal rate of substitution, 97, 98　边际替代率
market constraints, 25　市场约束
market portfolio of risky assets, 375　风险资产市场组合
markup, 236　涨价，成本加成
Marshallian demand function, 105　马歇尔需求函数
maximum, 487　极大
maximum likelihood, 204　极大似然
mean-preserving spread, 186　不变均值分布
mean-variance efficient, 372　均值方差效率
mean-variance utility function, 189　均值方差效用函数
median, 424　中位数
median voter, 424　中位向量
minimal efficient scale, 68　最小效率规模
minimum, 487　极小
minor determinants, 476　子行列式

minor matrices, 476　子矩阵
minors, 476　子式
mixed strategy, 264　混合策略
money metric indirect utility function, 110　货币测度间接效用函数
money metric utility function, 109, 162　货币测度效用函数
monopoly, 233　垄断
Monotone Likelihood Ratio Property, 452　单调似然比性
monotonic　单调
technology, 6　技术
transformation, 18　变换
monotonicity　单调性
of preference, 96　偏好
moral hazard, 455　道德灾难
moral hazard problem, 455　道德灾难问题

Nash equilibrium, 265, 421　纳什均衡
Nash equilibrium in pure strategies, 266　纯策略纳什均衡
naturally ordered, 476　自然顺序
necessary good, 117　必需品
negative definite, 475, 477　负定的
negative definite subject to constraint, 477　负定受制于
negative semidefinite, 28, 475, 494　负半定
nested principal minor matrices, 476

主子矩阵套
net demand,145　净需求
net output,2　净产量
net substitutes,395　净替代
net value,426　净值
non-cooperative,303　非合作
nonlinear pricing,244　非线性定价
nonlinear pricing,242　非线性定价
nonrival,414　非竞争对手
Nonsubstitution Theorem,350,354　非替代定理
nontatonnement models,401　非摸索模型
norm,474　范数
normal form,260　范式,正规形式
normal goods,117　正常物品

offer curves,316　提供曲线
oligopoly,285　寡头
open ball,477　开球
open set,95,478　开集
optimal taxes,410　最优税
orbit,485　轨道
orthogonal,474　正交的
output elasticity of a factor,21　要素的产出弹性
output supply,31　产出供给
overcompensation function,170　过度补偿函数
overlapping generations model,365　交叠世代模型

paradox of voting,424　投票的悖论
Pareto criterion,405　帕累托标准
Pareto dominate,405　帕累托优势
Pareto effciency,225,329　帕累托效率
Pareto set,324　帕累托集
partial derivatives,479　偏导数
partial differential equations,125　偏差分方程
partial equilibrium,313　局部均衡
partcipation constraint,442　参与约束
payoffs,260　支付
perfect price discrimination,241　完全价格歧视
Pigovian taxes,433　庇古税
pivotal mechanism,428　枢纽机制
players,260　局中人
points,473　点
pooling equilibrium,464　合并均衡
portfolio,186　投资组合
portfolio return,360,372　组合收益
positive definite,475,476　正定
positive definite matrix,475　正定矩阵
positive definite subject to constraint,476,477　正定受制于
positive monotonic transformation,18　正单调变换
positive semidefinite,475,494　正半定
posterior probability,192　后验概率

potentially Pareto preferred, 405　潜在帕累托偏好
preferences, 94　偏好
price discrimination, 241, 250　价格歧视
price leadership, 298　价格领导
price offer curve, 117　价格提供曲线
price stabilization, 43　价格稳定
price-taking behavior, 25　价格接受行为
principal, 441　委托人
principal-agent, 441　委托人-代理人
prior probability, 192　先验概率
Prisoner's Dilemma, 417　囚徒困境
Prisoners' Dilemma, 261　囚徒困境
private costs, 433　私人成本
private goods, 414　私人物品
producer's surplus, 224　生产者剩余
production externality, 432　生产外部效应
production function, 1, 4　生产函数
production plan, 2　生产计划
production possibilities set, 2　生产可能性集
profit, 23　利润
profit distribution, 342　利润分配
profit function, 25, 40　利润函数
profit maximization, 25-28　利润最大
projection, 474　射影
property rights, 435　产权
public goods, 414　公共物品
punishment strategy, 270　惩罚策略战略

pure consumption-loan model, 365　纯消费信贷模型
pure discount bonds, 363　纯贴现债券
pure exchange, 313　纯交换
pure strategies, 264　纯策略战略

quadratic form, 475　二次型
quantity index, 147　数量指标
quantity leadership, 295　数量领导
quantity subsidy, 229　数量补贴
quantity tax, 228　数量税
quasiconcave, 496　拟凸
quasiconcave function, 9　拟凹函数
quasiconvex, 496　拟凸
quasilinear utility, 419　拟线性效用
quasilinear utility function, 154　拟线性效用函数
quasilinear utility function, 164　拟线性效用函数

random variable, 177　随机变量
rate of return, 368　收益率
rational expectations, 265　理性预期
rationalizes, 38, 131　理性化
reaction curve, 286　反应曲线
reaction function, 422　反应函数
recoverability, 138, 170　寻回性
　of a technology, 37　一种技术的寻回性
reduced form, 203　简化型、约化型

refinements,272 精化
reflexive preferences,95 反射偏好
regression,375 回归
regression model,200 回归模型
regular,216 正则
regular maximum,498 正则极大
regular technology,9 常规技术
relative prices,319 相对价格
rent,351 租
replica,390 复制品
replication argument,8,15,356 答辩
representative consumer,221 典型消费者
reservation price,153,416 保留价格
residual claimant,443 剩余索取人
residual demand curve,298 剩余需求曲线
restricted,3,26 受限的
restricted profit function,26 受限利润函数
revealed preference,132,328,347 显示偏好
revealed preferred,132 显示偏好
risk aversion,177 风险回避
risk loving,177 风险爱好
risk premium,188,369 风险回报
Robinson Crusoe economy,349 鲁宾逊·克鲁索经济
Roy's identity,106,107,149 罗伊恒等式

scalar multiplication,473 纯量乘数

Second Theorem of Welfare Economics,326,346 福利经济学第二定理
second-degree price discrimination,242,244 第二类价格歧视
second-order condition,51,488 二阶条件
self-selection constraints,245,460 自选限制
semi-logarithmic demand,211 半对数需求
sensitivity analysis,32,491 灵敏度分析
separating equilibrium,464 分离均衡
sequence,478 序列
Shephard's lemma,74,75 谢泼德引理
short run,2 短期
short-run cost function,26 短期成本函数
short-run production possibilities set,3 短期生产可能性边界
short-run profit function,26 短期利润函数
short-run variable cost,65 短期可变成本
signal,469 信号
simultaneous moves,273 同时移动
single crossing property,245 单交叉性
single-crossing property,457 单交叉

性

single-peaked preferences, 424　单峰偏好

slack constraint, 503　松弛约束

Slutsky compensation, 135　斯卢茨基补偿

Slutsky equation, 119, 137　斯卢茨基方程

social costs, 433　社会成本

social welfare function, 333　社会福利函数

solution, 483, 485　解

solution curve, 485　解曲线

stable, 288　稳的

Stackelberg model, 295　斯塔科伯格模型

standard deviations, 373　标准差

state, 484　状态

state of nature, 190, 365　自然状态

state space, 484　状态空间

state-dependent utility functions, 190　状态依存效用函数

states of nature, 370　自然状态

stock market, 342　股市

strategic complements, 287　战略补偿

strategic form, 260　战略型

strategic substitutes, 287　战略替代

strategies, 260　战略

strict maximum, 487　严格极大

strict minimum, 487　严格极小

strict preference, 95　严格偏好

strictly concave, 488　严格凹

strictly convex, 482　严格凸

strictly directly revealed preferred, 132　严格直接显示偏好

strictly dominates, 272　严格优于

Strong Axiom of Revealed Preference, 132　显示偏好强公理

strongly Pareto efficient, 323　强帕累托效率

structural model, 202　结构模型

subgame, 275　子博弈

subgame perfect, 275, 306, 437　子博弈完美

subjective probabilities, 191　主观概率

subjective probability distribution, 264　主观概率分布

substitutes, 60　替代

substitution effect, 120　替代效应

substitution matrix, 34, 119, 123　替代矩阵

subutility, 150　子效用

supply function, 28, 216　供给函数

supply price, 228　供给价格

symmetric, 475　对称

system of differential equations, 485　差分方程系统

system of partial differential equations, 483　偏差分方程系统

tangent hyperplane, 480　切超平面

target output scheme, 443　目标产出

计划
tatonnement models, 398 摸索模型
Taylor series, 480 泰勒级数
technical rate of substitution, 11 技术替代率
technique, 5, 355 技术、技能
technological constraints, 25 技术约束
technologically efficient, 4 技术效率
technologically feasible, 1 技术可行
technology, 2-5 技术
third-degree price discrimination, 242, 248 第三类价格歧视
total differential, 12 总差异
total return, 368 总收益
total surplus, 224 总剩余
trajectory, 485 轨道
transformation function, 4 变换函数
transitive closure, 132 传递闭包
transitive preferences, 95 传递偏好
translog cost function, 210 超越对数成本函数
two part tariff, 254 两次收费
two-stage least squares, 204 二阶段最小二乘法
type, 279, 390 类

undercompensation function, 170 补偿不足函数
uninformed consumers, 293 不了解情况的消费者

uniqueness of equilibrium, 394 均衡的惟一性
unit cost functions, 354 单位成本函数
unstable, 288 不稳定
upper contour set, 96, 480 上等值集
upper-semicontinuous, 506 上半连续
utility function, 95 效用函数
utility possibility frontiers, 406 效用可能边界

value function, 490 价值函数
value tax, 228 价值税
variable factors, 65 可变要素
variable-sum game, 261 变和博弈
variance, 486 方差
variance of a sum, 486 和的方差
vectors, 473 向量
voting equilibrium, 424 表决均衡

Walras' law, 317, 343 瓦尔拉定律
Walrasian equilibrium, 316, 325 瓦尔拉均衡
Weak Axiom of Cost Minimization (WACM), 61 成本最小化弱公理
Weak Axiom of Profit Maximization (WAPM), 35 利润最大化弱公理
Weak Axiom of Revealed Preference, 132, 399 显示偏好弱公理
weak preference, 95 弱偏好
weakly dominates, 272 弱优
weakly Pareto efficient, 323 弱帕累

托效率
weakly separable, 150　弱可分的
welfare economics, 222　福利经济学

welfare function, 409　福利函数

zero-sum game, 261　零和博弈

译校者名单

序言 董晓远
1—6章 李勇
7—8章 刘学
9章 周洪 刘学
10—11章 周洪
12—16章 高小兵
17—21章 吕景峰
22—27章 董晓远
附录及答案 董晓远
校订 姚子范

图字:01-96-0547号

Copyright © 1992,1984,1978 by W.W. Norton & Company, Inc.
© 1997 年,中文版翻译权由经济科学出版社拥有
由 W.W. NORTON & COMPANY, INC. 安排出版
通过博达版权代理公司联系
所有权利保留

责任编辑:张　虹
责任校对:徐领弟　王苗苗
封面设计:卜建晨
版式设计:代小卫
技术编辑:潘泽新

微 观 经 济 学

(高级教程)　第三版

〔美〕哈尔·瓦里安　著

周洪　李勇　等译

姚子范　校

*

经济科学出版社出版、发行　新华书店经销
社址:北京海淀区阜成路甲28号　邮编:100036
总编室电话:88191217　发行部电话:88191540
网址:www.esp.com.cn
电子邮件:esp@esp.com.cn
北京密兴印刷厂印装
880×1230毫米　32开　19印张　490000字
1997年4月第1版　2010年8月第13次印刷
印数:41001—44000册
ISBN 978-7-5058-1226-0/G·228　定价:29.80元
(图书出现印装问题,本社负责调换)
(版权所有　翻印必究)